中國國家圖書館編

國家圖書館藏敦煌遺書

第一百二十九册　北敦一四五二三號——北敦一四五六八號

北京圖書館出版社

圖書在版編目(CIP)數據

國家圖書館藏敦煌遺書·第一百二十九册/中國國家圖書館編;任繼愈主編.—北京:北京圖書館出版社,2010.6

ISBN 978－7－5013－3691－3

Ⅰ.國…　Ⅱ.①中…②任…　Ⅲ.敦煌學—文獻　Ⅳ.K870.6

中國版本圖書館 CIP 數據核字(2010)第 014129 號

ISBN 978-7-5013-3691-3

9 787501 336913 >

書　　名　國家圖書館藏敦煌遺書·第一百二十九册
著　　者　中國國家圖書館編　任繼愈主編
責任編輯　徐　蜀　孫　彦
封面設計　李　璀

出　　版　北京圖書館出版社　(100034　北京西城區文津街 7 號)
發　　行　010－66139745　66151313　66175620　66126153
66174391(傳真)　66126156(門市部)
E-mail　btsfxb@ nlc. gov. cn(郵購)
Website　www. nlcpress. com → 投稿中心
經　　銷　新華書店
印　　刷　北京文津閣印務有限責任公司

開　　本　八開
印　　張　54.25
版　　次　2010 年 6 月第 1 版第 1 次印刷
印　　數　1－250 册(套)

書　　號　ISBN 978－7－5013－3691－3/K·1654
定　　價　990.00 圓

編輯委員會

主　編　任繼愈

常務副主編　方廣錩

副 主 編　李際寧　張志清

編委（按姓氏筆畫排列）　王克芬　王姿怡　吳玉梅　周春華　陳　穎　黄　霞（常務）　黄　建　程佳羽　劉玉芬

出版委員會

主　任　詹福瑞

副主任　陳　力

委　員（按姓氏筆畫排列）　李　健　姜　紅　郭又陵　徐　蜀　孫　彥

攝製人員（按姓氏筆畫排列）

于向洋　王富生　王遂新　谷韶軍　張　軍　張紅兵　張　陽　曹　宏　郭春紅　楊　勇　嚴　平

原件修整人員（按姓氏筆畫排列）

朱振彬　杜偉生　李　英　胡玉清　胡秀菊　張　平　劉建明

目録

BD14523 號背　護首　　　　　　　　（1–1）

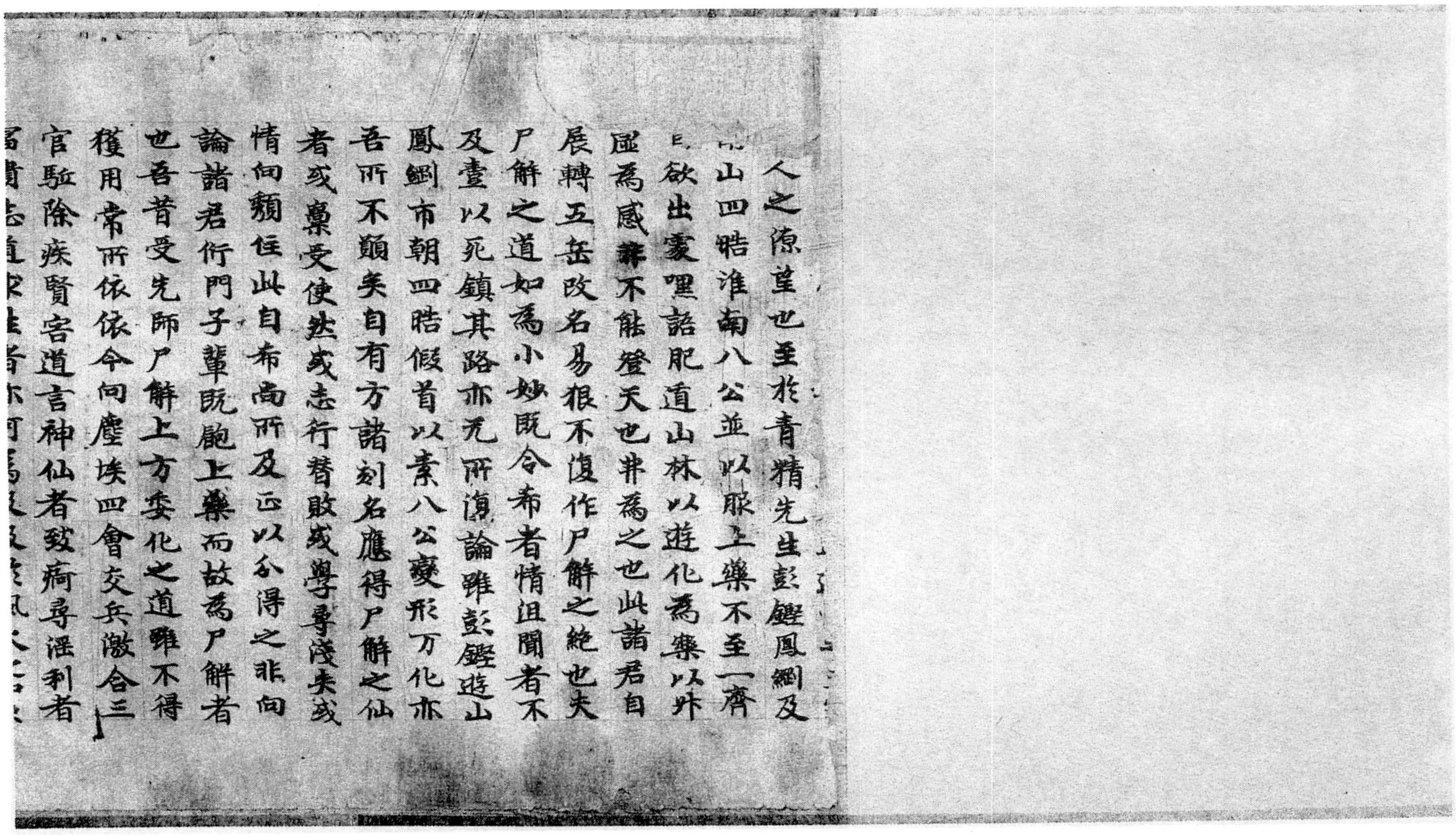
人之源望也至於青精先生彭鏗鳳綱及
山四皓淮南八公並以服上藥不至一齊
欲出處嘿語肥遁山林以遊化爲樂以昨
屈爲感□不能登天也非爲之也此諸君自
展轉五岳改名易根不復作尸解之絶也夫
尸解之道如爲小妙既令希者情沮聞者不
及畫以死鎮其路亦无所潰論雖彭鏗遊山
鳳綱市朝四皓假首以素八公變形万化亦
吾所不顯矣自有方諸刻名應得尸解之仙
者或稟受使然或志行替敗或學尋淺失或
情向頽任此自布尚所及正以分得之非向
論諸君衍門子輩既飽上藥而故爲尸解者
世吾昔受先師尸解上方變化之道雖不得
獲用常所依依今向塵埃四會交兵激合三
官驅除疾賢害道言神仙者致病尋淫刑者
富貴志道求生者亦何爲

BD14523 號 1　大道通玄要經卷一四　　　　　　　　（12–1）

情向類任此自布尚所及正以分得之非向
論諸君行門子輩既飽上藥而故爲尸解者
也吾昔受先師尸解上方委化之道雖不得
獲用常所依依今向塵埃四會交兵激合三
官驗除疾賢害道言神仙者致病尋淫利者
冨貴志道求生者亦何爲汲汲於風火之中東
滞以入乎牢市哉今審出尸解之方可各以傳示

弟子應爲真人者用之潛遁是以遠凶患施之
而逝可以盡[illegible]孫隱之而遊可以登名山世若
夫道數兼備万行斯明役使百鬼招衆靈坐
在立亡分无散形雖處三軍而飈厲不能兵雖
行凶危而突厲不能丁雖入市朝而百害不能
生者可无復施尸化之遷耳夫此之解者率多是
不汲汲於龍輪欒安栖於林山者矣以錄形靈
丸以合塗塗所持杖与之俱寢三日則杖化爲
己形在被中也自徐適去也傍人皆不覺知也
以藥塗大炭則他人見形而燒死謂之火解以
一丸和水而飲之抱草而卧則他人見己傷死
於空室中謂之兵尸解凡百縱任故自得還其
故邑也但當改姓名變容狠耳昔有人作此法
入林盧山積十三而復還家也夫脩下尸解法
者皆不得反望故鄉此謂上解之道名配紫
簡三官不復關其間隟妄以死加之也
此錄形靈丸亦可与人作尸解也但當曉示
其去止節度耳欲將得意弟子俱行遊者當
槩之其用他藥得尸解非是靈丸之化者皆
不得反故鄉及故鄉三官執之也有死而更生
者有頭斷已死乃從一傍出者有死畢未殮

簡三官不復關其間隟妄以死加之也
此錄形靈丸亦可与人作尸解也但當曉示
其去止節度耳欲將得意弟子俱行遊者當
槩之其用他藥得尸解非是靈丸之化者皆
不得反故鄉及故鄉三官執之也有死而更生
者有頭斷已死乃從一傍出者有死畢未殮
而失骸者有人形猶存而无復骨者有衣在
形去者有髮既脱而失形者白日去謂之上尸
解也夜去者謂之下尸解向曉向暮而去者
謂之地主者雖獲隱遁而跡兆不滅爲人所
疑令世志未厭不及旋故鄉遊栖靡定滌所
脈脈意在於此自是太清尸解之法耶得比
太極之極化道乎高畢絶軌良有由也

仙品

靈寶經自然經訣卷

道言脩行得上仙者飛昇虛空體合无形長
與道同永无數之劫也七祖生天堂上仙白
日昇天有居上宮封於名山亦上仙之次也
中仙者空中結宮室或居崑崙蓬來鍾山下
仙者常栖諸名山洞宮綜領三界鬼神地上
生死之事下仙有功積劫亦當上補天仙若
其但壽百千万歲故死者謂延壽之道不得
名仙也

昇玄經第七卷

道言吾布教施試具有明決得道之品莫不
有三上得神仙中得泥丸下得延年神仙成
真自然登天白日乘景上造紫晨頭生宍結

名仙也
昇玄經苐七卷
道言吾布教施試具有明決得道之品莫不
有三上得神仙中得泥丸下得延年神仙成
真自然登天白日乘景上造紫晨頭生宍結
金剛之身玉童散華天女和烟左右鳳歌前
後龍鱗威儀嚴妙悉是天人泥丸滅度得免
土官䰟神澄正得昇天堂或補仙品或生聖
王更須輪轉儲積德行行滿福立雲車乃迎
滅度積功非唯一生志意不倦剋成仙王延
年之法康莊遲死絶穀清腸休粮无穢服食
草木以却尸鬼壽終命极免鞀北豐得爲土
下主者撿攝人鬼生死之日三百六十歲進
爲仙人
兼忘品
靈寶敷齋卷
真人曰受靈寶真文行是齋自得此大福大
福度人爲先所以先人後身倚伏兼忘忘其
所忘忘與玄洞
列子力命苐六
不知所以然而然命也今昏昏昧昧紛紛若
若隨所爲隨所不爲日去日来孰能知其故
皆命也夫信命者亡壽夭信理者亡是非信
心者亡逆順信性者亡安危則謂之都忘所
信亡不信直矣穀矣奚去奚就奚哀奚樂奚
爲奚不爲黄帝之書云至人居若死動若減
亦不知所以居亦不知所以動亦不以衆人
之觀不易其情狠獨往獨来獨出獨入孰能

皆命也夫信命者亡壽夭信理者亡是非信
心者亡逆順信性者亡安危則謂之都忘所
信亡不信直矣穀矣奚去奚就奚哀奚樂奚
爲奚不爲黄帝之書云至人居若死動若減
亦不知所以居亦不知所以動亦不以衆人
之觀不易其情狠獨往獨来獨出獨入孰能
硋之
莊子外篇天運苐十四
商太宰蕩問仁於莊子莊子曰虎狼仁曰何
謂也莊子曰父子相親何爲不仁商太宰曰
請問至仁莊子曰至仁无親商太宰曰蕩聞
之无親則不愛不愛則不孝謂至仁不孝可
乎莊子曰不然夫至仁尚矣孝固不足以言
之此非過孝之言也不及孝之言也夫南行
者至於郢北面而不見冥山是何也則去之
遠矣故曰以敬孝易以愛孝難以愛孝易而
忘親難忘親易使親忘我難使親忘我易兼
忘天下難兼忘天下易使天下兼忘我難
真一品
妙真經上
一道之爲真乎道有真一真人所以輕舉虚
迹者使群物自得玄得一以生也天不得一
不能清地不得一不能明人不得一不能成
玄不得一不能生非一不能承一非一不能
御群神制万物万物皆稱爲人知一万事畢
不能知一道不妄出
昇玄經苐四卷
道陵又問向者天尊云道不二念不審爲二

玄不得一不能生非一不能承一非一不能
御群神制万物万物皆稱爲人知一万事畢
不能知一道不妄出
昇玄經第四卷
道陵又問向者天尊玄道不二念不審爲二
是一也爲非一也荅曰不一之一又問不一
之一是真一非荅曰真一之一不能不一不
能不一則有二有二非一之謂不一之一以
不見二故則无一无一者是无二義道陵又
曰若真一不能不二者非一之謂安得復謂
爲真一者也荅曰夫物在一不能不一心既
存一已爲兼二兼二之心存則謂不一雖心
不一用用不兼二用不兼二故守一而已終
不變二故名真一未能忘一故知有挾二之
心皎然可見道陵又曰若尒者真一之一便
是止一不能忘一忘一存一覺然可了未審
念之與一爲是一也爲是二也荅曰其實不
殊而名有内外念者念此一也一者一此念
也又曰念一一念有何差別荅曰念一者想
不散一念者心得定也心定在一万傷不能
遷郡耶不能動故謂真一
大道通玄要卷第十四

BD14523 號 1　大道通玄要經卷一四　（12–6）

京山金闕十寶
真仙諸天帝
紫微
王及一　人尹飛鬼應受度者无量之
衆登真一徑得无爲心同會其所尒時天尊
告諸四衆汝等身心本地清淨實相不動始
終恒一猶如虛空去來无礙但以顛倒妄想
隨業受形積邪爲塵聚貪癡垢欲惡染性識
涵纏身譬如明珠恒埋糞壤塵劫隱蔽
不顯珠光將來衆生迷真道本造顛倒
業種邪爲根埋智惠珠增煩惱垢隨生死
海溺貪愛流駈馳五欲蒙魔惡境煩惱
結縛身心臭穢隨業流轉三惡五道鏖
蓋正性沈沒玄珠蠲本光明亦須如是汝
等四衆以本分力汲道性水採无爲香調
智惠湯居清淨室爲諸衆生洗愚癡
垢滌身心穢得真實淨畢竟无染平
等解脫令入道場尒時大衆聞是說已奉
教思惟心開意解歡喜踴躍仰瞻尊儀
而說頌曰
元始无上大慈尊　善說衆耶倒業
不悟妙本常清淨　動則沈淪經萬劫
……道根即生煩惱業

BD14523 號 2　太上靈寶洗浴身心經　（12–7）

等解脫令入道場[illegible]
教思惟心開意解歡喜踊躍仰瞻尊儀
而說頌曰
无始无上大慈尊　善說衆耶倒業
不悟妙本常清淨　動則沈淪經萬劫
妄想既植貪癡根　隨根即生煩惱業
根葉繁滋殄世界　善惡輪迴歹重疊
狂迷競貪耶為業　子業不絕恒相接
煩惱垢重覆明珠　身心是穢莊清淨
亦我汲引道性水　洗滌千耶歸一正
平等清淨智惠湯　蕩除癡垢開真性
有緣速入正觀空　无為香水澄如鏡
能照古来耶倒業　洗滌貪瞋歸誠定
心垢惱病藥以除　各復真根增惠命
慈尊所說頌思議　我故稽首咸恭敬
時此會衆天真皇人從座而起上白天尊
唯願慈雲廣覆无外上妙法而遍灑人
天衆生愚癡隨業生滅垢穢深重耶惑
纏身令調法湯速清淨室洗滌罪垢消
除耶穢未審儀軌其事云何天尊曰凡
諸行道入靜燒香焉已及人請謝罪福皆
當沐浴蕩滌身心過此每月一浴是其常
法此諸天帝王勅其男女依法清靜住五
種香水廣開淨室散花燒香行道礼拜
持齋奉誡講說經文每至年終上八集仙
真聖天中男女洗濯身形將勸衆生迴向正
道出生死煩勞汝等宜依此法至是八日勸
諸男女及以國王大臣宰輔天下人民作法
香水懸諸幡蓋建齋行道懺悔礼拜講
誦此經入清淨室正念安坐先觀身心垢穢聚

BD14523 號 2　太上靈寶洗浴身心經　（12–8）

[illegible]
真聖天中男女洗濯身形將勸衆生迴向正
道出生死煩勞汝等宜依此法至是八日勸
諸男女及以國王大臣宰輔天下人民作法
香水懸諸幡蓋建齋行道懺悔礼拜講
誦此經入清淨室正念安坐先觀身心垢穢聚
積无量耶惑不淨塵勞共成我身內外貪癡
麁細不淨生老无常衆苦結縛三業鄣
道六塵覆心孫天雲翳日月先作是觀已了
了分明以法香水先從首面皮膚四支五體
六根九竅次第灌洗悉令清淨外清淨已
復以淨觀熏修內心耶惑煩惱妄想執計
貪瞋癡垢普令清淨內外既淨住法身心
常居道場斷耶偽垢是名法水洗浴身
心若有善男子善女人能為國主人王九玄
七祖所生父母已身男女天下人民三徒五苦
一切衆生施法香水出家法服俗衣香藥沐
浴之具修齋行道散花燒香礼拜念誦聽
講經教受誡發願供養十方諸天上聖妙行
真人神仙玉女及出家法身所得功德冥為
无量不可思議所以者何是人能為一切行
人洗塵垢故塵垢既除得見真道是故得福
冥為无量住是說已諸仙歡喜各隨儀軌依
法奉行礼拜天尊一時而退

太上靈寶洗浴身心經一卷

BD14523 號 2　太上靈寶洗浴身心經　（12–9）

法奉行礼拜天尊一時而退
太上靈寶洗浴身心經一卷

一言善男子善女子能發
法門受我十戒十四持身之
信弟子皆與勇猛飛天齋切
慼退者超陵三界為上清事
、弟子對師而伏
一者不煞當念衆生
二者不婬犯人婦女
三者不盗取非義財
四者不欺善惡反論
五者不醉常思淨行
六者宗親和睦无有非親
七者見人善事心助歡喜
八者見人有憂助為作福
九者彼來加我志在不報
十者一切未得道我不有望

BD14523 號 3　洞玄靈寶天尊說十戒經　（12–10）

七者見人善事心助歡喜
八者見人有憂助為作福
九者彼來加我志在不報
十者一切未得道我不有望
次說十四持身之品
與人君言則惠於國
與人父言則慈於子
與人師言則愛於衆
與人兄言則悌於行
與人臣言則忠於上
與人子言則孝於親
與人友言則信於交
與人夫言則和於室
與人婦言則貞於夫
與人弟子言則恭於礼
與野人言則勸於農也
與沙門道士言則正於道
與異國人言則各守其域
與奴婢言則慎於事
天尊言脩奉清戒每合天心常行大慈願為
一切普度厄世慊慊尊教不得忠急寧守
善而死不為惡而生於是不退可得拔度五
道不履三惡諸天所護万神所敬長齋奉戒
自得度世

十戒經

[illegible]月十二日[illegible]州敦煌

BD14523 號 3　洞玄靈寶天尊說十戒經　（12–11）

善而死不為惡而生於是不退可得拔度五
道不履三惡諸天所護万神所敬長齋奉戒
自得度世

十戒經

太歲甲寅正月庚申朔廿二日辛巳沙州燉煌
縣洪池鄉神農里女官清信弟子陰志清年十一
歲賫信如法今詣沙州燉煌縣効穀鄉无窮
里三洞法師中岳先生張　　求受十戒
十四持身之品志清肉人既受納有形形染
六情六情一染動之弊識貳於所見昧於所
著世務因緣以次而發招引罪垢歷世弥
積輪迴於三界漂浪而忘返流轉於五道
長淪而弗悟謹依玄科賫信如法求乞奉
受脩行供養永為身寶僁盟負約長幽
地獄不敢蒙原

BD14523 號 3　洞玄靈寶天尊說十戒經　　　　(12–12)

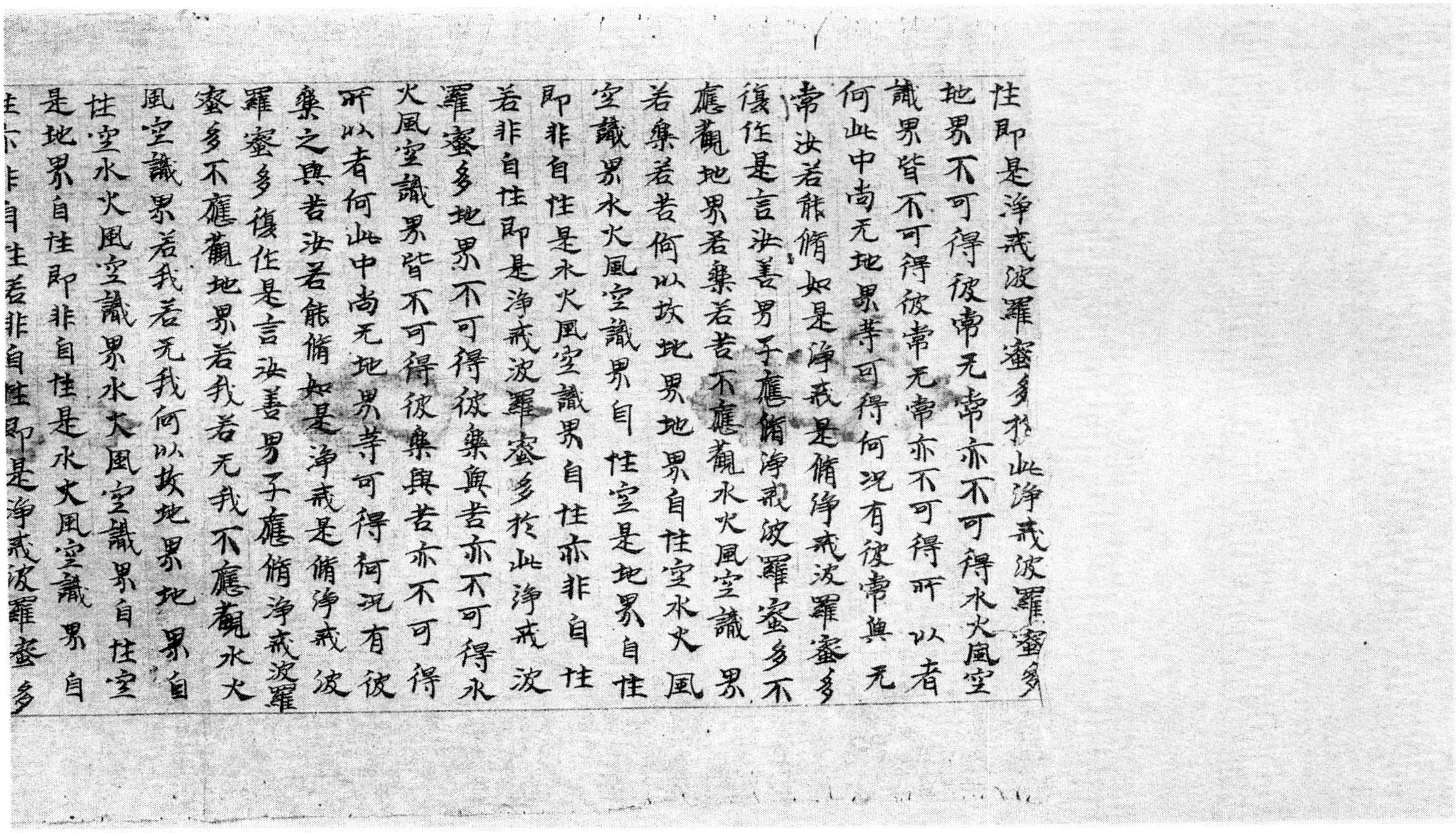

性即是淨戒波羅蜜多於此淨戒波羅蜜多
地界不可得彼常无常亦不可得水火風空
識界皆不可得彼常无常亦不可得所以者
何此中尚无地界等可得何況有彼常與无
常汝若能脩如是淨戒是脩淨戒波羅蜜多
復作是言汝善男子應脩淨戒波羅蜜多不
應觀地界若樂若苦不應觀水火風空識界
若樂若苦何以故地界地界自性空水火風
空識界水火風空識界自性空是地界自性
即非自性是水火風空識界自性亦非自性
若非自性即是淨戒波羅蜜多於此淨戒波
羅蜜多地界不可得彼樂與苦亦不可得水
火風空識界皆不可得彼樂與苦亦不可得
所以者何此中尚无地界等可得何況有彼
樂之與苦汝若能脩如是淨戒是脩淨戒波
羅蜜多復作是言汝善男子應脩淨戒波羅
蜜多不應觀地界若我若无我不應觀水火
風空識界若我若无我何以故地界地界自
性空水火風空識界水火風空識界自性空
是地界自性即非自性是水火風空識界自
性亦非自性若非自性即是淨戒波羅蜜多

BD14524 號　大般若波羅蜜多經卷一六〇　　　　(16–1)

蜜多不應觀地界若我若无我不應觀水火
風空識界若我若无我何以故地界地界自
性空水火風空識界水火風空識界自性空
是地界自性即非自性是水火風空識界自
性亦非自性若非自性即是淨戒波羅蜜多
於此淨戒波羅蜜多地界不可得彼我无我
亦不可得水火風空識界皆不可得彼我无
我亦不可得所以者何此中尚无地界等可
得何況有彼我與无我汝若能脩如是淨戒
是脩淨戒波羅蜜多復作是言汝善男子應
脩淨戒波羅蜜多不應觀地界若淨若不淨
不應觀水火風空識界若淨若不淨何以故
地界地界自性空水火風空識界水火風空
識界自性空是地界自性即非自性是水火
風空識界自性亦非自性若非自性即是淨
戒波羅蜜多於此淨戒波羅蜜多地界不可
得彼淨不淨亦不可得水火風空識界皆不
可得彼淨不淨亦不可得所以者何此中尚
无地界等可得何況有彼淨與不淨汝若能
脩如是淨戒是脩淨戒波羅蜜多憍尸迦 是
善男子善女人等作此等說是為宣說真正
淨戒波羅蜜多
復次憍尸迦若善男子善女人等為發无上
菩提心者宣說淨戒波羅蜜多作如是言汝
善男子應脩淨戒波羅蜜多不應觀无明若
常若无常不應觀行識名色六處觸受愛取
有生老死愁歎苦憂惱若常若无常何以故
无明无明自性空行識名色六處觸受愛取
有生老死愁歎苦憂惱行乃至老死愁歎苦

BD14524號　大般若波羅蜜多經卷一六〇　（16–2）

善男子應脩淨戒波羅蜜多不應觀无明若
常若无常不應觀行識名色六處觸受愛取
有生老死愁歎苦憂惱若常若无常何以故
无明无明自性空行識名色六處觸受愛取
有生老死愁歎苦憂惱行乃至老死愁歎苦
憂惱自性空是无明自性即非自性是行乃
至老死愁歎苦憂惱自性亦非自性若非自
性即是淨戒波羅蜜多於此淨戒波羅蜜多
无明不可得彼常无常亦不可得行乃至老
死愁歎苦憂惱皆不可得彼常无常亦不可
得所以者何此中尚无无明等可得何況有
彼常與无常汝若能脩如是淨戒是脩淨戒
波羅蜜多復作是言汝善男子應脩淨戒波
羅蜜多不應觀无明若樂若苦不應觀行識
名色六處觸受愛取有生老死愁歎苦憂惱
若樂若苦何以故无明无明自性空行識名
色六處觸受愛取有生老死愁歎苦憂惱行
乃至老死愁歎苦憂惱自性空是无明自性
即非自性是行乃至老死愁歎苦憂惱自性
亦非自性若非自性即是淨戒波羅蜜多於
此淨戒波羅蜜多无明不可得彼樂與苦亦
不可得行乃至老死愁歎苦憂惱皆不可得
彼樂與苦亦不可得所以者何此中尚无无
明等可得何況有彼樂之與苦汝若能脩如
是淨戒是脩淨戒波羅蜜多復作是言汝善
男子應脩淨戒波羅蜜多不應觀无明若我
若无我不應觀行識名色六處觸受愛取有
生老死愁歎苦憂惱若我若无我何以故无
明无明自性空行識名色六處觸受愛取有

BD14524號　大般若波羅蜜多經卷一六〇　（16–3）

男子應脩淨戒波羅蜜多不應觀无明若我
若无我不應觀行識名色六處觸受愛取有
生老死愁歎苦憂惱若我若无我何以故无
明无明自性空行識名色六處觸受愛取有
生老死愁歎苦憂惱行乃至老死愁歎苦憂
惱自性空是无明自性即非自性是行乃至
老死愁歎苦憂惱自性亦非自性若非自性
即是淨戒波羅蜜多於此淨戒波羅蜜多无
明不可得彼我无我亦不可得行乃至老死
愁歎苦憂惱皆不可得彼我无我亦不可得
所以者何此中尚无无明等可得何況有彼
我與无我汝若能脩如是淨戒是脩淨戒波
羅蜜多復作是言汝善男子應脩淨戒波羅
蜜多不應觀无明若淨若不淨不應觀行識
名色六處觸受愛取有生老死愁歎苦憂惱
若淨若不淨何以故无明无明自性空行識
名色六處觸受愛取有生老死愁歎苦憂惱
行乃至老死愁歎苦憂惱自性空是无明自
性即非自性是行乃至老死愁歎苦憂惱自
性亦非自性若非自性即是淨戒波羅蜜多
於此淨戒波羅蜜多无明不可得彼淨不淨
亦不可得行乃至老死愁歎苦憂惱皆不可
得彼淨不淨亦不可得所以者何此中尚无
无明等可得何況有彼淨與不淨汝若能脩
如是淨戒是脩淨戒波羅蜜多憍尸迦是善
男子善女人等作此等說是為宣說真正淨
戒波羅蜜多
復次憍尸迦若善男子善女人等為發无上
菩提心者宣說淨戒波羅蜜多作如是言汝

BD14524 號　大般若波羅蜜多經卷一六〇　（16–4）

如是淨戒是脩淨戒波羅蜜多憍尸迦是善
男子善女人等作此等說是為宣說真正淨
戒波羅蜜多
復次憍尸迦若善男子善女人等為發无上
菩提心者宣說淨戒波羅蜜多作如是言汝
善男子應脩淨戒波羅蜜多不應觀布施波
羅蜜多若常若无常不應觀淨戒安忍精進
靜慮般若波羅蜜多若常若无常何以故布
施波羅蜜多布施波羅蜜多自性空淨戒安
忍精進靜慮般若波羅蜜多淨戒乃至般若
波羅蜜多自性空是布施波羅蜜多自性即
非自性是淨戒乃至般若波羅蜜多自性亦
非自性若非自性即是淨戒波羅蜜多於此
淨戒波羅蜜多布施波羅蜜多不可得彼常
无常亦不可得淨戒乃至般若波羅蜜多皆
不可得彼常无常亦不可得所以者何此中
尚无布施波羅蜜多等可得何況有彼常與
无常汝若能脩如是淨戒是脩淨戒波羅蜜
多復作是言汝善男子應脩淨戒波羅蜜多
不應觀布施波羅蜜多若樂若苦不應觀淨
戒安忍精進靜慮般若波羅蜜多若樂若苦
何以故布施波羅蜜多布施波羅蜜多自性
空淨戒安忍精進靜慮般若波羅蜜多淨戒
乃至般若波羅蜜多自性空是布施波羅蜜
多自性即非自性是淨戒乃至般若波羅蜜
多自性亦非自性若非自性即是淨戒波羅
蜜多於此淨戒波羅蜜多布施波羅蜜多不
可得彼樂與苦亦不可得淨戒乃至般若波
羅蜜多皆不可得彼樂與苦亦不可得所以

BD14524 號　大般若波羅蜜多經卷一六〇　（16–5）

多自性亦非自性若非自性即是淨戒波羅
蜜多於此淨戒波羅蜜多布施波羅蜜多不
可得彼集與苦亦不可得淨戒乃至般若波
羅蜜多皆不可得彼集與苦亦不可得所以
者何此中尚无布施波羅蜜多等可得何況
有彼集之與苦汝若能脩如是淨戒是脩淨
戒波羅蜜多復作是言汝善男子應脩淨戒
波羅蜜多不應觀布施波羅蜜多若我若无
我不應觀淨戒安忍精進靜慮般若波羅蜜
多若我若无我何以故布施波羅蜜多布施
波羅蜜多自性空淨戒安忍精進靜慮般若
波羅蜜多淨戒乃至般若波羅蜜多自性空
是布施波羅蜜多自性即非自性是淨戒乃
至般若波羅蜜多自性亦非自性若非自性
即是淨戒波羅蜜多於此淨戒波羅蜜多布
施波羅蜜多不可得我无我亦不可得淨
戒乃至般若波羅蜜多皆不可得彼我无我
亦不可得所以者何此中尚无布施波羅蜜
多等可得何況有彼我與无我汝若能脩如
是淨戒是脩淨戒波羅蜜多復作是言汝善
男子應脩淨戒波羅蜜多不應觀布施波羅
蜜多若淨若不淨不應觀淨戒安忍精進靜
慮般若波羅蜜多若淨若不淨何以故布施
波羅蜜多布施波羅蜜多自性空淨戒安忍
精進靜慮般若波羅蜜多淨戒乃至般若波
羅蜜多自性空是布施波羅蜜多自性即非
自性是淨戒乃至般若波羅蜜多自性亦非
自性若非自性即是淨戒波羅蜜多於此淨
戒波羅蜜多布施波羅蜜多不可得彼淨不

BD14524號　大般若波羅蜜多經卷一六〇　（16-6）

羅蜜多自性空是布施波羅蜜多自性即非
自性是淨戒乃至般若波羅蜜多自性亦非
自性若非自性即是淨戒波羅蜜多於此淨
戒波羅蜜多布施波羅蜜多不可得彼淨不
淨亦不可得淨戒乃至般若波羅蜜多皆不
可得彼淨不淨亦不可得所以者何此中尚
无布施波羅蜜多等可得何況有彼淨與不
淨汝若能脩如是淨戒是脩淨戒波羅蜜多
憍尸迦是善男子善女人等作此等說是為
宣說真正淨戒波羅蜜多
復次憍尸迦若善男子善女人等為發无上
善提心者宣說淨戒波羅蜜多作如是言汝
善男子應脩淨戒波羅蜜多不應觀內空若
常若无常不應觀外空內外空空空大空勝
義空有為空无為空畢竟空无際空散空无
變異空本性空自相空共相空一切法空不
可得空无性空自性空无性自性空若常若
无常何以故內空內空自性空外空內外空
空空大空勝義空有為空无為空畢竟空无
際空散空无變異空本性空自相空共相空
一切法空不可得空无性空自性空无性自
性空外空乃至无性自性空自性空是內空
自性即非自性是外空乃至无性自性空自
性亦非自性若非自性即是淨戒波羅蜜多
於此淨戒波羅蜜多內空不可得彼常无常
亦不可得外空乃至无性自性空皆不可得
彼常无常亦不可得所以者何此中尚无內
空等可得何況有彼常與无常汝若能脩如
是淨戒是脩淨戒波羅蜜多復作是言汝善

BD14524號　大般若波羅蜜多經卷一六〇　（16-7）

亦不可得外空乃至无性自性空皆不可得
彼常无常亦不可得所以者何此中尚无内
空等可得何況有彼常與无常汝若能脩如
是淨戒是脩淨戒波羅蜜多復作是言汝善
男子應脩淨戒波羅蜜多不應觀内空若樂
若苦不應觀外空内外空空空大空勝義空
有為空无為空畢竟空无際空散空无變異
空本性空自相空共相空一切法空不可得
空无性空自性空无性自性空若樂若苦何
以故内空内空自性空外空内外空空空大
空勝義空有為空无為空畢竟空无際空
散空无變異空本性空自相空共相空一切法
空不可得空无性空自性空无性自性空外
空乃至无性自性空自性空是内空自性即
非自性是外空乃至无性自性空自性亦非
自性若非自性即是淨戒波羅蜜多於此淨
戒波羅蜜多内空不可得彼樂與苦亦不可
得外空乃至无性自性空皆不可得彼樂與
苦亦不可得所以者何此中尚无内空等可
得何況有彼樂之與苦汝若能脩如是淨戒
是脩淨戒波羅蜜多復作是言汝善男子應
脩淨戒波羅蜜多不應觀内空若我若无我
不應觀外空内外空空空大空勝義空有為
空无為空畢竟空无際空散空无變異空本
性空自相空共相空一切法空不可得空无
性空自性空无性自性空若我若无我何以
故内空内空自性空外空内外空空空大
空勝義空有為空无為空畢竟空无際空

BD14524 號　大般若波羅蜜多經卷一六〇　（16–8）

性空自相空共相空一切法空不可得空无
性空自性空无性自性空若我若无我何以
故内空内空自性空外空内外空空空大
空勝義空有為空无為空畢竟空无際空
散空无變異空本性空自相空共相空一切法
空不可得空无性空自性空无性自性空外
空乃至无性自性空自性空是内空自性即
非自性是外空乃至无性自性空自性亦非
自性若非自性即是淨戒波羅蜜多於此淨
戒波羅蜜多内空不可得彼我无我亦不可
得外空乃至无性自性空皆不可得彼我无
我亦不可得所以者何此中尚无内空等可
得何況有彼我與无我汝若能脩如是淨戒
是脩淨戒波羅蜜多復作是言汝善男子應
脩淨戒波羅蜜多不應觀内空若淨若不淨
不應觀外空内外空空空大空勝義空有為
空无為空畢竟空无際空散空无變異空本
性空自相空共相空一切法空不可得空无
性空自性空无性自性空若淨若不淨何以
故内空内空自性空外空内外空空空大空
勝義空有為空无為空畢竟空无際空散空
无變異空本性空自相空共相空一切法空
不可得空无性空自性空无性自性空外空
乃至无性自性空自性空是内空自性即非
自性是外空乃至无性自性空自性亦非自
性若非自性即是淨戒波羅蜜多於此淨戒
波羅蜜多内空不可得彼淨不淨亦不可得
外空乃至无性自性空皆不可得彼淨不淨
亦不可得所以者何此中尚无内空等可得

BD14524 號　大般若波羅蜜多經卷一六〇　（16–9）

自性是外空乃至无性自性空自性不可得
性若非自性即是淨戒波羅蜜多於此淨戒
波羅蜜多內空不可得彼淨不淨亦不可得
外空乃至无性自性空皆不可得彼淨不淨
亦不可得所以者何此中尚无內空等可得
何況有彼淨與不淨汝若能脩如是淨戒是
脩淨戒波羅蜜多憍尸迦是善男子善女人
等作此等說是為宣說真正淨戒波羅蜜多
復次憍尸迦若善男子善女人等為發无上
菩提心者宣說淨戒波羅蜜多作如是言汝
善男子應脩淨戒波羅蜜多不應觀真如若
常若无常不應觀法界法性不虛妄性不變
異性平等性離生性法定法住實際虛空界
不思議界若常若无常何以故真如真如自
性空法界法性不虛妄性不變異性平等性
離生性法定法住實際虛空界不思議界法
界乃至不思議界自性空是真如自性即非
自性是法界乃至不思議界自性亦非自
性若非自性即是淨戒波羅蜜多於此淨戒
波羅蜜多真如不可得彼常无常亦不可得
法界乃至不思議界皆不可得彼常无常亦
不可得所以者何此中尚无真如等可得何
況有彼常與无常汝若能脩如是淨戒是脩
淨戒波羅蜜多復作是言汝善男子應脩淨
戒波羅蜜多不應觀真如若樂若苦不應觀
法界法性不虛妄性不變異性平等性離生
性法定法住實際虛空界不思議界若樂若
苦何以故真如真如自性空法界法性不虛
妄性不變異性平等性離生性法定法住實

法界法性不虛妄性不變異性平等性離生
性法定法住實際虛空界不思議界若樂若
苦何以故真如真如自性空法界法性不虛
妄性不變異性平等性離生性法定法住實
際虛空界不思議界法界乃至不思議界自
性空是真如自性即非自性是法界乃至不
思議界自性亦非自性若非自性即是淨戒
波羅蜜多於此淨戒波羅蜜多真如不可得
彼樂與苦亦不可得法界乃至不思議界皆
不可得彼樂與苦亦不可得所以者何此中
尚无真如等可得何況有彼樂之與苦汝若
能脩如是淨戒是脩淨戒波羅蜜多復作是
言汝善男子應脩淨戒波羅蜜多不應觀真
如若我若无我不應觀法界法性不虛妄性
不變異性平等性離生性法定法住實際虛
空界不思議界若我若无我何以故真如真
如自性空法界法性不虛妄性不變異性平
等性離生性法定法住實際虛空界不思議
界法界乃至不思議界自性空是真如自性
即非自性是法界乃至不思議界自性亦非
自性若非自性即是淨戒波羅蜜多於此淨
戒波羅蜜多真如不可得彼我无我亦不可
得法界乃至不思議界皆不可得彼我无我
亦不可得所以者何此中尚无真如等可得
何況有彼我與无我汝若能脩如是淨戒是
脩淨戒波羅蜜多復作是言汝善男子應
脩淨戒波羅蜜多不應觀真如若淨若不淨
不應觀法界法性不虛妄性不變異性平　等
性離生性法定法住實際虛空界不思議界

脩淨戒波羅蜜多復作是言汝善男子應
脩淨戒波羅蜜多不應觀真如若淨若不淨
不應觀法界法性不虛妄性不變異性平等
性離生性法定法住實際虛空界不思議界
若淨若不淨何以故真如真如自性空法界
法性不虛妄性不變異性平等性離生性法
定法住實際虛空界不思議界法界乃至不
思議界自性空是真如自性即非自性是法
界乃至不思議界自性亦非自性若非自性
即是淨戒波羅蜜多於此淨戒波羅蜜多真
如不可得彼淨不淨亦不可得法界乃至不
思議界皆不可得彼淨不淨亦不可得所以
者何此中尚无真如等可得何況有彼淨與
不淨汝若能脩如是淨戒是脩淨戒波羅蜜
多憍尸迦是善男子善女人等作此等說是
為宣說真正淨戒波羅蜜多
復次憍尸迦若善男子善女人等為發无上
菩提心者宣說淨戒波羅蜜多作如是言汝
善男子應脩淨戒波羅蜜多不應觀苦聖諦
若常若无常不應觀集滅道聖諦若常若无
常何以故苦聖諦苦聖諦自性空集滅道聖
諦集滅道聖諦自性空是苦聖諦自性即非
自性是集滅道聖諦自性亦非自性若非自
性即是淨戒波羅蜜多於此淨戒波羅蜜多
苦聖諦不可得彼常无常亦不可得集滅道
聖諦皆不可得彼常无常亦不可得所以者
何此中尚无苦聖諦等可得何況有彼常與
无常汝若能脩如是淨戒是脩淨戒波羅蜜
多復作是言汝善男子應脩淨戒波羅蜜多

BD14524號　大般若波羅蜜多經卷一六〇　（16–12）

聖諦皆不可得彼常无常亦不可得所以者
何此中尚无苦聖諦等可得何況有彼常與
无常汝若能脩如是淨戒是脩淨戒波羅蜜
多復作是言汝善男子應脩淨戒波羅蜜多
不應觀苦聖諦若樂若苦不應觀集滅道聖
諦若樂若苦何以故苦聖諦苦聖諦自性空
集滅道聖諦集滅道聖諦自性空是苦聖諦
自性即非自性是集滅道聖諦自性亦非自
性若非自性即是淨戒波羅蜜多於此淨戒
波羅蜜多苦聖諦不可得彼樂與苦亦不可
得集滅道聖諦皆不可得彼樂與苦亦不可
得所以者何此中尚无苦聖諦等可得何況
有彼樂之與苦汝若能脩如是淨戒是脩淨
戒波羅蜜多復作是言汝善男子應脩淨戒
波羅蜜多不應觀苦聖諦若我若无我不應
觀集滅道聖諦若我若无我何以故苦聖諦
苦聖諦自性空集滅道聖諦集滅道聖諦自
性空是苦聖諦自性即非自性是集滅道聖
諦自性亦非自性若非自性即是淨戒波羅
蜜多於此淨戒波羅蜜多苦聖諦不可得彼
我无我亦不可得集滅道聖諦皆不可得彼
我无我亦不可得所以者何此中尚无苦聖
諦等可得何況有彼我與无我汝若能脩如
是淨戒是脩淨戒波羅蜜多復作是言汝善
男子應脩淨戒波羅蜜多不應觀苦聖諦若
淨若不淨不應觀集滅道聖諦若淨若不淨
何以故苦聖諦苦聖諦自性空集滅道聖諦
集滅道聖諦自性空是苦聖諦自性即非自
性是集滅道聖諦自性亦非自性若非自性

BD14524號　大般若波羅蜜多經卷一六〇　（16–13）

男子應脩淨戒波羅蜜多不應觀苦聖諦若
淨若不淨不應觀集滅道聖諦若淨若不淨
何以故苦聖諦苦聖諦自性空集滅道聖諦
集滅道聖諦自性空是苦聖諦自性即非自
性是集滅道聖諦自性亦非自性若非自性
即是淨戒波羅蜜多於此淨戒波羅蜜多苦
聖諦不可得彼淨不淨亦不可得集滅道聖
諦皆不可得彼淨不淨亦不可得所以者何
此中尚无苦聖諦等可得何況有彼淨與不
淨汝若能脩如是淨戒是脩淨戒波羅蜜多
憍尸迦是善男子善女人等說是為
宣說真正淨戒波羅蜜多
復次憍尸迦若善男子善女人等為發无上
菩提心者宣說淨戒波羅蜜多作如是言汝
善男子應脩淨戒波羅蜜多不應觀四靜慮
若常若无常不應觀四无量四无色定若常
若无常何以故四靜慮四靜慮自性空四无
量四无色定四无量四无色定自性空是四
靜慮自性即非自性是四无量四无色定自
性亦非自性若非自性即是淨戒波羅蜜多
於此淨戒波羅蜜多四靜慮不可得彼常无
常亦不可得四无量四无色定皆不可得彼
常无常亦不可得所以者何此中尚无四靜
慮等可得何況有彼常與无常汝若能脩如
是淨戒是脩淨戒波羅蜜多復作是言汝善
男子應脩淨戒波羅蜜多不應觀四靜慮若
樂若苦不應觀四无量四无色定若樂若苦
何以故四靜慮四靜慮自性空四无量四无
色定四无量四无色定自性空是四靜慮自

BD14524 號　大般若波羅蜜多經卷一六〇　（16–14）

男子應脩淨戒波羅蜜多不應觀四靜慮若
樂若苦不應觀四无量四无色定若樂若苦
何以故四靜慮四靜慮自性空四无量四无
色定四无量四无色定自性空是四靜慮自
性即非自性是四无量四无色定自性亦非
自性若非自性即是淨戒波羅蜜多於此淨
戒波羅蜜多四靜慮不可得彼樂與苦亦不
可得四无量四无色定皆不可得彼樂與苦
亦不可得所以者何此中尚无四靜慮等可
得何況有彼樂之與苦汝若能脩如是淨戒
是脩淨戒波羅蜜多復作是言汝善男子應
脩淨戒波羅蜜多不應觀四靜慮若我若无
我不應觀四无量四无色定若我若无我何
以故四靜慮四靜慮自性空四无量四无色
定四无量四无色定自性空是四靜慮自性
即非自性是四无量四无色定自性亦非自
性若非自性即是淨戒波羅蜜多於此淨戒
波羅蜜多四靜慮不可得彼我无我亦不可
得四无量四无色定皆不可得彼我无我亦
不可得所以者何此中尚无四靜慮等可得
何況有彼我與无我汝若能脩如是淨戒是
脩淨戒波羅蜜多復作是言汝善男子應脩
淨戒波羅蜜多不應觀四靜慮若淨若不淨
不應觀四无量四无色定若淨若不淨何以
故四靜慮四靜慮自性空四无量四无色定
四无量四无色定自性空是四靜慮自性即
非自性是四无量四无色定自性亦非自性
若非自性即是淨戒波羅蜜多於此淨戒波
羅蜜多四靜慮不可得彼淨不淨亦不可得

BD14524 號　大般若波羅蜜多經卷一六〇　（16–15）

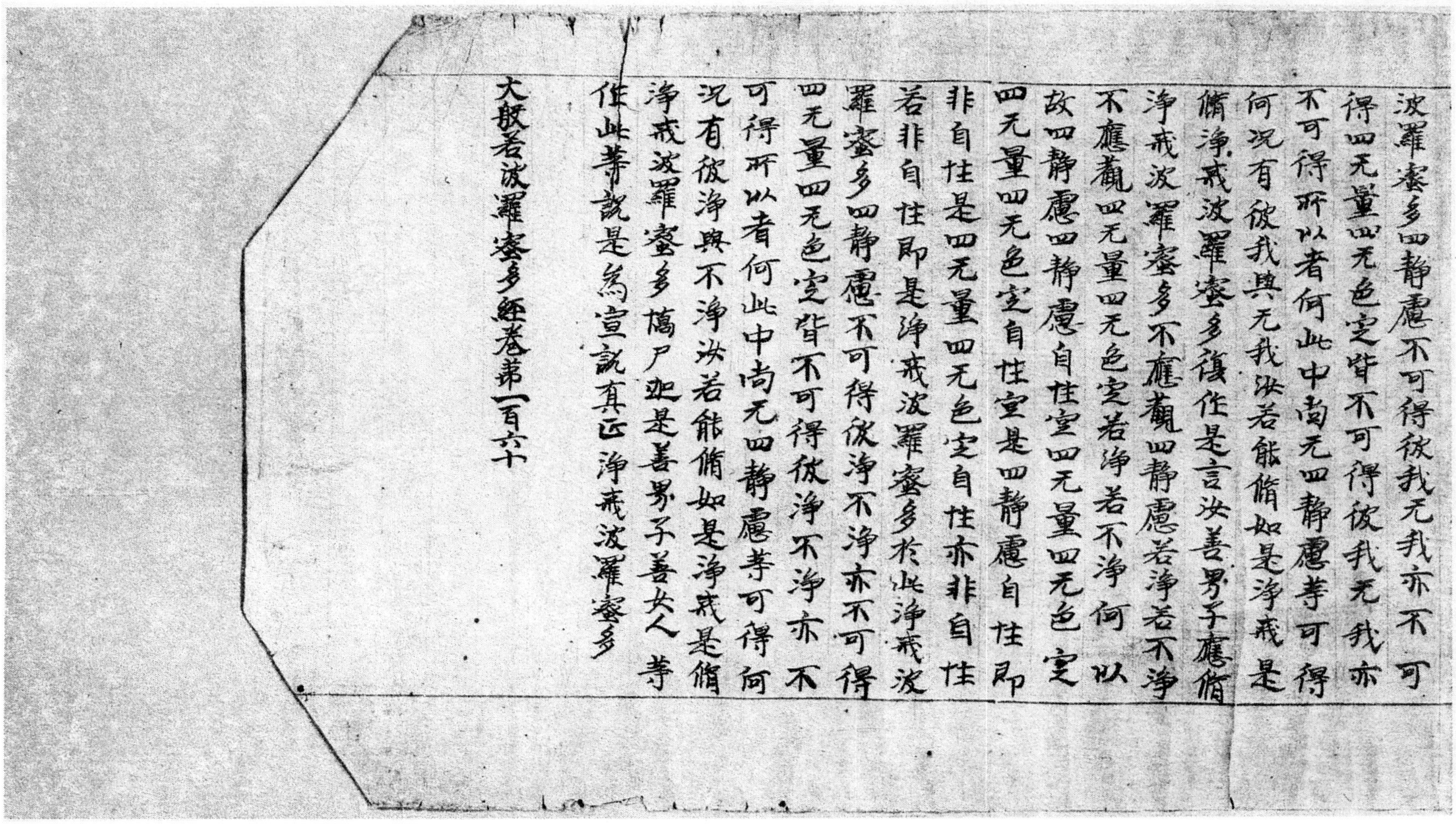
波羅蜜多四靜慮不可得彼我无我亦不可
得四无量四无色定皆不可得彼我无我亦
不可得所以者何此中尚无四靜慮等可得
何況有彼我與无我汝若能脩如是淨戒是
脩淨戒波羅蜜多復作是言汝善男子應脩
淨戒波羅蜜多不應觀四靜慮若淨若不淨
不應觀四无量四无色定若淨若不淨何以
故四靜慮四靜慮自性空四无量四无色定
四无量四无色定自性空是四靜慮自性即
非自性是四无量四无色定自性亦非自性
若非自性即是淨戒波羅蜜多於此淨戒波
羅蜜多四靜慮不可得彼淨不淨亦不可得
四无量四无色定皆不可得彼淨不淨亦不
可得所以者何此中尚无四靜慮等可得何
況有彼淨與不淨汝若能脩如是淨戒是脩
淨戒波羅蜜多憍尸迦是善男子善女人等
作此等說是為宣說真正淨戒波羅蜜多
大般若波羅蜜多經卷第一百六十

BD14524 號　大般若波羅蜜多經卷一六〇　　（16–16）

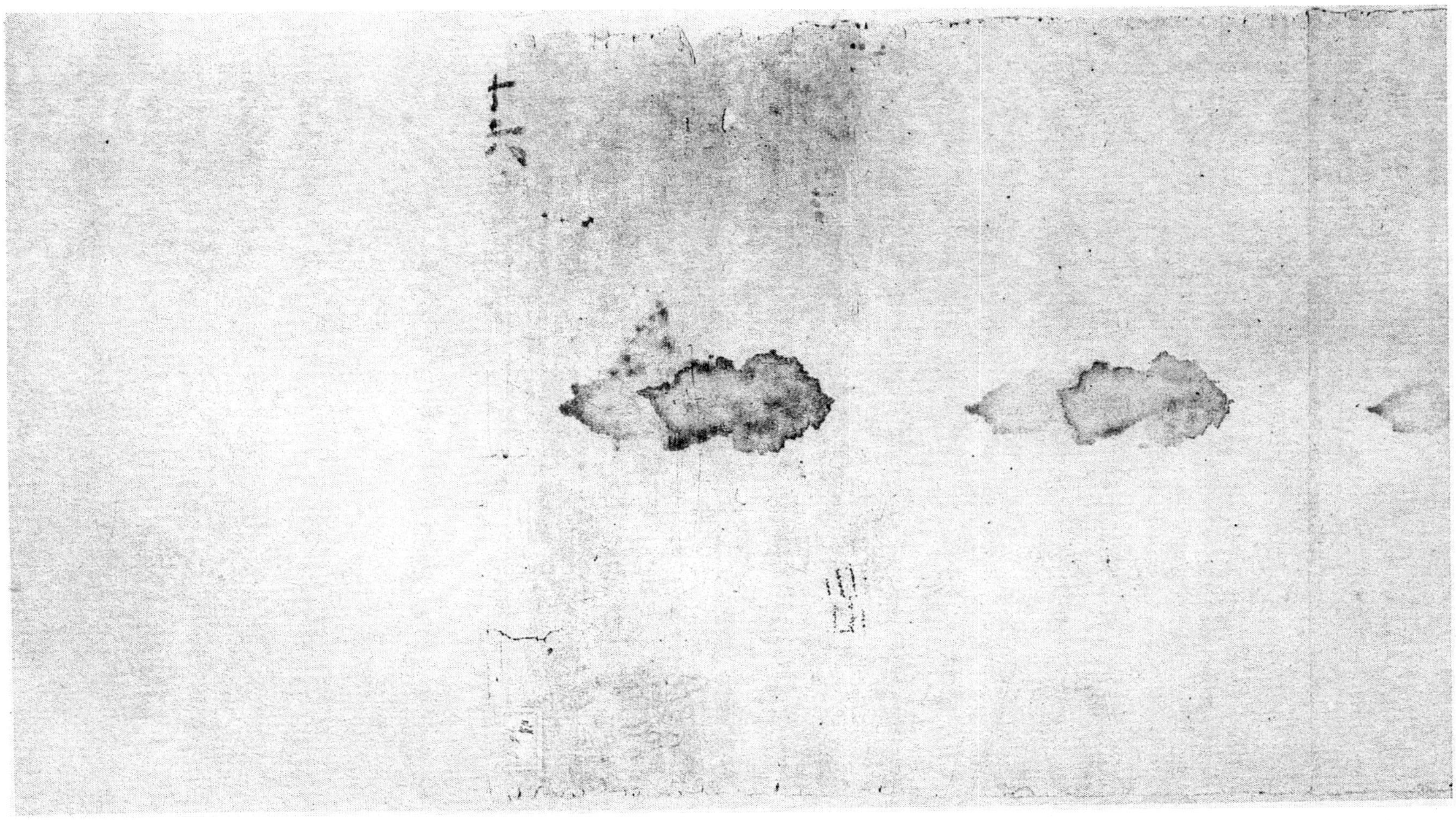

BD14524 號背　勘記　　（1–1）

BD14525 號背　護首　（1–1）

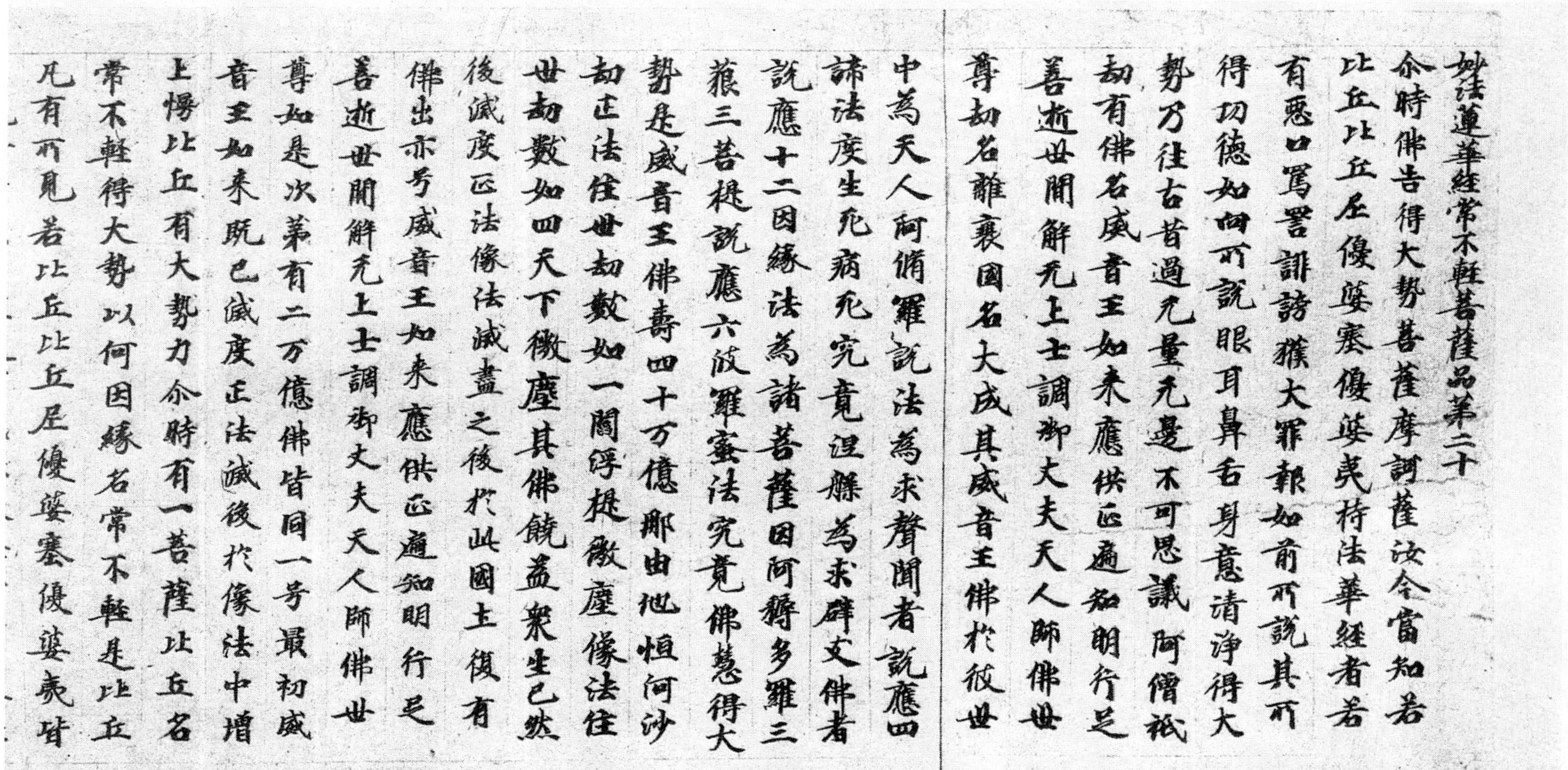

妙法蓮華經常不輕菩薩品第二十
尒時佛告得大勢菩薩摩訶薩汝今當知若
比丘比丘尼優婆塞優婆夷持法華經者若
有惡口罵詈誹謗獲大罪報如前所說其所
得功德如向所說眼耳鼻舌身意清淨得大
勢乃往古昔過旡量旡邊不可思議阿僧祇
劫有佛名威音王如來應供正遍知明行足
善逝世間解旡上士調御丈夫天人師佛世
尊劫名離衰國名大成其威音王佛於彼世
中為天人阿脩羅說法為求聲聞者說應四
諦法度生老病死究竟涅槃為求辟支佛者
說應十二因緣法為諸菩薩因阿耨多羅三
藐三菩提說應六波羅蜜法究竟佛慧得大
勢是威音王佛壽四十万億那由他恒河沙
劫正法住世劫數如一閻浮提微塵像法住
世劫數如四天下微塵其佛饒益衆生已然
後滅度正法像法滅盡之後於此國土復有
佛出亦号威音王如來應供正遍知明行足
善逝世間解旡上士調御丈夫天人師佛世
尊如是次第有二万億佛皆同一号最初威
音王如來既已滅度正法滅後於像法中增
上慢比丘有大勢力尒時有一菩薩比丘名
常不輕得大勢以何因緣名常不輕是比丘
凡有所見若比丘比丘尼優婆塞優婆夷皆

BD14525 號　妙法蓮華經卷六　（23–1）

上慢比丘有大勢力尒時有一菩薩比丘名
常不輕得大勢以何因緣名常不輕是比丘
凡有所見若比丘比丘尼優婆塞優婆夷皆
悉礼拜讚歎而作是言我深敬汝等不敢輕
慢所以者何汝等皆行菩薩道當得作佛而
是比丘不專讀誦經典但行礼拜乃至遠見
四衆亦復故往礼拜讚歎而作是言我不敢
輕於汝等汝等皆當作佛四衆之中有生瞋
恚心不淨者惡口罵詈言是无智比丘從何
所來自言我不輕汝而與我等授記當得作
佛我等不用如是虛妄授記如此經歷多年
常被罵詈不生瞋恚常作是言汝當作佛說
是語時衆人或以杖木瓦石而打擲之避走
遠住猶高聲唱言我不敢輕汝汝等皆當作
佛以其常作是語故增上慢比丘比丘尼優
婆塞優婆夷号之為常不輕是比丘臨欲終
時於虛空中具聞威音王佛先所說法華經

水種種抹香諸雜華香如是等天香和合所
出之香无不聞知又聞諸天身香釋提桓因
在勝殿上五欲娛樂嬉戲時香若在妙法堂
上為忉利諸天說法時香若於諸園遊戲時
香及餘天等男女身香皆悉遙聞如是展轉
乃至梵世上至有頂諸天身香亦皆聞之并
聞諸天所燒之香及聲聞香辟支佛香菩薩
香諸佛身香亦皆遙聞知其所在雖聞此香

香及餘天等男女身香皆悉遙聞如是展轉
乃至梵世上至有頂諸天身香亦皆聞之并
聞諸天所燒之香及聲聞香辟支佛香菩薩
香諸佛身香亦皆遙聞知其所在雖聞此香
然於鼻根不壞不錯若欲分別為他人說憶
念不謬尒時世尊欲重宣此義而說偈言
是人鼻清淨　於此世界中　若香若臭物　種種悉聞知
須曼那闍提　多摩羅栴檀　沈水及桂香　種種華菓香
及知衆生香　男子女人香　說法者遠住　聞香知所在
大勢轉輪王　小轉輪及子　群臣諸宮人　聞香知所在
身所著珎寶　及地中寶藏　轉輪王寶女　聞香知所在
諸人嚴身具　衣服及瓔珞　種種所塗香　聞香知其身
諸天若行坐　遊戲及神變　持是法華經　聞香悉能知
諸樹華菓實　及蘇油香氣　持經者住此　悉知其所在
諸山深嶮處　栴檀樹花敷　衆生在中者　聞香皆能知
鐵圍山大海　地中諸衆生　持經者聞香　悉知其所在
阿脩羅男女　及其諸眷屬　鬪諍遊戲時　聞香皆能知
曠野嶮隘處　師子象虎狼　野牛水牛等　聞香知所在
若有懷妊者　未辯其男女　无根及非人　聞香悉能知
以聞香力故　知其初懷妊　成就不成就　安樂産福子
以聞香力故　知男女所念　染欲癡恚心　亦知脩善者
地中衆伏藏　金銀諸珎寶　銅器之所盛　聞香悉能知
種種諸瓔珞　無能識其價　聞香知貴賤　出處及所在
天上諸華等　曼陁曼殊沙　波利質多樹　聞香悉能知
天上諸宮殿　上中下差別　衆寶華莊嚴　聞香悉能知

種種諸瓔珞　無能識其價　聞香知貴賤　出處及所在
天上諸華等　曼陁曼殊沙　波利質多樹　聞香悉能知
天上諸宮殿　上中下差別　衆寶華莊嚴　聞香悉能知
天園林勝殿　諸觀妙法堂　在中而娛樂　聞香悉能知
諸天若聽法　或受五欲時　來往行坐卧　聞香悉能知
天女所著衣　好華香莊嚴　周旋遊戲時　聞香悉能知
如是展轉上　乃至於梵世　入禪出禪者　聞香悉能知
光音遍淨天　乃至于有頂　初生及退沒　聞香悉能知
諸比丘衆等　於法常精進　若坐若經行　及讀誦經法
或在林樹下　專精而坐禪　持經者聞香　悉知其所在
菩薩志堅固　坐禪若讀誦　或為人說法　聞香悉能知
在在方世尊　一切所恭敬　愍衆而說法　聞香悉能知
衆生在佛前　聞經皆歡喜　如法而脩行　聞香悉能知
雖未得菩薩　无漏法生鼻　而是持經者　先得此鼻相
復次常精進若善男子善女人受持是經若
讀若誦若解說若書寫得千二百舌功德若
好若醜若美不美及諸苦澀物在其舌根皆
變成上味如天甘露无不美者若以舌根於
大衆中有所演說出深妙聲能入其心皆令
歡喜快樂又諸天子天女釋梵諸天聞是深
妙音聲有所演說言論次第皆悉來聽及諸
龍龍女夜叉夜叉女乾闥婆乾闥婆女阿脩
羅阿脩羅女迦樓羅迦樓羅女緊那羅緊那
羅女摩睺羅伽摩睺羅伽女為聽法故皆來
親近恭敬供養及比丘比丘尼優婆塞優婆

龍龍女夜叉夜叉女乾闥婆乾闥婆女阿脩
羅阿脩羅女迦樓羅迦樓羅女緊那羅緊那
羅女摩睺羅伽摩睺羅伽女為聽法故皆來
親近恭敬供養及比丘比丘尼優婆塞優婆
夷國王王子羣臣眷屬小轉輪王大轉輪王
七寶千子內外眷屬乘其宮殿俱來聽法以
是菩薩善說法故婆羅門居士國內人民盡
其形壽隨侍供養又諸聲聞辟支佛菩薩諸
佛常樂見之是人所在方面諸佛皆向其處
說法悉能受持一切佛法又能出於深妙法
音尒時世尊欲重宣此義而說偈言
是人舌根淨　終不受惡味　其有所食噉　悉皆成甘露
以深淨妙聲　於大衆說法　以諸因緣喻　引導衆生心
聞者皆歡喜　設諸上供養　諸天龍夜叉　及阿脩羅等
皆以恭敬心　而共來聽法　是說法之人　若欲以妙音
遍滿三千界　隨意即能至　大小轉輪王　及千子眷屬
合掌恭敬心　常來聽受法　諸天龍夜叉　羅剎毗舍闍
亦以歡喜心　常樂來供養　梵天王魔王　自在大自在
如是諸天衆　常來至其所　諸佛及弟子　聞其說法音
常念而守護　或時為現身
復次常精進若善男子善女人受持是經若
讀若誦若解說若書寫得八百身功德得清
淨身如淨瑠璃衆生憙見其身淨故三千大
千世界衆生生時死時上下好醜生善處惡
處悉於中現及鐵圍大鐵圍彌樓山摩訶彌

讀若誦若解說若書寫得八百身功德得清
淨身如淨瑠璃衆生惠見其身淨故三千大
千世界衆生生時死時上下好醜生善處惡
處悉於中現及鐵圍大鐵圍弥樓山摩訶弥
樓山等諸山及其中衆生悉於中現下至阿
鼻地獄上至有頂所有及衆生悉於中現若
聲聞辟支佛菩薩諸佛說法皆於身中現其
色像尒時世尊欲重宣此義而說偈言
若持法華者 其身甚清淨 如彼淨瑠璃 衆生皆憙見
又如淨明鏡 悉見諸色像 菩薩於淨身 皆見世所有
唯獨自明了 餘人所不見 三千世界中 一切諸羣萌
天人阿脩羅 地獄鬼畜生 如是諸色像 皆於身中現
諸天等宮殿 乃至於有頂 鐵圍及弥樓 摩訶弥樓山
諸大海水等 皆於身中現 諸佛及聲聞 佛子菩薩等
若獨若在衆 說法悉皆現 雖未得无漏 法性之妙身
以清淨常體 一切於中現
復次常精進若善男子善女人如來滅後受
持是經若讀若誦若解說若書寫得千二百
意功德以是清淨意根乃至聞一偈一句通
達无量无邊之義解是義已能演說一句一
偈至於一月四月乃至一歲諸所說法隨其
義趣皆與實相不相違背若說俗間經書治
世語言資生業等皆順正法三千大千世界
六趣衆生心之所行心所動作心所戲論皆悉
知之雖未得无漏智慧而其意根清淨如
此是人有所思惟籌量言說皆是佛法无不

世語言資生業等皆順正法三千大千世界
六趣衆生心之所行心所動作心所戲論皆悉
知之雖未得无漏智慧而其意根清淨如
此是人有所思惟籌量言說皆是佛法无不
真實亦是先佛經中所說尒時世尊欲重宣
此義而說偈言
是人意清淨 明利无穢濁 以此妙意根 知上中下法
乃至聞一偈 通達无量義 次第如法說 月四月至歲
是世界內外 一切諸衆生 若天龍及人 夜叉鬼神等
其在六趣中 所念若干種 持法華之報 一時皆悉知
十方无數佛 百福莊嚴相 為衆生說法 悉聞能受持
思惟无量義 說法亦无量 終始不忘錯 以持法華故
悉知諸法相 隨義識次第 達名字語言 如所知演說
此人有所說 皆是先佛法 以演此法故 於衆无所畏
持法華經者 意根淨若斯 雖未得无漏 先有如是相
是人持此經 安住希有地 為一切衆生 歡喜而愛敬
能以千萬種 善巧之語言 分別而說法 持法華經故
二十千萬億偈悉能受持即得如上眼根清
淨耳鼻舌身意根清淨得是六根清淨已更
增壽命二百萬億那由他歲廣為人說是法
華經於時增上慢四衆比丘比丘尼優婆塞
優婆夷輕賤是人為作不輕名者見其得大
神通力樂說辯力大善寂力聞其所說皆信
伏隨從是菩薩復化千萬億衆令住阿耨多
羅三藐三菩提命終之後得值二千億佛皆
号日月燈明於其法中說是法華經以是因

神通力樂說辯力大善寂力聞其所說皆信
伏隨從是菩薩復化千萬億衆令住阿耨多
羅三藐三菩提命終之後得值二千億佛皆
号日月燈明於其法中說是法華經以是因
緣復值二千億佛同号雲自在燈王於此諸
佛法中受持讀誦為諸四衆說此經典故得
是常眼清淨耳鼻舌身意諸根清淨於四衆
中說法心无所畏得大勢是常不輕菩薩摩
訶薩供養如是若干諸佛恭敬尊重讚歎種
諸善根於後復值千萬億佛亦於諸佛法中
說是經典功德成就當得作佛得大勢於汝
意云何尒時常不輕菩薩豈異人乎則我身
是若我於宿世不受持讀誦此經為他人說者
不能疾得阿耨多羅三藐三菩提我於先佛
所受持讀誦此經為人說故疾得阿耨多羅
三藐三菩提得大勢彼時四衆比丘比丘尼
優婆塞優婆夷以瞋恚意輕賤我故二百億
劫常不值佛不聞法不見僧千劫於阿鼻地
獄受大苦惱畢是罪已復遇常不輕菩薩教
化阿耨多羅三藐三菩提得大勢於意云何
尒時四衆常輕是菩薩者豈異人乎今此會
中跋陁婆羅等五百菩薩師子月等五百比
丘尼思佛等五百優婆塞皆於阿耨多羅
三藐三菩提不退轉者是得大勢當知是法
華經大饒益諸菩薩摩訶薩能令至於阿耨

BD14525號　妙法蓮華經卷六　（23-8）

中跋陁婆羅等五百菩薩師子月等五百比
丘尼思佛等五百優婆塞皆於阿耨多羅
三藐三菩提不退轉者是得大勢當知是法
華經大饒益諸菩薩摩訶薩能令至於阿耨
多羅三藐三菩提是故諸菩薩摩訶薩於如
來滅後常應受持讀誦解說書寫是經尒
時世尊欲重宣此義而說偈言
過去有佛　号威音王　神智无量　將導一切
天人龍神　所共供養　是佛滅後　法欲盡時
有一菩薩　名常不輕　時諸四衆　計著於法
不輕菩薩　往到其所　而語之言　我不輕汝
汝等行道　皆當作佛　諸人聞已　輕毀罵詈
不輕菩薩　能忍受之　其罪畢已　臨命終時
得聞此經　六根清淨　神通力故　增益壽命
復為諸人　廣說是經　諸著法衆　皆蒙菩薩
教化成就　令住佛道　不輕命終　值无數佛
說是經故　得无量福　漸具功德　疾成佛道
彼時不輕　則我身是　時四部衆　著法之者
聞不輕言　汝當作佛　以是因緣　值无數佛
此會菩薩　五百之衆　并及四部　清信士女
今於我前　聽法者是　我於前世　勸是諸人
聽受斯經　第一之法　開示教人　令住涅槃
世世受持　如是經典　億億萬劫　至不可議
時乃得聞　是法華經　億億萬數　至不可議
諸佛世尊　時說是經　是故行者

BD14525號　妙法蓮華經卷六　（23-9）

聽受斯經　第一之法　開示教人　令住𣵀槃
世世受持　如是經典　億億萬劫　至不可議
時乃得聞　是法華經　億億萬數　至不可議
諸佛世尊　時説是經　是故行者　於佛滅後
聞如是經　勿生疑惑　應當一心　廣説此經
世世值佛　疾成佛道
妙法蓮華經如來神力品第二十
尒時千世界微塵等菩薩摩訶薩從地踊出
者皆於佛前一心合掌瞻仰尊顏而白佛言
世尊我等於佛滅後世尊分身所在國土滅
度之處當廣説此經所以者何我等亦自欲
得是真淨大法受持讀誦解説書寫而供養
之尒時世尊於文殊師利等无量百千萬億
舊住娑婆世界菩薩摩訶薩及諸比丘比丘
尼優婆塞優婆夷天龍夜叉乾闥婆阿脩羅
迦樓羅緊那羅摩睺羅伽人非人等一切衆
前現大神力出廣長舌上至梵世一切毛孔
放於无量无數色光皆悉遍照十方世界衆
寶樹下師子座上諸佛亦復如是出廣長舌
放无量光釋迦牟尼佛及寶樹下諸佛現神
力時滿百千歲然後還攝舌相一時謦欬俱
共彈指是二音聲遍至十方諸佛世界地皆
六種震動其中衆生天龍夜叉乾闥婆阿脩
羅迦樓羅緊那羅摩睺羅伽人非人等以佛
神力故皆見此娑婆世界无量无邊百千萬

BD14525號　妙法蓮華經卷六　(23–10)

六種震動其中衆生天龍夜叉乾闥婆阿脩
羅迦樓羅緊那羅摩睺羅伽人非人等以佛
神力故皆見此娑婆世界无量无邊百千萬
億衆寶樹下師子座上諸佛及見釋迦牟尼佛
共多寶如來在寶塔中坐師子座又見无量
无邊百千万億菩薩摩訶薩及諸四衆恭
敬圍繞釋迦牟尼佛既見是已皆大歡喜得
未曾有即時諸天於虛空中高聲唱言過此
无量无邊百千萬億阿僧祇世界有國名娑
婆是中有佛名釋迦牟尼令為諸菩薩摩訶
薩説大乘經名妙法蓮華教菩薩法佛所護
念汝等當深心隨喜亦當禮拜供養釋迦牟
尼佛彼諸衆生聞虛空中聲已合掌向娑婆
世界作如是言南无釋迦牟尼佛南无釋迦
牟尼佛以種種華香瓔珞旛蓋及諸嚴身之
具珎寶妙物皆共遙散娑婆世界所散諸物
從十方來譬如雲集變成寶帳遍覆此間諸
佛之上于時十方世界通達无礙如一佛土
尒時佛告上行等菩薩大衆諸佛神力如是
无量无邊不可思議若我以是神力於无量
无邊百千萬億阿僧祇劫為屬累故説此經
功德猶不能盡以要言之如來一切所有之
法如來一切自在神力如來一切祕要之藏
如來一切甚深之事皆於此經宣示顯説是
故汝等於如來滅後應一心受持讀誦解説

BD14525號　妙法蓮華經卷六　(23–11)

功德猶不能盡以要言之如來一切所有之
法如來一切自在神力如來一切秘要之藏
如來一切甚深之事皆於此經宣示顯說是
故汝等於如來滅後應一心受持讀誦解說
書寫如說脩行所在國土若有受持讀誦解
說書寫如說脩行若經卷所在之處若於園
中若於林中若於樹下若於僧坊若白衣舍
若在殿堂若山谷曠野是中皆應起塔供養
所以者何當知是處即是道場諸佛於此得
阿耨多羅三藐三菩提諸佛於此轉于法輪
諸佛於此而般涅槃尒時世尊欲重宣此義
而說偈言
諸佛救世者　住於大神通　為悅衆生故　現无量神力
舌相至梵天　身放无數光　為求佛道者　現此希有事
諸佛謦欬聲　及彈指之聲　周聞十方國　地皆六種動
以佛滅度後　能持是經故　諸佛皆歡喜　現无量神力
囑累是經故　讚美受持者　於无量劫中　猶故不能盡
是人之功德　无邊无有窮　如十方虛空　不可得邊際
能持是經者　則為已見我　亦見多寶佛　及諸分身者
又見我今日　教化諸菩薩　能持是經者　令我及分身
滅度亦供養　一切皆歡喜　十方現在佛　并過去未來
亦見亦供養　亦令得歡喜　諸佛坐道場　所得秘要法
能持是經者　不久亦當得　能持是經者　於諸法之義
名字及言辭　樂說无窮盡　如風於空中　一切无障礙
於如來滅後　知佛所說經　因緣及次第　隨義如實說
如日月光明　能除諸幽冥　斯人行世間　能滅衆生闇

BD14525號　妙法蓮華經卷六　（23–12）

能持是經者　不久亦當得　能持是經者　於諸法之義
名字及言辭　樂說无窮盡　如風於空中　一切无障礙
於如來滅後　知佛所說經　因緣及次第　隨義如實說
如日月光明　能除諸幽冥　斯人行世間　能滅衆生闇
教无量菩薩　畢竟住一乘　是故有智者　聞此功德利
於我滅度後　應受持斯經　是人於佛道　決定无有疑
妙法蓮華經囑累品第二十二
尒時釋迦牟尼佛從法座起現大神力以右手
摩无量菩薩摩訶薩頂而作是言我於无
量百千萬億阿僧祇劫脩習是難得阿耨多
羅三藐三菩提法今以付囑汝等汝等應當
一心流布此法廣令增益如是三摩諸菩薩
摩訶薩頂而作是言我於无量百千萬億阿
僧祇劫脩習是難得阿耨多羅三藐三菩提
法今以付囑汝等汝等當受持讀誦廣宣此
法令一切衆生普得聞知所以者何如來有
大慈悲无諸慳悋亦无所畏能與衆生佛之
智慧如來智慧自然智慧如來是一切衆生
之大施主汝等亦應隨學如來之法勿生慳
悋於未來世若有善男子善女人信如來智
慧者當為演說此法華經使得聞知為令其
人得佛慧故若有衆生不信受者當於如來
餘深妙法中示教利喜汝等若能如是則為
已報諸佛之恩時諸菩薩摩訶薩聞佛作是
說已皆大歡喜遍滿其身益加恭敬曲躬低
頭合掌向佛俱發聲言如世尊勑當具奉行

BD14525號　妙法蓮華經卷六　（23–13）

餘深妙法中亦教利喜汝等若能如是則為
已報諸佛之恩時諸菩薩摩訶薩聞佛作是
說已皆大歡喜遍滿其身益加恭敬曲躬低
頭合掌向佛俱發聲言如世尊勑當具奉行
唯然世尊願不有慮諸菩薩摩訶薩眾如是
三反俱發聲言如世尊勑當具奉行唯然世
尊願不有慮尒時釋迦牟尼佛令十方來諸
分身佛各還本土而作是言諸佛各隨所安
多寶佛塔還可如故說是語時十方无量分
身諸佛坐寶樹下師子座上者及多寶佛并
上行等无邊阿僧祇菩薩大眾舍利弗等聲
聞四眾及一切世間天人阿脩羅等聞佛所
說皆大歡喜

妙法蓮華經藥王菩薩本事品第二十三

尒時宿王華菩薩白佛言世尊藥王菩薩云
何遊於娑婆世界世尊是藥王菩薩有若干
百千萬億那由他難行苦行善哉世尊願少
解說諸天龍神夜叉乾闥婆阿脩羅迦樓羅
緊那羅摩睺羅伽人非人等又他方國土諸來
菩薩及此聲聞眾聞皆歡喜尒時佛告宿王
華菩薩乃往過去无量恒河沙劫有佛號日
月淨明德如來應供正遍知明行足善逝世
間解无上士調御丈夫天人師佛世尊其佛
有八十億大菩薩摩訶薩七十二恒河沙大
聲聞眾佛壽四萬二千劫菩薩壽命等彼

BD14525 號　妙法蓮華經卷六　　(23–14)

聞解无上士調御丈夫天人師佛世尊其佛
有八十億大菩薩摩訶薩七十二恒河沙大
聲聞眾佛壽四萬二千劫菩薩壽命等彼
國无有女人地獄餓鬼畜生阿脩羅等及以
諸難地平如掌瑠璃所成寶樹莊嚴寶帳覆
上垂寶華旛寶瓶香鑪周遍國界七寶為
臺一樹一臺其樹去臺盡一箭道此諸寶樹皆
有菩薩聲聞而坐其下諸寶臺上各有百億
諸天作天伎樂歌歎於佛以為供養尒時彼
佛為一切眾生憙見菩薩及諸菩薩諸聲聞
眾說法華經是一切眾生憙見菩薩樂習苦
行於日月淨明德佛法中精進經行一心求
佛滿萬二千歲已得現一切色身三昧得此
三昧已心大歡喜即作念言我得現一切色
身三昧皆是得聞法華經力我今當供養日
月淨明德佛及法華經即時入是三昧於虛
空中雨曼陀羅華摩訶曼陀羅華細末堅
黑栴檀滿虛空中如雲而下又雨海此岸栴檀
之香此香六銖價直娑婆世界以供養佛作
是供養已從三昧起而自念言我雖以神力
供養於佛不如以身供養即服諸香栴檀薰
陸兜樓婆畢力迦沈水膠香又飲瞻蔔諸華
香油滿千二百歲已香油塗身於日月淨明
德佛前以天寶衣而自纏身灌諸香油以神
通力願而自然身光明遍照八十億恒河沙

BD14525 號　妙法蓮華經卷六　　(23–15)

薩兜樓婆畢力迦沉水膠香又飲瞻蔔諸華
香油滿千二百歲已香油塗身於日月淨明
德佛前以天寶衣而自纏身灌諸香油以神
通力願而自然身光明遍照八十億恒河沙
世界其中諸佛同時讚言善哉善哉善男子
是真精進是名真法供養如來若以華香瓔
珞燒香抹香塗香天繒幡蓋及海此岸栴
檀之香如是等種種諸物供養所不能及假
使國城妻子布施亦所不及善男子是名第一
之施於諸施中最尊最上以法供養諸如來
故作是語已而各默然其身火然千二百歲
過是已後其身乃盡一切衆生憙見菩薩作
如是法供養已命終之後復生日月淨明德
佛國中於淨德王家結跏趺坐忽然化生即
為其父而說偈言
大王今當知　我經行彼處　即時得一切　現諸身三昧
勤行大精進　捨所愛之身
說是偈已而白父言日月淨明德佛今故現
在我先供養佛已得解一切衆生語言陀羅
尼復聞是法華經八百千萬億那由他甄迦
羅頻婆羅阿閦婆等偈大王我今當還供養
此佛白已即坐七寶之臺上昇虛空高七多
羅樹往到佛所頭面礼足合十指爪以偈讚佛
容顏甚奇妙　光明照十方　我適曾供養　今復還親覲
尒時一切衆生憙見菩薩說是偈已而白佛

BD14525號　妙法蓮華經卷六　（23–16）

羅樹往到佛所頭面礼足合十指爪以偈讚佛
容顏甚奇妙　光明照十方　我適曾供養　今復還親覲
尒時一切衆生憙見菩薩說是偈已而白佛
言世尊世尊猶故在世尒時日月淨明德佛
告一切衆生憙見菩薩善男子我涅槃時到
滅盡時至汝可安施牀座我於今夜當般涅
槃又勅一切衆生憙見菩薩善男子我以佛
法囑累於汝及諸菩薩大弟子并阿耨多羅
三藐三菩提法亦以三千大千七寶世界諸
寶樹寶臺及給侍諸天悉付於汝我滅度後
所有舍利亦付囑汝當令流布廣設供養應
起若干千塔如是日月淨明德佛勅一切衆
生憙見菩薩已於夜後分入於涅槃尒時一切
衆生憙見菩薩見佛滅度悲感懊惱戀慕
於佛即以海此岸栴檀為𧂐供養佛身而以
燒之火滅已後收取舍利作八萬四千寶瓶
以起八萬四千塔高三世界表刹莊嚴垂諸
幡蓋懸衆寶鈴尒時一切衆生憙見菩薩復
自念言我雖作是供養心猶未足我今當更
供養舍利便語諸菩薩大弟子及天龍夜叉
等一切大衆汝等當一心念我念供養日月
淨明德佛舍利作是語已即於八萬四千塔
前然百福莊嚴臂七萬二千歲而以供養令
無數求聲聞衆无量阿僧祇人發阿耨多羅

BD14525號　妙法蓮華經卷六　（23–17）

等一切大衆汝等當一心念我念供養日月
淨明德佛舍利作是語已即於八萬四千塔
前然百福莊嚴臂七萬二千歲而以供養令
無數求聲聞衆无量阿僧祇人發阿耨多羅
三藐三菩提心皆使得住現一切色身三昧
尒時諸菩薩天人阿脩羅等見其无臂憂惱
悲哀而作是言此一切衆生憙見菩薩是我
等師教化我者而今燒臂身不具足于時一切
衆生憙見菩薩於大衆中立此誓言我捨
兩臂必當得佛金色之身若實不虛令我兩
臂還復如故作是誓已自然還復由斯菩薩
福德智慧淳厚所致當尒之時三千大千世
界六種震動天雨寶華一切人天得未曾有
佛告宿王華菩薩於汝意云何一切衆生憙
見菩薩豈異人乎今藥王菩薩是也其所捨
身布施如是无量百千萬億那由他數宿王
華若有發心欲得阿耨多羅三藐三菩提者
能然手指乃至足一指供養佛塔勝以國城
妻子及三千大千國土山林河池諸珎寶物
而供養者若復有人以七寶滿三千大千世
界供養於佛及大菩薩辟支佛阿羅漢是人
所得功德不如受持此法華經乃至一四句
偈其福最多宿王華譬如一切川流江河諸
水之中海為第一此法華經亦復如是於諸
如來所說經中最為深大又如土山黑山小鐵

BD14525號　妙法蓮華經卷六　（23–18）

所得功德不如受持此法華經乃至一四句
偈其福最多宿王華譬如一切川流江河諸
水之中海為第一此法華經亦復如是於諸
如來所說經中最為深大又如土山黑山小鐵
圍山大鐵圍山及十寶山衆山之中須彌山
為第一此法華經亦復如是於諸經中最
為其上又如衆星之中月天子最為第一此
法華經亦復如是於千萬億種諸經法中最
為照明又如日天子能除諸闇此經亦復如
是能破一切不善之闇又如諸小王中轉輪
聖王最為第一此經亦復如是於衆經中最
為其尊又如帝釋於三十三天中王此經亦
復如是諸經中王又如大梵天王一切衆生
之父此經亦復如是一切賢聖學无學及發
菩薩心者之父又如一切凡夫人中須陁洹斯
陁含阿那含阿羅漢辟支佛為第一此經
亦復如是一切如來所說若菩薩所說若聲
聞所說諸經法中最為第一有能受持是經
典者亦復如是於一切衆生中亦為第一一
切聲聞辟支佛中菩薩為第一此經亦復如是
於一切諸經法中最為第一如佛為諸法
王此經亦復如是諸經中王宿王華此經能
救一切衆生者此經能令一切衆生離諸苦
惱此經能大饒益一切衆生充滿其願如清

BD14525號　妙法蓮華經卷六　（23–19）

王此經亦復如是諸經中王宿王華此經能
救一切衆生者此經能令一切衆生離諸苦
惱此經能大饒益一切衆生充滿其願如清
涼池能滿一切諸渴乏者如寒者得火如裸
得者衣如賈人得主如子得母如度得舡如病
得醫如闇得燈如貧得寶如民得王如賈
客得海如炬除闇此法華經亦復如是能令
衆生離一切苦一切病痛能解一切生死之縛
若人得聞此法華經若自書若使人書所
得功德以佛智慧籌量多少不得其邊若書
是經卷華香瓔珞燒香抹香塗香旛蓋衣服
種種之燈蘇燈油燈諸香油燈瞻蔔油燈須
曼那油燈波羅羅油燈婆利師迦油燈那婆
摩利油燈供養所得功德亦復无量宿王華
若有人聞是藥王菩薩本事品者亦得无量
无邊功德若有女人聞是藥王菩薩本事品
能受持者盡是女人身後不復受若如來滅後
後五百歲中若有女人聞是經典如說脩行
於此命終即往安樂世界阿弥陁佛大菩薩
衆圍繞住處生蓮華中寶座之上不復為貪
欲所惱亦復不為瞋恚愚癡所惱亦復不為
憍慢嫉妬諸垢所惱得菩薩神通无生法忍
得是忍已眼根清淨以是清淨眼根見七百
萬二千億那由他恒河沙等諸佛如來是時
諸佛遥共讚言善哉善哉善男子汝能於釋

BD14525 號　妙法蓮華經卷六

（23–20）

憍慢嫉妬諸垢所惱得菩薩神通无生法忍
得是忍已眼根清淨以是清淨眼根見七百
萬二千億那由他恒河沙等諸佛如來是時
諸佛遥共讚言善哉善哉善男子汝能於釋
迦牟尼佛法中受持讀誦思惟是經為他人
說所得福德无量无邊火不能焚水不能漂
汝之功德千佛共說不能令盡汝今已能破
諸魔賊壞生死軍諸餘怨敵皆悉摧滅善男
子百千諸佛以神通力共守護汝於一切世
間天人之中无如汝者唯除如來其諸聲聞
辟支佛乃至菩薩智慧禪定无有與汝等者
宿王華此菩薩成就如是功德智慧之力若
有人聞是藥王菩薩本事品能隨喜讚善者
是人現世口中常出青蓮華香身毛孔中常
出牛頭栴檀之香所得功德如上所說是故
宿王華以此藥王菩薩本事品囑累於汝我
滅度後後五百歲中廣宣流布於閻浮提无
令斷絶惡魔魔民諸天龍夜叉鳩槃荼等得
其便也宿王華汝當以神通之力守護是經
所以者何此經則為閻浮提人病之良藥若
人有病得聞是經病即消滅不老不死宿王
華汝若見有受持是經者應以青蓮華盛滿
抹香供散其上散已作是念言此人不久必
當取草坐於道場破諸魔軍當吹法螺擊大
法鼓度脫一切衆生老病死海是故求佛道

BD14525 號　妙法蓮華經卷六

（23–21）

華汝若見有受持是經者應以青蓮華盛滿
抹香供散其上散已作是念言此人不久必
當取草坐於道場破諸魔軍當吹法螺擊大
法鼓度脫一切衆生老病死海是故求佛道
者見有受持是經典人應當如是生恭敬心
說是藥王菩薩本事品時八萬四千菩薩得
解一切衆生語言陀羅尼多寶如來於寶塔
中讚宿王華菩薩言善哉善哉宿王華汝成
就不可思議功德乃能問釋迦牟尼佛如此
之事利益无量一切衆生

妙法蓮華經卷第六

右爲唐人寫法華經第六卷一常不輕菩
薩品二如來神力品三囑累品四藥王菩
薩本事品前後完整洵希有之作　譬航
先生方盡力國事負度脫衆生之願如
寒者与食、食火裸者与衣可造功德于佛
共説所不能盡敢援經説以伸稱誠古學
文離婆婆毋慈而於今日爲甚果有信向
魔軍固不難却爾譬航過遠聞訓後
多善友倘不以不慧之説爲謬乎

辛酉中秋上浣　武進莊蘊寬合十謹題

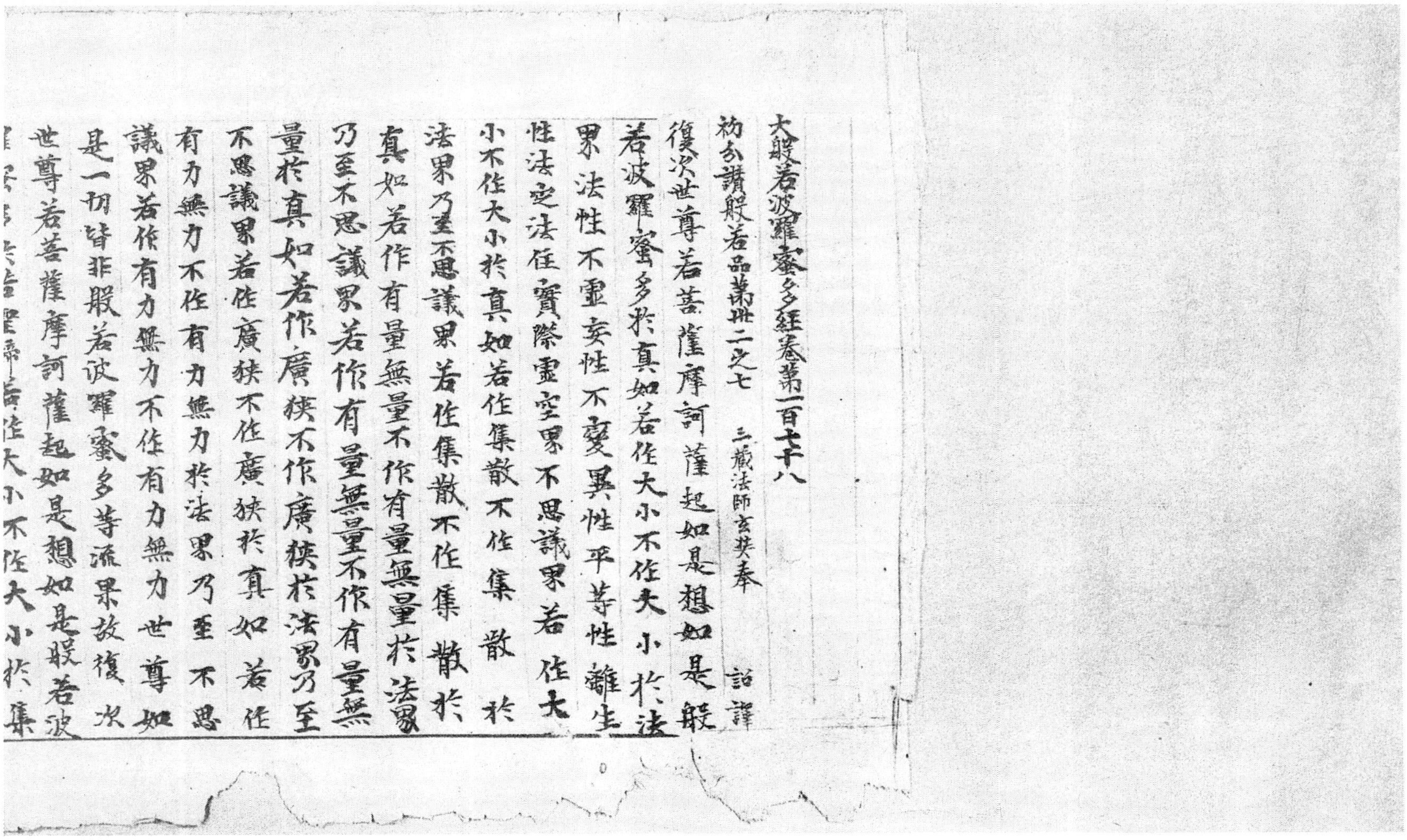
大般若波羅蜜多經卷第一百七十八
初分讚般若品第卅二之七　三藏法師玄奘奉　詔譯
復次世尊若菩薩摩訶薩起如是想如是般
若波羅蜜多於真如若作大小不作大小於法
界法性不虛妄性不變異性平等性離生
性法定法住實際虛空界不思議界若作大
小不作大小於真如若作集散不作集散於
法界乃至不思議界若作集散不作集散於
真如若作有量無量不作有量無量於法界
乃至不思議界若作有量無量不作有量無
量於真如若作廣狹不作廣狹於法界乃至
不思議界若作廣狹不作廣狹於真如若作
有力無力不作有力無力於法界乃至不思
議界若作有力無力不作有力無力世尊如
是一切皆非般若波羅蜜多等流果故復次
世尊若菩薩摩訶薩起如是想如是般若波
羅蜜多於苦聖諦若作大小不作大小於集

BD14526號　大般若波羅蜜多經卷一七八　（21–1）

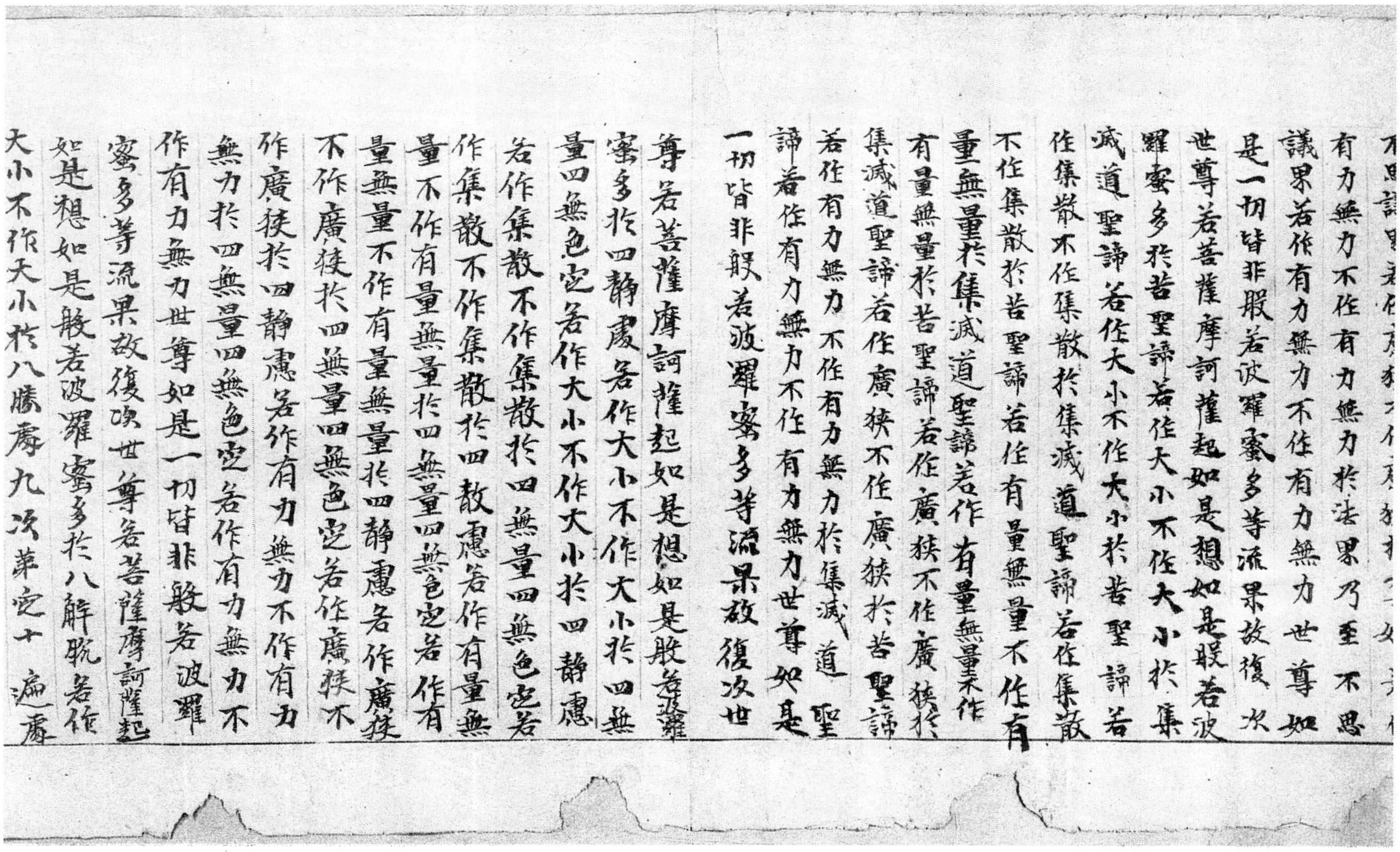
不思議界若作廣狹不作廣狹於真如若作
有力無力不作有力無力於法界乃至不思
議界若作有力無力不作有力無力世尊如
是一切皆非般若波羅蜜多等流果故復次
世尊若菩薩摩訶薩起如是想如是般若波
羅蜜多於苦聖諦若作大小不作大小於集
滅道聖諦若作大小不作大小於苦聖諦若
作集散不作集散於集滅道聖諦若作集散
不作集散於苦聖諦若作有量無量不作有
量無量於集滅道聖諦若作有量無量不作
有量無量於苦聖諦若作廣狹不作廣狹於
集滅道聖諦若作廣狹不作廣狹於苦聖諦
若作有力無力不作有力無力於集滅道聖
諦若作有力無力不作有力無力世尊如是
一切皆非般若波羅蜜多等流果故復次世
尊若菩薩摩訶薩起如是想如是般若波羅
蜜多於四靜慮若作大小不作大小於四無
量四無色定若作大小不作大小於四靜慮
若作集散不作集散於四無量四無色定若
作集散不作集散於四靜慮若作有量無
量不作有量無量於四無量四無色定若作有
量無量不作有量無量於四靜慮若作廣狹
不作廣狹於四無量四無色定若作廣狹不
作廣狹於四靜慮若作有力無力不作有力
無力於四無量四無色定若作有力無力不
作有力無力世尊如是一切皆非般若波羅
蜜多等流果故復次世尊若菩薩摩訶薩起
如是想如是般若波羅蜜多於八解脫若作
大小不作大小於八勝處九次第定十遍處

BD14526號　大般若波羅蜜多經卷一七八　（21–2）

作有力無力世尊如是一切皆非般若波羅
蜜多等流果故復次世尊若菩薩摩訶薩起
如是想如是般若波羅蜜多於八解脫若作
大小不作大小於八勝處九次第定十遍處
若作大小不作大小於八解脫若作集散不
作集散於八勝處九次第定十遍處若作集
散不作集散於八解脫若作有量無量不作
有量無量於八勝處九次第定十遍處若作
有量無量不作有量無量於八解脫若作廣
狹不作廣狹於八勝處九次第定十遍處若
作廣狹不作廣狹於八解脫若作有力無力
不作有力無力於八勝處九次第定十遍處
若作有力無力不作有力無力世尊如是一
切皆非般若波羅蜜多等流果故復次世尊
若菩薩摩訶薩起如是想如是般若波羅蜜
多於四念住若作大小不作大小於四正斷
四神足五根五力七等覺支八聖道支若作
大小不作大小於四念住若作集散不作集
散於四正斷乃至八聖道支若作集散不作
集散於四念住若作有量無量不作有量無
量於四正斷乃至八聖道支若作有量無量
不作有量無量於四念住若作廣狹不作廣
狹於四正斷乃至八聖道支若作廣狹不作
廣狹於四念住若作有力無力不作有力無
力於四正斷乃至八聖道支若作有力無力
不作有力無力世尊如是一切皆非般若波
羅蜜多等流果故復次世尊若菩薩摩訶薩
起如是想如是般若波羅蜜多於空解脫門

BD14526 號　大般若波羅蜜多經卷一七八　（21–3）

廣狹於四念住若作有力無力不作有力無
力於四正斷乃至八聖道支若作有力無力
不作有力無力世尊如是一切皆非般若波
羅蜜多等流果故復次世尊若菩薩摩訶薩
起如是想如是般若波羅蜜多於空解脫門
若作大小不作大小於無相無願解脫門若
作大小不作大小於空解脫門若作集散不
作集散於無相無願解脫門若作集散不作
集散於空解脫門若作有量無量不作有量
無量於無相無願解脫門若作有量無量不
作有量無量於空解脫門若作廣狹不作廣
狹於無相無願解脫門若作廣狹不作廣狹
於空解脫門若作有力無力不作有力無力
於無相無願解脫門若作有力無力不作有
力無力世尊如是一切皆非般若波羅蜜多
等流果故復次世尊若菩薩摩訶薩起如是
想如是般若波羅蜜多於五眼若作大小不
作大小於六神通若作大小不作大小於五
眼若作集散不作集散於六神通若作集散
不作集散於五眼若作有量無量不作有量
無量於六神通若作有量無量不作有量無
量於五眼若作廣狹不作廣狹於六神通若
作廣狹不作廣狹於五眼若作有力無力不
作有力無力於六神通若作有力無力不作
有力無力世尊如是一切皆非般若波羅蜜
多等流果故
復次世尊若菩薩摩訶薩起如是想如是般
若波羅蜜多於佛十力若作大小不作大小

BD14526 號　大般若波羅蜜多經卷一七八　（21–4）

有力無力世尊如是一切皆非般若波羅蜜
多等流果故
復次世尊若菩薩摩訶薩起如是想如是般
若波羅蜜多於佛十力若作大小不作大小
於四無所畏四無礙解大慈大悲大喜大捨
十八佛不共法若作大小不作大小於佛十
力若作集散不作集散於四無所畏乃至十
八佛不共法若作集散不作集散於佛十力
若作有量無量不作有量無量於四無所畏
乃至十八佛不共法若作有量無量不作有
量無量於佛十力若作廣狹不作廣狹於四
無所畏乃至十八佛不共法若作廣狹不作
廣狹於佛十力若作有力無力不作有力無
力於四無所畏乃至十八佛不共法若作有
力無力不作有力無力世尊如是一切皆非
般若波羅蜜多等流果故復次世尊若菩薩
摩訶薩起如是想如是般若波羅蜜多於無
忘失法若作大小不作大小於恒住捨性若
作大小不作大小於無忘失法若作集散不
作集散於恒住捨性若作集散不作集散於
無忘失法若作有量無量不作有量無量於
恒住捨性若作有量無量不作有量無量於
無忘失法若作廣狹不作廣狹於恒住捨性
若作廣狹不作廣狹於無忘失法若作有力
無力不作有力無力於恒住捨性若作有力
無力不作有力無力世尊如是一切皆非般
若波羅蜜多等流果故復次世尊若菩薩
摩訶薩起如是想如是般若波羅蜜多於一切

BD14526號　大般若波羅蜜多經卷一七八　（21-5）

無力不作有力無力世尊如是一切皆非般
若波羅蜜多等流果故復次世尊若菩薩
摩訶薩起如是想如是般若波羅蜜多於一切
智若作大小不作大小於道相智一切相智
若作大小不作大小於一切智若作集散不
作集散於道相智一切相智若作集散不作
集散於一切智若作有量無量不作有量無
量於道相智一切相智若作有量無量不作
有量無量於一切智若作廣狹不作廣狹於
道相智一切相智若作廣狹不作廣狹於一
切智若作有力無力不作有力無力於道相
智一切相智若作有力無力不作有力無力
世尊如是一切皆非般若波羅蜜多等流果
故復次世尊若菩薩摩訶薩起如是想如是
般若波羅蜜多於一切陀羅尼門若作大小
不作大小於一切三摩地門若作大小不作
大小於一切陀羅尼門若作集散不作集散
於一切三摩地門若作集散不作集散於一
切陀羅尼門若作有量無量不作有量無量
於一切三摩地門若作有量無量不作有量
無量於一切陀羅尼門若作廣狹不作廣狹
於一切三摩地門若作廣狹不作廣狹於一
切陀羅尼門若作有力無力不作有力無力
於一切三摩地門若作有力無力不作有
力無力世尊如是一切皆非般若波羅蜜多
等流果故復次世尊若菩薩摩訶薩起如是
想如是般若波羅蜜多於預流若作大小不
作大小於一來不還阿羅漢若作大小不作

BD14526號　大般若波羅蜜多經卷一七八　（21-6）

陀羅尼門若作有力無力不作有力無力
於一切三摩地門若作有力無力不作有
力無力世尊如是一切皆非般若波羅蜜多
等流果故復次世尊若菩薩摩訶薩起如是
想如是般若波羅蜜多於預流若作大小不
作大小於一來不還阿羅漢若作大小不作
大小於預流若作集散不作集散於一來不
還阿羅漢若作集散不作集散於預流若
有量無量不作有量無量於一來不還阿羅
漢若作有量無量不作有量無量於預流若
作廣狹不作廣狹於一來不還阿羅漢若作
廣狹不作廣狹於預流若作有力無力不作
有力無力於一來不還阿羅漢若作有力無
力不作有力無力世尊如是一切皆非般若
波羅蜜多等流果故復次世尊若菩薩摩訶
薩起如是想如是般若波羅蜜多於預流向
預流果若作大小不作大小於一來向一來
果不還向不還果阿羅漢向阿羅漢果若作
大小不作大小於預流向預流果若作集散
不作集散於一來向乃至阿羅漢果若作集
散不作集散於預流向預流果若作有量無
量不作有量無量於一來向乃至阿羅漢果
若作有量無量不作有量無量於預流向預
流果若作廣狹不作廣狹於一來向乃至阿
羅漢果若作廣狹不作廣狹於預流向預流
果若作有力無力不作有力無力於一來向
乃至阿羅漢果若作有力無力不作有力無
力世尊如是一切皆非般若波羅蜜多等流
果故復次世尊若菩薩摩訶薩起如是想如
是般若波羅蜜多於獨覺若作大小不作大

羅漢果若作廣狹不作廣狹於預流向預流
果若作有力無力不作有力無力於一來向
乃至阿羅漢果若作有力無力不作有力無
力世尊如是一切皆非般若波羅蜜多等流
果故復次世尊若菩薩摩訶薩起如是想如
是般若波羅蜜多於獨覺若作大小不作大
小於獨覺菩提若作大小不作大小於獨覺
若作集散不作集散於獨覺菩提若作集散
不作集散於獨覺若作有量無量不作有量
無量於獨覺菩提若作有量無量不作有量
無量於獨覺若作廣狹不作廣狹於獨覺菩
提若作廣狹不作廣狹於獨覺若作有力無
力不作有力無力於獨覺菩提若作有力無
力不作有力無力世尊如是一切皆非般若
波羅蜜多等流果故復次世尊若菩薩摩訶
薩起如是想如是般若波羅蜜多於菩薩摩
訶薩若作大小不作大小於菩薩摩訶薩行
若作大小不作大小於菩薩摩訶薩若作集
散不作集散於菩薩摩訶薩行若作集散不
作集散於菩薩摩訶薩若作有量無量不作
有量無量於菩薩摩訶薩行若作有量無量
不作有量無量於菩薩摩訶薩若作廣狹不
作廣狹於菩薩摩訶薩行若作廣狹不作廣
狹於菩薩摩訶薩若作有力無力不作有力
無力於菩薩摩訶薩行若作有力無力不作
有力無力世尊如是一切皆非般若波羅蜜
多等流果故復次世尊若菩薩摩訶薩起如
是想如是般若波羅蜜多於諸如來應正等
覺若作大小不作大小於佛無上正等菩提

無力於菩薩摩訶薩行若作有力無力不作
有力無力世尊如是一切皆非般若波羅蜜
多等流果故復次世尊若菩薩摩訶薩起如
是想如是般若波羅蜜多於諸如來應正等
覺若作大小不作大小於佛無上正等菩提
若作大小不作大小於諸如來應正等覺若
作集散不作集散於佛無上正等菩提若作
集散不作集散於諸如來應正等覺若作有
量無量不作有量無量於佛無上正等菩提
若作有量無量不作有量無量於諸如來應
正等覺若作廣狹不作廣狹於佛無上正等
菩提若作廣狹不作廣狹於諸如來應正等
覺若作有力無力不作有力無力於佛無上
正等菩提若作有力無力不作有力無力世
尊如是一切皆非般若波羅蜜多等流果故
復次世尊若菩薩摩訶薩起如是想如是般
若波羅蜜多於一切法若作大小不作大小
於一切法若作集散不作集散於一切法若
作有量無量不作有量無量於一切法若作
廣狹不作廣狹於一切法若作有力無力不
作有力無力世尊如是一切皆非般若波羅
蜜多等流果故
世尊若菩薩摩訶薩起如是想如是般若波
羅蜜多於色若作大小不作大小於受想行
識若作大小不作大小於色若作集散不作
集散於受想行識若作集散不作集散於色
若作有量無量不作有量無量於受想行識
若作有量無量不作有量無量於色若作廣
狹不作廣狹於受想行識若作廣狹不作廣

羅蜜多於色若作大小不作大小於受想行
識若作大小不作大小於色若作集散不作
集散於受想行識若作集散不作集散於色
若作有量無量不作有量無量於受想行識
若作有量無量不作有量無量於色若作廣
狹不作廣狹於受想行識若作廣狹不作廣
狹於色若作有力無力不作有力無力於受
想行識若作有力無力不作有力無力世尊
是菩薩摩訶薩名大有所得非行般若波羅
蜜多何以故非有所得想能證無上正等菩
提故復次世尊若菩薩摩訶薩起如是想如
是般若波羅蜜多於眼處若作大小不作大
小於耳鼻舌身意處若作大小不作大小於
眼處若作集散不作集散於耳鼻舌身意處
若作集散不作集散於眼處若作有量無量
不作有量無量於耳鼻舌身意處若作有量
無量不作有量無量於眼處若作廣狹不作
廣狹於耳鼻舌身意處若作廣狹不作廣狹
於眼處若作有力無力不作有力無力於耳
鼻舌身意處若作有力無力不作有力無力
世尊是菩薩摩訶薩名大有所得非行般若
波羅蜜多何以故非有所得想能證無上正
等菩提故復次世尊若菩薩摩訶薩起如是
想如是般若波羅蜜多於色處若作大小不
作大小於聲香味觸法處若作大小不作大
小於色處若作集散不作集散於聲香味觸
法處若作集散不作集散於色處若作有量
無量不作有量無量於聲香味觸法處若
作有量無量不作有量無量於色處若作廣狹

想如是般若波羅蜜多於色處若作大小不
作大小於聲香味觸法處若作大小不作大
小於色處若作集散不作集散於聲香味觸
法處若作集散不作集散於色處若作有量
無量不作有量無量於聲香味觸法處若
作有量無量不作有量無量於色處若作廣狹
不作廣狹於聲香味觸法處若作廣狹不作
廣狹於色處若作有力無力不作有力無力
於聲香味觸法處若作有力無力不作有力
無力世尊是菩薩摩訶薩名大有所得非行
般若波羅蜜多何以故非有所得想能證無
上正等菩提故
復次世尊若菩薩摩訶薩起如是想如是
般若波羅蜜多於眼界若作大小不作大小於
色界眼識界及眼觸眼觸為緣所生諸受若
作大小不作大小於眼界若作集散不作集散
於色界乃至眼觸為緣所生諸受若作集散
不作集散於眼界若作有量無量不作有量
無量於色界乃至眼觸為緣所生諸受若作
有量無量不作有量無量於眼界若作廣狹
不作廣狹於色界乃至眼觸為緣所生諸受
若作廣狹不作廣狹於眼界若作有力無力
不作有力無力於色界乃至眼觸為緣所生
諸受若作有力無力不作有力無力世尊是
菩薩摩訶薩名大有所得非行般若波羅蜜
多何以故非有所得想能證無上正等菩提
故
復次世尊若菩薩摩訶薩起如是想如是般

BD14526 號　大般若波羅蜜多經卷一七八　（21–11）

多何以故非有所得想能證無上正等菩提
故
復次世尊若菩薩摩訶薩起如是想如是般
若波羅蜜多於耳界若作大小不作大小於
聲界耳識界及耳觸耳觸為緣所生諸受若
作大小不作大小於耳界若作集散不作集
散於聲界乃至耳觸為緣所生諸受若作集
散不作集散於耳界若作有量無量不作有
量無量於聲界乃至耳觸為緣所生諸受若
作有量無量不作有量無量於耳界若作廣
狹不作廣狹於聲界乃至耳觸為緣所生諸
受若作廣狹不作廣狹於耳界若作有力無
力不作有力無力於聲界乃至耳觸為緣所
生諸受若作有力無力不作有力無力世尊
是菩薩摩訶薩名大有所得非行般若波羅
蜜多何以故非有所得想能證無上正等菩
提故
復次世尊若菩薩摩訶薩起如是想如是
般若波羅蜜多於鼻界若作大小不作大小於
香界鼻識界及鼻觸鼻觸為緣所生諸受若
作大小不作大小於鼻界若作集散不作集
散於香界乃至鼻觸為緣所生諸受若作集
散不作集散於鼻界若作有量無量不作有
量無量於香界乃至鼻觸為緣所生諸受若
作有量無量不作有量無量於鼻界若作廣
狹不作廣狹於香界乃至鼻觸為緣所生諸
受若作廣狹不作廣狹於鼻界若作有力無
力不作有力無力於香界乃至鼻觸為緣所

BD14526 號　大般若波羅蜜多經卷一七八　（21–12）

量無量於香界乃至鼻觸爲緣所生諸受若
作有量無量不作有量無量於鼻界若作廣
狹不作廣狹於香界乃至鼻觸爲緣所生諸
受若作廣狹不作廣狹於鼻界若作有力無
力不作有力無力於香界乃至鼻觸爲緣所
生諸受若作有力無力不作有力無力世尊
是菩薩摩訶薩名大有所得非行般若波
羅蜜多何以故非有所得想能證無上正等菩
提故
復次世尊若菩薩摩訶薩起如是想如是般
若波羅蜜多於舌界若作大小不作大小於
味界舌識界及舌觸舌觸爲緣所生諸受若
作大小不作大小於舌界若作集散不作集
散於味界乃至舌觸爲緣所生諸受若作集
散不作集散於舌界若作有量無量不作有
量無量於味界乃至舌觸爲緣所生諸受若
作有量無量不作有量無量於舌界若作廣
狹不作廣狹於味界乃至舌觸爲所生諸
受若作廣狹不作廣狹於舌界若作有力無
力不作有力無力於味界乃至舌觸爲緣所
生諸受若作有力無力不作有力無力世尊
是菩薩摩訶薩名大有所得非行般若波羅
蜜多何以故非有所得想能證無上正等菩
提故
復次世尊若菩薩摩訶薩起如是想如是般
若波羅蜜多於身界若作大小不作大小於
觸界身識界及身觸身觸爲緣所生諸受若
作大小不作大小於身界若作集散不作集

BD14526 號　大般若波羅蜜多經卷一七八　（21–13）

提故
復次世尊若菩薩摩訶薩起如是想如是般
若波羅蜜多於身界若作大小不作大小於
觸界身識界及身觸身觸爲緣所生諸受若
作大小不作大小於身界若作集散不作集
散於觸界乃至身觸爲緣所生諸受若作集
散不作集散於身界若作有量無量不作有
量無量於觸界乃至身觸爲緣所生諸受若
作有量無量不作有量無量於身界若作廣
狹不作廣狹於觸界乃至身觸爲緣所生諸
受若作廣狹不作廣狹於身界若作有力無
力不作有力無力於觸界乃至身觸爲緣所
生諸受若作有力無力不作有力無力世尊
是菩薩摩訶薩名大有所得非行般若波
羅蜜多何以故非有所得想能證無上正等菩
提故
復次世尊若菩薩摩訶薩起如是想如是
般若波羅蜜多於意界若作大小不作大小於
法界意識界及意觸意觸爲緣所生諸受若
作大小不作大小於意界若作集散不作集
散於法界乃至意觸爲緣所生諸受若作集
散不作集散於意界若作有量無量不作有
量無量於法界乃至意觸爲緣所生諸受若
作有量無量不作有量無量於意界若作
廣狹不作廣狹於法界乃至意觸爲緣所生諸
受若作廣狹不作廣狹於意界若作有力無
力不作有力無力於法界乃至意觸爲緣所
生諸受若作有力無力不作有力無力世尊

BD14526 號　大般若波羅蜜多經卷一七八　（21–14）

廣狹不作廣狹於法界乃至意觸爲緣所生諸
受若作廣狹不作廣狹於意界若作有力無
力不作有力無力於法界乃至意觸爲緣所
生諸受若作有力無力不作有力無力世尊
是菩薩摩訶薩名大有所得非行般若波羅
蜜多何以故非有所得想能證無上正等菩
提故
復次世尊若菩薩摩訶薩起如是想如是般
若波羅蜜多於地界若作大小不作大小於
水火風空識界若作大小不作大小於地界
若作集散不作集散於水火風空識界若作
集散不作集散於地界若作有量無量不作
有量無量於水火風空識界若作有量無
量不作有量無量於地界若作廣狹不作廣狹
於水火風空識界若作廣狹不作廣狹於地
界若作有力無力不作有力無力於水火風
空識界若作有力無力不作有力無力世尊
是菩薩摩訶薩名大有所得非行般若波羅
蜜多何以故非有所得想能證無上正等菩
提故
復次世尊若菩薩摩訶薩起如是想如是般
若波羅蜜多於無明若作大小不作大小於
行識名色六處觸受愛取有生老死愁歎苦
憂惱若作大小不作大小於無明若作集散
不作集散於行乃至老死愁歎苦憂惱若作
集散不作集散於無明若作有量無量不作
有量無量於行乃至老死愁歎苦憂惱若作
有量無量不作有量無量於無明若作廣狹
不作廣狹於行乃至老死愁歎苦憂惱若作

BD14526號　大般若波羅蜜多經卷一七八　（21–15）

不作集散於行乃至老死愁歎苦憂惱若作
集散不作集散於無明若作有量無量不作
有量無量於行乃至老死愁歎苦憂惱若作
有量無量不作有量無量於無明若作廣狹
不作廣狹於行乃至老死愁歎苦憂惱若作
廣狹不作廣狹於無明若作有力無力不作
有力無力於行乃至老死愁歎苦憂惱若作
有力無力不作有力無力世尊是菩薩摩
訶薩名大有所得非行般若波羅蜜多何以故
非有所得想能證無上正等菩提故
復次世尊若菩薩摩訶薩起如是想如是般
若波羅蜜多於布施波羅蜜多若作大小不
作大小於淨戒安忍精進靜慮般若波羅蜜
多若作大小不作大小於布施波羅蜜多若
作集散不作集散於淨戒乃至般若波羅蜜
多若作集散不作集散於布施波羅蜜多若
作有量無量不作有量無量於淨戒乃至般
若波羅蜜多若作有量無量不作有量無量
於布施波羅蜜多若作廣狹不作廣狹於淨
戒乃至般若波羅蜜多若作廣狹不作廣狹
於布施波羅蜜多若作有力無力不作有力
無力於淨戒乃至般若波羅蜜多若作有力
無力不作有力無力世尊是菩薩摩訶薩名
大有所得非行般若波羅蜜多何以故非有
所得想能證無上正等菩提故
復次世尊若菩薩摩訶薩起如是想如是般
若波羅蜜多於內空若作大小不作大小於
外空內外空空空大空勝義空有為空無為

BD14526號　大般若波羅蜜多經卷一七八　（21–16）

大有所得非行般若波羅蜜多何以故非有
所得想能證無上正等菩提故
復次世尊若菩薩摩訶薩起如是想如是般
若波羅蜜多於內空若作大小不作大小於
外空內外空空空大空勝義空有為空無為
空畢竟空無際空散空無變異空本性空自
想空共想空一切法空不可得空無性空自
性空無性自性空若作大小不作大小於內
空若作集散不作集散於外空乃至無性自
性空若作集散不作集散於內空若作有量
無量不作有量無量於外空乃至無性自性
空若作有量無量不作有量無量於內空若
作廣狹不作廣狹於外空乃至無性自性空
若作廣狹不作廣狹於內空若作有力無力
不作有力無力於外空乃至無性自性空若
作有力無力不作有力無力世尊是菩薩摩
訶薩名大有所得非行般若波羅蜜多何以
故非有所得想能證無上正等菩提故
復次世尊若菩薩摩訶薩起如是想如是般
若波羅蜜多於真如若作大小不作大小於
法界法性不虛妄性不變異性平等性離生
性法定法住實際虛空界不思議界若作大
小不作大小於真如若作集散不作集散於
法界乃至不思議界若作集散不作集散於
真如若作有量無量不作有量無量於法界
乃至不思議界若作有量無量不作有量無
量於真如若作廣狹不作廣狹於法界乃至
不思議界若作廣狹不作廣狹於真如若作
有力無力不作有力無力於法界乃至不思

BD14526 號　大般若波羅蜜多經卷一七八　（21–17）

真如若作有量無量不作有量無量於法界
乃至不思議界若作有量無量不作有量無
量於真如若作廣狹不作廣狹於法界乃至
不思議界若作廣狹不作廣狹於真如若作
有力無力不作有力無力於法界乃至不思
議界若作有力無力不作有力無力世尊是
菩薩摩訶薩名大有所得非行般若波羅
蜜多何以故非有所得想能證無上正等菩
提故
復次世尊若菩薩摩訶薩起如是想如是般
若波羅蜜多於苦聖諦若作大小不作大小
於集滅道聖諦若作大小不作大小於苦聖
諦若作集散不作集散於集滅道聖諦若作
集散不作集散於苦聖諦若作有量無量不
作有量無量於集滅道聖諦若作有量無量
不作有量無量於苦聖諦若作廣狹不作廣
狹於集滅道聖諦若作廣狹不作廣狹於苦
聖諦若作有力無力不作有力無力於集滅
道聖諦若作有力無力不作有力無力世尊
是菩薩摩訶薩名大有所得非行般若波羅
蜜多何以故非有所得想能證無上正等菩
提故
復次世尊若菩薩摩訶薩起如是想如是般
若波羅蜜多於四靜慮若作大小不作大小
於四無量四無色定若作大小不作大小於
四靜慮若作集散不作集散於四無量四無
色定若作集散不作集散於四靜慮若作有
量無量不作有量無量於四無量四無色定
若作有量無量不作有量無量於四靜慮若

BD14526 號　大般若波羅蜜多經卷一七八　（21–18）

四靜慮若作集散不作集散於四無量四無
色定若作集散不作集散於四靜慮若作有
量無量不作有量無量於四無量四無色定
若作有量無量不作有量無量於四靜慮若
作廣狹不作廣狹於四無量四無色定若作
廣狹不作廣狹於四靜慮若作有力無力不
作有力無力於四無量四無色定若作有力
無力不作有力無力世尊是菩薩摩訶薩名
大有所得非行般若波羅蜜多何以故非有
所得想能證無上正等菩提故
復次世尊若菩薩摩訶薩起如是想如是般
若波羅蜜多於八解脫若作大小不作大小
於八勝處九次第定十遍處若作大小不作
大小於八解脫若作集散不作集散於八勝
處九次第定十遍處若作集散不作集散於
八解脫若作有量無量不作有量無量於八
勝處九次第定十遍處若作有量無量不作
有量無量於八解脫若作廣狹不作廣狹於
八勝處九次第定十遍處若作廣狹不作廣
狹於八解脫若作有力無力不作有力無力
於八勝處九次第定十遍處若作有力無力
不作有力無力世尊是菩薩摩訶薩名大有
所得非行般若波羅蜜多何以故非有所得
想能證無上正等菩提故
復次世尊若菩薩摩訶薩起如是想如是般
若波羅蜜多於四念住若作大小不作大小
於四正斷四神足五根五力七等覺支八聖
道支若作大小不作大小於四念住若作集
散不作集散於四正斷乃至八聖道支若作

BD14526 號　大般若波羅蜜多經卷一七八　（21–19）

復次世尊若菩薩摩訶薩起如是想如是般
若波羅蜜多於四念住若作大小不作大小
於四正斷四神足五根五力七等覺支八聖
道支若作大小不作大小於四念住若作集
散不作集散於四正斷乃至八聖道支若作
集散不作集散於四念住若作有量無量不
作有量無量於四正斷乃至八聖道支若作
有量無量不作有量無量於四念住若作廣
狹不作廣狹於四正斷乃至八聖道支若作
廣狹不作廣狹於四念住若作有力無力不
作有力無力於四正斷乃至八聖道支若作
有力無力不作有力無力世尊是菩薩摩訶
薩名大有所得非行般若波羅蜜多何以故
非有所得想能證無上正等菩提故
復次世尊若菩薩摩訶薩起如是想如是般
若波羅蜜多於空解脫門若作大小不作大
小於無相無願解脫門若作大小不作大小
於空解脫門若作集散不作集散於無相
無願解脫門若作集散不作集散於空解脫門
若作有量無量不作有量無量於無相無願
解脫門若作有量無量不作有量無量於空
解脫門若作廣狹不作廣狹於無相無願解
脫門若作廣狹不作廣狹於空解脫門若作
有力無力不作有力無力於無相無願解脫
門若作有力無力不作有力無力世尊是菩
薩摩訶薩名大有所得非行般若波羅蜜多
何以故非有所得想能證無上正等菩提故
復次世尊若菩薩摩訶薩起如是想如是般

BD14526 號　大般若波羅蜜多經卷一七八　（21–20）

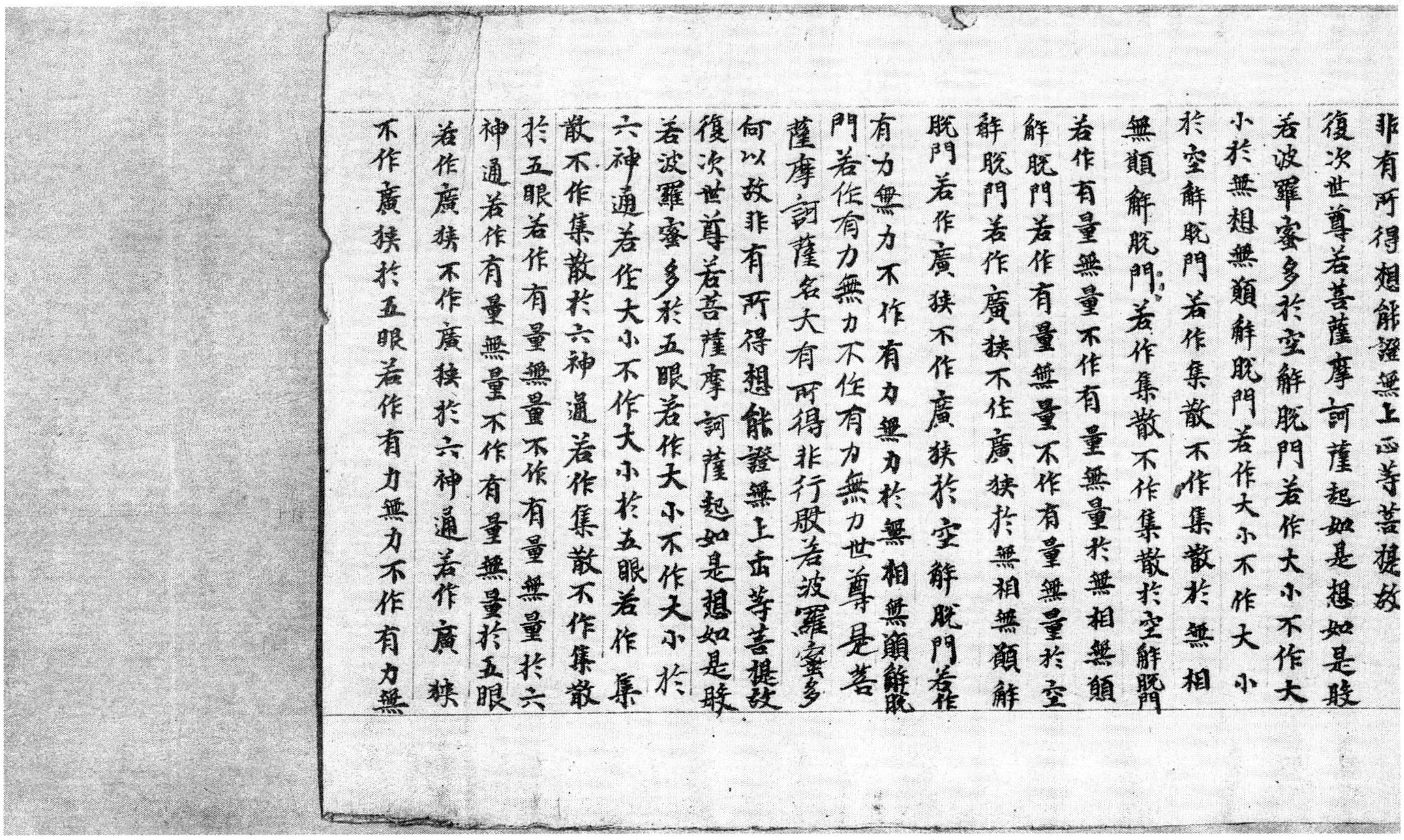
非有所得想能證無上正等菩提故
復次世尊若菩薩摩訶薩起如是想如是般
若波羅蜜多於空解脫門若作大小不作大
小於無相無願解脫門若作大小不作大小
於空解脫門若作集散不作集散於無相
無願解脫門若作集散不作集散於空解脫門
若作有量無量不作有量無量於無相無願
解脫門若作有量無量不作有量無量於空
解脫門若作廣狹不作廣狹於無相無願解
脫門若作廣狹不作廣狹於空解脫門若作
有力無力不作有力無力於無相無願解脫
門若作有力無力不作有力無力世尊是菩
薩摩訶薩名大有所得非行般若波羅蜜多
何以故非有所得想能證無上正等菩提故
復次世尊若菩薩摩訶薩起如是想如是般
若波羅蜜多於五眼若作大小不作大小於
六神通若作大小不作大小於五眼若作集
散不作集散於六神通若作集散不作集散
於五眼若作有量無量不作有量無量於六
神通若作有量無量不作有量無量於五眼
若作廣狹不作廣狹於六神通若作廣狹
不作廣狹於五眼若作有力無力不作有力無

BD14526 號　大般若波羅蜜多經卷一七八　（21–21）

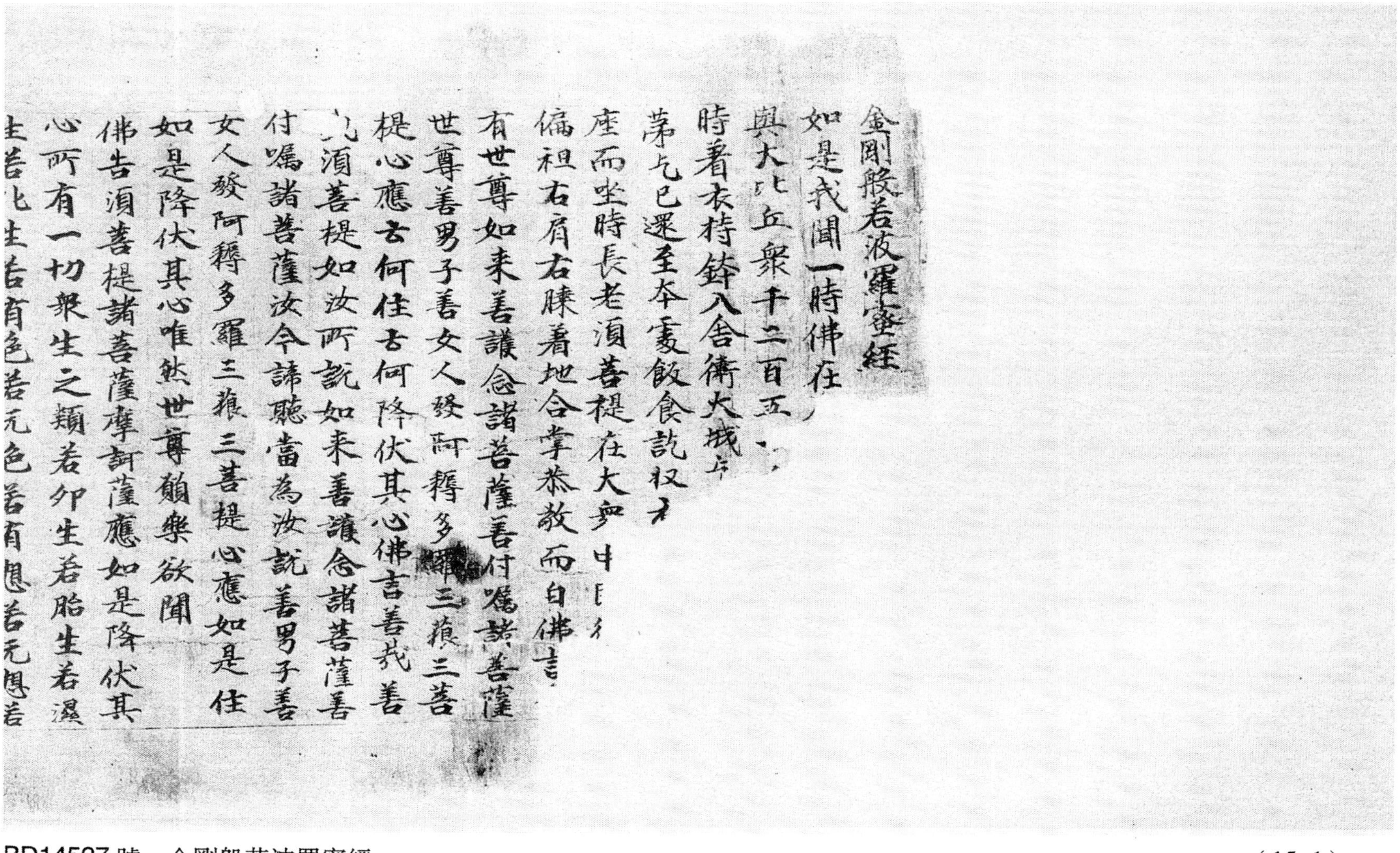
金剛般若波羅蜜經
如是我聞一時佛在
與大比丘衆千二百五
時著衣持鉢入舍衛大城乞
第乞已還至本處飯食訖收衣
座而坐時長老須菩提在大衆中
偏袒右肩右膝著地合掌恭敬而白佛言
有世尊如來善護念諸菩薩善付囑諸菩薩
世尊善男子善女人發阿耨多羅三藐三菩
提心應云何住云何降伏其心佛言善哉善
哉須菩提如汝所說如來善護念諸菩薩善
付囑諸菩薩汝今諦聽當為汝說善男子善
女人發阿耨多羅三藐三菩提心應如是住
如是降伏其心唯然世尊願樂欲聞
佛告須菩提諸菩薩摩訶薩應如是降伏其
心所有一切衆生之類若卵生若胎生若濕
生若化生若有色若无色若有想若无想若

BD14527 號　金剛般若波羅蜜經　（15–1）

女人發阿耨多羅三藐三菩提心應如是住
如是降伏其心唯然世尊願樂欲聞
佛告須菩提諸菩薩摩訶薩應如是降伏其
心所有一切衆生之類若卵生若胎生若濕
生若化生若有色若无色若有想若无想若
非有想若非无想我皆令入无餘涅槃而滅
度之如是滅度无量无數无邊衆生實无衆
生得滅度者何以故須菩提若菩薩有我相
人相衆生相壽者相即非菩薩
復次須菩提菩薩於法應无所住行於布施
所謂不住色布施不住聲香味觸法布施須
菩提菩薩應如是布施不住於相何以故若
菩薩不住相布施其福德不可思量須菩提
於意云何東方虛空可思量不不也世尊須菩
提南西北方四維上下虛空可思量不不也
世尊須菩提菩薩无住相布施福德亦復如
是不可思量須菩提菩薩但應如所教住須
菩提於意云何可以身相見如來不不也世
尊不可以身相得見如來何以故如來所說
身相即非身相佛告須菩提凡所有相皆
是虛妄若見諸相非相則見如來
須菩提白佛言世尊頗有衆生得聞如是言
說章句生實信不佛告須菩提莫作是說如
來滅後後五百歲有持戒脩福者於此章句
能生信心以此爲實當知是人不於一佛二

BD14527號　金剛般若波羅蜜經　（15–2）

是虛妄若見諸相非相則見如來
須菩提白佛言世尊頗有衆生得聞如是言
說章句生實信不佛告須菩提莫作是說如
來滅後後五百歲有持戒脩福者於此章句
能生信心以此爲實當知是人不於一佛二
佛三四五佛而種善根已於无量千万佛所
種諸善根聞是章句乃至一念生淨信者須
菩提如來悉知悉見是諸衆生得如是无量
福德何以故是諸衆生无復我相人相衆生
相壽者相无法相亦无非法相何以故是諸
衆生若心取相則爲着我人衆生壽者若取
法相即着我人衆生壽者何以故若取非法
相即着我人衆生壽者是故不應取法不應
取非法以是義故如來常說汝等比丘知我
說法如筏喻者法尚應捨何況非法
須菩提於意云何如來得阿耨多羅三藐三
菩提耶如來有所說法耶須菩提言如我解
佛所說義无有定法名阿耨多羅三藐三菩
提亦无有定法如來可說何以故如來所說
法皆不可取不可說非法非非法所以者何
一切賢聖皆以无爲法而有差別須菩提於
意云何若人滿三千大千世界七寶以用布
施是人所得福德寧爲多不須菩提言甚
多世尊何以故是福德即非福德性是故如來
說福德多若復有人於此經中受持乃至四

BD14527號　金剛般若波羅蜜經　（15–3）

施是人所得福德寧為多不須菩提言甚
多世尊何以故是福德即非福德性是故如来
説福德多若復有人於此經中受持乃至四
句偈等為他人説其福勝彼何以故須菩提
一切諸佛及諸佛阿耨多羅三藐三菩提法
皆從此經出須菩提所謂佛法者即非佛法
須菩提於意云何須陁洹能作是念我得須
陁洹果不須菩提言不也世尊何以故須陁
洹名為入流而无所入不入色聲香味觸法
是名須陁洹須菩提於意云何斯陁含能作
是念我得斯陁含果不須菩提言不也世尊
何以故斯陁含名一往来而實无往来是名
斯陁含須菩提於意云何阿那含能作是念
我得阿那含果不須菩提言不也世尊何以
故阿那含名一往来而實无来是故名阿那含
須菩提於意云何阿羅漢能作是念我得阿
羅漢道不須菩提言不也世尊何以故實无
有法名阿羅漢世尊若阿羅漢作是念我得
阿羅漢道即為著我人衆生壽者世尊佛説
我得无諍三昧人中最為第一是第一離欲
阿羅漢我不作是念我是離欲阿羅漢世尊
我若作是念我得阿羅漢道世尊則不説須
菩提是樂阿蘭那行者以須菩提實无所行
而名須菩提是樂阿蘭那行
佛告須菩提於意云何如来昔在然燈佛所

BD14527 號　金剛般若波羅蜜經　（15–4）

我若作是念我得阿羅漢道世尊則不説須
菩提是樂阿蘭那行者以須菩提實无所行
而名須菩提是樂阿蘭那行
佛告須菩提於意云何如来昔在然燈佛所
於法有所得不世尊如来在然燈佛所於法
實无所得須菩提於意云何菩薩莊嚴佛土
不不也世尊何以故莊嚴佛土者則非莊嚴
是名莊嚴是故須菩提諸菩薩摩訶薩應如
是生清淨心不應住色生心不應住聲香味
觸法生心應无所住而生其心須菩提譬如
有人身如須弥山王於意云何是身為大不
須菩提言甚大世尊何以故佛説非身是名
大身須菩提如恒河中所有沙數如是等恒河
於意云何是諸恒河沙寧為多不須菩提言
甚多世尊但諸恒河尚多无數何况其沙須
菩提我今實言告汝若有善男子善女人以
七寶滿尒所恒河沙數三千大千世界以用
布施得福多不須菩提言甚多世尊佛告須
菩提若善男子善女人於此經中乃至受持
四句偈等為他人説而此福德勝前福德復
次須菩提隨説是經乃至四句偈等當知此
處一切世間天人阿脩羅皆應供養如佛塔
廟何况有人盡能受持讀誦須菩提當知是
人成就最上第一希有之法若是經典所在
之處則為有佛若尊重弟子

BD14527 號　金剛般若波羅蜜經　（15–5）

處一切世間天人阿脩羅皆應供養如佛塔
廟何況有人盡能受持讀誦須菩提當知是
人成就最上第一希有之法若是經典所在
之處則為有佛若尊重弟子
尒時須菩提白佛言世尊當何名此經我等
云何奉持佛告須菩提是經名為金剛般若
波羅蜜以是名字汝當奉持所以者何須菩
提佛說般若波羅蜜則非般若波羅蜜須菩
提於意云何如來有所說法不須菩提白佛
言世尊如來无所說須菩提於意云何三千
大千世界所有微塵是為多不須菩提言甚
多世尊須菩提諸微塵如來說非微塵是
名微塵如來說世界非世界是名世界須菩
提於意云何可以卅二相見如來不不也世
尊何以故如來說卅二相即是非相是名卅
二相須菩提若有善男子善女人以恒河沙
等身命布施若復有人於此經中乃至受持
四句偈等為他人說其福甚多
尒時須菩提聞說是經深解義趣涕淚悲泣
而白佛言希有世尊佛說如是甚深經典我
從昔來所得慧眼未曾得聞如是之經世尊
若復有人得聞是經信心清淨則生實相當
知是人成就第一希有功德世尊是實相者
則是非相是故如來說名實相世尊我今得
聞如是經典信解受持不足為難若當來世

BD14527 號　金剛般若波羅蜜經　（15–6）

若復有人得聞是經信心清淨則生實相當
知是人成就第一希有功德世尊是實相者
則是非相是故如來說名實相世尊我今得
聞如是經典信解受持不足為難若當來世
後五百歲其有眾生得聞是經信解受持是
人則為第一希有何以故此人无我相人相眾
生相壽者相所以者何我相即是非相人相
眾生相壽者相即是非相何以故離一切諸相
則名諸佛佛告須菩提如是如是若復有人
得聞是經不驚不怖不畏當知是人甚為希
有何以故須菩提如來說第一波羅蜜非第
一波羅蜜是名第一波羅蜜
須菩提忍辱波羅蜜如來說非忍辱波羅蜜
何以故須菩提如我昔為歌利王割截身體
我於尒時无我相无人相无眾生相无壽者
相何以故我於往昔節節支解時若有我相
人相眾生相壽者相應生瞋恨須菩提又念
過去於五百世作忍辱仙人於尒所世无我相
无人相无眾生相无壽者相是故須菩提菩
薩應離一切相發阿耨多羅三藐三菩提心不
應住色生心不應住聲香味觸法生心應
生无所住心若心有住則為非住是故佛說
菩薩心不應住色布施須菩提菩薩為利益
一切眾生應如是布施如來說一切諸相即
是非相又說一切眾生則非眾生須菩提如

BD14527 號　金剛般若波羅蜜經　（15–7）

生无所住心若心有住則為非住是故佛說
菩薩心不應住色布施須菩提菩薩為利益
一切衆生應如是布施如来說一切諸相即
是非相又說一切衆生則非衆生須菩提如
来是真語者實語者如語者不誑語者不
異語者須菩提如来所得法此法无實无虛
須菩提若菩薩心住於法而行布施如人入
闇則无所見若菩薩心不住法而行布施如人
有目日光明照見種種色須菩提當来之世
若有善男子善女人能於此經受持讀誦則
為如来以佛智慧悉知是人悉見是人皆得
成就无量无邊功德
須菩提若有善男子善女人初日分以恒河
沙等身布施中日分復以恒河沙等身布施
後日分亦以恒河沙等身布施如是无量百
千万億劫以身布施若復有人聞此經典信
心不逆其福勝彼何况書寫受持讀誦為人
解說須菩提以要言之是經有不可思議不
可稱量无邊功德如来為發大乘者說為發最
上乘者說若有人能受持讀誦廣為人說如
来悉知是人悉見是人皆成就不可量不可稱
无有邊不可思議功德如是人等則為荷
擔如来阿耨多羅三藐三菩提何以故須菩
提若樂小法者着我見人見衆生見壽者見
則於此經不能聽受讀誦為人解說須菩提
在在處處若有此經一切世間天人阿脩羅

BD14527 號　金剛般若波羅蜜經　（15–8）

擔如来阿耨多羅三藐三菩提何以故須菩
提若樂小法者着我見人見衆生見壽者見
則於此經不能聽受讀誦為人解說須菩提
在在處處若有此經一切世間天人阿脩羅
所應供養當知此處則為是塔皆應恭敬作
礼圍遶以諸華香而散其處
復次須菩提善男子善女人受持讀誦此經
若為人輕賤是人先世罪業應墮惡道以今
世人輕賤故先世罪業則為消滅當得阿耨
多羅三藐三菩提須菩提我念過去无量阿
僧祇劫於然燈佛前得值八百四千万億那
由他諸佛悉皆供養承事无空過者若復有
人於後末世能受持讀誦此經所得功德於
我所供養諸佛功德百分不及一千万億分
乃至筭數譬喻所不能及須菩提若善男
子善女人於後末世有受持讀誦此經所得
功德我若具說者或有人聞心則狂亂狐疑
不信須菩提當知是經義不可思議果報亦
不可思議
尒時須菩提白佛言世尊善男子善女人發
阿耨多羅三藐三菩提心云何應住云何降
伏其心佛告須菩提善男子善女人發阿耨
多羅三藐三菩提者當生如是心我應滅度
一切衆生滅度一切衆生已而无有一衆生實
滅度者何以故若菩薩有我相人相衆生相

BD14527 號　金剛般若波羅蜜經　（15–9）

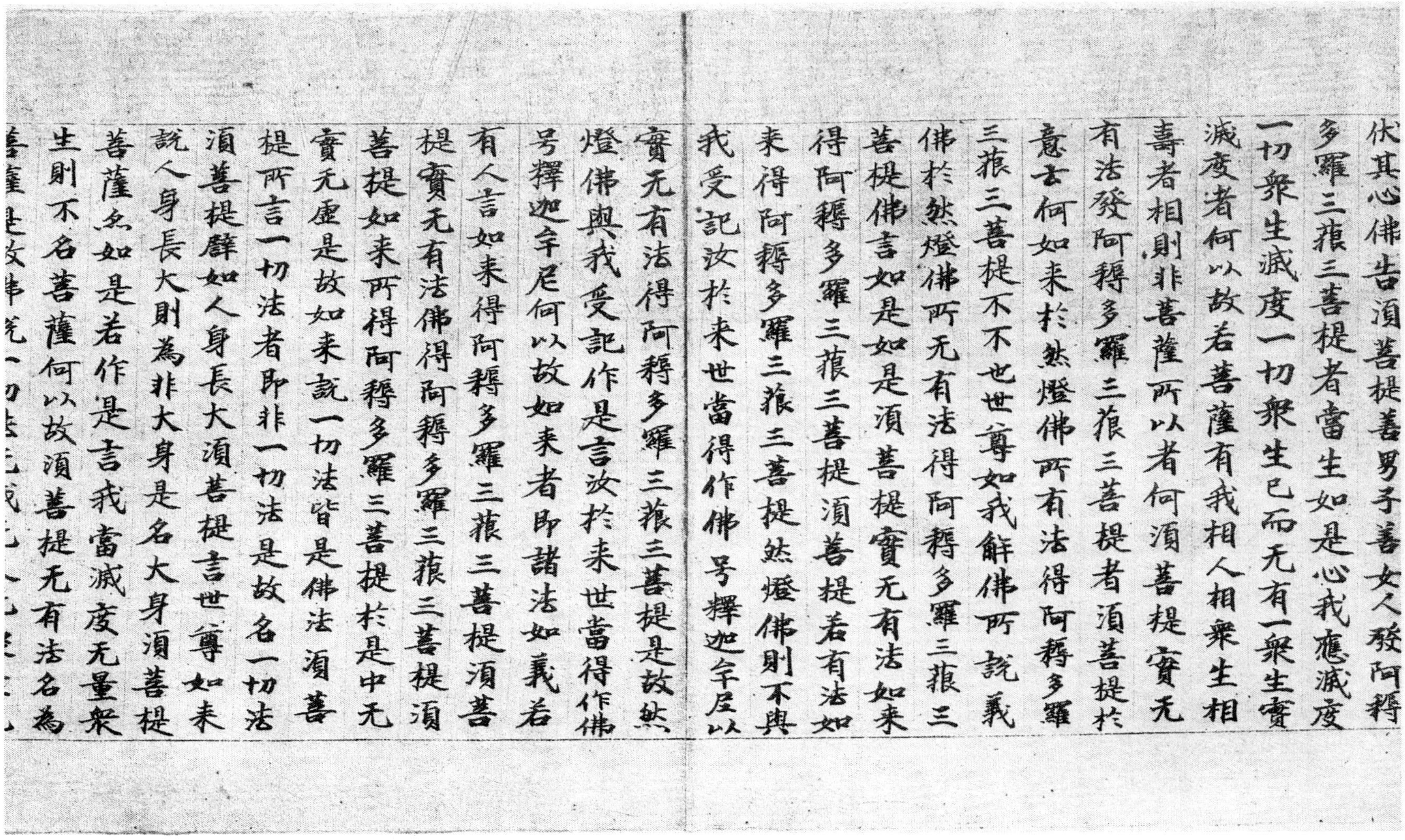

伏其心佛告須菩提善男子善女人發阿耨
多羅三藐三菩提者當生如是心我應滅度
一切衆生滅度一切衆生已而无有一衆生實
滅度者何以故若菩薩有我相人相衆生相
壽者相則非菩薩所以者何須菩提實无
有法發阿耨多羅三藐三菩提者須菩提於
意云何如来於然燈佛所有法得阿耨多羅
三藐三菩提不不也世尊如我解佛所說義
佛於然燈佛所无有法得阿耨多羅三藐三
菩提佛言如是如是須菩提實无有法如来
得阿耨多羅三藐三菩提須菩提若有法如
来得阿耨多羅三藐三菩提然燈佛則不與
我受記汝於来世當得作佛号釋迦牟尼以
實无有法得阿耨多羅三藐三菩提是故然
燈佛與我受記作是言汝於来世當得作佛
号釋迦牟尼何以故如来者即諸法如義若
有人言如来得阿耨多羅三藐三菩提須菩
提實无有法佛得阿耨多羅三藐三菩提須
菩提如来所得阿耨多羅三藐三菩提於是中无
實无虛是故如来說一切法皆是佛法須菩
提所言一切法者即非一切法是故名一切法
須菩提譬如人身長大須菩提言世尊如来
說人身長大則為非大身是名大身須菩提
菩薩亦如是若作是言我當滅度无量衆
生則不名菩薩何以故須菩提无有法名為
菩薩是故佛說一切

BD14527號　金剛般若波羅蜜經　（15–10）

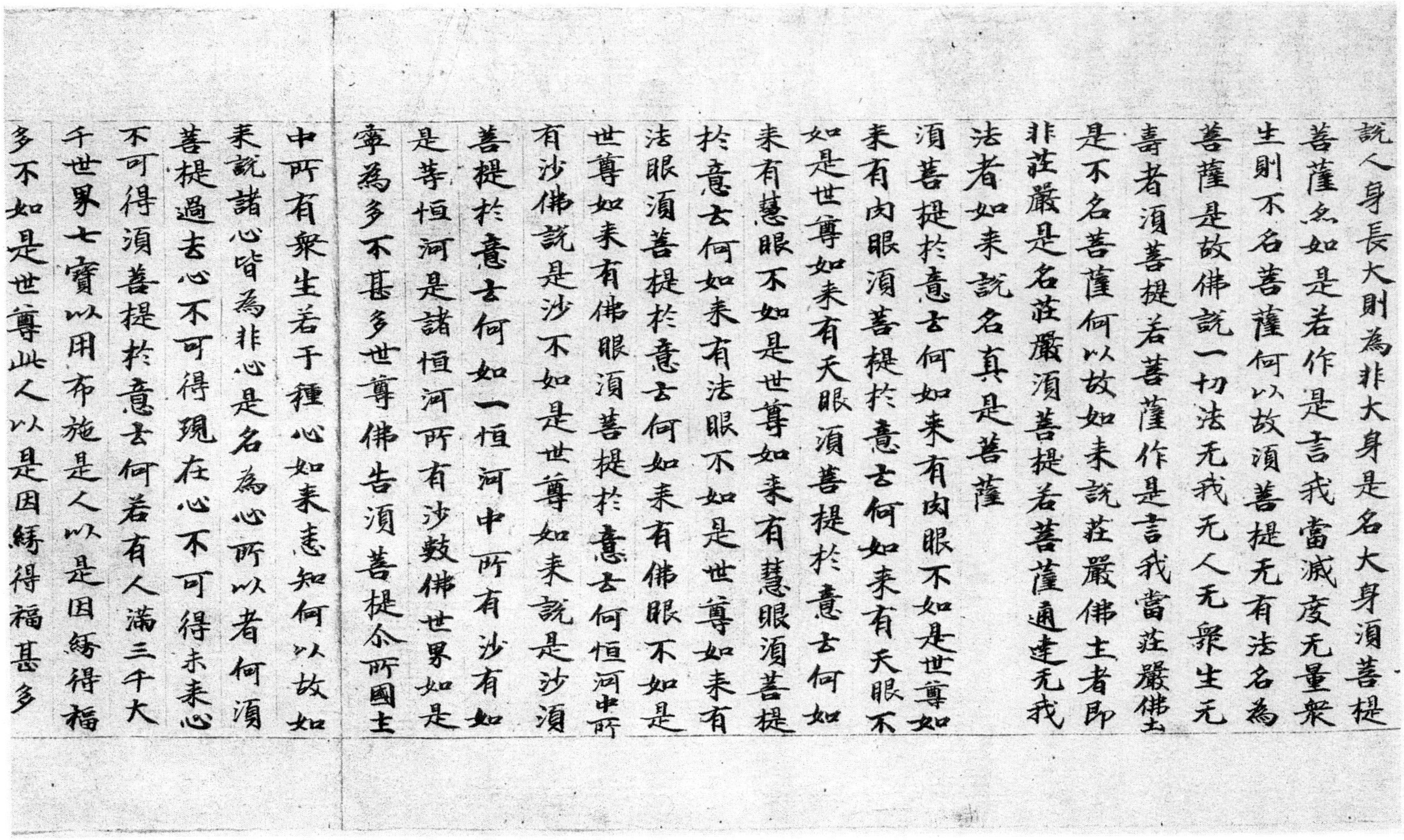

說人身長大則為非大身是名大身須菩提
菩薩亦如是若作是言我當滅度无量衆
生則不名菩薩何以故須菩提无有法名為
菩薩是故佛說一切法无我无人无衆生无
壽者須菩提若菩薩作是言我當莊嚴佛土
是不名菩薩何以故如来說莊嚴佛土者即
非莊嚴是名莊嚴須菩提若菩薩通達无我
法者如来說名真是菩薩
須菩提於意云何如来有肉眼不如是世尊如
来有肉眼須菩提於意云何如来有天眼不
如是世尊如来有天眼須菩提於意云何如
来有慧眼不如是世尊如来有慧眼須菩提
於意云何如来有法眼不如是世尊如来有
法眼須菩提於意云何如来有佛眼不如是
世尊如来有佛眼須菩提於意云何恒河中所
有沙佛說是沙不如是世尊如来說是沙須
菩提於意云何如一恒河中所有沙有如
是等恒河是諸恒河所有沙數佛世界如是
寧為多不甚多世尊佛告須菩提尒所國土
中所有衆生若干種心如来悉知何以故如
来說諸心皆為非心是名為心所以者何須
菩提過去心不可得現在心不可得未来心
不可得須菩提於意云何若有人滿三千大
千世界七寶以用布施是人以是因緣得福
多不如是世尊此人以是因緣得福甚多

BD14527號　金剛般若波羅蜜經　（15–11）

菩提過去心不可得現在心不可得未来心
不可得須菩提於意云何若有人滿三千大
千世界七寶以用布施是人以是因緣得福
多不如是世尊此人以是因緣得福甚多
須菩提若福德有實如来不說得福德多以
福德无故如来說得福德多
須菩提於意云何佛可以具足色身見不不
也世尊如来不應以色身見何以故如来說
具足色身即非具足色身是名具足色身須
菩提於意云何如来可以具足諸相見不不也
世尊如来不應以具足諸相見何以故如来
說諸相具足即非具足是名諸相具足須菩
提汝勿謂如来作是念我當有所說法莫作
是念何以故若人言如来有所說法即為謗
佛不能解我所說故須菩提說法者无法可
說是名說法須菩提白佛言世尊佛得阿耨
多羅三藐三菩提為无所得耶如是如是須
菩提我於阿耨多羅三藐三菩提乃至无有
少法可得是名阿耨多羅三藐三菩提復
次須菩提是法平等无有高下是名阿耨多
羅三藐三菩提以无我无人无衆生无壽者
脩一切善法則得阿耨多羅三藐三菩提須
菩提所言善法者如来說非善法是名善法
須菩提若三千大千世界中所有諸須弥山
王如是等七寶聚有人持用布施若人以此

BD14527 號　金剛般若波羅蜜經　（15–12）

脩一切善法則得阿耨多羅三藐三菩提須
菩提所言善法者如来說非善法是名善法
須菩提若三千大千世界中所有諸須弥山
王如是等七寶聚有人持用布施若人以此
般若波羅蜜經乃至四句偈等受持讀誦為他
人說於前福德百分不及一百千万億分乃至
筭數譬喻所不能及
須菩提於意云何汝等勿謂如来作是念我
當度衆生須菩提莫作是念何以故實无有
衆生如来度者若有衆生如来度者如来則
有我人衆生壽者須菩提如来說有我者
則非有我而凡夫之人以為有我須菩提凡
夫者如来說則非凡夫須菩提於意云何可
以三十二相觀如来不須菩提言如是如是
以三十二相觀如来佛言須菩提若以三十
二相觀如来者轉輪聖王則是如来須菩提
白佛言世尊如我解佛所說義不應以三十
二相觀如来尒時世尊而說偈言
若以色見我　以音聲求我　是人行耶道　不能見如来
須菩提汝若作是念如来不以具足相故得
阿耨多羅三藐三菩提須菩提莫作是念如
来不以具足相故得阿耨多羅三藐三菩提
須菩提汝若作是念發阿耨多羅三藐三菩
提者說諸法斷滅相莫作是念何以故發阿耨
多羅三藐三菩提者於法不說斷滅相須菩

BD14527 號　金剛般若波羅蜜經　（15–13）

来不以具足相故得阿耨多羅三藐三菩提
須菩提汝若作是念發阿耨多羅三藐三菩
提者說諸法斷滅相莫作是念何以故發阿耨
多羅三藐三菩提者於法不說斷滅相須菩
提若菩薩以滿恒河沙等世界七寶布施若
復有人知一切法无我得成於忍此菩薩勝前
菩薩所得功德須菩提以諸菩薩不受福
德故須菩提白佛言世尊云何菩薩不受福
德須菩提菩薩所作福德不應貪著是故
說不受福德須菩提若有人言如来若来若
去若坐若臥是人不解我所說義何以故如来
者无所從来亦无所去故名如来

須菩提若善男子善女人以三千大千世界
碎為微塵於意云何是微塵衆寧為多不甚
多世尊何以故若是微塵衆實有者佛則不
說是微塵衆所以者何佛說微塵衆則非微塵
衆是名微塵衆世尊如来所說三千大千世
界則非世界是名世界何以故若世界實有
者則是一合相如来說一合相則非一合相
是名一合相須菩提一合相者則是不可說
但凡夫之人貪著其事須菩提若人言佛說
我見人見衆生見壽者見須菩提於意云何
是人解我所說義不世尊是人不解如来所
說義何以故世尊說我見人見衆生見壽者
見即非我見人見衆生見壽者見是名我見人

BD14527號　金剛般若波羅蜜經　（15–14）

是名一合相須菩提一合相者則是不可說
但凡夫之人貪著其事須菩提若人言佛說
我見人見衆生見壽者見須菩提於意云何
是人解我所說義不世尊是人不解如来所
說義何以故世尊說我見人見衆生見壽者
見即非我見人見衆生見壽者見是名我見人
見衆生見壽者見須菩提發阿耨多羅三藐
三菩提心者於一切法應如是知如是見如
是信解不生法相須菩提所言法相者如来
說非法相是名法相須菩提若有人以滿无
量阿僧祇世界七寶持用布施若有善男子
善女人發菩薩心者持於此經乃至四句偈等
受持讀誦為人演說其福勝彼云何為人演
說不取於相如如不動何以故
一切有為法　如夢幻泡影　如露亦如電　應作如是觀
佛說是經已長老須菩提及諸比丘比丘尼
優婆塞優婆夷一切世間天人阿脩羅聞佛
所說皆大歡喜信受奉行

金剛般若波羅蜜經

BD14527號　金剛般若波羅蜜經　（15–15）

BD14528 號背　護首　（1–1）

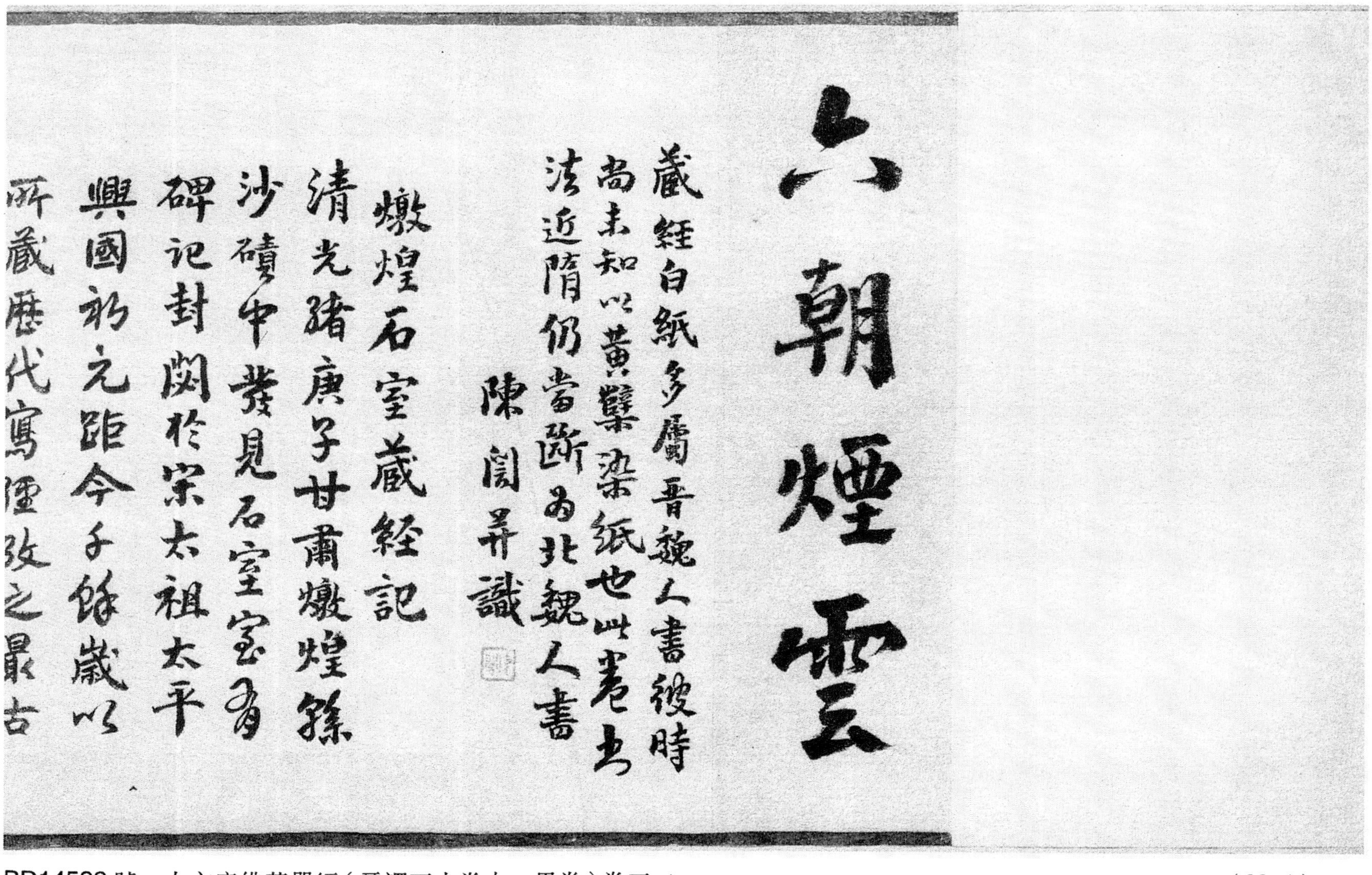
六朝煙雲
藏經白紙多屬晉魏人書彼時
尚未知以黃蘗染紙也此卷書
法近隋仍當斷為北魏人書
陳誾再識
燉煌石室藏經記
清光緒庚子甘肅燉煌縣
沙磧中發見石室室有
碑記封閉於宋太祖太平
興國初元距今千餘歲以
所藏歷代寫經攷之最古

BD14528 號　大方廣佛華嚴經（晉譯五十卷本　異卷）卷三二　（29–1）

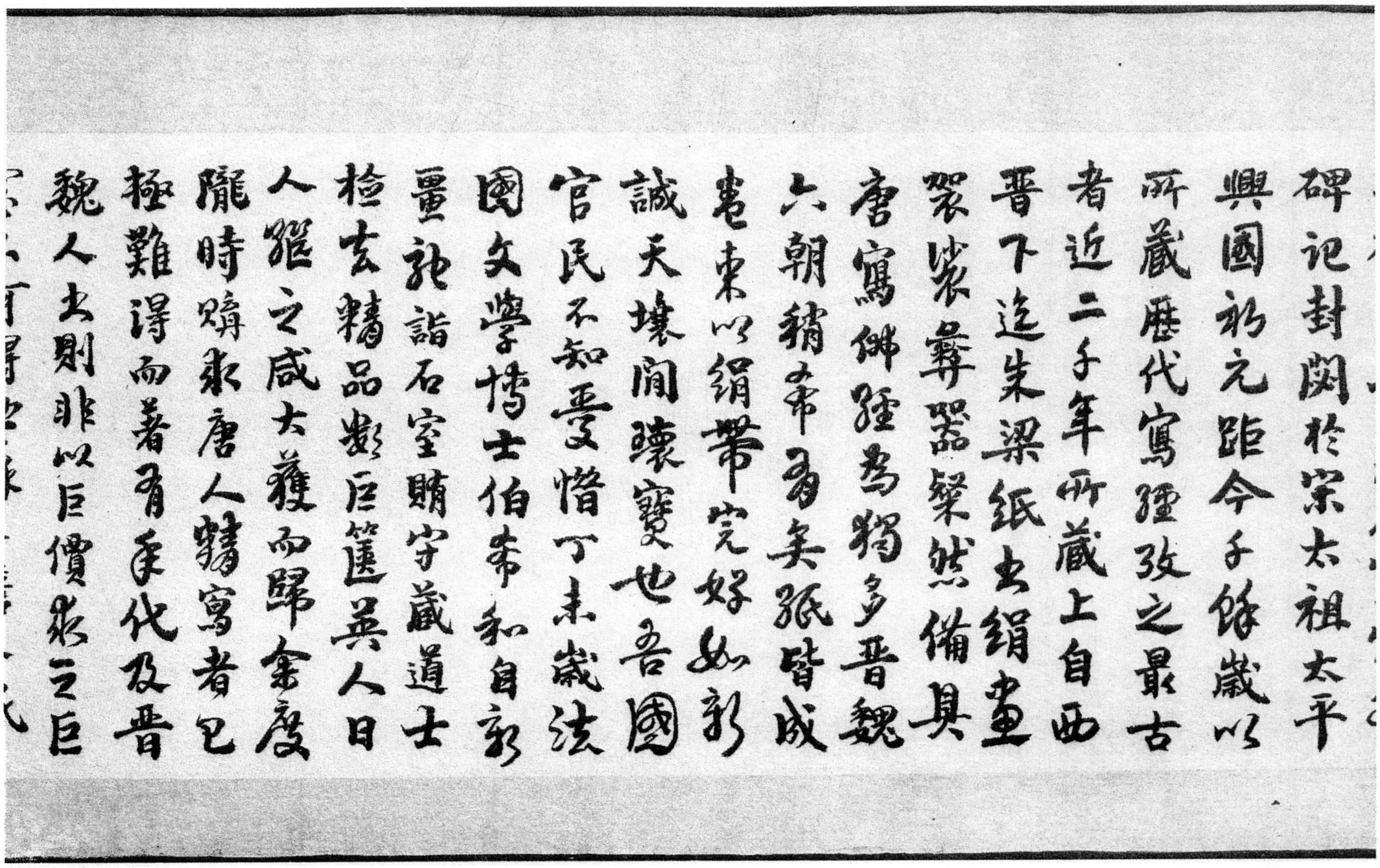
碑記封閟於宋太祖太平
興國初元距今千餘歲以
所藏歷代寫經攷之最古
者近二千年所藏上自西
晉下迄朱梁紙本絹畫
罌瓷彝器粲然備具
唐寫佛經爲獨多晉魏
六朝稍希矣然皆成
卷束以絹帶完好如新
誠天壤間瓌寶也吾國
官民不知愛惜丁未歲法
國文學博士伯希和自新
疆詣石室賄守藏道士
檢其精品數巨篋異人日
人繼之咸大獲而歸余度
隴時購求唐人精寫者已
極難得而著有年代及晉
魏人書則非以巨價求之巨

BD14528 號　大方廣佛華嚴經（晉譯五十卷本　異卷）卷三二　（29–2）

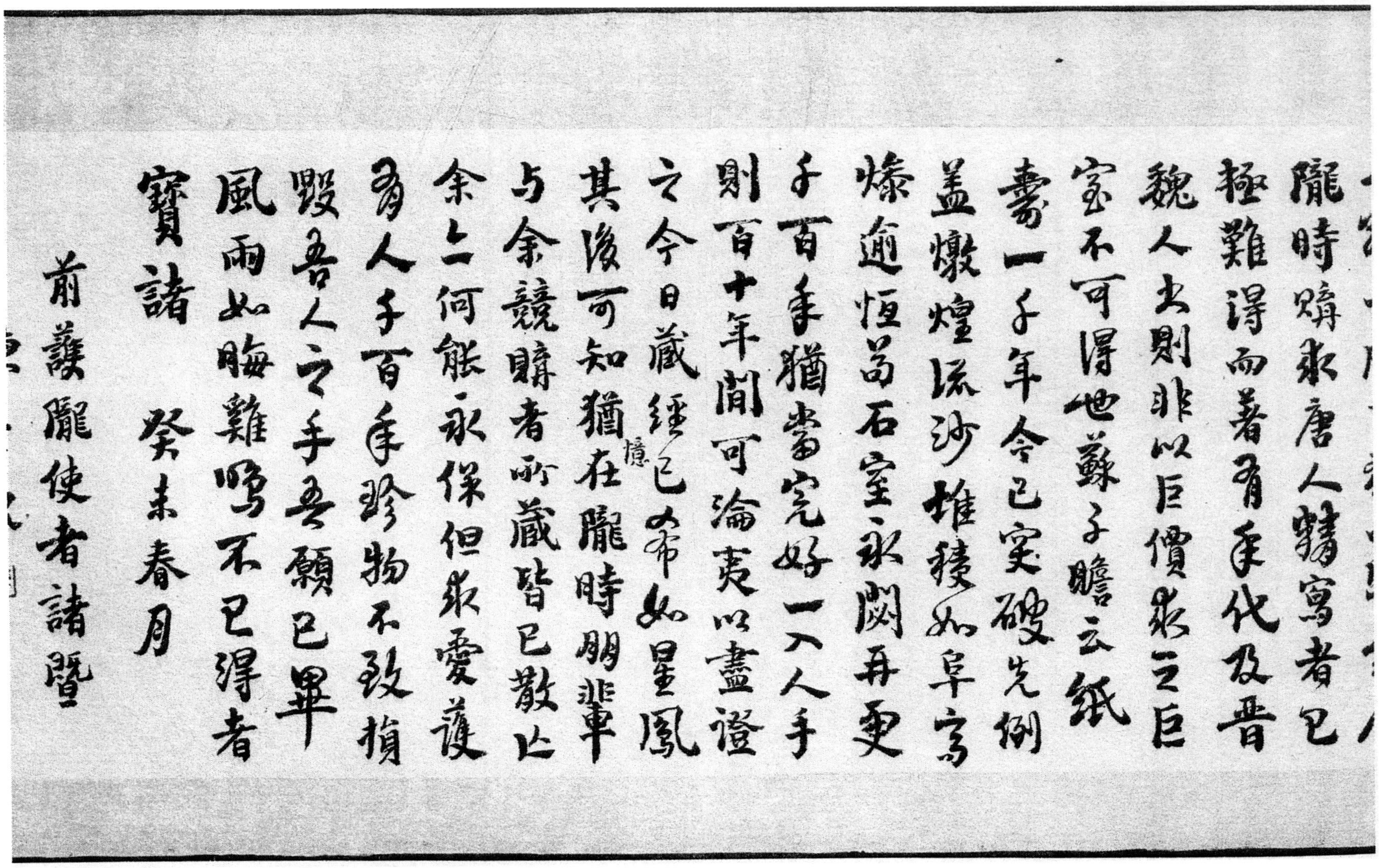
隴時購求唐人精寫者已
極難得而著有年代及晉
魏人書則非以巨價求之巨
室不可得也蘇子瞻云紙
壽一千年今已突破先例
蓋燉煌流沙堆積如阜寫
經適恆置石室永閟再更
千百年猶當完好一入人手
則百十年間可淪夷以盡證
之今日藏經已（憶）帛如星鳳
其後可知猶在隴時朋輩
與余競購者所藏皆已散亡
余亦何能永保但求愛護
有人千百年珍物不致損
毀吾人之手吾願已畢
風雨如晦雞鳴不已得者
寶諸　癸未春月
前護隴使者諸暨

BD14528 號　大方廣佛華嚴經（晉譯五十卷本　異卷）卷三二　（29–3）

寶諸　癸未春月
前護隴使者諸暨
陳季侃
三世諸法　　為菩薩摩訶薩十
種解脫若菩薩摩訶薩住此解脫則能普為
一切衆生而作无上佛事佛子菩薩摩訶薩

BD14528號　大方廣佛華嚴經（晉譯五十卷本　異卷）卷三二　（29–4）

三世諸法　　為菩薩摩訶薩十
種解脫若菩薩摩訶薩住此解脫則能普為
一切衆生而作无上佛事佛子菩薩摩訶薩
有十種薗林何等為十所謂生死薗林行菩
薩行不起憂惱故教化衆生薗林不厭衆生
故一切劫薗林攝取菩薩一切大行故清淨
世界薗林性无着故一切魔宮殿薗林降魔
境界故聽受正法薗林正念觀察故六波羅
蜜四攝法卅七道品薗林脩習慈父境界故
十力四无所畏乃至一切佛法薗林不念異
法故菩薩示現一切无量无邊功德神力薗
林轉淨法輪調伏衆生故於念念中為一切
衆生現成正覺薗林法身如虛空充滿一切
世界平等覺故佛子是為菩薩摩訶薩十種
薗林若菩薩摩訶薩住此薗林則得如來无
上離憂快樂薗林佛子菩薩摩訶薩有十種
宮殿何等為十所謂發菩提心不忘失故
十善業跡功德智慧宮殿教化成熟欲界衆
生故四梵住禪宮殿教化成熟色界衆生
故淨居天受生宮殿一切煩惱不能染故无
色界天受生宮殿除滅衆生諸難處故降生
不淨世界宮殿欲令衆生斷一切煩惱故現
處深宮婇女妻子色味宮殿教化成熟本同
行衆生故現為四天下王四大天王帝釋梵
王宮殿為調伏自在心衆生故一切菩薩神
力自在命行宮殿一切諸禪解脫三昧智慧
自在故於諸佛所受无上自在一切智王記

BD14528號　大方廣佛華嚴經（晉譯五十卷本　異卷）卷三二　（29–5）

行衆生故現為四天下王四大天王帝釋梵
王宮殿為調伏自在心衆生故一切菩薩神
力自在命行宮殿一切諸禪解脫三昧智慧
自在故於諸佛所受无上自在一切智王記
宮殿十力莊嚴行一切法自在法王事故佛
子是為菩薩摩訶薩十種宮殿若菩薩摩訶
薩安住此法則得一切法王受記自在法佛子菩
薩摩訶薩有十種樂何等為十所謂樂寂靜
不散亂故樂明慧善分別法故樂住諸一切
佛所覩聞法受持故樂一切佛充滿十方
故樂菩薩自在神力无量法門示現衆生身
故樂三昧於一三昧門出生一切三昧門故
樂陀羅尼持一切法教化衆生不忘失故樂
辯才於一句身味身不可說劫說无窮盡故
樂菩提以无量法門現衆生等身成正覺故
樂轉法輪如法調伏一切外道故佛子是為
菩薩摩訶薩十種樂若菩薩摩訶薩安住此
樂則得一切諸佛无上法樂佛子菩薩摩訶
薩有十種莊嚴何等為十所謂力莊嚴不可
壞故无畏莊嚴不生恐怖故義莊嚴說不可
說義法門无窮盡故法莊嚴說八万四千法藏
不忘失故願莊嚴一切菩薩願事不退轉故
行莊嚴究竟普賢菩薩行故佛子剎莊嚴受
持一切佛剎為一佛剎故妙音莊嚴雨大甘
露法充滿一切佛剎故受持莊嚴於一切劫
行菩薩行不斷絕故變化莊嚴於一衆生身
示現一切衆生等身一切衆生无不知見尊

BD14528號　大方廣佛華嚴經（晉譯五十卷本　異卷）卷三二　（29–6）

持一切佛剎為一佛剎故妙音莊嚴雨大甘
露法充滿一切佛剎故受持莊嚴於一切劫
行菩薩行不斷絕故變化莊嚴於一衆生身
示現一切衆生等身一切衆生无不知見尊
求十力一切智不退轉故佛子是為菩薩摩
訶薩十種莊嚴若菩薩摩訶薩安住此法則
得一切諸佛无上莊嚴佛子菩薩摩訶薩有
十種發不動心何等為十所謂一切所有皆
悉能捨發不動心出生一切諸佛正法發不
動心恭敬供養一切諸佛發不動心等心觀
察一切衆生發不動心攝取一切衆生發不
動心一向專求一切佛法未曾休息發不動
心一切衆生等劫脩菩薩行發不動心成就
有根信不濁信離垢信明淨信恭敬供養一
切佛信不退轉信不壞信發不動心具足成
就究竟一切智發不動心成就一切菩薩諸
行不發動心佛子是為菩薩摩訶薩十種發
不動心若菩薩摩訶薩安住此法則得无上
一切智不動心佛子菩薩摩訶薩有十種不
捨深心何等為十所謂覺一切佛菩提不捨
深心教化成就一切衆生不捨深心不斷一
切諸佛種性不捨深心親近善知識不捨深心
於一切佛剎恭敬供養一切諸佛不捨深心
專求大乘及一切功德不捨深心於一切佛所脩
行梵行護持淨戒不捨深心攝取一切菩薩
不捨深心聞持一切佛法不捨深心脩習一
切菩薩行願一向專求一切佛法不捨深心
佛子是為菩薩摩訶薩十種不捨深心若菩

BD14528號　大方廣佛華嚴經（晉譯五十卷本　異卷）卷三二　（29–7）

尋求大乘及一切功德不捨深心於一切佛所循
行梵行護持淨戒不捨深心攝取一切菩薩
不捨深心聞持一切佛法不捨深心脩習一
切菩薩行願一向尋求一切佛法不捨深心
佛子是為菩薩摩訶薩十種不捨深心若菩
薩摩訶薩安住此法則得一切佛不捨深心
正法佛子菩薩摩訶薩有十種智觀察何等
為十所謂智慧觀察善巧分別一切諸法智
慧觀察三世一切善根智慧觀察一切菩薩
行神力自在智慧觀察一切諸法巧方便門
智慧觀察一切佛持智慧觀察一切陁羅尼
門智慧觀察一切世界常說正法智慧觀察
深入一切法界智慧觀察十方一切世界不
可思議智慧觀察一切佛法智慧觀察无乘
尋智佛子是為菩薩摩訶薩十種智觀察若
菩薩摩訶薩安住此法則得如來无上大智
觀察佛子菩薩摩訶薩有十種分別法何等
為十所謂分別一切法悉從緣起分別一切法
皆悉如化分別一切法皆悉无諍分別一切
法无量无邊分別一切法无所依止分別一
切法悉如金剛分別一切法悉是如來分別
一切法皆悉寂靜分別一切法悉是正道分
別一切法悉是一相一義佛子是為菩薩摩
訶薩十種分別法若菩薩摩訶薩安住此法
則得巧方便悉能分別一切諸法佛子菩薩
摩訶薩有十種无垢何等為十所謂深心无
垢除滅疑惑无垢遠離邪見无垢境界无垢

BD14528號　大方廣佛華嚴經（晉譯五十卷本　異卷）卷三二　（29–8）

訶薩十種分別法若菩薩摩訶薩安住此法
則得巧方便悉能分別一切諸法佛子菩薩
摩訶薩有十種无垢何等為十所謂深心无
垢除滅疑惑无垢遠離邪見无垢境界无垢
欲得一切智无垢諸辯无垢无畏无垢一切
菩薩所住无垢一切菩薩正受三昧无垢卅二
相百福莊嚴成就一切諸白淨法究竟逮得
无上菩提无垢佛子是為菩薩摩訶薩十種
无垢若菩薩摩訶薩安住此法則得一切佛
无上无垢法佛子菩薩摩訶薩有十種智印
何等為十所謂菩薩摩訶薩知苦苦之變易苦
行苦不生懈怠脩菩薩行一向尋求无上菩
提不恐不怖不驚不畏不捨大願菩提之心
堅固不退究竟阿耨多羅三藐三菩提是為
第一印一切凡夫衆生悉有煩惱顛倒惑亂
被諸衆生麁鄙惡言呵罵菩薩或以刀杖瓦
石而加害之菩薩尒時心无憂惱脩菩薩行
正向菩提脩習忍法受證離生是為第二印
菩薩摩訶薩聞甚深佛法讚一切智聞已一
向信解是為第三印菩薩摩訶薩作如是念
我發菩提心究竟成就阿耨多羅三藐三菩
提一切衆生流轉五道受无量苦我當令彼
皆大歡喜懃行精進脩習善根度生死流亂
得安樂是為第四印菩薩摩訶薩解如來智
无量无邊而未与如來等於如來所聞无量
无邊智於文字中分別解了与如來等是為
第五印菩薩摩訶薩成就善欲不可壞欲甚深

BD14528號　大方廣佛華嚴經（晉譯五十卷本　異卷）卷三二　（29–9）

皆大歡喜懃行精進脩習善根度生死流乖
得安樂是為第四印菩薩摩訶薩解如來智
无量无邊而未与如來等於如來所聞无量
无邊智於文字中分別解了与如來等是為
第五印菩薩摩訶薩成就善欲不可壞欲甚深
欲勝欲功德欲寂微欲无比欲无上欲堅固
欲究竟正求无上菩提一切衆魔外道及其
眷屬不能壞欲不退无上菩提欲是為第六
印菩薩摩訶薩不惜身命无所悕長脩菩薩
摩訶薩行發菩提心趣一切智得一切佛智
得一切佛智光明不捨菩提不捨善知識是
為第七印菩薩摩訶薩若善男子善女人學
大乘者長養諸佛善根安住善根攝取一切
智心不退菩提是為第八印菩薩摩訶薩令
一切衆生住平等心脩於一切智為衆說法悲
令不退无上菩提長養大悲是為第九印菩
薩摩訶薩隨順三世一切善根紹繼佛種生一切智是
為第十印佛子是為菩薩摩訶薩十種智印若
菩薩摩訶薩成就此印疾得阿耨多羅三藐三
菩提具足如來无上智印佛子菩薩摩訶薩
有十種智慧光明何等為十所謂菩薩於阿
耨多羅三藐三菩提決定智慧光明見一切
佛智慧光明見一切衆生死此生彼智慧光
明開悟一切衆生悉令正求脩多羅法智慧
光明依善知識發菩提心長養善根智慧光
明不現一切諸佛智慧光明化一切衆生悉
令成就安住佛地智慧光明分別解說不思
議法智慧光明令一切佛神力住持善巧方

BD14528號　大方廣佛華嚴經（晉譯五十卷本　異卷）卷三二　（29–10）

光明依善知識發菩提心長養善根智慧光
明不現一切諸佛智慧光明化一切衆生悉
令成就安住佛地智慧光明分別解說不思
議法智慧光明於一切佛神力住持善巧方
便智慧光明滿足一切波羅蜜智慧光明佛
子是為菩薩摩訶薩十種智慧光明若
菩薩摩訶薩安住此法則得一切佛法无上
智慧光明佛子菩薩摩訶薩有十種不可稱
量住一切衆生及聲聞緣覺不能稱量何等
為十所謂菩薩摩訶薩住實際住而不受證
一切所願未成滿故是為第一菩薩住不可
稱量菩薩摩訶薩種如法界等清淨善根於
彼善根无所染着是為第二菩薩住不可稱
量菩薩摩訶薩解菩薩行猶如變化一切諸法
皆悉寂滅於諸佛法不生疑惑是為第三菩
薩住不可稱量菩薩摩訶薩離生死心於不
可說劫脩菩薩行滿一切大願而不中起厭
惓之心是為第四菩薩住不可稱量菩薩摩
訶薩住一切法无所依心皆悉寂滅而不證
涅槃一切智道未成滿故是為第五菩薩住
不可稱量菩薩摩訶薩知一切劫非劫而實
說一切劫是為第六菩薩住不可稱量菩薩
摩訶薩知一切法非行而不捨道行正求佛
法是為第七菩薩住不可稱量菩薩摩訶薩
解心是三界心是三世了知彼心无量无邊是
為第八菩薩住不可稱量菩薩摩訶薩為一
衆生故於不可說劫脩菩薩行欲令安住一
切智地如一衆生一切衆生亦復如是不生

BD14528號　大方廣佛華嚴經（晉譯五十卷本　異卷）卷三二　（29–11）

法是為第七菩薩住不可稱量菩薩摩訶薩
解心是三界心是三世了知彼心无量无邊是
為第八菩薩住不可稱量菩薩摩訶薩為一
衆生故於不可說劫備菩薩行欲令安住一
切智地如一衆生一切衆生亦復如是不生
疲心是為第九菩薩住不可稱量菩薩摩訶
薩雖具足滿菩薩諸行而不成正覺何以故
菩薩摩訶薩作如是念我不爲正覺故行菩
薩行於无量劫中无量衆生悉令安住无上
菩提是為第十菩薩住不可稱量若菩薩摩
訶薩安住此法則得一切佛法无上大智不
可稱量住佛子菩薩摩訶薩有十種發无懈
怠心何等為十所謂菩薩摩訶薩作如是念
我降伏一切魔及其眷屬發无懈怠心如心法
調伏一切外道發无懈怠心說除妙法令一
切衆生皆悉歡喜發无懈怠心滿足一切法
界等諸波羅蜜發无懈怠心令一切衆生積
集成滿一切功德藏發无懈怠心一切如來
无上菩提難廣大事甚難成滿我當備菩薩
行具足成就發无懈怠心以无上法教化調
伏一切衆生悉令成就發无懈怠心於一切
世界種種異色无量處微成就正覺發无懈
怠心菩薩摩訶薩發如是心我備菩薩行時
若有衆生來求我身或求手足耳鼻血宍骨
髓妻子象馬國土如是等類皆悉能捨乃至
不生一念悔心悉能惠施饒益安樂一切衆
生不求果報大慈悲心以為上首發无懈怠
心菩薩摩訶薩作如是念於一念中三世一

BD14528 號　大方廣佛華嚴經（晉譯五十卷本　異卷）卷三二　（29–12）

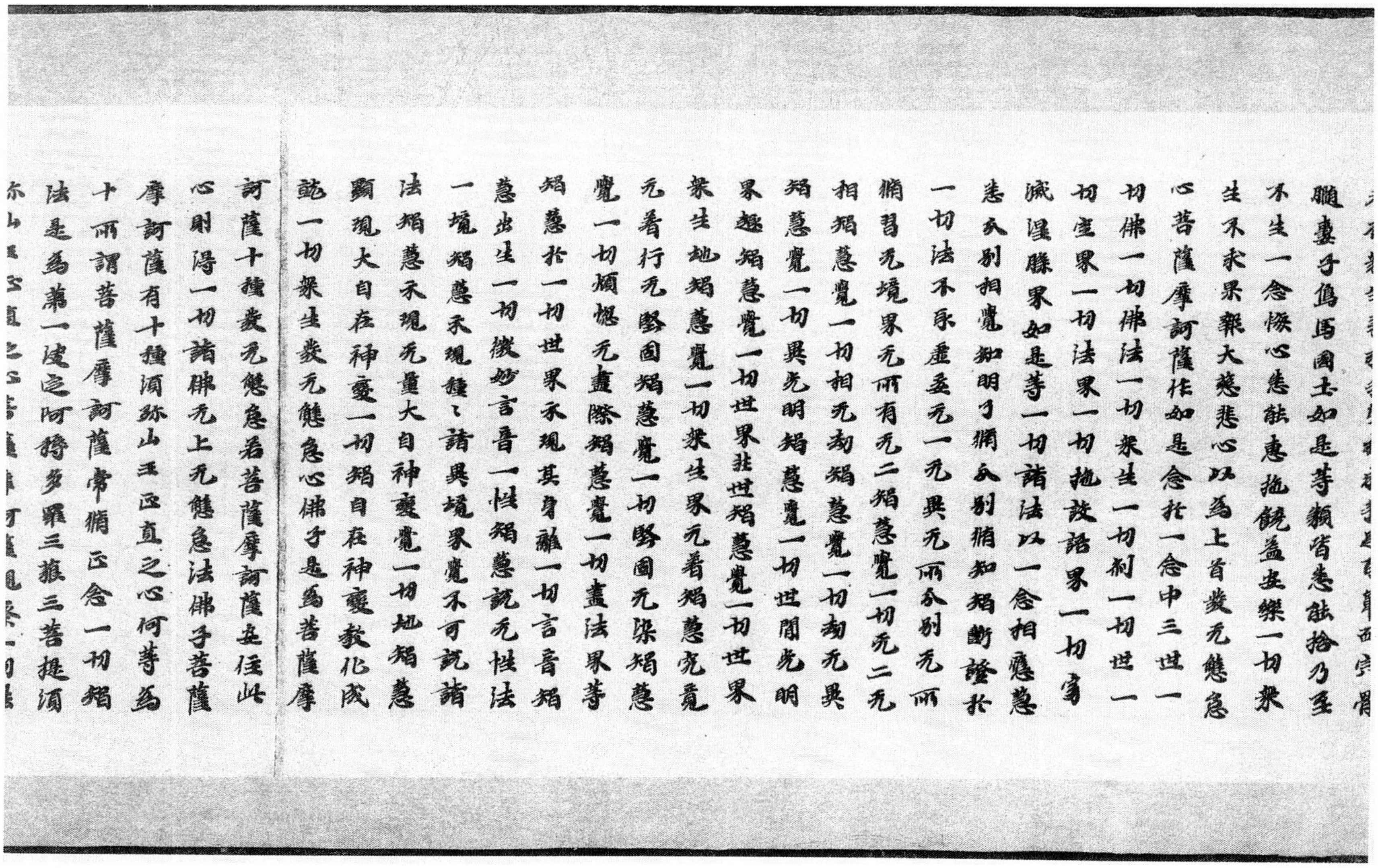
髓妻子象馬國土如是等類皆悉能捨乃至
不生一念悔心悉能惠施饒益安樂一切衆
生不求果報大慈悲心以為上首發无懈怠
心菩薩摩訶薩作如是念於一念中三世一
切佛一切佛法一切衆生一切剎一切世一
切世界一切法界一切虛空言語界一切實
際涅槃界如是等一切諸法以一念相應慧
悉分別相覺知明了備分別備知智斷證於
一切法不取虛妄无一无異无所分別无所
備習无境界无所有无二智慧覺一切无二无
相智慧覺一切相无劫智慧覺一切劫无異
智慧覺一切異光明智慧覺一切世間光明
界趣智慧覺一切世界非世智慧覺一切世界
衆生地智慧覺一切衆生界无着智慧究竟
无着行无礙圓智慧覺一切礙圓无染智慧
覺一切煩惱无盡際智慧覺一切盡法界等
智慧於一切世界示現其身離一切言音智
慧出生一切微妙言音一性智慧說无性法
一境智慧示現種種諸異境界覺不可說諸
法智慧示現无量大自神變覺一切地智慧
顯現大自在神變一切智自在神變教化成
就一切衆生發无懈怠心佛子是為菩薩摩
訶薩十種發无懈怠若菩薩摩訶薩安住此
心則得一切諸佛无上无懈怠法佛子菩薩
摩訶薩有十種須弥山王正直之心何等為
十所謂菩薩摩訶薩常備正念一切智
法是為第一陵虛阿耨多羅三藐三菩提須

BD14528 號　大方廣佛華嚴經（晉譯五十卷本　異卷）卷三二　（29–13）

心則得一切諸佛无上无懈怠法佛子菩薩
摩訶薩有十種須弥山王正直之心何等為
十所謂菩薩摩訶薩常脩正念一切智
法是為第一決定阿耨多羅三藐三菩提須
弥山王正直之心菩薩摩訶薩觀察一切法
空一切法无所有是為第二決定阿耨多羅
三藐三菩提須弥山王正直之心菩薩摩訶
薩於无量无數劫行菩薩行以一切具足白
淨法發心決定了知如來无量知法趣向積
集諸白淨法是為第三決定阿耨多羅三藐
三菩提須弥山王正直之心菩薩摩訶薩為
一切佛法等心恭敬供養諸善根稍識不起
疑心不求利養又復遠離濫法之心但起无
上恭敬供養一切施心是為第四決定阿耨多
羅三藐三菩提須弥山王正直之心菩薩摩
訶薩若一切眾生呵責罵辱生一切苦乃至
奪命菩薩摩訶薩不因此故捨菩提心〻亦
不瞋不生恚心於一切眾生不捨大悲莊嚴
長養大悲何以故菩薩摩訶薩成就一切法
如〻捨故決定了知如來大悲法故是為第
五決定阿耨多羅三藐三菩提須弥山王正
直之心菩薩摩訶薩成就增上功德天增上
功德人增上功德色增上功德力增上眷屬
增上欲增上王法增上自在增上福慧彼菩
薩不著味樂不著欲樂不著財樂不著眷屬
法向正法燈明向正法救護向正法歸依向
正法道向正法乘樂求正法樂住寂靜法菩
薩摩訶薩雖成就如是一切快樂而悉遠離

BD14528號　大方廣佛華嚴經（晉譯五十卷本　異卷）卷三二　（29–14）

增上欲增上王法增上自在增上福慧彼菩
薩不著味樂不著欲樂不著財樂不著眷屬
法向正法燈明向正法救護向正法歸依向
正法道向正法乘樂求正法樂住寂靜法菩
薩摩訶薩雖成就如是一切快樂而悉遠離
眾魔境界何以故菩薩摩訶薩於過去世發
如是心令一切眾生悉皆遠離眾魔境界
住佛境界是為第六決定阿耨多羅三藐三
菩提須弥山王正直之心菩薩摩訶薩勤脩
精進正求阿耨多羅三藐三菩提於阿僧秖
劫脩菩薩行猶謂我今初發阿耨多羅三藐
三菩提心亦不驚不怖不畏行菩薩行雖能
速成正覺為化眾生故於无量劫脩菩薩行
是為第七決定阿耨多羅三藐三菩提須弥
山王正直之心菩薩摩訶薩知一切眾生難伏
難度不知恩不知報恩為彼眾生故發大莊
嚴而自莊嚴欲令一切眾生心得自在隨意
境界不生惡心不於他所生煩惱心是為第
八決定阿耨多羅三藐三菩提須弥山王正
直之心菩薩摩訶薩作如是念我不依他
發菩提心脩菩薩行都无有人助我脩習菩
薩之行但我一身盡未來際劫脩習菩薩苦
行積集一切諸佛正法成阿耨多羅三藐三菩
提身自清淨亦令一切眾生清淨自知境界
知他境界我當悉同三世諸佛境界是為第
九決定阿耨多羅三藐三菩提須弥山王正
直之心菩薩摩訶薩如是知見无有一法脩
菩薩行无有一法滿菩薩行无有一法調伏
[illegible]

BD14528號　大方廣佛華嚴經（晉譯五十卷本　異卷）卷三二　（29–15）

知他境界我當悉同三世諸佛境界是為第
九決定阿耨多羅三藐三菩提須弥山王正
直之心菩薩摩訶薩如是知見无有一法循
菩薩行无有一法滿菩薩行无有一法調伏
衆魔无有一法化度衆生不見有法恭敬
供養一切諸佛不見有法過去成阿耨多羅
三藐三菩提不見有法未來成阿耨多羅三
藐三菩提不見有法現在成阿耨多羅三藐
三菩提无有一切過去說法未來說法現在
說法无有一法能說法者亦无法可說而菩
薩摩訶薩不捨阿耨多羅三藐三菩提大願
之心何以故菩薩摩訶薩如是出生阿耨多
羅三藐三菩提深入一切甚深諸法行无所
有行而此菩薩摩訶薩備習積聚善業善
根清淨一切諸對治法智慧成滿於念念中
悉能積集長養一切諸善根法若一切法无
所有者我有何乘求无上道是故不生恐怖
驚長之心是為第十決定阿耨多羅三藐三
菩提須弥山王正直之心佛子是為菩薩摩
訶薩十種須弥山王正直之心若菩薩摩訶
薩安住此心則得一切諸佛无上智慧須弥山
王正直之心佛子菩薩摩訶薩有十種深
入智慧大海成阿耨多羅三藐三菩提何
等為十所謂入无量一切衆生界是為第
一深入智慧大海成阿耨多羅三藐三菩提
菩薩摩訶薩入一切世界不取虛妄是為第
二深入智慧大海成阿耨多羅三藐三菩提
菩薩摩訶薩知一切虛空界等入十方一切世

一深入智慧大海成阿耨多羅三藐三菩提
菩薩摩訶薩入一切世界不取虛妄是為第
二深入智慧大海成阿耨多羅三藐三菩提
菩薩摩訶薩知一切虛空界等入十方一切世
界无所軌导是為第三深入智慧大海成阿
耨多羅三藐三菩提菩薩摩訶薩善入法界
入无导入不斷入不常入无量入不生入不
滅入知一切是為第四深入智慧大海成阿
耨多羅三藐三菩提菩薩摩訶薩於過去未
來現在諸佛菩薩法師聲聞緣覺及一切衆
生所種善根過去諸佛已成无上菩提善根
未來諸佛當成无上菩提善根現在諸佛今
成无上菩提善根過去諸佛說法教化調伏
成熟衆生善根未來諸佛說法教化調伏成
熟衆生善根在諸佛說法教化調伏成熟衆
生善根菩薩摩訶薩皆悉隨喜長養積集如
是等一切善根心无猒足是為第五深入
智慧大海成阿耨多羅三藐三菩提菩薩摩
訶薩於念念中入過去世觀察不可說劫於
一劫中或百億佛出興于世或千億佛百千
億佛无量佛阿僧祇佛不可思議佛不可稱
量佛无分齊佛无邊際佛不可說不可說佛
筭數譬喻所不及佛出興于世彼諸如來及
其眷屬菩薩大衆諸聲聞僧說法教化壽命
住持種種法住如一劫中一切諸劫亦復如
是若无佛劫中有諸衆生為阿耨多羅三藐
三菩提所種善根亦悉了知又觀衆生種
見佛善根得值未來无量諸佛如是觀察過

住持種々法住如一劫中一切諸劫亦復如
是若无佛劫中有諸衆生為阿耨多羅三藐
三菩提所種善根亦悉了知又觀衆生種
見佛善根得值未來无量諸佛如是觀察過
去一切劫而无厭足是為第六深入智慧
大海成阿耨多羅三藐三菩提菩薩摩訶薩
入未來世觀察一切劫知劫有佛知劫无佛
知彼諸劫各有幾佛出興于世々界如來名
号何等又知所度衆生多少亦知如來壽命
長短如是等入未來世一切諸劫分別了知
而无厭足是為第七深入智慧大海成阿耨
多羅三藐三菩提菩薩摩訶薩入現在世
觀察十方一切世界无量无邊不々可々說
々不可說諸世界中一切如來捨家學道往
詣道場菩提樹下藉菩提草結跏趺坐降魔
官屬成阿耨多羅三藐三菩提已起入城色
界天宮殿說微妙法轉正法輪調伏教化无
量衆生現如來无量自在神力付屬阿耨多
羅三藐三菩提力、乃至捨壽入无餘涅槃如來
滅後大衆普會結集經藏護持正法令久住世
為舍利故起无量塔種々莊嚴恭敬供養又
化衆生令見諸佛聽受正法憶念護持智慧
觀察長養勝趣深心充滿无量法界於一切
佛法而无錯謬何以故菩薩摩訶薩知一切
如來皆悉如夢而能往詣一切佛所恭敬供
養不著自身不著佛身不著世界不著大衆
不著聞法不著諸劫見佛聞法觀察世界觧
一切劫而无厭足是為第八深入智慧大海

BD14528號　大方廣佛華嚴經（晉譯五十卷本　異卷）卷三二　（29–18）

如來皆悉如夢而能往詣一切佛所恭敬供
養不著自身不著佛身不著世界不著大衆
不著聞法不著諸劫見佛聞法觀察世界觧
一切劫而无厭足是為第八深入智慧大海
成阿耨多羅三藐三菩提菩薩摩訶薩於不
々可々說々劫恭敬供養无量諸佛於一々
劫中恭敬供養不々可々說々佛示現後此
生彼以出三界供養供具供養諸佛菩薩大
衆及聲聞僧諸佛滅後以无上供具供養舍
利廣行大施滿足一切衆生意願所行大施
不可思議不求果報為良照饒益攝取衆生
於不々可々說々劫恭敬供養一切諸佛護持正
法化度衆生成阿耨多羅三藐三菩提而无
厭足是為第九深入智慧大海成阿耨多羅
三藐三菩提菩薩摩訶薩於一切佛所一
切菩薩所一切法師所一向專求教菩薩法
菩薩威儀菩薩隨順法菩薩清淨法菩薩長
養法菩薩調伏法菩薩平等法菩薩出生道
受持菩薩毗羅尼門攝取一切衆生而為
說法調伏成熟令不々可々說々衆生發一切
智心得不退轉住阿耨多羅三藐三提菩隨
順脩習一切佛法教化衆生而无厭足是為
第十深入智慧大海成阿耨多羅三藐三菩
提佛子是為菩薩摩訶薩十種深入智慧
大海成阿耨多羅三藐三菩提若菩薩摩訶
薩安住此法則得一切諸佛无上智慧大海
佛子菩薩摩訶薩有十種寶住成阿耨多羅
三藐三菩提何等為十所謂菩薩摩訶薩悉

BD14528號　大方廣佛華嚴經（晉譯五十卷本　異卷）卷三二　（29–19）

大海成阿耨多羅三藐三菩提若菩薩摩訶
薩安住此法則得一切諸佛无上智慧大海
佛子菩薩摩訶薩有十種寶住成阿耨多羅
三藐三菩提何等為十所謂菩薩摩訶薩悉
能往詣无量阿僧祇世界諸如來所恭敬礼
拜親近供養是為菩薩摩訶薩第一寶住成
阿耨多羅三藐三菩提菩薩摩訶薩於不可
思議諸如來所聞法受持正念不忘智慧分
別長養勝趣出生智慧充滿十方是為菩薩
摩訶薩第二寶住成阿耨多羅三藐三菩提
菩薩摩訶薩不離此土而於異刹示現受生
於一切佛法心不惑乱是為菩薩摩訶薩第
三寶住成阿耨多羅三藐三菩提菩薩摩訶
薩出生一法別相分別知一切法一切諸法
究竟无一无異義故是為菩薩摩訶薩第四
寶住成阿耨多羅三藐三菩提菩薩摩訶薩
知息煩惱知離煩惱知斷煩惱而善住脩習菩
薩諸行不證實際究竟到於實際彼岸菩薩
善學成就巧妙方便本願成滿心无疲厭是為
菩薩摩訶薩第五寶住成阿耨多羅三藐三菩提
菩薩摩訶薩知一切衆生心无處所而說衆
生心有處而无著无行脩菩薩行化度衆生
是為菩薩摩訶薩第六寶住成阿耨多羅三
藐三菩提菩薩摩訶薩知一切法一性所謂
无性无一无異无來无去不可稱量不可讚嘆
悉无有實性以一異求皆不可得而菩薩摩
訶薩決定了知此是佛法是菩薩法是緣覺

BD14528號　大方廣佛華嚴經（晉譯五十卷本　異卷）卷三二　（29–20）

无性无一无異无來无去不可稱量不可讚嘆
悉无有實性以一異求皆不可得而菩薩摩
訶薩決定了知此是佛法是菩薩法是緣覺
法是聲聞法是凡夫法是善法是不善法是
世間法是出世間法是染汙法是不染汙法是
有漏法是无漏法乃至是有為法是无為法
是為菩薩摩訶薩第七寶住成阿耨多羅
三藐三菩提菩薩摩訶薩求佛不可得求菩
薩不可得求法不可得求衆生不可得而不
不捨本願教化一切衆生成无上道何以故菩
薩所脩善根欲令一切成无上道善知衆生
善根善知衆生境界善知教化衆生善知一
切衆生涅槃脩菩薩行欲令一切大願成滿
是為菩薩摩訶薩第八寶住成阿耨多羅三
藐三菩提菩薩摩訶薩隨其所應善巧說法
而調伏之巧妙方便示現涅槃智實非虛妄
非顛倒而安住三世菩薩正法不離如如不
住實際亦不見衆生已受化今
受化當受化雖我所行非為虛妄雖了无有
乃至一法可求得者无生滅故而菩薩所願
皆悉不虛无所依止是為菩薩摩訶薩第九
寶住成阿耨多羅三藐三菩提菩薩摩訶薩
於不可思議佛一一佛所聞不可說不可說
受記法名号各異劫數不同從一劫中次第
聞法乃至不可說不可說劫聞受記法聞是
法已不驚不怖不畏行菩薩行心无疑惑解
如來智不可思議如來所說言无有二本願
滿足道慧是化令成阿耨多羅三藐三菩提

BD14528號　大方廣佛華嚴經（晉譯五十卷本　異卷）卷三二　（29–21）

聞法乃至不〻可〻說〻劫聞受記法聞是
法已不驚不怖不畏行菩薩行心无疑惑解
如來智不可思議如來所說言无有二本願
滿足隨應受化令成阿耨多羅三藐三菩提
滿足一切願了達法界是為菩薩摩訶薩第
十寶住成阿耨多羅三藐三菩提若菩薩摩
訶薩安住此法則得一切諸佛阿耨多羅三
藐三菩提大智慧寶佛子菩薩摩訶薩有十
種發金剛心莊嚴大乘何等為十所謂菩
薩摩訶薩作如是念一切諸法无有分際不
可究竟菩薩發如是心我當覺了三世一切
諸法悉无有餘是為菩薩摩訶薩第一發金
剛心莊嚴大乘菩薩摩訶薩作如是念於一
毛端處有无量无邊不可數菩薩何況一切
法界耶菩薩發如是心我當發大莊嚴而自
莊嚴化度眾生皆令成阿耨多羅三藐三菩
提以大般涅槃而般涅槃是為菩薩摩訶薩
第二發金剛心莊嚴大乘菩薩摩訶薩作如
是念十方世界无量无邊无有分際菩薩發
如是大願我當以无上清淨莊〻嚴〻此等一
切世界彼諸莊嚴皆當不虛是為菩薩摩訶
薩第三發金剛心莊嚴大乘菩薩摩訶薩作
如是眾生无量无邊无有分際不可窮盡菩
薩發如是心我當以諸善根迴向一切眾生
以无上大智慧光普照一切眾生是為菩薩
摩訶薩第四發金剛心莊嚴大乘菩薩摩訶
薩作如是念一切諸佛无量无邊不可窮盡

BD14528號　大方廣佛華嚴經（晉譯五十卷本　異卷）卷三二　　（29–22）

薩發如是心我當以諸善根迴向一切眾生
以无上大智慧光普照一切眾生是為菩薩
摩訶薩第四發金剛心莊嚴大乘菩薩摩訶
薩作如是念一切諸佛无量无邊不可窮盡
菩薩發如是心我所種善根迴向奉給供養
一切諸佛然後我乃成等正覺是為菩薩摩
訶薩第五發金剛心莊嚴大乘菩薩摩訶薩
見一切聞所說法發大歡喜心不著自身及
如來身解知佛身非實非虛非有非无非性
有非无性非无色非无色非相非无相非生
非滅解知如來實无所有亦不壞有相何以
故一切攝取故是為菩薩摩訶薩第六發金
剛心莊嚴大乘菩薩摩訶薩若有眾生呵罵
毀辱或截手足耳鼻或挑其目或級其頭菩
薩不因此故生恚害心於不〻可〻說〻劫脩菩
薩行攝取眾生心不廢捨何以故菩薩摩訶
薩住不二法善學菩薩所學清淨直心於一
切眾生无瞋恚心忍住眾苦心无知報自身
堪受一切眾苦是為菩薩摩訶薩第七發
金心剛莊嚴大乘菩薩摩訶薩作如是念未
來世劫无量无邊无有分際不可窮盡菩薩
發如是念我當盡一切未來世法界虛空界
等劫於一世界行菩薩道教化眾生如一世
界盡法界虛空界等一切世界亦復如是心
亦不怖驚不怖不畏行菩薩行何以故菩薩法
應如是為一切眾生脩菩薩行是為菩薩摩
訶薩第八發金剛心莊嚴大乘菩薩摩訶
薩作如是念門阿耨多羅三藐三菩提心以

BD14528號　大方廣佛華嚴經（晉譯五十卷本　異卷）卷三二　　（29–23）

亦不怖驚不怖不畏行菩薩行何以故菩薩法
應如是爲一切衆生脩菩薩行是爲菩薩摩
訶薩第八發金剛心莊嚴大乘菩薩摩訶
薩作如是念門阿耨多羅三藐三菩提心以
爲本心清淨故能積集成滿一切善根若心
得自在則能成就无上菩提行菩薩行滿足
諸究竟教化一切衆生是爲菩薩摩訶薩第
九發金剛心莊嚴大乘菩薩摩訶薩知佛不
可得菩提不可得菩薩不可得一切法不可
得衆生不可得心不可得行不可得過去不
可得未來現在不可得一切衆生不可得有
爲无爲不可得菩薩摩訶薩如是住寂靜
住甚深住寂滅住无諍住不可得住无二无
等住真實住成就住解脫住涅槃住實際
而亦不捨一切大願不捨發一切知心不捨
脩菩薩行不捨教化衆生不捨恭敬供養諸
佛不捨說法不捨莊嚴一切世界何以故菩
薩摩訶薩出生大願故菩薩善知如是法相
長養大悲无量功德攝取衆生不捨衆生一
切諸法无有真實凡愚衆生不知不覺一
切諸佛安住寂滅演說正法教化衆生不捨
大悲一切衆生未得菩提佛法未足大願未
滿我本請一切衆生爲无上大法施主唱齊
語不虛語一切諸佛種性語發大願門心發
饒益一切衆生心發長養一切善根心發安
住善巧方便心發內身舍受一切衆生心發
一切衆生所平等心令一切衆生所願成滿
我當云何未度衆生而捨大悲是爲菩薩摩

BD14528號　大方廣佛華嚴經（晉譯五十卷本　異卷）卷三二　（29–24）

饒益一切衆生心發長養一切善根心發安
住善巧方便心發內身舍受一切衆生心發
一切衆生所平等心令一切衆生所願成滿
我當云何未度衆生而捨大悲是爲菩薩摩
訶薩第十發金剛心莊嚴大乘佛子是爲
菩薩摩訶薩十種發金剛心莊嚴大乘若菩
薩摩訶薩安住此法則得一切諸佛无上金剛
焰明佛子菩薩摩訶薩有十種發大事
何等爲十所謂恭敬供養一切諸是爲菩
薩摩訶薩第一發大事長養一切菩薩
善根是爲菩薩摩訶薩第二發大事一切
如來滅度之後悲取舍利起无量塔種種妙
寶以爲莊嚴以一切華一切鬘一切香一切
塗香一切末香一切衣一切蓋一切幢一切
幡而供養之受持守護諸佛正法是爲菩薩
摩訶薩第三發大事教化成就一切衆生令
得阿耨多羅三藐三菩提是爲菩薩摩訶
薩第四發大事以諸佛剎无上清淨莊嚴莊
嚴一切世界是爲菩薩摩訶薩第五發大事
菩薩摩訶薩作如是念我當爲一切衆生於
一一世界盡未來際阿僧祇劫脩菩薩行如爲
一衆生爲一切衆生亦復如是出生大悲令
一切衆生安住菩提乃至不生一念疲厭之心
是爲菩薩摩訶薩第六發大事我當於不可
思議阿僧祇劫恭敬供養彼諸如來是爲菩
薩摩訶薩第七發大事彼諸如來滅度之後
我當悉取舍利而起塔廟其塔高廣与不可
說諸世界等造如來像巍巍高大如不可思

BD14528號　大方廣佛華嚴經（晉譯五十卷本　異卷）卷三二　（29–25）

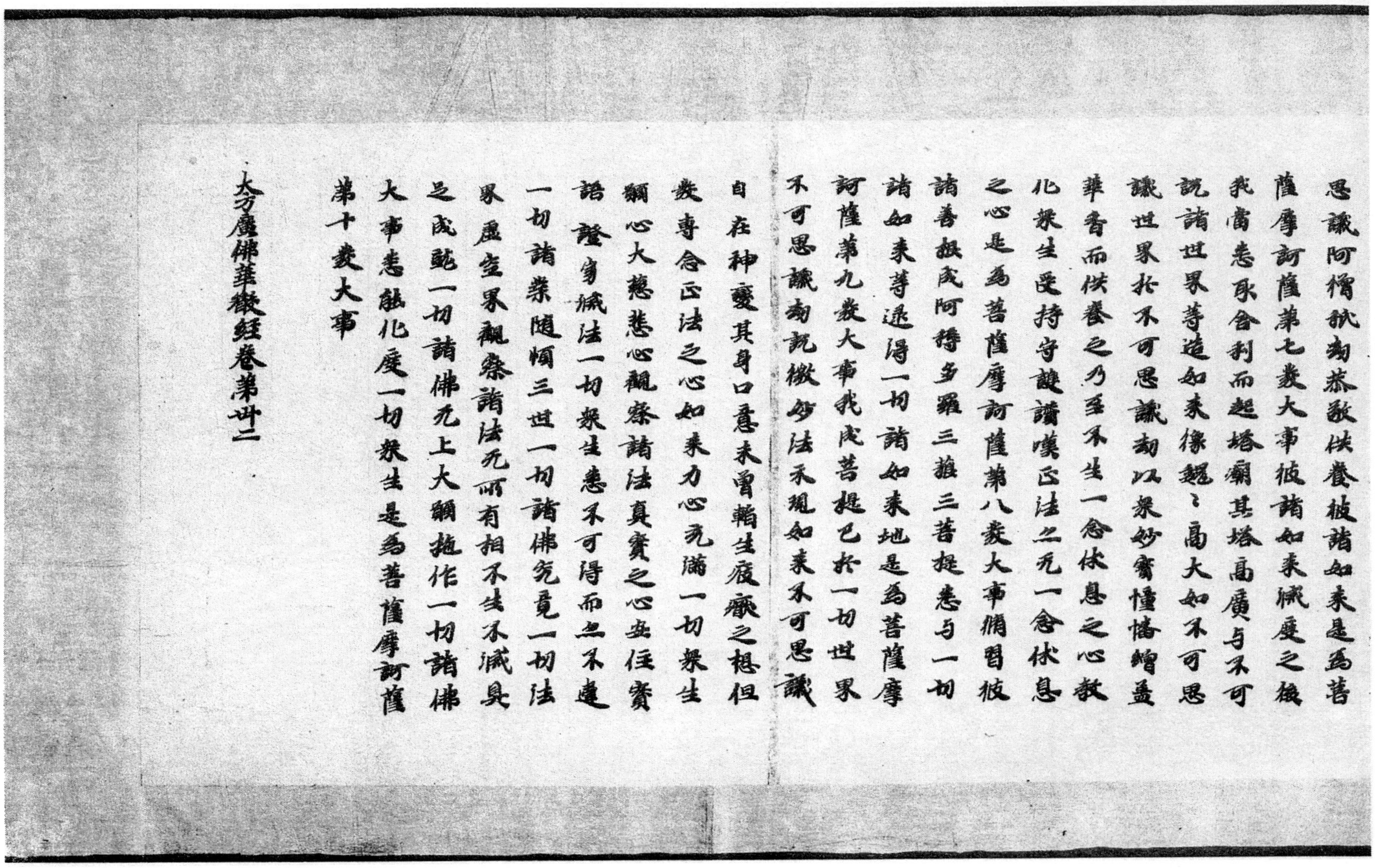

思議阿僧祇劫恭敬供養彼諸如來是為菩
薩摩訶薩第七發大事彼諸如來滅度之後
我當悉取舍利而起塔廟其塔高廣與不可
說諸世界等造如來像巍巍高大如不可思
議世界於不可思議劫以眾妙寶幢幡繒蓋
華香而供養之乃至不生一念休息之心教
化眾生受持守護讚嘆正法亦無一念休息
之心是為菩薩摩訶薩第八發大事脩習彼
諸善根成阿耨多羅三藐三菩提悉與一切
諸如來等逮得一切諸如來地是為菩薩摩
訶薩第九發大事我成菩提已於一切世界
不可思議劫說微妙法示現如來不可思議
自在神變其身口意未曾暫生疲厭之想但
發專念正法之心如來力心充滿一切眾生
願心大慈悲心觀察諸法真實之心安住實
語證身滅法一切眾生悉不可得而亦不違
一切諸業隨順三世一切諸佛究竟一切法
界虛空界觀察諸法無所有相不生不滅具
足成就一切諸佛無上大願趣作一切諸佛
大事悉能化度一切眾生是為菩薩摩訶薩
第十發大事

大方廣佛華嚴經卷第卅二

BD14528號　大方廣佛華嚴經（晉譯五十卷本　異卷）卷三二　　（29–26）

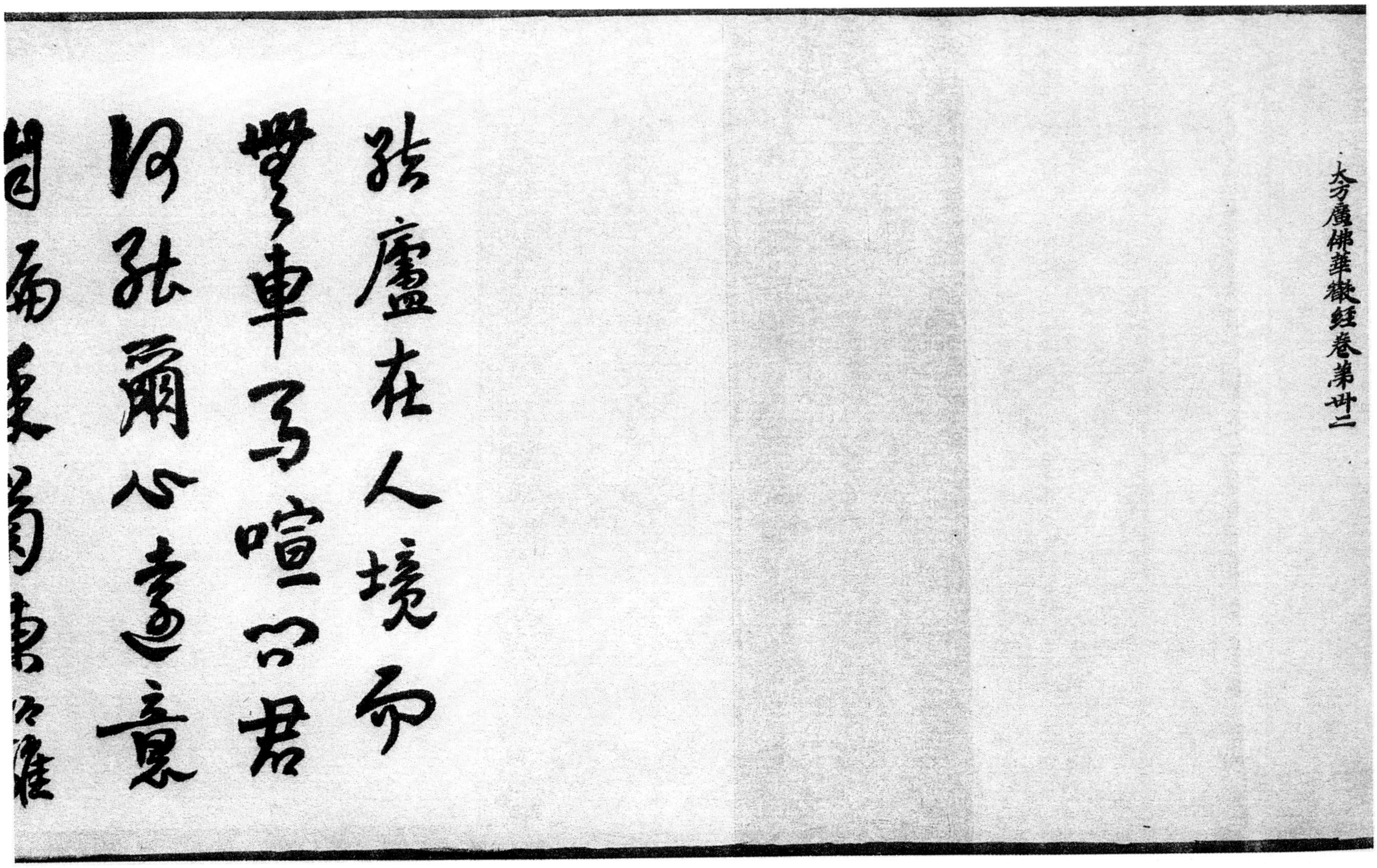

大方廣佛華嚴經卷第卅二

結廬在人境而
無車馬喧問君
何能爾心遠意
自偏采菊東籬

BD14528號　大方廣佛華嚴經（晉譯五十卷本　異卷）卷三二　　（29–27）

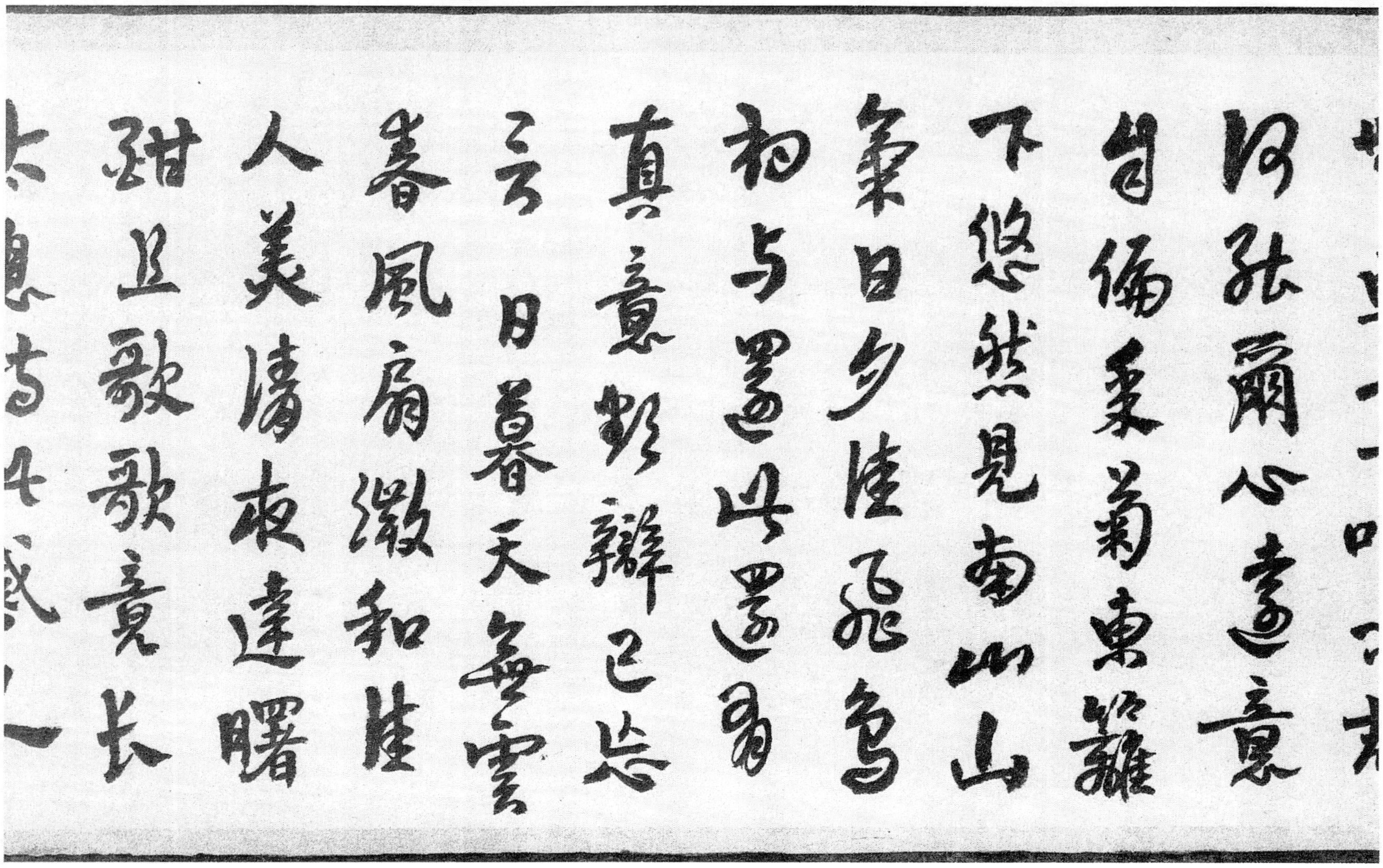
何張爾心遠意
自偏采菊東籬
下悠然見南山
氣日夕佳飛鳥
相與還此還有
真意欲辨已忘
言言日暮天無雲
春風扇微和佳
人美清夜達曙
酣且歌歌竟長

BD14528 號　大方廣佛華嚴經（晉譯五十卷本　異卷）卷三二　（29–28）

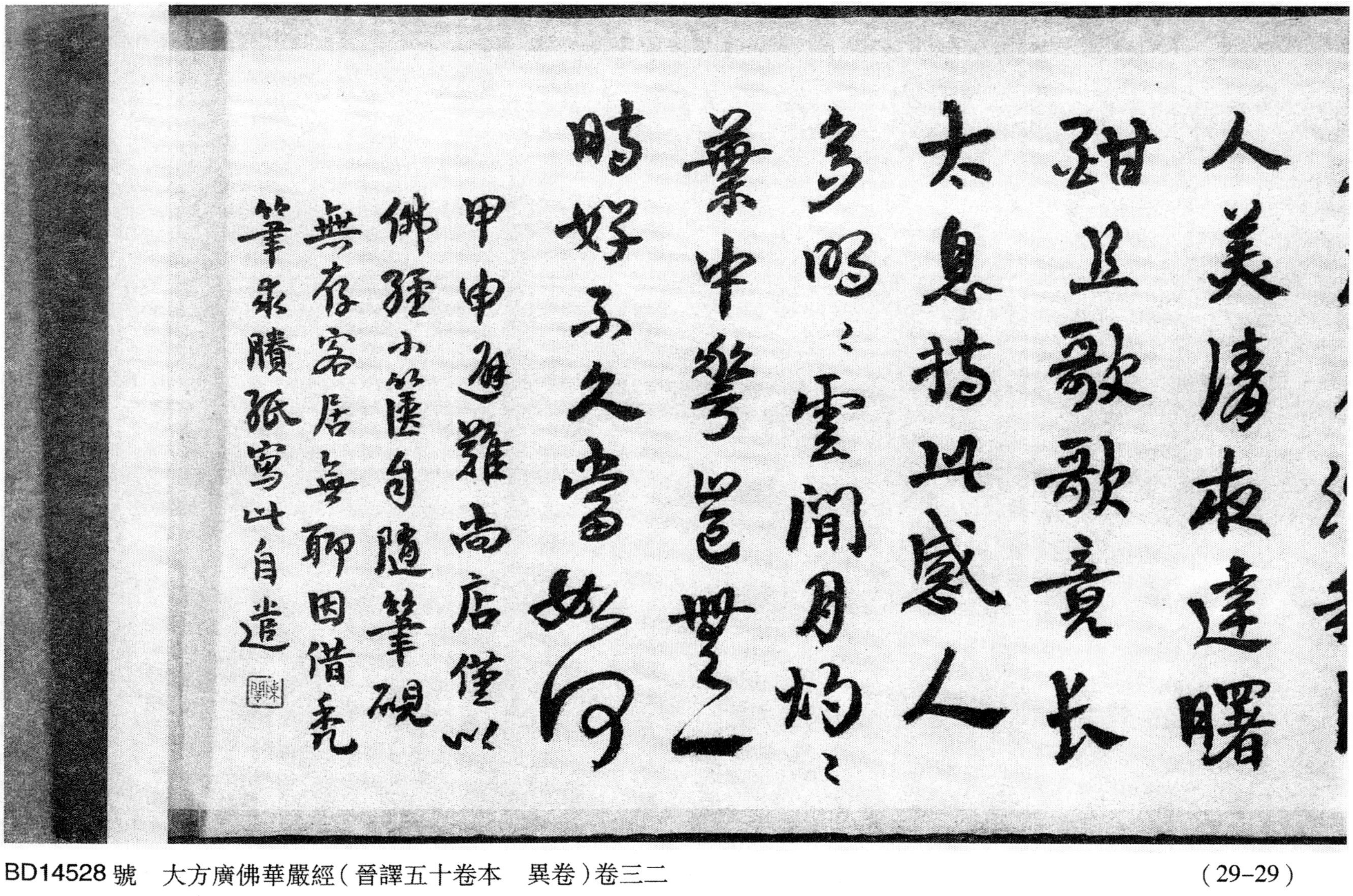
人美清夜達曙
酣且歌歌竟長
太息持此感人
多明明雲間月灼灼
葉中華豈無一
時好不久當如何
甲申避難尚店僅以
佛彊小篋自隨筆硯
無存客居無聊因借秃
筆求贈張寫此自遣

BD14528 號　大方廣佛華嚴經（晉譯五十卷本　異卷）卷三二　（29–29）

BD14529 號背　護首　　（1–1）

BD14529 號　陀羅尼集經卷五　　（4–1）

頭指相捻在二大指小指上二無名指亦尒
二中指在上頭少不相到掌下相著頭指來
去呪曰
唵一稅閇(合二)提二盤陁囉(二合)婆悉尼三折吒磨
俱吒四陁囉尼五莎訶六
是法印呪若有人能日日作之相續供養
以胡麻蕎麥和稻糓華誦呪一遍一燒火中
如是乃至一千八遍一百八遍呪燒亦得如
是日日作是法者一切觀世音歡喜
又法孩兒啼哭當以此呪呪結呪索繫頂即
心
觀世音母心印呪第四
合掬二食指二中指二無名指並屈頭相拄
與大節令平二大指並竪相著捻食指頭側
二小指竪頭相著大指來去呪曰
唵一摩訶室唎(合二)曳二莎訶三
是前二法印呪名觀世音母法若有人誦持
能除身中百億劫重罪一切菩薩聞此呪者
皆得奢摩他由此因緣得成佛位故名菩薩
母呪有能受持者不久當蒙諸佛授記一切
觀世音菩薩由此呪印得奢摩他記持一切
觀世音菩薩三昧印呪第五
兩掬合二大指二小指直竪頭合餘指不相
著直竪(但開二大指小指頭不相到是名十一面印是大三昧印頭指來去)呪用十一
面大呪
作是法者能除一切王賊水火刀毒等難皆

BD14529 號　陀羅尼集經卷五　（4–2）

觀世音菩薩三昧印呪第五
兩掬合二大指二小指直竪頭合餘指不相
著直竪(但開二大指小指頭不相到是名十一面印是大三昧印頭指來去)呪用十一
面大呪
作是法者能除一切王賊水火刀毒等難皆
無怖畏是觀世音威神力故欲請諸菩薩等
法先須作三昧印即得一切菩薩歡喜
菓子等供養然十六燈四門外合極十六
隻未經用箭桝五綵線於箭上取佉陁囉木
(紫薑木是)四枚二長五指二長六指釘壇四角散種
種時非時華於壇上又取頗伽木(柏無子少者是)一千
八百枚各長一尺若一瓦鉢若銅鉢和蘇乳
塗此木枚呪一枚一遍即擲火中無佉陁囉
木時(赤棗木代亦得)須畫一白色觀音聖者像隨力大
小作又光翻法云千劫聚集業障一時誦
念悉皆滅盡得千佛聚集善根得千劫
流轉生老病死邊際捨此身已即見千轉
輪聖王恒持十善若欲生諸佛淨土者晝夜
各三時誦廿一遍滿三七日如其所欲即於
夢中或見佛金色形像及菩薩形像此是
先相即知當生淨土
又受持法取窣婆香(唐云茅香)并苗五斤楮木一
千箇長一尺并蘇捻呪一千遍臨欲燒之以
蘇塗木並及香上各呪一遍燒之預五月六
月取牛糞陰乾窣婆香水和作渥作場
身二肘圓作場場上安種種華香冬月無
華刻華安之然熏陸香呪師面向東坐誦
滿一千遍法成未呪之時用此呪水廿一

BD14529 號　陀羅尼集經卷五　（4–3）

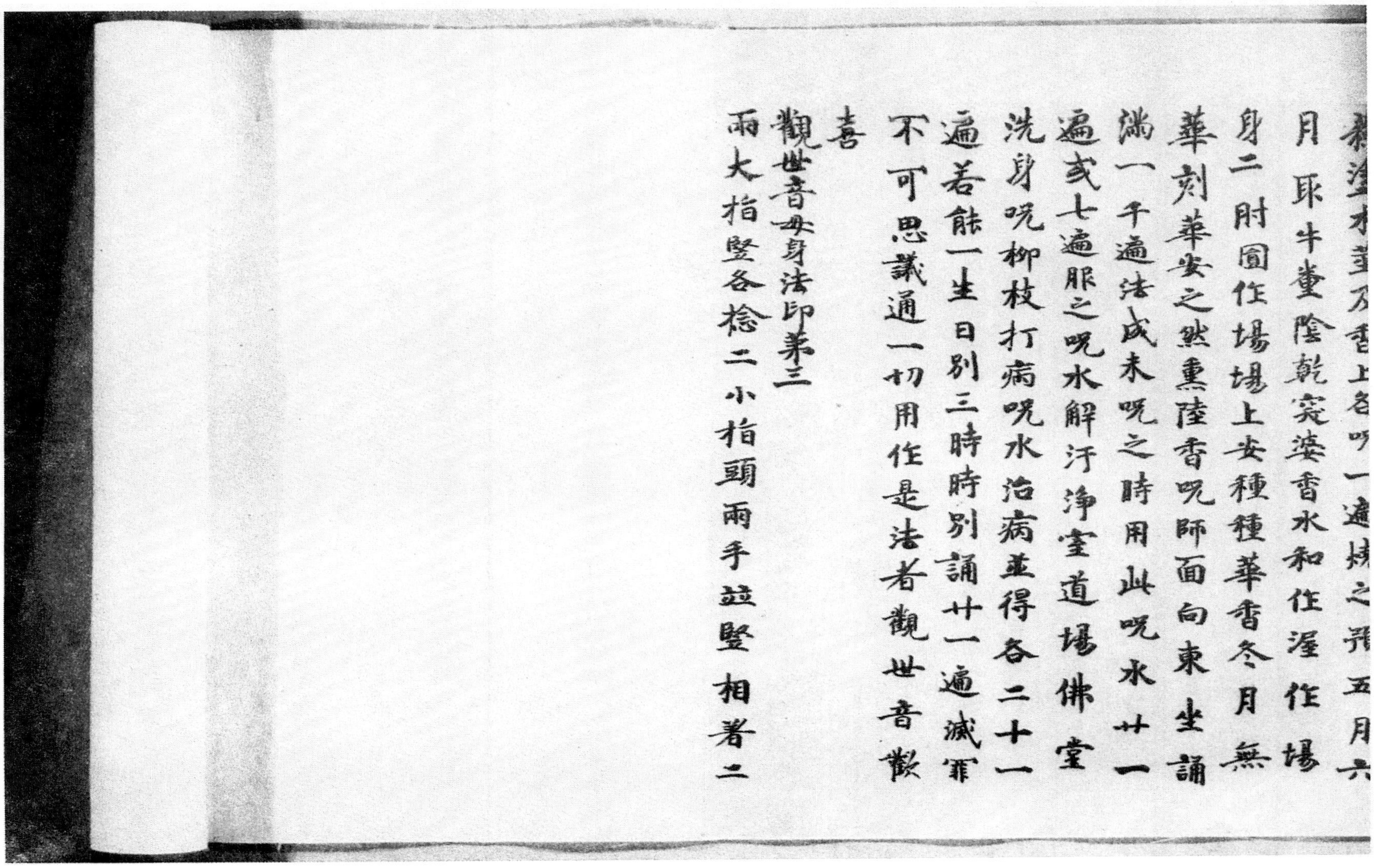

穀塗木葉及香上各呪一遍燒之從五月六
月取牛糞陰乾突婆香水和作漫作場
身二肘圓作場場上安種種華香冬月無
華刻華安之然熏陸香呪師面向東坐誦
滿一千遍法成未呪之時用此呪水廿一
遍或七遍服之呪水解汙淨堂道場佛堂
洗身呪柳枝打病呪水治病並得各二十一
遍若能一生日別三時時別誦廿一遍滅罪
不可思議通一切用作是法者觀世音歡
喜
觀世音母身法印第三
兩大指竪各捻二小指頭兩手並竪相著二

BD14529 號　陀羅尼集經卷五　（4–4）

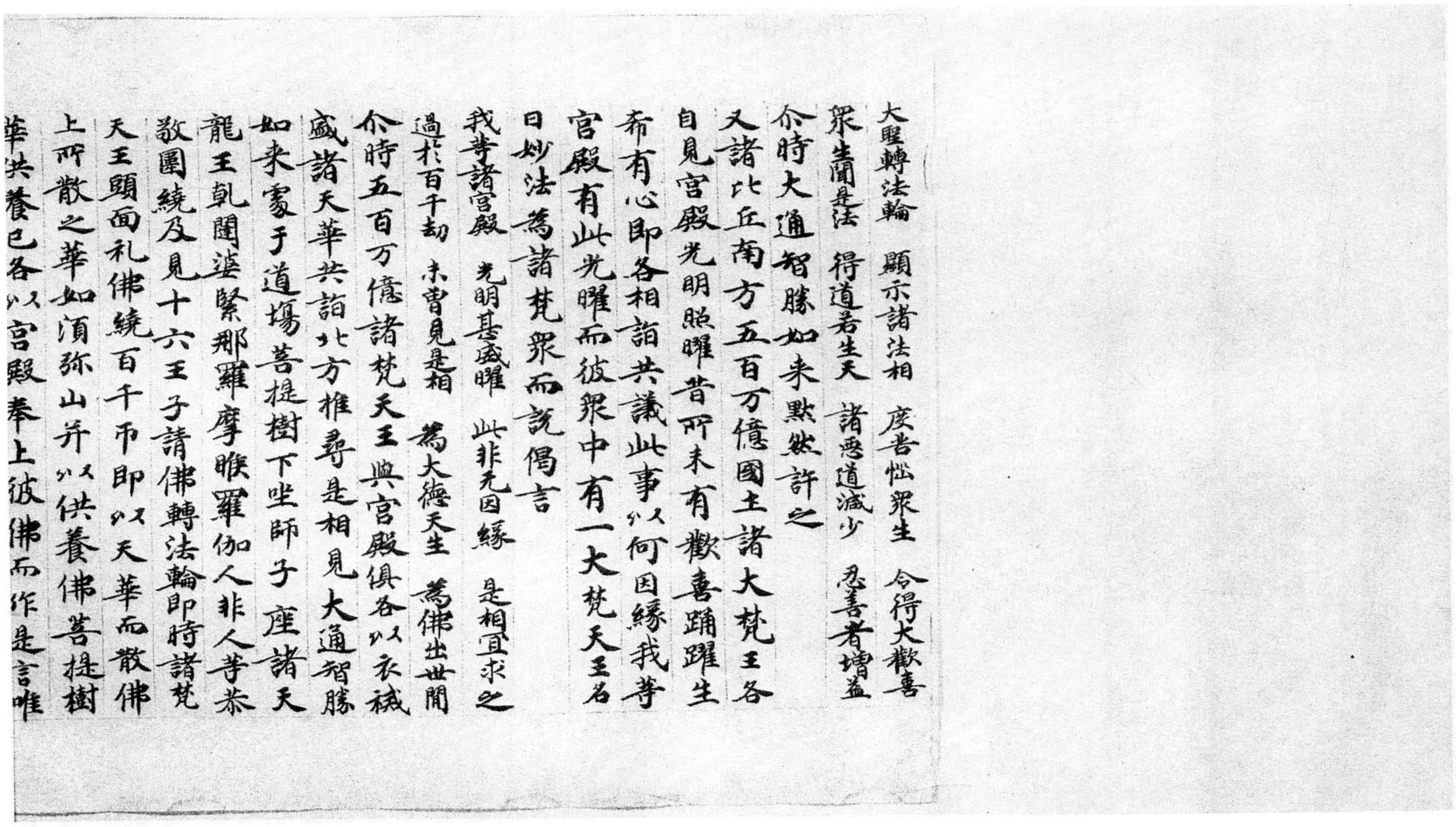

大聖轉法輪　顯示諸法相　度苦惱衆生　令得大歡喜
衆生聞是法　得道若生天　諸惡道減少　忍善者增益
尒時大通智勝如来默然許之
又諸比丘南方五百万億國土諸大梵王各
自見宮殿光明照曜昔所未有歡喜踊躍生
希有心即各相詣共議此事以何因緣我等
宮殿有此光曜而彼衆中有一大梵天王名
曰妙法為諸梵衆而說偈言
我等諸宮殿　光明甚威曜　此非無因緣　是相宜求之
過於百千劫　未曾見是相　為大德天生　為佛出世間
尒時五百万億諸梵天王與宮殿俱各以衣裓
盛諸天華共詣北方推尋是相見大通智勝
如来處于道場菩提樹下坐師子座諸天
龍王乾闥婆緊那羅摩睺羅伽人非人等恭
敬圍繞及見十六王子請佛轉法輪即時諸梵
天王頭面礼佛繞百千帀即以天華而散佛
上所散之華如須弥山并以供養佛菩提樹
華供養已各以宮殿奉上彼佛而作是言唯

BD14530 號　妙法蓮華經卷三　（11–1）

龍王乾闥婆緊那羅摩睺羅伽人非人等恭
敬圍繞及見十六王子請佛轉法輪即時諸梵
天王頭面礼佛繞百千帀即以天華而散佛
上所散之華如須弥山并以供養佛菩提樹
華供養已各以宮殿奉上彼佛而作是言唯
見哀愍饒益我等所獻宮殿願垂納處尒
時諸梵天王即於佛前一心同聲以偈頌曰
世尊甚難見　破諸煩惱者　過百三十劫　今乃得一見
諸飢渴衆生　以法雨充滿　昔所未曾覩　无量智慧者
如優曇鉢華　今日乃值遇　我等諸宮殿　蒙光故嚴飾
世尊大慈悲　唯願垂納受
尒時諸梵天王偈讚佛已各作是言唯願世
尊轉於法輪令一切世間諸天魔梵沙門婆
羅門皆獲安隱而得度脫時諸梵天王一心同
聲以偈頌曰
唯願天人尊　轉无上法輪　擊于大法鼓　而吹大法蠡
普雨大法雨　度无量衆生　我等咸歸請　當演深遠音
尒時大通智勝如来默然許之西南方乃至下
方亦復如是
尒時上方五百万億國土諸大梵王皆悉自覩
所止宮殿光明威耀昔所未有歡喜踊躍生
希有心即各相詣共議此事以何因緣我等
宮殿有斯光明而彼衆中有一大梵天王名
曰尸棄為諸梵衆而說偈言
今以何因緣　我等諸宮殿　威德光明曜　嚴飾未曾有
如是之妙相　昔所不聞見　為大德天生　為佛出世間

BD14530 號　妙法蓮華經卷三　（11–2）

宮殿有斯光明而彼衆中有一大梵天王名
曰尸棄為諸梵衆而說偈言
今以何因緣　我等諸宮殿　威德光明曜　嚴飾未曾有
如是之妙相　昔所不聞見　為大德天生　為佛出世間
尒時五百万億諸梵天王與宮殿俱各以衣裓
盛諸天華共詣下方推尋是相見大通智勝
如来處于道場菩提樹下坐師子座諸天龍
王乾闥婆緊那羅摩睺羅伽人非人等恭敬
圍繞及見十六王子請佛轉法輪時諸梵天
王頭面礼佛繞百千帀即以天華而散佛
上所散之華如須弥山并以供養佛菩提樹
華供養已各以宮殿奉上彼佛而作是言唯
見哀愍饒益我等所獻宮殿願垂納處尒時
諸梵天王即於佛前一心同聲以偈頌曰
善哉見諸佛　救世之聖尊　能於三界獄　勉出諸衆生
普智天人尊　哀愍群萌類　能開甘露門　廣度於一切
於昔无量劫　空過无有佛　世尊未出時　十方常暗瞑
三惡道增長　阿脩羅亦盛　諸天衆轉減　死多墮惡道
不從佛聞法　常行不善事　色力及智慧　斯等皆減少
罪業因緣故　失樂及樂想
住於邪見法　不識善儀則　不蒙佛所化　常墮於惡道
佛為世間眼　久遠時乃出　哀愍諸衆生　故現於世間
超出成正覺　我等甚欣慶　及餘一切衆　喜歎未曾有
我等諸宮殿　蒙光故嚴飾　今以奉世尊　唯垂哀納受
願以此功德　普及於一切　我等與衆生　皆共成佛道
尒時五百万億諸梵天王偈讚佛已各白佛

BD14530 號　妙法蓮華經卷三　（11–3）

超出成正覺　我等甚欣慶　及餘一切衆　喜歎未曾有
我等諸宮殿　蒙光故嚴飾　今以奉世尊　唯垂哀納受
願以此功德　普及於一切　我等與衆生　皆共成佛道
尒時五百万億諸梵天王偈讚佛已各白佛
言唯願世尊轉於法輪多所安隱多所度脫
時諸梵天王而說偈言
世尊轉法輪　擊甘露法鼓　度苦惱衆生　開示涅槃道
唯願受我請　以大微妙音　哀愍而敷演　无量劫集法
尒時大通智勝如來受十方諸梵天王及十
六王子請即時三轉十二行法輪若沙門婆
羅門若天魔梵及餘世間所不能轉謂是苦
是苦集是苦滅是苦滅道及廣說十二因緣法
无明緣行行緣識識緣名色名色緣六入六
入緣觸觸緣受受緣愛愛緣取取緣有有緣
生生緣老死憂悲苦惱无明滅則行滅行滅
則識滅識滅則名色滅名色滅則六入滅六入
滅則觸滅觸滅則受滅受滅則愛滅愛滅則
取滅取滅則有滅有滅則生滅生滅則老
死憂悲苦惱滅佛於天人大衆之中說是法
時六百万億那由他人以不受一切法故而
於諸漏心得解脫皆得深妙禪定三明六
通具八解脫第二第三第四說法時千万億
恒河沙那由他等衆生亦以不受一切法故而
於諸漏心得解脫從是已後諸聲聞衆无量
无邊不可稱數尒時十六王子皆以童子出
家而為沙弥諸根通利智慧明了已曾供養
百千万億諸佛淨脩梵行求阿耨多羅

於諸漏心得解脫從是已後諸聲聞衆无量
无邊不可稱數尒時十六王子皆以童子出
家而為沙弥諸根通利智慧明了已曾供養
百千万億諸佛淨脩梵行求阿耨多羅
三藐三菩提俱白佛言世尊是諸无量千万億
大德聲聞皆已成就世尊亦當為我等說阿
耨多羅三藐三菩提法我等聞已皆共脩學
世尊我等志願如來知見深心所念佛自證知
尒時轉輪聖王所將衆中八万億人見十六
王子出家亦求出家王即聽許尒時彼佛受
沙弥請過二万劫已乃於四衆之中說是大
乘經名妙法蓮華教菩薩法佛所護念說是
經已十六沙弥為阿耨多羅三藐三菩提故
皆共受持諷誦通利說是經時十六菩薩沙
弥皆悉信受聲聞衆中亦有信解其餘衆生
千万億種皆生疑惑佛說是經於八千劫未
曾休廢說此經已即入靜室住於禪定八万
四千劫是時十六菩薩沙弥知佛入室寂
然禪定各昇法座亦於八万四千劫為四部
衆廣說分別妙法華經一一皆度六百万億
那由他恒河沙等衆生示教利喜令發阿耨
多羅三藐三菩提心大通智勝佛過八万四
千劫已從三昧起往詣法座安詳而坐普告
大衆是十六菩薩沙弥甚為希有諸根通利
智慧明了已曾供養无量千万億數諸佛於
諸佛所常脩梵行受持佛智開示衆生令入
其中汝等皆當數數親近而供養之所以者

大衆是十六菩薩沙弥甚爲希有諸根通利
智慧明了已曽供養无量千万億數諸佛於
諸佛所常脩梵行受持佛智開示衆生令入
其中汝等皆當數數親近而供養之所以者
何若聲聞辟支佛及諸菩薩能信是十六菩
薩所說經法受持不毀者是人皆當得阿耨
多羅三藐三菩提如来之慧佛告諸比丘是
十六菩薩常樂說是妙法華經一一菩薩所
化六百万億那由他恒河沙等衆生世世所
生與菩薩俱從其聞法悉皆信解以此因緣
得值四万億諸佛世尊于今不盡諸比丘我
今語汝彼佛弟子十六沙弥今皆得阿耨多
羅三藐三菩提於十方國土現在說法有无
量百千万億菩薩聲聞以爲眷屬其二沙弥
東方作佛一名阿閦在歡喜國二名須弥頂
東南方二佛一名師子音二名師子相南方
二佛一名虚空住二名常滅西南方二佛一
名帝相二名梵相西方二佛一名阿弥陁二
名度一切世間苦惱西北方二佛一名多摩
羅跋栴檀香神通二名須弥相北方二佛一
名雲自在二名雲自在王東北方佛名壞一
切世間怖畏第十六我釋迦牟尼佛於娑婆
國土成阿耨多羅三藐三菩提諸比丘我等
爲沙弥時各各教化无量百千万億恒河沙
等衆生從我聞法爲阿耨多羅三藐三菩提
此諸衆生于今有住聲聞地者我常教化阿
耨多羅三藐三菩提是諸人等應以是法漸

爲沙弥時各各教化无量百千万億恒河沙
等衆生從我聞法爲阿耨多羅三藐三菩提
此諸衆生于今有住聲聞地者我常教化阿
耨多羅三藐三菩提是諸人等應以是法漸
入佛道所以者何如来智慧難信難解尒時
所化无量恒河沙等衆生者汝等諸比丘及我滅
度後未来世中聲聞弟子是也我滅度後
復有弟子不聞是經不知不覺菩薩所行
自於所得功德生滅度想當入涅槃我於餘
國作佛更有異名是人雖生滅度之想入於涅
槃而於彼土求佛智慧得聞是經唯以佛乘
而得滅度更无餘乘除諸如来方便說法諸
比丘若如来自知涅槃時到衆又清淨信解
堅固了達空法深入禪定便集諸菩薩及聲
聞衆爲說是經世間无有二乘而得滅度
唯一佛乘得滅度耳比丘當知如来方便深入
衆生之性知其志樂小法深着五欲爲是等
故說於涅槃是人若聞則便信受譬如五百
由旬險難惡道曠絕无人怖畏之處若有多
衆欲過此道至珎寶處有一導師聦慧明達
善知險道通塞之相將導衆人欲過此難所
將人衆中路懈退白導師言我等疲極而復
怖畏不能復進前路猶遠今欲退還導師
多諸方便而作是念此等可愍云何捨大珎
寶而欲退還作是念已以方便力於險道中
過三百由旬化作一城告衆人言汝等勿怖
莫得退還今是大城可於中止隨意所作若

怖畏不能復進前路猶遠今欲退還導師
多諸方便而作是念此等可愍云何捨大珎
寶而欲退還作是念已以方便力於險道中
過三百由旬化作一城告衆人言汝等勿怖
莫得退還今是大城可於中止隨意所作若
入是城快得安隱若能前至寶所亦可得去
是時疲極之衆心大歡喜歎未曾有我等今
者免斯惡道快得安隱於是衆人前入化城
生已度想生安隱想尒時導師知此人衆既
得止息无復疲惓即滅化城語衆人言汝等
去來寶處在近向者大城我所化作為止息
耳諸比丘如來亦復如是今為汝等作大導
師知諸生死煩惱惡道險難長遠應去應度
若衆生但聞一佛乘者則不欲見佛不欲親
近便作是念佛道長遠久受懃苦乃可得成
佛知是心怯弱下劣以方便力而於中道為
止息故說二涅槃若衆生住於二地如來尒
時即便為說汝等所作未辦汝所住地近於
佛慧當觀察籌量所得涅槃非真實也但是
如來方便之力於一佛乘分別說三如彼導
師為止息故化作大城既知息已而告之言寶
處在近此城非實我化作耳尒時世尊欲重
宣此義而說偈言
大通智勝佛　十劫坐道場　佛法不現前　不得成佛道
諸天龍神王　阿脩羅衆等　常雨於天華　以供養彼佛
諸天擊天鼓　并作衆伎樂　香風吹萎華　更雨新好者
過十小劫已　乃得成佛道　諸天及世人　心皆懷踊躍
彼佛十六子　皆與其眷屬　千万億圍遶　俱行至佛所

BD14530 號　妙法蓮華經卷三　（11–8）

諸天龍神王　阿脩羅衆等　常雨於天華　以供養彼佛
諸天擊天鼓　并作衆伎樂　香風吹萎華　更雨新好者
過十小劫已　乃得成佛道　諸天及世人　心皆懷踊躍
彼佛十六子　皆與其眷屬　千万億圍遶　俱行至佛所
頭面礼佛足　而請轉法輪　聖師子法雨　充我及一切
世尊甚難值　久遠時一現　為覺悟群生　震動於一切
東方諸世界　五百万億國　梵宮殿光曜　昔所未曾有
諸梵見此相　尋來至佛所　散華以供養　并奉上宮殿
請佛轉法輪　以偈而讚歎　佛知時未至　受請默然坐
三方及四維　上下亦復尒　散華奉宮殿　請佛轉法輪
世尊甚難值　願以大慈悲　廣開甘露門　轉无上法輪
无量慧世尊　受彼衆人請　為宣種種法　四諦十二緣
无明至老死　皆從生緣有　如是衆過患　汝等應當知
宣暢是法時　六百万億姟　得盡諸苦際　皆成阿羅漢
第二說法時　千万恒沙衆　於諸法不受　亦得阿羅漢
從是後得道　其數无有量　万億劫筭數　不能得其邊
時十六王子　出家作沙弥　皆共請彼佛　演說大乘法
我等及營從　皆當成佛道　願得如世尊　慧眼第一淨
佛知童子心　宿世之所行　以无量因緣　種種諸譬喻
說六波羅蜜　及諸神通事　分別真實法　菩薩所行道
說是法華經　如恒河沙偈　彼佛說經已　靜室入禪定
一心一處坐　八万四千劫
是諸沙弥等　知佛禪未出　為无量億衆　說佛无上慧
各各坐法座　說是大乘經　於佛宴寂後　宣揚助法化
一一沙弥等　所度諸衆生　有六百万億　恒河沙等衆
彼佛滅度後　是諸聞法者　在在諸佛土　常與師俱生
是十六沙弥　具足行佛道　今現在十方　各得成正覺

BD14530 號　妙法蓮華經卷三　（11–9）

各各坐法座 說是大乘經 於佛宴寂後 宣揚助法化
一一沙弥等 所度諸衆生 有六百万億 恒河沙等衆
彼佛滅度後 是諸聞法者 在在諸佛土 常與師俱生
是十六沙弥 具足行佛道 今現在十方 各得成正覺
尒時聞法者 各在諸佛所 其有住聲聞 漸教以佛道
我在十六數 曾亦為汝說 是故以方便 引汝趣佛慧
以是本因緣 今說法華經 令汝入佛道 慎勿懷驚懼
譬如險惡道 迥絕多毒獸 又復无水草 人所怖畏處
无數千万衆 欲過此險道 其路甚曠遠 經五百由旬
時有一導師 強識有智慧 明了心決定 在險濟衆難
衆人皆疲倦 而白導師言 我等今頓乏 於是欲退還
導師作是念 此輩甚可愍 如何欲退還 而失大珍寶
尋時思方便 當設神通力 化作大城郭 莊嚴諸舍宅
周帀有園林 渠流及浴池 重門高樓閣 男女皆充滿
即作是化已 慰衆言勿懼 汝等入此城 各可隨所樂
諸人既入城 心皆大歡喜 皆生安隱想 自謂已得度
導師知息已 集衆而告言 汝等當前進 此是化城耳
我見汝疲極 中道欲退還 故以方便力 權化作此城
汝今勤精進 當共至寶所 我亦復如是 為一切導師
見諸求道者 中路而懈廢 不能度生死 煩惱諸嶮道
故以方便力 為息說涅槃 言汝等皆滅 所作皆已辦
既知到涅槃 皆得阿羅漢 尒乃集大衆 為說真實法
諸佛方便力 分別說三乘 唯有一佛乘 息處故說二
今為汝說實 汝所得非滅 為佛一切智 當發大精進
汝證一切智 十力等佛法 具三十二相 乃是真實滅
諸佛之道師 為息說涅槃 既知是息已 引入於佛慧

BD14530號 妙法蓮華經卷三 (11-10)

導師知息已 集衆而告言 汝等當前進 此是化城耳
我見汝疲極 中道欲退還 故以方便力 權化作此城
汝今勤精進 當共至寶所 我亦復如是 為一切導師
見諸求道者 中路而懈廢 不能度生死 煩惱諸嶮道
故以方便力 為息說涅槃 言汝等皆滅 所作皆已辦
既知到涅槃 皆得阿羅漢 尒乃集大衆 為說真實法
諸佛方便力 分別說三乘 唯有一佛乘 息處故說二
今為汝說實 汝所得非滅 為佛一切智 當發大精進
汝證一切智 十力等佛法 具三十二相 乃是真實滅
諸佛之道師 為息說涅槃 既知是息已 引入於佛慧

妙法蓮華經卷第三

BD14530號 妙法蓮華經卷三 (11-11)

BD14531 號背　護首　　（1–1）

妙法蓮華經隨喜功德品第十八
尒時彌勒菩薩摩訶薩白佛言世尊若有善
男子善女人聞是法華經隨喜者得幾所福
而說偈言
世尊滅度後　其有聞是經　若能隨喜者　為得幾所福
尒時佛告彌勒菩薩摩訶薩阿逸多如來滅
後若比丘比丘尼優婆塞優婆夷及餘智者
若長若幼聞是經隨喜已從法會出至於餘
處若在僧坊若空閑地若城邑巷陌聚落田
里如其所聞為父母宗親善友知識隨力演說
是諸人等聞已隨喜復行轉教餘人聞已
亦隨喜轉教如是展轉至第五十阿逸多其

BD14531 號　妙法蓮華經（十卷本）卷八　　（20–1）

里如其所聞為父母宗親善友知識隨力演說
是諸人等聞已隨喜復行轉教餘人聞已
亦隨喜轉教如是展轉至第五十阿逸多其
第五十善男子善女人隨喜功德我今說之
汝當善聽若四百万億阿僧祇世界六趣四
生衆生卵生胎生濕生化生若有形无形有
想无想非有想非无想无足二足四足多足
如是等在衆生數者有人求福隨其所欲娛
樂之具皆給與之一一衆生與滿閻浮提金
銀瑠璃車𤦲馬瑙珊瑚虎珀諸妙珎寶及象
馬車乘七寶所成宮殿樓閣等是大施主如
是布施滿八十年已而作是念我已施衆生
娛樂之具隨意所欲然此衆生皆已衰老年
過八十髮白面皺將死不久我當以佛法而
訓導之即集此衆生宣布法化示教利喜一
時皆得須陁洹道斯陁含道阿那含道阿羅
漢道盡諸有漏於深禪定皆得自在具八解
脫於汝意云何是大施主所得功德寧為多
不弥勒白佛言世尊是人功德甚多无量无
邊若是施主但施衆生一切樂具功德无量
何況令得阿羅漢果佛告弥勒我今分明語
汝是人以一切樂具施於四百万億阿僧祇
世界六趣衆生又令得阿羅漢果所得功德
不如是第五十人聞法華經一偈隨喜功德
百分千分百千万億分不及其一乃至筭數

BD14531 號　妙法蓮華經（十卷本）卷八　（20–2）

汝是人以一切樂具施於四百万億阿僧祇
世界六趣衆生又令得阿羅漢果所得功德
不如是第五十人聞法華經一偈隨喜功德
百分千分百千万億分不及其一乃至筭數
譬喻所不能知阿逸多如是第五十人展轉
聞法華經隨喜功德尚无量无邊阿僧祇何
況最初於會中聞而隨喜者其福復勝无量
无邊阿僧祇不可得比又阿逸多若人為是
經故往詣僧坊若坐若立須臾聽受緣是功
德轉身所生得好上妙象馬車乘珎寶輦轝
及乘天宮若復有人於講法處坐更有人來
勸令坐聽若分座令坐是人功德轉身得帝
釋坐處若梵王坐處若轉輪聖王所坐之處
阿逸多若復有人語餘人言有經名法華可
共往聽即受其教乃至須臾聞是人功德
轉身得與陁羅尼菩薩共生一處利根智慧
百千万世終不瘖瘂口氣不臭舌常无病口
亦无病齒不垢黑不黃不踈亦不缺落不差
不曲脣不下垂亦不褰縮不麤澀不瘡緊亦
不缺壞亦不喎斜不厚不大亦不黧黑无諸
可惡鼻不匾㔸亦不曲戾面色不黑亦不狹
長亦不窊曲无有一切不可喜相脣舌牙齒
悉皆嚴好鼻脩高直面貌圓滿眉高而長額
廣平正人相具足世世所生見佛聞法信受
教誨阿逸多汝且觀是勸於一人令往聽法
功德如此何況一心聽說讀誦而於大衆為

BD14531 號　妙法蓮華經（十卷本）卷八　（20–3）

廣平正人相具足世世所生見佛聞法信受
教誨阿逸多汝且觀是勸於一人令往聽法
功德如此何況一心聽說讀誦而於大衆爲
人分別如說脩行尒時世尊欲重宣此義而
說偈言
若人於法會　得聞是經典　乃至於一偈　隨喜爲他說
如是展轉教　至于第五十　冣後人獲福　今當分別之
如有大施主　供給无量衆　具滿八千歲　隨意之所欲
見彼衰老相　髮白而面皺　齒踈形枯竭　念其死不久
我今應當教　令得於道果　即爲方便說　涅槃真實法
世皆不牢固　如水沫泡焰　汝等咸應當　疾生猒離心
諸人聞是法　皆得阿羅漢　具足六神通　三明八解脫
冣後第五十　聞一偈隨喜　是人福勝彼　不可爲譬喻
如是展轉聞　其福尚无量　何況於法會　初聞隨喜者
若有勸一人　將引聽法華　言此經深妙　千万劫難遇
即受教往聽　乃至須臾聞　斯人之福報　今當分別說
世世无口患　齒不踈黃黑　脣不厚褰缺　无有可惡相
舌不乾黑短　鼻高脩且直　額廣而平正　面目悉端嚴
爲人所喜見　口氣无臭穢　優鉢華之香　常從其口出
若故詣僧坊　欲聽法華經　須臾聞歡喜　今當說其福
後生天人中　得妙象馬車　珎寶之輦轝　及乘天宮殿
若於講法處　勸人坐聽法　是福因緣得　釋梵轉輪座
何況一心聽　解說其義趣　如說而脩行　其福不可限
妙法蓮華經法師功德品第十九
尒時佛告常精進菩薩摩訶薩若善男子善
女人受持是法華經若讀若誦若解說若書

BD14531 號　妙法蓮華經（十卷本）卷八　（20–4）

何況一心聽　解說其義趣　如說而脩行　其福不可限
妙法蓮華經法師功德品第十九
尒時佛告常精進菩薩摩訶薩若善男子善
女人受持是法華經若讀若誦若解說若書
寫是人當得八百眼功德千二百耳功德八
百鼻功德千二百舌功德八百身功德千二
百意功德以是功德莊嚴六根皆令清淨是
善男子善女人父母所生清淨肉眼見於三
千大千世界內外所有山林河海下至阿鼻
地獄上至有頂亦見其中一切衆生及業因
緣果報生處悉見悉知尒時世尊欲重宣此
義而說偈言
若於大衆中　以无所畏心　說是法華經　汝聽其功德
是人得八百　功德殊勝眼　以是莊嚴故　其目甚清淨
父母所生眼　悉見三千界　內外弥樓山　須弥及鐵圍
并諸餘山林　大海江河水　下至阿鼻獄　上至有頂處
其中諸衆生　一切皆悉見　雖未得天眼　肉眼力如是
復次常精進若善男子善女人受持此經若
讀若誦若解說若書寫得千二百耳功德以
是清淨耳聞三千大千世界下至阿鼻地獄
上至有頂其中內外種種語言音聲象聲馬
聲牛聲車聲啼哭聲愁歎聲螺聲鼓聲鍾聲
鈴聲笑聲語聲男聲女聲童子聲童女聲法
聲非法聲苦聲樂聲凡夫聲聖人聲喜聲不
喜聲天聲龍聲夜叉聲乾闥婆聲阿脩羅聲
迦樓羅聲緊那羅聲摩睺羅伽聲火聲水聲

BD14531 號　妙法蓮華經（十卷本）卷八　（20–5）

鈴聲、笑聲、語聲、男聲、女聲、童子聲、童女聲、法
聲、非法聲、苦聲、樂聲、凡夫聲、聖人聲、喜聲、不
喜聲、天聲、龍聲、夜叉聲、乾闥婆聲、阿脩羅聲、
迦樓羅聲、緊那羅聲、摩睺羅伽聲、火聲、水聲、
風聲、地獄聲、畜生聲、餓鬼聲、比丘聲、比丘尼
聲、聲聞聲、辟支佛聲、菩薩聲、佛聲。以要言之，
三千大千世界中一切內外所有諸聲，雖未
得天耳，以父母所生清淨常耳皆悉聞知，如
是分別種種音聲而不壞耳根。尒時世尊欲
重宣此義，而說偈言：

父母所生耳　清淨无濁穢　以此常耳聞　三千世界聲
象馬車牛聲　鍾鈴螺鼓聲　琴瑟箜篌聲　簫笛之音聲
清淨好歌聲　聽之而不著　无數種人聲　聞悉能解了
又聞諸天聲　微妙之歌音　及聞男女聲　童子童女聲
山川嶮谷中　迦陵頻伽聲　命命等諸鳥　悉聞其音聲
地獄衆苦痛　種種楚毒聲　餓鬼飢渴逼　求索飲食聲
諸阿脩羅等　居在大海邊　自共言語時　出于大音聲
如是說法者　安住於此間　遙聞是衆聲　而不壞耳根
十方世界中　禽獸鳴相呼　其說法之人　於此悉聞之
其諸梵天上　光音及遍淨　乃至有頂天　言語之音聲
法師住於此　悉皆得聞之　一切比丘衆　及諸比丘尼
若讀誦經典　若為他人說　法師住於此　悉皆得聞之
復有諸菩薩　讀誦於經法　若為他人說　撰集解其義
如是諸音聲　悉皆得聞之　諸佛大聖尊　教化衆生者
於諸大會中　演說微妙法　持此法華者　悉皆得聞之
三千大千界　內外諸音聲　下至阿鼻獄　上至有頂天

BD14531號　妙法蓮華經（十卷本）卷八　（20–6）

若讀誦經典　若為他人說　法師住於此　悉皆得聞之
復有諸菩薩　讀誦於經法　若為他人說　撰集解其義
如是諸音聲　悉皆得聞之　諸佛大聖尊　教化衆生者
於諸大會中　演說微妙法　持此法華者　悉皆得聞之
三千大千界　內外諸音聲　下至阿鼻獄　上至有頂天
皆聞其音聲　而不壞耳根　其耳聰利故　悉能分別知
持是法華者　雖未得天耳　但用所生耳　功德已如是

復次常精進，若善男子、善女人受持是經，若
讀、若誦、若解說、若書寫，成就八百鼻功德。以
是清淨鼻根，聞於三千大千世界上下內外
種種諸香：須曼那華香、闍提華香、末利華香、
瞻蔔華香、波羅羅華香、赤蓮華香、青蓮華香、
白蓮華香、華樹香、果樹香、栴檀香、沈水香、多
摩羅跋香、多伽羅香，及千万種和香，若末、
若丸、若塗香，持是經者，於此間住，悉能分別。又復
別知衆生之香：象香、馬香、牛羊等香，男香、
女香、童子香、童女香，及草木叢林香，若近、若
遠，所有諸香，悉皆得聞，分別不錯。持是經者，
雖住於此，亦聞天上諸天之香：波利質多羅、
拘鞞陀羅樹香，及曼陀羅華香、摩訶曼陀羅
華香、曼殊沙華香、摩訶曼殊沙華香，栴檀、沈
水、種種末香、諸雜華香，如是等天香和合所
出之香，无不聞知。又聞諸天身香：釋提桓因
在勝殿上，五欲娛樂嬉戲時香；若在妙法堂
上，為忉利諸天說法時香；若於諸園遊戲時
香，及餘天等男女身香，皆悉遙聞。如是展轉

BD14531號　妙法蓮華經（十卷本）卷八　（20–7）

在勝殿上五欲娛樂嬉戲時香若在妙法堂
上為忉利諸天說法時香若於諸園遊戲時
香及餘天等男女身香皆悉遙聞如是展轉
乃至梵世上至有頂諸天身香亦皆聞之并
聞諸天所燒之香及聲聞香辟支佛香菩薩
香諸佛身香亦皆遙聞知其所在雖聞此香
然於鼻根不壞不錯若欲分別為他人說憶
念不謬尒時世尊欲重宣此義而說偈言
是人鼻清淨　於此世界中　若香若臭物　種種悉聞知
須曼那闍提　多摩羅栴檀　沉水及桂香　種種華菓香
及知眾生香　男子女人香　說法者遠住　聞香知所在
大勢轉輪王　小轉輪及子　群臣諸宮人　聞香知所在
身所著珎寶　及地中寶藏　轉輪王寶女　聞香知所在
諸人嚴身具　衣服及瓔珞　種種所塗香　聞香知其身
諸天若行坐　遊戲及神變　持是法華經　聞香悉能知
諸樹華菓實　及蘇油香氣　持經者住此　悉知其所在
諸山深嶮處　栴檀樹華敷　眾生在中者　聞香皆能知
鐵圍山大海　地中諸眾生　持經者聞香　悉知其所在
阿脩羅男女　及其諸眷屬　鬪諍遊戲時　聞香皆能知
曠野險隘處　師子象虎狼　野牛水牛等　聞香知所在
若有懷妊者　未辯其男女　无根及非人　聞香悉能知
以聞香力故　知其初懷妊　成就不成就　安樂產福子
以聞香力故　知男女所念　染欲癡恚心　亦知修善者
地中眾伏藏　金銀諸珎寶　銅器之所盛　聞香悉能知
種種諸瓔珞　无能識其價　聞香知貴賤　出處及所在
天上諸華等　曼陀曼殊沙　波利質多樹　聞香悉能知

BD14531號　妙法蓮華經（十卷本）卷八　（20–8）

地中眾伏藏　金銀諸珎寶　銅器之所盛　聞香悉能知
種種諸瓔珞　无能識其價　聞香知貴賤　出處及所在
天上諸華等　曼陀曼殊沙　波利質多樹　聞香悉能知
天上諸宮殿　上中下差別　眾寶華莊嚴　聞香悉能知
天園林勝殿　諸觀妙法堂　在中而娛樂　聞香悉能知
諸天若聽法　或受五欲時　來往行坐臥　聞香悉能知
天女所著衣　好華香莊嚴　周旋遊戲時　聞香悉能知
如是展轉上　乃至於梵世　入禪出禪者　聞香悉能知
光音遍淨天　乃至于有頂　初生及退沒　聞香悉能知
諸比丘眾等　於法常精進　若坐若經行　及讀誦經法
或在林樹下　專精而坐禪　持經者聞香　悉知其所在
菩薩志堅固　坐禪若讀誦　或為人說法　聞香悉能知
在在方世尊　一切所恭敬　愍眾而說法　聞香悉能知
眾生在佛前　聞經皆歡喜　如法而修行　聞香悉能知
雖未得菩薩　无漏法生鼻　而是持經者　先得此鼻相
復次常精進若善男子善女人受持是經若
讀若誦若解說若書寫得千二百舌功德若
好若醜若美不美及諸苦澀物在其舌根皆
變成上味如天甘露无不美者若以舌根於
大眾中有所演說出深妙聲能入其心皆令
歡喜快樂又諸天子天女釋梵諸天聞是深妙
音聲有所演說言論次第皆悉來聽及諸
龍龍女夜叉夜叉女乾闥婆乾闥婆女阿脩
羅阿脩羅女迦樓羅迦樓羅女緊那羅緊那
羅女摩睺羅伽摩睺羅伽女為聽法故皆來
親近恭敬供養及比丘比丘尼優婆塞優婆

BD14531號　妙法蓮華經（十卷本）卷八　（20–9）

[illegible]
羅阿脩羅女迦樓羅迦樓羅女緊那羅緊那
羅女摩睺羅伽摩睺羅伽女為聽法故皆來
親近恭敬供養及比丘比丘尼優婆塞優婆
夷國王王子羣臣眷屬小轉輪王大轉輪王
七寶千子內外眷屬乘其宮殿俱來聽法以
是菩薩善說法故婆羅門居士國內人民盡
其形壽隨侍供養又諸聲聞辟支佛菩薩諸
佛常樂見之是人所在方面諸佛皆向其處
說法悉能受持一切佛法又能出於深妙法
音尒時世尊欲重宣此義而說偈言
是人舌根淨　終不受惡味　其有所食噉　悉皆成甘露
以深淨妙聲　於大衆說法　以諸因緣喻　引導衆生心
聞者皆歡喜　設諸上供養　諸天龍夜叉　及阿脩羅等
皆以恭敬心　而共來聽法　是說法之人　若欲以妙音
遍滿三千界　隨意即能至　大小轉輪王　及千子眷屬
合掌恭敬心　常來聽受法　諸天龍夜叉　羅刹毗舍闍
亦以歡喜心　常樂來供養　梵天王魔王　自在大自在
如是諸天衆　常來至其所　諸佛及弟子　聞其說法音
常念而守護　或時為現身
復次常精進若善男子善女人受持是經若
讀若誦若解說若書寫得八百身功德得清
淨身如淨瑠璃衆生憙見其身淨故三千大
千世界衆生生時死時上下好醜生善處惡
處悉於中現及鐵圍大鐵圍弥樓山摩訶弥
樓山等諸山及其中衆生悉於中現下至阿
鼻地獄上至有頂所有衆生悉於中現若聲

BD14531號　妙法蓮華經（十卷本）卷八　（20–10）

淨身如淨瑠璃衆生憙見其身淨故三千大
千世界衆生生時死時上下好醜生善處惡
處悉於中現及鐵圍大鐵圍弥樓山摩訶弥
樓山等諸山及其中衆生悉於中現下至阿
鼻地獄上至有頂所有衆生悉於中現若聲
聞辟支佛菩薩諸佛說法皆於身中現其色
像尒時世尊欲重宣此義而說偈言
若持法華者　其身甚清淨　如彼淨瑠璃　衆生皆憙見
又如淨明鏡　悉見諸色像　菩薩於淨身　皆見世所有
唯獨自明了　餘人所不見　三千世界中　一切諸羣萌
天人阿脩羅　地獄鬼畜生　如是諸色像　皆於身中現
諸天等宮殿　乃至於有頂　鐵圍及弥樓　摩訶弥樓山
諸大海水等　皆於身中現　諸佛及聲聞　佛子菩薩等
若獨若在衆　說法悉皆現　雖未得无漏　法性之妙身
以清淨常體　一切於中現
復次常精進若善男子善女人如來滅後受
持是經若讀若誦若解說若書寫得千二百
意功德以是清淨意根乃至聞一偈一句通
達无量无邊之義解是義已能演說一句一
偈至於一月四月乃至一歲諸所說法隨其
義趣皆與實相不相違背若說俗閒經書治
世語言資生業等皆順正法三千大千世界
六趣衆生心之所行心所動作心所戲論皆
悉知之雖未得无漏智慧而其意根清淨如
此是人有所思惟籌量言說皆是佛法无不
真實亦是先佛經中所說尒時世尊重宣
此義而說偈言

BD14531號　妙法蓮華經（十卷本）卷八　（20–11）

六趣衆生心之所行心所動作心所戲論皆
悉知之雖未得无漏智慧而其意根清淨如
此是人有所思惟籌量言說皆是佛法无不
真實亦是先佛經中所說尒時世尊重宣
此義而說偈言
是人意清淨　明利无穢濁　以此妙意根　知上中下法
乃至聞一偈　通達无量義　次苐如法說　月四月至歲
是世界內外　一切諸衆生　若天龍及人　夜叉鬼神等
其在六趣中　所念若干種　持法華之報　一時皆悉知
十方无數佛　百福莊嚴相　爲衆生說法　悉聞能受持
思惟无量義　說法亦无量　終始不忘錯　以持法華故
悉知諸法相　隨義識次苐　達名字語言　如所知演說
此人有所說　皆是先佛法　以演此法故　於衆无所畏
持法華經者　意根淨若斯　雖未得无漏　先有如是相
是人持此經　安住希有地　爲一切衆生　歡喜而愛敬
能以千万種　善巧之語言　分別而說法　持法華經故
妙法蓮華經常不輕菩薩品苐二十

尒時佛告得大勢菩薩摩訶薩汝今當知若
比丘比丘尼優婆塞優婆夷持法華經者若
有惡口罵詈誹謗獲大罪報如前所說其所
得功德如向所說眼耳鼻舌身意清淨得大
勢乃往古昔過无量无邊不可思議阿僧祇
劫有佛名威音王如來應供正遍知明行足
善逝世間解无上士調御丈夫天人師佛世
尊劫名離衰國名大成其威音王佛於彼世
中爲天人阿脩羅說法爲求聲聞者說應四
諦法度生老病死究竟涅槃爲求辟支佛者

BD14531號　妙法蓮華經（十卷本）卷八　（20–12）

劫有佛名威音王如來應供正遍知明行足
善逝世間解无上士調御丈夫天人師佛世
尊劫名離衰國名大成其威音王佛於彼世
中爲天人阿脩羅說法爲求聲聞者說應四
諦法度生老病死究竟涅槃爲求辟支佛者
說應十二因緣法爲諸菩薩因阿耨多羅三
藐三菩提說應六波羅蜜法究竟佛慧得大
勢是威音王佛壽四十万億那由他恒河沙
劫正法住世劫數如一閻浮提微塵像法住
世劫數如四天下微塵其佛饒益衆生已然
後滅度正法像法滅盡之後於此國土復有
佛出亦号威音王如來應供正遍知明行足
善逝世間解无上士調御丈夫天人師佛世
尊如是次苐有二万億佛皆同一号最初威
音王如來既已滅度正法滅後於像法中增
上慢比丘有大勢力尒時有一菩薩比丘名
常不輕得大勢以何因緣名常不輕是比丘
凡有所見若比丘比丘尼優婆塞優婆夷皆
悉礼拜讚歎而作是言我深敬汝等不敢輕
慢所以者何汝等皆行菩薩道當得作佛而
是比丘不專讀誦經典但行礼拜乃至遠見
四衆亦復故往礼拜讚歎而作是言我不敢
輕於汝等汝等皆當作佛四衆之中有生瞋
恚心不淨者惡口罵詈言是无智比丘從何
所來自言我不輕汝而與我等授記當得作
佛我等不用如是虛妄授記如此經歷多年

BD14531號　妙法蓮華經（十卷本）卷八　（20–13）

輕於汝等汝等皆當作佛四衆之中有生瞋
恚心不淨者惡口罵詈言是无智比丘從何
所來自言我不輕汝而與我等授記當得作
佛我等不用如是虛妄授記如此經歷多年
常被罵詈不生瞋恚常作是言汝當作佛說
是語時衆人或以杖木瓦石而打擲之避走
遠住猶高聲唱言我不敢輕汝汝等皆當作
佛以其常作是語故增上慢比丘比丘尼優
婆塞優婆夷号之為常不輕是比丘臨欲終
時於虛空中具聞威音王佛先所說法華經
二十千万億偈悉能受持即得如上眼根清
淨耳鼻舌身意根清淨得是六根清淨已更
增壽命二百万億那由他歲廣為人說是法
華經於時增上慢四衆比丘比丘尼優婆塞
優婆夷輕賤是人為作不輕名者見其得大
神通力樂說辯力大善寂力聞其所說皆信
伏隨從是菩薩復化千万億衆令住阿耨多
羅三藐三菩提命終之後得值二千億佛皆
号日月燈明於其法中說是法華經以是因
緣復值二千億佛同号雲自在燈王於此諸
佛法中受持讀誦為諸四衆說此經典故得
是常眼清淨耳鼻舌身意諸根清淨於四衆
中說法心无所畏得大勢是常不輕菩薩摩
訶薩供養如是若干諸佛恭敬尊重讚歎種
諸善根於後復值千万億佛亦於諸佛法中
說是經典功德成就當得作佛得大勢於意

BD14531號　妙法蓮華經（十卷本）卷八　（20–14）

中說法心无所畏得大勢是常不輕菩薩摩
訶薩供養如是若干諸佛恭敬尊重讚歎種
諸善根於後復值千万億佛亦於諸佛法中
說是經典功德成就當得作佛得大勢於意
云何尒時常不輕菩薩豈異人乎則我身是
若我於宿世不受持讀誦此經為他人說者
不能疾得阿耨多羅三藐三菩提我於先佛
所受持讀誦此經為人說故疾得阿耨多羅
三藐三菩提得大勢彼時四衆比丘比丘尼
優婆塞優婆夷以瞋恚意輕賤我故二百億
劫常不值佛不聞法不見僧千劫於阿鼻地
獄受大苦惱畢是罪已復遇常不輕菩薩教
化阿耨多羅三藐三菩提得大勢於汝意云
何尒時四衆常輕是菩薩者豈異人乎今此
會中䟦陁婆羅等五百菩薩師子月等五百
比丘尼思佛等五百優婆塞皆於阿耨多羅
三藐三菩提不退轉者是得大勢當知是法
華經大饒益諸菩薩摩訶薩能令至於阿耨
多羅三藐三菩提是故諸菩薩摩訶薩於如
來滅後常應受持讀誦解說書寫是經尒時
世尊欲重宣此義而說偈言
過去有佛　号威音王　神智无量　將導一切
天人龍神　所共供養　是佛滅後　法欲盡時
有一菩薩　名常不輕　時諸四衆　計著於法
不輕菩薩　往到其所　而語之言　我不輕汝
汝等行道　皆當作佛　諸人聞已　輕毀罵詈

BD14531號　妙法蓮華經（十卷本）卷八　（20–15）

天人龍神 所共供養 是佛滅後 法欲盡時
有一菩薩 名常不輕 時諸四衆 計著於法
不輕菩薩 往到其所 而語之言 我不輕汝
汝等行道 皆當作佛 諸人聞已 輕毀罵詈
不輕菩薩 能忍受之 其罪畢已 臨命終時
得聞此經 六根清淨 神通力故 增益壽命
復為諸人 廣說是經 諸著法衆 皆蒙菩薩
教化成就 令住佛道 不輕命終 值无數佛
說是經故 得无量福 漸具功德 疾成佛道
彼時不輕 則我身是 時四部衆 著法之者
聞不輕言 汝當作佛 以是因緣 值无數佛
此會菩薩 五百之衆 并及四部 清信士女
今於我前 聽法者是 我於前世 勸是諸人
聽受斯經 第一之法 開示教人 令住涅槃
世世受持 如是經典 億億万劫 至不可議
時乃得聞 是法華經 億億万數 至不可議
諸佛世尊 時說是經 是故行者 於佛滅後
聞如是經 勿生疑惑 應當一心 廣說此經
世世值佛 疾成佛道

妙法蓮華經卷第八

BD14531號　妙法蓮華經（十卷本）卷八　（20–16）

光緒九年十月何子峨學士以
唐人寫寶行王正論一卷見示
通篇皆五字偈硬黃紙正書
千餘言首尾如一与此卷筆勢
彷彿而精愍過之卷尾題云皇
后藤原氏光明子奉為尊考贈
正一位太政太臣府君尊妣贈從一
位橘氏太夫人敬寫一切經論及
律莊嚴既了伏願憑斯勝因

BD14531號　妙法蓮華經（十卷本）卷八　（20–17）

正一位太政太臣府君尊妣贈從一
位橘氏太夫人敬寫一切經論及
律莊嚴既了伏願憑斯勝因
奉資冥助永庇菩提之樹長
遊般若之津又願上奉聖朝
恒延福壽下及寮采共盡忠節
又光明子自發誓言弘濟沉淪勤
除煩障妙窮諸法早契菩提
乃至傳燈無窮流布天下聞名
持卷獲福消災一切迷方會歸
覺路 天平十二年五月一日記 子峨
云日本天平紀年值唐永徽
中當時聘使歸國必攜佛經
歸獻國主此卷蓋藤原后納
之西京知恩禪院者 子峨在
日本彼中達官以此為贐 云附
記於此以廣見聞 是月八日榮

BD14531 號　妙法蓮華經（十卷本）卷八　（20–18）

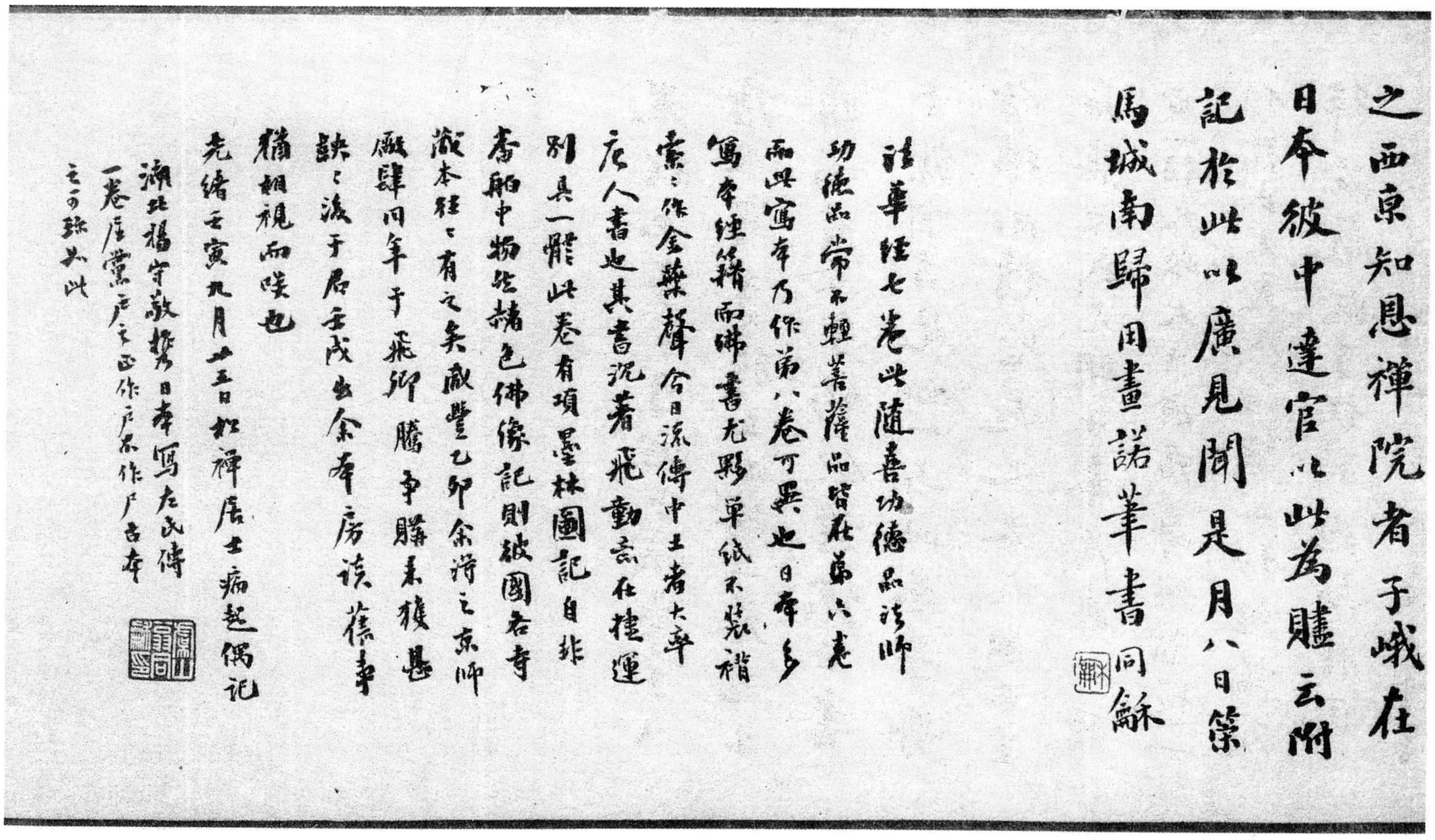

之西京知恩禪院者子峨在
日本彼中達官以此為贐云附
記於此以廣見聞是月八日榮
馬城南歸用畫諾華書 同龢

法華經七卷此隨喜功德品諸師
功德品常不輕菩薩品皆在第六卷
而此寫本乃作第八卷可異也日本多
寫本經籍而佛書尤夥單紙不裝褙
粟粟作金粟聲今日流傳中土者大率
唐人書也其書沉着飛動亦在捷運
別具一體此卷有頃墨林圖記自非
舍船中物然諸色佛像記則彼國名寺
藏本往往有之矣咸豐乙卯余游之京師
廠肆同年于飛卿騰爭購未獲悬
缺缺渡于居壬戌出余本房謨蕉事
猶相視而嘆也
光緒壬寅九月廿五日虹禪居士病起偶記
湖北楊守敬携日本寫左氏傳
一卷唐業……
云可孫共此

BD14531 號　妙法蓮華經（十卷本）卷八　（20–19）

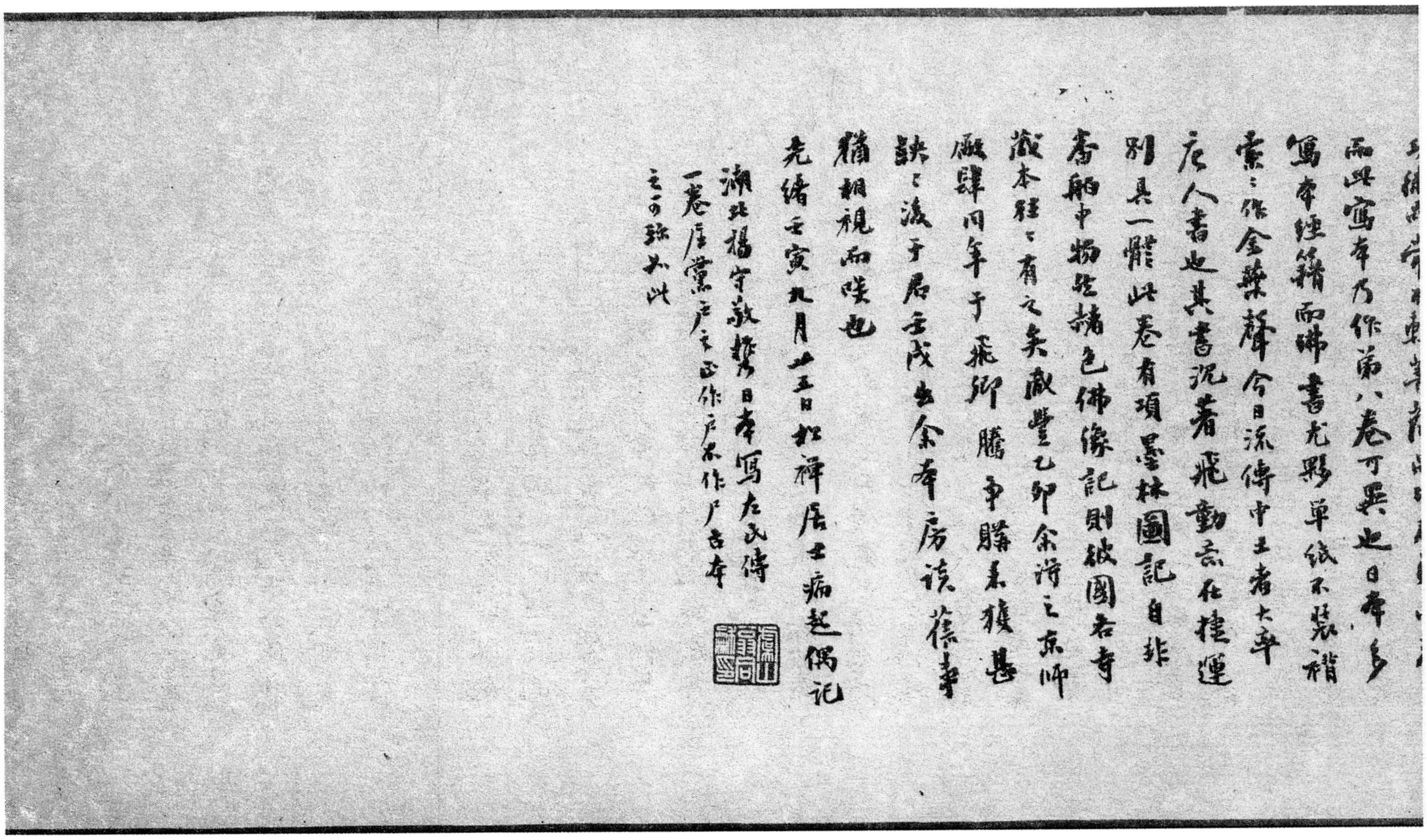
而此寫本乃作第八卷可異也日本多
寫本經籍而佛書尤夥單紙不裝褙
紮紮作金葉聲今日流傳中土者大率
唐人書也其書沉著飛動亦在捷運
別具一體此卷有項墨林圖記自非
舊船中物然諸色佛像記則彼國名寺
藏本經經有之矣咸豐乙卯余游之京師
廠肆同年于飛卿騰争購未獲甚
缺缺後于君壬戌出余本房談舊事
猶相視而嘆也
光緒壬寅九月廿五日松禪居士病起偶記
湖北楊守敬於日本寫左氏傳
一卷虞黨户之文正作户不作尸古本
亦可證如此

BD14531 號　妙法蓮華經（十卷本）卷八　（20–20）

薩行慶喜苦聖諦性空何以故以苦
聖諦性空與彼菩薩摩訶薩行无二无二分
故世尊云何以集滅道聖諦无二為方便无
生為方便无所得為方便迴向一切智智脩
習菩薩摩訶薩行慶喜集滅道聖諦集
滅道聖諦性空何以故以集滅道聖諦性空與
彼菩薩摩訶薩行无二无二分故慶喜由此故
說以苦聖諦等无二為方便无生為方便无
所得為方便迴向一切智智脩習菩薩摩訶
薩行世尊云何以苦聖諦无二為方便无生
為方便无所得為方便迴向一切智智脩習
无上正等菩提慶喜苦聖諦苦聖諦性空何
以故以苦聖諦性空與彼无上正等菩提无
二无二分故世尊云何以集滅道聖諦无二
為方便无生為方便无所得為方便迴向一
切智智脩習无上正等菩提慶喜集滅道聖
諦集滅道聖諦性空何以故以集滅道聖諦
性空與彼无上正等菩提无二无二分故慶

BD14532 號　大般若波羅蜜多經卷一一九　（3–1）

二无二分故世尊云何以集滅道聖諦无二
爲方便无生爲方便无所得爲方便迴向一
切智智脩習无上正等菩提慶喜集滅道聖
諦集滅道聖諦性空何以故以集滅道聖諦
性空與彼无上正等菩提无二无二分故慶
喜由此故說以苦聖諦等无二爲方便无生
爲方便无所得爲方便迴向一切智智脩習
无上正等菩提
世尊云何以布施波羅蜜多无二爲方便无
生爲方便无所得爲方便迴向一切智智脩
習布施淨戒安忍精進靜慮般若波羅蜜多
慶喜布施波羅蜜多布施波羅蜜多性空何
以故以布施波羅蜜多性空與布施淨戒安
忍精進靜慮般若波羅蜜多无二无二分故
世尊云何以淨戒安忍精進靜慮般若波羅
蜜多无二爲方便无生爲方便无所得爲方
便迴向一切智智脩習布施淨戒安忍精進
靜慮般若波羅蜜多慶喜淨戒安忍精進靜
慮般若波羅蜜多淨戒安忍精進靜慮般若
波羅蜜多性空何以故以淨戒安忍精進靜
慮般若波羅蜜多性空與布施淨戒安忍精
進靜慮般若波羅蜜多无二无二分故慶喜
由此故說以布施波羅蜜多等无二爲方便无
生爲方便无所得爲方便迴向一切智智脩
習布施淨戒安忍精進靜慮般若波羅蜜
多世尊云何以布施波羅蜜多无二爲方便

BD14532 號　大般若波羅蜜多經卷一一九　（3–2）

由此故說以布施波羅蜜多等无二爲方便无
生爲方便无所得爲方便迴向一切智智脩
習布施淨戒安忍精進靜慮般若波羅蜜
多世尊云何以布施波羅蜜多无二爲方便
无生爲方便无所得爲方便迴向一切智智
安住內空外空內外空空空大空勝義空有
爲空无爲空畢竟空无際空散空无變異空
本性空自相空共相空一切法空不可得空无
性空自性空无性自性空慶喜布施波羅蜜
多布施波羅蜜多性空何以故以布施波羅
蜜多性空與彼內空乃至无性自性空无二
无二分故世尊云何以淨戒安忍精進靜慮
般若波羅蜜多无二爲方便无生爲方便
无所得爲方便迴向一切智智安住內空外空
內外空空空大空勝義空有爲空无爲空
畢竟空无際空散空无變異空本性空自性
空共相空一切法空不可得空无性空自性空
无性自性空慶喜淨戒安忍精進靜慮般
若波羅蜜多淨戒安忍精進靜慮般若波羅
蜜多性空何以故以淨戒安忍精進靜慮般
若波羅蜜多性空與彼內空乃至无性自性

BD14532 號　大般若波羅蜜多經卷一一九　（3–3）

願如來為我廣説持陀羅尼法令眾生一
天王汝今諦聽我當為汝宣説受持此陀
羅尼法亦為短命諸眾生説當先洗浴著新
淨衣白月圓滿十五日時持齋誦此陀羅尼
滿其千遍令短命眾生還得增壽永離病苦
一切業障悉皆消滅一切地獄諸苦亦得解脱
諸飛鳥畜生含靈之類聞此陀羅尼一經
於耳盡此一身更不須受佛言若遇大惡病
聞陀羅尼即得永離一切諸病亦得消滅應
墮惡道亦得除斷即得往生寂靜世界從此
身已後更不受胞胎之身所生之處蓮華化
生一切生處憶持不忘常識宿命
佛言若人先造一切極重罪業遂即命終乘
斯惡業應墮地獄或墮畜生閻羅王界或墮
餓鬼乃墮大阿鼻地獄或生水中或生禽獸
異類之身取其亡者隨身分骨以土一把誦
此陀羅尼二十一遍散亡者骨上即得生天
佛言若人能日日誦此陀羅尼二十一遍應

BD14533號　佛頂尊勝陀羅尼經（佛陀波利本）　（3–1）

斯惡業應墮地獄或墮畜生閻羅王界或墮
餓鬼乃墮大阿鼻地獄或生水中或生禽獸
異類之身取其亡者隨身分骨以土一把誦
此陀羅尼二十一遍散亡者骨上即得生天
佛言若人能日日誦此陀羅尼二十一遍應
消一切世間廣大供養捨身往生極樂世界
若常誦念得大涅槃復增壽命受勝快樂捨
此身已即得往生種種微妙諸佛剎土常與
諸佛俱會一處一切如來恒為演説微妙之
義一切世尊即授其記身光照曜一切佛剎
佛言若誦此陀羅尼法於其佛前先取淨土
作壇隨其大小方四角作以種種草華散於
壇上燒眾名香右膝著地胡跪心常念佛作
慕陀羅尼印屈其頭指以大母指押合掌當其
心上誦此陀羅尼一百八遍訖於其壇中如
雲王雨華能遍供養八十八俱胝殑伽沙那
庾多百千諸佛彼佛世尊咸共讚言善哉希
有真是佛子即得无障礙智三昧得大菩提心
莊嚴三昧持此陀羅尼法應如是佛言天帝
我以此方便一切眾生應墮地獄道令得解
脱一切惡道亦得清淨復令持者增益壽命
天帝汝去將我陀羅尼授與善住天子滿其
七日汝與善住俱來見我爾時天帝於世尊
所受此陀羅尼法奉持還於本天授與善住
天子爾時善住天子受此陀羅尼已滿六日
六夜依法受持一切願滿應受一切惡道等

BD14533號　佛頂尊勝陀羅尼經（佛陀波利本）　（3–2）

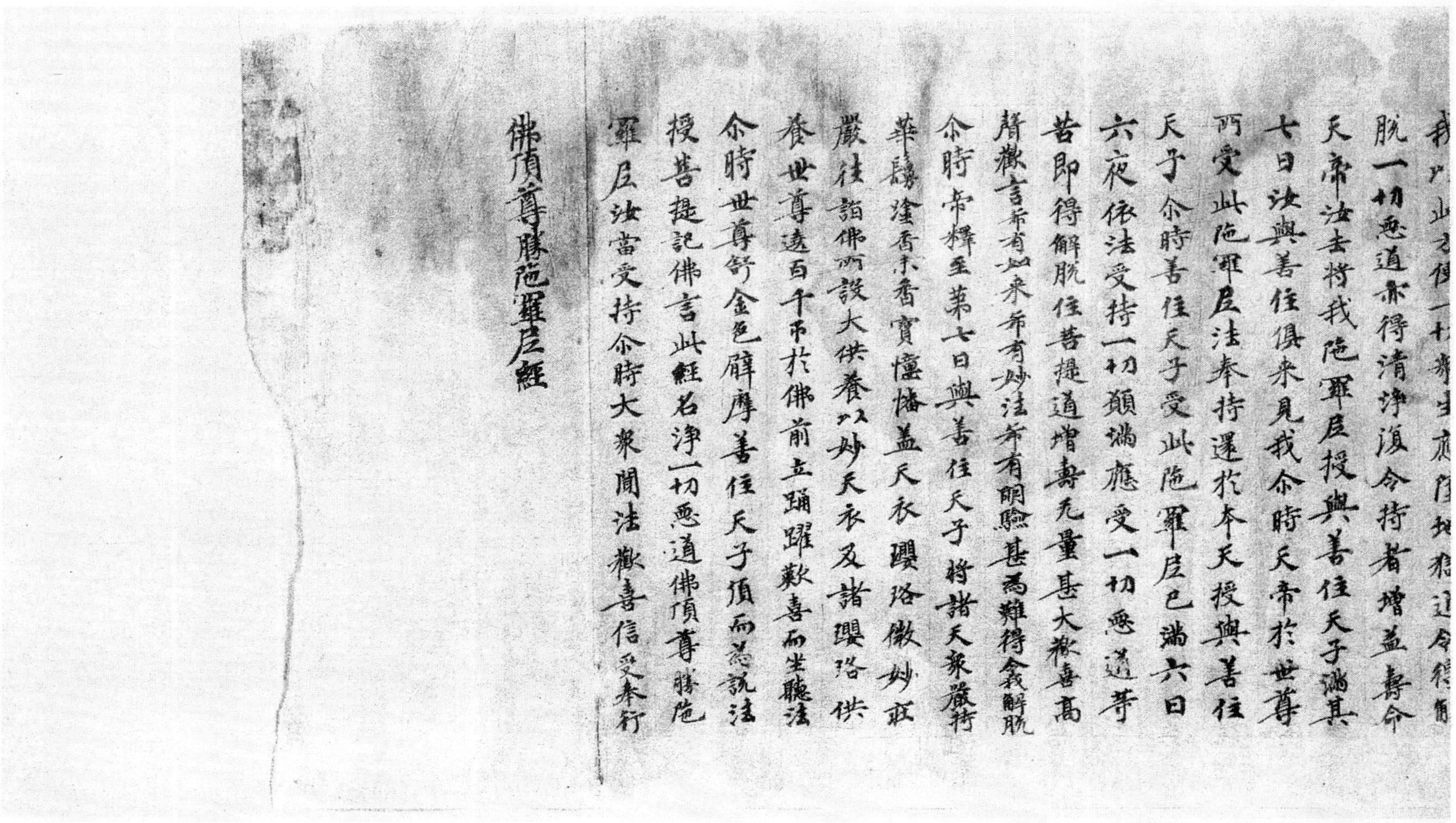

我[illegible]使一切衆生[illegible]地獄道令得解
脫一切惡道亦得清淨復令持者增益壽命
天帝汝去將我陁羅尼授與善住天子滿其
七日汝與善住俱來見我尒時天帝於世尊
所受此陁羅尼法奉持還於本天授與善住
天子尒時善住天子受此陁羅尼已滿六日
六夜依法受持一切願滿應受一切惡道等
苦即得解脫住菩提道增壽無量甚大歡喜高
聲歎言希有如來希有妙法希有明驗甚為難得令我解脫
尒時帝釋至第七日與善住天子將諸天衆嚴持
華鬘塗香末香寶幢幡蓋天衣瓔珞微妙莊
嚴往詣佛所設大供養以妙天衣及諸瓔珞供
養世尊遶百千帀於佛前立踊躍歡喜而坐聽法
尒時世尊舒金色臂摩善住天子頂而為說法
授菩提記佛言此經名淨一切惡道佛頂尊勝陁
羅尼汝當受持尒時大衆聞法歡喜信受奉行

佛頂尊勝陁羅尼經

BD14533 號　佛頂尊勝陀羅尼經（佛陀波利本）　（3–3）

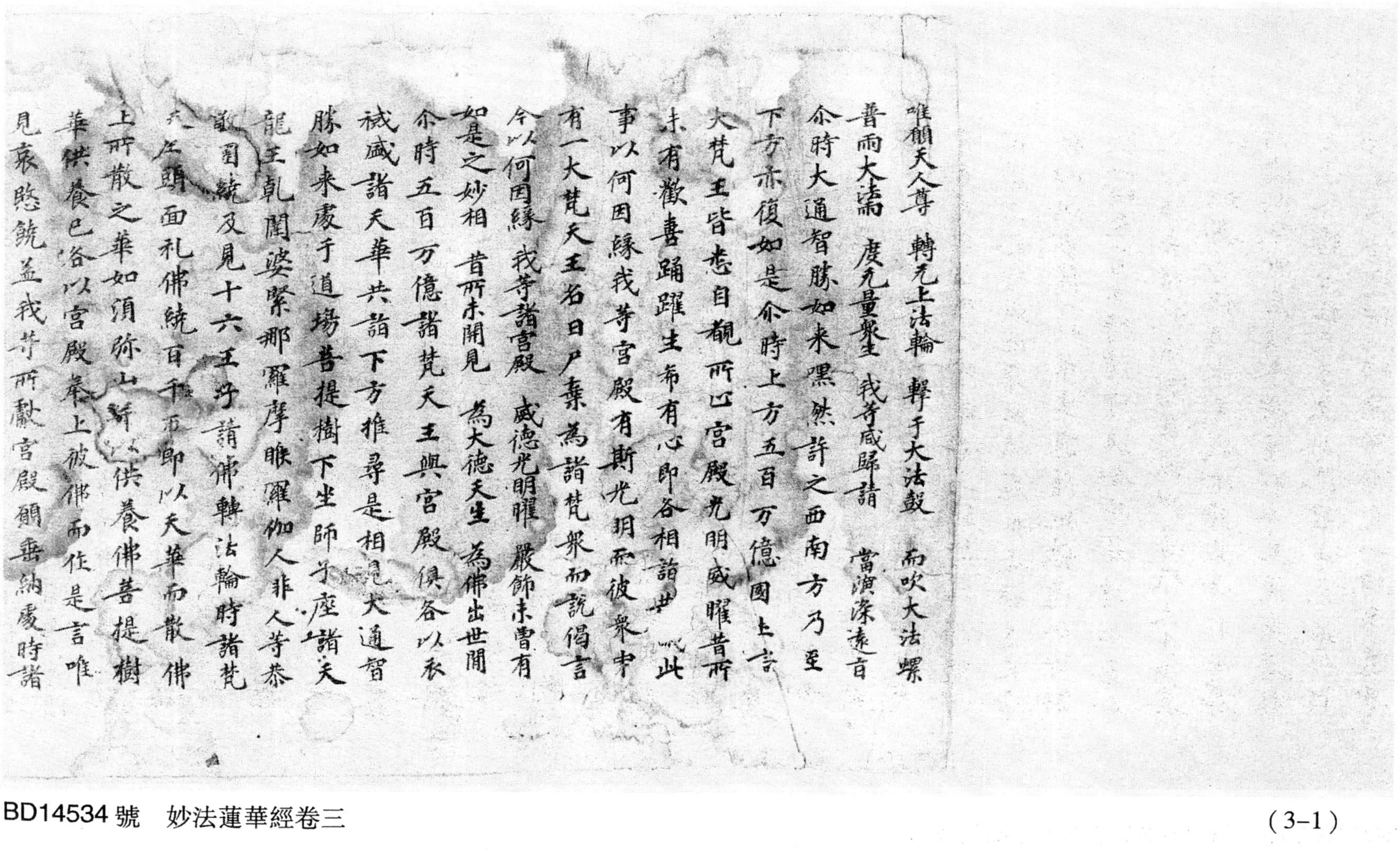

唯願天人尊　轉无上法輪　擊于大法鼓　而吹大法螺
普雨大法雨　度无量衆生　我等咸歸請　當演深遠音
尒時大通智勝如來嘿然許之西南方乃至
下方亦復如是尒時上方五百万億國土諸
大梵王皆悉自覩所止宮殿光明威曜昔所
未有歡喜踊躍生希有心即各相詣共議此
事以何因緣我等宮殿有斯光明而彼衆中
有一大梵天王名曰尸棄為諸梵衆而說偈言
今以何因緣　我等諸宮殿　威德光明曜　嚴飾未曾有
如是之妙相　昔所未聞見　為大德天生　為佛出世間
尒時五百万億諸梵天王與宮殿俱各以衣
裓盛諸天華共詣下方推尋是相見大通智
勝如來處于道場菩提樹下坐師子座諸天
龍王乾闥婆緊那羅摩睺羅伽人非人等恭
敬圍繞及見十六王子請佛轉法輪時諸梵
天王頭面礼佛繞百千帀即以天華而散佛
上所散之華如須弥山并以供養佛菩提樹
華供養已各以宮殿奉上彼佛而作是言唯
見哀愍饒益我等所獻宮殿願垂納處時諸

BD14534 號　妙法蓮華經卷三　（3–1）

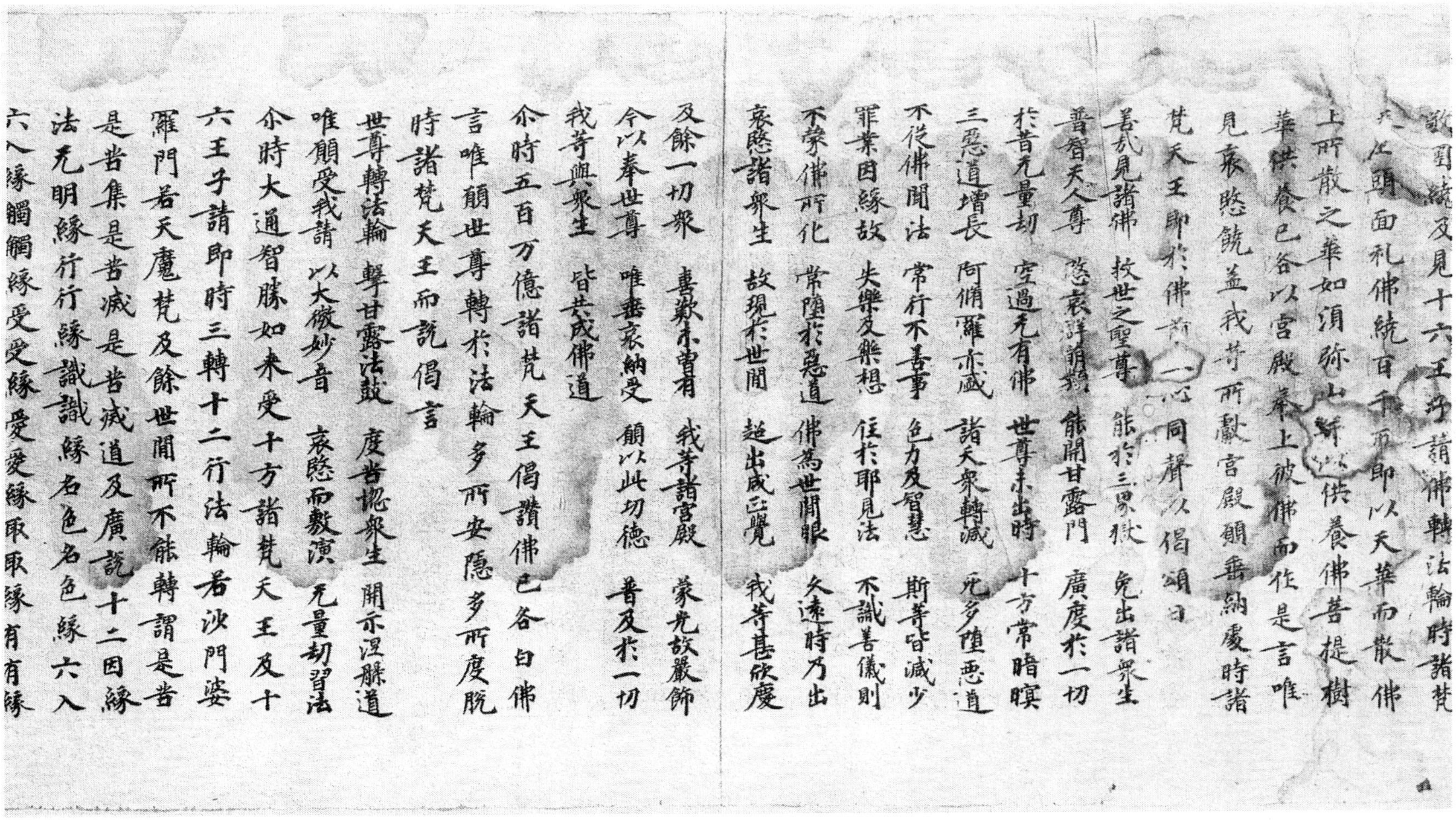
敬圍遶及見十六王子請佛轉法輪時諸梵
天王頭面礼佛繞百千帀即以天華而散佛
上所散之華如須弥山并以供養佛菩提樹
華供養已各以宮殿奉上彼佛而作是言唯
見哀愍饒益我等所獻宮殿願垂納處時諸
梵天王即於佛前一心同聲以偈頌曰
善哉見諸佛　救世之聖尊　能於三界獄　勉出諸衆生
普智天人尊　愍哀群萠類　能開甘露門　廣度於一切
於昔无量劫　空過无有佛　世尊未出時　十方常暗瞑
三惡道增長　阿脩羅亦盛　諸天衆轉減　死多墮惡道
不從佛聞法　常行不善事　色力及智慧　斯等皆減少
罪業因緣故　失樂及樂想　住於邪見法　不識善儀則
不蒙佛所化　常墮於惡道　佛為世間眼　久遠時乃出
哀愍諸衆生　故現於世間　超出成正覺　我等甚欣慶
及餘一切衆　喜歎未曾有　我等諸宮殿　蒙光故嚴飾
今以奉世尊　唯垂哀納受　願以此功德　普及於一切
我等與衆生　皆共成佛道
尒時五百万億諸梵天王偈讚佛已各白佛
言唯願世尊轉於法輪多所安隱多所度脫
時諸梵天王而說偈言
世尊轉法輪　擊甘露法鼓　度苦惱衆生　開示涅槃道
唯願受我請　以大微妙音　哀愍而敷演　无量劫習法
尒時大通智勝如來受十方諸梵天王及十
六王子請即時三轉十二行法輪若沙門婆
羅門若天魔梵及餘世間所不能轉謂是苦
是苦集是苦滅是苦滅道及廣說十二因緣
法无明緣行行緣識識緣名色名色緣六入
六入緣觸觸緣受受緣愛愛緣取取緣有有緣

BD14534號　妙法蓮華經卷三　（3-2）

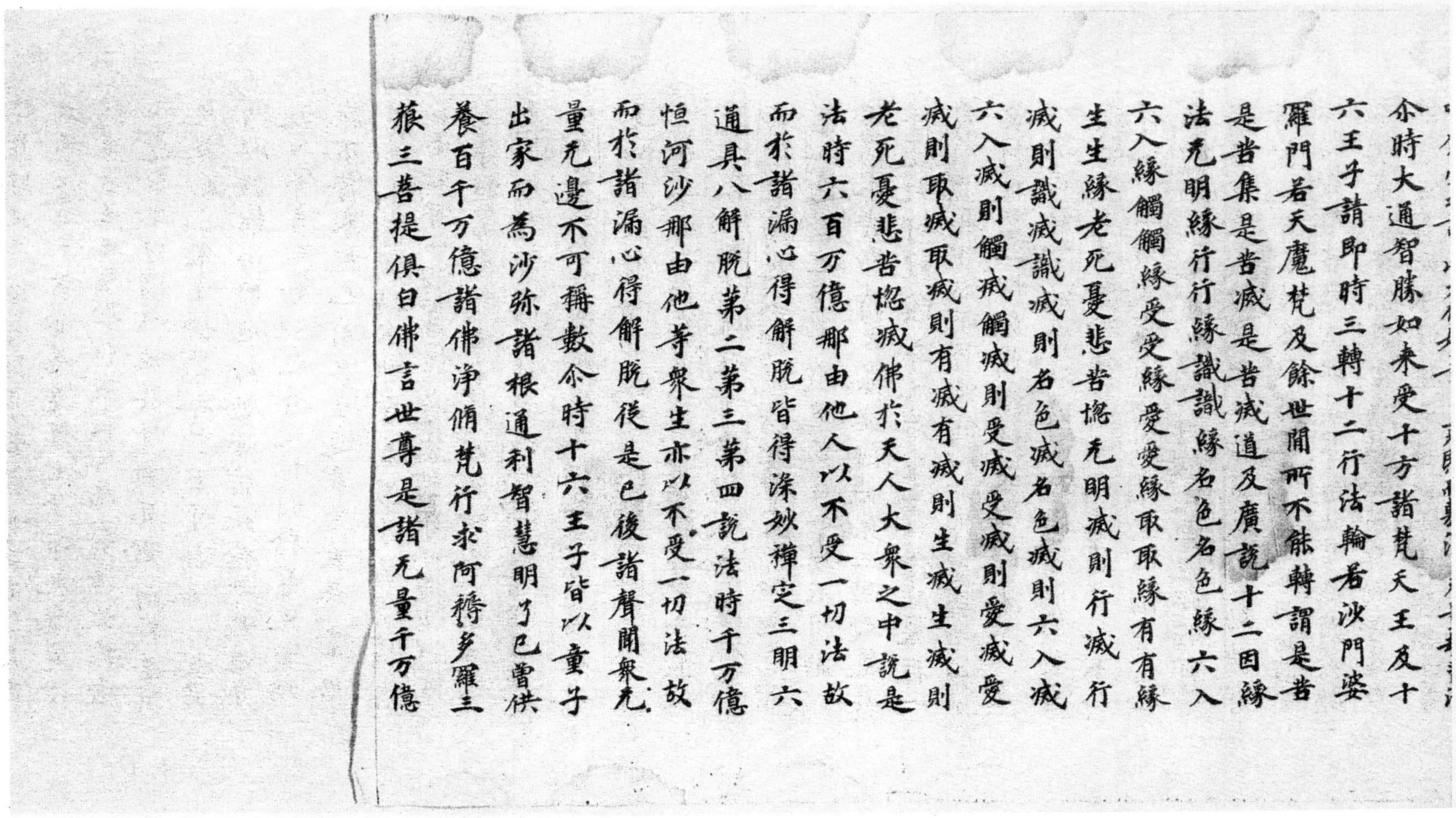
尒時大通智勝如來受十方諸梵天王及十
六王子請即時三轉十二行法輪若沙門婆
羅門若天魔梵及餘世間所不能轉謂是苦
是苦集是苦滅是苦滅道及廣說十二因緣
法无明緣行行緣識識緣名色名色緣六入
六入緣觸觸緣受受緣愛愛緣取取緣有有緣
生生緣老死憂悲苦惱无明滅則行滅行
滅則識滅識滅則名色滅名色滅則六入滅
六入滅則觸滅觸滅則受滅受滅則愛滅愛
滅則取滅取滅則有滅有滅則生滅生滅則
老死憂悲苦惱滅佛於天人大衆之中說是
法時六百万億那由他人以不受一切法故
而於諸漏心得解脫皆得深妙禪定三明六
通具八解脫第二第三第四說法時千万億
恒河沙那由他等衆生亦以不受一切法故
而於諸漏心得解脫從是已後諸聲聞衆无
量无邊不可稱數尒時十六王子皆以童子
出家而為沙弥諸根通利智慧明了已曾供
養百千万億諸佛淨脩梵行求阿耨多羅三
藐三菩提俱白佛言世尊是諸无量千万億

BD14534號　妙法蓮華經卷三　（3-3）

善知識向志願者分割其身以為二分是分
身者所得功德與捨身人功德無二我念過
去然燈佛時在舍衛國修菩提行願捨身
命皮肉筋骨心心相續弥勒于時為我善友
我命既盡即分二分安置如法慈氏合掌即
發願言以此微供普及有情水陸空行一切
都食緣是功德無始已來恒相值遇共為眷
屬次復作佛即其人也我因捨身發大誓言
若有有情飢食我肉渴飲我血既飲噉已願
令一切有情因食我肉發菩提心離飢渴苦
未來當得法喜等食資自性身飲我血者
離諸愛渴當獲法水灌注心源愛法住資變
化身以是義故疾得无上正等菩提又迦葉
波我於因地初發心時三度死捨至第四生即
能生捨不生貪愛於空王佛時以悟空理即
作薩埵王子施身餓虎飼於七子亦作月光
大王廣惠千首亦為達拏太子布施妻兒亦
為慈力悲王施驅於五夜叉為求法故於雪
山邊求半句偈以施其身餧其羅剎我若廣
說無始已來生捨身命於百千劫不丶丶說盡
何以故都由因地初發心時死捨身故迦葉
波白佛言世尊如是等人但行捨身无量功
德不審未施已前多生造罪先世惡業捨

BD14535 號　要行捨身經

（3-1）

作薩埵王子施身餓虎飼於七子亦作月光
大王廣惠千首亦為達拏太子布施妻兒亦
為慈力悲王施驅於五夜叉為求法故於雪
山邊求半句偈以施其身餧其羅剎我若廣
說無始已來生捨身命於百千劫不丶丶說盡
何以故都由因地初發心時死捨身故迦葉
波白佛言世尊如是等人但行捨身无量功
德不審未施已前多生造罪先世惡業捨
身福報得滅以不佛言善男子若有有情
多生煞害一切有情遍娑訶界四重五逆謗
方等經乃至食噉有情血肉如是等罪无量
无邊若有有情能施身分普濟有情除飢渴苦
如上之罪悉皆消滅從无始已來所有殃咎
速滅无餘緣捨身故即是大懺海志誠懺悔
十方三世一切諸佛皆共稱嘆善男子假使
有人從无始已來作業偷僧祇物常住僧
物見前僧物不淨說法大升重秤如是等罪
應入捺洛迦傍生餓鬼多百千劫不得解脫
恐獲來苦即請召集娑訶世界三明六通具
解脫大阿羅漢若凡若聖一切僧臣聚在一
處欲滅其罪亦不可滅何以故即有百千殑伽
娑訶世界一切眾僧清淨眾海即不來集
以是因緣罪難除滅是故稱云常住僧物普
通法界上至諸佛下及沙弥悉皆有分不如
有人於一切生處願捨此身皮肉筋骨心心
相續如上之罪悉皆銷滅天曹地府所有簿
籍自然除滅以是因緣我見是利故勸諸有
情當施身分必定獲得无上等覺尒時世尊告
弥勒菩薩言慈氏如是輩經汝當讓持於贍
部洲廣宣流布无令斷絕尒時弥勒菩薩白
佛言世尊如來滅後惡世之中若善男子善

BD14535 號　要行捨身經

（3-2）

物見前僧物不淨說法大廾重秤如是等罪
應入㮈洛迦傍生餓鬼多百千劫不得解
怨獲來告即請召集娑訶世界三明六通具
解脫大阿羅漢若凡若聖一切僧尼聚在一
處欲滅其罪亦不可滅何以故即有百千殑
娑訶世界一切衆僧清淨衆海即不來集
以是因緣罪難除滅是故稱五常住僧物普
通法界上至諸佛下及沙彌悉皆有分不如
有人於一切生處願捨此身皮肉觔骨心心
相續如上之罪悉皆銷滅天曹地府所有薄
藉自然除滅以是因緣我見是利故勸諸有
情當施身分必定獲得无上等覺尒時世尊告
彌勒菩薩言慈氏如是輩經汝當讚持於瞻
部洲廣宣流布无令斷絶尒時彌勒菩薩白
佛言世尊如來滅後惡世之中若善男子善
女人發勇猛心以身布施一切有情為檀波
羅蜜故如是等人我於龍花初首皆命得度
唯願佛曰更不有慮大梵天王釋提桓因四
天大王龍神八部諸苾芻苾芻尼鄔波索迦
鄔波斯迦白佛言世尊如此人輩我等從今
為作衛護不令有人作於留難所以者何如
此人輩必定獲得无上无等正覺尒時慶喜白
言世尊當何名之佛告慶喜此經名諸佛
要行捨身功德經尒時一切天人阿素洛等

BD14535 號　要行捨身經　（3–3）

空无二无二分故慶喜由此故說以布施波
羅蜜多等无二為方便无生為方便无所得
為方便迴向一切智智安住内空乃至无性
自性空世尊云何以布施波羅蜜多无二為
方便无生為方便无所得為方便迴向一切智
智安住真如法界法性不虛妄性不變異
性平等性離生性法定法住實際虛空界不
思議界慶喜布施波羅蜜多布施波羅蜜多
性空何以故以布施波羅蜜多性空與彼真如
乃至不思議界无二无二分故世尊云何以
淨戒安忍精進靜慮般若波羅蜜多无二
為方便无生為方便无所得為方便迴向一
切智智安住真如法界法性不虛妄性不變
異性平等性離生性法定法住實際虛空界
不思議界慶喜淨戒安忍精進靜慮般若波
羅蜜多淨戒安忍精進靜慮般若波羅蜜
多性空何以故以淨戒安忍精進靜慮般若
羅蜜多性空與彼真如乃至不思議界无二

BD14536 號　大般若波羅蜜多經卷一一九　（2–1）

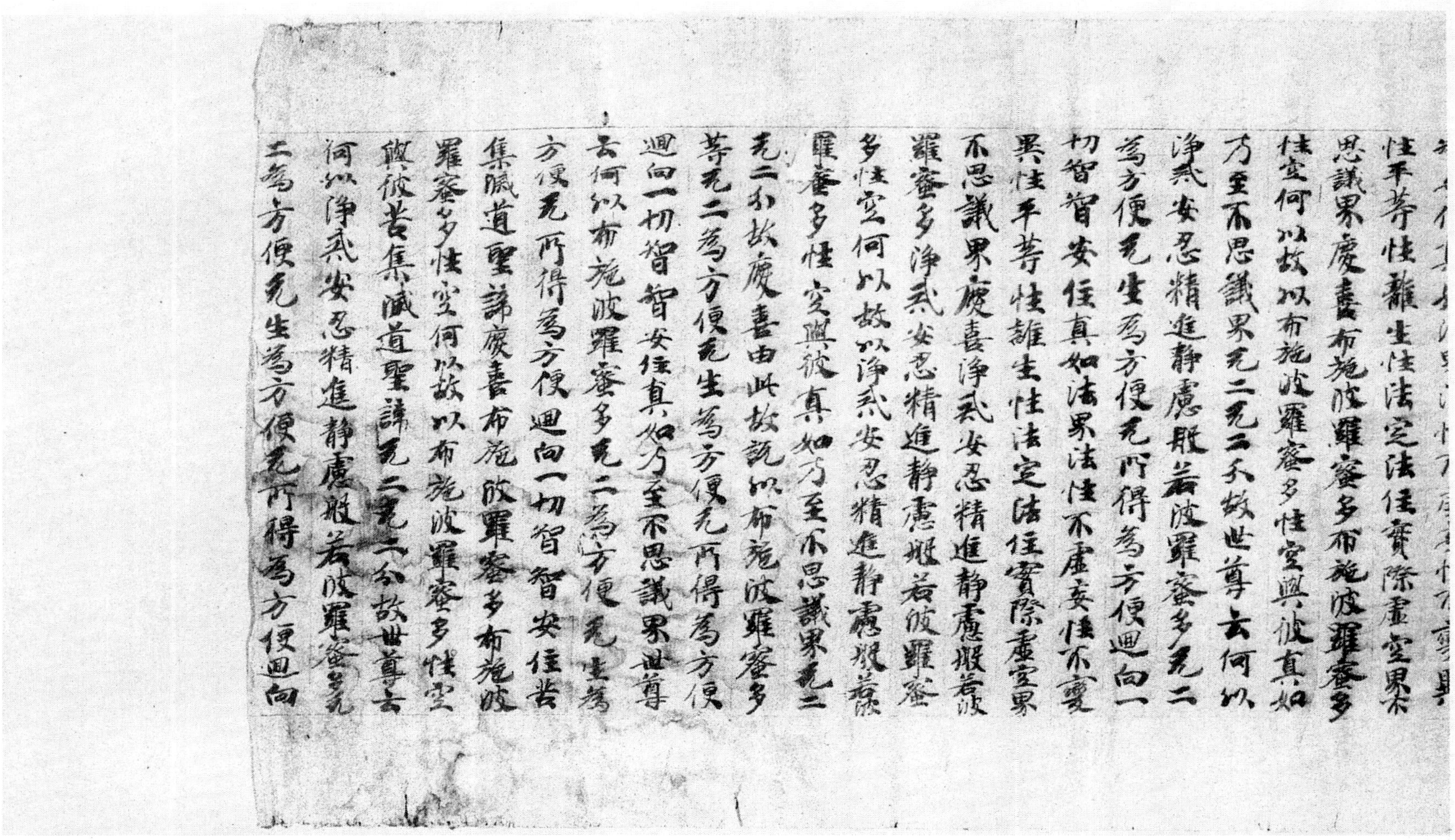

性平等性離生性法定法住實際虛空界不
思議界慶喜布施波羅蜜多布施波羅蜜多
性空何以故以布施波羅蜜多性空與彼真如
乃至不思議界无二无二分故世尊云何以
淨戒安忍精進靜慮般若波羅蜜多无二
為方便无生為方便无所得為方便迴向一
切智智安住真如法界法性不虛妄性不變
異性平等性離生性法定法住實際虛空界
不思議界慶喜淨戒安忍精進靜慮般若波
羅蜜多淨戒安忍精進靜慮般若波羅蜜
多性空何以故以淨戒安忍精進靜慮般若
羅蜜多性空與彼真如乃至不思議界无二
无二分故慶喜由此故說以布施波羅蜜多
等无二為方便无生為方便无所得為方便
迴向一切智智安住真如乃至不思議界世尊
云何以布施波羅蜜多无二為方便无生為
方便无所得為方便迴向一切智智安住苦
集滅道聖諦慶喜布施波羅蜜多布施波
羅蜜多性空何以故以布施波羅蜜多性空
與彼苦集滅道聖諦无二无二分故世尊云
何以淨戒安忍精進靜慮般若波羅蜜多无
二為方便无生為方便无所得為方便迴向

BD14536 號　大般若波羅蜜多經卷一一九　（2–2）

卌袟

卌袟

BD14536 號背　大般若波羅蜜多經袟皮（擬）　（1–1）

大般若波羅蜜多經卷第四百五十九
三藏法師玄奘奉 詔譯
第二分相攝品第六十七
尒時具壽善現白佛言世尊云何菩
薩安住布施波羅蜜多攝取淨戒安忍精進
靜慮般若波羅蜜多佛告善現若菩薩摩訶
薩以無貪着無慳悋心脩脩布施持此布施
與諸有情同共迴向一切智智於諸有情住
慈身業語業意業離諸罪犯善現是為菩薩
摩訶薩安住布施波羅蜜多攝取淨戒波羅
蜜多善現若菩薩摩訶薩以无貪着无慳悋
心脩行布施持此布施與諸有情同共迴向
一切智智若有要者餘惡有情非理毀罵嫌

BD14537號　大般若波羅蜜多經卷四五九　（2–1）

靜慮般若波羅蜜多佛告善現若菩薩摩訶
薩以無貪着無慳悋心脩脩布施持此布施
與諸有情同共迴向一切智智於諸有情住
慈身業語業意業離諸罪犯善現是為菩薩
摩訶薩安住布施波羅蜜多攝取淨戒波羅
蜜多善現若菩薩摩訶薩以无貪着无慳悋
心脩行布施持此布施與諸有情同共迴向
一切智智若有要者餘惡有情非理毀罵嫌
害淩辱菩薩於彼不生變異瞋忿言心身語
加報唯起憐愍慈悲之心以善愛言慙愧遜
謝善現是為菩薩摩訶薩安住布施波羅蜜
多攝取安忍波羅蜜多善現若菩薩摩訶薩
以无貪着无慳悋心脩行布施持此布施與
諸有情同共迴向一切智智設有要者餘惡
有情非理毀罵嫌害淩辱菩薩尒時便作是
念諸有造作如是類業還自感得如是類果
我今不應計彼所作廢脩自業復作是念我
應於彼及餘有情捨心施心倍更增長无所
顧惜作是念已發起增上身心精進常行惠
捨善現是為菩薩摩訶薩安住布施波羅蜜
多攝取精進波羅蜜多善現若菩薩摩訶薩
以無貪着無慳悋心脩行布施持此布施與

BD14537號　大般若波羅蜜多經卷四五九　（2–2）

六波羅蜜……之
佛壽四十万億……
作世劫數如一閻浮……法住
世劫數如四天下……塵其佛饒益衆生已
後滅度正法像……盡……
佛出亦号威音王如來應供正遍知明行足善
逝世間解无上士調御丈夫天人師佛世尊
如是次第有二万億佛皆同一号最初威
音王如來既已滅度正法滅後於像……中增
上慢比丘有大勢力
命時有一菩薩比丘名常不輕得大勢以何
因緣名常不輕……丘……
丘比丘尼優婆塞優婆夷皆悉礼拜讚嘆而作
是言我深敬汝等不敢輕慢所以者何汝等
皆行菩薩道當得作佛而是比丘不專讀誦
経典但行礼拜乃至遠見四衆亦復故往礼拜
讚嘆而作是言我不敢輕於汝等汝等皆當
作佛四衆之中有生瞋恚心不浄者悪口罵
詈言是无智比丘從何所……
而與我等受記當得作佛我等不用如是虚
妄受記如此経歷多年常被罵詈不生瞋恚
常作是言汝當作佛說是語時衆人或以杖

BD14538號　妙法蓮華經（八卷本）卷七　（20-1）

経典但行礼拜乃至遠見四衆亦復故往礼拜
讚嘆而作是言我不敢輕於汝等汝等皆當
作佛四衆之中有生瞋恚心不浄者悪口罵
詈言是无智比丘從何所
而與我等受記當得作佛我等不用如是虚
妄受記如此経歷多年常被罵詈不生瞋恚
常作是言汝當作佛說是語時衆人或以杖
木瓦石而打擲之避走遠住猶高聲唱言我
不敢輕於汝等汝等皆當作佛以其常作是
語故增上慢比丘比丘尼優婆塞優婆夷号
之為常不輕是比……臨命終……
聞威音王佛先所說法華経二十千万億偈
悉能受持即得如上眼根清浄耳鼻舌身意
根清浄得是六根清浄已更增壽命二百万
億那由他歲廣為人說是法華経
於時增上慢四衆比丘比丘尼優婆塞優婆
夷輕賤是人為作不輕名者見其得大神通
力樂說辯力大善……力聞其……說皆信……
從是菩薩復化千万億衆令住阿耨多羅三
藐三菩提命終之後得值二千億佛皆号日
月燈明於其法中說是法華経以是因緣復
值二千億佛同号雲自在燈王於此諸佛法
中受持讀誦為諸四衆說此経典故得是常
眼清浄耳鼻舌身意諸根清浄於四衆中
說法心无所畏得……勢是常不輕菩薩……訶
薩供養如是若干諸佛恭敬尊重讚嘆種諸
善根於後復值千万億佛亦於諸佛法中說
是経典功德成就當得作佛
得大勢於意云何命時常不輕菩薩豈異人

BD14538號　妙法蓮華經（八卷本）卷七　（20-2）

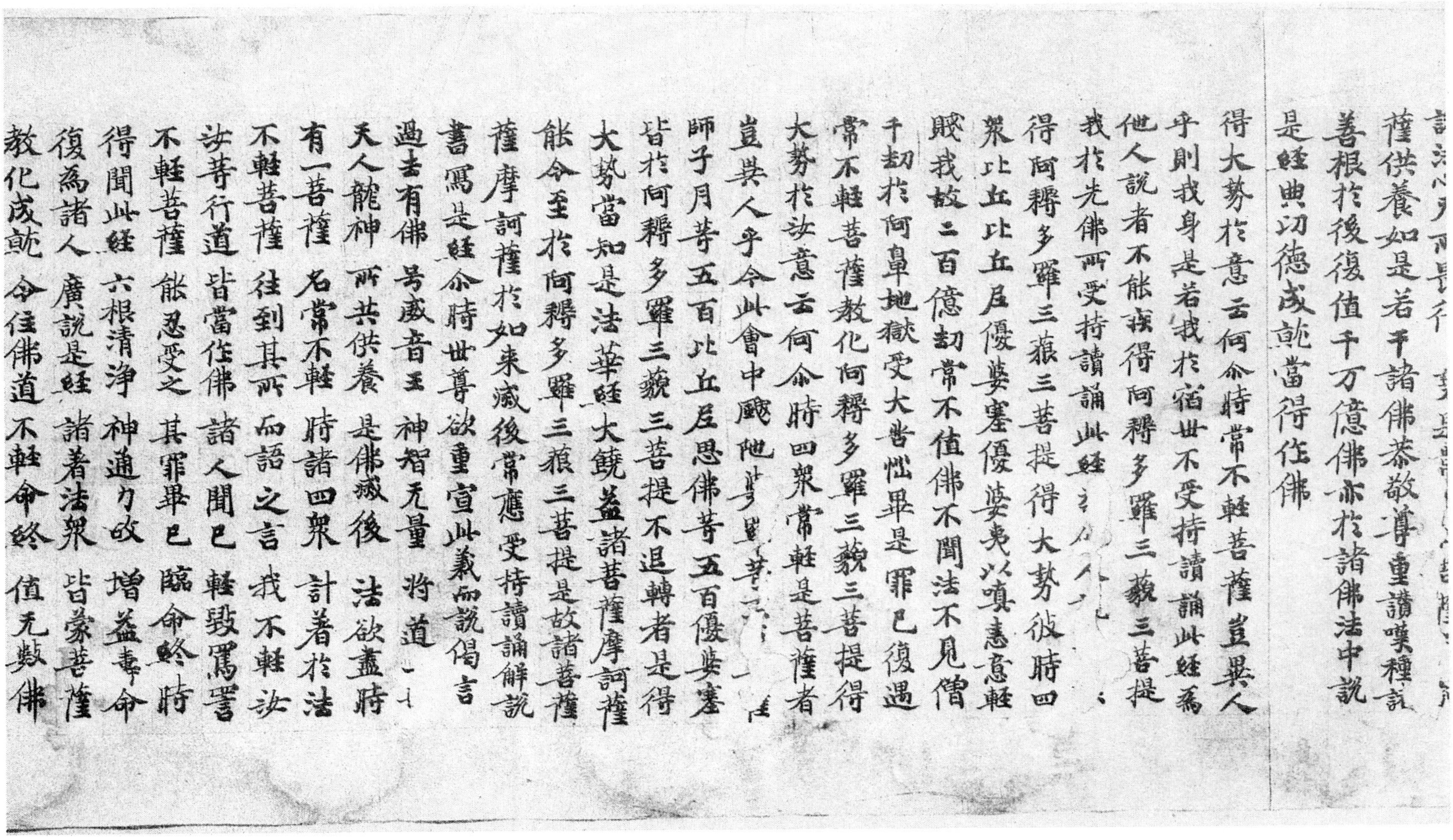

說法心无所畏
薩供養如是若干諸佛恭敬尊重讚歎種諸
善根於後復值千万億佛亦於諸佛法中說
是經典功德成就當得作佛
得大勢於意云何尒時常不輕菩薩豈異人
乎則我身是若我於宿世不受持讀誦此經為
他人說者不能疾得阿耨多羅三藐三菩提
我於先佛所受持讀誦此經為人說故疾
得阿耨多羅三藐三菩提得大勢彼時四
眾比丘比丘尼優婆塞優婆夷以瞋恚意輕
賤我故二百億劫常不值佛不聞法不見僧
千劫於阿鼻地獄受大苦惱畢是罪已復遇
常不輕菩薩教化阿耨多羅三藐三菩提得
大勢於汝意云何尒時四眾常輕是菩薩者
豈異人乎今此會中跋陀婆羅等五百菩薩
師子月等五百比丘尼思佛等五百優婆塞
皆於阿耨多羅三藐三菩提不退轉者是得
大勢當知是法華經大饒益諸菩薩摩訶薩
能令至於阿耨多羅三藐三菩提是故諸菩薩
摩訶薩於如來滅後常應受持讀誦解說
書寫是經尒時世尊欲重宣此義而說偈言
過去有佛　號威音王　神智无量　將導一切
天人龍神　所共供養　是佛滅後　法欲盡時
有一菩薩　名常不輕　時諸四眾　計著於法
不輕菩薩　往到其所　而語之言　我不輕汝
汝等行道　皆當作佛　諸人聞已　輕毀罵詈
不輕菩薩　能忍受之　其罪畢已　臨命終時
得聞此經　六根清淨　神通力故　增益壽命
復為諸人　廣說是經　諸著法眾　皆蒙菩薩
教化成就　令住佛道　不輕命終　值无數佛

BD14538號　妙法蓮華經（八卷本）卷七　（20–3）

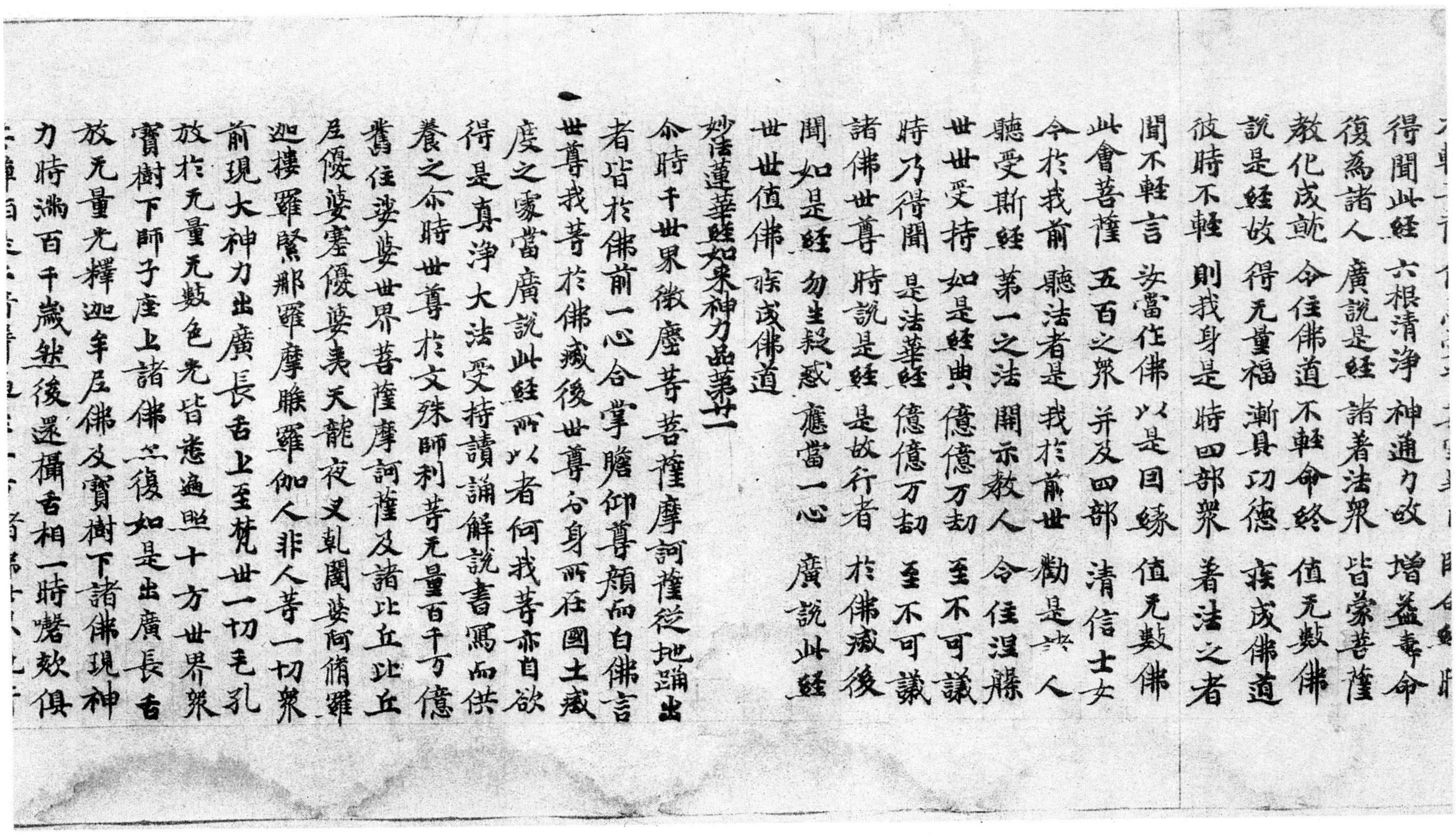

得聞此經　六根清淨　神通力故　增益壽命
復為諸人　廣說是經　諸著法眾　皆蒙菩薩
教化成就　令住佛道　不輕命終　值无數佛
說是經故　得无量福　漸具功德　疾成佛道
彼時不輕　則我身是　時四部眾　著法之者
聞不輕言　汝當作佛　以是因緣　值无數佛
此會菩薩　五百之眾　并及四部　清信士女
今於我前　聽法者是　我於前世　勸是諸人
聽受斯經　第一之法　開示教人　令住涅槃
世世受持　如是經典　億億万劫　至不可議
時乃得聞　是法華經　億億万劫　至不可議
諸佛世尊　時說是經　是故行者　於佛滅後
聞如是經　勿生疑惑　應當一心　廣說此經
世世值佛　疾成佛道
妙法蓮華經如來神力品第廿一
尒時千世界微塵等菩薩摩訶薩從地踊出
者皆於佛前一心合掌瞻仰尊顏而白佛言
世尊我等於佛滅後世尊分身所在國土滅
度之處當廣說此經所以者何我等亦自欲
得是真淨大法受持讀誦解說書寫而供
養之尒時世尊於文殊師利等无量百千万億
舊住娑婆世界菩薩摩訶薩及諸比丘比丘
尼優婆塞優婆夷天龍夜叉乾闥婆阿脩羅
迦樓羅緊那羅摩睺羅伽人非人等一切眾
前現大神力出廣長舌上至梵世一切毛孔
放於无量无數色光皆悉遍照十方世界眾
寶樹下師子座上諸佛亦復如是出廣長舌
放无量光釋迦牟尼佛及寶樹下諸佛現神
力時滿百千歲然後還攝舌相一時謦欬俱

BD14538號　妙法蓮華經（八卷本）卷七　（20–4）

前現大神力出廣長舌上至梵世一切毛孔
放於无量无數色光皆悉遍照十方世界衆
寶樹下師子座上諸佛亦復如是出廣長舌
放无量光釋迦牟尼佛及寶樹下諸佛現神
力時滿百千歲然後還攝舌相一時謦欬俱
共彈指是二音聲遍至十方諸佛世界地皆
六種震動其中衆生天龍夜叉乾闥婆阿脩
羅迦樓羅緊那羅摩睺羅伽人非人等以佛
神力故皆見此娑婆世界无量无邊百千万
億衆寶樹下師子座上諸佛及見釋迦牟尼
佛共多寶如来在寶塔中坐師子座又見无
量无邊百千万億菩薩摩訶薩及諸四衆恭
敬圍繞釋迦牟尼佛既見是已皆大歡喜得
未曾有即時諸天於虛空中高聲唱言過此
无量无邊百千万億阿僧祇世界有國名娑
婆是中有佛名釋迦牟尼今為諸菩薩摩訶
薩說大乘經名妙法蓮華教菩薩法佛所護
念汝等當深心隨喜亦當礼拜供養釋迦牟
尼佛彼諸衆生聞虛空中聲已合掌向娑婆
世界作如是言南无釋迦牟尼佛南无釋迦
牟尼佛以種種華香瓔珞幡蓋及諸嚴身之
具珍寶妙物皆共遙散娑婆世界所散諸物
從十方來譬如雲集變成寶帳遍覆此間諸
佛之上于時十方世界通達无礙如一佛土尒
時佛告上行等菩薩大衆諸佛神力如是
无量无邊不可思議若我以是神力於无量
无邊百千万億阿僧祇劫為囑累故說此經
功德猶不能盡以要言之如来一切所有之
法如来一切自在神力如来一切秘要之藏
如来一切甚深之事皆於此經宣示顯說是

BD14538號　妙法蓮華經（八卷本）卷七　（20–5）

時佛告上行等菩薩大衆諸佛神力如是
无量无邊不可思議若我以是神力於无量
无邊百千万億阿僧祇劫為囑累故說此經
功德猶不能盡以要言之如来一切所有之
法如来一切自在神力如来一切秘要之藏
如来一切甚深之事皆於此經宣示顯說是
故汝等於如来滅後應一心受持讀誦解說
書寫如說脩行所在國土若有受持讀誦解
說書寫如說脩行若經卷所住之處若於園
中若於林中若於樹下若於僧坊若白衣舍
若在殿堂若山谷曠野是中皆應起塔供養
所以者何當知是處即是道場諸佛於此得
阿耨多羅三藐三菩提諸佛於此轉于法輪
諸佛於此而般涅槃尒時世尊欲重宣此義
而說偈言

諸佛救世尊　住於大神通　為悅衆生故　現无量神力
舌相至梵天　身放无數光　為求佛道者　現此希有事
諸佛謦欬聲　及彈指之聲　周聞十方國　地皆六種動
以佛滅度後　能持是經故　諸佛皆歡喜　現无量神力
囑累是經故　讚美受持者　於无量劫中　猶故不能盡
是人之功德　无邊无有窮　如十方虛空　不可得邊際
能持是經者　則為已見我　亦見多寶佛　及諸分身者
又見我今日　教化諸菩薩　能持是經者　令我及分身
滅度多寶佛　一切皆歡喜　十方現在佛　并過去未來
亦見亦供養　亦令得歡喜　諸佛坐道場　所得秘要法
能持是經者　不久亦當得　能持是經者　於諸法之義
名字及言辭　樂說无窮盡　如風於空中　一切无障礙
於如来滅後　知佛所說經　因緣及次第　隨義如實說
如日月光明　能除諸幽冥　斯人行世間　能滅衆生闇
教无量菩薩　畢竟住一乘　是故有智者　聞此功德利

BD14538號　妙法蓮華經（八卷本）卷七　（20–6）

能持是經者　不久亦當得　能持是經者　於諸法之義
名字及言辭　樂說无窮盡　如風於空中　一切无障礙
於如來滅後　知佛所說經　因緣及次第　隨義如實說
如日月光明　能除諸幽冥　斯人行世間　能滅眾生闇
教无量菩薩　畢竟住一乘　是故有智者　聞此功德利
於我滅度後　應受持斯經　是人於佛道　決定无有疑
妙法蓮華經囑累品第二十二
尒時釋迦牟尼佛從法座起現大神力以右手
摩无量菩薩摩訶薩頂而作是言我於无
量百千万億阿僧祇劫修習是難得阿耨多
羅三藐三菩提法今以付囑汝等汝等應當
一心流布此法廣令增益如是三摩諸菩薩
摩訶薩頂而作是言我於无量百千万億阿
僧祇劫修習是難得阿耨多羅三藐三菩提
法今以付囑汝等汝等當受持讀誦廣宣此
法令一切眾生普得聞知所以者何如來有
大慈悲无諸慳恡亦无所畏能與眾生佛之
智慧如來智慧自然智慧如來是一切眾生
之大施主汝等亦應隨學如來之法勿生慳
恡於未來世若有善男子善女人信如來智
慧者當為演說此法華經使得聞知為令其
人得佛慧故若有眾生不信受者當於如來
餘深法中示教利喜汝等若能如是則為已
報諸佛之恩時諸菩薩摩訶薩聞佛作是說
已皆大歡喜遍滿其身益加恭敬曲躬低頭
合掌向佛俱發聲言如世尊勑當具奉行唯
然世尊願不有慮諸菩薩摩訶薩眾如是三反
俱發聲言如世尊勑當具奉行唯然世尊
願不有慮尒時釋迦牟尼佛令十方來諸分
身佛各還本土而作是言諸佛各隨所安多

BD14538號　妙法蓮華經（八卷本）卷七　（20–7）

已皆大歡喜遍滿其身益加恭敬曲躬低頭
合掌向佛俱發聲言如世尊勑當具奉行唯
然世尊願不有慮諸菩薩摩訶薩眾如是三反
俱發聲言如世尊勑當具奉行唯然世尊
願不有慮尒時釋迦牟尼佛令十方來諸分
身佛各還本土而作是言諸佛各隨所安多
寶佛塔還可如故說是語時十方无量分身
諸佛坐寶樹下師子座上者及多寶佛并上
行等无邊阿僧祇菩薩大眾舍利弗等聲
聞四眾及一切世間天人阿脩羅等聞佛所
說皆大歡喜
妙法蓮華經藥王菩薩本事品第二十三
尒時宿王華菩薩白佛言世尊藥王菩薩云
何遊於娑婆世界世尊是藥王菩薩有若干
百千万億那由他難行苦行善哉世尊願少
解說諸天龍神夜叉乾闥婆阿脩羅迦樓羅
緊那羅摩睺羅伽人非人等又他國土諸來菩
薩及此聲聞眾聞皆歡喜尒時佛告宿王
華菩薩乃往過去无量恒河沙劫有佛號曰
月淨明德如來應供正遍知明行足善逝世
間解无上士調御丈夫天人師佛世尊其佛
有八十億大菩薩摩訶薩七十二恒河沙大
聲聞眾佛壽四万二千劫菩薩壽命亦等彼
國无有女人地獄餓鬼畜生阿脩羅等及以
諸難地平如掌琉璃所成寶樹莊嚴寶帳覆
上垂寶華幡寶瓶香爐周遍國界七寶為臺
一樹一臺其樹去臺盡一箭道此諸寶樹皆
有菩薩聲聞而坐其下諸寶臺上各有百億
諸天作天伎樂歌歎於佛以為供養
尒時彼佛為一切眾生喜見菩薩及眾菩薩

BD14538號　妙法蓮華經（八卷本）卷七　（20–8）

上垂寶華幡寶瓶香爐周遍國界七寶為臺
一樹一臺其樹去臺盡一箭道此諸寶樹皆
有菩薩聲聞而坐其下諸寶臺上各有百億
諸天作天伎樂歌歎於佛以為供養
尒時彼佛為一切衆生喜見菩薩及衆菩薩
諸聲聞衆說法華經是一切衆生喜見菩薩
樂集苦行於日月淨明德佛法中精進經行
一心求佛滿万二千歲已得現一切色身三
昧得此三昧已心大歡喜即作念言我得現
一切色身三昧皆是得聞法華經力我今當
供養日月淨明德佛及法華經即時入是三
昧於虛空中雨曼陁羅華摩訶曼陁羅華細
末堅黑栴檀滿虛空中如雲而下又雨海此
岸栴檀之香此香六銖價直娑婆世界以供
養佛作是供養已從三昧起而自念言我雖
以神力供養於佛不如以身供養即服諸香
栴檀薰陸兜樓婆畢力迦沉水膠香又飲瞻
蔔諸華香油滿千二百歲已香油塗身於日
月淨明德佛前以天寶衣而自纏身灌諸香
油以神通力願而自然身光明遍照八十億
恒河沙世界其中諸佛同時讚言善哉善哉
善男子是真精進是名真法供養如來若以
華香瓔珞燒香末香塗香天繒幡蓋及海此
岸栴檀之香如是等種種諸物供養所不能
及假使國城妻子布施亦所不及善男子是名
第一之施於諸施中最尊最上以法供養
諸如來故作是語已而各嘿然其身火然千
二百歲過是已後其身乃盡一切衆生喜見
菩薩作如是法供養已命終之後復生日月
淨明德佛國中於淨德王家結加趺坐忽然

BD14538 號　妙法蓮華經（八卷本）卷七　（20–9）

及假使國城妻子布施亦所不及善男子是名
第一之施於諸施中最尊最上以法供養
諸如來故作是語已而各嘿然其身火然千
二百歲過是已後其身乃盡一切衆生喜見
菩薩作如是法供養已命終之後復生日月
淨明德佛國中於淨德王家結加趺坐忽然
化生即為其父而說偈言
大王今當知　我經行彼處　即時得一切　現諸身三昧
勤行大精進　捨所愛之身
說是偈已而白父言日月淨明德佛今故現
在我先供養佛已得解一切衆生語言陁羅
尼復聞是法華經八百千万億那由他甄迦
羅頻婆羅阿閦婆等偈大王我今當還供養
此佛白已即坐七寶之臺上昇虛空高七多
羅樹往到佛所頭面礼足合十指爪以偈讚
佛
容顏甚奇妙　光明照十方　我適曾供養　今復還親覲
尒時一切衆生喜見菩薩說是偈已而白佛
言世尊世尊猶故在世尒時日月淨明德佛
告一切衆生喜見菩薩善男子我涅槃時到
滅盡時至汝可安施牀坐我於今夜當般涅槃
又勅一切衆生喜見菩薩善男子我以佛
法囑累於汝及諸菩薩大弟子并阿耨多羅
三藐三菩提法亦以三千大千七寶世界諸
寶樹寶臺及給侍諸天悉付於汝我滅後
所有舍利亦付囑汝當令流布廣設供養應
起若千千塔如是日月淨明德佛勅一切衆
生喜見菩薩已於夜後分入於涅槃尒時一
切衆生喜見菩薩見佛滅度悲感懊惱戀慕
於佛即以海此岸栴檀為𧂐供養佛身而以

BD14538 號　妙法蓮華經（八卷本）卷七　（20–10）

所有舍利亦付囑汝當令流布廣設供養應
起若干千塔如是日月淨明德佛勑一切衆
生喜見菩薩已於夜後分入於涅槃尒時一
切衆生喜見菩薩見佛滅度悲感懊惱戀慕
於佛即以海此岸栴檀為𧂐供養佛身而以
燒之火滅已後收取舍利作八万四千寶瓶
以起八万四千塔高三世界表剎莊嚴垂諸
幡蓋懸衆寶鈴
尒時一切衆生喜見菩薩復自念言我雖作
是供養心猶未足我今當更供養舍利便語
諸菩薩大弟子及天龍夜叉等一切大衆汝
等當一心念我今供養日月淨明德佛舍利
作是語已即於八万四千塔前然百福莊嚴
臂七万二千歲而以供養令无數求聲聞衆
无量阿僧祇人發阿耨多羅三藐三菩提心
皆使得住現一切色身三昧尒時諸菩薩大
弟子天人阿脩羅等見其无臂憂惱悲哀
而作是言此一切衆生喜見菩薩是我等師教
化我者而今燒臂身不具足于時一切衆生
喜見菩薩於大衆中立此誓言我捨兩臂必
當得佛金色之身若實不虛令我兩臂還
復如故作是誓已自然還復由斯菩薩福德
智慧淳厚所致當尒之時三千大千世界六
種震動天雨寶華一切天人得未曾有
佛告宿王華菩薩於汝意云何一切衆生喜
見菩薩豈異人乎今藥王菩薩是也其所捨
身布施如是无量百千万億那由他數宿王
華若有發心欲得阿耨多羅三藐三菩提
者能燃手指乃至足一指供養佛塔勝以國
城妻子及三千大千國土山林河池諸珎寶

BD14538號　妙法蓮華經（八卷本）卷七　（20–11）

見菩薩豈異人乎今藥王菩薩是也其所捨
身布施如是无量百千万億那由他數宿王
華若有發心欲得阿耨多羅三藐三菩提
者能燃手指乃至足一指供養佛塔勝以國
城妻子及三千大千國土山林河池諸珎寶
物而供養者若復有人以七寶滿三千大千世
界供養於佛及大菩薩辟支佛阿羅漢是人
所得功德不如受持此法華經乃至一四句
偈其福冣多宿王華譬如一切川流江河諸
水之中海為第一此法華經亦復如是於諸
如来所說經中冣為深大又如土山黑山小
鐵圍山大鐵圍山及十寶山衆山之中須弥
山為第一此法華經亦復如是於諸經中冣
為照明又如日天子能除諸闇此經亦復如
是能破一切不善之闇又如諸小王中轉輪
聖王冣為第一此經亦復如是於衆經中冣
為其尊又如帝釋於三十三天中王此經亦
復如是諸經中王
又如大梵天王一切衆生之父此經亦復如
是一切賢聖學无學及發菩薩心者之父
又如一切凡夫人中須陁洹斯陁含阿那含
阿羅漢辟支佛為第一此經亦復如是一切
如来所說若菩薩所說若聲聞所說諸經法
中冣為第一有能受持是經典者亦復如是
於一切衆生中亦為第一一切聲聞辟支佛中
菩薩為第一此經亦復如是於一切諸經法
中冣為第一如佛為諸法王此經亦復如是
諸經中王宿王華此經能救一切衆生者此
經能令一切衆生離諸苦惱此經能大饒益
一切衆生充滿其願如清涼池能滿一切諸

BD14538號　妙法蓮華經（八卷本）卷七　（20–12）

菩薩為第一此經亦復如是於一切諸經法
中最為第一如佛為諸法王此經亦復如是
諸經中王宿王華此經能救一切眾生者此
經能令一切眾生離諸苦惱此經能大饒益
一切眾生充滿其願如清涼池能滿一切諸
渴乏者如寒者得火如裸者得衣如商人得
主如子得母如渡者得船如病得醫如闇得
燈如貧得寶如民得王如賈客得海如炬
除闇此法華經亦復如是能令眾生離一切苦
一切病痛能解一切生死之縛若人得聞此法
華經若自書若使人書所得功德以佛智慧
籌量多少不得其邊若書是經卷華香瓔珞
燒香末香塗香幡蓋衣服種種之燈蘇燈
油燈諸香油燈瞻蔔油燈須曼那油燈波羅羅
油燈婆利師迦油燈那婆摩利油燈供養所
得功德亦復无量宿王華若有人聞是藥王
菩薩本事品者亦得无量无邊功德若有女
身後不復受若如來滅後後五百歲中若有
女人聞是經典如說修行於此命終即往安樂
世界阿弥陀佛大菩薩眾圍遶住處生蓮華
中寶座之上不復為貪欲所惱亦復不為嗔
恚愚癡所惱亦復不為憍慢嫉妬諸垢所惱
得菩薩神通无生法忍得是忍已眼根清
淨以是清淨眼根見七百一万二千億那由他
恒河沙等諸佛如來
是時諸佛遙共讚言善哉善哉善男子汝能
於釋迦牟尼佛法中受持讀誦思惟是經為
他人說所得福德无量无邊火不能燒水不
能漂汝之功德千佛共說不能令盡汝今已
[illegible]

BD14538 號　妙法蓮華經（八卷本）卷七　（20–13）

是時諸佛遙共讚言善哉善哉善男子汝能
於釋迦牟尼佛法中受持讀誦思惟是經為
他人說所得福德无量无邊火不能燒水不
能漂汝之功德千佛共說不能令盡汝今已
能破諸魔賊壞生死軍諸餘怨敵皆悉摧滅
善男子百千諸佛以神力共守護汝於一切
世間天人之中无如汝者唯除如來其諸聲
聞辟支佛乃至菩薩智慧禪定无有與汝
等者宿王華此菩薩成就如是功德智慧之
力若有人聞是藥王菩薩本事品能隨喜讚
善者是人現世口中常出青蓮華香身毛孔
中常出牛頭栴檀香所得功德如上所說是
故宿王華以此藥王菩薩本事品囑累於汝
我滅度後後五百歲中廣宣流布於閻浮提
无令斷絕惡魔魔民諸天龍夜叉鳩槃茶等
得其便也宿王華汝當以神通之力守護是
經所以者何此經則為閻浮提人病之良藥
若人有病得聞是經病即消滅不老不死宿
王華汝若見有受持是經者應以青蓮華盛
滿末香供散其上散已作是念言此人不久
必當取草坐於道場破諸魔軍當吹法螺
擊大法鼓度脫一切眾生老病死海是故求佛
道者見有受持是經典人應當如是生恭敬
心說是藥王菩薩本事品時八万四千菩薩
得解一切眾生語言陀羅尼多寶如來於寶
塔中讚宿王華菩薩言善哉善哉宿王華
汝成就不可思議功德乃能問釋迦牟尼佛
如此之事利益无量一切眾生
妙法蓮華經妙音菩薩品第廿四
尒時釋迦牟尼佛放大人相肉髻光明及放

BD14538 號　妙法蓮華經（八卷本）卷七　（20–14）

塔中讚宿王華菩薩言善哉善哉宿王華
汝成就不可思議功德乃能問釋迦牟尼佛
如此之事利益无量一切衆生
妙法蓮華經妙音菩薩品第廿四
尒時釋迦牟尼佛放大人相肉髻光明及放
眉間白毫相光遍照東方百八万億那由他
恒河沙等諸佛世界過是數已有世界名淨
光莊嚴其國有佛号淨華宿王智如來應供
正遍知明行足善逝世間解无上士調御丈
夫天人師佛世尊无量无邊菩薩大衆恭敬
圍遶而為說法釋迦牟尼佛白毫光明遍照
其國尒時一切淨光莊嚴國中有一菩薩名
曰妙音久已殖衆德本供養親近无量百千
万億諸佛而悉成就甚深智慧得妙幢相三
昧法華三昧淨德三昧宿王戲三昧无緣三
昧智印三昧解一切衆生語言三昧集一切
功德三昧清淨三昧神通遊戲三昧慧炬三
昧莊嚴王三昧淨光明三昧淨藏三昧不共
三昧日旋三昧得如是百千万億恒河沙等
諸大三昧釋迦牟尼佛光照其身即白淨華
宿王智佛言世尊我當往詣娑婆世界礼拜
親近供養釋迦牟尼佛及見文殊師利法王
子菩薩藥王菩薩勇施菩薩宿王華菩薩上
行意菩薩莊嚴王菩薩藥上菩薩
尒時淨華宿王智佛告妙音菩薩汝莫輕
彼國生下劣想善男子彼娑婆世界高下不平
土石諸山穢惡充滿佛身卑小諸菩薩衆其
形亦小而汝身四万二千由旬我身六百八
十万由旬汝身第一端正百千万福光明殊
妙是故汝往莫輕彼國若佛菩薩及國土生

BD14538號　妙法蓮華經（八卷本）卷七　（20–15）

彼國生下劣想善男子彼娑婆世界高下不平
土石諸山穢惡充滿佛身卑小諸菩薩衆其
形亦小而汝身四万二千由旬我身六百八
十万由旬汝身第一端正百千万福光明殊
妙是故汝往莫輕彼國若佛菩薩及國土生
下劣想妙音菩薩白其佛言世尊我今詣娑
婆世界皆是如來之力如來神通遊戲如來
功德智慧莊嚴於是妙音菩薩不起于座
身不動搖而入三昧以三昧力於耆闍崛山去
法座不遠化作八万四千衆寶蓮華閻浮檀
金為莖白銀為葉金剛為鬚甄叔迦寶以為
其臺尒時文殊師利法王子見是蓮華而白
佛言世尊是何因緣先現此瑞有若干千万
蓮華閻浮檀金為莖白銀為葉金剛為鬚
甄叔迦寶以為臺
尒時釋迦牟尼佛告文殊師利是妙音菩薩
摩訶薩欲從淨華宿王智佛國與八万四千
菩薩圍遶而來至此娑婆世界供養親近礼
拜於我亦欲供養聽法華經文殊師利白佛
言世尊是菩薩種何善本脩何功德而能有
是大神通力行何三昧願為我等說是三昧
名字我等亦欲勤脩行之行此三昧乃能見
是菩薩色相大小威儀進止唯願世尊以神
通力彼菩薩來令我得見尒時釋迦牟尼佛
告文殊師利此久滅度多寶如來當為汝等
而現其相時多寶佛告彼菩薩善男子來文
殊師利法王子欲見汝身
于時妙音菩薩於彼國沒與八万四千菩薩
俱共發來所經諸國六種震動皆悉雨於七

BD14538號　妙法蓮華經（八卷本）卷七　（20–16）

而現其相時多寶佛告彼菩薩善男子來文
殊師利法王子欲見汝身
于時妙音菩薩於彼國沒與八万四千菩薩
俱共發來所經諸國六種震動皆悉雨於七
寶蓮華百千天樂不鼓自鳴是菩薩目如廣
大青蓮華葉正使和合百千万月其面貌端
正復過於此身真金色无量百千功德莊
嚴威德熾盛光明照曜諸相具足如那羅
延堅固之身入七寶臺上昇虛空去地七多羅
樹諸菩薩眾恭敬圍遶而來詣此娑婆世界
耆闍崛山中到已下七寶臺以價直百千瓔珞
持至釋迦牟尼佛所頭面礼足奉上瓔珞而白
佛言世尊淨華宿王智佛問訊世尊少病
少惱起居輕利安樂行不四大調和不世尊
可忍不眾生易度不无多貪欲瞋恚愚癡
嫉妬慳慢不无不孝父母不敬沙門邪見不善
心不攝五情不世尊眾生能降伏諸魔怨不
久滅度多寶如來在七寶塔中來聽法不又
問訊多寶如來安隱少惱堪忍久住不世尊我
今欲見多寶佛身唯願世尊示我令見尒時
釋迦牟尼佛語多寶佛是妙音菩薩欲得相
見時多寶佛告妙音言善哉善哉汝能為供
養釋迦牟尼佛及聽法華經并見文殊師利
等故來至此
尒時華德菩薩白佛言世尊是妙音菩薩種
何善根脩何功德有是神力佛告華德菩薩
過去有佛名雲雷音王多陀阿伽度阿羅訶三
藐三佛陀國名現一切世間劫名憙見妙音
菩薩於万二千歲以十万種伎樂供養雲雷

BD14538號　妙法蓮華經（八卷本）卷七　（20–17）

尒時華德菩薩白佛言世尊是妙音菩薩種
何善根脩何功德有是神力佛告華德菩薩
過去有佛名雲雷音王多陀阿伽度阿羅訶三
藐三佛陀國名現一切世間劫名憙見妙音
菩薩於万二千歲以十万種伎樂供養雲雷
音王佛并奉上八万四千七寶鉢以是因緣
果報今生淨華宿王智佛國有是神力華德
於汝意云何尒時雲雷音王佛所妙音菩薩
伎樂供養奉上寶器者豈異人乎今此妙音
菩薩摩訶薩是華德是妙音菩薩已曾供養
親近无量諸佛久殖德本又值恒河沙等百
千万億那由他佛
華德汝但見妙音菩薩其身在此而是菩薩
現種種身處處為諸眾生說是經典或現梵
王身或現帝釋身或現自在天身或現大自
在天身或現天大將軍身或現毗沙門天王
身或現轉輪聖王身或現諸小王身或現長
者身或現居士身或現宰官身或現婆羅門
身或現比丘比丘尼優婆塞優婆夷身或
現長者居士婦女身或現宰官婦女身或現
婆羅門婦女身或現童男童女身或現天
龍夜叉乾闥婆阿脩羅迦樓羅緊那羅摩睺
羅伽人非人等身而說是經諸有地獄餓鬼畜
生及眾難處皆能救濟乃至於王後宮變為
女身而說是經
華德是妙音菩薩能救護娑婆世界諸眾生
者是妙音菩薩如是種種變化現身在此娑
婆國土為諸眾生說是經典於神通變化智
慧無所損減是菩薩以若干智慧明照娑
婆世界令一切眾生各得所知於十方恒河沙

BD14538號　妙法蓮華經（八卷本）卷七　（20–18）

大身而說是經
華德是妙音菩薩能救護娑婆世界諸衆生
者是妙音菩薩如是種種變化現身在此娑
婆國土為諸衆生說是經典於神通變化智
慧無所損減是菩薩以若干智慧明照娑
婆世界令一切衆生各得所知於十方恒河沙
世界中亦復如是若應以聲聞形得度者現
聲聞形而為說法應以辟支佛形得度者現
辟支佛形而為說法應以菩薩形得度者現
菩薩形而為說法應以佛形得度者即現佛
形而為說法如是種種隨所應度而為現形
乃至應以滅度而得度者示現滅度華德妙
音菩薩摩訶薩成就大神通智慧之力其
事如是
尒時華德菩薩白佛言世尊是妙音菩薩深
種善根世尊是菩薩住何三昧而能如是在
所變現度脫衆生佛告華德菩薩善男子
其三昧名現一切色身妙音菩薩住是三昧中
能如是饒益无量衆生說是妙音菩薩品時
與妙音菩薩俱來者八万四千人皆得現一
切色身三昧此娑婆世界无量菩薩亦得是
三昧及陁羅尼尒時妙音菩薩摩訶薩供養
釋迦牟尼佛及多寶佛塔已還歸本土所經
諸國六種震動雨寶蓮華作百千万億種種
伎樂既到本國與八万四千菩薩圍遶至淨
華宿王智佛所白佛言世尊我到娑婆世界
饒益衆生見釋迦牟尼佛及見多寶佛塔礼
拜供養又見文殊師利法王子及見藥王菩
薩得勤精進力菩薩勇施菩薩等亦令是
八万四千菩薩得現一切色身三昧說是妙音

BD14538 號　妙法蓮華經（八卷本）卷七　（20–19）

種善根世尊是菩薩住何三昧而能如是在
所變現度脫衆生佛告華德菩薩善男子
其三昧名現一切色身妙音菩薩住是三昧中
能如是饒益无量衆生說是妙音菩薩品時
與妙音菩薩俱來者八万四千人皆得現一
切色身三昧此娑婆世界无量菩薩亦得是
三昧及陁羅尼尒時妙音菩薩摩訶薩供養
釋迦牟尼佛及多寶佛塔已還歸本土所經
諸國六種震動雨寶蓮華作百千万億種種
伎樂既到本國與八万四千菩薩圍遶至淨
華宿王智佛所白佛言世尊我到娑婆世界
饒益衆生見釋迦牟尼佛及見多寶佛塔礼
拜供養又見文殊師利法王子及見藥王菩
薩得勤精進力菩薩勇施菩薩等亦令是
八万四千菩薩得現一切色身三昧說是妙音
菩薩來往品時四万二千天子得无生法忍
華德菩薩得法華三昧

妙法蓮華經卷第七

BD14538 號　妙法蓮華經（八卷本）卷七　（20–20）

中亦復第一
[illegible]助宣佛法亦
護持助宣无量无邊諸佛之法教化饒益无
量衆生令立阿耨多羅三藐三菩提爲淨佛
土故常懃精進教化衆生漸漸具足菩薩之
道過无量阿僧祇劫當於此土得阿耨多羅
三藐三菩提号曰法明如來應供正遍知明
行足善逝世間解无上士調御丈夫天人師
佛世尊其佛以恒河沙等三千大千世界爲
一佛土七寶爲地地平如掌无有山陵谿澗
溝壑七寶臺觀充滿其中諸天宮殿近處虚
空人天交接兩得相見无諸惡道亦无女人
一切衆生皆以化生无有婬欲得大神通身
出光明飛行自在志念堅固精進智慧普皆
金色三十二相而自莊嚴其國衆生常以二
食一者法喜食二者禪悅食有无量阿僧祇
千万億那由他諸菩薩衆得大神通四无礙
智善能教化衆生之類其聲聞衆筭數校計
所不能知皆得具足六通三明及八解脫其
佛國土有如是等无量功德莊嚴成就劫名

BD14539號　妙法蓮華經卷四　（7–1）

食一者法喜食二者禪悅食有无量阿僧祇
千万億那由他諸菩薩衆得大神通四无礙
智善能教化衆生之類其聲聞衆筭數校計
所不能知皆得具足六通三明及八解脫其
佛國土有如是等无量功德莊嚴成就劫名
寶明國名善淨其佛壽命无量阿僧祇劫法
住甚久佛滅度後起七寶塔遍滿其國尒時
世尊欲重宣此義而說偈言
諸比丘諦聽　佛子所行道　善學方便故　不可得思議
知衆樂小法　而畏於大智　是故諸菩薩　作聲聞緣覺
以无數方便　化諸衆生類　自說是聲聞　去佛道甚遠
度脫无量衆　皆悉得成就　雖小欲懈怠　漸當令作佛
内祕菩薩行　外現是聲聞　少欲猒生死　實自淨佛土
示衆有三毒　又現邪見相　我弟子如是　方便度衆生
若我具足說　種種現化事　衆生聞是者　心則懷疑惑
今此富樓那　於昔千億佛　懃脩所行道　宣護諸佛法
爲求无上慧　而於諸佛所　現居弟子上　多聞有智慧
所說无所畏　能令衆歡喜　未曾有疲惓　而以助佛事
已度大神通　具四无礙慧　知衆根利鈍　常說清淨法
演暢如是義　教諸千億衆　令住大乘法　而自淨佛土
未來亦供養　无量无數佛　護助宣正法　亦自淨佛土
常以諸方便　說法无所畏　度不可計衆　成就一切智
供養諸如來　護持法寶藏　其後得成佛　号名曰法明
其國名善淨　七寶所合成　劫名爲寶明　菩薩衆甚多
其數无量億　皆度大神通　威德力具足　充滿其國土

BD14539號　妙法蓮華經卷四　（7–2）

供養諸如來　護持法寶藏　其後得成佛　号名曰法明
其國名善淨　七寶所合成　劫名為寶明　菩薩衆甚多
其數无量億　皆度大神通　威德力具足　充滿其國土
聲聞亦无數　三明八解脫　得四无礙智　以是等為僧
其國諸衆生　婬欲皆已斷　純一變化生　具相莊嚴身
法喜禪悅食　更无餘食想　无有諸女人　亦无諸惡道
富樓那比丘　功德悉成滿　當得斯淨土　賢聖甚衆多
如是无量事　我今但略說
尒時千二百阿羅漢心自在者作是念我等
歡喜得未曾有若世尊各見授記如餘大弟
子者不亦快乎佛知此等心之所念告摩訶
迦葉是千二百阿羅漢我今當現前次第與
受阿耨多羅三藐三菩提記於此衆中我大
弟子憍陳如比丘當供養六万二千億佛然
後得成為佛号曰普明如來應供正遍知明
行足善逝世間解无上士調御丈夫天人師
佛世尊其五百阿羅漢優樓頻螺迦葉伽耶
迦葉那提迦葉迦留陀夷優陀夷阿㝹樓馱
離婆多劫賓那薄拘羅周陀莎伽陀等皆
當得阿耨多羅三藐三菩提盡同一号名
曰普明尒時世尊欲重宣此義而說偈言
憍陳如比丘　當見无量佛　過阿僧祇劫　乃成等正覺
常放大光明　具足諸神通　名聞遍十方　一切之所敬
常說无上道　故号為普明　其國土清淨　菩薩皆勇猛
咸昇妙樓閣　遊諸十方國　以无上供具　奉獻於諸佛

BD14539號　妙法蓮華經卷四　（7–3）

憍陳如比丘　當見无量佛　過阿僧祇劫　乃成等正覺
常放大光明　具足諸神通　名聞遍十方　一切之所敬
常說无上道　故号為普明　其國土清淨　菩薩皆勇猛
咸昇妙樓閣　遊諸十方國　以无上供具　奉獻於諸佛
作是供養已　心懷大歡喜　須臾還本國　有如是神力
佛壽六万劫　正法住倍壽　像法復倍是　法滅天人憂
其五百比丘　次第當作佛　同号曰普明　轉次而授記
我滅度之後　某甲當作佛　其所化世間　亦如我今日
國土之嚴淨　及諸神通力　菩薩聲聞衆　正法及像法
壽命劫多少　皆如上所說　迦葉汝已知　五百自在者
餘諸聲聞衆　亦當復如是　其不在此會　汝當為宣說
尒時五百阿羅漢於佛前得受記已歡喜踊
躍即從座起到於佛前頭面禮足悔過自責
世尊我等常作是念自謂已得究竟滅度今
乃知之如无智者所以者何我等應得如來
智慧而便自以小智為足世尊譬如有人至
親友家醉酒而臥是時親友官事當行以无
價寶珠繫其衣裏與之而去其人醉臥都不
覺知起已遊行到於他國為衣食故勤力求
索甚大艱難若少有所得便以為足於後親
友會遇見之而作是言咄哉丈夫何為衣食
乃至如是我昔欲令汝得安樂五欲自恣於
某年日月以无價寶珠繫汝衣裏今故現在
而汝不知懃苦憂惱以求自活甚為癡也汝
今可以此寶貿易所須常可如意无所乏短
佛亦如是為菩薩時教化我等令發一切智

BD14539號　妙法蓮華經卷四　（7–4）

友會遇見之而作是言咄哉丈夫何為衣食
乃至如是我昔欲令汝得安樂五欲自恣於
某年日月以无價寶珠繫汝衣裏今故現在
而汝不知勤苦憂惱以求自活甚為癡也汝
今可以此寶貿易所須常可如意无所乏短
佛亦如是為菩薩時教化我等令發一切智
心而尋廢忘不知不覺既得阿羅漢道自謂
滅度資生艱難得少為足一切智願猶在不
失今者世尊覺悟我等作如是言諸比丘汝
等所得非究竟滅我久令汝等種佛善根以
方便故示涅槃相而汝謂為實得滅度世尊
我今乃知實是菩薩得受阿耨多羅三藐三
菩提記以是因緣甚大歡喜得未曾有尒時
阿若憍陳如等欲重宣此義而說偈言
我等聞无上　安隱授記聲　歡喜未曾有　礼无量智佛
今於世尊前　自悔諸過咎　於无量佛寶　得少涅槃分
如无智愚人　便自以為足　譬如貧窮人　往至親友家
其家甚大富　具設諸餚饍　以无價寶珠　繫著內衣裏
嘿與而捨去　時卧不覺知　是人既已起　遊行詣他國
求衣食自濟　資生甚艱難　得少便為足　更不願好者
不覺內衣裏　有无價寶珠　與珠之親友　得見此貧人
苦切責之已　示以所繫珠　貧人見此珠　其心大歡喜
富有諸財物　五欲而自恣　我等亦如是　世尊於長夜
常愍見教化　令種无上願　我等无智故　不覺亦不知
得少涅槃分　自足不求餘　今佛覺悟我　言非實滅度
得佛无上慧　尒乃為真滅　我今從佛聞　受記莊嚴事

BD14539號　妙法蓮華經卷四　（7-5）

富有諸財物　五欲而自恣　我等亦如是　世尊於長夜
常愍見教化　令種无上願　我等无智故　不覺亦不知
得少涅槃分　自足不求餘　今佛覺悟我　言非實滅度
得佛无上慧　尒乃為真滅　我今從佛聞　受記莊嚴事
及轉次受決　身心遍歡喜

妙法蓮華經授學无學人記品第九

尒時阿難羅睺羅而作是念我等每自思惟
設得受記不亦快乎即從座起到於佛前頭
面礼足俱白佛言世尊我等於此亦應有分
唯有如來我等所歸又我等為一切世間天
人阿脩羅所見知識阿難常為侍者護持法
藏羅睺羅是佛之子若佛見授阿耨多羅三
藐三菩提記者我願既滿衆望亦足尒時學
无學聲聞弟子二千人皆從座起偏袒右肩
到於佛前一心合掌瞻仰世尊如阿難羅睺
羅所願住立一面尒時佛告阿難汝於來世
當得作佛号山海慧自在通王如來應供正
遍知明行足善逝世間解无上士調御丈夫
天人師佛世尊當供養六十二億諸佛護持
法藏然後得阿耨多羅三藐三菩提教化二
十千万億恒河沙諸菩薩等令成阿耨多羅
三藐三菩提國名常立勝幡其土清淨琉璃
為地劫名妙音遍滿其佛壽命无量千万億
阿僧祇劫若人於千万億无量阿僧祇劫中
筭數挍計不能得知正法住世倍於壽命像
法住世復倍正法阿難是山海慧自在通王

BD14539號　妙法蓮華經卷四　（7-6）

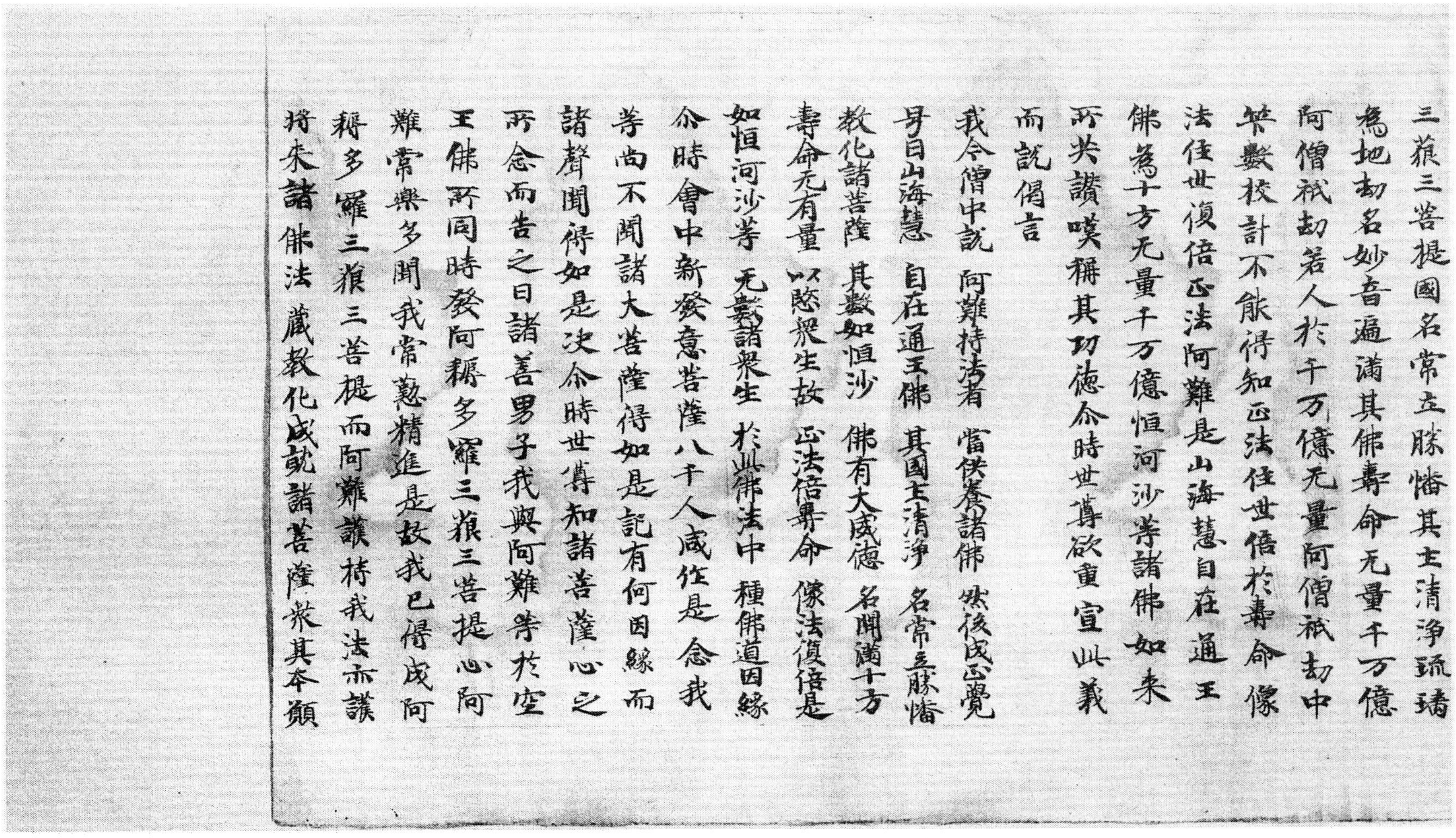

三藐三菩提國名常立勝幡其土清淨琉璃
為地劫名妙音遍滿其佛壽命无量千万億
阿僧祇劫若人於千万億无量阿僧祇劫中
筭數校計不能得知正法住世倍於壽命像
法住世復倍正法阿難是山海慧自在通王
佛為十方无量千万億恒河沙等諸佛如來
所共讚嘆稱其功德尒時世尊欲重宣此義
而說偈言
我今僧中說 阿難持法者 當供養諸佛 然後成正覺
号曰山海慧 自在通王佛 其國土清淨 名常立勝幡
教化諸菩薩 其數如恒沙 佛有大威德 名聞滿十方
壽命无有量 以愍衆生故 正法倍壽命 像法復倍是
如恒河沙等 无數諸衆生 於此佛法中 種佛道因緣
尒時會中新發意菩薩八千人咸作是念我
等尚不聞諸大菩薩得如是記有何因緣而
諸聲聞得如是決尒時世尊知諸菩薩心之
所念而告之曰諸善男子我與阿難等於空
王佛所同時發阿耨多羅三藐三菩提心阿
難常樂多聞我常懃精進是故我已得成阿
耨多羅三藐三菩提而阿難護持我法亦護
將來諸佛法藏教化成就諸菩薩衆其本願

BD14539 號　妙法蓮華經卷四　（7–7）

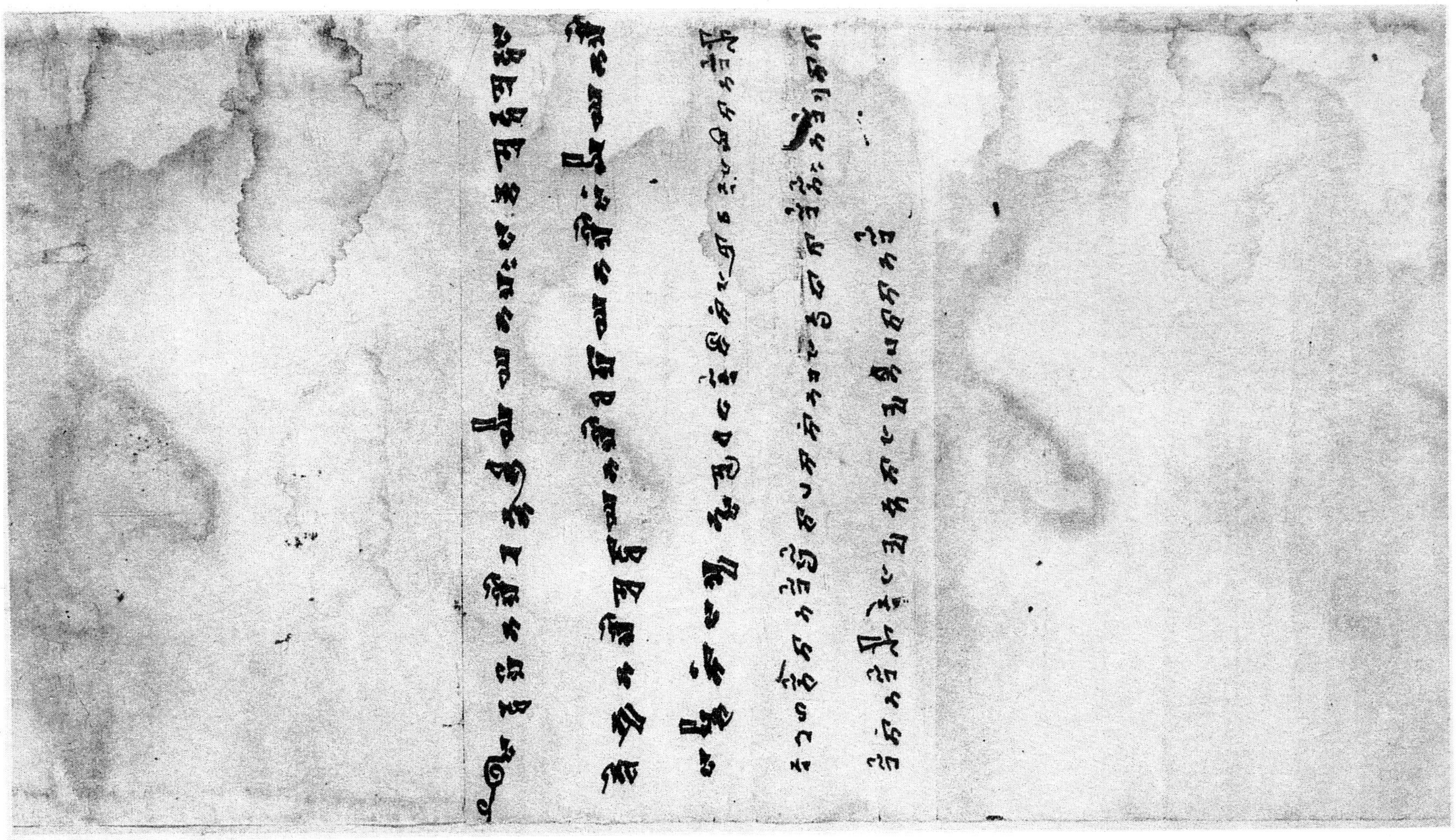

BD14539 號背　古西域文遺書（擬）　（2–1）

BD14539 號背　古西域文遺書（擬）　　（2–2）

BD14540 號背　護首　　（1–1）

入臍中已下　[illegible]孔遍出蓮華滿虛
空中猶如垂寶瓔珞如是出已已諸蓮華盡
入臍行人尒時身體柔濡輕沉自見已身明
淨如雜寶色即以所見白師師言大善汝
好用心觀此身成定相也師教言更觀臍中即
如教觀見頂有五色光爛見已白師師言更
觀五光有一瑞相　已見有一佛在光
明中結跏趺坐更問五光中佛有何瑞相即
見佛口中種種蓮華出華出已遍滿大地更
令觀五光中佛一見佛臍中有五師子出師
子出已食所出諸華已還入五光中佛臍中
子入已五光及佛即從頂入此名師子奮迅
三昧定相也
行人復光入佛身已行人身作金色見金
色已見臍中有物圓如日月白而明淨見已
白師師言更觀即見佛出滿掖下及腋中有
佛出凡四佛出四佛出已見四佛身一一佛
出無量圓日光日光甚明淨回諸日光見四

BD14540 號　五門禪經要用法　（32–1）

色已見臍中有物圓如日月白而明淨見已
白師師言更觀即見佛出滿掖下及腋中有
佛出凡四佛出四佛出已見四佛身一一佛
出無量圓日光日光甚明淨回諸日光見四
天下色上至有頂下至風際悉皆明了如見
掌中無所罣㝵此名淨解脫境界也見如
此已還見四佛隨出處還入四佛入已復見白
爛諸光前入後出後入前出左入右出右入
左出如是四種出入覺見自身明淨及水
四邊圓滿淨光此為名明淨境界見此光已
名成念佛三昧在四禪中
不淨觀門
不淨門行者善心來詣師所未受法時師教
先使房中七日端坐若有緣者覺身及臍
有潤動相自見已身明了左足大指爪上有皆
露如珠行者從坐起以所覺白師師教行人
行住坐立相其人內境界多者觀占極高遠
知緣外多若一心徐安觀占審諦者知緣內
若外緣者教觀冢間死已見已還來在房中
坐自觀已身念骨若三日不失次觀房中諸
人漸漸令見白骨次第相續至於大海以何相

BD14540 號　五門禪經要用法　（32–2）

知緣外多若一心係安觀占審諦者知緣內
若外緣者教觀冢間死已見已還來在房中
坐自觀己身念骨若三日不失次觀房中諸
人漸漸令見白骨次第相續至於大海以何相
故知到大海緣見水波源一切骨之及己身
並着纓絡後見大水來灌其頂滿於己身
滿已身已尒從足指出成血河此名爲癡患
三昧也
无我觀觀門
復專念前見一切卧唯有身在以白師師言
汝自觀分爲五分所以爲五分者欲知內覺
外覺爲驗身若能壞作五分了者即知令則
我無有一一亦无我心則若住無我空門若
住空時盡見支節有刀出諸刀刃皆有明爛
出此名無我智慧境界
復更係心白骨自見骨上有明星出四邊有
金丸星者明淨境界金丸者智慧境界二
十五四十名白骨境界滿也
於十想中略出白骨相也行人雖見白骨於
男女色故生愛心欲除愛者應觀卅六物若
觀時應係心額上係心不久見有明珠於額
白光在前下令直路爲心吞住文不久有出

於十想中略出白骨相也行人雖見白骨於
男女色故生愛心欲除愛者應觀卅六物若
觀時應係心額上係心不久見有明珠於額
而現在前不令隨落爲心堅住故所以有此
相者現法流出故如是不久教令教已入地
入地已隨而觀之明淨而下過於地界所已
知者自見己身及處處見涑遠過於風界所
以知者身躰柔濡流於外界所以者自見己
身及處處有水上有泡出着到風界所以知
者自見己身猶如虛空珠若尋空還來　明
淨光明隨珠而來珠若出已入行人臍中入
已見卅六物明了无礙行人尒時得男女相空
滿
白骨觀觀門
白骨觀法白骨觀者除身肉血筋脉都盡骨
骨相柱白如珂雪光亦如是若不見者辟如
癩人醫語其人家若令飲血色同亂者便可
得差家中所有悉令白作白銀器盛血語言
飲乳此病必差病言血也答言白物治之汝
豈不見家中諸物悉是白物罪故見血但當
專心乳相莫念是血也如是七日便變爲乳

得差家中所有悉令白作白銀器盛血語言
欲乳此病少差病言血也答言白物治之汝
豈不見家中諸物悉是白物罪故見血但當
專心乳相莫念是血也如是七日便變爲乳
何况實白而不能見即骨見人骨人之中其
心生滅相續如綖貫珠如是所見及觀外身
亦復如是若心故住精進不發如鑚火見烟
穿井見泥得水不久若心静住開閉眼見骨
了了如水澄清則見面像濁則不見
念佛觀觀門
觀佛三昧佛爲法王能令人得種種善法是
故坐禪之人先當念佛佛者能令人无量
罪微薄得諸禪定至心念佛佛亦念人爲王
所念怨家責主不能侵近念佛亦尒諸餘惡
法不能嬈乱若念佛者佛不在世云何憶念人
之自信無過於眼當觀好像如見真佛无異
先從肉髻眉間白毫下至於足復至肉髻相
相諦觀還於静處閉目思惟係心在像使不
他念若有餘緣攝之令還心目觀察如意得
見是爲得觀緣定當作是念我亦不往像
亦不来而得見者由心定想住也

BD14540 號　五門禪經要用法　（32–5）

相諦觀還於静處閉目思惟係心在像使不
他念若有餘緣攝之令還心目觀察如意得
見是爲得觀緣定當作是念我亦不往像
亦不来而得見者由心定想住也
得觀佛定已然後進觀生身便得見之如對
面无異也人心馳散多緣惡法當如乳母看
視其子不令作惡若心不住當自責心老病
死苦常来逼切若生天上著於妙欲无有治
心善法若墮三惡苦惱怖懅善心不生令於
此身當至心念佛復作是念言生在末世法
欲滅盡猶如打鼓開門放因鼓聲漸出門閉
一扇豈不自知不求出獄也過去无始世界
生死已来所受苦惱万端今始受法未得成
就無常死賊常来侵害經无數劫生死之苦
如是種種責心令住於相坐即行步常得見
佛然後更進出身得禪定已展轉則易生身
觀法身觀者既以觀像心隨想成就鍛意入
定即便得見當因於像以念生身觀去如坐
於菩提樹下光明顯照相好奇特又如鹿野
苑中爲五比丘說四諦法又如耆闍崛山放
大光明爲諸大衆說般若時隨用一處係念

BD14540 號　五門禪經要用法　（32–6）

於菩提樹下光明顯照相好奇特又如鹿野
苑中爲五比丘説四諦法又如耆闍崛山放
大光明爲諸大衆説般若時隨用一處係念
在前不令心散心想得住即便見佛舉身快
樂貫徹骨髓譬如熱時得清涼池寒得温臺
世間之樂无以爲喻法身觀者已於空中見
佛生身當日生身觀内法身十力四无所畏
十八不共法大慈大悲无量善業如人先見
念瓶後觀瓶内摩尼寶珠所以法身尊妙神
智无比无近无遠无難无易无量世界悉如
目前无有一法而不知者一切諸法无所不了
是故行者當常專念不令心散若餘念緣
攝之令還復次一切過者知當死時先失
諸根如投火坑身擠至梵天甚大怖畏无過
死我生佛一八[illegible]依救拔與種種人天涅槃
之樂復次一切諸佛世世常爲一切衆生故
不惜身命如釋迦文佛爲太子時出遊觀者
見一癩人即勑醫言當須不死人血飲之隨
途之乃可得差太子念言是人難得設使有
者復不可害一[illegible]死即便以身與之令治
佛爲一切衆生亦復如是佛恩深重過於父

BD14540號　五門禪經要用法　（32–7）

見一癩人即勑醫言當須不死人血飲之隨
途之乃可得差太子念言是人難得設使有
者復不可害一[illegible]死即便以身與之令治
佛爲一切衆生亦復如是佛恩深重過於父
母假使一切衆生悉爲一分二分之中當念
佛不應餘念如是種種功德隨念行事若此
念成斷除結縛乃至可得无生法忍若於中
間諸病起者隨病服藥若不得定六欲天中
豪尊第一業[illegible]殿自隨或生諸佛前
无不定也如人藥和赤銅若不成金不失於
銀也
觀諸佛觀門
觀十方諸佛法
念十方佛者坐觀東方廓然大光諸山河石
壁唯見一佛結跏趺坐舉手説法心明觀察
光明相好盡然明了係心在佛不念他緣若
餘念攝之令還如是見者便增十佛既見
之後復增百佛千佛乃至无邊身近者則使
轉遠轉廣但見諸佛光光相接心明觀察得
如[illegible]如上觀既得成已西北
方四維上下亦復如是既向方方皆見諸佛
[illegible]

BD14540號　五門禪經要用法　（32–8）

之後復增百佛千佛乃至无邊身近者則使
轉遠轉廣但見諸佛光光相接心明觀察得
如[illegible]　如上觀既得成已西北
方四維上下亦復如是既向方方皆見諸佛
已當復一時并觀十方諸佛一念所緣周遍
得見定心成就者於定中見十方諸佛皆為
說法疑罔悉除得无生忍若有宿罪因緣不
見諸佛者當一日一夜六時懺悔勸請隨喜
漸自得見縱使請不為說法是人心快樂身
體安無患也
觀水大竟
次觀火大教令觀臍四邊何處有火若言我
見臍上火起或言從鼻中出或言從口中出
或言從口中出或言眼耳中出者教令更觀
若言我見鼻中五色光出其狀如絲身中不
温不冷此則一法教更觀之若云我見火從
頂上出或言從下道出教令更觀云我見火
在頭上如雲蓋狀或言在下如雲狀身潛渝
安隱此則一法教令更觀身云我見火從臍
中出喻如蓮華其色如金者大好教令觀身
中火若言我行坐常見火不但唯坐時也行
時見火似如人持火行常在我前大明乃應

BD14540號　五門禪經要用法　（32–9）

安隱此則一法教令更觀身云我見火從臍
中出喻如蓮華其色如金者大好教令觀身
中火若言我行坐常見火不但唯坐時也行
時見火似如人持火行常在我前大明乃應
他人怪之而他人實不見而身常温此是一
法教更久觀之云我見大海水其中有摩尼
珠其珠爛出如火此珠則是一法也
觀火大法竟
次觀風大此風大其性細微非條縣所解故
不出此四大是坐禪根本所由處雖多見餘
相要向此四觀也
觀諸觀門
初教觀佛先教坐定意不令外念諸緣使人
然後將至好像前令諦觀像相好分明然後
安坐教以心目觀此像相好若言我見像分明
是一事
教自觀身令身安坐教還觀佛若言我見一
佛至十佛悉令明了是二事
教令諦自觀身漸安教還觀佛若言我見十
佛至二十佛明了是三事
教自觀身令身轉安淨教還觀佛若言我廿
佛至五十佛明了如前是四事

BD14540號　五門禪經要用法　（32–10）

教令諦自觀身漸安教還觀佛若言我見十
佛至二十佛明了是三事
教自觀身令身轉安淨教還觀佛若言我廿
佛至五十佛明了如前是四事
教自觀身令意轉細教還觀佛若言我見
五十佛至百佛相好如前是五事
教自觀身令心轉細教還觀佛若我見百佛
至二佛明了如前是六事
教自觀身令心轉細還教觀佛若言我見
二百佛至四百佛明了勝前是七事
教自觀身令心轉細教還觀佛若言我見四
百佛至八百佛相好轉明是八事
教自觀身令細心轉還教觀佛若言我見八
百佛至千佛是九事
從一佛至千佛諦觀相好極令分明還自觀
身不淨灑血即教作不淨觀若見白骨即作
白骨觀若見苦痛衆生即作慈心觀若不見
此事還觀一佛至心懇惻求哀懺悔是初學
家觀佛法若趣住地應廣觀佛若言我見一
佛至百千万乃至衆多佛相好明了是第十
事教觀自身令身明淨教還觀佛發大擔

此事還觀一佛至心懇惻求哀懺悔是初學
家觀佛法若趣住地應廣觀佛若言我見一
佛至百千万乃至衆多佛相好明了是第十
事教觀自身令身明淨教還觀佛發大擔
願心生供養言我見無量諸佛於佛前自然
有華便取供養悉令周遍是十一事
教自觀身令身明淨還教觀佛若言我如前
見已心生歡喜教至心觀佛念欲供養若言
我見自然有華樹踊出上生種種雜色華自
然有人取此好華與我供養散諸佛上普使
周遍華故不盡是十二事
次教於佛邊坐自觀己身極令明淨還教觀
從東方始令意東行見无數佛意乃疲息
是十三事
教前境界次東行若言我意東行見无數
佛滿於虛空无有邊際意疲乃息復竟提
意東行要有限㝵乃住南西北方亦復如是十四
事教令自觀身中支節悉已明了若言我見
者教還觀佛足下若言我見佛足下雜光明
然後還至四方一切諸佛悉在光上蓮華
中是十五事

者故還觀佛足下若言我見佛足下離光明
然後還至四方一切諸佛悉在光上蓮華
中是十五事
教義觀佛喜心諦觀足下若言我見佛足下
光出至於大地无有邊際教乘此光觀若
言我見苦痛衆生无量无邊光所照處悉皆
安樂是十六事
教觀自身令復轉明淨教觀一佛臍中若言
我見佛臍中光出遍至四方極遠之處一切
諸佛悉上光住是十七事
教尋光觀若言我見无量人於光中現悉受
快樂是十八事
教自觀身令極明淨教還觀一佛兩乳若言
我見佛兩乳中自然光出遍至四方一切諸
佛悉在光上是十九事
教尋光觀若言我見此光中有无量人悉受
快樂是二十事
教自觀身見身極明還觀一佛眉間若言
我見光從眉間出大如斗評漸漸廣大便上
向去踊在空中教令尋光觀為隨何光上意
疲乃息復更尋去若言我尋去上至无極到

BD14540 號　五門禪經要用法　（32–13）

我見光從眉間出大如斗評漸漸廣大便上
向去踊在空中教令尋光觀為隨何光上意
疲乃息復更尋去若言我尋去上至无極到
光所盡是二十一事
教尋此華佛從東方始若言我見光着有无
量細微光皆悉如觀此光頭盡有化佛滿於
東方中間相去或五步數續東行觀之若言
我行見无量佛意疲乃息教續觀至極遠處
更見餘相乃至南西北方亦復如是是二十
三事
教自觀身若言我自見身悉明淨喻如聚光
教令觀佛次華作礼供養若言我見无量諸
佛行列我持衆華次第羅散供養諸佛悉令
周遍是二十四事
教令觀此所供養華若言我見華落者在
於佛邊便成華帳行伍次弟嚴好微妙悉皆
如是如是一切諸佛悉在帳中坐其床上是廿
五事
教觀華帳若言我見華帳漸漸高出踊在空
中合成一蓋覆一切佛是廿六事
教觀自身若言我見自身廣大喻如聚光

BD14540 號　五門禪經要用法　（32–14）

五事
教觀華帳若言我見華帳漸漸高出踴在空
中合成一蓋覆一切佛是廿六事
教觀自身若言我見自身廣大喻如取光
教還觀佛次第作礼悉令周遍仰觀於蓋若
言我見上花蓋中有花臺下向七寶成中有
華下以手承取教散諸方供養諸佛悉令周
遍廿七事
教向佛作礼求願已用教令至心在於佛邊
坐若言我坐須臾頂見地自然踴出七寶臺
色妙香好便取供養一切諸佛廿八事
教自觀身極令明教令明教令於佛邊坐觀
所供養華若言我見此華在佛足下便成流
離之坐次第行伍佛坐上中間道陌悉皆上
寶所成端直无比廿九事
教自觀身若言我見身中更有小身兩重而
現內見外明淨教還觀佛若言我見一切諸
佛来入一佛身中而不迫迮三十事竟
觀佛事多略出三十事以教行者
初教慈心觀法先教懺悔淨身口意至心懇
惻發和懺願然後教坐便心自自觀已身若
言我身自身便觀他身若言我見衆生苦痛

BD14540號　五門禪經要用法　（32–15）

觀佛事多略出三十事以教行者
初教慈心觀法先教懺悔淨身口意至心懇
惻發和懺願然後教坐便心自自觀已身若
言我身自身便觀他身若言我見衆生苦痛
在前足下火燃成於火坑焚諸罪人身體膿
爛血流成池高聲大喚苦痛無量復見四方
有城圍遶是名初事
教發大願生憐愍心諦觀衆生若言我罪
見罪人為火所逼投膿血池池中膿血便摩
變為火坑燒諸罪人苦痛无量便共號哭
無寧息處二事
教令諦觀莫懷恐怖懺心救濟教令人人代
之乃至衆多若言我人人代已將著坑上令
得離見三事
教諦觀之若言我見諸城門中有无量人来
投火坑復受苦痛代之令出將至所安四事
教令諦觀若言我見諸門中人来不以受无
量苦我以慈心力便以自手捫摸此門門便
破盡四壁盡破五事
教以慈觀之若言我見諸治罪人心生憐愍
下淚如雨以手接取灑散火坑火尋滅盡六
事教更觀之見火已滅唯有膿血盛滿大坑

BD14540號　五門禪經要用法　（32–16）

破盡四壁盡破五事
教以慈觀之若言我見諸治罪人心生憐愍
下淚如雨以手接取灑散火坑火尋滅盡六
事教更觀之見火已滅唯有膿血盛滿大坑
自身出水以着池中池血消盡其水澄清七
事教令諦觀若言我見池中生大華樹衆
生見此樹便來取之教令飲之洗浴令身清
淨八事教自上華臺上若言我上華臺已見
下衆生復欲得上即挽上之着葉中其華便
小不相容受我以手摩令華廣大得相容受
九事教自觀身明淨已若言我并見諸罪人飢餓
須食生憐愍心即於身邊便有飲食我便與
之悉令飽足使得休息諸人皆言離苦得樂
十事教令諦觀華臺增長有數重出我便
尋上至第二重身安坐已便喚下人悉上華臺
快得安住我生悲心於是華上所須之物飲
食充飽我以慈心即為說法汝由宿世作毒
火燒人家種種惡業令受此報汝可懺悔滅
除宿罪十一事
教生善心復登華臺若言我已下重諸人亦
上所復與之令无所乏復為說法天上聞五

BD14540號　五門禪經要用法　（32–17）

除宿罪十一事
教生善心復登華臺若言我已下重諸人亦
上所復與之令无所乏復為說法天上聞五
道報應令心開解十二事
教尋華上我若言我已於華上為下重諸人
須欲得上我悉上之復生喜心觀此華中便
有自然金銀珍寶衣裳飲食所須之物悉給
與之天諸伎樂自然而至隨意所欲受快樂
已便為說法汝等善心始生果報尋至封受
此果報十三事
教增喜心乘華而上若言已上華臺頭在
下諸人心生歡喜尋後而上盡華頭復教觀
華若言我見華頭我見華頭生大甘菓香味
具足告諸人言樹上有菓可取食便如所言食
得充足皆言快樂十四事
教觀華中若言我見華中有七寶之臺自然
而出中有經卷名曰智慧我即宣令一切諸
人此中有經說三乘法汝可作礼生恭敬心
華香供養復欲聽法我便答言燒香散華
供養已訖復欲聽法我便答言我及衆會俱
清淨如何可聞法者令身心清淨即便受教

BD14540號　五門禪經要用法　（32–18）

華香供養復欲聽法我便答言燒香散華
供養已訖復欲聽法我便答言我及衆會俱
清淨如何可聞法者令身心清淨即便受教
我諸諸人悉令端坐閉目一心除諸亂想我亦
如是須臾之間身盡明淨心意泰然我即諸
之今當為汝說此妙法至心聽受即便受教
我爲說法令得聞法既聞法已於上空中有
自然光明照此華臺一切諸人便於四方悉
令明淨此諸人等觀見光喜身輕踊躍尋光
而去十五事
教諦觀身若言我自見身光出遠身四邊其
明轉盛便自以手推此光明遠至四方有无
量人尋光來至我以慈心便給所須令得充
足无所乏少便為說法令得信解歡喜受行
須臾之項便踊身空中徘徊而去十六事
教諦觀華臺若言我見華臺所有悉已去都
不得見四向清淨於此事中境界亦多略出
所有耳
續教作慈心觀先教以慈心自觀已身見已
了了便教觀苦痛衆生若言我見四山之中
有大地獄罪人滿中受大苦痛須臾之項忽
然便有鐵蓋覆諸罪人令不得見初事

BD14540號　五門禪經要用法　（32–19）

續教作慈心觀先教以慈心自觀已身見已
了了便教觀苦痛衆生若言我見四山之中
有大地獄罪人滿中受大苦痛須臾之項忽
然便有鐵蓋覆諸罪人令不得現初事
教以慈心發大誓願我當救濟无量苦惱衆
生令得解脫即起慈心坐鐵蓋上破此鐵蓋
若言我以此手破碎鐵蓋漸令破盡便下向
觀見諸罪人受大苦痛有重鐵輪在人頭
上或在身中或在足下或大或小膿血流出苦
痛无量高聲大哭不可堪忍復見无量治罪
之具治諸罪人苦痛无量不可具說二事
復教發誓願益增悲心觀之若言我見此罪
人心生憐愍淚下如雨諸人小得休息三事
教脩慈心代諸罪人將着高處便得休息須
臾之間人人如是四事
教更觀之若言我見地獄四邊高壟起中有
膿血池池中四處忽然火起燒諸罪人苦痛
難忍號哭稱怨若言我見此事生憐愍心即
於身邊手出清水四向灑之令火漸滅小得
休息五事
教令更觀若言我見山間有无量人來入地
獄中受諸苦痛不可稱計我見此已心生憐

BD14540號　五門禪經要用法　（32–20）

於身邊手出清水四向灑之令火漸滅小得
休息五事
教令更觀若言我見山間有无量人來入地
獄中受諸苦痛不可稱計我見此已心生憐
愍便於池處立抵代諸罪人將著機上令得
休息人如是六事
教諦觀之若言我見諸山間人來不絕受苦
不斷我以慈心力摩滅此山以為平地七事
教以慈心於此池上空中而坐身出少水著
於池中若言我於空中坐已下水著池中池
中膿血四向出去其池澄清須臾之頃於池
四面便有火起燒此膿血悉已都盡八事
教以悲心於池上坐四向諦觀若言我見鑊
輪毒害之具來至我坐下成大臺諸罪人
等各至四方安隱之處我在臺上見下火起燒
臺燃盡火四向去燒諸四方所到皆盡　九
事
教觀池中若言我見池中泉水廣大乃滿
方无邊際中生蓮華漸漸廣大覆此池上教
在華中便四向觀見池四邊有無量人欲來
赴我我教洗浴令身清淨身清淨已於花華
間便開少分於下水上住於道陌間令諸人

BD14540號　五門禪經要用法　（32–21）

在華中便四向觀見池四邊有無量人欲來
赴我我教洗浴令身清淨身清淨已於花華
間便開少分於下水上住於道陌間令諸人
等悉上花臺十事
教觀池四邊若言我言池四邊便有樓閣自
然而出舉華相接令諸人等趣此樓上快得
休息各各自言雖得樂既心息已便稟飲食
无以與之於十指頭出而華為乳諸人等
悉令足飽是十一事
教令觀華臺中若言我見華臺中更有臺出
及四方樓俱更有重廣大如前我尋上到已
於華葉間便開少分設諸梯橙上諸人等復
著臺上四向趣樓隨來處東向三方亦爾復
加悲心觀此華中復有自然所須之物與四
方人令其充足便為說法是身為苦无宰強
者皆由宿世犯五逆罪行惡所致受此苦痛
令可懺悔尋如所言即便懺悔是十二事
教觀華臺若言我華臺中更出重樓閣我便
尋上到已復作梯橙諸人上已各各上樓休
息已我於華上便取飲食衣服所須之物四
向與之令无所少便為說法无量利益便生

BD14540號　五門禪經要用法　（32–22）

教觀華臺若言我華臺中更出重樓閣我便
尋上到已復作梯橙諸人上已各各上樓休
息已我於華上便取飲食衣服所須之物四
向與之令无所少便爲說法无量利益便生
信心受持齋戒悉令奉行十三事
教令更觀華臺樓閣若言我見華臺樓閣
如前生微妙勝前我與諸人等如前尋上重邑
各共上樓與諸人等便得充足令无所乏復
爲說法即便受教悉得利益十四事
教喜生心諦觀華中若言我華臺中樓閣如
前生重我與諸人悉共上已我坐華上心歡
喜須臾之頃見華臺樓皆作金色七寶合成
於上便有无量寶藏衣服飲食微細柔軟瑩
伎樂器隨意所欲得充足已復爲說法皆悉
受行十五事
教更觀華臺中若言我已見華臺中有樹踊
出高樓六丈枝葉茂盛生香美菓自上樹頭
便下向觀見下樹閣從下破落至五重諸人
惶怖各言苦哉便尋花上在諸花中十六事
教生憐慈救濟諸人若言於花葉中物諸人
等上著花以頭便甘菓悉給與之令无所乏
便爲說法教修禪定滅諸惡身心得清淨踊

BD14540號　五門禪經要用法　（32–23）

惶怖各言苦哉便尋花上在諸花中十六事
教生憐慈救濟諸人若言於花葉中物諸人
等上著花以頭便甘菓悉給與之令无所乏
便爲說法教修禪定滅諸惡身心得清淨踊
踊无量飛行盡空隨意而去十七事
教在華上四方遠觀若言我見四方有光明
雲蓋求趣我身於時我身復有光出與外相
接我以手摩令廣大十八事
教即尋光從東方始若言我尋光東行極遠
於此光中見无量人光中而來趣華所如是
尋去到光住處乃即還來花教次第行伍給
與衣食所須之物令得充足便爲說法隨意
所應歡喜受行身輕踊躍飛騰空中隨意而
去南西北方亦如是十九事
教觀身令廣大滿於空中極明淨復明見四
方无量人來集身邊我以慈心令入我身中
入我身中已安心須臾之頃有自然所須之
物隨意應施與諸人等令无所乏各得充足
快樂安隱便爲說法无量利益令得開解隨
意而去二十事
如是等事撼多略受法者說此事耳形疾有

BD14540號　五門禪經要用法　（32–24）

林隨貴應於此諸人等令无所令名得无是
快樂安隱便為說法无量利益令得開解隨
意而去二十事
如是等事總多略受法者說此事耳若疾有
三品風寒熱病為輕微心有三病患體動有
劫數受諸苦惱唯佛良醫授以法藥能受
行者除生死病令心决定專心不亂如人見賊
安心定意牢自莊嚴賊自退散亂心惡賊亦
復如是如是言曰血肉雖盡但皮筋骨在不
捨精進如人燒身但欲救火更无餘計出煩
惱苦亦復如是當忍五事苦患飢渴寒熱瞋
恨等當避憒閙樂在靜處所以者何衆閙亂
守如入剌林
四无量觀法求佛道者當行四无量心其心无
量故功德亦无量於一切衆生中凡有三品一
者父母親理善知識等二者怨賊惡人常
欲惱害三者中人不親不怨行者於此三
品人中慈心觀之當如親理老者如父少者
如子當應修習如是慈心人之為悲以有惡
緣惡緣盡還成親親怨无定何以故令世是
怨後世成親息恚之惡失大利失慈心者鄣
礙佛道是故應於息增怨賊應視之如其親

BD14540號　五門禪經要用法　（32–25）

如子當應修習如是慈心人之為悲以有惡
緣惡緣盡還成親親怨无定何以故令世是
怨後世成親息恚之惡失大利失慈心者鄣
礙佛道是故應於息增怨賊應視之如其親
理所以者何由是怨賊令我得佛若使怨賊
無惡於我忍從何生是則為我善知識令我
得忍辱波羅蜜於怨賊之中得慈心已於十
方衆生慈心愛念普遍一切蝖蜚蠕動皆无
安者而起悲心世若見衆生得令世樂得生
天樂賢聖道樂而起喜心不見衆生有苦樂
事不憂不喜以慧自御雖緣衆生而起捨心
是名四无量心於十方衆生慈遍滿故名為
无量行者應當修習是心或時有瞋恚心起
如馳如亦在於身上即應急除若心馳散入
於五欲及為五蓋所覆當習慧精進之力
攝持令還修習慈心常念衆生令得佛樂習
之不息便得離五欲除五蓋入初禪相者喜樂
遍身諸善法中生歡喜樂見十方種種微妙之
色是名入佛道初門禪定福德因緣得上四
无量心已於一切衆生忍辱不瞋是名衆生
忍得衆生忍已易得法忍得法忍者所謂諸
法不生不滅畢竟空相能信受得法忍者是

BD14540號　五門禪經要用法　（32–26）

色是名入佛道初門禪定福德因緣得上四
无量心已於一切衆生忍辱不瞋是名衆生
忍得衆生忍已易得法忍得法忍者所謂諸
法不生不滅畢竟空相能信受是法忍者是
名无生忍得阿耨多羅三藐三菩提記欲得
佛道者應當如是修習求初禪先習如是諸
觀或觀不淨或觀因緣或念佛三昧或安般
後得入諸定求佛道者先習四无量心得入
初禪則易若利根人直求初禪者觀於五欲
種種患猶如大坑亦如廁屋念初禪地如清
涼也棄觀并五蓋則除便得初禪如後利
仙人初覺禪時道見死膖脹爛臭心諦觀之
自見其身如彼不異靜處專念便得初禪佛
在恒水邊坐禪有實聞比丘問佛云何得道
佛言他物莫取便能法空即得道迹世間人
自恃无所得而問於佛佛取恒水中小石以
君意持淨水洗比丘如教佛問恒水多滌瓶
水多答言恒水不可為比佛言不以指洗用
水雖多无益也行者當懃精進用智定指
洗除心垢若不如是不能離苦也
不淨觀法貪瞋癡是衆病之本愛身著欲則
生瞋恚顛倒所惑即是愚癡所覆故也於內外

BD14540 號　五門禪經要用法 （32–27）

水雖多无益也行者當懃精進用智定指
洗除心垢若不如是不能離苦也
不淨觀法貪瞋癡是衆病之本愛身著欲則
生瞋恚顛倒所惑即是愚癡所覆故也於內外
身愛著淨相習之來久深著難遣欲離貪
欲當觀不淨由外起雖尒猶可制之如人
破竹初節難破既制貪欲餘二自息不淨觀
者當觀此身生不淨處在胞胎中從不淨
出薄皮覆之內純不淨狀四大變為飲食充
實其內自觀察從頭至足薄皮裹之內无一淨
者腦膜涕唾膿血屎尿略說則有卅六物廣
則无量猶如農夫開倉善分別麻麦粟豆
行者深觀見此身倉種種惡露卅六物如實
分別內身如此當知外身亦不異此恐心住相
者身躰棄濡心神快樂心恐不住當自責心
安從无數劫來隨汝故經歷三塗受无窮
苦從今日去我當伏汝汝且隨我還攝其心
令得成就若慾其身者當觀白骨亦可入初
禪行者志求大乘若命終隨意所欲生諸佛
前若不尒者必至兜率天得見弥勒定无有
疑也
初禪過[illegible]觀[illegible]求二禪過患[illegible]有

BD14540 號　五門禪經要用法 （32–28）

禪行者志求大乘若命終隨意所欲生諸佛
前若不尒者必至兜率天得見彌勒定无有
疑也
初禪過患內覺觀外有火災二禪過患內有
喜樂外有水災三禪過患內有喘息外有風
災四禪地中過患都盡三災不及
廿五有 四天下 六欲天 四惡道 四禪地
大梵天 无色界
第四禪地有五阿那含天 合廿五有

五門禪經要用法卷一

志全校

BD14540號 五門禪經要用法 （32–29）

此敦煌千佛洞唐經殘本自
光緒乙巳年石室洞開人粗得恣
意攫取洞內石案上堆積無算

BD14540號 五門禪經要用法 （32–30）

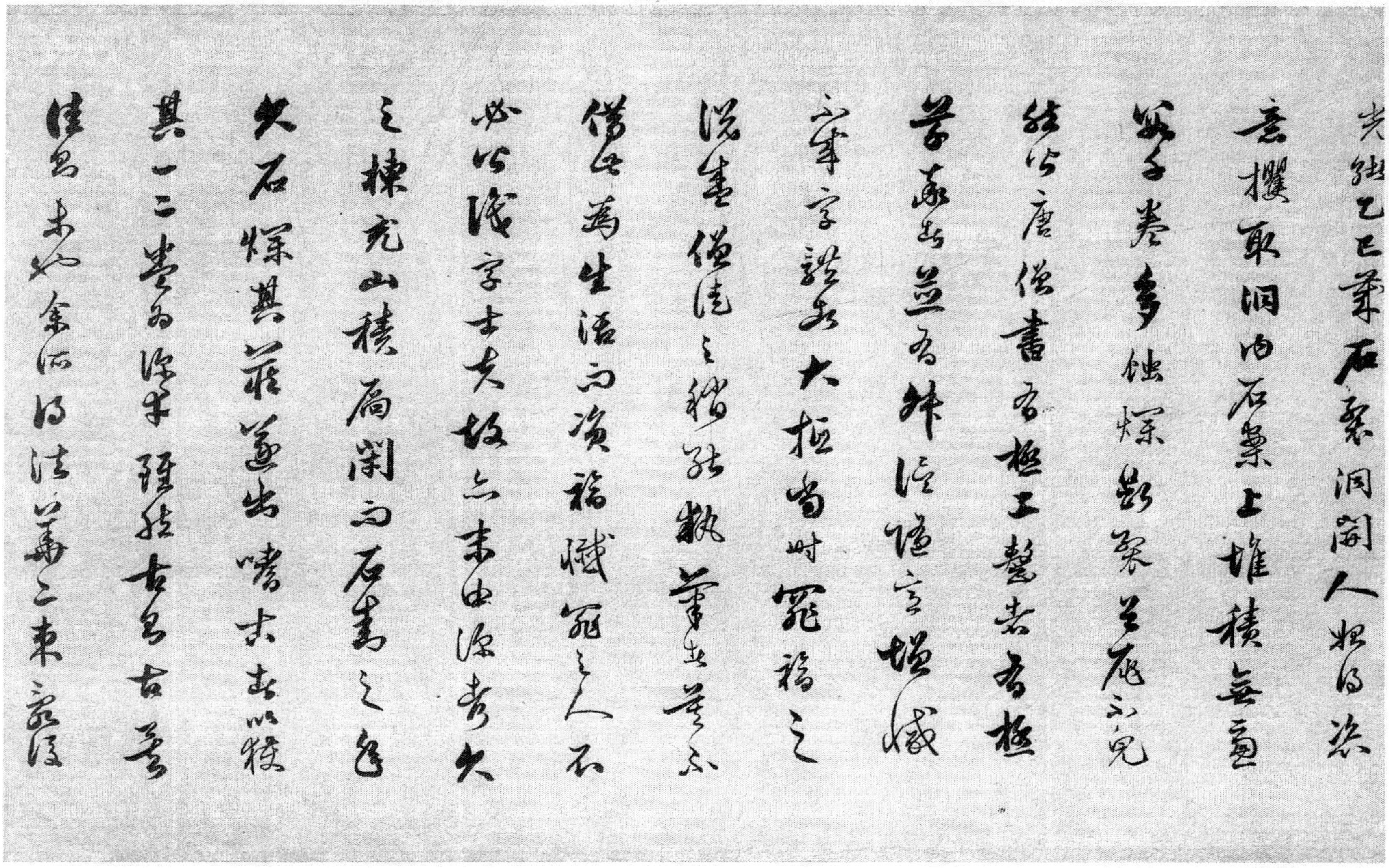

BD14540號　五門禪經要用法　（32–31）

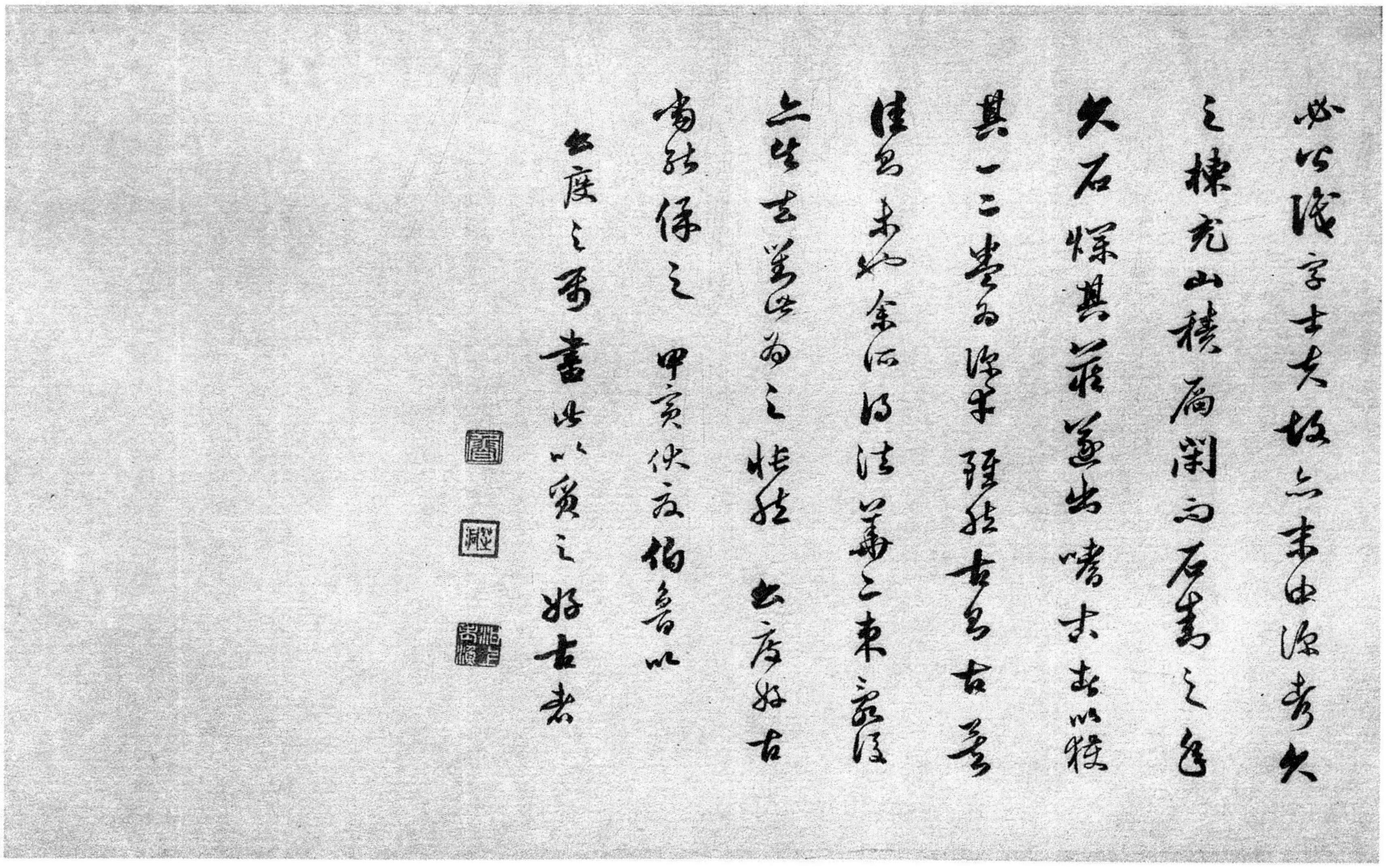

BD14540號　五門禪經要用法　（32–32）

BD14541 號　四分比丘尼戒本　（30–1）

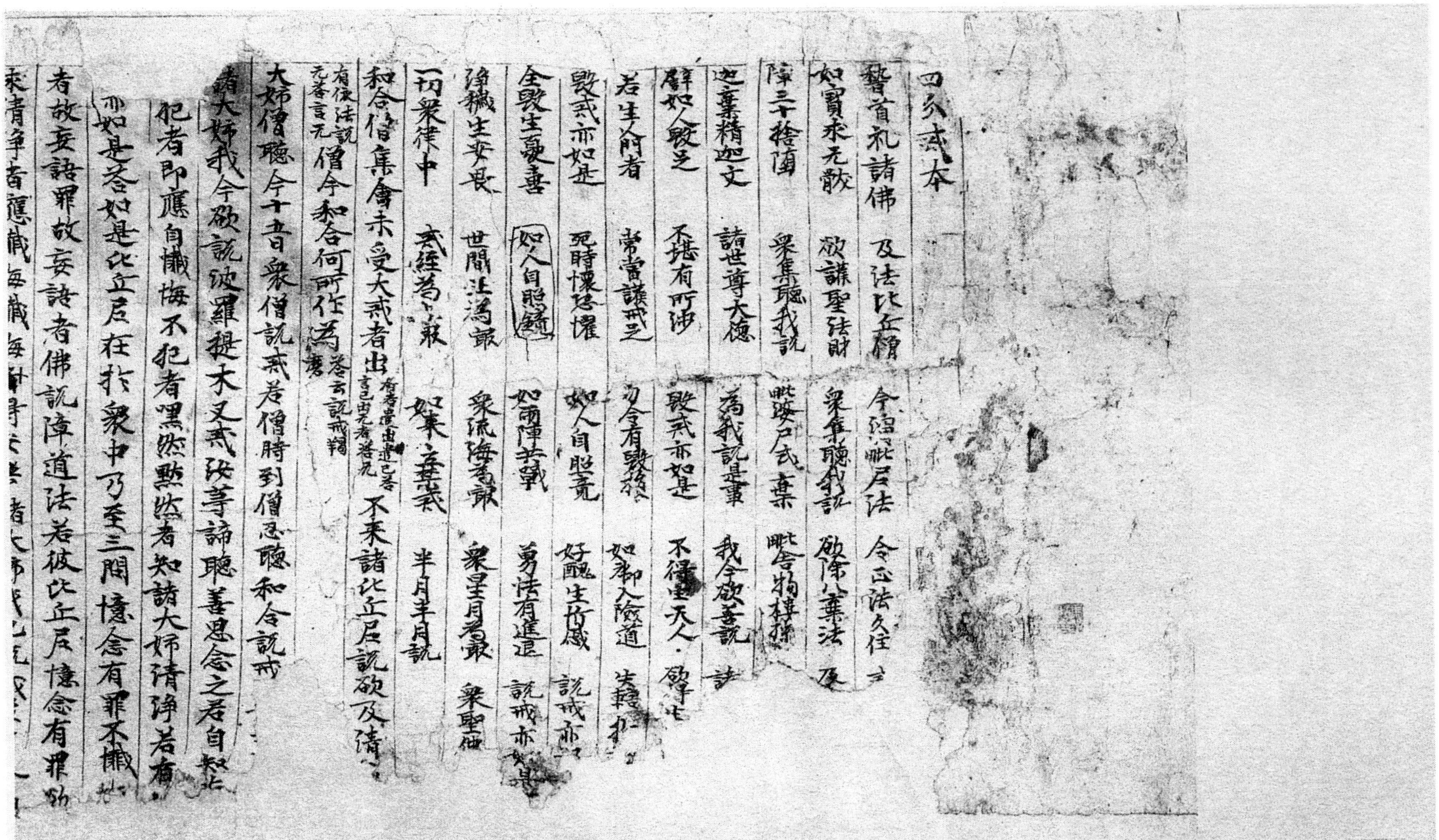

四分戒本
稽首禮諸佛　及法比丘僧　今演毗尼法　令正法久住
如寶求无厭　欲護聖法財　衆集聽我說　欲除八棄法　及
障三十捨墮　衆集聽我說　毗婆尸式棄　毗舍拘樓孫
迦葉釋迦文　諸世尊大德　為我說是事　我今欲善說　諸
譬如人毀足　不堪有所涉　毀戒亦如是　不得生天人　欲
若生人間者　常當護戒足　勿令有毀損　如御入險道　失轄折
毀戒亦如是　死時懷恐懼　如人自照鏡　好醜生欣戚　說戒亦如
全毀生憂喜　如人自照鏡　如兩陣共戰　勇怯有進退　說戒亦如是
淨穢生安畏　世間王為最　衆流海為最　衆星月為最　衆聖佛
一切衆律中　戒經為上最　如來立禁戒　半月半月說
和合僧集會未受大戒者出（有者處出遣已答言已出无者答无）不來諸比丘尼說欲及清淨
（有僧法說无答言无）僧今和合何所作為（答云說戒羯磨）
大姊僧聽今十五日衆僧說戒若僧時到僧忍聽和合說戒
諸大姊我今欲說波羅提木叉戒汝等諦聽善思念之若自知有
犯者即應自懺悔不犯者嘿然嘿然者知諸大姊清淨若有
他問亦如是答如是比丘尼在於衆中乃至三問憶念有罪不懺悔者
者故妄語罪故妄語者佛說障道法若彼比丘尼憶念有罪欲
求清淨者應懺悔懺悔得安樂

BD14541 號　四分比丘尼戒本　（30–2）

犯者即應自懺悔不犯者嘿然嘿然者知諸大姊清淨若有
如是荅如是比丘尼在於衆中乃至三問憶念有罪不懺
者故妄語罪故妄語者佛説障道法若彼比丘尼憶念有罪欲
求清淨者應懺悔懺悔得安樂諸大姊我已説戒經序今問
諸大姊是中清淨不三説　諸大姊是中清淨嘿然故是事如是持
諸大姊是八波羅夷法半月半月説戒經中來
若比丘尼作婬欲犯不淨行乃至共畜生是比丘尼波羅夷不共住
若比丘尼在聚落若空閑處不與懷盜心取隨所盜物若為王
若王大臣所捉若縛若殺若駈出國汝是賊汝癡汝无所知若
比丘尼作如是不與取是比丘尼波羅夷不共住
若比丘尼故自手斷人命若持刀授與人若歎死譽死勸死咄人
用此惡活為寧死不生作如是心念无數方便歎死譽死勸
是比丘尼波羅夷不共住
若比丘尼實无所知自歎譽言我得過人法入聖智勝法我知
是我見是彼於異時若問若不問欲求清淨故作如是言諸
大姊我實不知不見而言我知我見是虛誑妄語除增上慢是
比丘尼波羅夷不共住
若比丘尼染汙心共染汙心男子從掖已下膝已上身相觸若捉
摩若牽若推若上摩若下摩若舉若下若捉若捺是比丘尼
波羅夷不共住
若比丘尼染汙心知男子染心受捉手捉衣入屏處共立共語
行或身相倚或共期是比丘尼波羅夷不共住
若比丘尼知比丘尼犯波羅夷不自舉不語衆人不白大衆若
於異時彼比丘尼或命終或衆中舉或休道或入外道衆後
作是言我先知有如是如是罪是比丘尼波羅夷不共住覆重罪故
若比丘尼知比丘僧為作舉如法如律如佛所教不順從不懺
悔僧未與作共住而順從諸比丘尼語言大姊此比丘為僧所

BD14541 號　四分比丘尼戒本　（30–3）

若比丘尼知比丘尼犯波羅夷不自舉不語衆人不白大衆若
於異時彼比丘尼或命終或衆中舉或休道或入外道衆後
作是言我先知有如是如是罪是比丘尼波羅夷不共住覆重罪故
若比丘尼知比丘僧為作舉如法如律如佛所教不順從不懺
悔僧未與作共住而順從諸比丘尼語言大姊此比丘為僧所
舉如法如律如佛所教不順從不懺悔僧未與作共住汝莫
順從如是比丘尼諫彼比丘尼時堅持不捨彼比丘尼應乃
至第二第三諫令捨此事故若乃至三諫捨者善若不捨
者是比丘尼波羅夷不共住犯隨舉故
諸大姊我已説八波羅夷法若比丘尼犯一一波羅夷法不得
與諸比丘尼共住如前後亦如是比丘尼得波羅夷罪不應共
住今問諸大姊是中清淨不三説
諸大姊是中清淨嘿然故是事如是持
諸大姊是十七僧伽婆尸沙法半月半月説戒經中來
若比丘尼媒嫁持男語語女持女語語男若為婦事若為
私通乃至須臾頃是比丘尼犯初法應捨僧伽婆尸沙
若比丘尼瞋恚不喜以无根波羅夷法謗欲破彼清淨行彼
於異時若問若不問知是事无根説我瞋恚故作如是語是比丘
尼犯初法應捨僧伽婆尸沙
若比丘尼瞋恚不喜於異分事中取片非波羅夷比丘尼以无
根波羅夷法謗欲壞彼人梵行後於異時若問若不問知是異
分事中取片彼比丘尼住瞋恚法故作如是説是比丘尼犯初法應
捨僧伽婆尸沙
若比丘尼詣官言人若居士居士兒若奴若客作人若晝若夜
若一念頃若彈指頃若須臾頃是比丘尼犯初法應捨僧伽婆尸
沙
若比丘尼先知是賊女罪應死多人所知不問王大臣不問種

BD14541 號　四分比丘尼戒本　（30–4）

若比丘尼詣官言人若居士居士兒若奴若客作人若晝若夜
若一念頃若彈指頃若須臾頃是比丘尼犯初法應捨僧伽尸
沙
若比丘尼先知是賊女罪應死多人所知不問王大臣不問種姓
便度出家受具足戒是比丘尼犯初法應捨僧伽婆尸沙
若比丘尼知比丘尼為僧所舉如法如律如佛所教不順從未
懺悔僧未与作共住羯磨為愛故不問僧僧不約勑出界外
作羯磨与解罪是比丘尼犯初法應捨僧伽婆尸沙
若比丘尼獨渡水獨入村獨宿獨在後行是比丘尼犯初法應
捨僧伽婆尸沙
若比丘尼染汙心知染汙心男子從彼受可食者及食并餘物是
比丘尼犯初法應捨僧伽婆尸沙
若比丘尼教比丘尼作如是語大姊彼有染汙心无染汙心能那汝
何汝自无染汙心於彼若得食以時清淨受取此比丘尼犯初法
應捨僧伽尸沙
若比丘尼破壞和合僧方便受破僧法堅持不捨是比丘尼應
應比丘尼應諫彼比丘尼言大姊汝莫壞和合僧莫方便壞和
合僧莫受破僧法堅持不捨大姊應與僧和合與僧和合歡
喜不諍同一師學如水乳合於佛法中有增益安樂住是比丘尼
諫彼比丘尼時堅持不捨是比丘尼應三諫捨此事故乃至三諫
捨者善不捨者是比丘尼犯三法應捨僧伽婆尸沙
若比丘尼有餘比丘尼群黨若一若二若三乃至无乃數彼比丘尼
語是比丘尼言大姊汝莫諫此比丘尼此比丘尼是法語比丘尼律
語比丘尼此比丘尼所說我等心憙樂此比丘尼所說我等忍
可是比丘尼語彼比丘尼言大姊莫作是說言此比丘尼是法語
比丘尼律語比丘尼此比丘尼所說我等憙樂此比丘尼所說我

BD14541號　四分比丘尼戒本

(30–5)

若比丘尼有餘比丘尼群黨若一若二若三乃至无數彼比丘尼
語是比丘尼言大姊汝莫諫此比丘尼此比丘尼是法語比丘尼律
語比丘尼此比丘尼所說我等心憙樂此比丘尼所說我等忍
可是比丘尼語彼比丘尼言大姊莫作是說言此比丘尼是法語
比丘尼律語比丘尼此比丘尼所說我等憙樂此比丘尼所說我
等忍可何以故此比丘尼所說非法語非律語大姊莫欲破壞
和合僧當樂欲和合僧大姊與僧和合歡喜不諍同一師學
如水乳合於佛法中有增益安樂住是比丘尼諫彼比丘尼
堅持不捨是比丘尼應三諫捨此事故乃至三諫捨者善不
捨者是比丘尼犯三法應捨僧伽婆尸沙
若比丘尼依城邑若村落住汙他家行惡行行惡行亦見亦聞
汙他家亦見亦聞是比丘尼諫彼比丘尼言大
姊汝汙他家行惡行行惡行亦見亦聞汙他家亦見亦聞大姊
汙汝他家行惡行今可遠此村落去不須住此彼比丘尼諫此
比丘尼作是言大姊諸比丘尼有愛有恚有怖有癡有如是
同罪比丘尼有駈者有不駈者是諸比丘尼語彼比丘尼言大姊莫
作是語有愛有恚有怖有癡亦莫鬲言有如是同罪比丘尼
有駈者有不駈者何以故而諸比丘尼不愛不恚不怖不癡有如是
同比丘尼有駈者有不駈者大姊汙他家行惡行行惡行亦見
亦聞汙他亦聞是比丘尼諫彼比丘尼時堅持不捨見比丘尼應三
諫捨此事故乃至三諫捨者善不捨者是比丘尼犯三法應捨
僧伽尸沙
若比丘尼惡性不受人語於戒法中諸比丘尼如法諫已自身不
受諫語言大姊汝莫向我說若好若惡諸大姊且止莫諫我
是比丘尼當諫彼比丘尼言大姊汝莫自身不諫語大姊自身當
受諫語如法諫諸比丘尼諸比丘尼亦當如法諫大姊如是佛弟
子眾得增益展轉相諫展轉相教展轉懺悔是比丘尼如是
諫時堅持不捨是比丘尼應三諫捨此事故乃至三諫捨者善

BD14541號　四分比丘尼戒本

(30–6)

受諫語言大姊汝莫向我說若好若惡諸大姊且止莫諫我
是比丘尼當諫彼比丘尼言大姊汝莫自身不受諫語大姊自身當
受諫語如法諫諸比丘尼比丘尼亦當如法諫大姊如是佛弟
子衆得增益展轉相諫展轉相教展轉懺悔是比丘尼如是
諫時堅持不捨是比丘尼應三諫捨此事故乃至三諫捨者善不
捨者是比丘尼犯三法應捨僧伽婆尸沙
若比丘尼相親近住共作惡行惡聲流布展轉共相覆罪是比丘
尼當諫彼比丘尼言大姊汝等莫相親近共作惡行惡聲流布
共相覆罪汝等若不相親近於法中得增益安樂住是比丘尼
諫彼比丘尼時堅持不捨是比丘尼應三諫捨此事故乃至三諫者
善不捨者是比丘尼犯三法應捨僧伽婆尸沙
若比丘尼比丘尼僧為作呵諫時餘比丘尼教作如是言汝等莫別
住當共住我亦見餘比丘尼不別住共作惡行惡聲流布共相覆罪
僧以恚故教汝別住是比丘尼應諫彼比丘尼言大姊汝莫教餘比丘尼
言汝等莫別住我亦見餘比丘尼共住共作惡行惡聲流布共相
覆罪僧以恚故教汝別住今正有此三比丘尼共住共作惡行惡聲
流布共相覆罪更无有餘若與比丘尼別住於佛法中有增益安
樂住是比丘尼諫彼比丘尼時堅持不捨是比丘尼應三諫令捨此
事故乃至三諫捨者善不捨者是比丘尼犯三法應捨僧伽婆尸沙
若比丘尼趣以一小事瞋恚不喜便作是語我捨佛捨法捨僧不獨
有此沙門釋子亦更有餘沙門婆羅門修梵行者我等亦可於彼
修梵行是比丘尼當諫彼比丘尼言大姊汝莫趣以一小事瞋恚不喜便
作是語我捨佛捨法捨僧不獨有此沙門釋子亦更有沙門婆
羅門修梵行者我等亦可於彼修梵行若是比丘尼諫彼比丘尼時
堅持不捨彼比丘尼應三諫捨此事故乃至三諫捨者善不捨
者是比丘尼犯三法應捨僧伽婆尸沙
若比丘尼喜鬪諍不善憶持諍事後瞋恚作是語僧有愛有恚

BD14541 號　四分比丘尼戒本

(30–7)

羅門修梵行者我等亦可於彼修梵行若是比丘尼諫彼比丘尼時
堅持不捨彼比丘尼應三諫捨此事故乃至三諫捨者善不捨
者是比丘尼犯三法應捨僧伽婆尸沙
若比丘尼喜鬪諍不善憶持諍事後瞋恚作是語僧有愛有恚
有怖有癡是比丘尼應諫彼比丘尼言大姊汝莫喜鬪諍不善憶持
諍事後瞋恚作是語僧有愛有恚有怖有癡而僧不愛不恚
不怖不癡汝自有愛有恚有怖有癡是比丘尼諫彼比丘尼時
堅持不捨彼比丘尼應三諫捨此事故乃至三諫捨者善不捨者是
比丘尼犯三法應捨僧伽婆尸沙
諸大姊我已說十七僧伽婆尸沙法九初犯罪八乃至三諫若比丘尼
犯一一法應半月二部僧中行摩那埵行摩那埵已餘有出罪應
二部四十人僧中出是比丘尼罪若少一人不滿四十衆出是比丘尼
罪是比丘尼罪不得除諸比丘尼亦可呵此是時今問諸大姊是中
清淨不（三說）
諸大姊是中清淨默然故是事如是持
諸大姊是三十尼薩耆波逸提法半月半月說戒經中來
若比丘尼衣已竟迦絺那衣已捨畜長衣經十日不淨施得畜若過
者尼薩耆波逸提
若比丘尼衣已竟迦絺那衣已捨五衣若離一一衣異處宿經
一宿除僧羯磨尼薩耆波逸提
若比丘尼衣已竟迦絺那衣已捨若得非時衣欲須便受受已
疾疾成衣若足者善若不足者得畜一月為足故若過畜者
尼薩耆波逸提
若比丘尼從非親里居士居士婦乞衣除餘時尼薩耆波逸提
餘時者若奪衣失衣燒衣漂衣是名時
若比丘尼奪衣失衣燒衣漂衣若非親里居士若居士婦自

BD14541 號　四分比丘尼戒本

(30–8)

若比丘尼從非親里居士居士婦乞衣除餘時尼薩耆波逸提
餘時者若奪衣失衣燒衣漂衣是名時
若比丘尼奪衣失衣燒衣漂衣若非親里居士若居士婦自
恣請多與衣是比丘尼當知足受
衣若過受尼薩耆波逸提
若比丘尼居士居士婦為比丘尼辦衣價具如是衣價與某甲
比丘尼是比丘尼先不受自恣請到居士家作如是說善哉居士
為我辦如是如是衣價與我為好故若得者衣尼薩耆波逸提
若比丘尼二居士居士婦與比丘尼辦衣價我當辦如是衣價與
某甲比丘尼是比丘尼先不受自恣請到二居士家作如是言善
哉居士辦如是如是衣價與我共作一衣為好故若得衣者尼薩
耆波逸提
若比丘尼若王若大臣若婆羅門若居士居士婦遣使為比丘
尼送衣價持如是衣價與某甲比丘尼彼使至比丘尼所語言阿
姨為汝送衣價受取是比丘尼語彼使如是言我不應受此衣
價我若須衣合時清淨當受彼使語比丘尼言阿姨有執事
人不須衣比丘尼應言有若僧伽藍民若優婆塞此是比丘尼
執事人常為諸比丘尼所如是言阿姨所示某甲執事彼使至執
事人所與衣價已還到比丘尼所如是言阿姨所示某甲執事人我
已與衣價大姊知時往彼當得衣比丘尼若須衣者當往執事
人所二反三反語言我須衣若二反三反為作憶念得衣者善
若不得衣四反五反六反在前嘿然立令彼憶念若四反五反六
反在前嘿然住得衣者善若不得衣過是求得衣者尼薩耆
波逸提若不得衣隨彼使所来處若自往若遣使往語言汝先
遣使持衣使與某甲比丘尼是比丘尼竟不得衣汝還取莫使失
此是時

BD14541 號　四分比丘尼戒本　（30–9）

反在前嘿然住得衣者善若不得衣過是求得衣者尼薩耆
波逸提若不得衣隨彼使所来處若自往若遣使往語言汝先
遣使持衣使與某甲比丘尼是比丘尼竟不得衣汝還取莫使失
此是時
若比丘尼自取金銀若錢若教人取若口可受者尼薩耆
波逸提
若比丘尼種種買賣寶物者尼薩耆波逸提
若比丘尼種種販賣者尼薩耆波逸提
若比丘尼畜鉢減五綴不漏更求新鉢為好故尼薩耆波逸
提是比丘尼當持此鉢於尼衆中捨從次第貿至下坐以下坐
鉢與此比丘尼言妹持此鉢乃至破此是時
若比丘尼自求縷使非親里織師織作衣者尼薩耆波逸提
若比丘尼居士居士婦使織師為比丘尼織作衣彼比丘尼先
不受自恣請使往到彼所語織師言此衣為我織極好織
令廣長堅緻齊整好我當少多與汝價若比丘尼與價
乃至一食直得衣者尼薩耆波逸提
若比丘尼與比丘尼衣已後嗔恚若自奪若教人奪取還我
衣来不與汝是比丘尼應還衣彼取衣者尼薩耆波逸提
若比丘尼有諸病畜藥蘇油生蘇蜜石蜜得食殘宿乃至七
日得服若過七日服尼薩耆波逸提
若比丘尼十日未滿夏三月若有急施衣比丘尼知是急施
衣應受受已乃至衣時應畜若過畜者尼薩耆波逸提
若比丘尼知物向僧自求入己者尼薩耆波逸提
若比丘欲索是更索彼者尼薩耆波逸提
若比丘尼知檀越所為僧施異迴作餘用者尼薩耆波逸提
若比丘尼所為施物異自求為僧迴作餘用者尼薩耆波逸提
若比丘尼檀越所施物異迴作餘用者尼薩耆波逸提

BD14541 號　四分比丘尼戒本　（30–10）

若比丘尼知物向僧自求為己者尼薩耆波逸提
若比丘欲索是更索彼者尼薩耆波逸提
若比丘尼知檀越所為僧施異迴作餘用者尼薩耆波逸提
若比尼所為施物異自求為僧迴作餘用者尼薩耆波逸提
若比丘尼檀越所施物異迴作餘用者尼薩耆波逸提
若比丘尼檀越所為施物異自求為迴作餘用者尼薩耆波
逸提
若比丘畜長鉢者尼薩耆波逸提
若比丘尼多畜好色器者尼薩耆波逸提
若比丘尼許他比丘尼病衣後不與者尼薩耆波逸提
若比丘尼以非時衣受作時衣者尼薩耆波逸提
若比丘尼與比丘尼貿易衣後瞋恚還自奪取若使人奪 妹
還我衣來我不與汝衣屬汝我衣還我者尼薩耆波逸提
若比丘尼乞重衣齊價直四張疊過者尼薩耆波逸提
若比丘尼欲乞輕衣極重價直兩張半疊過者尼薩耆波逸提
諸大姊我已說三十尼薩耆波逸提法今問諸大姊是中清淨不
三說
諸大姊是中清淨默然故是事如是持
諸大姊是一百七十八波逸提法半月半月說戒經中來
若比丘尼故妄語者波逸提
若比丘尼毀呰語者波逸提
若比丘尼兩舌語者波逸提
若比丘尼與男子同室宿者波逸提
若比丘尼共未受大戒女人同一室宿若過三宿者波逸提
若比丘尼與未受具戒人共誦法者波逸提
若比丘尼知他有麁惡罪向未受大戒人說除僧羯磨波逸提
若比丘尼向未受大戒人說過人法言我知是我見是實者波逸
提

若比丘尼與未受具戒人共誦法者波逸提
若比丘尼知他有麁惡罪向未受大戒人說除僧羯磨波逸提
若比丘尼向未受大戒人說過人法言我知是我見是實者波逸
提
若比丘尼與男子說法過五六語除有知女人者波逸提
若比丘尼自掘地若教人掘波逸提
若比丘尼妄作異語惱他者波逸提
若比丘尼嫌罵他者波逸提
若比丘尼取僧繩床若木床若臥具坐褥露地自敷若教
人敷捨去不自舉不教人舉波逸提
若比丘尼於僧房中取僧臥具自敷若教人敷在中若坐若臥
從彼處捨去不自舉不教人舉者波逸提
若比丘尼知比丘尼先住處後來於中間敷臥具
止宿念言彼若嫌迮者自當避我去作如是因緣非餘非威儀
波逸提
若比丘尼瞋他比丘尼不喜眾僧房中自牽出若教人牽出者
波逸提
若比丘尼若在重閣上脫腳繩床若木床若坐若臥波逸提
若比丘尼知水有虫自用澆泥若草若教人澆者波逸提
若比丘尼作大房戶扉窗牖及餘莊飾具指授覆苫齊二
三節若過者波逸提
若比丘尼施一食處无病比丘尼應一食若過受者波逸提
若比丘尼別眾食除餘時波逸提餘時者病時作衣時施衣
時行道時船上時大會時沙門施食時此是時
若比丘尼至檀越家慇懃請與餅麨飯比丘尼欲須者當
二三鉢應受持至寺內分與餘比丘尼食若比丘尼无病過
三鉢受持至寺中不分與餘比丘尼食者波逸提

若比丘尼別衆食除餘時波逸提餘時者病時作衣時施衣
時行道時船上時大會時沙門施食時此是時
若比丘尼至檀越家慇懃請與餅麨飯比丘尼欲須者當
二三鉢應受持至寺内分與餘比丘尼食若比丘尼无病過
三鉢受持至寺中不分與餘比丘尼食者波逸提
若比丘尼非時噉食者波逸提
若比丘尼殘宿食噉者波逸提
若比丘尼不受食及藥著口中除水楊枝波逸提
若比丘尼先受請已若前食後食行詣餘家不囑餘比丘尼除
餘時波逸提餘時者病時作衣時施衣時此是時
若比丘尼食家中有寶強安坐者波逸提
若比丘尼食家中有寶在屏處坐者波逸提
若比丘尼獨與男子露地一處共坐者波逸提
若比丘尼語比丘尼如是語大姊共汝至聚落當與汝食彼比丘尼
竟不教與是比丘尼食如是言大姊去我與汝一處共坐共語不
樂我獨坐獨語樂以是因緣非餘方便遣去波逸提
若比丘尼請比丘尼四月與藥无病比丘尼病應受若過受
除常請更請分請盡形請波逸提
若比丘尼往觀軍陣除時因緣波逸提
若比丘尼有因緣至軍中二宿三宿過者波逸提
若比丘尼軍中住若二宿三宿或時觀軍陣闘戰若觀遊
軍象馬力勢者波逸提
若比丘尼飲酒者波逸提
若比丘尼水中戲者波逸提
若比丘尼以指相擊攊者波逸提
若比丘尼不受諫波逸提
若比丘尼恐怖他比丘尼者波逸提

BD14541 號　四分比丘尼戒本

（30–13）

若比丘尼飲酒者波逸提
若比丘尼水中戲者波逸提
若比丘尼以指相擊攊者波逸提
若比丘尼不受諫波逸提
若比丘尼恐怖他比丘尼者波逸提
若比丘尼半月洗浴无病比丘尼應受若過受除餘時波逸
提餘時者熱時病時作時風雨時遠行來時此是時
若比丘尼无病為炙身故露地然火若教人然除餘時
波逸提
若比丘尼藏他比丘尼若鉢若衣若坐具針筒自藏教人
藏下至戲笑者波逸提
若比丘尼淨施比丘尼式叉摩那沙彌沙彌尼衣後不問主
取著者波逸提
若比丘尼得新衣應作三種染壞色青黑木蘭新衣持者
波逸提
若比丘尼故斷畜生命者波逸提
若比丘尼知水有蟲飲者波逸提
若比丘尼故惱他比丘尼乃至少時不樂波逸提
若比丘尼知比丘尼有麁惡罪覆藏者波逸提
若比丘尼知僧諍事如法懺悔已後更發舉者波逸提
若比丘尼知是賊伴期一道行乃至一聚落波逸提
若比丘尼作如是語我知佛所說法行婬欲非障道法彼比丘
尼諫此比丘尼言大姊莫作是語莫謗世尊謗世尊者不善世尊
不作語世尊无數方便說婬欲是障道法犯婬者是障道法彼
比丘尼諫此比丘尼時堅持不捨彼比丘尼乃至三諫令捨是事
乃至三諫時捨者善不捨者波逸提
若比丘尼知如是語人未作法如是邪見而不捨若畜同一羯

BD14541 號　四分比丘尼戒本

（30–14）

作說如欲是障道法犯婬者是障道法彼
比丘尼諫此比丘尼時堅持不捨彼比丘尼乃至三諫令捨是事
乃至三諫時捨者善不捨者波逸提
若比丘尼知如是語人未作法如是邪見而不捨若畜同一羯
磨同一止宿波逸提
若比丘尼知沙弥尼作如是語我知佛所說法行婬欲非障道
法彼比丘尼諫此沙弥尼言汝莫作是語莫誹謗世尊誹謗世尊
不善世尊不作是語沙弥尼世尊无數方便說欲婬是障道法犯婬
欲者是障道法彼比丘尼諫此沙弥尼堅持不捨彼比丘尼應
乃至三呵諫捨此事故乃至三諫時若捨者善不捨者彼比丘尼
應語是沙弥尼言汝自今已去非佛弟子不得隨餘比丘尼行
如諸沙弥尼得與比丘尼二三宿汝今无是事汝去滅去不須此
中住若比丘尼知如是被擯沙弥尼若畜共同止宿者波逸提
若比丘尼如法諫時作如是語我今不學是戒乃至問有智
慧持律者當難問波逸提若為求解應當難問
若比丘尼說戒時作如是語大姊用是雜碎戒為說是戒時令人
惱愢懷疑輕毀戒故波逸提
若比丘尼說戒時作如是語大姊我今始知是戒半月半月說
戒經中來餘比丘尼知是比丘尼若二若三說戒中坐何況多彼
比丘尼无知无解若犯罪應如法治更重增无知法大姊汝无利
得不好說戒時不用心念不一心兩耳聽法彼无知故波逸提
若比丘尼共同羯磨已後作如是說諸比丘尼隨親厚以衆僧物
與者波逸提
若比丘尼僧斷事時不與欲而起去者波逸提
若比丘尼與欲竟後更呵者波逸提
若比丘尼比丘尼共鬪諍後聽此語已欲向彼說者波逸提
若比丘尼嗔恚故不喜打彼比丘尼者波逸提
若比丘尼嗔恚故不喜以手搏比丘尼者波逸提

若比丘尼僧斷事時不與欲而起去者波逸提
若比丘尼與欲竟後更呵者波逸提
若比丘尼比丘尼共鬪諍後聽此語已欲向彼說者波逸提
若比丘尼嗔恚故不喜打彼比丘尼者波逸提
若比丘尼嗔恚故不喜以手搏比丘尼者波逸提
若比丘尼嗔恚故不喜无根僧伽婆尸沙法謗者波逸提
若比丘尼剎利水澆頭王王未出未藏寶若入宮過閾者波
逸提
若比丘尼若寶及寶莊飾具自捉若教人捉除僧伽藍中
及寄宿處波逸提若僧伽藍中若寄宿處若寶若以寶
莊飾具自捉若教人捉若識者當取如是因緣非餘
若比丘尼非時入聚落又不囑比丘尼者波逸提
若比丘尼作繩床若木床足應高如來八指除入梐孔上若
截竟過者波逸提
若比丘尼持兜羅綿貯作繩床木床若臥具坐具波逸提
若比丘尼噉蒜者波逸提
若比丘尼剃三處毛者波逸提
若比丘尼以水作淨齊兩指各一節若過者波逸提
若比丘尼以胡膠作男根者波逸提
若比丘尼共相指者波逸提
若比丘无尼病時供給水以扇扇者波逸提
若比丘尼乞生穀者波逸提
若比丘尼在生草上大小便者波逸提
若比丘尼夜便大小便器中晝不看牆外棄者波逸提
若比丘尼往觀看伎樂者波逸提
若比丘尼入村內與男子在屏處共立共語者波逸提
若比丘尼與男子共入屏障處者波逸提

若比丘尼在生草上大小便者波逸提
若比丘尼夜便大小便器中晝不看牆外弃者波逸提
若比丘尼往觀看伎樂者波逸提
若比丘尼入村內與男子在屏處共立共語者波逸提
若比丘尼與男子共入屏障處者波逸提
若比丘尼入村內巷陌中遣伴遠去在屏處與男子共立耳語
者波逸提
若比丘尼入白衣家內坐不語主人捨去者波逸提
若比丘尼入白衣家內不語主人輒坐床者波逸提
若比丘尼入白衣家內不語主人輒自敷坐宿者波逸提
若比丘尼與男子共入闇室中者波逸提
若比丘尼不審諦受師語便向人說者波逸提
若比丘尼有小因緣事便呪詛三惡道不生佛法中若汝有如是事
隨三惡道不生佛法中若汝有如是事亦隨三惡道不生佛法中波逸
若比丘尼共鬪諍不善憶持諍事推胸啼哭者波逸提
若比丘尼无病二人共床卧者波逸提
若比丘尼共褥同一被卧除時者波逸提
若比丘尼知先住後至先住為惱故在前誦經問義教授者波逸提
若比丘尼同活比丘尼病不瞻視者波逸提
若比丘尼安居初聽餘比丘尼在房中安床後瞋恚駈出者
波逸提
若比丘尼春夏冬一切時人間遊行除餘因緣波逸提
若比丘尼夏安居訖不去者波逸提
若比丘尼邊界有疑恐怖處人間遊行者波逸提
若比丘尼於界內有疑恐怖處在人間遊行波逸提
若比丘尼親近居士居士兒共住住不隨順行餘比丘尼諫此比丘
尼言妹汝莫親近居士居士兒共住作不隨順行大姊可別住若

BD14541號　四分比丘尼戒本　（30–17）

若比丘尼邊界有疑恐怖處人間遊行者波逸提
若比丘尼於界內有疑恐怖處在人間遊行波逸提
若比丘尼親近居士居士兒共住住不隨順行餘比丘尼諫此比丘
尼言妹汝莫親近居士居士兒共住作不隨順行大姊可別住若
別住於佛法中有增益安樂住彼比丘尼諫此比丘尼時堅持不
捨彼比丘尼應三諫捨此事故乃至三諫捨此事者善不若捨
者波逸提
若比丘尼往觀王宮文飾畫堂園林浴池者波逸提
若比丘尼露身形在河水泉水流水池水中浴者波逸提
若比丘尼作浴衣應量作應量作者長佛六磔手廣二磔手
半若過者波逸提
若比丘尼縫僧伽梨過五日者波逸提
若比丘尼過五日不看僧伽梨波逸提
若比丘尼與眾僧衣作留難者波逸提
若比丘尼不問主便著他衣者波逸提
若比丘尼持沙門衣施與外道白衣者波逸提
若比丘尼作如是意眾僧如法分衣遮令不分恐弟子不得者波逸
若比丘尼作如是意令眾僧令不得出迦絺那衣後當出欲令五事
久得放捨者波逸提
若比丘尼作如是意令眾僧令不得出迦遮比丘尼僧不出迦絺
那衣欲令久得五事放捨者波逸提
若比丘尼餘比丘尼語言為我滅此諍事而不與作方便令滅者滅
波逸提
若比丘尼自手持食與白衣外道食者波逸提
若比丘尼為白衣作使者波逸提
若比丘尼自手紡縷者波逸提
若比丘尼入白衣舍內在小林大林上若坐若卧者波逸提

BD14541號　四分比丘尼戒本　（30–18）

若比丘尼自手持食與白衣入外道食者波逸提
若比丘尼為白衣作使者波逸提
若比丘尼自手紡縷者波逸提
若比丘尼入白衣舍內在小林大林上若坐若卧者波逸提
若比丘尼至白衣舍語主人敷座止宿明日不辭主人而去者
波逸提
若比丘尼自誦習世俗呪術者波逸提
若比丘尼教人誦習世俗呪術者波逸提
若比丘尼知女人任身度與受具足戒者波逸提
若比丘尼知婦女乳兒與受具足戒者波逸提
若比丘尼知年不滿二十與受具足戒者波逸提
若比丘尼年十八童女不與二歲學戒年滿二十便與受
具足戒者波逸提
若比丘尼年十八童女與二歲戒不與六法滿二十便與
與受具足戒者波逸提
若比丘尼年十八童女與二歲學戒與六法滿二十眾僧不
聽便與受具足戒者波逸提
若比丘尼度曾嫁婦女年十歲與二歲與戒年滿十二聽
與受具足戒若減十二與受具足戒者波逸提
若比丘尼度他小年曾嫁婦與二歲學戒年滿十二不白眾
僧便與受具足戒波逸提
若比丘尼知如是人與受具足戒者波逸提
若比丘尼多度弟子不教二歲學戒不以二法攝取者波逸提
若比丘尼不二歲隨和上尼者波逸提
若比丘尼僧不聽而授人具足戒者波逸提
若比丘尼年未滿十二歲授人具足戒者波逸提

若比丘尼多度弟子不教二歲學戒不以二法攝取者波逸提
若比丘尼不二歲隨和上尼者波逸提
若比丘尼僧不聽而授人具足戒者波逸提
若比丘尼年未滿十二歲授人具足戒者波逸提
若比丘尼年滿十二歲眾僧不聽便授人具足戒者波逸提
若比丘尼僧不聽授人具足戒便言眾僧有愛有恚有怖有癡
欲聽者便聽不欲聽者便不聽如是語者波逸提
若比丘尼父母夫主不聽與受具足戒者波逸提
若比丘尼知女人與童男男子相敬愛愁憂嗔恚女人度令
出家授具足戒者波逸提
若比丘尼語式叉摩那言汝妹捨是學是當與汝受具足戒
若不方便與受具足戒者波逸提
若比丘尼語式叉摩那言持衣來與我我當與汝受具足
戒而不方便與受具足戒波逸提
若比丘尼不滿一歲授人具足戒者波逸提
若比丘尼與人授具足戒已經宿方往比丘僧中與受具足戒
者波逸提
若比丘尼不病不往受教授者波逸提
若比丘尼半月應往比丘僧中求教授若不求者波逸提
若比丘尼僧夏安居竟應往比丘僧中說三事自恣見聞疑若
不往者波逸提
若比丘尼在无比丘處夏安居者波逸提
若比丘尼知有比丘僧伽藍不白而入者波逸提
若比丘尼罵比丘者波逸提
若比丘尼喜鬪諍不善憶持諍事後嗔恚不喜罵比丘尼
眾者波逸提
若比丘尼身生癰及種種瘡不白眾及餘人輒使男子
破若裹者波逸提

若比丘尼喜鬪諍不善憶持諍事後嗔恚不喜罵比丘尼
衆者波逸提
若比丘尼身生癰及種種瘡不白衆及餘人輙使男子
破若裹者波逸提
若比丘尼先受請若足食已後食飯麨乾飯魚及肉者波逸提
若比丘尼於家生嫉妬心者波逸提
若比丘尼以香塗摩身者波逸提
若比丘尼以胡麻滓塗摩身者波逸提
若比丘尼使比丘尼塗摩身者波逸提
若比丘尼使式叉摩那塗摩身者波逸提
若比丘尼使沙弥尼塗摩身者波逸提
若比丘尼使白衣婦女塗摩身者波逸提
若比丘尼著貯髁衣者波逸提
若比丘尼畜婦女莊嚴身具除時因緣波逸提
若比丘尼著革屣持蓋行除時因緣波逸提
若比丘尼无病乘行除時因緣波逸提
若比丘尼不著僧祇支入村者波逸提
若比丘尼向暮至白衣家先不被喚者波逸提
若比丘尼向暮開僧伽藍門不屬授餘比丘尼而出去者波逸提
若比丘尼日沒開僧伽藍門不屬授而出者波逸提
若比丘尼不前安居不後安居者波逸提
若比丘尼知女人常漏大小便涕唾常出者與受具足戒者波
逸提
若比丘尼知二形人與受具足戒者波逸提
若比丘尼知二道合者與受具足戒者波逸提
若比丘尼知有負債難者病難者與受具足戒波逸提
若比丘尼學世俗伎術以自活命者波逸提

BD14541 號　四分比丘尼戒本　（30–21）

若比丘尼知二形人與受具足戒者波逸提
若比丘尼知二道合者與受具足戒者波逸提
若比丘尼知有負債難者病難者與受具足戒波逸提
若比丘尼學世俗伎術以自活命者波逸提
若比丘尼以世俗伎術教授白衣者波逸提
若比丘被擯不去者波逸提
若比丘尼欲問比丘義先不求而問者波逸提
若比丘尼知先住後至後至先住欲惱彼故在前經行若立若坐
卧者波逸提
若比丘尼在有比丘僧伽藍內起塔者波逸提
若比丘尼見新受戒比丘應起迎逆恭敬禮拜問訊請與坐
不者除因緣波逸提
若比丘尼為好故搖身趨行者波逸提
若比丘作婦女莊嚴香塗摩身者波逸提
若比丘尼使外道女香塗身者波逸提
諸大姊我已說一百七十八波逸提法今問諸大姊是中清淨不
三說
諸大姊是中清淨嘿然故是事如是持
諸大姊是八波羅提舍尼法半月半月說戒經中來
若比丘尼无病乞穌而食者犯應懺悔可呵法應向餘比丘尼
說言大姊我犯可呵法所不應為我今向大姊懺悔是名悔過法
若比丘尼不病乞油而食者犯應懺悔可呵法應向餘比丘尼
說言大姊我犯可呵法所不應為我今向大姊懺悔是名悔
過法
若比丘尼不病乞蜜食者犯應懺悔可呵法應向餘比丘尼說
言大姊我犯可呵法所不應為我今向大姊懺是法名悔過法

BD14541 號　四分比丘尼戒本　（30–22）

說言大姊我犯可呵法所不應為我今向大姊懺悔是名悔
過法
若比丘尼不病乞蜜食者犯應懺悔可呵法應向餘比丘尼說
言大姊我犯可呵法所不應為我今向大姊懺是法名悔過法
若比丘尼不病乞黑石蜜食者犯應悔懺可呵法應向餘比丘
尼說言大姊我犯可呵法所不應為我今向大姊懺悔是名
悔過法
若比丘尼不病乞乳而食者犯應懺悔可呵法應向餘比丘尼說
言大姊我犯可呵法所不應為我今向大姊懺悔是名悔過法
若比丘尼不病乞酪而食者犯應懺悔可呵法應向餘比丘尼說言
言大姊我犯可呵法所不應向餘比丘尼說言大姊我犯可呵法所不
應為我今向大姊懺悔是名悔過法
若比丘尼不病乞魚食者犯應懺悔可呵法應向餘比丘尼說言
大姊我犯可呵法所不應為我今向我姊懺悔是名悔過法
若比丘尼不病乞肉食者犯應懺悔可呵法應向餘比丘尼說言
大姊我犯可呵法所不應為我今向大姊懺悔是名悔過法
諸大姊我已說八波羅提提舍尼法今問諸大姊是中清淨不三說
諸大姊是中清淨嘿然故是事如是持
諸大姊是眾學戒法半月半月說戒經中來
當齊整著涅槃僧應當學　當齊整著三衣應當學
不得反抄衣入白衣舍應當學　不得反抄衣白入衣舍坐應當學
不得反抄衣入白衣舍坐應當學　不得衣纏頸入白衣舍應當學
不得衣纏頸入白衣舍坐應當學　不得覆頭入白衣舍應當學
不得覆頭入白衣舍坐應當學　不得跳行入白衣舍應當學
不得跳行入白衣舍坐應當學　不得衣舍內蹲坐應當學
不得叉腰行入白衣舍應當學　不得叉腰行入白衣舍坐應當學
不得搖身行入白衣舍應當學　不得搖身行入白衣舍坐應當學

BD14541 號　四分比丘尼戒本

（30–23）

不得衣纏頸入白衣舍坐應當學　不得覆頭入白衣舍應當學
不得覆頭入白衣舍坐應當學　不得跳行入白衣舍應當學
不得跳行入白衣舍坐應當學　不得衣舍內蹲坐應當學
不得叉腰行入白衣舍應當學　不得叉腰行入白衣舍坐應當學
不得搖身行入白衣舍應當學　不得搖身行入白衣舍坐應當學
不得掉臂行入白衣舍應當學　不行掉臂行入白衣舍坐應當學
好覆身入白衣舍應當學　好覆身入白衣舍坐應當學
不得左右顧視行入白衣舍應當學　不得左右顧視行入白衣舍坐應學當
靜嘿入白衣舍應當學　靜嘿入衣白舍坐應當學
不得戲笑行入白衣舍應當學　不得戲笑行入白衣舍坐應當學
用意受食應當學　平鉢受食應當學
平鉢受羹應當學　羹飯等食應當學
以次食應當學　不得挑鉢中而食應當學
若比丘尼无病不得自為己索羹飯應當學
不得以飯覆羹更望得應當學
不得視比坐鉢中食應當學
當繫鉢想食應當學
不得大摶飯食應當學
不得大張口飯食應當學
不得含飯語應當學
不得摶飯擲口中應當學
不得遺落飯食應當學
不得頰食食應當學
不得嚼飯作聲食應當學
不得噏飯食應當學
不得舌舐食應當學
不得振手食應當學
不得手把散飯食應當學

BD14541 號　四分比丘尼戒本

（30–24）

不得噏飯食應當學
不得舌舐食應當學
不得振手食應當學
不得手把散飯食應當學
不得汙手捉食器應當學
不得洗鉢水棄白衣舍內應當學
不得生草菜上大小便涕唾除病應當學
不得淨水中大小便涕唾除病應當學
不得立大小便除病應當學
不得與反抄衣不恭敬人說法除病應當學
不得為衣纏頸者說法除病應當學
不得為覆頭者說法除病應當學
不得為裹頭者說法除病應當學
不得為叉腰者說法除病應當學
不得為著革屣者說法除病應當學
不得為著木屐者說法除病應當學
不得為騎乘者說法除病應當學
不得在佛塔中止宿除為守護故應當學
不得藏財物置佛塔中除為堅牢故應當學
不得著革屣入佛塔中應當學
不得手捉革屣入塔中應當學
不得著革屣繞佛塔行應當學
不得著富羅入佛塔中應當學
不得手捉富羅佛塔中應當學
不得塔下坐食留草及食汙地應當學
不得擔死屍從塔下過應當學
不得塔下埋死屍應當學
不得在塔下燒死屍應當學

BD14541 號　四分比丘尼戒本　（30–25）

不得手捉富羅佛塔中應當學
不得塔下坐食留草及食汙地應當學
不得擔死屍從塔下過應當學
不得塔下埋死屍應當學
不得在塔下燒死屍應當學
不得向塔燒死屍應當學
不得佛塔四邊燒死屍使臭氣來入應當學
不得持死人衣及牀從塔下過除浣染香熏應當學
不得佛塔下大小便應當學
不得向佛塔大小便應當學
不得繞佛塔四邊大小便使臭氣來入應當學
不得持佛像至大小便處應當學
不得在佛塔下嚼楊枝應當學
不得向佛塔嚼楊枝應當學
不得佛塔四邊嚼楊枝應當學
不得在佛塔下涕唾應當學
不得向佛塔涕唾應當學
不得佛塔四邊涕唾應當學
不得向塔舒脚坐應當學
不得安佛塔在下房己在上房住應當學
人坐己立不得為說法除病應當學
人臥己坐不得為說法除病應當學
人在坐己在非坐不得為說法除病應當學
人在高坐己在下坐不得為說法除病應當學
人在前行己在後行不得為說法除病應當學
人在高經行處己在下經行處不應為說法除病應當學
人在道己在非道不應為說法除病應當學
不得携手在道行應當學

BD14541 號　四分比丘尼戒本　（30–26）

人在高經行處已在下經行處不應為說法除病應當學
人在道已在非道不應為說法除病應當學
不得攜手在道行應當學
不得上樹過人頭除時因緣應當學
不得絡囊盛鉢貫杖頭著肩上而行應當學
人持杖不恭敬不應為說法除病應當學
人持劒不應為說法除病應當學
人持鉾不應為說法除病應當學
人持刀不應為說法除病應當學
人持蓋不應為說法除病應當學
諸大姊我已說衆學戒法今問諸大姊是中清淨不三說
諸大姊是中清淨嘿然故是事如是持
諸大姊是七滅諍法半月半月說戒經中來
若比丘尼有諍事起即應除滅
應與現前毗尼　當與現前毗尼　應與憶念毗尼
當與憶念毗尼　應與不癡毗尼　當與不癡毗尼
應與自言治　當與自言治　應與覓罪相
當與覓罪相　應與多人語　當與多人語
應與如草覆地　當與如草覆地
諸大姊我已說七滅諍法今問諸大姊是中清淨不三說
諸大姊是中清淨嘿然故是事如是持
諸大姊我已說戒經序已說八波羅夷法已說十七僧伽婆尸沙
法已說三十尼薩耆波逸提法已說一百七十八波逸提已說八波羅
提提舍尼法已說衆學戒法已說七滅諍法此是佛所說戒
經半月半月說戒經中來
若更有餘佛法是中皆共和合應當學

提提舍尼法已說衆學戒法已說七滅諍法此是佛所說戒
經半月半月說戒經中來
若更有餘佛法是中皆共和合應當學
忍辱第一道　佛說无為冣　出家惱他人　不名為沙門　此是毗婆尸
如來无所著等正覺說是戒經
世有聦明人　能遠離諸惡　此是尸弃如來无所著等正覺說是戒經
不謗亦不嫉　當奉行於戒　飲食知止足　常樂在空閑　心定樂精
進　是名諸佛教　此是毗葉羅如来无所著等正覺說是戒經
譬如蜂採花　不壞色與香　但取其味去　比丘入聚然　不違戾他事
不觀作不作　但自觀身行　若正若不正　此是拘樓孫如来无所著
等正覺說是戒經　心莫作放逸　聖法當勤學　如是无憂愁　心定入
涅槃　此是拘那含牟尼如来无所著等正覺說是戒經
一切惡莫作　當奉行諸善　自淨其志意　是則諸佛教　此是迦葉如
来无所著等正覺說是戒經　善護於口言　自淨其志意
身莫作諸惡　此三業道淨　能得如是行　是大仙人道
此是釋迦牟尼如来无所著等正覺於十二年中為无事僧說是戒
經從是已後廣分別說諸比丘尼自為樂法樂沙門者有慚有愧
樂學戒者當於中學
明人能護戒　能得三種樂　名譽及利養　死得生天上
當觀如是處　有智勤護戒　戒淨有智慧　便得第一道
如過去諸佛　及以未来者　現在諸世尊　能勝一切憂　皆共尊敬戒
此是諸佛法　若有自為身　欲求於佛道　當尊重正法
此是諸佛教　七佛為世尊　滅除諸結使　說是七戒經
諸縛得解脫　已入於涅槃　諸戲永滅盡　尊行大仙說
聖賢稱譽戒　弟子之所行　入寂滅涅槃　世尊涅槃時
興起於大悲　集諸比丘衆　與如是教戒　莫謂我涅槃
淨行者无護　我今說戒經　亦善說毗尼　我雖般涅槃

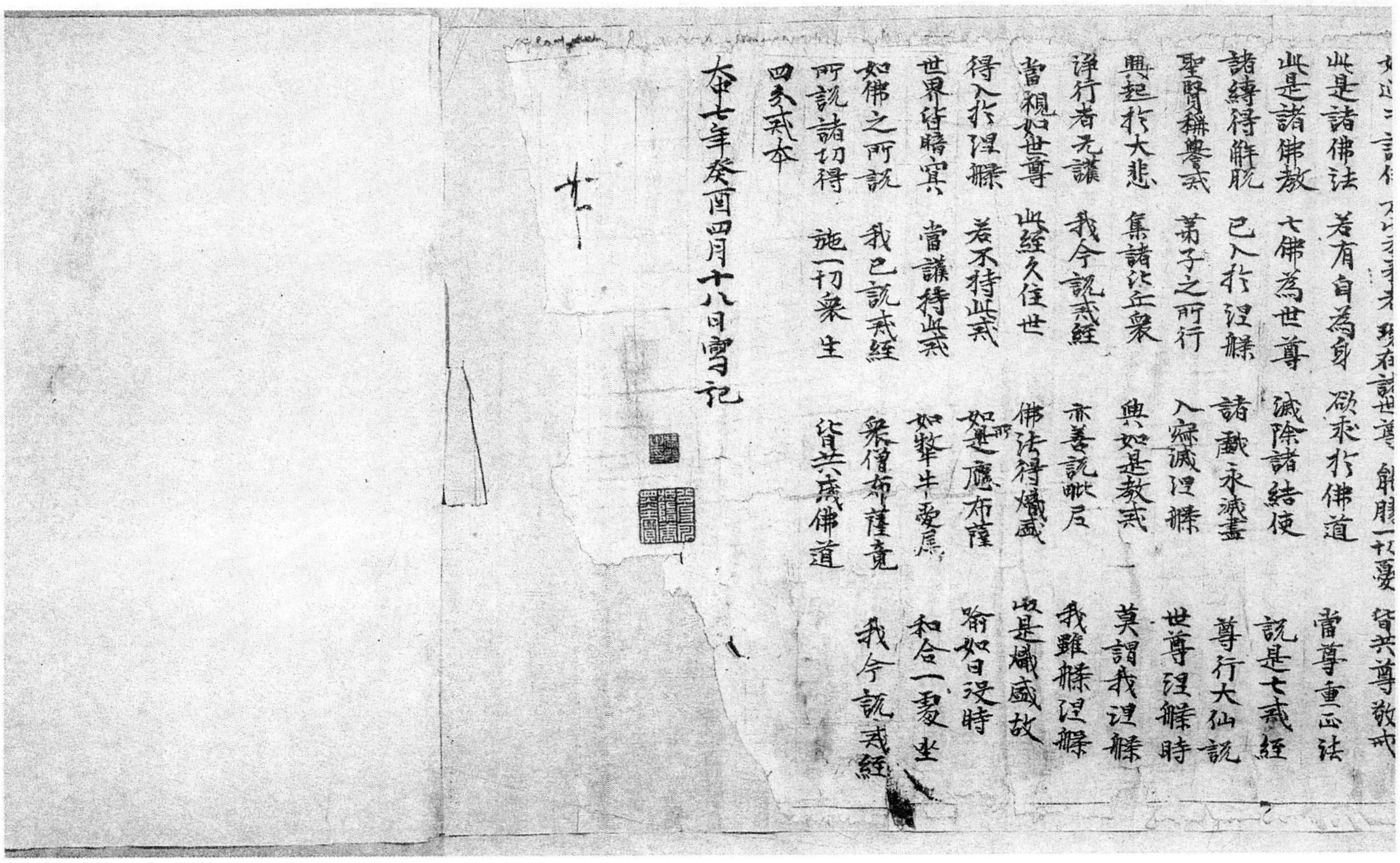
如過去諸佛 及以未來者 現在諸世尊 能勝一切憂 皆共尊敬戒
此是諸佛法 若有自為身 欲求於佛道 當尊重正法
此是諸佛教 七佛為世尊 滅除諸結使 說是七戒經
諸縛得解脫 已入於涅槃 諸戲永滅盡 尊行大仙說
聖賢稱譽戒 弟子之所行 入寂滅涅槃 世尊涅槃時
興起於大悲 集諸比丘衆 與如是教戒 莫謂我涅槃
淨行者無護 我今說戒經 亦善說毗尼 我雖般涅槃
當視如世尊 此經久住世 佛法得熾盛 以是熾盛故
得入於涅槃 若不持此戒 如所應布薩 喻如日沒時
世界皆闇冥 當護持此戒 如犛牛愛尾 和合一處坐
如佛之所說 我已說戒經 衆僧布薩竟 我今說戒經
所說諸功德 施一切衆生 皆共成佛道
四分戒本
大中七年癸酉四月十八日寫記
廿一

BD14541號　四分比丘尼戒本　　（30–29）

所說諸功德 施一切衆生 皆共成佛道
四分戒本
大中七年癸酉四月十八日寫記
廿一

BD14541號　四分比丘尼戒本　　（30–30）

BD14541 號背　勘記　　（17–1）

BD14541 號背　勘記　　（17–2）

BD14541號背　勘記　　（17–3）

BD14541號背　勘記　　（17–4）

BD14541 號背　勘記　　（17–5）

BD14541 號背　勘記　　（17–6）

BD14541 號背　勘記　（17–7）

BD14541 號背　勘記　（17–8）

BD14541 號背　勘記　　　　（17–9）

BD14541 號背　勘記　　　　（17–10）

BD14541 號背　勘記　　（17–11）

BD14541 號背　勘記　　（17–12）

BD14541 號背　勘記　（17–13）

BD14541 號背　勘記　（17–14）

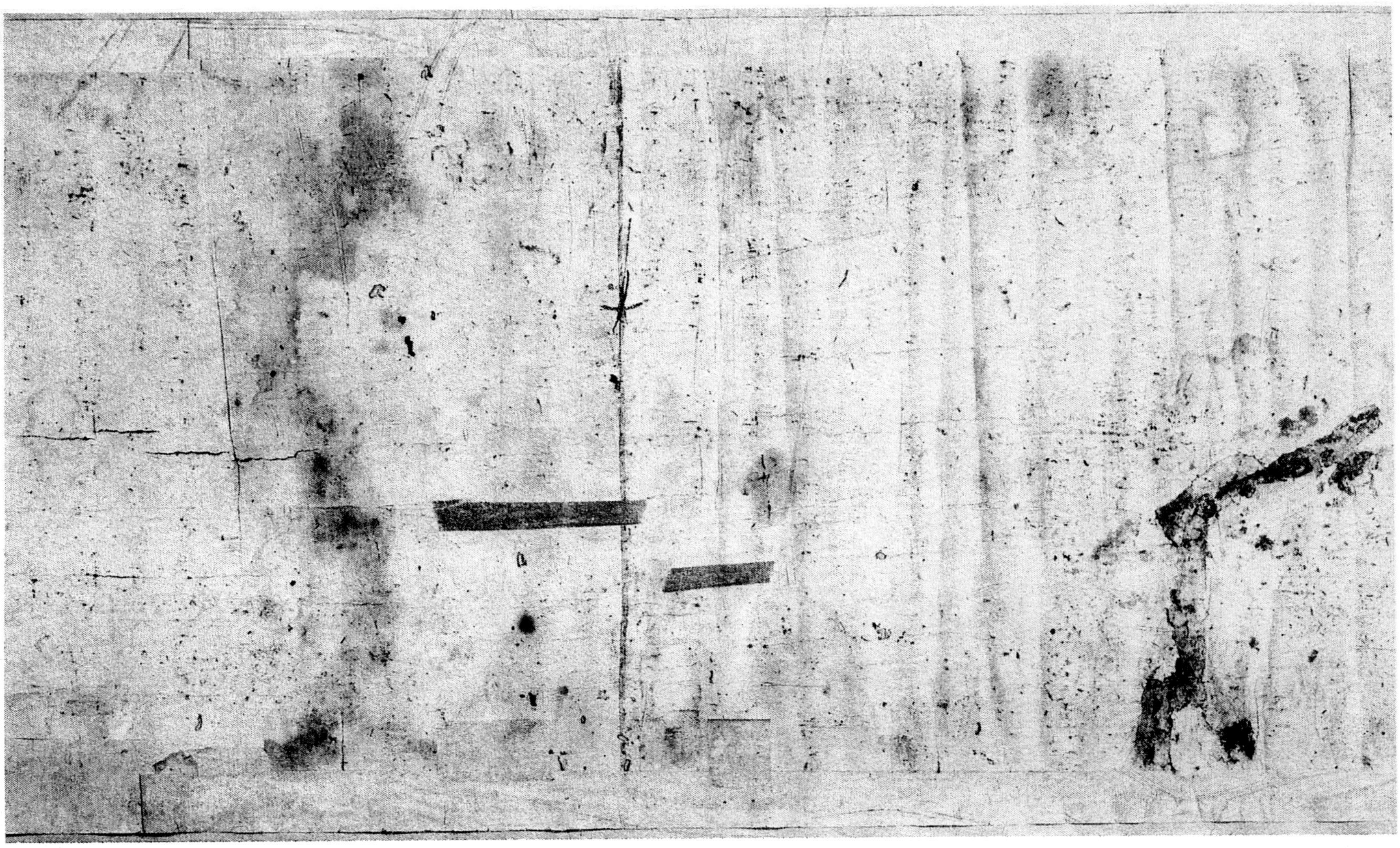

BD14541 號背　勘記　（17–15）

BD14541 號背　勘記　（17–16）

BD14541 號背　勘記　　（17–17）

BD14541 號背　題籤　　（1–1）

唐人寫經
敦煌石室所出凡三百八十六行
癸丑十一月 存善藏記
第陸
號

BD14542 號背　護首

(1–1)

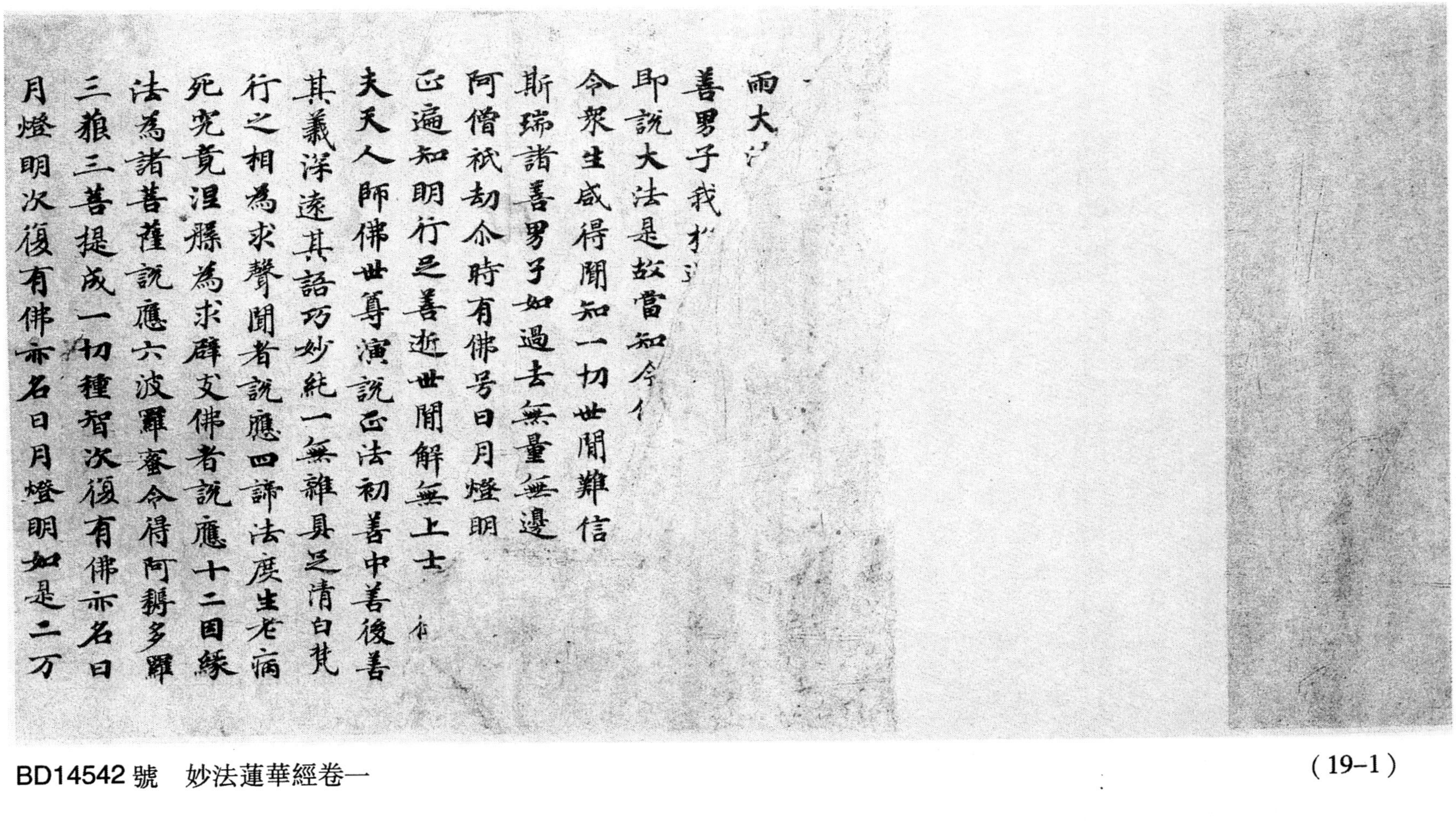

雨大法
善男子我於
即說大法是故當知今佛
令衆生咸得聞知一切世間難信
斯瑞諸善男子如過去無量無邊
阿僧祇劫尒時有佛号日月燈明
正遍知明行足善逝世間解無上士
夫天人師佛世尊演說正法初善中善後善
其義深遠其語巧妙純一無雜具足清白梵
行之相為求聲聞者說應四諦法度生老病
死究竟涅槃為求辟支佛者說應十二因緣
法為諸菩薩說應六波羅蜜令得阿耨多羅
三藐三菩提成一切種智次復有佛亦名日
月燈明次復有佛亦名日月燈明如是二万

BD14542 號　妙法蓮華經卷一

(19–1)

死究竟涅槃為求辟支佛者說應十二因緣
法為諸菩薩說應六波羅蜜令得阿耨多羅
三藐三菩提成一切種智次復有佛亦名日
月燈明次復有佛亦名日月燈明如是二万
佛皆同一字号日月燈明又同一姓姓頗羅
隨弥勒當知初佛後佛皆同一字名日月燈
明十号具足所可說法初中後善其最後佛
未出家時有八子一名有意二名善意三名
無量意四名寶意五名增意六名除疑意七
名嚮意八名去 是八王子威德自在各領
四天下是諸王子聞父出家得阿耨多羅三
藐三菩提悉捨王位亦隨出家發大乘意常
脩梵行皆為法師已於千万佛所殖諸善本
是時日月燈明佛說大乘經名無量義教菩
薩法佛所護念說是經已即於大衆中結跏
趺坐入於無量義處三昧身心不動是時天
雨曼陁羅華摩訶曼陁羅華曼殊沙華摩訶
曼殊沙華而散佛上及諸大衆普佛世界六
種震動尒時會中比丘比丘尼優婆塞優婆
夷天龍夜叉乾闥婆阿脩羅迦樓羅緊那羅
摩睺羅伽人非人及諸小王轉輪聖王等是
諸大衆得未曾有歡喜合掌一心觀佛尒時
如來放眉間白豪相光照東方万八千佛土
靡不周遍如今所見是諸佛土弥勒當知尒
時會中有二十億菩薩樂欲聽法是諸菩薩
見此光明普照佛土得未曾有欲知此光所

BD14542號　妙法蓮華經卷一　（19–2）

如來放眉間白豪相光照東方万八千佛土
靡不周遍如今所見是諸佛土弥勒當知尒
時會中有二十億菩薩樂欲聽法是諸菩薩
見此光明普照佛土得未曾有欲知此光所
為因緣時有菩薩名曰妙光有八百弟子是
時日月燈明佛從三昧起因妙光菩薩說大
乘經名妙法蓮華教菩薩法佛所護念六十
小劫不起于座時會聽者亦坐一處六十小
劫身心不動聽佛所說謂如食頃是時衆中
無有一人若身若心而生懈惓日月燈明佛
於六十小劫說是經已即於梵魔沙門婆羅
門及天人阿脩羅衆中而宣此言如來於今
日中夜當入無餘涅槃時有菩薩名曰德藏
日月燈明佛即授其記告諸比丘是德藏菩
薩次當作佛号曰淨身多陁阿伽度阿羅訶
三藐三佛陁佛授記已便於中夜入無餘涅
槃佛滅度後妙光菩薩持妙法蓮華經滿八
十小劫為人演說日月燈明佛八子皆師妙
光妙光教化令其堅固阿耨多羅三藐三菩
提是諸王子供養無量百千万億佛已皆成
佛道其最後成佛者名曰然燈八百弟子中
有一人号曰求名貪著利養雖復讀誦衆經
而不通利多所忘失故号求名是人亦以種
諸善根因緣故得值無量百千万億諸佛供
養恭敬尊重讚歎弥勒當知尒時妙光菩薩
豈異人乎我身是也求名菩薩汝身是也

BD14542號　妙法蓮華經卷一　（19–3）

而不通利多所忘失故号求名是人亦以種
諸善根因縁故得值無量百千万億諸佛供
養恭敬尊重讃嘆弥勒當知尒時妙光菩薩
豈異人乎我身是也求名菩薩汝身是也今
見此瑞與本無異是故惟忖今日如来當說
大乗經名妙法蓮華教菩薩法佛所護念尒
時文殊師利於大衆中欲重宣此義而說偈
言

我念過去世　無量無數劫　有佛人中尊　号日月燈明
世尊演說法　度無量衆生　無數億菩薩　令入佛智慧
佛未出家時　所生八王子　見大聖出家　亦隨脩梵行
時佛說大乗　經名無量義　於諸大衆中　而為廣分別
佛說此經已　即於法座上　跏趺坐三昧　名無量義處
天雨曼陁華　天鼓自然鳴　諸天龍鬼神　供養人中尊
一切諸佛土　即時大震動　佛放眉間光　現諸希有事
此光照東方　万八千佛土　示一切衆生　生死業報處
有見諸佛土　以衆寶莊嚴　琉璃頗梨色　斯由佛光照
及見諸天人　龍神夜叉衆　乾闥緊那羅　各供養其佛
又見諸如来　自然成佛道　身色如金山　端嚴甚微妙
如淨琉璃中　内現真金像　世尊在大衆　敷演深法義
一一諸佛土　聲聞衆無數　因佛光所照　悉見彼大衆
或有諸比丘　在於山林中　精進持淨戒　猶如護明珠
又見諸菩薩　行施忍辱等　其數如恒沙　斯由佛光照
又見諸菩薩　深入諸禪定　身心寂不動　以求無上道
又見諸菩薩　知法寂滅相　各於其國土　說法求佛道
尒時四部衆　見日月燈佛　現大神通力　其心皆歡喜

BD14542號　妙法蓮華經卷一　　（19–4）

又見諸菩薩　行施忍辱等　其數如恒沙　斯由佛光照
又見諸菩薩　深入諸禪定　身心寂不動　以求無上道
又見諸菩薩　知法寂滅相　各於其國土　說法求佛道
尒時四部衆　見日月燈佛　現大神通力　其心皆歡喜
各各自相問　是事何因縁
天人所奉尊　適從三昧起　讃妙光菩薩　汝為世間眼
一切所歸信　能奉持法藏　如我所說法　唯汝能證知
世尊既讃歎　令妙光歡喜　說是法華經　滿六十小劫
不起於此座　所說上妙法　是妙光法師　悉皆能受持
佛說是法華　令衆歡喜已　尋即於是日　告於天人衆
諸法實相義　已為汝等說　我今於中夜　當入於涅槃
汝一心精進　當離於放逸　諸佛甚難值　億劫時一遇
世尊諸子等　聞佛入涅槃　各各懷悲惱　佛滅一何速
聖主法之王　安慰無量衆　我若滅度時　汝等勿憂怖
是德藏菩薩　於無漏實相　心已得通達　其次當作佛
号日為淨身　亦度無量衆
佛此夜滅度　如薪盡火滅　分布諸舍利　而起無量塔
比丘比丘尼　其數如恒沙　倍復加精進　以求無上道
是妙光法師　奉持佛法藏　八十小劫中　廣宣法華經
是諸八王子　妙光所開化　堅固無上道　當見無數佛
供養諸佛已　隨順行大道　相繼得成佛　轉次而授記
最後天中天　号曰然燈佛　諸仙之導師　度脫無量衆
是妙光法師　時有一弟子　心常懷懈怠　貪著於名利
求名利無厭　多遊族姓家　棄捨所習誦　廢忘不通利
以是因縁故　号之為求名　亦行衆善業　得見無數佛
供養於諸佛　隨順行大道　具六波羅蜜　今見釋師子

BD14542號　妙法蓮華經卷一　　（19–5）

最後天中天 号曰然燈佛 諸仙之導師 度脫無量衆
是妙光法師 時有一弟子 心常懷懈怠 貪著於名利
求名利無厭 多遊族姓家 棄捨所習誦 廢忘不通利
以是因緣故 号之為求名 亦行衆善業 得見無數佛
供養於諸佛 隨順行大道 具六波羅蜜 今見釋師子
其後當作佛 号名曰弥勒 廣度諸衆生 其數无有量
彼佛滅度後 懈怠者汝是 妙光法師者 今則我身是
我見燈明佛 本光瑞如此 以是知今佛 欲說法華經
今相如本瑞 是諸佛方便 今佛放光明 助發實相義
諸人今當知 合掌一心待 佛當雨法雨 充足求道者
諸求三乘人 若有疑悔者 佛當為除斷 令盡無有餘

妙法蓮華經方便品第二

尒時世尊從三昧安詳而起告舍利弗諸佛
智慧甚深無量其智慧門難解難入一切聲
聞辟支佛所不能知所以者何佛曾親近百
千万億無數諸佛盡行諸佛無量道法勇猛
精進名稱普聞成就甚深未曾有法隨宜所
說意趣難解舍利弗吾從成佛已來種種因
緣種種譬喻廣演言教無數方便引導衆生
令離諸著所以者何如來方便知見波羅蜜
皆已具足舍利弗如來知見廣大深遠无量
无礙力無所畏禪定解脫三昧深入無際成
就一切未曾有法舍利弗如來能種種分別
巧說諸法言辞柔軟悅可衆心舍利弗取要
言之無量無邊未曾有法佛悉成就止舍利
弗不須復說所以者何佛所成就第一希有

就一切未曾有法舍利弗如來能種種分別
巧說諸法言辞柔軟悅可衆心舍利弗取要
言之無量無邊未曾有法佛悉成就止舍利
弗不須復說所以者何佛所成就第一希有
難解之法唯佛與佛乃能究盡諸法實相所
謂諸法如是相如是性如是體如是力如是
作如是因如是緣如是果如是報如是本末
究竟等尒時世尊欲重宣此義而說偈言
世雄不可量 諸天及世人 一切衆生類 無能知佛者
佛力无所畏 解脫諸三昧 及佛諸餘法 无能測量者
本從无數佛 具足行諸道 甚深微妙法 難見難可了
於无量億劫 行此諸道已 道場得成果 我已悉知見
如是大果報 種種性相義 我及十方佛 乃能知是事
是法不可示 言辞相寂滅
諸餘衆生類 无有能得解 除諸菩薩衆 信力堅固者
諸佛弟子衆 曾供養諸佛 一切漏已盡 住是最後身
如是諸人等 其力所不堪
假使滿世間 皆如舍利弗 盡思共度量 不能測佛智
政使滿十方 皆如舍利弗 及餘諸弟子 亦滿十方剎
盡思共度量 亦復不能知
辟支佛利智 无漏最後身 亦滿十方界 其數如竹林
斯等共一心 於億无量劫 欲思佛實智 莫能知少分
新發意菩薩 供養无數佛 了達諸義趣 又能善說法
如稻麻竹葦 充滿十方剎 一心以妙智 於恒河沙劫
咸皆共思量 不能知佛智
不退諸菩薩 其數如恒沙 一心共思求 亦復不能知

新發意菩薩 供養无數佛 了達諸義趣 又能善說法
如稻麻竹葦 充滿十方刹 一心以妙智 於恒河沙劫
咸皆共思量 不能知佛智
不退諸菩薩 其數如恒沙 一心共思求 亦復不能知
又告舍利弗 无漏不思議 甚深微妙法 我今已具得
唯我知是相 十方佛亦然
舍利弗當知 諸佛語无異 於佛所說法 當生大信力
世尊法久後 要當說真實
告諸聲聞衆 及求緣覺乘 我令脫苦縛 逮得涅槃者
佛以方便力 示以三乘教 衆生處處著 引之令得出
尒時大衆中有諸聲聞漏盡阿羅漢阿若憍
陳如等千二百人及發聲聞辟支佛心比丘
比丘尼優婆塞優婆夷各作是念今者世尊
何故慇懃稱歎方便而作是言佛所得法甚
深難解有所言說意趣難知一切聲聞辟支
佛所不能及佛說一解脫義我等亦得此法
到於涅槃而今不知是義所趣尒時舍利弗
知四衆心疑自亦未了而白佛言世尊何因
何緣慇懃稱歎諸佛第一方便甚深微妙難
解之法我自昔来未曾從佛聞如是說今者
四衆咸皆有疑唯願世尊敷演斯事世尊何
故慇懃稱歎甚深微妙難解之法尒時舍利
弗欲重宣此義而說偈言
慧日大聖尊 久乃說是法 自說得如是 力无畏三昧
禪定解脫等 不可思議法 道場所得法 无能發問者
我意難可測 亦无能問者

故慇懃稱歎甚深微妙難解之法尒時舍利
弗欲重宣此義而說偈言
慧日大聖尊 久乃說是法 自說得如是 力无畏三昧
禪定解脫等 不可思議法 道場所得法 无能發問者
我意難可測 亦无能問者
无問而自說 稱歎所行道 智慧甚深妙 諸佛之所得
无漏諸羅漢 及求涅槃者 今皆墮疑網 佛何故說是
其求緣覺者 比丘比丘尼 諸天龍鬼神 及乾闥婆等
相視懷猶豫 瞻仰兩足尊 是事為云何 願佛為解說
於諸聲聞衆 佛說我第一 我今自於智 疑惑不能了
為是究竟法 為是所行道
佛口所生子 合掌瞻仰待 願出微妙音 時為如實說
諸天龍神等 其數如恒沙 求佛諸菩薩 大數有八万
又諸万億國 轉輪聖王至 合掌以敬心 欲聞具足道
尒時佛告舍利弗止止不須復說若說是事
一切世間諸天及人皆當驚疑
舍利弗重白佛言世尊唯願說之唯願說之
所以者何是會无數百千万億阿僧祇衆生
曾見諸佛諸根猛利智慧明了聞佛所說則
能敬信尒時舍利弗欲重宣此義而說偈言
法王无上尊 唯說願勿慮 是會無量衆 有能敬信者
佛復止舍利弗若說是事一切世間天人阿
脩羅皆當驚疑增上慢比丘將墜於大坑尒
時世尊重說偈言
止止不須說 我法妙難思 諸增上慢者 聞必不敬信
尒時舍利弗重白佛言世尊唯願說之唯願

佛復止舍利弗若說是事一切世間天人阿
脩羅皆當驚疑增上慢比丘將墜於大坑尒
時世尊重說偈言
止止不須說　我法妙難思　諸增上慢者　聞必不敬信
尒時舍利弗重白佛言世尊唯願說之唯願
說之今此會中如我等比百千万億世世已
曾從佛受化如此人等必能敬信長夜安隱
多所饒益尒時舍利弗欲重宣此義而說偈
言
无上兩足尊　願說第一法　我爲佛長子　唯垂分別說
是會无量衆　能敬信此法　佛已曾世世　教化如是等
皆一心合掌　欲聽受佛語　我等千二百　及餘求佛者
願爲此衆故　唯垂分別說　是等聞此法　則生大歡喜
尒時世尊告舍利弗汝已慇勤三請豈得不
說汝今諦聽善思念之吾當爲汝分別解說
說此語時會中有比丘比丘尼優婆塞優婆
夷五千人等即從座起禮佛而退所以者何
此輩罪根深重及增上慢未得謂得未證謂
證有如此失是以不住世尊默然而不制止
尒時佛告舍利弗我今此衆无復枝葉淳有
貞實舍利弗如是增上慢人退亦佳矣汝今
善聽當爲汝說舍利弗言唯然世尊願樂欲
聞佛告舍利弗如是妙法諸佛如來時乃說
之如優曇鉢華時一現耳舍利弗汝等當信
佛之所說言不虛妄舍利弗諸佛隨宜說法
意趣難解所以者何我以無數方便種種因

善聽當爲汝說舍利弗言唯然世尊願樂欲
聞佛告舍利弗如是妙法諸佛如來時乃說
之如優曇鉢華時一現耳舍利弗汝等當信
佛之所說言不虛妄舍利弗諸佛隨宜說法
意趣難解所以者何我以無數方便種種因
緣辟喻言辞演說諸法是法非思量分別之
所能解唯有諸佛乃能知之所以者何諸佛
世尊唯以一大事因緣故出現於世舍利弗
云何名諸佛世尊唯以一大事因緣故出現
於世諸佛世尊欲令衆生開佛知見使得清
淨故出現於世欲示衆生佛知見故出現於
世欲令衆生悟佛知見故出現於世欲令衆
生入佛知見道故出現於世舍利弗是爲諸
佛以一大事因緣故出現於世佛告舍利弗
諸佛如來但教化菩薩諸有所作常爲一事
唯以佛之知見示悟衆生舍利弗如來但以
一佛乘故爲衆生說法無有餘乘若二若三
舍利弗一切十方諸佛法亦如是舍利弗過
去諸佛以無量無數方便種種因緣辟喻言
辞而爲衆生演說諸法是法皆爲一佛乘故
是諸衆生從諸佛聞法究竟皆得一切種智舍
利弗未來諸佛當出於世亦以无量无數方
便種種因緣辟喻言辞而爲衆生演說諸法
是法皆爲一佛乘故是諸衆生從佛聞法究
竟皆得一切種智舍利弗現在十方无量百
千万億佛土中諸佛世尊多所饒益安樂衆

未來諸佛當出於世亦以无量无數方
便種種因緣譬喻言辭而為衆生演說諸法
是法皆為一佛乘故是諸衆生從佛聞法究
竟皆得一切種智舍利弗現在十方无量百
千万億佛土中諸佛世尊多所饒益安樂衆
生是諸佛亦以无量无數方便種種因緣譬
喻言辭而為衆生演說諸法是法皆為一佛
乘故是諸衆生從佛聞法究竟皆得一切種
智舍利弗是諸佛但教化菩薩欲以佛之知
見示衆生故欲以佛之知見悟衆生故欲令
衆生入佛知見故舍利弗我今亦復如是知
諸衆生有種種欲深心所著隨其本性以種
種因緣譬喻言辭方便力而為說法舍利弗
如此皆為得一佛乘一切種智故舍利弗十
方世界中尚无二乘何況有三舍利弗諸佛
出於五濁惡世所謂劫濁煩惱濁衆生濁見
濁命濁如是舍利弗劫濁亂時衆生垢重慳
貪嫉妬成就諸不善根故諸佛以方便力於
一佛乘分別說三舍利弗若我弟子自謂阿
羅漢辟支佛者不聞不知諸佛如來但教化
菩薩事此非佛弟子非阿羅漢非辟支佛又
舍利弗是諸比丘比丘尼自謂已得阿羅漢
是最後身究竟涅槃便不復志求阿耨多羅
三藐三菩提當知此輩皆是增上慢人所以
者何若有比丘實得阿羅漢若不信此法无
有是處除佛滅度後現前无佛所以者何佛

BD14542號　妙法蓮華經卷一　（19–12）

三藐三菩提當知此輩皆是增上慢人所以
者何若有比丘實得阿羅漢若不信此法无
有是處除佛滅度後現前无佛所以者何佛
滅度後如是等經受持讀誦解義者是人難
得若遇餘佛於此法中便得決了舍利弗汝
等當一心信解受持佛語諸佛如來言无虛
妄无有餘乘唯一佛乘尒時世尊欲重宣此
義而說偈言
比丘比丘尼　有懷增上慢　優婆塞我慢　優婆夷不信
如是四衆等　其數有五千
不自見其過　於戒有缺漏　護惜其瑕疵　是小智已出
衆中之糟糠　佛威德故去　斯人尠福德　不堪受是法
此衆无枝葉　唯有諸貞實
舍利弗善聽　諸佛所得法　无量方便力　而為衆生說
衆生心所念　種種所行道　若干諸欲性　先世善惡業
佛悉知是已　以諸緣譬喻　言辭方便力　令一切歡喜
或說脩多羅　伽陀及本事　本生未曾有　亦說於因緣
譬喻并祇夜　優波提舍經
鈍根樂小法　貪著於生死　於諸无量佛　不行深妙道
衆苦所惱亂　為是說涅槃
我設是方便　令得入佛慧　未曾說汝等　當得成佛道
所以未曾說　說時未至故　今正是其時　決定說大乘
我此九部法　隨順衆生說　入大乘為本　以故說是經
有佛子心淨　柔軟亦利根　无量諸佛所　而行深妙道
為此諸佛子　說是大乘經

BD14542號　妙法蓮華經卷一　（19–13）

所以未曾說　說時未至故　今正是其時　決定說大乘
我此九部法　隨順衆生說　入大乘為本　以故說是經
有佛子心淨　柔軟亦利根　无量諸佛所　而行深妙道
為此諸佛子　說是大乘經
我記如是人　來世成佛道　以深心念佛　脩持淨戒故
此等聞得佛　大喜充遍身　佛知彼心行　故為說大乘
聲聞若菩薩　聞我所說法　乃至於一偈　皆成佛无疑
十方佛土中　唯有一乘法　无二亦无三　除佛方便說
但以假名字　引導於衆生
說佛智慧故　諸佛出於世　唯此一事實　餘二則非真
終不以小乘　濟度於衆生
佛自住大乘　如其所得法　定慧力莊嚴　以此度衆生
自證无上道　大乘平等法　若以小乘化　乃至於一人
我則墮慳貪　此事為不可
若人信歸佛　如來不欺誑　亦无貪嫉意　斷諸法中惡
故佛於十方　而獨无所畏
我以相嚴身　光明照世間　无量衆所尊　為說實相印
舍利弗當知　我本立誓願　欲令一切衆　如我等无異
如我昔所願　今者已滿足　化一切衆生　皆令入佛道
若我遇衆生　盡教以佛道　无智者錯亂　迷惑不受教
我知此衆生　未曾脩善本　堅著於五欲　癡愛故生惱
以諸欲因緣　墜墮三惡道　輪迴六趣中　備受諸苦毒
受胎之微形　世世常增長　薄德少福人　衆苦所逼迫
入邪見稠林　若有若无等　依止此諸見　具足六十二
深著虛妄法　堅受不可捨　我慢自矜高　諂曲心不實
於千万億劫　不聞佛名字　亦不聞正法　如是人難度

BD14542號　妙法蓮華經卷一　（19–14）

以諸欲因緣　墜墮三惡道　輪迴六趣中　備受諸苦毒
受胎之微形　世世常增長　薄德少福人　衆苦所逼迫
入邪見稠林　若有若无等　依止此諸見　具足六十二
深著虛妄法　堅受不可捨　我慢自矜高　諂曲心不實
於千万億劫　不聞佛名字　亦不聞正法　如是人難度
是故舍利弗　我為設方便　說諸盡苦道　示之以涅槃
我雖說涅槃　是亦非真滅　諸法從本來　常自寂滅相
佛子行道已　來世得作佛
我有方便力　開示三乘法　一切諸世尊　皆說一乘道
今此諸大衆　皆應除疑惑　諸佛語无異　唯一无二乘
過去无數劫　无量滅度佛　百千万億種　其數不可量
如是諸世尊　種種緣譬喻　无數方便力　演說諸法相
是諸世尊等　皆說一乘法　化无量衆生　令入於佛道
又諸大聖主　知一切世間　天人群生類　深心之所欲
更以異方便　助顯第一義
若有衆生類　值諸過去佛　若聞法布施　或持戒忍辱
精進禪智等　種種脩福德　如是諸人等　皆已成佛道
諸佛滅度已　若人善軟心　如是諸衆生　皆已成佛道
諸佛滅度已　供養舍利者　起万億種塔　金銀及頗梨
車𤦲與馬瑙　玫瑰琉璃珠　清淨廣嚴飾　莊挍於諸塔
或有起石廟　栴檀及沉水　木櫁并餘材　塼瓦泥土等
若於曠野中　積土成佛廟　乃至童子戲　聚沙為佛塔
如是諸人等　皆已成佛道
若人為佛故　建立諸形像　刻雕成衆相　皆已成佛道
或以七寶成　鍮石赤白銅　白鑞及鉛錫　鐵木及與泥
或以膠漆布　嚴飾作佛像　如是諸人等　皆已成佛道

BD14542號　妙法蓮華經卷一　（19–15）

如是諸人等　皆已成佛道
若人為佛故　建立諸形像　刻雕成衆相　皆已成佛道
或以七寶成　鍮石赤白銅　白鑞及鈆錫　鐵木及與泥
或以膠漆布　嚴飾作佛像　如是諸人等　皆已成佛道
綵畫作佛像　百福莊嚴相　自作若使人　皆已成佛道
乃至童子戲　若草木及筆　或以指爪甲　而畫作佛像
如是諸人等　漸漸積功德　具足大悲心　皆已成佛道
但化諸菩薩　度脫无量衆
若人於塔廟　寶像及畫像　以華香幡蓋　敬心而供養
若使人作樂　擊鼓吹角貝　簫笛琴箜篌　琵琶鐃銅鈸
如是衆妙音　盡持以供養
或以歡喜心　歌唄頌佛德　乃至一小音　皆已成佛道
若人散亂心　乃至以一華　供養於畫像　漸見无數佛
或有人禮拜　或復但合掌　乃至舉一手　或復小低頭
以此供養像　漸見无量佛　自成无上道　廣度无數衆
入无餘涅槃　如薪盡火滅
若人散亂心　入於塔廟中　一稱南无佛　皆已成佛道
於諸過去佛　現在或滅度　若有聞是法　皆已成佛道
未來諸世尊　其數无有量　是諸如來等　亦方便說法
一切諸如來　以无量方便　度脫諸衆生　入佛无漏智
若有聞法者　无一不成佛
諸佛本誓願　我所行佛道　普欲令衆生　亦同得此道
未來世諸佛　雖說百千億　无數諸法門　其實為一乘
諸佛兩足尊　知法常无性　佛種從緣起　是故說一乘
是法住法位　世間相常住　於道場知已　導師方便說
天人所供養　現在十方佛　其數如恒沙　出現於世間

BD14542號　妙法蓮華經卷一　（19–16）

未來世諸佛　雖說百千億　无數諸法門　其實為一乘
諸佛兩足尊　知法常无性　佛種從緣起　是故說一乘
是法住法位　世間相常住　於道場知已　導師方便說
天人所供養　現在十方佛　其數如恒沙　出現於世間
安隱衆生故　亦說如是法　知第一寂滅　以方便力故
雖示種種道　其實為佛乘
知衆生諸行　深心之所念　過去所集業　欲性精進力
及諸根利鈍　以種種因緣　譬喻亦言辭　隨應方便說
今我亦如是　安隱衆生故　以種種法門　宣示於佛道
我以智慧力　知衆生性欲　方便說諸法　皆令得歡喜
舍利弗當知　我以佛眼觀　見六道衆生　貧窮无福慧
入生死險道　相續苦不斷　深著於五欲　如犛牛愛尾
以貪愛自蔽　盲瞑无所見　不求大勢佛　及與斷苦法
深入諸邪見　以苦欲捨苦　為是衆生故　而起大悲心
我始坐道場　觀樹亦經行　於三七日中　思惟如是事
我所得智慧　微妙最第一
衆生諸根鈍　著樂癡所盲　如斯之等類　云何而可度
尒時諸梵王　及諸天帝釋　護世四天王　及大自在天
并餘諸天衆　眷屬百千万　恭敬合掌禮　請我轉法輪
我即自思惟　若但讚佛乘　衆生沒在苦　不能信是法
破法不信故　墜於三惡道　我寧不說法　疾入於涅槃
尋念過去佛　所行方便力　我今所得道　亦應說三乘
作是思惟時　十方佛皆現　梵音慰喻我　善哉釋迦文
第一之導師　得是无上法　隨諸一切佛　而用方便力
我等亦皆得　最妙第一法　為諸衆生類　分別說三乘
少智樂小法　不自信作佛　是故以方便　分別說諸果

BD14542號　妙法蓮華經卷一　（19–17）

尋念過去佛　所行方便力　我今所得道　亦應説三乘
作是思惟時　十方佛皆現　梵音慰喻我　善哉釋迦文
第一之導師　得是无上法　隨諸一切佛　而用方便力
我等亦皆得　最妙第一法　為諸衆生類　分別説三乘
少智樂小法　不自信作佛　是故以方便　分別説諸果
雖復説三乘　但為教菩薩
舍利弗當知　我聞聖師子　深淨微妙音　稱南无諸佛
復作如是念　我出濁惡世　如諸佛所説　我亦隨順行
思惟是事已　即趣波羅㮈　諸法寂滅相　不可以言宣
以方便力故　為五比丘説
是名轉法輪　便有涅槃音　及以阿羅漢　法僧差別名
從久遠劫来　讚示涅槃法　生死苦永盡　我常如是説
舍利弗當知　我見佛子等　志求佛道者　无量千万億
咸以恭敬心　皆来至佛所　曾從諸佛聞　方便所説法
我即作是念　如来所以出　為説佛慧故　今正是其時
舍利弗當知　鈍根小智人　著相憍慢者　不能信是法
今我喜无畏　於諸菩薩中　正直捨方便　但説无上道
菩薩聞是法　疑網皆已除　千二百羅漢　悉亦當作佛
如三世諸佛　説法之儀式　我今亦如是　説无分別法
諸佛興出世　懸遠值遇難　正使出于世　説是法復難
无量无數劫　聞是法亦難　能聽是法者　斯人亦復難
譬如優曇華　一切皆愛樂　天人所希有　時時乃一出
聞法歡喜讚　乃至發一言　則為已供養　一切三世佛
是人甚希有　過於優曇華
汝等勿有疑　我為諸法王　普告諸大衆　但以一乘道
教化諸菩薩　无聲聞弟子

BD14542號　妙法蓮華經卷一　（19–18）

菩薩聞是法　疑網皆已除　千二百羅漢　悉亦當作佛
如三世諸佛　説法之儀式　我今亦如是　説无分別法
諸佛興出世　懸遠值遇難　正使出于世　説是法復難
无量无數劫　聞是法亦難　能聽是法者　斯人亦復難
譬如優曇華　一切皆愛樂　天人所希有　時時乃一出
聞法歡喜讚　乃至發一言　則為已供養　一切三世佛
是人甚希有　過於優曇華
汝等勿有疑　我為諸法王　普告諸大衆　但以一乘道
教化諸菩薩　无聲聞弟子
汝等舍利弗　聲聞及菩薩　當知是妙法　諸佛之祕要
以五濁惡世　但樂著諸欲　如是等衆生　終不求佛道
當来世惡人　聞佛説一乘　迷惑不信受　破法墮惡道
有慙愧清淨　志求佛道者　當為如是等　廣讚一乘道
舍利弗當知　諸佛法如是　以万億方便　隨宜而説法
其不習學者　不能曉了此
汝等既已知　諸佛世之師　隨宜方便事　无復諸疑惑
心生大歡喜　自知當作佛

BD14542號　妙法蓮華經卷一　（19–19）

BD14543 號　包布　（1–1）

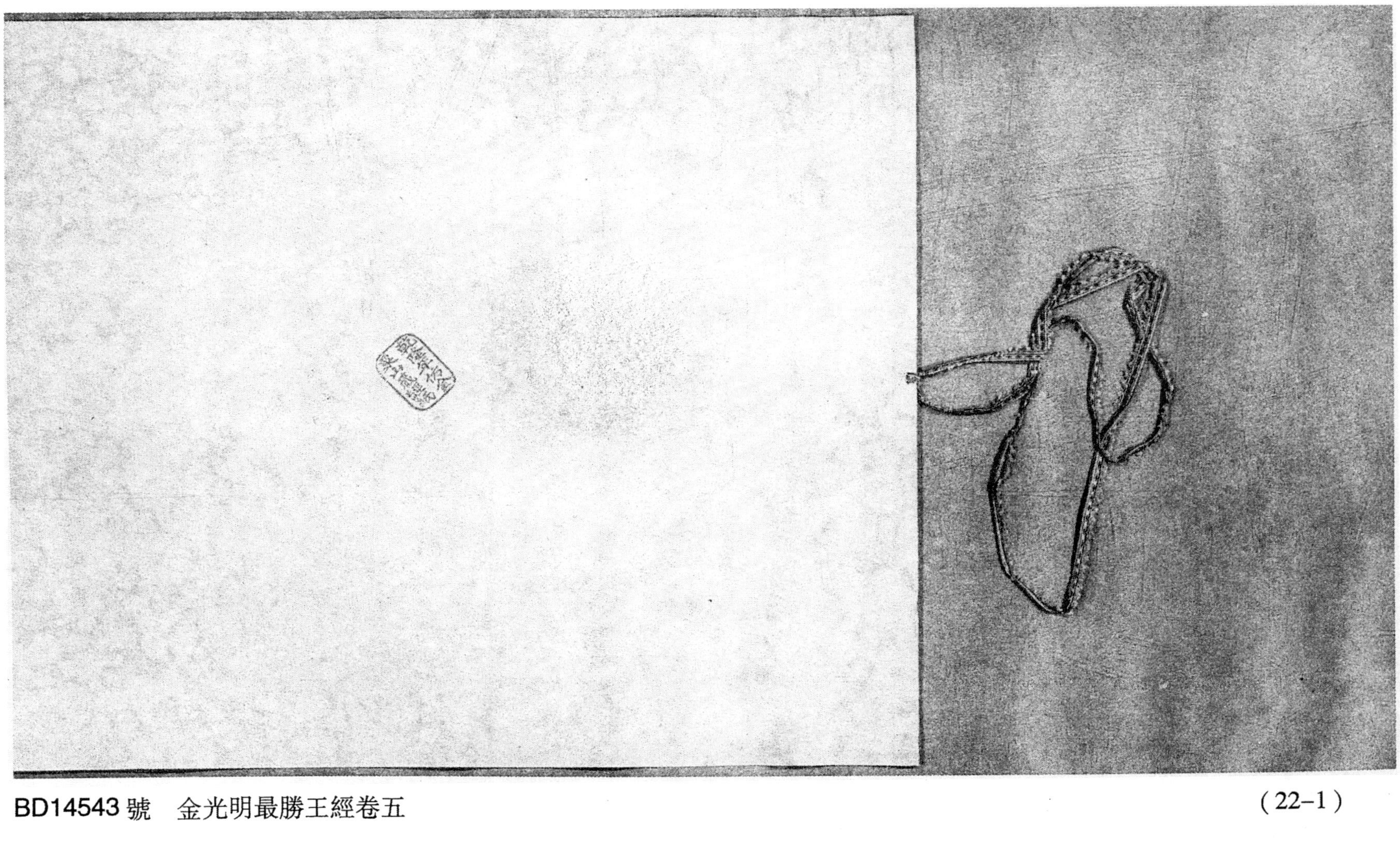

BD14543 號　金光明最勝王經卷五　（22–1）

金光明最勝王經蓮花喻讚品第七 三藏法師義淨奉 制譯

尒時佛告菩提樹神善女人汝今應知妙幢
夜夢見妙金鼓出大音聲讚佛功德并懺悔
法此之因緣我為汝等廣說其事應當諦聽
善思念之過去有王名金龍主常以蓮花喻
讚歎十方三世諸佛即為大衆說其讚曰
過去未來現在佛　安住十方世界中
我今至誠稽首礼　一心讚歎諸最勝
無上清淨牟尼尊　身光照耀如金色

BD14543號　金光明最勝王經卷五　（22–2）

善思念之過去有王名金龍主常以蓮花喻
讚歎十方三世諸佛即為大衆說其讚曰
過去未來現在佛　安住十方世界中
我今至誠稽首礼　一心讚歎諸最勝
無上清淨牟尼尊　身光照耀如金色
一切聲中最為上　如大梵響震雷音
髮彩喻若黑蜂王　宛轉旋文紺青色
齒白齊密如珂雪　平齒顯現有光明
目淨無垢妙端嚴　猶如廣大青蓮葉
舌相廣長極柔㬉　譬如紅蓮出水中
眉間常有白毫光　右旋宛轉頗梨色
眉細纖長類初月　其色光耀比蜂王
鼻高脩直如金鋌　淨妙光潤相無虧
一切世間殊妙香　聞時悉知其所在
世尊最勝身金色　一一毛端相不殊
紺青柔㬉右旋文　微妙光彩難為喻
初誕身有妙光明　普照一切十方界
能滅三有衆生苦　令彼悉蒙安隱樂
地獄傍生餓鬼道　阿蘇羅天及人趣
令彼除滅於衆苦　常受自然安隱樂
身色光明常普照　譬如鎔金妙無比
面貌圓明如滿月　脣色赤好喻頻婆
行步威儀類師子　身光朗耀同初日
臂肘纖長立過膝　狀等垂下娑羅枝
圓光一尋照無邊　赫奕猶如百千日
悉能遍至諸佛刹　隨緣所在覺群迷
淨光明網無倫比　流輝遍滿百千界
普照十方無障礙　一切幽冥悉皆除

BD14543號　金光明最勝王經卷五　（22–3）

行步威儀類師子　身光朗耀同初日
臂肘纖長立過膝　狀等垂下娑羅枝
圓光一尋照無邊　赫奕猶如百千日
悉能遍至諸佛刹　隨緣所在覺群迷
淨光明網無倫比　流輝遍滿百千界
普照十方無障礙　一切冥闇悉皆除
善逝慈光能與樂　妙色暎徹等金山
流光悉至百千土　衆生遇者皆出離
佛身成就無量福　一切功德共莊嚴
超過三界獨稱尊　世間殊勝無與等
所有過去一切佛　數同大地諸微塵
未來現在十方尊　亦如大地微塵衆
我以至誠身語意　稽首歸依三世佛
讚歎無邊功德海　種種香花皆供養
設我口中有千舌　經無量劫讚如來
世尊功德不思議　最勝甚深難可說
假令我舌有百千　讚歎一佛一功德
於中少分尚難知　況諸佛德無邊際
假使大地及諸天　乃至有頂為海水
可以毛端滴知數　佛一功德甚難量
我以至誠身語意　禮讚諸佛德無邊
所有勝福果難思　迴施衆生速成佛
彼王讚歎如來已　倍復深心發弘願
願我當於未來世　生在無量無數劫
夢中常見大金鼓　得聞顯說懺悔音
讚佛功德喻蓮花　願證無生成正覺
諸佛出世時一現　於百千劫甚難逢

BD14543 號　金光明最勝王經卷五　（22–4）

願我當於未來世　生在無量無數劫
夢中常見大金鼓　得聞顯說懺悔音
讚佛功德喻蓮花　願證無生成正覺
諸佛出世時一現　於百千劫甚難逢
夜夢常聞妙鼓音　晝則隨應而懺悔
我當圓滿修六度　拔濟衆生出苦海
然後得成無上覺　佛土清淨不思議
以妙金鼓奉如來　并讚諸佛實功德
因斯當見釋迦佛　記我當紹人中尊
金龍金光是我子　過去曾為善知識
世世願生於我家　共受無上菩提記
若有衆生無救護　長夜輪迴受衆苦
我於來世作歸依　令彼常得安隱樂
三有衆苦願除滅　悉得隨心安樂處
於未來世脩菩提　皆如過去成佛者
願此金光懺悔福　永竭苦海罪消除
業障煩惱悉皆亡　令我速招清淨果
福智大海量無邊　清淨離垢深無底
願我獲斯功德海　速成無上大菩提
以此金光懺悔力　當獲福德淨光明
既得清淨妙光明　常以智光照一切
願我身光等諸佛　福德智慧亦復然
一切世界獨稱尊　威力自在無倫疋
有漏苦海願超越　無為樂海願常遊
現在福海願恒盈　當來智海願圓滿
願我刹土超三界　殊勝功德量無邊
諸有緣者悉同生　皆得速成清淨智

BD14543 號　金光明最勝王經卷五　（22–5）

一切世界獨稱尊　威力自在無倫匹
有漏苦海願超越　無為樂海願常遊
現在福海願恒盈　當來智海願圓滿
願我刹土超三界　殊勝功德量無邊
諸有緣者悉同生　皆得速成清淨智
妙幢汝當知　國王金龍主　曾發如是願　彼即是汝身
往時有二子　金龍及金光　即銀如銀光　當受我所記
大衆聞是說　皆發菩提心　願現在未來　常依此懺悔
金光明最勝王經金勝陀羅尼品第八
尒時世尊復於衆中告善住菩薩摩訶薩善
男子有陀羅尼名曰金勝若有善男子善女
人欲求親見過去未來現在諸佛恭敬供養
者應當受持此陀羅尼何以故此陀羅尼乃
是過現未來諸佛之母是故當知持此陀羅
尼者具大福德已於過去無量佛所殖諸善
本今得受持於戒清淨不毀不缺無有障礙
決定能入甚深法門世尊即為說持呪法先
稱諸佛及菩薩名至心礼敬然後誦呪
南謨十方一切諸佛　南謨諸大菩薩摩訶薩
南謨聲聞緣覺一切賢聖
南謨釋迦牟尼佛　南謨東方不動佛
南謨南方寶幢佛　南謨西方阿弥陀佛
南謨北方天鼓音王佛　南謨上方廣衆德佛
南謨下方明德佛　南謨寶藏佛
南謨普光佛　南謨普明佛
南謨香積王佛　南謨蓮花勝佛
南謨平等見佛　南謨寶髻佛
南謨寶上佛　南謨寶光佛

BD14543 號　金光明最勝王經卷五　（22–6）

南謨下方明德佛　南謨寶藏佛
南謨普光佛　南謨普明佛
南謨香積王佛　南謨蓮花勝佛
南謨平等見佛　南謨寶髻佛
南謨寶上佛　南謨寶光佛
南謨無垢光明佛　南謨辯才莊嚴思惟佛
南謨淨月光稱相王佛　南謨花嚴光佛
南謨光明王佛　南謨善光無垢稱王佛
南謨觀察無畏自在佛　南謨無畏名稱佛
南謨最勝王佛
南謨觀自在菩薩摩訶薩　南謨地藏菩薩摩訶薩
南謨虛空藏菩薩摩訶薩　南謨妙吉祥菩薩摩訶薩
南謨金剛手菩薩摩訶薩　南謨普賢菩薩摩訶薩
南謨無盡意菩薩摩訶薩　南謨大勢至菩薩摩訶薩
南謨慈氏菩薩摩訶薩　南謨善慧菩薩摩訶薩
陀羅尼曰
南謨曷喇怛娜怛喇夜也　怛姪他
君睇　君睇　矩折囇　矩折囇
壹窒哩　蜜窒哩　莎訶
佛告善住菩薩此陀羅尼是三世佛母若有
善男子善女人持此呪者能生無量無邊
福德之聚即是供養恭敬尊重讚歎無數諸
佛如是諸佛皆與此人授阿耨多羅三藐三
菩提記善住若有人能持此呪者隨其所欲
衣食財寶多聞聰慧無病長壽獲福甚多隨
所願求無不遂意善住持是呪者乃至未證
無上菩提常與金城山菩薩慈氏菩薩大海

BD14543 號　金光明最勝王經卷五　（22–7）

菩提記善住若有人能持此呪者隨其所欲
衣食財寶多聞聰慧無病長壽獲福甚多隨
所願求無不遂意善住持是呪者乃至未證
無上菩提常與金城山菩薩慈氏菩薩大海
菩薩觀自在菩薩妙吉祥菩薩大氷伽羅菩薩
等而共居止爲諸菩薩之所攝護善住當知
持此呪時作如是法先應誦持滿一万八遍
爲前方便次於闇室莊嚴道場黑月一日清
淨洗浴著鮮潔衣燒香散花種種供養并諸
飲食入道場中先當稱礼如前所說諸佛菩
薩至心慇重悔先罪已右膝著地可誦前呪
滿一千八遍端坐思惟念其所願日未出時
於道場中食淨黑食日唯一食至十五日方
出道場能令此人福德威力不可思議隨所
願求無不圓滿若不遂意重入道場既稱心
已常持莫忘

金光明最勝王經顯空性品第九

尒時世尊說此呪已爲欲利益菩薩摩訶薩
人天大衆令得悟解甚深真實第一義故重
明空性而說頌曰

我已於餘甚深經　廣說真空微妙法
今復於此經王內　略說空法不思議
於諸廣大甚深法　有情無智不能解
故我於斯重敷演　令於空法得開悟
大悲哀愍有情故　以善方便勝因緣
我今於此大衆中　演說令彼明空義
當知此身如空聚　六賊依止不相知

BD14543號　金光明最勝王經卷五　（22–8）

故我於斯重敷演　令於空法得開悟
大悲哀愍有情故　以善方便勝因緣
我今於此大衆中　演說令彼明空義
當知此身如空聚　六賊依止不相知
六塵諸賊別依根　各不相知亦如是
眼根常觀於色處　耳根聽聲不斷絕
鼻根恒嗅於香境　舌根鎮嘗於美味
身根受於輕爽觸　意根了法不知猒
此等六根隨事起　各於自境生分別
識如幻化非真實　依止根處妄貪求
如人奔走空聚中　六識依根亦如是
心遍馳求隨處轉　託根緣境了諸事
常愛色聲香味觸　於法尋思無暫停
隨緣遍行於六根　如鳥飛空無障礙
藉此諸根作依處　方能了別於外境
此身無知無作者　體不堅固託緣成
皆從虛妄分別生　譬如機關由業轉
地水火風共成身　隨彼因緣招異果
同在一處相違害　如四毒蛇居一篋
此四大蛇性各異　雖居一處有昇沉
或上或下遍於身　斯等終歸於滅法
於此四種毒蛇中　地水二蛇多沉下
風火二蛇性輕舉　由此乖違衆病生
心識依止於此身　造作種種善惡業
當往人天三惡趣　隨其業力受身形
遭諸疾病身死後　大小便利悉盈流
膿爛蟲蛆不可樂　棄在屍林如朽木

BD14543號　金光明最勝王經卷五　（22–9）

心識依止於此身　造作種種善惡業
當往人天三惡趣　隨其業力受身形
遭諸疾病身死後　大小便利悉盈流
膿爛蟲蛆不可樂　棄在屍林如朽木
汝等當觀法如是　云何執有我衆生
一切諸法盡無常　悉從無明緣力起
彼諸大種咸虛妄　本非實有體無生
故說大種性皆空　知此浮虛非實有
無明自性本是無　藉衆緣力和合有
於一切時失正慧　故我說彼為無明
行識為緣有名色　六處及觸受隨生
愛取有緣生老死　憂悲苦惱恒隨逐
衆苦惡業常纏迫　生死輪迴無息時
本來非有體是空　由不如理生分別
我斷一切諸煩惱　常以正智現前行
了五蘊宅悉皆空　求證菩提真實處
我開甘露大城門　示現甘露微妙器
既得甘露真實味　常以甘露施群生
我擊最勝大法鼓　我吹最勝大法螺
我然最勝大明燈　我降最勝大法雨
降伏煩惱諸怨結　建立無上大法幢
於生死海濟群迷　我當關閉三惡趣
煩惱熾火燒衆生　無有救護無依止
清涼甘露充足彼　身心熱惱並皆除
由是我於無量劫　恭敬供養諸如來
堅持禁戒趣菩提　求證法身安樂處
施他眼耳及手足　妻子僮僕心無悋

BD14543號　金光明最勝王經卷五　（22–10）

清涼甘露充足彼　身心熱惱並皆除
由是我於無量劫　恭敬供養諸如來
堅持禁戒趣菩提　求證法身安樂處
施他眼耳及手足　妻子僮僕心無悋
財寶七珎莊嚴具　隨來求者咸供給
忍辱諸度皆遍修　十地圓滿成正覺
故我得稱一切智　無有衆生度量者
假使三千大千界　盡此土地生長物
所有藂林諸樹木　稻麻竹葦及枝條
此等諸物皆伐取　並悉細末作微塵
隨處積集量難知　乃至充滿虛空界
一切十方諸剎土　所有三千大千界
地土皆悉末為塵　此微塵量不可數
假使一切衆生智　以此智慧與一人
如是智者量無邊　容可知彼微塵數
牟尼世尊一念智　令彼智人共度量
於多俱胝劫數中　不能算知其少分
時諸大衆聞佛說此甚深空性有無量衆
生能了達四大五蘊體性俱空六根六境妄
生繫縛願捨輪迴正修出離深心慶喜如說
奉持

金光明最勝王經依空滿願品第十

爾時如意寶光耀天女於大衆中聞說深法
歡喜踊躍從座而起偏袒右肩右膝著地合
掌恭敬白佛言世尊唯願為說於甚深理修
行之法而說頌言
我問照世界　兩足最勝尊　菩薩正行法　唯願慈聽許

BD14543號　金光明最勝王經卷五　（22–11）

尒時如意寶光耀天女於大衆中聞說深法
歡喜踊躍從座而起偏袒右肩右膝著地合
掌恭敬白佛言世尊唯願為說於甚深理修
行之法而說頌言
我問照世界　兩足最勝尊　菩薩所行法　唯願慈聽許
佛言善女天　若有疑惑者　隨汝意所問　吾當分別說
是時天女請世尊曰
云何諸菩薩　行菩提所行　離生死涅槃　饒益自他故
佛告善女天依於法界行菩提法修平等行
云何依於法界行菩提法修平等行謂於五
蘊能現法界法界即是五蘊五蘊不可說非
五蘊亦不可說何以故若法界是五蘊即是
斷見若離五蘊即是常見離於二相不著二
邊不可見過所見無名無相是則名為說於
法界善女天云何五蘊能現法界如是五蘊
不從因緣生何以故若從因緣生者為已生
故生為未生故生若已生者何用因緣若
未生生者不可得生何以故未生諸法即是
非有無名無相非挍量譬喻之所能及非是
因緣之所生故善女人譬如鼓聲依木依皮
及桴手等故得出聲如是鼓聲過去亦空未
來亦空現在亦空何以故是鼓音聲不從木
生不從皮生及桴手生不於三世生是則不
生若不可生則不可滅若不可滅無所從來
若無所從來亦無所去若無所去則非常非
斷若非常非斷則不一不異何以故此若是
一則不異法界若如是者凡夫之人應見真
諦得於無上安樂涅槃既不如是故知不一

BD14543號　金光明最勝王經卷五　（22–12）

若無所從來亦無所去若無所去則非常非
斷若非常非斷則不一不異何以故此若是
一則不異法界若如是者凡夫之人應見真
諦得於無上安樂涅槃既不如是故知不一
若言異者一切諸佛菩薩行相即是執著未
得解脫煩惱繫縛即不證阿耨多羅三藐三
菩提何以故一切聖人於行非行同真實性
是故不異故知五蘊非有非無不從因緣生
非無因緣生是聖所知非餘境故亦非言說
之所能及無名無相無因無緣亦無譬喻始
終寂靜本來自空是故五蘊能現法界善女
天若善男子善女人欲求阿耨多羅三藐三
菩提異真異俗難可思量於凡聖境體非一
異不捨於俗不離於真依於法界行菩提行
尒時世尊作是語已時善女天踊躍歡喜即
從座起偏袒右肩右膝着地合掌恭敬一心
頂礼而白佛言世尊如上所說菩提所行我
今當學是時索訶世界主大梵天王於大衆
中問如意寶光耀善女人曰此菩提行難可
修行汝今云何於菩提行而得自在尒時善
女天答梵王曰大梵王如佛所說實是甚深
一切異生不解其義是聖境界微妙難知若
使我今依於此法得安樂住是實語者願令
一切五濁惡世無量無數無邊衆生皆得金
色卅二相非男非女坐寶蓮花受無量樂雨
天妙花諸天音樂不鼓自鳴一切供養皆悉
具足時善女天說是語已一切五濁惡世所

BD14543號　金光明最勝王經卷五　（22–13）

一切五濁惡世無量無數無邊衆生皆得金
色卅二相非男非女坐寶蓮花受無量樂雨
天妙花諸天音樂不鼓自鳴一切供養皆悉
具足時善女天說是語已一切五濁惡世所
有衆生皆悉金色具大人相非男非女坐寶
蓮花受無量樂猶如他化自在天宮無諸惡
道寶樹行列七寶蓮花遍滿世界又雨七寶
上妙天花作天伎樂如意寶光耀善女天即
轉女身作梵天身時大梵王問如意寶光耀
菩薩言仁者如何行菩提行荅言梵王若水
中月行菩提行我亦行菩提行若夢中行菩
提行我亦行菩提行若陽燄行菩提行我亦
行菩提行若谷響行菩提行我亦行菩提行
時大梵王聞此說已白菩薩言仁依何義而
說此語荅言梵王無有一法是實相者但由
因緣而得成故梵王言若如是者諸凡夫人
皆悉應得阿耨多羅三藐三菩提荅言仁以
何意而作是說愚癡人異智慧人異菩提異
非菩提異解脫異非解脫異梵王如是諸法
平等無異於此法界真如不異無有中間而
可執著無增無減梵王譬如幻師及幻弟子
善解幻術於四衢道取諸沙土草木葉等聚
在一處作諸幻術使人覩見象衆馬衆車兵
等衆七寶之聚種種倉庫若有衆生愚癡無
智不能思惟不知幻本若見若聞作是思惟
我所見聞象馬等衆此是實有餘皆虛妄於
後更不審察思惟有智之人則不如是了於

等衆七寶之聚種種倉庫若有衆生愚癡無
智不能思惟不知幻本若見若聞作是思惟
我所見聞象馬等衆此是實有餘皆虛妄於
後更不審察思惟有智之人則不如是了於
幻本若見若聞作如是念如我所見象馬等
衆非是真實唯有幻事惑人眼目妄謂象等
及諸倉庫有名無實如我見聞不執為實後
時思惟知其虛妄是故智者了一切法皆無
實體但隨世俗如見如聞表宣其事思惟諦
理則不如是復由假說顯實義故梵王愚癡
異生未得出世聖慧之眼未知一切諸法真
如不可說故是諸凡愚若見若聞行非行法
如是思惟便生執著謂以為實於第一義不
能了知諸法真如是不可說是諸聖人若見
若聞行非行法隨其力能不生執著以為實
有了知一切無實行法無實非行法但妄思
量行非行相唯有名字無有實體是諸聖人
隨世俗說為欲令他知真實義如是梵王是
諸聖人以聖智見了法真如不可說故行非行
法亦復如是令他證知故說種種世俗名言
時大梵王問如意寶光耀菩薩言有幾衆生
能解如是甚深妙法荅言梵王有衆幻人心
心數法能解如是甚深妙法梵王曰此幻化
人體是非有此之心數從何而生荅曰若知
法界不有不無如是衆生能解深義
尒時梵王白佛言世尊是如意寶光耀菩薩
不可思議通達如是甚深之義佛言如是如

人體是非有此之心數從何而生答曰若知
法界不有不無如是衆生能解深義
尒時梵王白佛言世尊是如意寶光耀菩薩
不可思議通達如是甚深之義佛言如是如
是梵王如汝所言此如意寶光耀已教汝等
發心修學無生忍法是時大梵天王與諸梵
衆從座而起偏袒右肩合掌恭敬頂礼如意
寶光耀菩薩足作如是言希有希有我等今
日幸遇大士得聞正法
尒時世尊告梵王言是如意寶光耀於未來
世當得作佛号寶燄吉祥藏如來應正遍知
明行圓滿善逝世間解無上士調御丈夫天
人師佛世尊說是品時有三千億菩薩於阿
耨多羅三藐三菩提得不退轉八千億天子
無量無數國王臣民遠塵離垢得法眼淨
尒時會中有五十億苾芻行菩薩行欲退菩
提心聞如意寶光耀菩薩說是法時皆得堅
固不可思議滿足上願更復發起菩提之心
各自脫衣供養菩薩重發無上勝進之心作
如是願願令我等功德善根悉皆不退迴向
阿耨多羅三藐三菩提梵王是諸苾芻依此
功德如說修行過九十大劫當得解悟出離
生死尒時世尊即為授記汝諸苾芻過卅阿
僧祇劫當得作佛劫名難勝光王國名無垢
光同時皆得阿耨多羅三藐三菩提皆同一
号名願莊嚴間飾王十号具足梵王是金光
明微妙經典若正聞持有大威力假使有人

僧祇劫當得作佛劫名難勝光王國名無垢
光同時皆得阿耨多羅三藐三菩提皆同一
号名願莊嚴間飾王十号具足梵王是金光
明微妙經典若正聞持有大威力假使有人
於百千大劫行六波羅蜜無有方便若有善
男子善女人書寫如是金光明經半月半月
專心讀誦是功德聚於前功德百分不及一
乃至筭數譬喻所不能及梵王是故我今令
汝修學憶念受持為他廣說何以故我於往
昔行菩薩道時猶如勇士入於戰陣不惜身
命流通如是微妙經王受持讀誦為他解說
梵王譬如轉輪聖王若在世七寶不滅王
若命終所有七寶自然滅盡梵王是金光明
微妙經王若現在世無上法寶悉皆不滅若
無是經隨處隱沒是故應當於此經王專心
聽聞受持讀誦為他解脫勸令書寫行精進
波羅蜜不惜身命不憚疲勞功德中勝我
諸弟子應當如是精勤修學
尒時大梵天王與無量梵衆帝釋四王及諸
藥叉俱從座起偏袒右肩右膝著地合掌恭
敬而白佛言世尊我等皆願守護流通是金
光明微妙經典及說法師若有諸難我當除
遣令具衆善色力充足辯才無礙身意泰然
時會聽者皆受安樂所在國土若有飢饉怨
賊非人為惱害者我等天衆皆為擁護使其
人民安隱豊樂無諸枉橫皆是我等天衆之

遣令身辨善色力充足辯才無礙身意泰然
時會聽者皆受安樂所在國土若有飢饉怨
賊非人為惱害者我等天眾皆為擁護使其
人民安隱豊樂無諸枉横皆是我等天眾之
力若有供養是經典者我等亦當恭敬供
養如佛不異
尒時佛告大梵天王及諸梵眾乃至四王諸
藥叉等善哉善哉汝等得聞甚深妙法復能
於此微妙經王發心擁護及持經者當獲無
邊殊勝之福速成無上正等菩提時梵王等
聞佛語已歡喜頂受
金光明最勝王經四天王觀察人天品第十一
尒時多聞天王持國天王增長天王廣目天
王俱從座起偏袒右肩右膝著地合掌向佛
礼佛足已白言世尊是金光明最勝王經一
切諸佛常念觀察一切菩薩之所恭敬一切
天龍常所供養及諸天眾常生歡喜一切護
世稱揚讚歎聲聞獨覺皆共受持悉能明照
諸天宮殿能與一切眾生殊勝安樂止息地
獄餓鬼傍生諸趣苦惱一切怖畏悉能除殄
有怨敵尋即退散飢饉惡時能令豊稔疾
疫病苦皆令蠲愈一切災變百千苦惱咸悉
消滅世尊是金光明最勝王經能為如是安
隱利益饒益我等唯願世尊於大眾中廣為
宣說我等四王并諸眷屬聞此甘露無上法
味氣力充實增益威光精進勇猛神通倍勝
世尊我等四王修行正法常說正法以法化
世我等令彼天龍藥叉揵闥婆阿蘇羅揭路

隱利益饒益我等唯願世尊於大眾中廣為
宣說我等四王并諸眷屬聞此甘露無上法
味氣力充實增益威光精進勇猛神通倍勝
世尊我等四王修行正法常說正法以法化
世我等令彼天龍藥叉健闥婆阿蘇羅揭路
荼俱槃荼緊那羅莫呼羅伽及諸人王常以
正法而化於世遮去諸惡所有鬼神吸人精
氣無慈悲心者悉令遠去世尊我等四王與二
十八部藥叉大將并與無量百千藥叉以淨
天眼過於世人觀察擁護此贍部洲世尊以
此因緣我等諸王名護世者又復於此洲中
若有國王被他怨賊常來侵擾及多飢饉疾
疫流行無量百千災厄之事世尊我等四王
於此金光明最勝王經恭敬供養若有苾芻
法師受持讀誦我等四王共往覺悟勸請其
人時彼法師由我神通覺悟力故往彼國界
廣宣流布是金光明微妙經典由經力故令
彼無量百千衰惱災厄之事悉皆除遣世尊
若諸人王於其國內有持是經苾芻法師至
彼國時當知此經亦至其國世尊時彼國王
應往法師處聽其所說聞已歡喜於彼法師
恭敬供養深心擁護令無憂惱演說此經利
益一切世尊以是緣故我等四王皆共一心
護是人王及國人民令離災患常得安隱世
尊若有苾芻苾芻尼鄔波索迦鄔波斯迦持
是經者時彼人王隨其所須供給供養令無
乏少我等四王令彼國主及以國人悉皆安

護是人王及國人民令離災患常得安隱世
尊若有苾蒭苾蒭尼鄔波索迦鄔波斯迦持
是經者時彼人王隨其所須供給供養令無
乏少我等四王令彼國主及以國人悉皆安
隱遠離災患世尊若有受持讀誦是經典者
人王於此供養恭敬尊重讚歎我等當令彼
王於諸王中恭敬尊重最為第一諸餘國王
共所稱歎大衆聞已歡喜受持

金光明最勝王經卷第五

奘盈益驥許救窒丁結稔任甚

大周長安三年歲次癸卯十月己未朔四日壬戌三藏法師義淨奉
制於長安西明寺新譯并綴文正字
翻經沙門婆羅門三藏寶思惟證梵義
翻經沙門婆羅門尸利末多讀梵文
翻經沙門七寶臺上坐法寶證義
翻經沙門荊州玉泉寺弘景證義
翻經沙門大福先寺寺主法明證義
翻經沙門崇先寺神英證義
翻經沙門大興善寺伏禮證文
翻經沙門大福先寺上座波崙筆受
翻經沙門清禪寺寺主德感證義
翻經沙門大周西寺仁亮證義
翻經沙門大總持寺上坐大儀證義
翻經沙門大周西寺寺主法藏證義
翻經沙門佛授記寺都維那惠表筆受

BD14543號　金光明最勝王經卷五　（22–20）

翻經沙門婆羅門三藏寶思惟證梵義
翻經沙門婆羅門尸利末多讀梵文
翻經沙門七寶臺上坐法寶證義
翻經沙門荊州玉泉寺弘景證義
翻經沙門大福先寺寺主法明證義
翻經沙門崇先寺神英證義
翻經沙門大興善寺伏禮證文
翻經沙門大福先寺上座波崙筆受
翻經沙門清禪寺寺主德感證義
翻經沙門大周西寺仁亮證義
翻經沙門大總持寺上坐大儀證義
翻經沙門大周西寺寺主法藏證義
翻經沙門佛授記寺都維那惠表筆受
翻經沙門大福先寺勝莊證義
翻經沙門大福先寺都維那慈訓證義
請翻經沙門天宮寺明曉
轉經沙門北庭龍興寺法海受

BD14543號　金光明最勝王經卷五　（22–21）

翻經沙門大總持寺上坐大儀證義
翻經沙門大周西寺寺主法藏證義
翻經沙門佛授記寺都維那惠表筆受
翻經沙門大福先寺勝莊證義
翻經沙門大福先寺都維那慈訓證義
請翻經沙門天宮寺明曉
轉經沙門北庭龍興寺法海受

BD14543 號　金光明最勝王經卷五　（22–22）

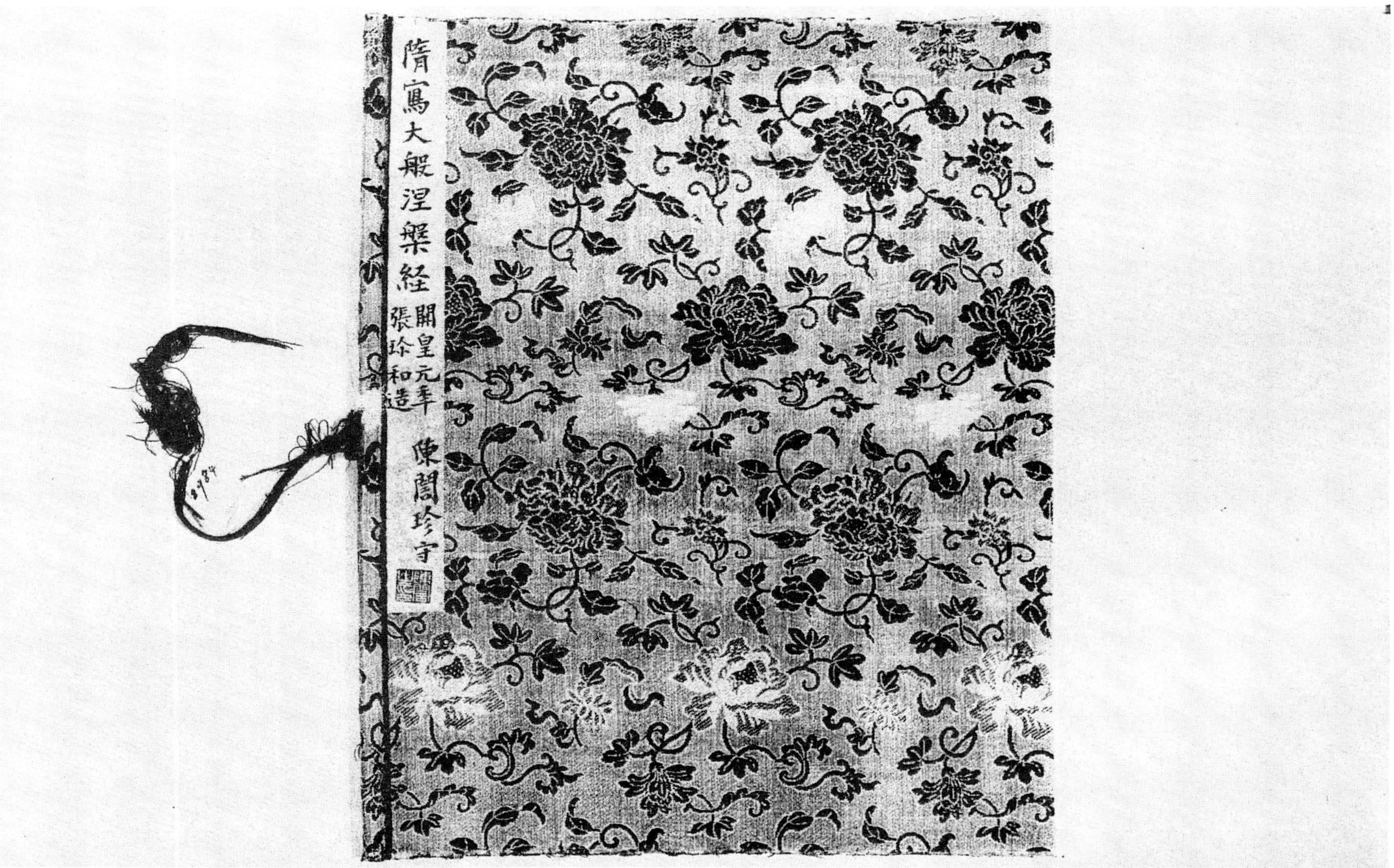
隋寫大般涅槃經
開皇元年張珍和造
陳閎珍守

BD14544 號背　護首　（1–1）

也是名眼見
所有音聲當知
見如來所從神
衆生不為利養
見若觀如來以他
為利養說為衆生說若為
利養當知是則為如來也是名聞
來而受是身何故受身為誰受身
見如來云何說法何故說法

BD14544號　大般涅槃經（北本　思溪本）卷二八　（24–1）

為利養說為衆生說若為
利養當知是則為如來也是名聞
來而受是身何故受身為誰受身
若觀如來云何說法何故說法
名聞見以身惡業加之不瞋當知
來也是名眼見以口惡業加之不恚當知是
則為如來也是名聞見若見菩薩初生之時
於十方面各行七步摩尼跋陀富那跋陀鬼
神大將執持幡蓋振動无量无邊世界金光
晃曜彌滿虛空難陀龍王及跋難陀以神通
力浴菩薩身諸天形像承迎礼拜阿私陀仙
合掌恭敬盛年捨欲如棄涕唾不為世樂之
所迷惑出家脩道樂於閑寂為破邪見六年
苦行於諸衆生平等无二心常在定初无散
乱相好嚴麗莊飾其身所遊之處丘墟皆平
衣服離身四寸不墮行時直視不顧左右所
食之物物无完過坐起之處草不動亂為調
衆生故往說法心无憍慢是名眼見若聞菩
薩行七步已唱如是言我今此身是最後邊
阿私陀仙合掌而言大王當知悉達太子定
當得成阿耨多羅三藐三菩提終不在家作
轉輪王何以故相明了故轉輪聖王相不明
了悉達太子身相炳著是故必得阿耨多羅
三藐三菩提見老病死復作是言一切衆生
甚可憐愍常與如是生老病死共相隨逐而
不能觀常行於苦我當斷之從阿羅羅五通
仙人受无相定既成就已復說其過從鬱陀
仙人受非有想非无想定既成就已說非涅

BD14544號　大般涅槃經（北本　思溪本）卷二八　（24–2）

三藐三菩提見老病死復作是語一切衆生
甚可憐愍常與如是生老病死共相隨逐而
不能觀常行於苦我當斷之從阿羅羅五通
仙人受无相定既成就已復說其過從欝陁
伽仙受非有想非无想定既成就已說非涅
槃是生死法六年苦行无所尅獲即作是言
脩是苦行空无所得若是實者我應得之以
虛妄故我无所得是名耶術非正道也既成
道已梵天勸請唯願如來當為衆生廣開甘
露說无上法佛言梵王一切衆生常為煩惱
之所鄣覆不能受我正法之言梵王復言世
尊一切衆生凡有三種所謂利根中根鈍根
利根能受唯願為說佛言梵王諦聽諦聽我
今當為一切衆生開甘露門即於波羅柰國
轉正法輪宣說中道一切衆生不破諸結非
不能破非破非不破故名中道不度衆生非
不能度是名中道非一切成亦非不成是名
中道凡有所說不自言師不言弟子是名中
道說不為利非不得果是名中道正語實語
時語真語言不虛發微妙第一如是等法是
名聞見善男子如來心相實不可見若有善
男子善女人欲見如來應當依是二種因緣
尒時師子吼菩薩摩訶薩白佛言世尊如先
所說菴羅菓喻四種人等有人行細心不正
實有人心細行不正實有人心細行亦正實
有人心不細行不正實是初二種云何可知
如佛所說唯依是二不可得知佛言善哉善
哉善男子菴羅菓喻二種人等實難可知以

BD14544 號　大般涅槃經（北本　思溪本）卷二八　（24-3）

實有人心細行不正實有人心細行亦正實
有人心不細行不正實是初二種云何可知
如佛所說唯依是二不可得知佛言善哉善
哉善男子菴羅菓喻二種人等實難可知以
難知故我經中說當與共住住若不知當與
久處久處不知當以智慧智若不知當深觀
察以觀察故則知持戒及以破戒善男子具
是四事共住久處智慧觀察然後得知持戒
破戒善男子戒有二種持者亦二一究竟戒
二不究竟有人以因緣故受持禁戒智者當
觀是人持戒為為利養為究竟持善男子如
來戒者无有因緣是故得名為究竟戒以是
義故菩薩雖為諸惡衆生之所傷害不生恚
导是故如來得名成就畢竟持戒究竟持戒
善男子我昔一時與舍利弗及五百弟子俱
共止住摩伽陁國瞻婆大城時有獵師追逐
一鴿是鴿惶怖至舍利弗影猶故戰慄如芭
蕉樹至我影中身心安隱恐怖得除是故當
知如來世尊畢竟持戒乃至身影猶有是力
善男子不究竟戒尚不能得聲聞緣覺何況
能得阿耨多羅三藐三菩提
復有二種一為利養二為正法為利養故受
持禁戒當知是戒不見佛性及以如來雖聞
佛性及如來名猶不得名為聞見也若為正
法受持禁戒當知是戒能見佛性及以如來
是名眼見亦名聞見復有二種一者根深難
拔二者根淺易動若能脩集空无想願是名
根深難拔若不脩集是三三昧雖復脩集為

BD14544 號　大般涅槃經（北本　思溪本）卷二八　（24-4）

法受持禁戒當知是戒能見佛性及以如来
是名眼見亦名聞見復有二種一者根深難
拔二者根淺易動若能脩集空无想願是名
根深難拔若不脩集是三三昧雖復脩集為
二十五有是名根淺易動復有二種一為自
身二為衆生為衆生者能見佛性及以如来
持戒之人復有二種一者性自能持二者須
他教勑若受戒已逕无量世初不漏失或值
惡國遇惡知識惡時惡世聞耶惡法耶見同
止尒時雖无受戒之法脩持如本无所毀犯
是名性自能持若遇師僧白四羯磨然後得
戒雖得戒已要憑和上諸師同學善友誨喻
乃知進止聽法說法脩諸威儀是名須他教
勑善男子性能持者眼見佛性及以如来亦
名聞見戒復有二一聲聞戒二菩薩戒從初
發心乃至得成阿耨多羅三藐三菩提是名
菩薩戒若觀白骨乃至證得阿羅漢果是名
聲聞戒若有受持聲聞戒者當知是人不見
佛性及以如来若有受持菩薩戒者當知是
人得阿耨多羅三藐三菩提能見佛性如来
涅槃師子吼菩薩言世尊何因緣故受持禁
戒佛言善男子為心不悔故何故不悔為受
樂故何故受樂為遠離故何故遠離為安隱
故何故安隱為禪定故何故禪定為實知見
故何故實知見為見生死諸過患故何故見
於生死過患為心不貪著故何故心不貪著
為得解脫故何故解脫為得无上大般涅槃

樂故何故受樂為遠離故何故遠離為安隱
故何故安隱為禪定故何故禪定為實知見
故何故實知見為見生死諸過患故何故見
於生死過患為心不貪著故何故心不貪著
為得解脫故何故解脫為得无上大般涅槃
故何故為得大般涅槃為得常樂我淨法故
何故為得常樂我淨為得不生不滅故何故為
得不生不滅為見佛性故是故菩薩性自能持
究竟淨戒善男子持戒比丘雖不發願求不
悔心不悔之心自然而得何以故法性尒故
雖不求樂遠離安隱真實知見見生死過心
不貪著解脫涅槃常樂我淨不生不滅見於
佛性而自然得何以故法性尒故師子吼菩
薩言世尊若因持戒得不悔果因於解脫得
涅槃果者戒則无因涅槃无果戒若无因則
名為常涅槃有因則是无常若尒者涅槃則
為本无今有若本无今有是為无常猶如燈
焰涅槃若尒云何得名我樂淨耶佛言善男
子善哉善哉汝已曾於无量佛所種諸善根
能問如来如是深義善男子不失本念乃知
是耶我憶往昔過无量劫波羅㮈城有佛出
世号曰善得尒時彼佛三億歲中演說如是
大涅槃經我時與汝俱在彼會我以是事諮問
彼佛尒時如来為衆生故三昧正受未答
此事善哉大士乃能憶念如是本事諦聽諦
聽當為汝說戒亦有因謂聽正法聽正法者
是亦有因謂近善友近善友者是亦有因所
謂信心信心者是亦有因因有二種一者聽

此事善哉大士乃能憶念如是本事諦聽諦
聽當為汝說我亦有因謂聽正法聽正法者
是亦有因謂近善友近善友者是亦有因所
謂信心信心者是亦有因因有二種一者聽
法二者思惟義善男子信心者因於聽法聽
法者因於信心如是二法亦因亦因因亦果
亦果果善男子譬如尼乾立拒舉瓶互為因
果不得相離善男子如无明緣行行緣无明
是无明行亦因亦因因亦果亦果果乃至生
緣老死老死緣生是生老死亦因亦因因亦
果亦果果善男子生能生法不能自生不自
生故由生生生生不自生復賴生故生是故
二生亦因亦因因亦果亦果果善男子信心
聽法亦復如是善男子是果非因謂大涅
槃何故名果是上果故沙門果故婆羅門果故
斷生死故破煩惱故是故名果為諸煩惱之
所呵責是故涅槃名果煩惱者名為過過善
男子涅槃无因而體是果何以故无生滅故
无所作故非有為故是无為故常不變故无
處所故无始終故善男子若涅槃有因則不
得稱為涅槃也槃者言因般涅言无无有因
故故稱涅槃師子吼菩薩言如佛所說涅槃
无因是義不然若言无者則合六義一者畢
竟无故故名為无如一切法无我无我所二
者有時无故故名為无如世人言河池无水
无有日月三者少故故名為无如世人言食
中少鹹名為无鹹甘漿少甜名為无甜四者
无受故名為无如旃陀羅不能受持婆羅門

BD14544號　大般涅槃經（北本　思溪本）卷二八　（24–7）

者有時无故故名為无如世人言河池无水
无有日月三者少故故名為无如世人言食
中少鹹名為无鹹甘漿少甜名為无甜四者
无受故名為无如旃陀羅不能受持婆羅門
法是故名為无婆羅門五者受惡法故故名
為无如世間言人受惡法不名沙門及婆羅
門是故名為无有沙門及婆羅門六者不對
故名為无譬如无白名之為黑无有明故名
之无明世尊涅槃若尒有時无因故名涅槃
佛言善男子汝今所說如是六義何故不引
畢竟无者以喻涅槃乃取有時无耶善男子
涅槃之體畢竟无因猶如无我及无我所善
男子世法涅槃終不相對是故六事不得為
喻善男子一切諸法悉无有我而此涅槃真
實有我以是義故涅槃无因而體是果是因
非果名為佛性非因生故是因非果非沙門
果故名非果何故名因以了因故善男子因
有二種一者生因二者了因能生法者是名
生因燈能了物故名了因煩惱諸結是名生
因衆生父母是名了因如穀子等是名生因
地水糞等是名了因復有生因謂六波羅蜜
阿耨多羅三藐三菩提復有了因所謂佛性
阿耨多羅三藐三菩提復有了因謂六波羅
蜜佛性復有生因謂首楞嚴三昧阿耨多羅
三藐三菩提復有了因謂八正道阿耨多羅
三藐三菩提復有生因所謂信心六波羅蜜
師子吼菩薩言世尊如佛所說見於如來及
以佛性是義云何世尊如來之身无有相貌

BD14544號　大般涅槃經（北本　思溪本）卷二八　（24–8）

三藐三菩提復有了因謂八正道阿耨多羅
三藐三菩提復有生因所謂信心六波羅蜜
師子吼菩薩言世尊如佛所說見於如來及
以佛性是義云何世尊如來之身无有相貌
非長非短非白非黑无有方所不在三界非
有為相非眼識識云何可見佛性亦尒佛言
善男子佛身二種一者常二者无常无常者
為欲度脫一切衆生方便示現是名眼見常
者如來世尊解脫之身亦名眼見亦名聞見
佛性亦二一者可見二不可見可見者十住
菩薩諸佛世尊不可見者一切衆生眼見者
謂十住菩薩諸佛如來眼見衆生所謂佛性
聞見者一切衆生九住菩薩聞有佛性如來
之身復有二種一者是色二者非色色者如
來解脫非色者如來永斷諸色相故佛性二
種一者是色二者非色色者阿耨多羅三藐
三菩提非色者凡夫乃至十住菩薩十住菩
薩見不了了故名非色善男子佛性者復有
二種一者是色二者非色色者謂佛菩薩非
色者一切衆生色者名為眼見非色者名為
聞見佛性者非內非外雖非內外然不失壞
故名衆生悉有佛性師子吼菩薩言世尊如
佛所說一切衆生悉有佛性如乳中有酪金
剛力士諸佛佛性如清提湖云何如來說言
佛性非內非外佛言善男子我亦不說乳中有
酪酪從乳生故言有酪世尊一切生法各
有時節善男子乳時无酪亦无生蘇熟蘇提

剛力士諸佛佛性如清提湖云何如來說言
佛性非內非外佛言善男子我亦不說乳中有
酪酪從乳生故言有酪世尊一切生法各
有時節善男子乳時无酪亦无生蘇熟蘇提
湖一切衆生亦謂是乳是故我言乳中无酪
如其有者何故不淂二種名字如人二能言
金鐵師酪時无乳生蘇熟蘇及以提湖衆生
亦謂是酪非乳非生熟蘇及以提湖亦復如
是善男子因有二種一者正因二者緣因正
因者如乳生酪緣因者如煖酵等從乳生
故故言乳中而有酪性師子吼菩薩言世尊
若乳无酪性角中亦无何故不從角中生耶
善男子角亦生酪何以故我亦說言緣因有
二一酵二煖角性煖故亦能生酪師子吼言
世尊若角能生酪求酪之人何故求乳而不取
角佛言善男子是故我說正因緣因師子吼
菩薩言若使乳中本无酪性今方有者乳中
本无菴摩羅樹何故不生二俱无故善男子乳
亦能生菴摩羅樹若以乳灌一夜之中增長
五尺以是義故我說二因善男子若一切法一
因生者可淂難言乳中何故不能出生菴摩
羅樹善男子猶如四大為一切色而作因緣
然色各異差別不同以是義故乳中不生菴
摩羅樹世尊如佛所說有二因者正因緣因
衆生佛性為是何因善男子衆生佛性亦二
種因一者正因二者緣因正因者謂諸衆生緣因
者謂六波羅蜜師子吼言世尊我今定知
乳有酪性何以故我見世間求酪之人唯取

衆生佛性亦二
種因一者正因二者緣因正因者謂諸衆生緣因
者謂六波羅蜜師子吼言世尊我今定知
乳有酪性何以故我見世間求酪之人唯取
於乳終不取水是故當知乳有酪性善男子
如汝所問是義不然何以故一切衆生欲見面
像即便取刀師子吼言世尊以是義故乳有
酪性若刀无面像何故取刀佛言善男子若
此刀中定有面像何故顛倒豎則見長橫則
見闊若是自面何故見長若是他面何得稱
言是己面像若因己面見他面者何故不見
驢馬面像師子吼言世尊眼光到彼故見面
像佛言善男子而此眼光實不到彼何以故
近遠一時俱得見故不見中間所有物故善
男子光若到彼而得見者一切衆生悉見於
火何故不燒如人遠見白物不應生疑鵠耶
幡耶人耶樹耶若光到者云何得見水精中
物淵中魚石若不到見何故得見水精中物
而不得見壁外之色是故若言眼光到彼而
得見者是義不然善男子如汝所言乳有酪
者何故賣乳之人但收乳價不責酪直賣草
馬者但取馬價不責駒直善男子世間之人
无子息故故求娉婦婦若懷妊不得言女若
言是女有兒性故故應娉婦是義不然何以
故若有兒性亦應有孫若有孫者則是兄弟
何以故一腹生故是故我言女无兒性若其
乳中有酪性者何故一時不見五味若樹子
中有尼拘陀五丈質者何故一時不見芽莖

故若有兒性亦應有孫若有孫者則是兄弟
何以故一腹生故是故我言女无兒性若其
乳中有酪性者何故一時不見五味若樹子
中有尼拘陀五丈質者何故一時不見芽莖
枝葉華菓形色之異善男子乳色時異味異
菓異乃至提湖亦復如是云何可說乳有酪
性善男子譬如有人明當服蘇今已患臭若
言乳中定有酪性亦復如是善男子譬如有
人有筆紙墨和合成字而是紙中本无有字
以本无故假緣而成若本有者何須衆緣譬
如青黃合成綠色當知是二本无綠性若本
有者何須合成善男子譬如衆生因食得命
而此食中實无有命若本有命未食之時食
應是命善男子一切諸法本无有性以是義
故我說是偈
本无今有　本有今无　三世有法　无有是處
善男子一切諸法因緣故生因緣故滅善男
子若諸衆生內有佛性者一切衆生應有佛性
如我今也衆生佛性不破不壞不牽不捉不
繫不縛如衆生中所有虛空一切衆生悉有
虛空无罣㝵故各不自見有此虛空若使衆
生无虛空者則无去來行住坐臥不生不長
以是義故我經中說一切衆生有虛空界虛
空界者是名虛空衆生佛性亦復如是十住
菩薩少能見之如金剛珠善男子衆生佛性
諸佛境界非是聲聞緣覺所知一切衆生不
見佛性是故常為煩惱繫縛流轉生死見佛
性故諸結煩惱所不能繫解脫生死得大涅

菩薩少能見之如金剛珠善男子衆生佛性
諸佛境界非是聲聞緣覺所知一切衆生不
見佛性是故常為煩惱繫縛流轉生死見佛
性故諸結煩惱所不能繫解脫生死得大涅
槃師子吼菩薩言世尊一切衆生有佛性性
如乳中酪性若乳无酪性云何佛說有二種
因一者正因二者緣因緣因者一醪二煖虛
空无性故无緣因佛言善男子若使乳中定
有酪性者何須緣因師子吼菩薩言世尊以
有性故故須緣因何以故欲明見故緣因者
即是了因世尊譬如闇中先有諸物為欲見
故以燈照了若本无者燈何所照如土中有
瓶故須人功輪繩杖等而為了因如尼拘陁
子須地水糞而作了因乳中醪煖亦復如是
須作了因是故雖先有性要假了因然後得
見以是義故定知乳中先有酪性善男子若
使乳中定有性者即是了因若是了因復何
須了善男子若是了因性是了者常應自了
若是不了何能了他若言了因有二種性一
者自了二者了他是義不然何以故了因一
法云何有二若有二者乳亦應二若使乳中
无二相者云何了因而獨有二師子吼言世
尊如世人言我共八人了因亦尒自了了他
佛言善男子了因若尒則非了因何以故數
者能數自色他色故得言八而此色性自无
了相无了相故要須知性乃數自他是故了
因不能自了亦不了他善男子一切衆生有
佛性性者何故脩集无量功德若言脩集是

BD14544號　大般涅槃經（北本　思溪本）卷二八　（24–13）

者能數自色他色故得言八而此色性自无
了相无了相故要須知性乃數自他是故了
因不能自了亦不了他善男子一切衆生有
佛性性者何故脩集无量功德若言脩集是
了因者已同酪壞若言因中定有果者戒定
知慧則无增長我見世人本无禁戒禪定知慧
從師受已漸漸增長若言師教是了因者當
師教時受者未有戒定知慧若是了者應了
未有云何乃了戒定知慧令得增長師子吼
菩薩言世尊若了因无者云何得名有乳有
酪善男子世間荅難凡有三種一者轉荅如
先所說何故名戒以不悔故乃至為得大涅
槃故二者嘿然荅如有梵志來問我言我是
常耶我時嘿然三者疑荅如此經中若了因
有二乳中何故不得有二善男子我今轉荅
如世人言有乳酪者以定得故是故得名有
乳有酪佛性亦尒有衆生有佛性以當見故
師子吼言世尊如佛所說是義不然過去已
滅未來未到云何名有若言當有名為有者
是義不然如世間人見无兒息便言无兒一
切衆生无佛性者云何說言一切衆生悉有
佛性佛言善男子過去名有譬如種橘芽生
子滅芽亦甘甜乃至生菓味亦如是熟已乃
酢善男子而是酢味子芽乃至生菓悉无隨
本熟時形色相貌則生酢味而是酢味本无
今有雖本无今有非不因本如是本子雖復
過去故得名有以是義故過去名有云何復
名未來為有譬如有人種殖胡麻有人問言

BD14544號　大般涅槃經（北本　思溪本）卷二八　（24–14）

本熟時形色相貌則生酢味而是酢味本无
今有雖本无今有非不因本如是本子雖復
過去故得名有以是義故過去名有云何復
名未來為有譬如有人種殖胡麻有人問言
何故種此荅言有油實未有油胡麻熟已收
子熬之擣押然後乃得出油當知是人非虛
妄也以是義故名未來有云何復名過去有
耶善男子譬如有人私屏罵王逕歷年歲王
乃聞之聞已即問何故見罵荅言大王我不
罵也何以故罵者已滅王言罵者我身二俱
存在云何言滅以是因緣喪失身命善男子
是二實无而果不滅是名過去有云何復名
未來有耶譬如有人往陶師所問有瓶不荅
言有瓶而是陶師實未有瓶以有泥故故言
有瓶當知是人非妄語也乳中有酪眾生佛
性亦復如是欲見佛性應當觀察時節形色
是故我說一切眾生悉有佛性實不虛妄師
子吼言一切眾生无佛性者云何而得阿耨
多羅三藐三菩提以正因故故令眾生得阿
耨多羅三藐三菩提何等正因所謂佛性世
尊若尼拘陀子无尼拘陀樹者何故名為尼
拘陀子而不名為佉陀羅子世尊如瞿曇性
不得稱為阿坻耶性阿坻耶性亦復不得稱
瞿曇性尼拘陀子亦復如是不得稱為佉陀
羅子佉陀羅子不得稱為尼拘陀子猶如世
尊不得捨離瞿曇種性眾生佛性亦復如是
以是義故當知眾生悉有佛性佛言善男子
若言子中有尼拘陀者是義不然如其有者

BD14544 號　大般涅槃經（北本　思溪本）卷二八　（24–15）

羅子佉陀羅子不得稱為尼拘陀子猶如世
尊不得捨離瞿曇種性眾生佛性亦復如是
以是義故當知眾生悉有佛性佛言善男子
若言子中有尼拘陀者是義不然如其有者
何故不見善男子如世間物有因緣故不可
得見云何因緣謂遠不可見如空中鳥跡近
不可見如人眼睫壞故不見如根敗者亂想
故不見如心不專一細故不見如小微塵鄣
故不見如雲表星多故不見如稻聚中麻相
似故不見如豆在豆聚中尼拘陀樹不同如是
八種因緣如其有者何故不見若言細鄣故
不見者是義不然何以故樹相麁故若言性
細云何增長若言鄣故不可見者常應不見
本无麁相今則見麁當知是麁本无其性本
无見性今則可見當知是見亦本无性子亦
如是本无有樹今則有之當有何咎師子吼
言如佛所說有二種因一者正因二者了因
尼拘陀子以地水糞作了因故令細得麁佛
言善男子若本有者何須了因若本无性了
何所了若尼拘陀中本无麁相以了因故乃
生麁相何以不生佉陀羅樹二俱无故善男
子若細不見麁應可見譬如一塵則不可
見多塵和合則應可見如是子中麁應可見
何以故是中已有芽莖華葉一一葉中有无
量子一一子中有无量樹是故名麁有是麁
故故應可見善男子若尼拘陀子有尼拘陀
性而生樹者眼見是子為火所燒如是燒性
亦應本有若本有者樹不應生若一切法本

BD14544 號　大般涅槃經（北本　思溪本）卷二八　（24–16）

量子一一子中有无量樹是故名麁有是麁
故故應可見善男子若尼拘陁子有尼拘陁
性而生樹者眼見是子爲火所燒如是燒性
亦應本有若本有者樹不應生若一切法本
有生滅何故先生後滅不一時耶以是義故
當知无性師子吼菩薩言世尊若尼拘陁子
本无樹性而生樹者是子何故不出於油二
俱无故善男子如是子中亦能出油雖无本
性因緣故有師子吼言何故不名胡麻油耶
善男子非胡麻故善男子如火緣生火水緣
生水雖俱從緣不能相有尼拘陁子及胡麻
油亦復如是雖俱從緣各不相生尼拘陁子
性能治冷胡麻油者性能治風善男子譬如
甘蔗因緣故生石蜜黑蜜雖俱一緣色貌各
異石蜜治熱黑蜜治冷師子吼菩薩言世尊
如其乳中无有酪性麻无油性尼拘陁子无
有樹性泥无瓶性一切衆生无佛性者如佛
先說一切衆生悉有佛性是故應得阿耨多
羅三藐三菩提者是義不然何以故人天无
性以无性故人可作天天可作人以業因緣
不以性故菩薩摩訶薩以業緣故得阿耨多
羅三藐三菩提若諸衆生有佛性者何因緣
故一闡提等斷諸善根墮于地獄若菩提心
是佛性者一闡提等不應能斷若可斷者云
何得言佛性是常若非常者不名佛性若諸
衆生有佛性者何故名爲初發心耶云何而
言是毗跋致阿毗跋致毗跋致者當知是人
无有佛性世尊菩薩摩訶薩一心趣向阿耨

BD14544號　大般涅槃經（北本　思溪本）卷二八　　（24–17）

何得言佛性是常若非常者不名佛性若諸
衆生有佛性者何故名爲初發心耶云何而
言是毗跋致阿毗跋致毗跋致者當知是人
无有佛性世尊菩薩摩訶薩一心趣向阿耨
多羅三藐三菩提大慈大悲見生老死煩惱
過患觀大涅槃无生老死煩惱諸過信於三
寶及業果報受持禁戒如是等法名爲佛性
若離是法有佛性者何須是法而作因緣世
尊如乳不假緣必當成酪生蘇不尒要待因
緣所謂人功水瓶攢繩衆生亦尒有佛性者
應離因緣得阿耨多羅三藐三菩提若定有
者行人何故見三惡苦生老病死而生退心
亦不須修六波羅蜜即應得成阿耨多羅三
藐三菩提如乳非緣而得成酪然非不因六
波羅蜜而得成於阿耨多羅三藐三菩提以
是義故當知衆生悉无佛性如佛先說僧寶
是常如其常者則非无常非无常者云何而
得阿耨多羅三藐三菩提僧若常者云何復
言一切衆生悉有佛性世尊若使衆生從本
已來无菩提心亦无阿耨多羅三藐三菩提
後方有者衆生佛性亦應如是本无後有以
是義故一切衆生應无佛性
佛言善哉善哉善男子汝已久知佛性之義
爲衆生故作如是問一切衆生實有佛性汝
言衆生若有佛性不應而有初發心者善男
子心非佛性何以故心是无常佛性常故汝
言何故有退心者實无退心心若有退終不
能得阿耨多羅三藐三菩提以遲得故名之

BD14544號　大般涅槃經（北本　思溪本）卷二八　　（24–18）

子心非佛性何以故心是无常佛性常故汝
言何故有退心者實无退心心若有退終不
能得阿耨多羅三藐三菩提以遲得故名之
為退此菩提心實非佛性何以故一闡提等
斷於善根墮地獄故若菩提心是佛性者一
闡提輩則不得名一闡提也菩提之心亦不
得名為无常也是故定知菩提之心實非佛
性善男子汝言衆生若有佛性不應假緣如
乳成酪者是義不然何以故若言五緣成於
生蘇當知佛性亦復如是譬如衆石有金有
銀有銅有鐵俱稟四大一名一實而其所出
各各不同要假衆緣衆生福德鑪冶人功然
後出生是故當知本无金性衆生佛性不名
為佛以諸功德因緣和合得見佛性然後成
佛汝言衆生悉有佛性何故不見者是義不
然何以故以諸因緣未和合故善男子以是
義故我說二因正因緣因正因者名為佛性
緣因者發菩提心以二因緣得阿耨多羅三
藐三菩提如石出金善男子汝言僧常一切
衆生无佛性者善男子僧名和合和合有二
一者世和合二者第一義和合世和合者名
聲聞僧義和合者名菩薩僧世僧无常佛性
是常如佛性常義僧亦尒復次有僧謂法和
合法和合者謂十二部經十二部經常是故
我說法僧是常善男子僧名和合和合者名
十二因緣十二緣中亦有佛性十二緣常佛
性亦尒是故我說僧有佛性又復僧者諸佛

合法和合者謂十二部經十二部經常是故
我說法僧是常善男子僧名和合和合者名
十二因緣十二緣中亦有佛性十二緣常佛
性亦尒是故我說僧有佛性又復僧者諸佛
和合是故我說僧有佛性善男子汝言衆生
若有佛性云何有退有不退者諦聽諦聽我
當為汝分別解說善男子菩薩摩訶薩有十
三法則便退轉何等十三一者心不信二者
不作心三者疑心四者悋惜身財五者於涅
槃中生大怖畏云何能令衆生永滅六者心
不堪忍七者心不調柔八者愁惱九者不樂
十者放逸十一者自輕己身十二者自見煩
惱无能壞者十三者不樂進趣菩提之法善
男子是名十三法令諸菩薩退轉菩提復有
六法壞菩提心何等為六一者悋法二者於
諸衆生起不善心三者親近惡友四者不懃
精進五者自大憍慢六者營務世業如是六
法則能破壞菩提之心善男子有人得聞諸
佛世尊是人天師於諸衆生中最上无比勝
於聲聞辟支佛等法眼明了見法无㝵能度
衆生於大苦海聞已即復發大誓願如其世
間有如是人我亦當得以是因緣發阿耨多
羅三藐三菩提心或復為他之所教誨發菩
提心或聞菩薩阿僧祇劫修行苦行然後乃
得阿耨多羅三藐三菩提聞已思惟我今不
堪如是苦行云何能得是故有退善男子復
有五法退菩提心何等為五一者樂在外道
出家二者不捨大慈之心三者好求法師

得阿耨多羅三藐三菩提聞已思惟我今不
堪如是苦行云何能得是故有退善男子復
有五法退菩提心何等為五一者樂在外道
出家二者不脩大慈之心三者好求法師罪
過四者常樂在生死五者不憙受持讀誦
書寫解說十二部經是名五法退菩提心復
有二法退菩提心何等為二一者貪樂五欲
二者不能恭敬尊重三寶以如是等眾因緣
故退菩提心云何復名不退之心有人聞佛
能度眾生生老病死不從師諮自然脩集得
阿耨多羅三藐三菩提若菩提道是可得者
我當脩集必令得之以是因緣發菩提心所
作功德若多若少悉以迴向阿耨多羅三藐
三菩提作是誓願願我常得親近諸佛及佛
弟子常聞深法五情完具若遇苦難不失是
心復願諸佛及諸弟子常於我所生歡喜心
具五善根若諸眾生斫伐我身斬截手足頭
目支節當於是人生大慈心深自欣慶如是
諸人為我增長菩提因緣若无是者我當何
緣而得成就阿耨多羅三藐三菩提復發是
願莫令我得无根二根女人之身不繫屬人
不遭惡主不屬惡王不生惡國若得好身種
性真正多饒財寶不生憍慢令我常聞十二
部經受持讀誦書寫解說若有眾生所有演
說願令受者敬信无疑常於我所不生惡心
寧當少聞多解義味不願多聞於義不了願
作心師不師於心身口意業不與惡交能施
一切眾生安樂身戒心慧不動如山為欲受

BD14544號　大般涅槃經（北本　思溪本）卷二八　（24–21）

說願令受者敬信无疑常於我所不生惡心
寧當少聞多解義味不願多聞於義不了願
作心師不師於心身口意業不與惡交能施
一切眾生安樂身戒心慧不動如山為欲受
持无上正法於身命財不生慳悋不淨之物
不為福業正命自活心无邪諂受恩常念小
恩大報善知世中所有事藝善解眾生方俗
之言讀誦書寫十二部經不生懈怠懶墯之
心若諸眾生不樂聽聞方便引接令彼樂聞
言常柔濡口不宣惡不和合眾能令和合有
憂怖者令離憂怖飢饉之世令得豐足疫病
之世作大醫王病藥所須財寶自在令疾病
者悉得除愈刀兵之劫有大力勢斷其殘害
令无遺餘能斷眾生種種怖畏所謂若死閉
繫打擲水火王賊貧窮破戒惡名惡道如是
等畏悉當斷之父母師長深生恭敬怨憎之
中生大慈心常脩六念空三昧門十二因緣
生滅等觀出息入息天行梵行及以聖行金
剛三昧首楞嚴定无三寶處令我自得寂靜
之心若其身心受大苦時莫失无上菩提之心
莫以聲聞辟支佛心而生知足无三寶處常
在外道法中出家為破邪見不習其道得法
自在得心自在於有為法了了見過令我
怖畏二乘道果如惜命者怖畏捨身為眾生
故樂受三惡如諸眾生樂忉利天為一一人
於无量劫受地獄苦心不生悔見他得利不
生嫉心常生歡喜如自得樂若值三寶當以
衣服飲食臥具房舍醫藥燈明華香伎樂幡

BD14544號　大般涅槃經（北本　思溪本）卷二八　（24–22）

故樂受三惡如諸衆生樂刀利天爲一一人
於无量劫受地獄苦心不生悔見他得利不
生妬心常生歡喜如自得樂若值三寶當以
衣服飲食卧具房舍醫藥燈明華香伎樂幡
蓋七寶供養若受佛戒堅固護持終不生於
毀犯之想若聞菩薩難行苦行其心歡喜不
生悔恨自識往世宿命之事終不造作貪瞋
癡業不爲果報而集因緣於現在樂不生貪
着善男子若有能發如是願者是名菩薩終
不退失菩提之心亦名施主能見如來明了
佛性能調衆生度脫生死善能護持无上正
法能得具足六波羅蜜善男子以是義故不
退之心不名佛性

大般涅槃經卷第廿八

清信士張珎和夫妻同發善心減割資財敬寫涅槃
經一部願七世師長父母所生父母合家大小並生
无量壽國普及法界含生皆同此願

開皇元年歲次辛丑八月十八日

BD14544號　大般涅槃經（北本　思溪本）卷二八　（24–23）

法能得具足六波羅蜜善男子以是義故不
退之心不名佛性

大般涅槃經卷第廿八

清信士張珎和夫妻同發善心減割資財敬寫涅槃
經一部願七世師長父母所生父母合家大小並生
无量壽國普及法界含生皆同此願

開皇元年歲次辛丑八月十八日

BD14544號　大般涅槃經（北本　思溪本）卷二八　（24–24）

BD14545 號背　護首　（1–1）

是寧為多不甚多世尊佛告須菩提尒所國
土中所有衆生若干種心如来悉知何以故
如来說諸心皆為非心是名為心所以者何
須菩提過去心不可得現在心不可得未来
心不可得須菩提於意云何若有人滿三千
大千世界七寶以用布施是人以是因緣得
福多不如是世尊此人以是因緣得福甚多
須菩提若福德有實如来不說得福德多以
福德無故如来說得福德多
須菩提於意云何佛可以具足色身見不不也

BD14545 號　金剛般若波羅蜜經　（6–1）

福多不如是世尊此人以是因緣得福甚多
須菩提若福德有實如來不說得福德多以
福德無故如來說得福德多
須菩提於意云何佛可以具足色身見不不也
世尊如來不應以具足色身見何以故如來說
具足色身即非具足色身是名具足色身須
菩提於意云何如來可以具足諸相見不不
也世尊如來不應以具足諸相見何以故如
來說諸相具足即非具足是名諸相具足須
菩提汝勿謂如來作是念我當有所說法莫
作是念何以故若人言如來有所說法即為
謗佛不能解我所說故須菩提說法者無法
可說是名說法須菩提白佛言世尊佛得阿
耨多羅三藐三菩提為無所得耶如是如是
須菩提我於阿耨多羅三藐三菩提乃至無
有少法可得是名阿耨多羅三藐三菩提
復次須菩提是法平等無有高下是名阿耨
多羅三藐三菩提以無我無人無衆生無壽者
修一切善法則得阿耨多羅三藐三菩提須
菩提所言善法者如來說非善法是名善法
須菩提若三千大千世界中所有諸須弥山
王如是等七寶聚有人持用布施若人以此般
若波羅蜜經乃至四句偈等受持讀誦為他人
說於前福德百分不及一百千万億分乃至
筭數譬喻所不能及
須菩提於意云何汝等勿謂如來作是念我

BD14545號　金剛般若波羅蜜經　（6–2）

王如是等七寶聚有人持用布施若人以此般
若波羅蜜經乃至四句偈等受持讀誦為他人
說於前福德百分不及一百千万億分乃至
筭數譬喻所不能及
須菩提於意云何汝等勿謂如來作是念我
當度衆生須菩提莫作是念何以故實無有
衆生如來度者若有衆生如來度者如來則
有我人衆生壽者須菩提如來說有我者則
非有我而凡夫之人以為有我須菩提凡夫
者如來說則非凡夫須菩提於意云何可以
三十二相觀如來不須菩提言如是如是不以
三十二相觀如來佛言須菩提若以三十二
相觀如來者轉輪聖王則是如來須菩提白
佛言世尊如我解佛所說義不應以三十二
相觀如來尒時世尊而說偈言
若以色見我　以音聲求我　是人行邪道　不能見如來
須菩提汝若作是念如來不以具足相故得
阿耨多羅三藐三菩提須菩提莫作是念如
來不以具足相故得阿耨多羅三藐三菩提
須菩提汝若作是念發阿耨多羅三藐三菩
提者說諸法斷滅相莫作是念何以故發阿
耨多羅三藐三菩提者於法不說斷滅相
須菩提若菩薩以滿恒河沙等世界七寶布
施若復有人知一切法無我得成於忍此菩
薩勝前菩薩所得功德須菩提以諸菩薩
不受福德故須菩提白佛言世尊云何菩薩

BD14545號　金剛般若波羅蜜經　（6–3）

須菩提若菩薩以滿恒河沙等世界七寶布
施若復有人知一切法無我得成於忍此菩
薩勝前菩薩所得功德須菩提以諸菩薩
不受福德故須菩提白佛言世尊云何菩薩
不受福德須菩提菩薩所作福德不應貪着
是故說不受福德須菩提若有人言如來若
来若去若坐若卧是人不解我所說義何以
故如来者無所從来亦無所去故名如来
須菩提若善男子善女人以三千大千世界
碎為微塵於意云何是微塵衆寧為多不甚
多世尊何以故若是微塵衆實有者佛則不
說是微塵衆所以者何佛說微塵衆則非微
塵衆是名微塵衆世尊如来所說三千大千
世界則非世界是名世界何以故若世界實
有者則是一合相如来說一合相則非一合
相是名一合相須菩提一合相者則是不可
說但凡夫之人貪着其事須菩提若人言佛
說我見人見衆生見壽者見須菩提於意云
何是人解我所說義不世尊是人不解如来
所說義何以故世尊說我見人見衆生見壽
者見即非我見人見衆生見壽者見是名我
見人見衆生見壽者見須菩提發阿耨多羅
三藐三菩提心者於一切法應如是知如是
見如是信解不生法相須菩提所言法相者如
来說即非法相是名法相須菩提若有人以

BD14545 號　金剛般若波羅蜜經　（6–4）

者見即非我見人見衆生見壽者見是名我
見人見衆生見壽者見須菩提發阿耨多羅
三藐三菩提心者於一切法應如是知如是
見如是信解不生法相須菩提所言法相者如
来說即非法相是名法相須菩提若有人以
滿無量阿僧祇世界七寶持用布施若有善
男子善女人發菩薩心者持於此經乃至四
句偈等受持讀誦為人演說其福勝彼云何
為人演說不取於相如如不動以故
一切有為法　如夢幻泡影　如露亦如電　應作如是觀
佛說是經已長老須菩提及諸比丘比丘尼
優婆塞優婆夷一切世間天人阿脩羅聞佛
所說皆大歡喜信受奉行

金剛般若波羅蜜經

BD14545 號　金剛般若波羅蜜經　（6–5）

BD14545號　金剛般若波羅蜜經　（6–6）

之證[illegible]本大十句[illegible]伏如王輪寶故名如輪法輪有五一
輪自性釋法覺支正見等是法輪因緣生聖道教同無等三輪眷屬聖道
助伴五蘊諸法四法輪境聖道所緣四諦等理五法輪果因道所證菩提涅槃
轉者說世法既名輪說亦稱轉今隨所應說八地已後行不退位與五法輪故名
為轉又此體即是四法教理行果皆名法輪轉者動也顯也運也起也動宣
等教顯揚妙理運聖道於彼心起真智於下後因惟障惱名轉法輪
下方便品當具顯示　經供養無量百千諸佛　贊曰有二句合為第四依
止善知識不退轉供養無量百千諸佛於諸佛所植眾德本論名植眾善根以已
身心業依色身攝取故菩薩之行莫過身心今舉殊勝色身之業供養諸
佛深植德本攝取之身以一切所有善業供養有十等如說一現前供養於
對現前佛設利羅及制多等一切三寶觀面供養二不現前供養於餘佛剎
多等作佛等想脩不現前供養三現前不現前供養現對前所時後作是念
佛剎多等法性即三世十方諸佛剎多等法性故我今者現前供養一佛剎多
等即是供養三世十方佛剎多等不脩現前不現前供養四如是所謂自供養
若起悲心隨力物施貧苦等願彼安樂令他供養或俱供養自既作時後勸
教他作此供養七財敬供養以花香等敬禮拜乃至為攻寶等脩財敬供養
八廣大供養以財敬長時多妙乃至迴向無上菩提自力集好從他求得殺
願想化為百身千界敬禮稱讚化身出百千手持散香花出百千舌歎讚
實復出百千妙莊嚴具而為供養相遍瞻部洲乃至十方所有供養普生隨
喜唯以用此興無邊廣大供養九無染供養不以雜穢塵作放逸不淨等

BD14546號　妙法蓮華經玄贊卷二

（35–1）

若起悲心隨力物施貧苦等類皆安樂令他供養復供養自既作時後勸
教他作此供養七對敬供養以花香等敬閔禮拜乃至以珍寶等修財敬供養
八廣大供養即以對敬長時多妙乃至淨心迴向菩提自力集好從他求得發
願想化為百身身千手敬禮稱讚化身出百千手持散香花出百千聲歌讚
寶飾復出百千妙莊嚴具而為供養想遍十方乃至十方所有供養普共隨
喜雖少用功而興無邊廣大供養九無染供養不以雜想而作放逸不淨等
物修無染供養十正行供養若有須臾修四無量乃至少時信忍離言真
如法住趣無分別住無相想心即為守護菩薩淨戒乃至修行四攝事等修正
行供養應念此為最上最妙道前供養千萬倍不可比今所修供養時
真念如來是大福田具大恩德難遇稀出衆善依止如佛既示於法僧亦
然如巡贊上卷說殖種世積世無衆通等五二音五斷一切疑不退轉
常為諸佛之所稱歎為者使世救世由諸菩薩地已上位至斷於理事
疑盡煩惱所知二疑俱盡故第八地名決定地乃為諸佛常所稱歎或
由佛歎能斷衆生疑菩薩位於何位及所得從今之歎上位及所得從故除
衆疑　經以慈修身至到於彼岸　贊曰此中四句云為何等事說法
入彼之法不退轉謂以慈修身論云以大菩薩悲而修身心無釋所由諸菩薩
為等事外為他說法因入從諸法以大菩薩悲重修身心救苦與樂故
毀行一利但為菩薩悲不由餘事菩薩悲者有三如下當說七入一切智
如實境界不退轉謂善入佛慧此之顛倒真之人如實境界之一切智
不退轉即入觀照智與十本無別若依論文便無異也依我空法
空不退轉通達大智達二我無智也九入如實境界不退轉到於
彼岸究竟如實住故　經名稱普聞至百千衆生　贊曰此有二句
合為一句十真作所作住持不退轉名稱普聞無量世界故能住持法
令法不滅衆生聞名信向修事能度無數百千衆生故名真作所作
菩薩所真作謂利衆生故上來上文下文門下所攝及事門論有二釋論
攝取事門者攝取結句總爭初勸釋之末現諸菩薩位何等清淨地中因
何等方便何等境界中真作所作故此為總標攝論下除釋十句中前二
為三於無上正等正覺不退轉一句是住何等清淨地中次有十句是因何等方便
後之二句是何等境界中真作所作故論標釋中唯解初之句標下釋前之一
句何等境界中真作所作地清淨者地已上三地無相行寂靜清淨故此中
無相理名無上正等正覺故後三地皆於無相行任運寂靜離障清淨名
不退轉非諸染有相等之所退轉故第二句因何等方便者有攝
[illegible]

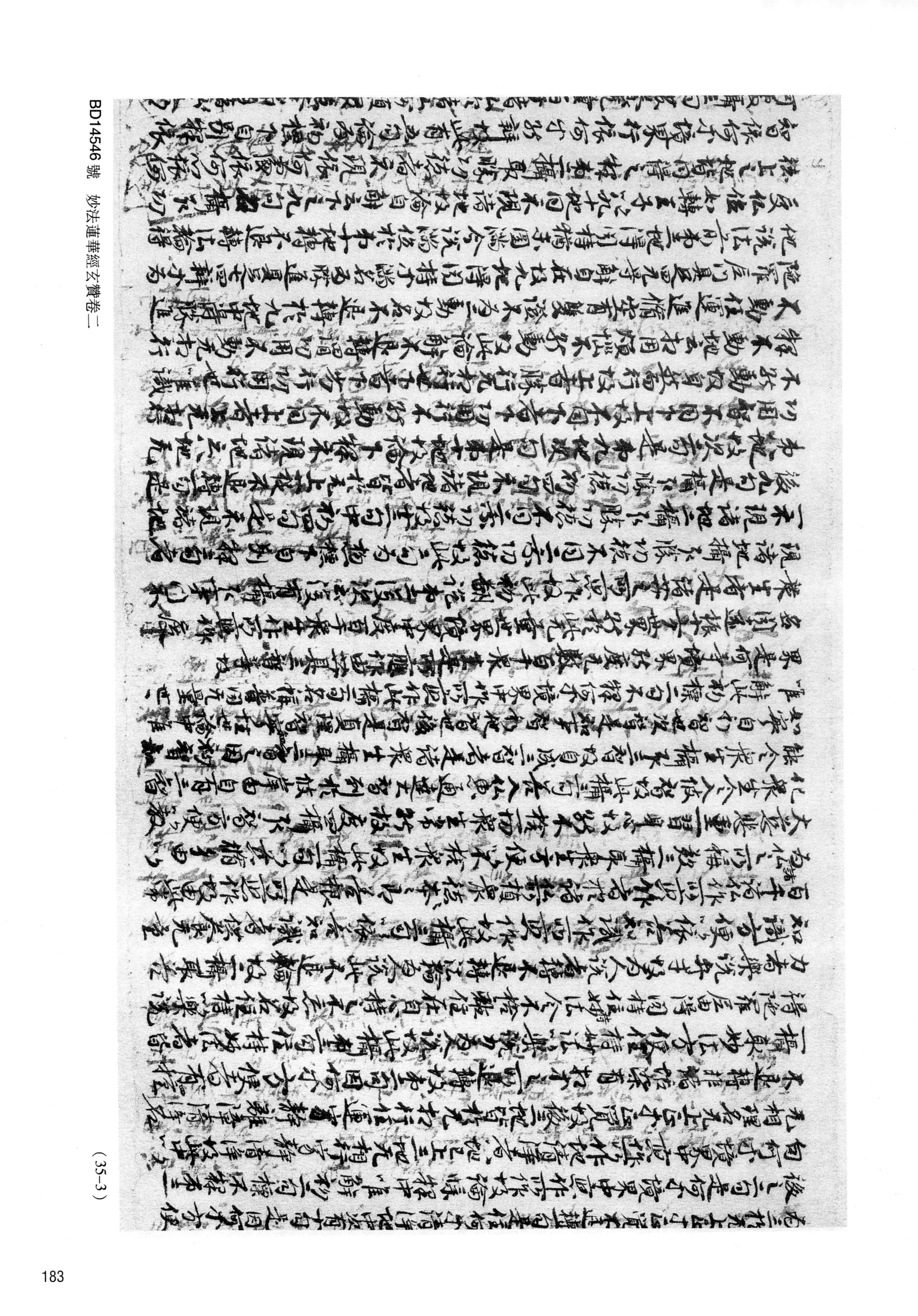

BD14546號　妙法蓮華經玄贊卷二

（35–3）

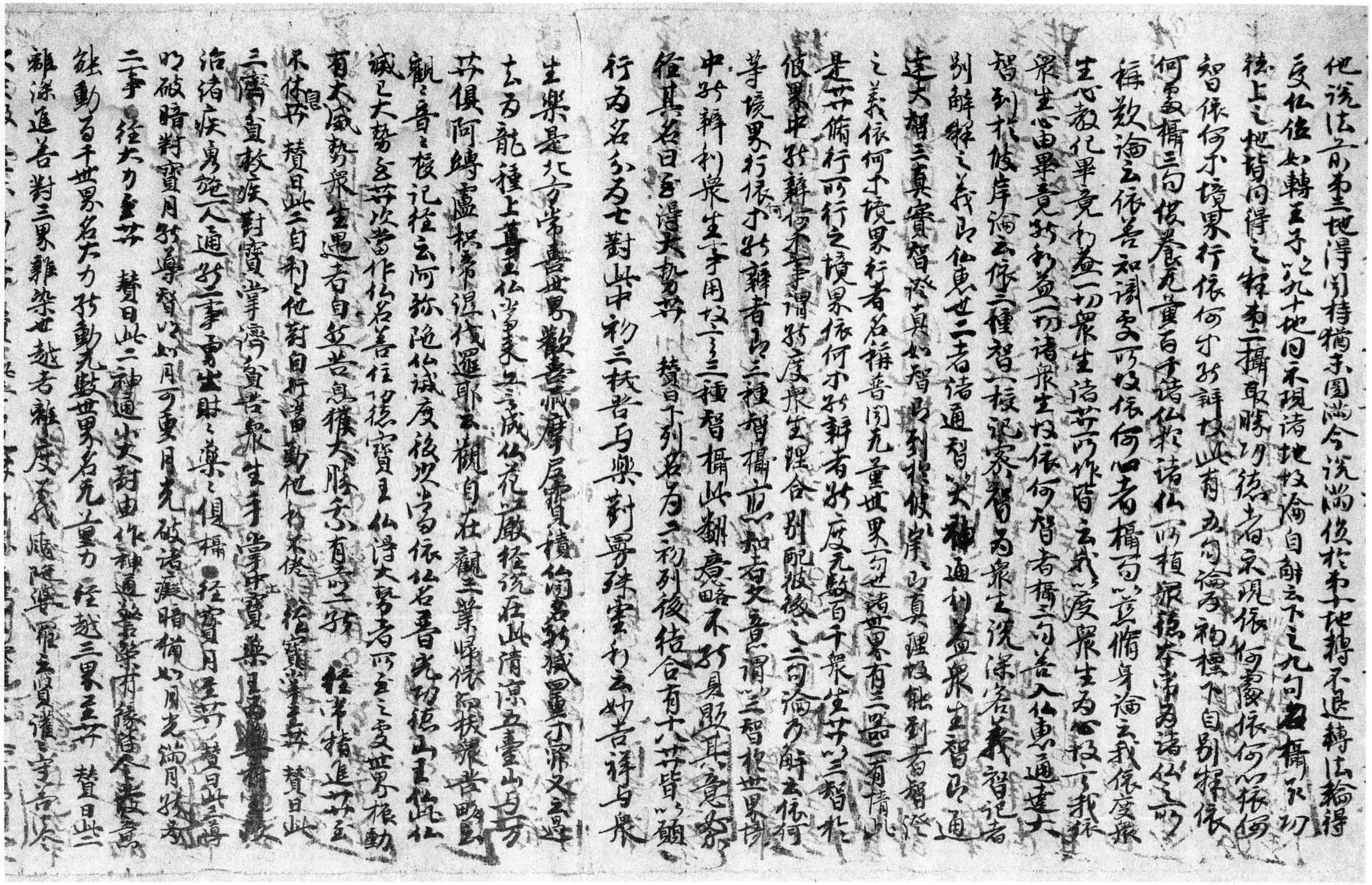

BD14546號　妙法蓮華經玄贊卷二　（35–4）

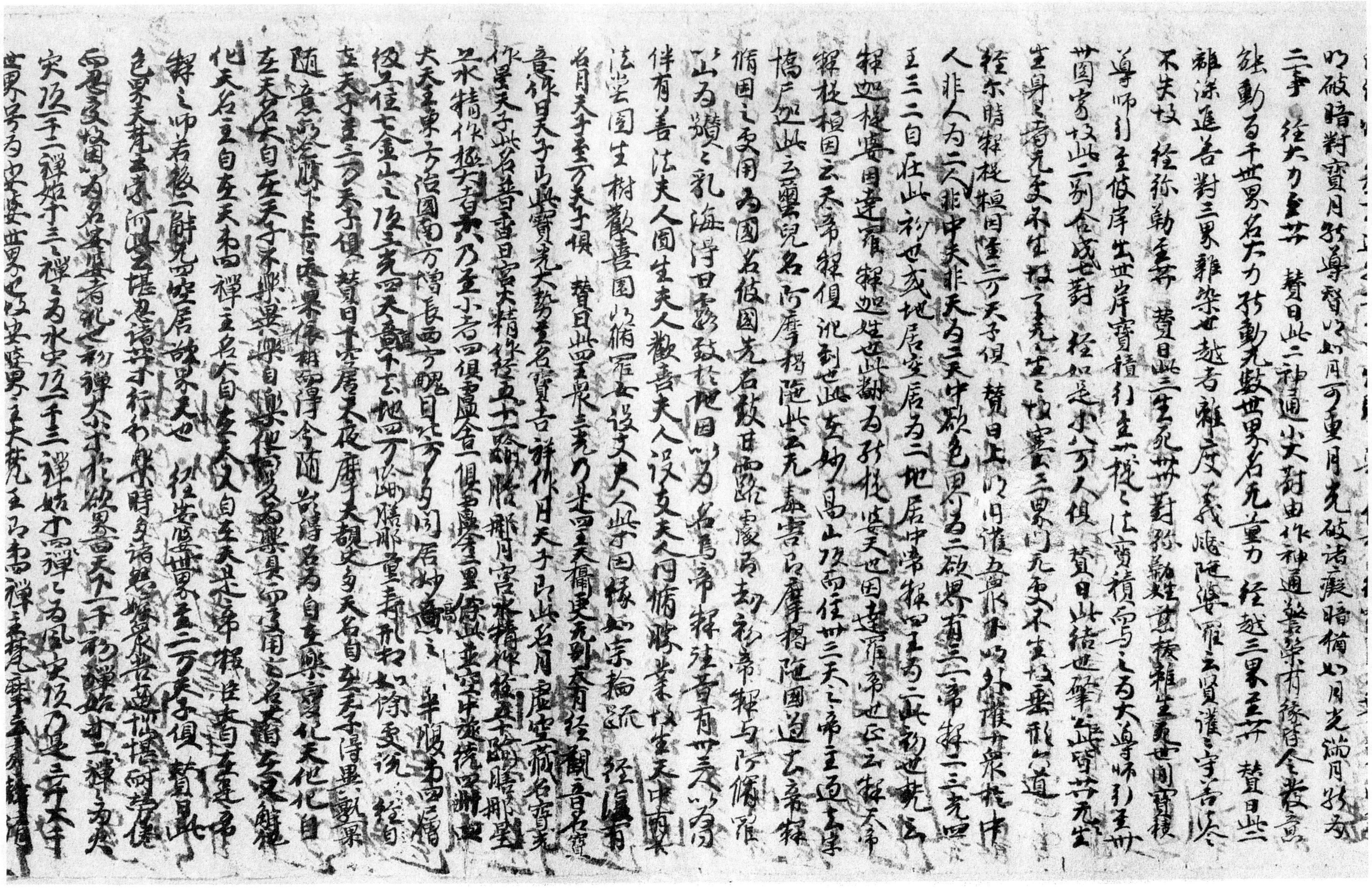

BD14546號　妙法蓮華經玄贊卷二　（35–5）

釋之師若後二解光明四空居欲界天也　經娑婆世界主二万天子俱　贊曰此
色界天梵王宗河此云堪忍諸菩薩行利樂時多諸怨嫉衆苦逼惱堪耐勞倦
而忍受故因以為名娑婆者訛也初禪大小千化欲界四天下一千初禪始一小千二禪之為火
災及一千二禪始中千三禪之為水災及一千三禪始一大千四禪之為風災及乃是三千大千
世界号為娑婆世界也故娑婆界之主大梵天王名尸棄此云頂髻
淨生衆皆得安立梵勸令唯立梵王但少略之尸棄者大安及亦初禪主大安
之小大頂故光明者二禪主少光無量光極光淨天王故求二禪主也其大般若
五百七十三云堪忍界主持髻梵王故尸棄者俱持世界持髻梵王是堪忍界主梵王之別
名光明是餘禪主　經有八龍王各眷屬俱　贊曰下非天衆有五初龍衆也有八名
喜次名賢喜此二兄弟善應人風不雨其國不饑饉初能令人喜後性賢令喜故
以為名娑伽羅者此云醎海之龍如積者名此云无熱龍腹好蓬含細龍之類故
又伽者此云多香之首多故第四德叉伽故名多舌阿那婆達多者此云无熱悩池
池之龍離三熱悩故一非熱沙所爍二无風吹衣露形三妙翅鳥所食无此三種
所生熱悩名无熱悩花嚴經云地菩薩為此池龍起於大悲雲蔭覆一切衆生離苦怯
所而得自在於瞻部中流出諸水日夜无竭潤瞻部洲諸有情類摩那斯者
此云慈心花嚴經云将降雨時先起七日待衆業事了然後始雨故名慈心優
鉢羅者此云紅蓮花居池為名　經有四緊那羅王各眷屬俱　贊曰梵云緊捺
洛此云歌神緊那羅訛也初歌四諦次歌緣起次歌六度後歌一乘或初三種
歌三乘之教行後一歌一乘之理果故名持法或歌一乘教理行果如次配之隨能
說一會之法所宜歌故如世樂音歌君依故　經有四乾闥婆王各眷屬俱
贊曰樂音五音及梵云美妙之者名颯轉羅此云可意音又名妙意音樂者
令人愛樂也正法花云一名柔軟二名和音天子也梵云健達縛此云尋香行是
作樂神乾闥婆訛也西域由此呼散樂為乾闥縛專尋香氣作樂乞求
故樂中有三類一非絲竹如鼓磬之類二是絲竹箜篌箏笛之類三非絲竹之下者名
樂上者名樂音絲竹之下者名美天上者名美音或此四並所歌神音曲
如次同彼　經有四阿修羅王各眷屬俱　贊曰梵云阿素洛此云非天素洛者
天之異名阿之言非以多諂詐无天行故名曰非天如人不仁亦名非人瑜伽佛地
論說為天趣攝雜心名鬼趣正法念經是鬼畜生趣伽陀經說鬼畜天三有云羅
睺阿脩羅是師子之兒畜生所攝今依大乘瑜伽為正此有五類一極弱者在人間山
林地中住即今西方山中有大深窟多是非天之宮下類地經說前妙高山北
大海之下二万一千由旬有羅睺宮三次下二万一千由旬有勇健宮四次下二万一千由
旬有花鬘宮五次下二万一千由旬有毗摩質多羅宮準此已上八万四千深於須

BD14546號　妙法蓮華經玄贊卷二

（35–6）

論說為天趣攝雜心名鬼趣正法念經是鬼畜生趣伽陀經說鬼畜天三有云羅
睺阿脩羅是師子之兒亦云稱今依大乘瑜伽為正此有五類一極弱者在天間山
林地中住即今西方山中有大深窟多是非天之宮以下類准地經說云妙高山北
大海之下二万一千由旬有羅睺宮三次下二万一千由旬有勇健宮四次下二万一千由
旬有花鬘宮五次下二万一千由旬有毗摩質多羅宮准此已上八万四千深於須
彌矣与起世經相違彼說須彌東西去山一千由旬外有毗摩質多宮縱廣
八万由旬七重城等是別聚落五後无失羅睺此云執日非天与天鬪時四天王天
先与其戰日月天子放盛光明射非天之眼以為非天前鋒以手執日障蔽其光
故云執日今為第四西合初列婆稚者舊云被縛非天前軍為天所縛正應
云跋稚迦羅此云團圓正法花中云卯勝是又世界當勇健次執日後与天鬪時
有勇健力故馱陀縛義非被縛佉羅騫馱者佉騫皆是古語馱平
聲呼佉羅騫馱者古云廣肩髆形皃更大次勇健後當花鬘是梵
云吠摩質咀利此云綺畫以其身有種種綺畫云寶飾用莊其服云毗摩質多
羅訛也此為帝釋天釋之婦舍支之父說此因緣如宗輪疏 經有迦樓羅王乃眷
屬俱 贊曰梵云揭路茶此云妙翅鳥羽色妙不唯金故舊云迦樓羅翻為金翅鳥
皆訛謬也增一阿含仏說告諸比丘有四生妙翅鳥謂卵胎濕化有四生龍卵胎
濕化皆比丘當知若卵生鳥欲食龍時上鐵叉樹自投於海是時此鳥以翅鬪
水令兩向分而取卵生龍食之設欲取胎生龍者鳥即喪亡如是胎生鳥
唯食胎卵生龍濕生鳥食以三生龍於化生龍設欲食者鳥便喪亡化生
鳥能食四生龍設使龍身奉事仏者是妙翅鳥不能食噉所以者何如來恒行慈悲
喜捨四事之心是四事心有大勢力有大勇猛不可沮壞故妙翅鳥不能食之故諸
比丘常行四事之心今此次第四生鳥又主大威德者諸龍怖故威德廣大之身
兩翅相去三百三十六万里大滿腹恒食飽如意領下有珠 經韋提希子乃眷
屬俱 贊曰此八王衆仏猶此王城說法故獨舉之梵云吠題呬弗咀多舊云韋提希子
吠題呬勝義題四云身乃東毗拕河之名彼毗題何男聲中呼此吠題四是女聲中呼此
是山名以是彼山中神名從彼乞得因以為名舉彼訛也梵云阿杜多設吐路若
生然阿闍世訛也未生已前已標怨故又名折指由造逆罪業聞小乘經懺悔
已後猶隨地獄後得獨覺果 卅卅經云闍王不遇者要來月七日當
隨地獄聞大乘經懺悔已後不墮地獄又有經云懺悔已後得柔順忍以無標名
故言韋提希子阿闍世王如卅卅經中具陳其事 經各禮仏足退坐一面
贊曰列衆中第二明尊重儀軌數情深多禮仏足方乃交正法退坐一面
經尒時世尊至尊重讚歎 贊曰衆成就中文分為二上來列衆此明

BD14546號　妙法蓮華經玄贊卷二

（35–7）

隨其地獄聞大乘經懺悔已後不墮地獄又有於三懺悔已後得柔順忍此無標名
故云業提希子阿闍世王如世經中具陳其事　經各禮仏足退坐一面
贊曰列衆中第二明尊重儀軌敬情深各禮仏足方交正法退坐一面
經尒時世尊至尊重讚歎　贊曰衆成就中文分為二上來列衆此明仏
所感儀論解衆之成就中有四上已解三此為第四衆者古云魔梵沙門
婆羅門此說色欲天之勝人中上首故疑師云一亂響衆如座默然二發教
衆如鶖子等弥勒三請是三當機衆稟教悟解四結緣衆時未悟解
結後因緣又有四謂聲聞菩薩二衆古人疏有多義然此後文又觀
四衆比丘比丘尼優婆塞優婆夷為四周迴日圍遶遍稱繞進財行為供
攝資名養隨漢曰恭策仰曰敬善之尊之深日重是理談美日讚褒
美德曰歎論解有四一衆圍繞二前後三供養恭敬四尊重讚歎論
准經同此經之中並前後義今准無之亦時世尊為諸四衆前後圍遶供
養恭敬尊重讚歎文亦具足其前後者名見仏對其前為之說法以為面
向為前所不向為後從一人皆有前後不以方便為前後　經為諸菩薩仏
所護念　贊曰此已第三如來欲說法時至成就略有三義一依令先為
廿說大乘經名無量義後為聲聞方說一乘二依所先以大乘方他教理化根熟
菩薩以大乘自利利他行果方化初根迴心聲聞三依法華先談法體後談功能故說
法花已前先說無量義名為時大乘經者此是通句餘是別句十二門論以
義名大乘一生三乘二仏之所乘四能滅大苦與大利樂五觀
音等大士所乘六能盡諸法源底攝大乘云五乘之大故名大乘已下行是武云
大性故名大乘已真如是乘運載義无著金剛般若論說七種大名雖少
別義與對法中十同對法云已此乘性由与七種大性共相應故名為大乘境
大性以菩薩緣百千教為所緣故彼名法大二行大性具二利故彼名心大三智大
性二无我故彼名信解大四精進大性三大阿僧企耶修習百千難行之故彼名淨
大五方便善巧大性由具智悲不住生死及無故彼名資糧大六證得大性成就十
力四无所畏不共諸功德故彼名果報大七業大性窮生死際建佛事故名為大乘彼名時
大乘之體根本已真如理是无相故与勝鬘同勝鬘經云大乘已大乘之已仏性之已菩提果
通万行是乘若大大性體通有為故之一乘章等之真照不然為稱句名无量義求三
句是所說大乘經別名正法花中唯有二句論釋經有十七名正合論文無思五為諸菩
說大乘經名无量義寶勝經典大乘方廣教菩薩法仏所護念諸仏秘法藏諸仏密
能生諸仏道場法輪最因含利希有方便宣說一乘第一義書妙法蓮花最上
法門論云无量義者成就字義故故能法門說彼甚深妙境界法故深妙

通一切行並示大乘大性體通有為故立一乘章具顯不此為稱句名無量義等三
句是所說大乘經別名正法花中唯有二句論釋經有十七名正合論文意云為諸菩薩
說大乘經名無量義經典大乘方廣教菩薩法佛所護念諸佛秘法藏諸佛教處
能生諸佛道場法輪堅固舍利善巧方便宣說一乘第一義處妙法蓮花最上
法門論云無量義者成就字義故能說法門說彼甚深妙境界法故深妙
境界即佛所勝之境界能詮教法說彼義故教名無量由此字教及所詮義皆
名無量無量之義經云諸眾生性欲無量故所說法亦無量法無量故義亦無量
義無量者從一法生其一法者即是無相如是無相不相無相不相名為實相菩薩
摩訶薩安住如是真實相已所發慈悲明諦不虛於眾生所真能拔苦苦既拔
已復為說法令諸眾生受於快樂善男子菩薩若能如是修一法門無量義者必
得疾成無上菩提善男子譬如一種子生百千萬百千萬中一一復生百千萬數如是
展轉乃至無量此經亦復如是從於一法生百千義百千義中一一復生百千萬數
如是展轉乃至無量無邊之義是故此經名無量義論不唯取所生教理名為
無量無量之體即真智境體能成就成就彼字義故二示勝經典此於三藏中亦勝
妙藏故三大乘方廣無量大乘法門隨大乘眾生根機之法此經具有攝
成就故四教菩薩法為化根熟菩薩隨彼法器能成就不化二乘等故五佛所護念依佛智有此
依餘無故六諸佛秘法此法甚深唯佛所知秘是藏義故七諸佛秘藏諸佛功德禪
定之藏在此經故八諸佛密處若根未熟非法器故而不與之九能生諸佛聞此法
門能成報化身菩提故十諸佛道場此法能成無上菩提非餘經故能顯諸佛法
身智故十一諸佛法輪破諸障故十二堅固舍利一切如來真實法身此經具有而不
壞故十三善巧方便依此法門得成佛已能為眾生說人天等五乘之法成佛智
惠功方便故十四宣說一乘顯示如來無上菩提究竟之體二乘非究竟故十五第一
義處此法門即是如來法身究竟住處以佛之法身名第一義此法身住處
名第一義處十六妙法蓮花論有二釋一出水義以所詮義名花二花開義以能
詮教名花謂從甚深以含甚深世生水有二義一生水不可盡生離小乘
濁泥水故此彼花體顯性雜泥水法體性常故不可盡此謂示理性生
二乘故名生水二復有義蓮花生泥水喻諸聲聞入如來大眾中坐如諸菩薩坐
蓮花上聞說無上智惠清淨境界證如來密藏此意說云菩薩坐蓮花上
聞說上智惠境界能證如來甚深密藏聲聞迴心已去得入大眾中坐亦如
菩薩坐於蓮花聞說智惠境界又證密藏亦所解菩薩頓悟體生與斷境後轉
聞生正以教理化諸菩薩傍化二乘故作此說花開義者眾生於大乘中起怯弱
患心怯弱故不能生信開示如來清淨法身令生淨信七定上法門攝受

蓮花上所說无上智慧清淨境界示如來密藏此意說言菩薩坐蓮花上
聞說无上智慧境界能證如來甚深密藏聞已心得入大衆中坐如
菩薩坐於蓮花聞說智慧境界證密藏已解菩薩體生此解漸增後時
用生正以教理化諸菩薩化二乘故作此說花開義者衆生於大乘中起懸虛
怯心怯弱故不能生信開示如來清淨法身令生淨信七寶上法門攝持
成就故攝成就者攝取无量名句字身頻婆羅所聞頻婆羅偈故此為根
本攝餘一切名句字義故名為宗勝此乃所詮是餘能所詮宗上法之門
能詮又是餘能所詮法之門由攝一切名句字等故頻婆羅是小乘五十二數中
第六數所聞頻婆是第廿數此是餘大乘經教偈頌數此皆能攝故名法門此
是菩薩十方億偈論云十七句中此是總句餘是別句此經但有十一无量義
體用勝故二教菩薩法化根熟故三佛所護念依仏有故五義增勝故偏說
之問其无量義經第十六名妙法蓮花今說无量義經竟入无量義
處三昧從三昧起方說此經又名妙法蓮花二名何別若有五解一云蓮
花有二時得名如蓮花未出水時性能出水故又名蓮花彼經又亦說彼智
慧之性能出於水性能開敷彼時將未化二乘趣一乘故今者此經正化彼令乘之
極趣出二乘如蓮花出水又名蓮花彼經正名无量義傍名妙法蓮花正
退菩薩今聲聞之得解不愚於法後方化入此經正名妙法蓮花又得傍名无
量義正化聲聞入一乘故時復有殊體性无二故得說此經无令无量義處三昧二
云无量義經名法花與此名體无二彼時唯教菩薩未有二乘趣一乘故說教
理所依真如妙理正名无量義傍名妙法蓮花此時化彼二乘趣一乘故說能
依行果正名妙法蓮花如生水故傍又得名无量義也三云彼標智慧體
名法花此約智慧功能名法花會二歸一故四云又彼以教理名體為蓮花
菩薩已修一乘之因趣一乘果故不為說行果一乘名為法花由但不知真病與藥之教
理故但說教理名為法花今此會中二乘未識真病與藥故不為說教理蓮花
但為彼說行果二種名為蓮花令趣入故下經十方求此寶亦直至道場因行
花也唯以仏之知見不悟衆生亦果蓮花也又開示悟入中論自解云開者无上義
示者同義悟者不知義入者令入不退轉地義前三為果後一為因勝鬘又亦唯
說一乘因果又名一乘故五云彼以教理二種名為蓮花此經對彼二乘教理行果並名
蓮花義圓圓故如前已說菩薩所三義釋彼此體同後二義釋此竟彼狹此義
故彼无量義經唯以二義名為无量一法二義論云成就字義故字者教法
義者所詮彼无量義經云從一法生无量義故法又无量法无量故義无量義无
量者從一法生其一法者即是无相如是此經雖初讚理教後夫多以行果名
為蓮花寶體上下諸文經文又通教理行果故後解為善法花既亦一乘又並
唯此應悉　經仏說此已至身心不動　贊曰下文第四所依說法隨順威儀

BD14546號　妙法蓮華經玄贊卷二

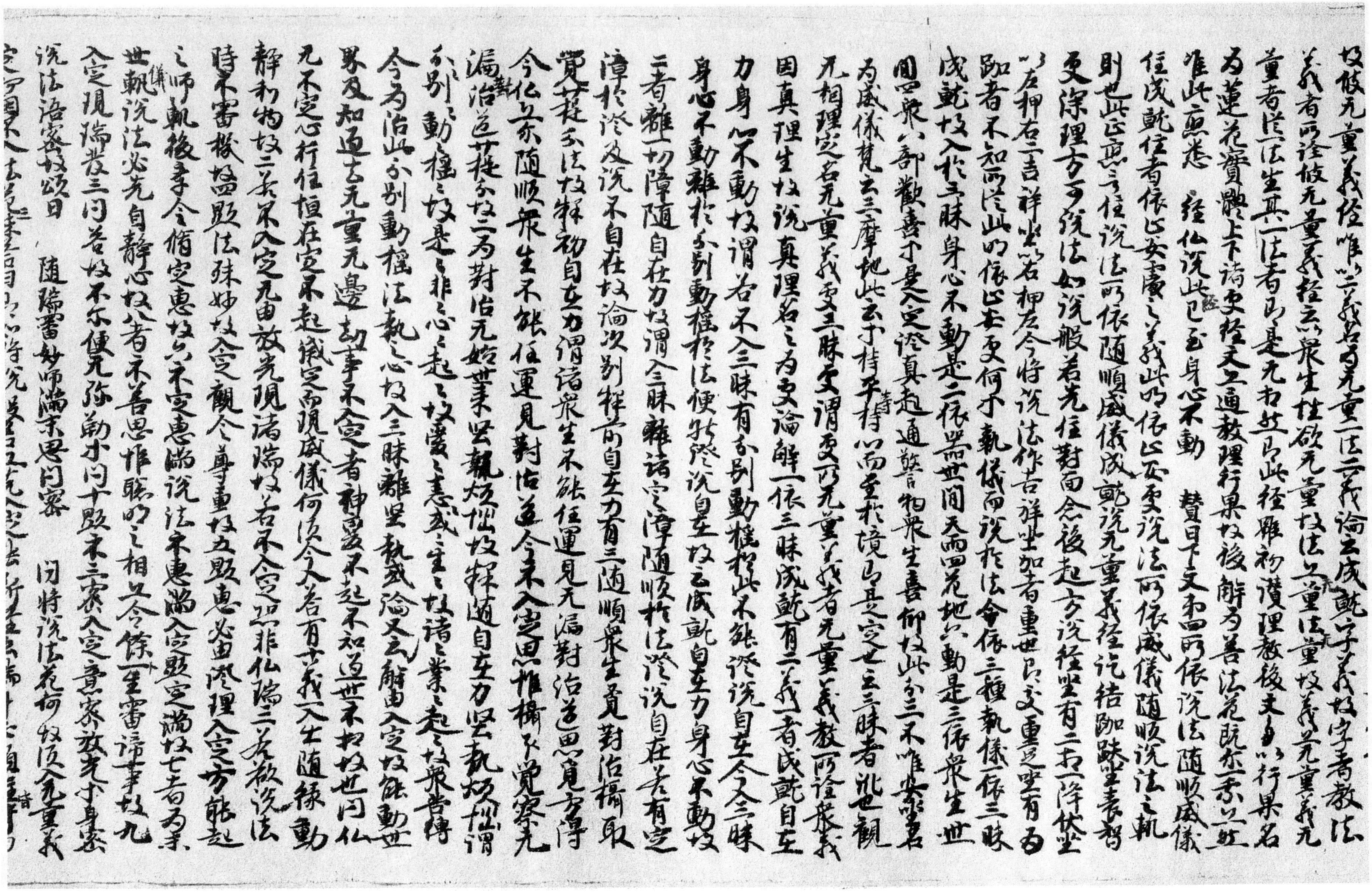
故彼无量義經唯以一義名為无量一法二義論云成就字義故字者教法
義者所詮彼无量義經云衆生性欲无量故法亦无量法无量故義亦无量義无
量者從一法生其一法者即是无相如此經雖初讚理教後更以行果名
為蓮花寶嚴上下諸更經文通教理行果故後解為善法花既亦示以立名
唯此應悉　經　佛說此已至身心不動　贊曰下文第四所依說法隨順威儀
住成就住者依止安處處之義此所依止更說法所依威儀隨順說法之軌
則也此正思之住說法所依隨順威儀成就說无量義經說結跏趺坐表習
更深理方可說法如說般若先住對面念後起方說經坐有二一名降伏坐
以左押右二吉祥坐以右押左今將說法作吉祥坐加者重也以足重坐有為
跏者不知而從此所依止要更何等軌儀而說於法令依三種軌儀一依三昧
成就故入於三昧身心不動是二依器世間天雨四花地六動是三依衆生世
間四衆八部歡喜等是入定從真起通驚物衆生喜仰故此分三一不唯安名
為威儀梵云三摩地此云等持平等持心而至於境名之定也正三昧者非世觀
无相理定名无量義處三昧定謂處所无量義者无量義教所詮義
因真理生故說真理名之為處論解一依三昧成就有二義一者成就自在
力身心不動故謂若不入三昧有分別動搖於此不能從說自在今入三昧
身心不動離於分別動搖於法便能從說自在故云成就自在力身心不動故
二者離一切障隨自在力故謂入三昧離諸定障隨順於法從說自在若有定
障於從及說不自在故論次別釋有自在力有三一隨順衆生覓對治攝取
覺菩提分法故釋初自在力謂諸衆生不能任運見无漏對治道因覓方得
今佛亦隨順衆生不能任運見對治道今示入定因思惟攝取覺察无
漏治道菩提分故二為對治无始世業堅執煩惱故釋隨自在力堅執煩惱謂
分〻別〻動搖〻故是〻非〻心〻起〻故憂〻悲〻生〻故諸〻業〻起〻故衆苦傳
今為治此分別動搖法執之心故入三昧離堅執煩惱論又云解由入定故能動世
界及知過去无量无邊劫事不入定者神變不起不知過世不知故世間仏
无不定心行住恒在定不起滅定而現威儀何須今入若有世義入出隨緣動
靜利物故二義不入定无由放光現諸瑞故若不入定即非仏瑞三義欲說法
時不審擇故思既法殊妙故入定觀令尊重故五顯惠必由從理入定方能起
之師軌後生令循定惠故六示定惠端說法示惠端入定顯定端故七者為未
世軌說法必先自靜心故八者示善思惟聽聞之相以令餘一生審諦事故九
入定現瑞發三問者故不尔便无弥勒等同十顯示三密入定意密放光等身密
說法語密故頌曰　隨瑞審妙師端宗思問密　問特說法花何故須入无量義
定[illegible]

BD14546 號　妙法蓮華經玄贊卷二

（35–11）

之師軌後導令脩定慧故六不定惠滿入定顯定滿故七者為示
世軌說法必先自靜心故八者不善思惟聽時之相又令餘一生當補處事故九
入定現瑞發三問答故不爾便无弥勒求問十顯不二處入定意密放光身密
說法語密故頌曰　　隨瑞當妙師滿求思問密　　問將說法花何故復入无量義
定何因不入法花三昧答曰已如將說般若先入定能斷經云端身正顛住對面
念後方說經此亦如是先入无量義三昧後說法花體即无量義
三昧无量義經為其說法花經為聲聞說无量義法體出生无量義法花法切
能三乘體能難殊其要无二故將說法花先入无量義三昧下文亦有法花王
昧不言悟无量義三昧者但是隨機濟物之要且遠使近生之以用名雖有
二體實不差又教理行果異故如前又无觀察真如法體後說因果功能法花
經是時天雨至及諸大衆　賛曰下明器世間有二一雨花二動地今此雨花曼陀羅者
此云適意見者心悅故曼殊沙者此云柔軟花見者離諸剛強麁惡業
故摩訶云大此翻經云適意花柔軟花大適意花大柔軟花如次即是此之
四花表明法悅人心調三業也又有云天雨為華者花有五德一摧破鬼惡表聞法
已淨垢塵鎖二嚴淨國土表聞法已衆善飾身故下經云而此世界悉皆嚴淨
三數榮見喜表仏將欲開闡示四花後果結表聞經已後得趣五香氣遠
勝聞者歡悅表因施周備名滿十方衆生聞者莫不崇仰唯此雨花非
餘花者表聞此經發心歡喜雖執二乘硬强心故又將開一示教理行果為真
實又用示四法以為權迹故雨四花又為度四生興四念住脩四正勤獲四神足行四
法迹證四諦理截四流斷四象玄四軛得四妙智悟四無我捨四依故雨此四不非
減不增散仏以申供養表仏四事已周及衆以嚴庄生顯衆當之感　經
普仏世界六種震動　賛曰釋迦所王三千大千名仏世界此皆普動故云普仏世
界皆動此文如下叙十方而此世界六種震動釋迦界非十方界
或此普動上先照因不亦放光何故乃先動界乃挾下文標近顯化此界捨
權就實故若依初解唯此界動明捨權就實故震動也起世六動有三長阿
含說一時動謂入胎出胎出家成道轉法輪入涅槃時動者轉法輪時立六方動
中沒今或是此三六相動大般若說謂動涌震擊吼爆搖動不安為動鼓擊飄山
大般若經示八帙說謂東涌西沒西涌東沒南涌北沒北涌南沒中涌邊沒邊涌
山涌或六方出沒名涌陷有聲為振舊云自下昇高為起今云有所和打為擊
砰磕發響為吼舊云令生覺悟為覺今云生聲發吼異為爆此各有三名大相
動般若經云謂動等動極動乃至爆等爆極爆但爾小動名動諸
處遍動名等動遍大倍動名等極動餘皆准知今此舉摠但名六動唯大不變
[illegible]

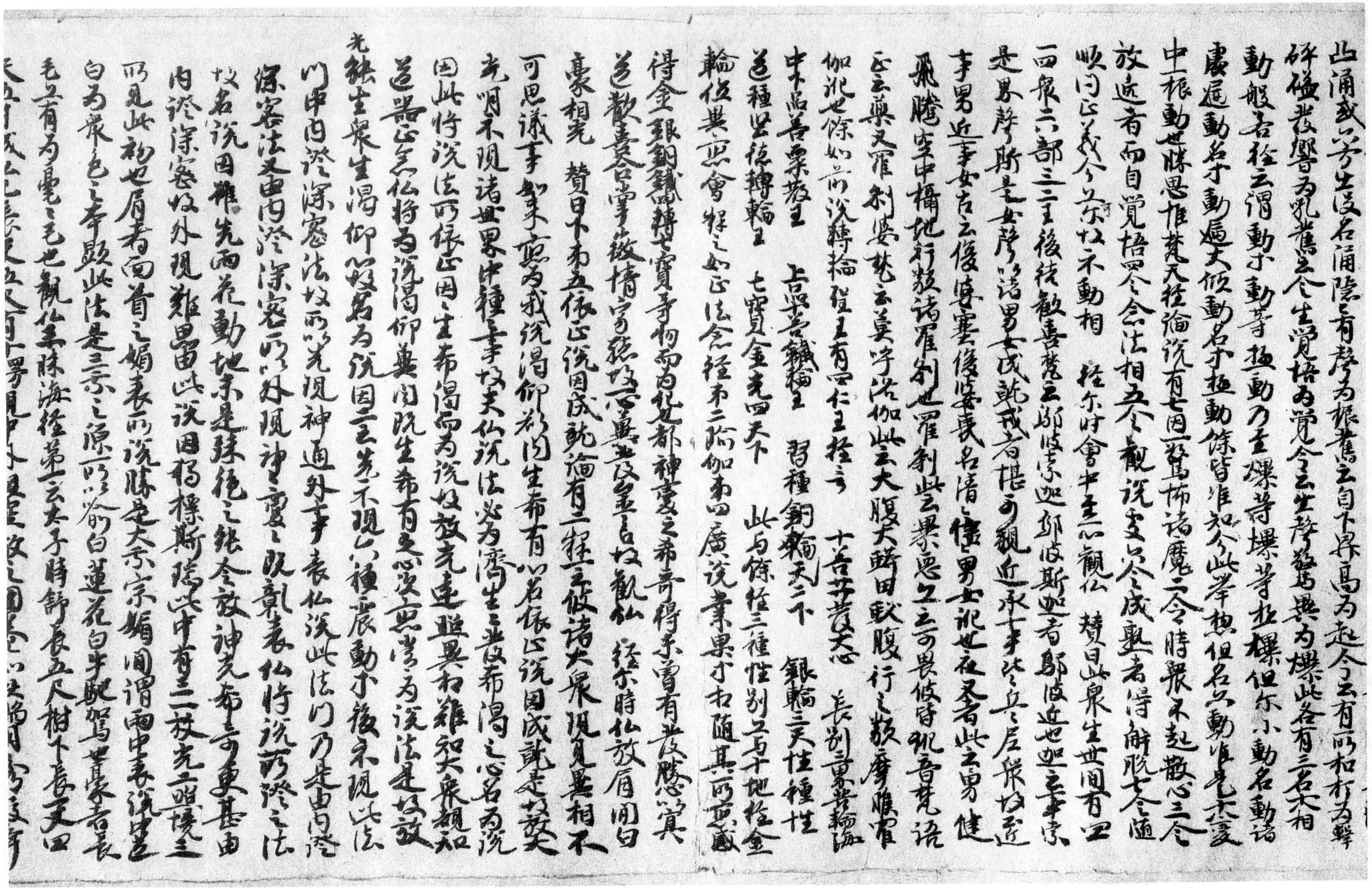

BD14546號　妙法蓮華經玄贊卷二

（35–13）

内證深密故外現難量由此說因稱標斯瑞此中有三一放光二照境三
所見此相世尊眉間者面首之媚表所說勝是大乘宗媚間謂兩眉中表說中道
白為衆色之本顯此法是三乘之源所以喻白蓮花白牛駕毫者長
毛亦有為毫之毛也觀佛三昧海經第一云太子時歸長五尺樹下長丈四
尺五寸成佛已長丈五尺有十楞現中外俱空旋之團卷如秋滿月分明顯淨
色瑩珂雪圓如三寸光有七義令生淨信知是勝人二破暗冥三癡愚惕
三繼等所行於世故四表內發習光五齊衆皆由放光照衆皆息諍心
警覺群情由覩光所有緣皆集七令歡喜境清衆生不貪生死之境
久流生死覩佛光明遂厭生死之色故佛放光菩薩說面門向放四光上生
舉佛身面從美色今從眉間放其光白名有表笑神境智通有六
變一振動二熾然三流布四示現五轉變六往來七卷八舒九衆像入身十同類
往趣十一隱十二顯十三所作自在十四制他神通十五能施辯才十六能施憶念
十七能施安樂十八放大光明雨四花者自在之變振六動者振動之變此放
光者流布之變見此者示現之變下神力品當具顯示　經照東方
至阿迦尼吒天　贊曰第二照境也一世界者一三千界照萬八千佛之世界唯照一
東方者西域以東為上表法花經唯被佛性大乘機根不被餘性故不照
餘譬如日出先照高原佛日亦先照根熟故舉東方有所表矣正法花中
二照東方隸無照彼餘方之文萬者數盈滿八者數不足表此說一乘
真實之盈滿顯彼二乘權迹之不足又萬表菩薩實所萬後八表菩薩乘卑
八正由此二體皆一乘故此經將讚此經能所詮者圓滿故唯照亦不增不減
下照地獄者表有苦上至天者勸有樂苦而求一乘慈悲苦屬
有緣皆照地獄衆生雖未曾聽光容被之心亦照令之具苦自梵云阿鼻
此云無間地獄八地獄中此最下故受苦無雜故名無間梵云捺落迦此
云苦器亦云不可樂亦云非行惡處造非法行受於惡處之人今言地獄
本大由在多為之有頂梵云阿迦尼吒此云質礙究竟阿迦質礙義極瑟稀
究竟義阿迦尼沙依世色究竟天有形之頂光至於頂照至色依無處故
靡者光世傍照一萬八千上下括於五趣光不周遍振動唯在此界偏警有緣放
光遮至一萬八千所以權寡故世亦如光照五趣遮皆蒙緣集聞經唯在四趣
經於此世界盡見六趣衆生　贊曰下所照有七一六趣二佛三法四四衆五菩薩六入
滅七起塔此七分三一觀生死沉淪二觀三寶出現三觀滅後行化勸令欣厭
發以彼此生死沉淪六趣衆生六趣門分別一釋名二出體三會四受所五斷等

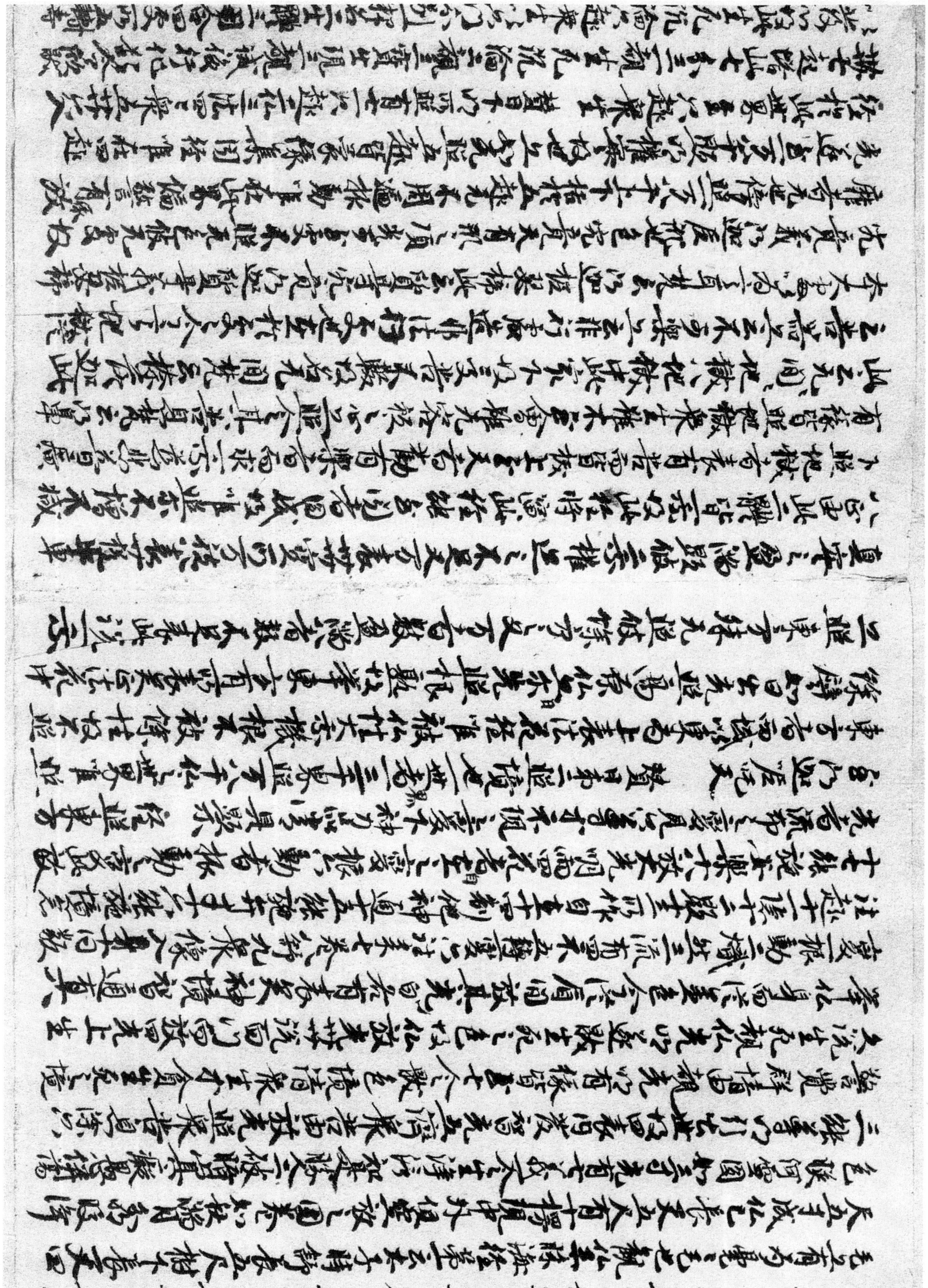

靡者无也傍照一万八千上下指於五趣无不周遍振動唯在此界偏教言有放
光遍至一万八千所以權實故世亡如光照五趣皆蒙緣集同往唯在四趣
經於此世界盡見六趣衆生　贊曰下明所照有七一六趣二仏三法四四衆五菩薩六
般七起塔此七分三一觀生死沉淪二觀三寶出現三觀滅後行化欲令欣厭
々發心故此生死沉淪六趣衆生以六門分別一釋名二出體三開合四受所五辨壽
量六因果相攝釋名六者數名趣謂所趣趣及道假者趣故由業所歸趣處
々趣名帶數釋世地持論云所對處自在故名為天俱舍云光潔自在神用
若天梵經云以自思故名之為人雜心云意寂靜故名之為人雜心云以從他變
常飢虛怯多畏故名餓鬼俱舍云以傍行故名傍生或名畜生畜者
畜養之義人之資具人所畜養之生故名畜生梵云捺落迦此云苦器
已釋那落迦此云惡者造惡之者生其器中故名苦器无地獄名受所不可
唯地獄故地持云增上可厭雜心云云不可樂故名為地獄梵云以其底迦此云非
天前已解說其體者六趣皆以第八異熟識而為自體无覆无記性攝故唯識
云此第八識是界趣生施設本故又云此識是為界趣生體无勞別執有實
命根又有情流轉五趣四生趣生體即異熟識故開合者六趣為一謂生死
次開為二謂善趣惡趣分段生死變易生死或開為三謂三界或開為四謂四生四
有々者一生有二本有三死有四中有及四種生死謂方便生死因緣生死有々
生死无有生死或開為五謂五趣除修羅洛或開為六如此中說有六趣雜
心非天鬼趣所攝瑜伽仏地天趣所攝正法念經鬼畜生攝伽陀經中鬼畜天攝
今依大乘唯天趣攝以瑜伽仏地為正行多不實諂詐為先不同諸天真實行
故名曰非天如人不仁亦名非人不可非鬼非畜生故今此雜之故亦為六或開
為七謂七有五趣及業有中有或開為九謂九有或九居或開為廿五有
如下當說餘門如下第二卷經大宅喻中當釋瑜伽第四正法念經三具陳述
此說万八千界皆趣衆生於此悉見　經又見彼土至諸修行得道者　贊曰此觀三
寶出現有三一仏二法三僧々中有二一聲聞二菩薩聲聞中有其四衆瑜伽云修
行者未得證果得道者已得證果四衆中有此二類因目觀仏耳使聞法
并見彼衆隨仏修行證後見諸菩薩行菩薩道　贊曰此菩薩因緣者是所以義謂為
求出生死速於仏果度脫衆生為此因緣修菩薩道或為嚴淨仏土成就衆
生修廿種覺分行菩薩道知是未種種所以信解者
信而且解住地前位未得證果相貌者三業相狀行菩薩道貌儀也亦為種
字貌根皆非位於十地已得道果由種種所由行菩薩道故入三位又因緣者外遇良
緣值善友也善知識者是大因緣故信解相根是内修之行之中内以行名信
解身語行名相貌心觀妙經名信解植眼目未名為相根行菩薩道者論云依

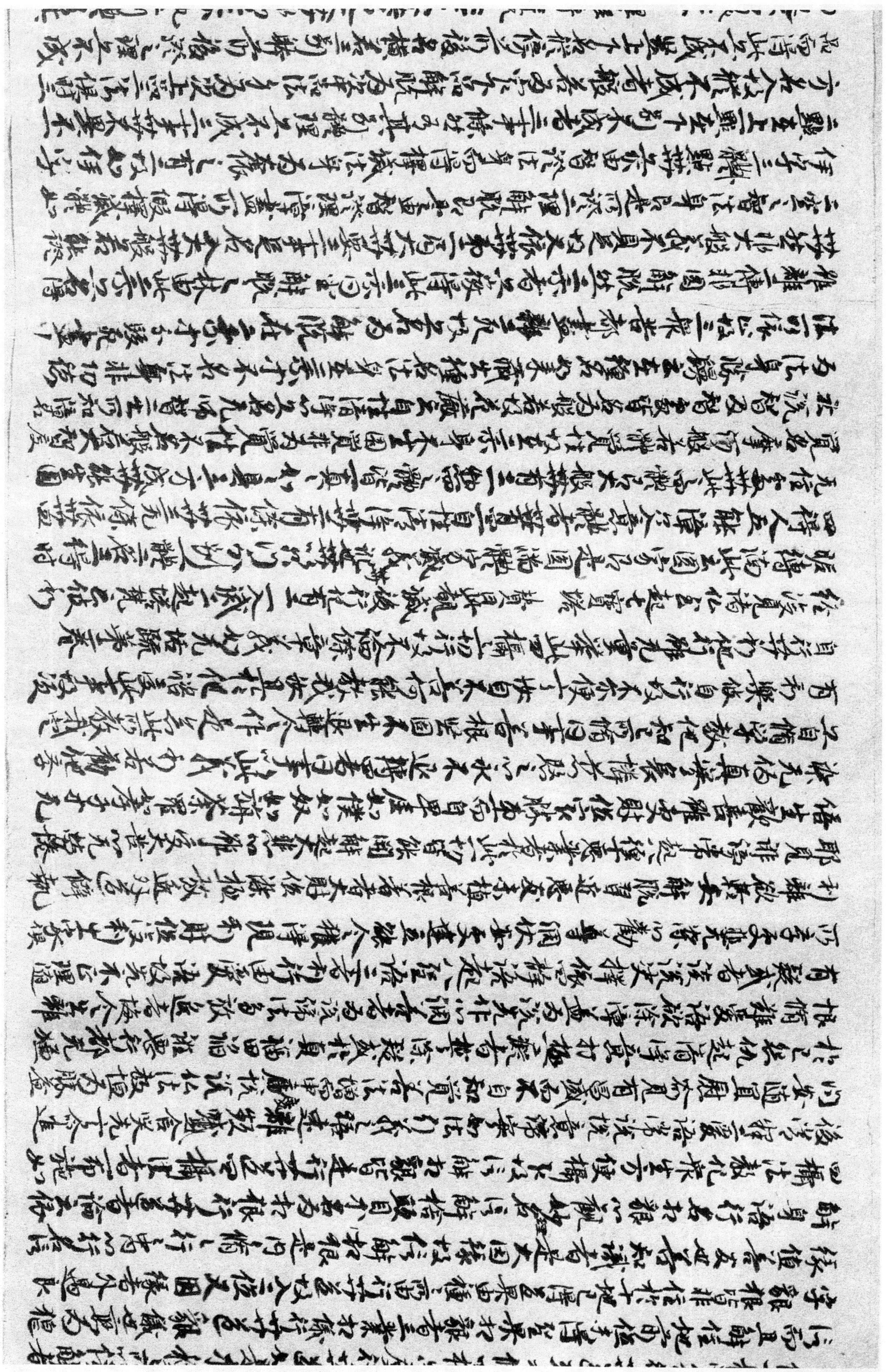

[illegible]能者
行而且解住地前位未得聖果和顏者三業和儀行菩薩顏儀世莊為稱
字顏根皆非住於十地已得菩薩果由種種而由行菩薩故入二位又因緣者外遇良
緣值善友世尊知識者是大因緣故信解和根是內修修行行修內以行名信
解身語行名和顏心觀妙經名信解捨頭目等名為和根行菩薩道者論云依
四攝法教化眾生方便攝取故信解和顏皆是行菩薩道四攝法者一布施如
後當釋二愛語常說悅意稱安如法行義之語遠離毀謗虛誑合與先言含進
問安隨宜慰喻見有昌盛而不自知覺善法增而申慶悅說佛法教但為勝益
於已怨仇起清淨意於極癡者無除疑惑於真福田謟誑惡行都無猶
根修離愛語欲除障蓋為說先作心調善者為說佛法多放逸者悔令出離
有疑惑者決說決擇依四靜慮說起八聖語三者利行由愛語說故先示正理隨
所学受無深心勸導調伏安受建立設令獲得現利財位沒利生家俱
利離欲棄安解脫習近惡友未植善根者大財位深極放逸外道僻執
邪見非淨常起八種十惡業者於此一切皆能開解起大悲心雖受大苦心無疲倦
諸生歡喜雖受財位宗勝要而自卑屈如僕如奴如旃荼羅如孝子等無
染無偽真實哀憐共聚之心永不退轉四者同事以此義故若勸他學
若自修學教他知已而修同事善根堅固不生退轉令作是念此所教我定
有利樂彼自行故不示便亡可於自不善何能教我故且於他諮受此事故須
自行菩薩和他行雖無量舉此四攝攝一切行故不論餘章義如無垢疏第二卷
經後見諸佛已起七寶塔　贊曰此觀滅後行化有三一入滅二起塔此云依於
睹縛滿此云圓寂即是圓滿體寂滅義菩薩證世菩提所以分別入體二名三得時
四得人五能障今入意體者菩提有三一自性清淨菩提二有餘依菩提三無餘依菩提
無住處菩提此之體即大般涅槃有三一德三體皆一真如具三方成菩提能生圓
覺名摩訶般若體覺性故至三示身等不生圓覺非為覺性不名般若大智度
論說智及智處皆名為般若故花嚴云自性清淨心又名無師智二世所知障名
為法身勝鬘云在纏名如來藏出纏名法身至三示等不名法身非切德
法所依止故三界苦都盡無二死故名為解脫在二示等不取死盡二
離離二縛非圓解脫然二示者之後得此三示同生解脫之林由此示之名得
菩提非大般義不具足故又依菩提第二問大菩薩要三事是名大涅槃若能證
二空之智法身即是所證二理解脫即是由智證理障盡所得假擇滅體如
伊字三點菩提亦由智證法身而得擇滅法身為本依之有三故如伊字
三點在上一點在下別亦不成者三事條然各其別體理亦不成三事共果是不一
方名入故縱亦不成者般若為宗下品解脫為次中品法身為後上品三法俱時
品而得此亦不成豈上下名從傍前後名橫若三別齊前後證之理亦不成
[illegible]

BD14546號　妙法蓮華經玄贊卷二　（35–16）

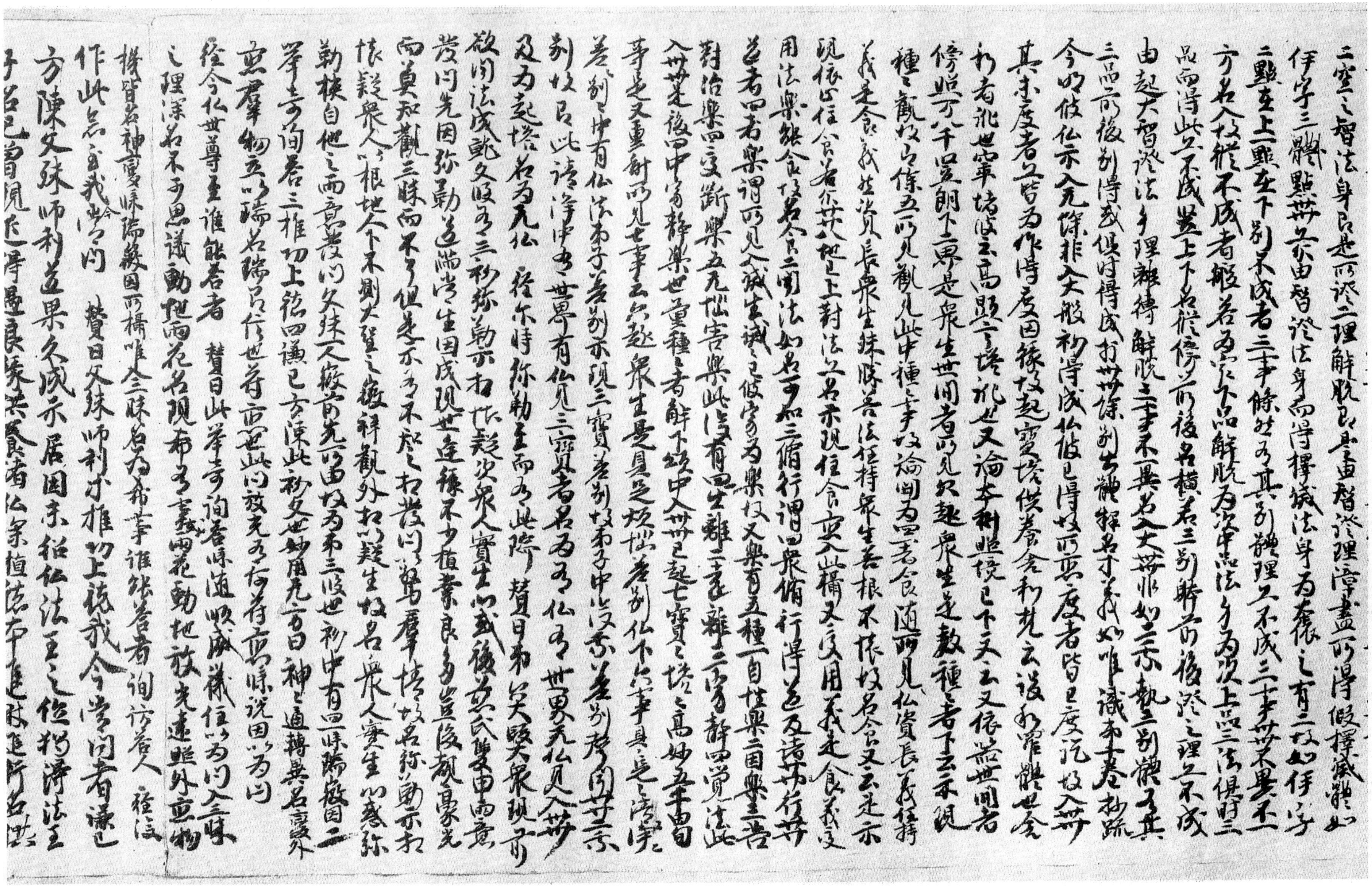

BD14546號　妙法蓮華經玄贊卷二　　（35–17）

之理深妙不可思議動地雨花皆現希有之事雨花動地放光遠照外道術
機皆名神變雖瑞殺因所攝唯入三昧名為希事誰能答者詢訪答人　經復
作此念至我今當問　贊曰文殊師利下推明上德我今當問者謙已
方陳文殊師利道果久成示居因末紹佛法王之位稱淨法王
子名已曾親近得遇良緣供養諸佛深植德本進趣前行名供
養故文殊師利住第四依供養八恒菩前三依今值六恒河沙佛故
名必應見此希有之相謙已不知我今當問論云問於一人多人欲
問其希有以是故唯問文殊師利以多未了疑生多人解左非多答
唯在一論云示現佛與弟子更相隨順說說大法皆不相違為現大
相因故者大智謂所說妙法因謂神變今現瑞相為說之因又大智
者即現瑞瑞相即因與所說法為因故又因者所以問現神變等大
智之所以也何故唯問文殊不問餘人有二法故推於文殊一現見諸法又
殊從知諸法故二離諸因緣自然成就彼法故謂文殊師利離諸攀
畫及離此相并從他聞之因緣故所以推之示現種種瑞相者不現彼
彼事事非一故名為彼彼如彼彼事現沒住滅所見即起衆生現在彼生
死中沒名為現沒所見佛法四衆并諸菩薩現在彼住名為彼住見佛入
菩薩并為起塔現在入滅故名彼滅所見七事無不攝盡或住即現在滅
即後無見入菩薩為起塔名滅後所緣五事皆名現住論又以文殊能記
彼事是故問之文殊師利所作成就因成就所作者謂彼所緒作法此有二
種一福德二智慧為問福德滿世因成就者謂一切智成就緣即放光雨花動
地外德滿故重複解下因者知世謂現大瑞知此因之果者謂所說大法
文殊外因即滿內德後圓故能如佛所說妙法果故今推問　經爾時比丘至
今當問誰　贊曰衆人實生疑惑世無佛光明說因放光神通之相嚴
儀中雨花動地外知衆人又觀所緣之生疑非衆所知所以不緣為問所以
根人地並居下故不能測去佛之入定既不知入於何定又依何定所以生疑故
不問也　經爾時彌勒至文殊師利等　贊曰下第二段雙申兩意發問
先因有三初長行後重頌長行有二此初雙申兩意　經以何因緣至國界
莊嚴　贊曰此後發問先因所有此意想世神通之相者緣感儀中雨花動
地放光明不緣說因彌勒自他以為問觀外瑞而發問故雙緣瑞以生
疑不緣入定以為內外人不疑入定下立不疑入定之故世尊見彼佛國界莊嚴者
論解　經意云種種佛國土者亦現彼國土中種種差別亦現為化四衆以起
衆生所現穢國及淨妙國土者無始性衆生住處又為化十地菩薩所現淨國於

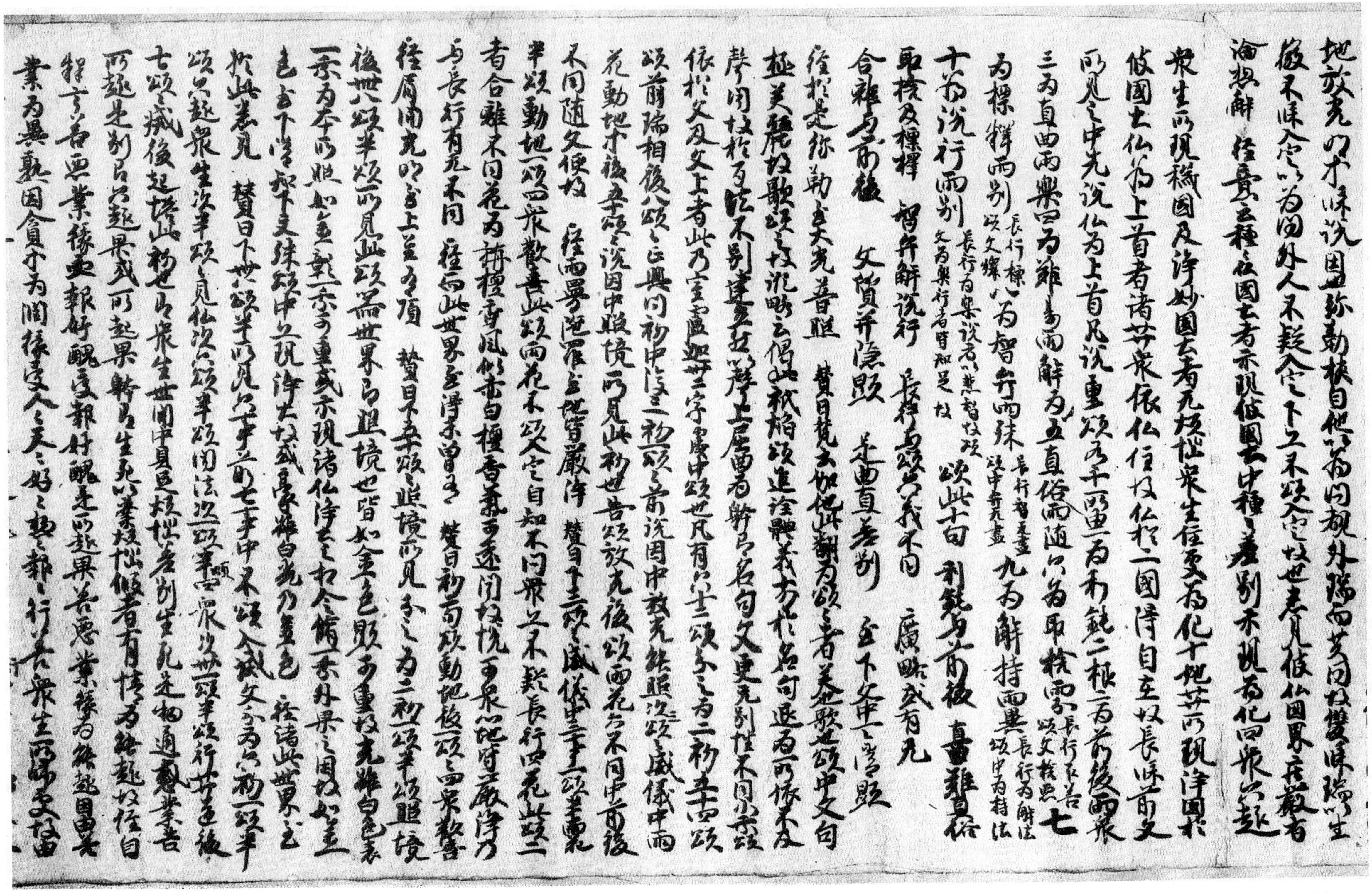

BD14546號　妙法蓮華經玄贊卷二

（35–19）

七頌頌成後起增上初世ミ衆生世間中具足煩惱差別生死迷惑通達惑業善
所趣差別亦名趣果或所起果體即生死以業煩惱假者有情為能趣故經自
釋云善惡業緣受報好醜是所趣果善惡業緣為能趣因由善
業為異熟因貪等為間緣受人天好報行善衆生所歸受故由
惡業為異熟因貪等為間緣受三惡趣醜報惡衆生所歸受故
名為所趣於此差別中有業煩惱名為能趣外器世間名趣資具同異熟
果名為所趣也 頌云 歎歸林藪 為歸虛空 經歸菩薩 法歸分別
即以所歸為其所趣假者名為趣以善惡趣為生死所趣下明具足清淨差別即趣
種種 經又觀諸仏聖主師子 贊曰此半頌明見仏師子即聖主即諸仏世以下釋
上無畏自在名師子實真同俗名聖主衆聖之主即諸仏也 經演說經
典至開悟衆生 贊曰下六頌（明頌）開法分二初三頌半明開四弁後三頌明三宗此
初也初半明義無导一頌明法無导一頌明詞無导一頌明弁無导義謂深妙
上妙名第一義無导解世教雜諸染名清淨善順人心名柔軟法無导解世聖種
名深妙無礙名樂聞妙順諸方名名於世界詞無导解世種種因緣法之道
理以無量喻諸譬况也法合雙開略為三義顯明仏法二開悟衆生弁才無导
解也 經若人遭苦至為說淨道 贊曰此明三乘聲聞獨覺菩薩如次配此三頌
苦於老及厭病精是而不欲後為世有作厭於墮及能也 經文殊師利至
今當略說 贊曰此一頌半頌見四衆因結於前便明觀彼四衆脩行得道
於此衆多見聞若斯結前以見及千億事明見四衆今此經中宗明一示
不能具列條四衆行故例衆多義今略說上明序間中明靜間下明菩
示差別 經我見彼土至而求仏道 贊曰下廿行半頌行菩薩分三初五頌頌
種種因緣次十七頌種種相貌後十三頌半頌種種信解前長行以外緣明行
從凡至聖皆淨先後今頌先依外緣後明自自行以勝劣為前後相
貌地無漏有漏雜脩次第脩行依行解者有漏脩無漏脩非次勝劣既殊故
前後別其脩六度為三位見道已前初劫之中於行中唯脩有漏為漏此行
解初地至七地滿第二劫中於一行中脩一切行有漏無漏雜脩地至十地滿第三劫中
一切行中脩一切地脩六度非次第度中道力道（行純無漏脩後二劫脩即此相根十地經言初地行檀乃至十）分非不脩若此初見已十地脩有次第故
行廣大故行解已足見菩薩已前行非勝故說無脩故此頌因緣恒沙菩薩現神通歡喜
恒河神之名河伽稱殑伽其河殑伽音殑伽及今云殑伽河中流恒行由為無熱惱池出四大
河出一一世界由為河中世蓋為福水入說罪滅被死生天云雜經勸按名字此下同仏世
近此宣說妙法教衆人共美故多為喻初河初生池四方口為喻 經或有行
施至求仏智慧 贊曰下十七頌初根中分二初十五頌六度次習一益圓成後二兩頌
[illegible]

行廣大故，行解脫故，是見菩薩行非勝故說，亦稱故此頌因緣。恒沙者，梵云殑伽，訛也，正云
恒河神名，河從彼稱。殑音其矜反。今云摩訶性中說恒河，由為南見熱惱池出四大
河，此其一也。西沙多而細，世人共為福水，入洗罪滅，投死生天，雜經初故名字。此常云佛多
近此宣說妙法，五眾人共委故，多以為喻。初生淨日方世界中以為喻。經或有行
施，乃至求佛智慧。贊曰：下十七頌之和根中分二，初十五頌六度修習，二益國成後之兩頌。
八風不動，二非接物。頌六度中分六，初六頌施，次二戒，次一忍，次一勤，次二定，後三慧。施有三，初四
頌外財，次一內外後，一內財。外財四中，施七寶，一施珍，一施成度，一施非物。七寶中，金說文金
為五色，黃為其長，久埋不生，百鍊不壞，從革不違，西方之行，生於土，左右所注
字象金在土形，今立聲也。二銀，白金也。三珊瑚，紅赤色，石脂似樹形。四真珠，上赤真
珠，似地海而生赤色，所生亦或珠，臘赤名赤真珠。五摩尼者，如意神珠，世既無瑠璃便
闕珠。二六車𤦲，梵云牟娑洛揭婆，青白色，間七馬瑙，梵云遏濕摩揭
婆。此云藏，或云胎，云堅。寶者以色如馬腦，故名作馬瑙字，以是
寶類，故字從玉，或從石。顧野王云，此七不同，此方所重，如上生
經說。《金剛》二說珍，帝青大青二數二，奴者帝之所珍者此下八戭喬婆
為奴字。四婢者，女之卑稱，五車乘輦，輿轎之總名。夏后氏奚仲所作古
者乘之，以所居人，今日車人，舍世之所者，所居如舍，亦名為車。七渭云
亦者，所用孔子載也，僧爲鳥馬之法，爲所以云七寶飾輦轅，車人之前
引之。古卿大夫亦自漢已後，天子乃之故，今天子皇居所六，車白轅，以寶飾輿，來飾
來居，二又說文車輿也。輦無輪曰輿，世衆世戴世舉世以作輦，非舉珍飾，故云寶飾
也。次一頌施成度，成度唯識云具七攝，受方成度，和若闕，便非取說，頌曰安住具依止
意樂及事業，巧便向清淨，度成由此。此十但舉上迴向菩提，餘準可知，志可能得
佛果，三界中，上以迴向意。次一雜物，駟音息利反，四馬曰駟，亦逐世，可以馳逐，居星日謂之
天駟，故人又放之。欄楯，鉤欄也，門旁之楯，閑所以得，故作蘭，書草也，非此義。楯音食尹時允二
反。欄楯，從曰檻，橫曰楯。華音戶花反。依此俗釋黃帝與蚩尤戰於涿鹿之野，常有
五色雲氣，金枝玉葉，止於帝上，有花葩之形，因而作華蓋。華蓋美之，蓋也，櫃寶理
稱而覆，暑熱人多持，蓋以花飾之，名為花蓋，蓋花音軒，音千反。千反奢車也，曲輈藩車
耳，以物帽嚴，名為飾也，有作幰，帛亦幰反，布帳車上，謂設名幰，車駟馬駕，傷飾欄
楯上施花蓋，幰軒嚴飾，以為布施。上四外財，次一內外，身肉手足，為內，妻子為外。次一難
內施，而心歡施首五施，至心及行心，隨時自手施，如法行捨物，是名施五種
以七攝受中，有四事業，世不取施，立五種，不淨亂眾生，惱害衆生物，及依淨心著，
皆不取施。與立五種中，如法施，世施有五種，親近堪與見，宗敬好名聞，皆作稱時因。
是名施善利。此上皆如，故以菩提心，經說於此施中，真起四智，一若有財，心不樂施，起覺

内施所以欣施有五初　至心及行心　随時自手施　如法行轄物　是名施五種
又七攝受中布罪業世不應施亦五種　不淨亂衆生　惱害衆生物　及依淨所著
皆不應施也　又五利中如法施世施有五利　親近復樂見　宗敬好名聞　後作緣時因
是名施善利　此上皆如菩薩地説於此施中應起四智一者有財心不樂施起覺
悟智二財勘闕心不樂施起忍苦智三財悦意心不樂施起知倒智四欣世果而行施者
起不見智施以无貪及彼所起三業爲性如菩薩地説　經文殊師利至而被法服　賛曰此
此上一頌戒戒有三種一律儀戒即七衆所受二攝善法戒所修三乘一切善法三饒益有
情戒即利有情三業方行勝劣經云波羅提木叉又毗尼戸生家三文具足爲大宗故
説菩薩地中律儀戒者捨輪王位如棄草棄出家三衣具足不皆名律儀戒故此所
説即律之儀之戒之爲本下有後二若彼律儀三戒但據彼四波羅夷皆律儀戒此明
初出家方能三文具足不故説下初律儀戒世有本十被法服被音數羅鶏及方言
披散世人立揮者之義今並應亍西被法服被音皮義及服用被帶之義出家
寬曠猶如虚空在家迫迮故説出家持戒有五利一十方仏讃歎二捨命時歡
喜三持戒者爲親友四一切徳圓滿五生生常得戒成其性智度論説戒爲徳瓶已
此第四頌曰　讃慈歡喜　或發一切徳圓　常生戒成性　是名戒五種　經或
見菩薩至樂誦經典　賛曰此一頌忍讀誦經典思惟法義諦察法忍深難偏
説攝餘二忍謂耐怨害忍安受苦忍　經又見菩薩至思惟佛道　賛曰此一頌勤
此通被甲攝善二種略无利樂有情精之進之五謂被甲加行无下无退无足已
經所説者勤者勇堅猛不捨善軛亦初發起猛利樂欲名被甲次起
堅固勇悍方便名加行次爲證得不自輕蔑亦无怯懼名无下次能忍受寒熱
等苦於劣小善不生喜足名无退次能證入諸諦現等觀欣求後後勝品功徳名无
足三乘究竟名究竟趣樂利樂世故初一名被甲後四名攝善此
中合名勇猛精進　經又見離欲至讃諸法王　賛曰此二頌定離憒閙故常
處空閑由此安住静慮故深修禪定引發静慮故得五神通由静慮
故讃諸法王此三依由離欲方得　經復見菩薩至聞悉受持　賛曰下三頌惠
此一加行智妙達實相故智深意樂不怖故志固又思慮遠故智深不休息故志
固加功能聞悉能持　經又見仏子至而撃法鼓　賛曰此二頌之二智定惠具足
根本後得二智鄙故行得智中以分讃之法之有四意一依樂説法利一切諸菩薩
化三示三破十魔衆四撃之法之鼓之音聞權顯實又至下一次顯魔界云破壊
云魔名波旬夜叉鬼者波旬此世難藏中仏説魔軍有十今爲頌可　欲貪及憂飢
渇　愛睡眠怖畏　疑悔及名利　自高輕慢彼　汝之軍如是　一切无能破
我智慧之力　權林執投水　或云智慧真如後得智慧俗理説法者聲響
令衆得聞此六度中皆具二利然以布施唯明利他後惠通載二利此四但説自利

[illegible]
化三示三破十魔衆四擊法鼓者開權顯實又云下說魔軍云破壞安穩
云魔名波旬此云惡者波旬訛也雜藏中仏說魔軍有十八種頌云　欲首憂愁飢
渴　愛睡眠怖畏　疑悔及名利　自高輕慢彼　汝軍如是　一切无能破
我智慧之刀　摧林亂拔水　或云智慧真如後得智俗理說法磨
令衆得聞故六度中皆具二利然以布施唯明利他後惠通亂二利中四但說自利
戒光利他之說實非无　經又見菩薩至不以為喜　贊曰下三頌八風不動三悲接物二
頌初次[illegible]八風不動寡欲音見及世具世五作是字為聞及上默世八風者一利二衰三
毀四譽五稱六譏七苦八樂今此但舉於四生[illegible]得財位名利面讚名譽背讚名
稱適悅名樂於此四中菩薩不以為喜菩薩之言義貫通故翻此四種衰毀譏苦
不生憂身心寂然語言寡默離八風故此如瑜伽第二十一釋　經又見菩薩至以求仏道
贊曰此三悲接物悲謂拔苦有情緣悲緣有情起行為多種生又无緣偏舉
一行濟衆苦生故言救无濟地獄苦係[illegible]行法緣无緣唯此又成六度具頌
經又見仏子至勤求仏道　贊曰下十三頌半頌地前凡夫行解行位六度亂脩又為六
也一頌勤一頌戒一頌半忍二頌定五頌施三頌惠此勤也飲食知量減省睡眠初夜
後夜覺悟瑜伽遺教又言初夜後夜亦勿有廢中夜誦經以自消息无睡
眠因緣令一生空過无所得也皆識也謂楚為之今不暫為故言未嘗經行
林中西域地濕疊塼為道於中往來量食誦經如經布指[illegible]來者故言經行此乃
策勵脩四正斷於已生惡不善法脩律儀斷於未生惡不善法脩斷於已生
善法脩護斷於未生善法脩習斷以求仏道故花嚴云　仏子善諦聽
我說如實義　或有速解脫　若欲求除滅　无量諸過惡
應當一切時　勇猛大精進　譬如微小火　雄濕不能滅　於仏法教中
懈怠者亦尔　譬如人攢火　未出數休息　火勢隨止滅　懈怠者亦尔
譬如淨大珠　離緣而求火　畢竟不可得　懈怠者亦尔　譬如明淨日
閉目求見色　於仏教法中　懈怠者亦尔　由初發心精進為宗行為依
欲為精進依故此但以精進為首十信心中信後精進中　經又見具戒至求仏道
贊曰此一頌戒三業威儀常无缺犯輕小罪心常懷大懼淨戒如珠具防
畏及慚愧故淨如寶珠者內外无瑕云戒依圓備三威光燿四衆所愛樂由
此譏嫌被縛早具揵身堪為如意等之前能生伊蘭之樹執隨所欲律儀為寶
故也　經又見仏子至以求仏道　贊曰此一頌半耐惡害忍少得謂名聞為名增上慢持
族姓力色聰叡財富四為他逆行檢打菩薩以五種觀皆悉能忍一親
屬想二唯法想三有無常想四無常苦想五攝受想經曰一自觀彼害者親屬作意二法
云苦及无常攝受故應忍　上來略標並廣如幽贊云如繫不述雜音之果及輕
也打罵日[illegible]　經又見安禪至以求仏道　贊曰此二頌定[illegible]

BD14546號　妙法蓮華經玄贊卷二

山瓔珠被轉卑摯楼身莊嚴具知等之前所龍生侍立圍之樹執隨所欲便儀而有
故也　經又見仏子乃至以求仏道　贊曰此一頌半耐乃至害已少得謂多名增上攝持
族姓力色聰叡財富爲族名眷謂高勝他遂行種種有幷以五種觀皆悉能忍親
屬者二作法者三有世相四无常者五攝受者經曰　一府觀彼害者　親屬作之法
乃至昔及无常　攝受故爲眾　上來略標並廣如幽贊具聚不述種音之果及勢
世有音攸　經又見菩薩以求仏道　贊曰此二頌定所離多四一戲論所別戲論二哭
謂詠讀三離自愚癡四離惡眷屬離親屬尋故不離名二一勸者四親近善緣三
一心除亂翻前三種故道教經云汝等比丘常離憒鬧獨處閑居思滅苦本者樂
眾者亦三更眾苦廣說如經　經或見菩薩求无上道　贊曰此五頌施分三
初三頌四句施次一頌上妙施後一頌意樂施四句者飲食湯藥衣服臥具餚膳者
非穀爲食之日肴之組也亦作肴字食之也饌也藥之類是也云董賓餚具食也
今时美物亦日珍膳從解肴膳肉也今則不然菩薩以供養仏故亦名膳字有
作饈饍非也旃檀者本謂牛頭旃檀黑謂黑檀之類白謂白檀之屬一頌
上妙施又無病法師　求後生菩薩　設非證聖者　施果亦无量　又云
若有戒足雖羸劣　而能辯說利多人　如仏大師應供養　愛彼善說故不(?)
故以清淨好園林施意樂施中有六意樂一廣大二无散三歡喜四恩德五无
染六善好此中有三一歡喜二无散三善好乃求无上道前施四句乃廣大施等
彼前恩名恩德施三時无悔不爲染雜名无染施以飲食施足法食故不損
飢饉劫故以醫藥施當得法藥无諸病苦故以衣服施得七寶衣柔和忍
順具慚愧故以卧具施當具資緣入空家舍慈悲室故以園林施當住覺苑遊
持園故及得无漏法林故以花施得七覺花故以藥施得四聖果故以搭地施
當得无諸八解池故　經或見菩薩求无上道　贊曰此三頌意初一後持智法
施无者故迦葉經云若植(?)得世界珍寶滿其中以施諸如來不如以施一人
雜福多不及一法施一偈福當勝者多難思議次一正智法无相故二相者分
別也无二相者是諸經不二法門如說三類說不二義地前立作而相
无相利他自利二智以故後一加行求正道故前諸法寂滅之說世諦音諸
離及等也諂故導之諂遥世人闇於未事所以(?)
音猶誘進也　經文殊師利有供養舍利　贊曰下有六段一七箇起塔乃
二初一頌供養舍利後六頌造塔供養後文分三初三頌造塔嚴飾次一頌八部供養
後二頌顯造殊又七頌分二初五頌長行後一頌結造塔勝初中復二初四頌菩薩供養
一頌八部供養後復二初一頌供養舍利後三起塔唯此頌文長行亦有亦供養舍後
利起七寶塔此初也　經又見仏子造寶鈴和鳴　贊曰此三頌起塔一頌數一頌
量一頌嚴其地說若依後造或多花制度寸而爲供養等積无量大福故果交

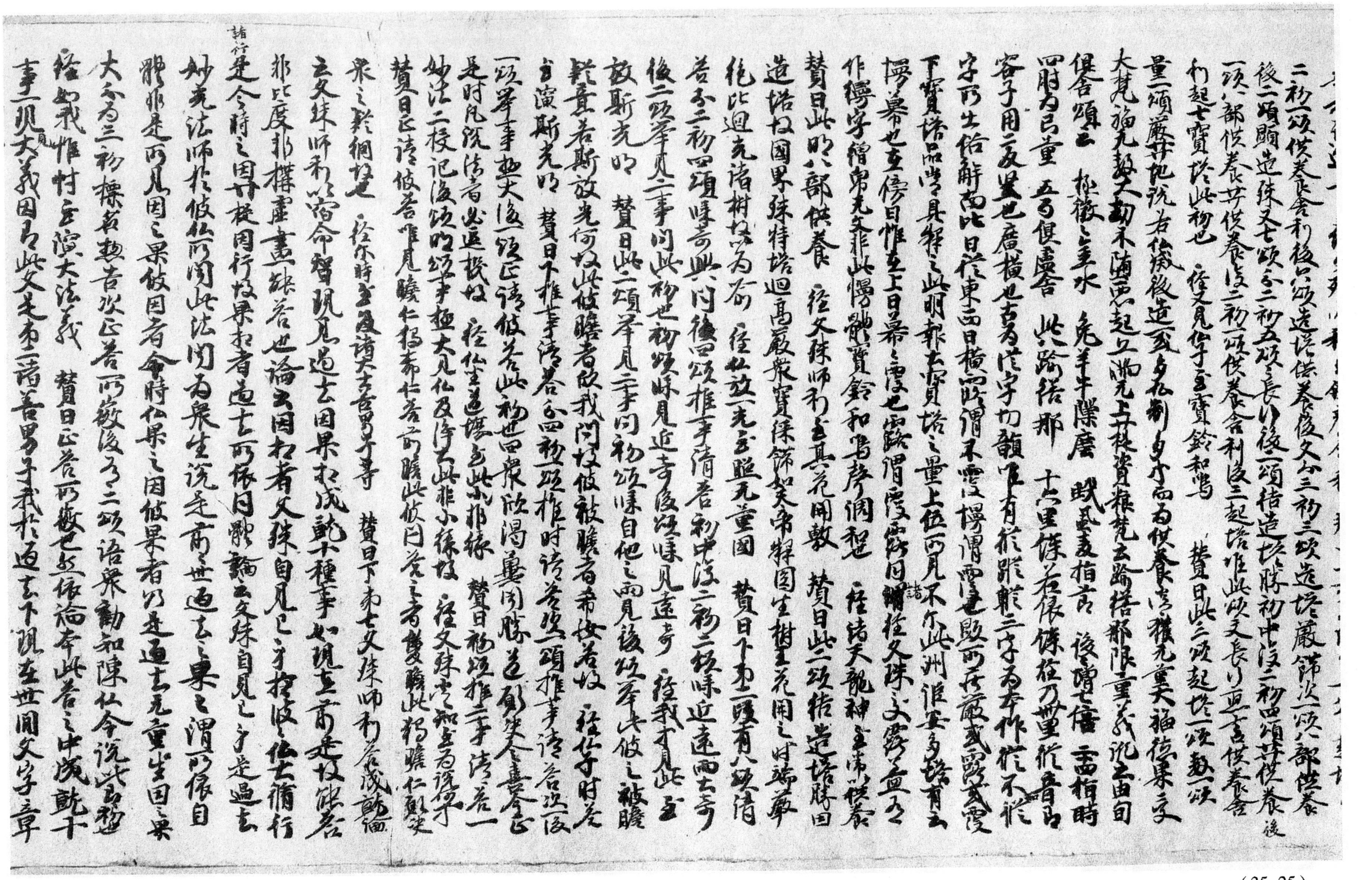

BD14546號　妙法蓮華經玄贊卷二

（35–25）

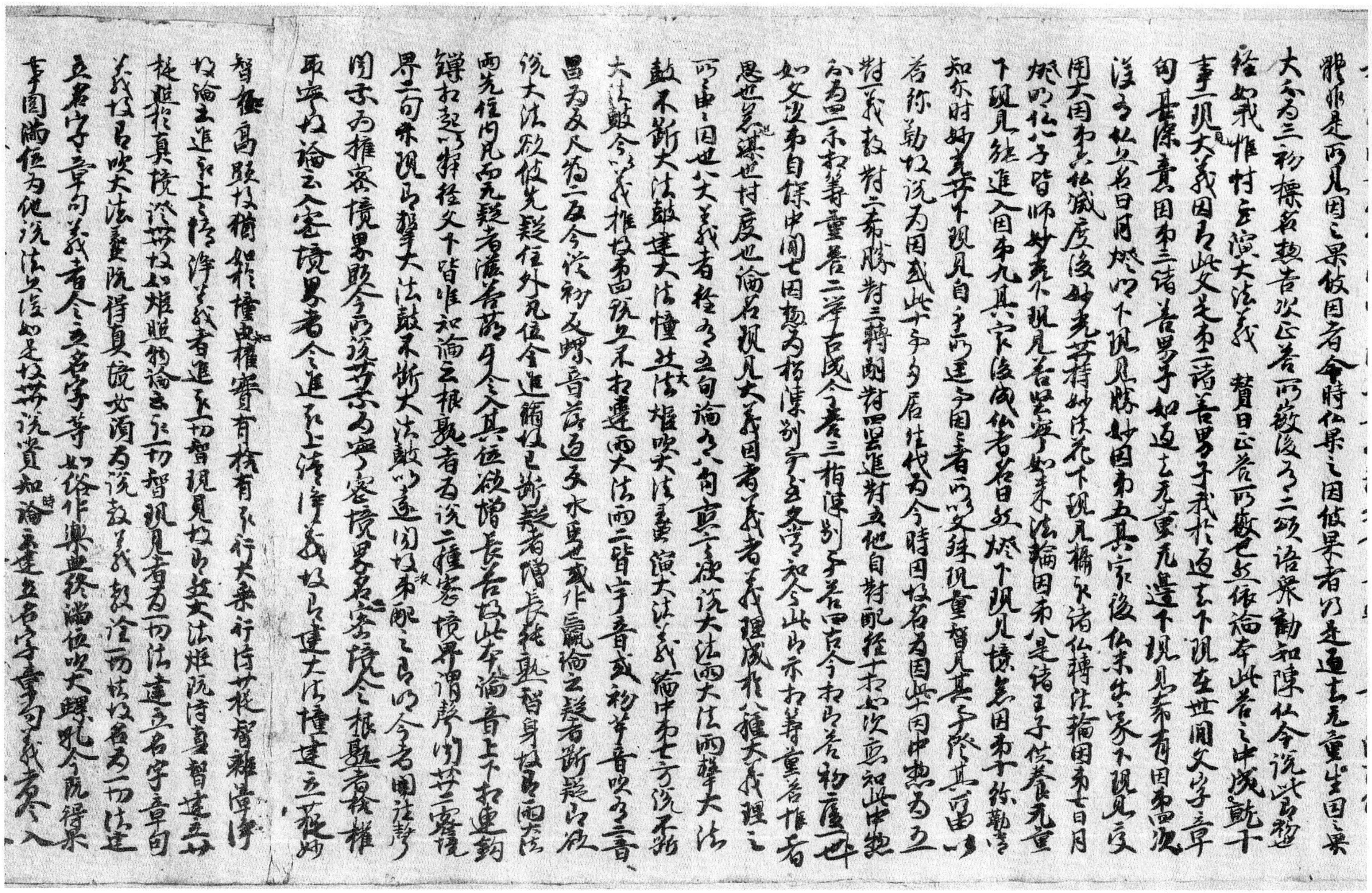

BD14546號　妙法蓮華經玄贊卷二　　（35–26）

BD14546號　妙法蓮華經玄贊卷二

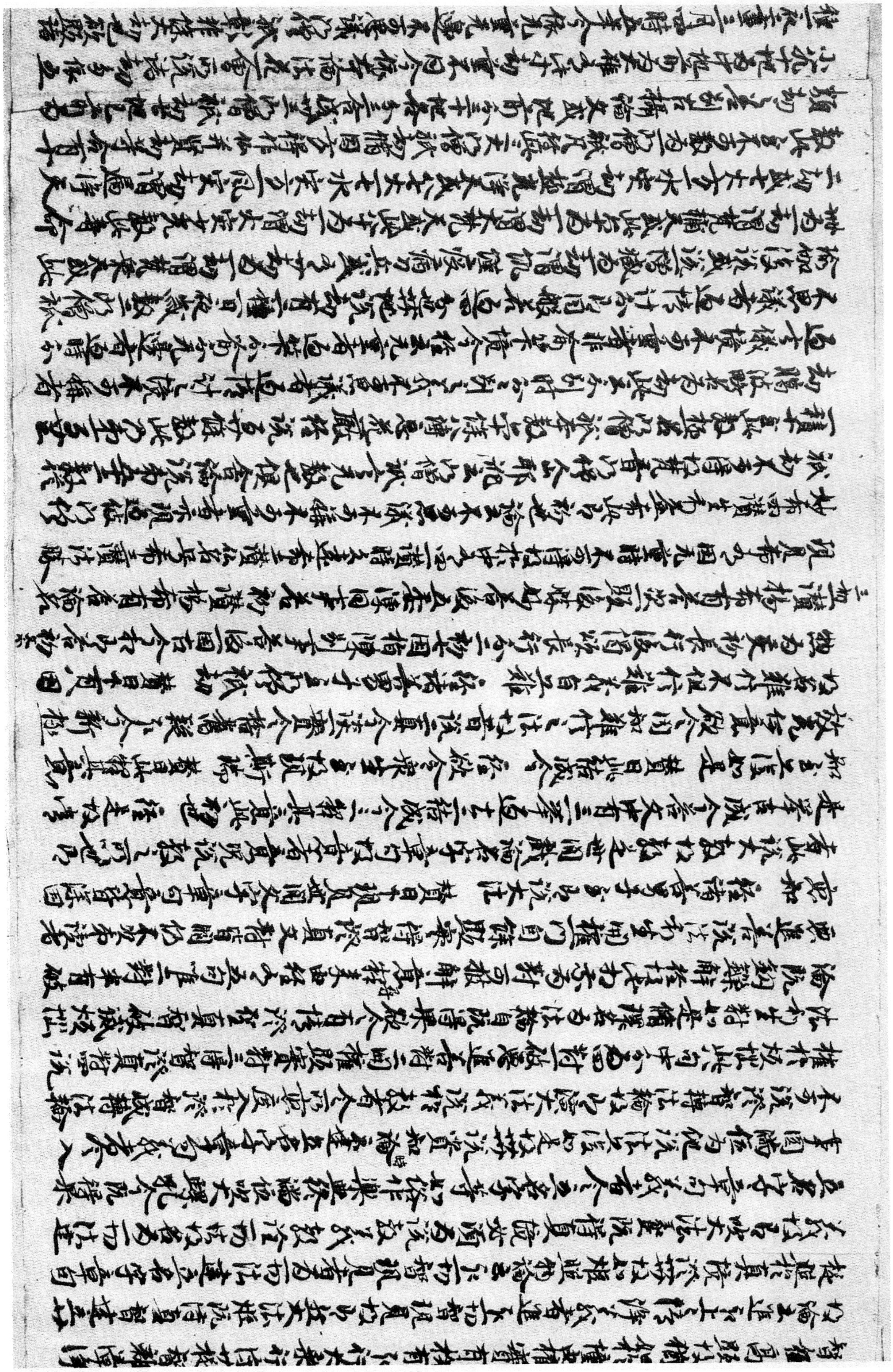

（35–27）

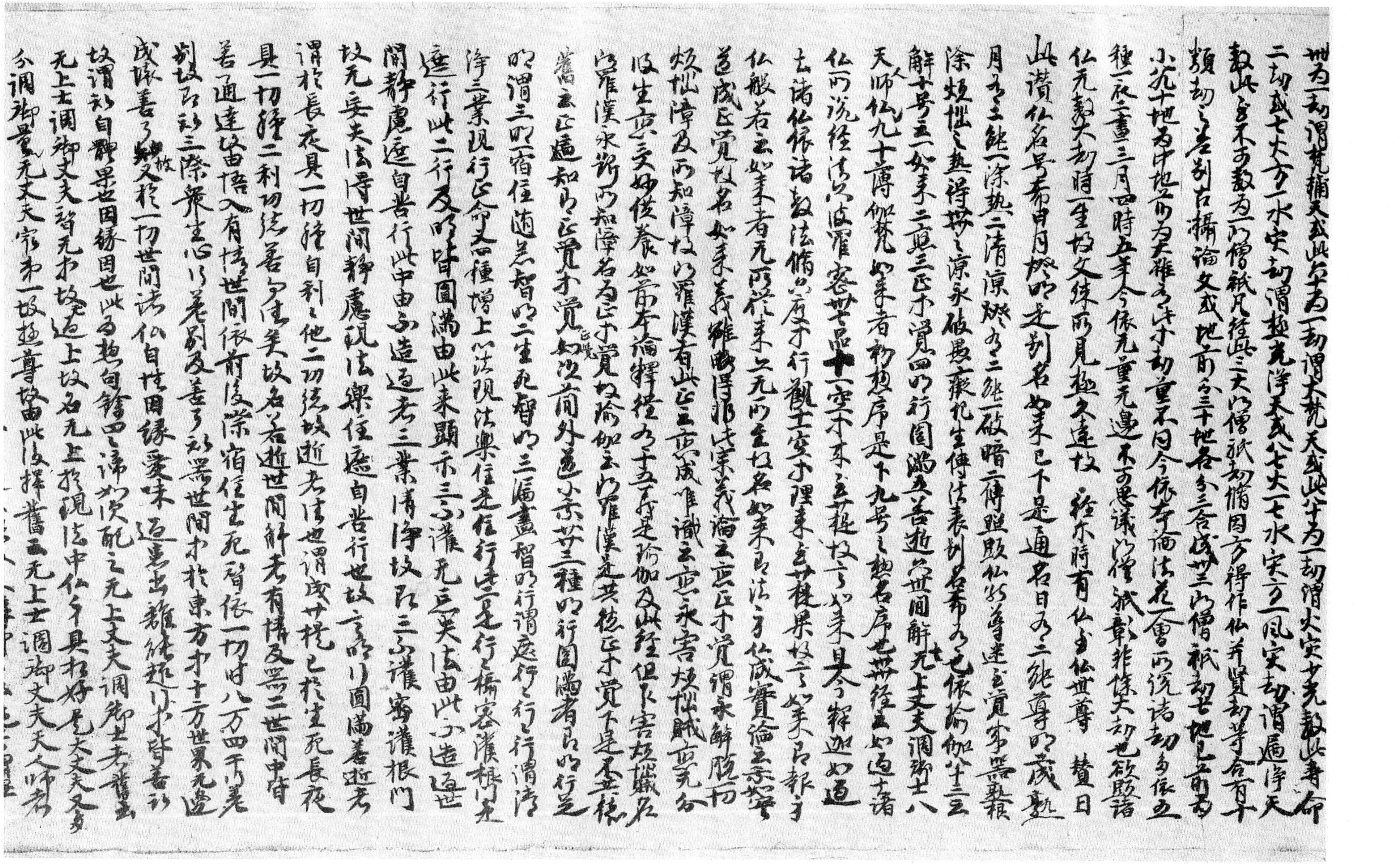

BD14546號　妙法蓮華經玄贊卷二

（35–28）

刹故亦云三際解脫心[illegible]世間[illegible]十方世界[illegible]
成壞善了知故又於一切世間諸仏自性因緣愛味過患出離能趣行亦皆善知
故謂知自體果也因緣因也此即攝向四諦如次配之无上丈夫調御士者舊云
无上士調御丈夫智无等故无過上故名无上於現法中仏今具相好是大丈夫又多
分調御量无丈夫常寄一故極尊皆由此後揀舊云无上士調御丈夫天人師者
以彼天人能甚深義勤修正行有力能故餘趣不能故不稱師言仏陁者謂畢
竟斷一切煩惱所知并習氣現於正覺於諸无上正等覺故名具二智覺自
他也薄伽梵者亦云世尊但總安此妙斯梵座任運摧滅一切魔軍大勢力故
名破四魔如仏地論頌
自在熾盛与端嚴　名稱吉祥及尊貴
具足如是諸六義　應知總名為薄伽
薄伽者聲也梵謂具德若了方此
薄伽聲自能破四魔又具六德一自在義永不繫屬諸煩惱故二熾盛義炎
猛智火所燒練故三端嚴義世一切十方所莊嚴故四名稱義仏之勝名无不知故
五吉祥義恒起方便利安樂有情故六尊貴義故世出世間咸尊貴故今名世尊
顯前五義　經演說正法初善中善後善　贊曰下讚法勝妙有十三具十
德世一初善謂聞時生歡喜故二中善謂修行時无有艱苦遠離二邊
依中道行故三後善謂極究竟離諸垢故及一切究竟離能為後邊故
法性離諸垢故能了之者又離諸垢故修行究竟得果離諸垢故智度論云讚布
施為初善讚持戒為中善讚二果報生天淨土名後善復說聲聞獨覺大乘三
名三善寶性經云初善斷集名初善修正道名中善證滅名後善是名聲聞
初中後善若不信苦於心不退下乘迴向一切種智是菩薩初中後善今依瑜伽為正
四又有此三其語巧妙謂善滑綴名身等故及六語具皆圓滿五義妙與[illegible]
義深遠謂能勸發利益安樂故六純其純一无雜謂不与一切外道共故唯仏
法有外道所无七圓滿云具足无限量故六尊勝故義豐具勝故名圓滿
清淨謂自性解脫故一刹那自體解脫故或法自性解脫无鮮白謂相續解脫
故設多刹那亦解脫故或事之等亦解脫故十梵行謂八聖道支滅諦名梵道
諦名行与滅為因故具八道名梵行和合之知此道由梵道有四種妙由所顯說故具是梵
行如是中有六純一无雜有七具足有八清有九白隨如其所解准義配自新經所說
經為求聲聞者至成一切種智　贊曰下讚生利益布之仏出世唯說一法或不說法
今說三乘故名希有應音於興又於於三處立應之謂應契隨其根器而說法契其根
法和當故衆生根性有下中上想知四諦除淨因果由下劣故名得聲聞根知
九十二因緣因果次勝名得緣覺能行上利兼利須知修六度究竟作仏名為菩
薩成種智辟支迦仏陁者此云獨覺舊云辟支　經次復有仏亦名日月燈明
贊曰下第二段後勝妙者論云現見勝妙因諸仏菩薩自求現受用勝名往生故名勝妙
[illegible]

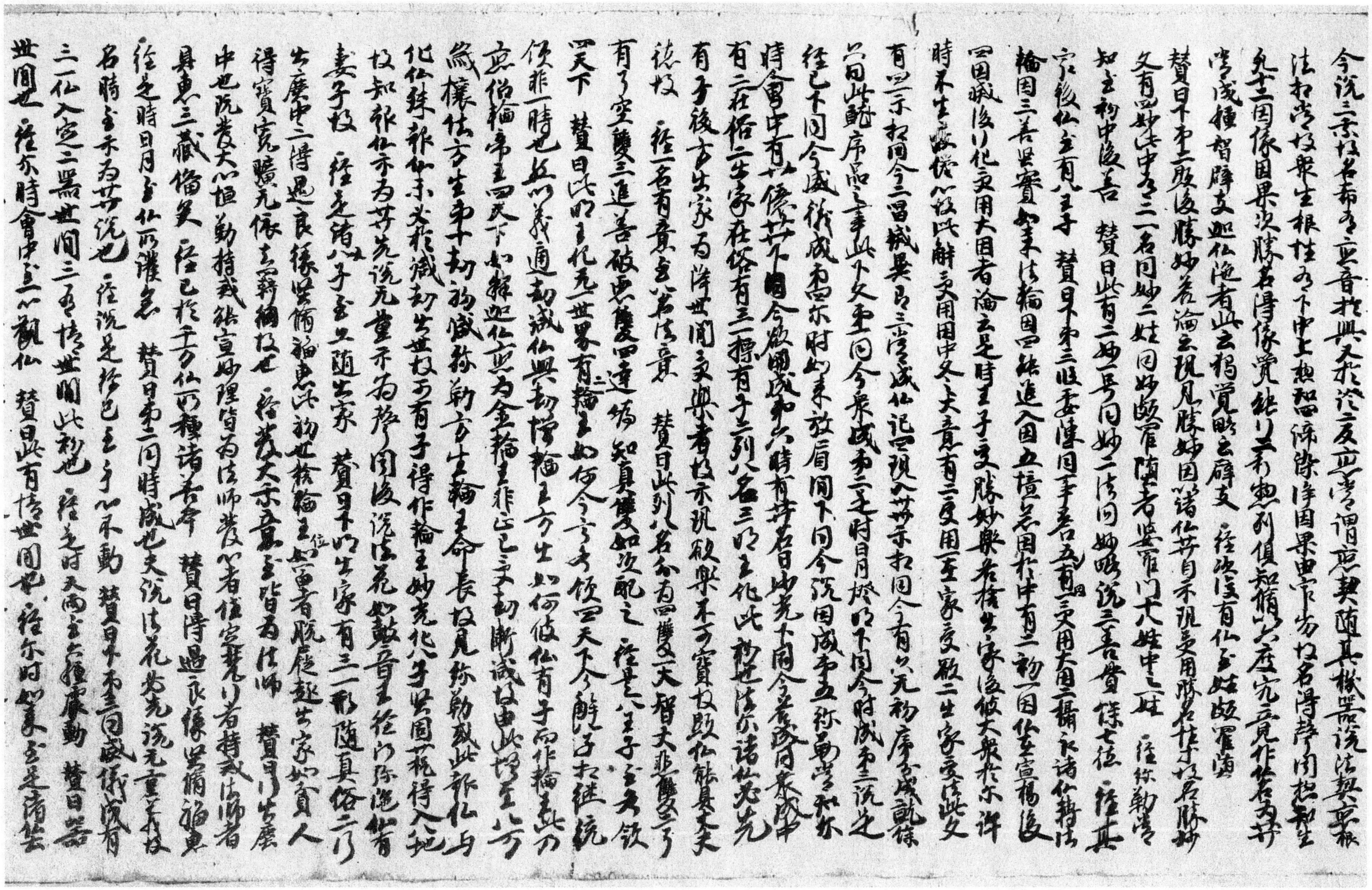

BD14546號　妙法蓮華經玄贊卷二　（35–30）

BD14546號　妙法蓮華經玄贊卷二

（35–31）

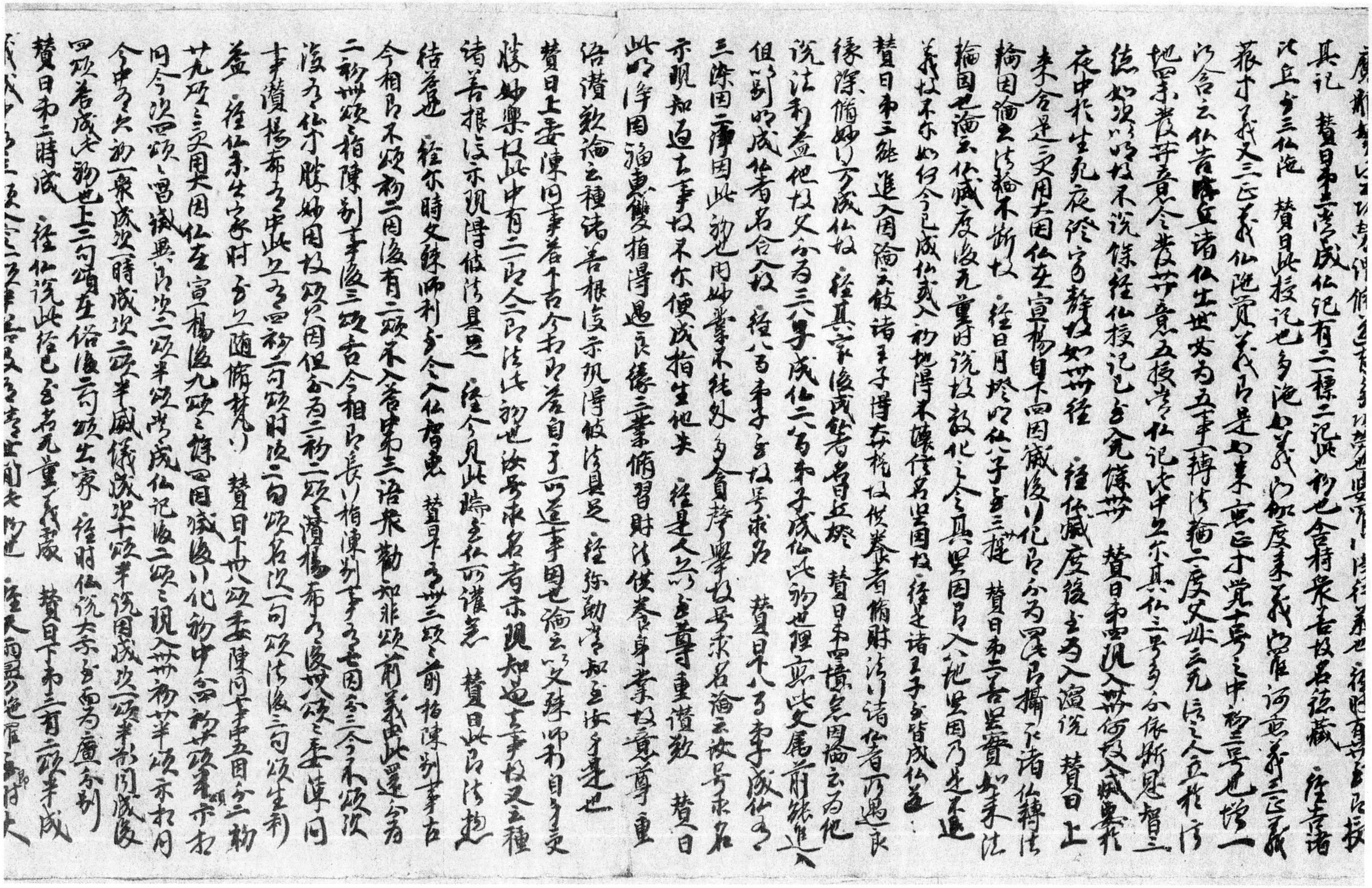

BD14546 號　妙法蓮華經玄贊卷二　　（35–32）

廿九頌〻文有大因佛在宣揚後九頌〻轉四因緣後有化初中有廿頌半亦分
同今次四頌〻習識異今次二頌半頌當成佛記後二頌〻現入涅槃初廿半頌亦相同
今中有六初一衆成次一時成次二頌半威儀成次十頌半說因成次一頌半問成後
四頌眷成此初也上三句頌在俗後一句頌出家 經時佛說大乘乃至為廣分別
贊曰第二時成 經佛說此經已乃至名無量義處 贊曰下第二有二頌半成
儀成中有三頌入定一頌半說及為諸世間此初也 經天雨曼陀羅乃至時大
震動 贊曰器及衆生世間此中合有五入定雨花作樂供養地動與長行前後
有無廣略不同一切諸佛土即時大震動者此唯日月燈明佛國震動非十方界皆
云而此世界六種振動故今此燈明佛國一切皆動化身報身下位非一而言諸
佛 經佛放眉間光乃至八千佛土 贊曰下十頌半說因成有三二句放光六句照境
九頌半頌如今所見是諸佛土此初也 經示一切衆生乃至業報處 贊曰下九頌半如今
所見中有五初半頌六趣生三頌見佛一頌聞法一頌見四衆四頌見菩薩一頌入滅起塔此初
世處謂所趣根是業因所歸處故或受謂善理善因感善果惡因感惡果
或是理故或受謂受所受善惡果之受所也 經有見諸佛土乃至斯由佛光照
贊曰下三頌見佛分三一見淨土一見供養一正見佛此初也報迦光照皆如金色日月燈
明琉璃頗梨色者頗胝迦素枯一而重故唯金色衆像圖繪故種種色互相影彰故
梵云吠琉璃此云遠山寶乃種〻色頗胝迦此云水精亦云水玉或云白珠紀玉頗梨訛也大程
又智度論云出山石窟中過千年冰化為之西方暑熱土地無冰何物化為此但名
類耳〻皆〻 經及見諸天人乃至端嚴甚微妙 贊曰此二頌中初見八部供養
後見佛也 經如淨琉璃中乃至敷演深法義 贊曰此聞法也佛放光自照或衆睹
佛此方遥見如琉璃中現金像說法 經一一諸佛土乃至盡見彼大衆 贊曰此見四衆
經或有諸比丘乃至說法求佛道 贊曰此四頌見菩薩種種因緣行解相貌菩
薩一頌唯解行亂脩行故一頌勤戒欲顯在家出家並得行菩薩行故言比丘或
稱菩薩精進遍策戒是孝本故初舉之一頌施忍乎等者施忍非一類乃有故一
頌禪定一頌智惠 經亦時四部衆乃至是事何因緣 贊曰第五頌問成也前
長行云菩薩欲聞法此言四部者好影相前後故 經天人所
奉尊乃至唯汝能證知 贊曰下四頌第六眷成長行有四此文有二初二頌因
說此經後二頌時菩短長明無傳燈眷屬大衆安樂此初也三道迷世始世後了
經空起能行衆生多菩提從生世智惠照達真俗名世間眼 經世尊既讚歎
令悉皆能受持 贊曰時菩短長也 經佛說是法花乃至入於菩 贊曰上短
瑞初同今下四頌第二習識異分三二習識一識勸所化一頌大衆悲惱此初也化緣
既終便習今識 經汝一心精進乃至億劫時一遇 贊曰此勸所化精進為生世之
根故道為生死之本理須脩斷既爭諸佛億劫方遇今既得遇而不精勤
者哉故經云諸佛出現樂演說正法樂衆僧和合樂同脩精進樂 經世尊諸子
等乃至佛滅一何速 贊曰大衆非悲惱也世間空虛衆生福盡故生悲惱 經聖

BD14546號　妙法蓮華經玄贊卷二　（35–33）

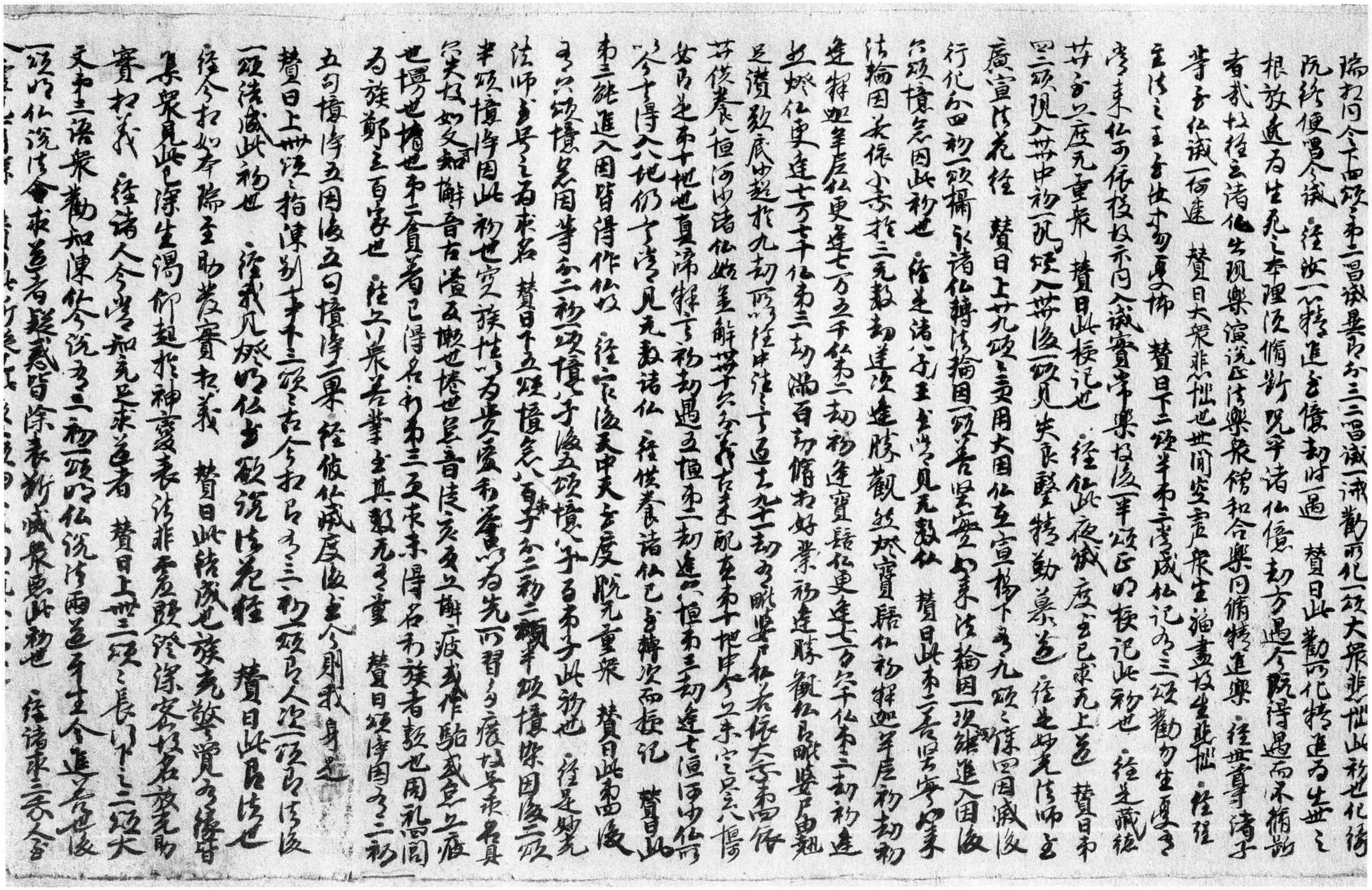

BD14546號　妙法蓮華經玄贊卷二　（35–34）

[illegible]

六頌讚忍因此初也　經是諸子王等見天數仏　讚曰此

法輪因若依小乘於三无數劫逢值逢勝觀然燈寶髻仏初釋迦牟尼初劫初

逢釋迦牟尼仏更逢七万五千仏第二劫初逢寶髻仏更逢七万六千仏第三劫初逢

然燈仏更逢七万七千仏第三劫滿百劫脩相好業初逢勝觀仏是毗婆尸由翹

足讚歎底沙超於九劫所以經中說過去九十一劫有毗婆尸仏若依大乘第四依

菩薩供養八恒河沙諸仏始業解行出六分第古来配在第十地中今立未定是六八恒河

沙即是第十地也真諦釋言初劫遇五恒第二劫逢六恒第三劫逢七恒河沙仏所

以今十方得入八地仍言唯見无數諸仏　經供養諸仏已方轉次而授記　讚曰此

第三能進入因皆得作仏故　經究竟後天中天乃度脫无量衆　讚曰此第四後

有六頌讚忍因等分二初四頌讚子後五頌讚子為第子此初也　經是妙光

法師乃号之為求名　讚曰下五頌讚忍八百弟子分二初二頌半頌讚除因後二頌

半頌讚淨因此初也究族姓以為貴愛求著以為先所習多廢故号求名貝

不失故如文知音古澁反懈也捲世是音徒反又懈疲或作駘或息也廢

世慣世情世第二貪著已得名利第三更求未得名利族者數也周禮四閭

為族鄭玄百家也　經又以衆善業其數无量　讚曰頌淨因有二初

五句讚淨五因後五句讚淨二果　經彼仏滅度後至今則我身是

讚曰上卅頌之指陳別十中第三頌之古今相屬分三初一頌屬人證一頌屬法後

一頌法滅此初也　經我見燈明仏本欲説法花經　讚曰此屬法也

經今相如本瑞是助發實相義　讚曰此結成也族光警覺為緣皆

集衆見此深生渴仰起於神變表法非虛故瞻深容故名放光助

實相義　經諸人今當知合充足求道者　讚曰上廿三頌之長行下之二頌大

文第三語衆勸知陳今説分二初一頌明仏説法雨益於求令進道後

一頌明仏説法令求道者疑惑皆除表斷滅衆惡此初也　經諸求三乘人含

令盡无有餘　讚曰此斷疑也此後二頌雨大法雨説大法也

法花經玄贊第二

開元五年四月十五日辰時寫了

BD14546號背 1　十大弟子讚（擬）

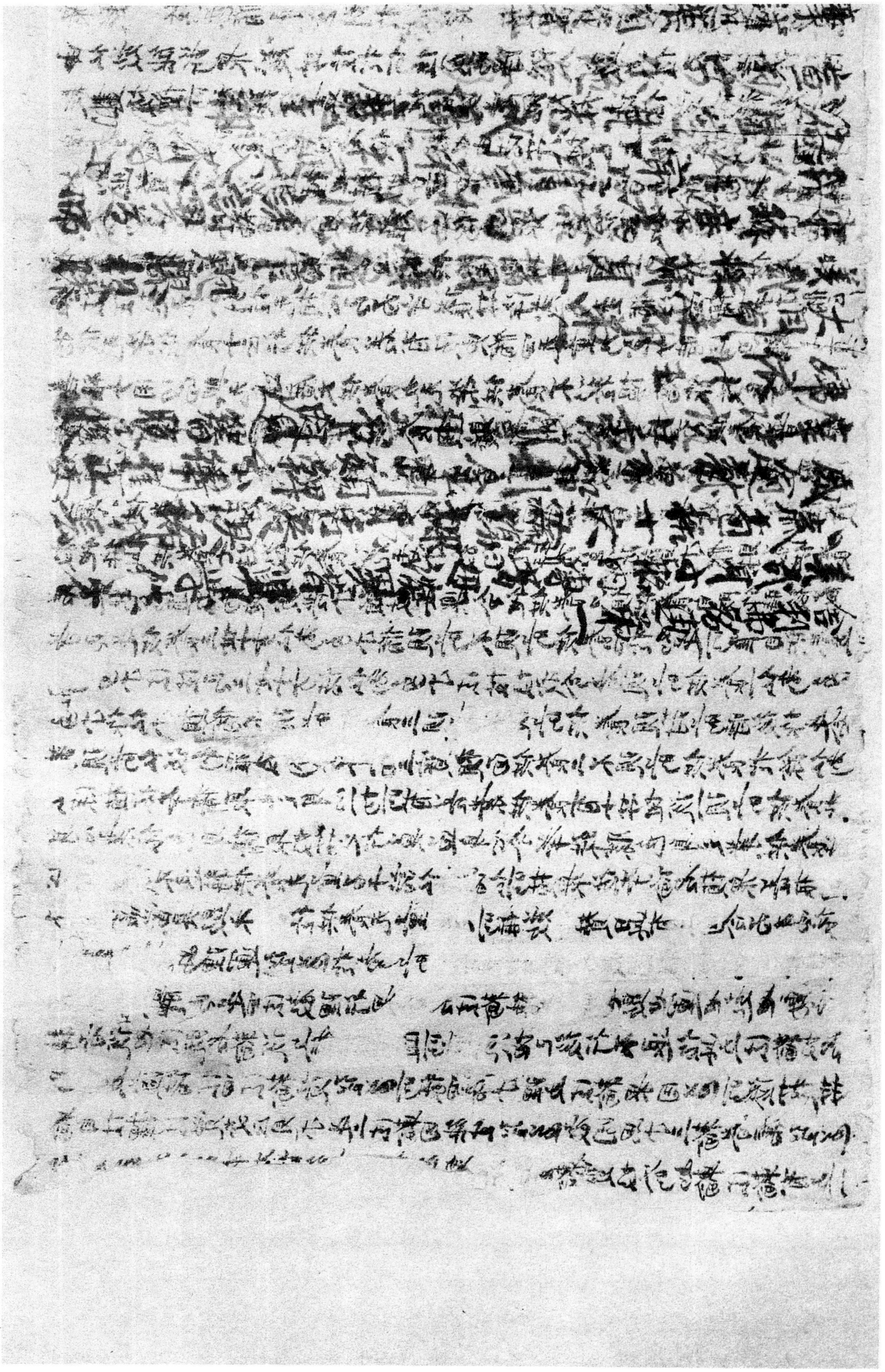

（5–1）

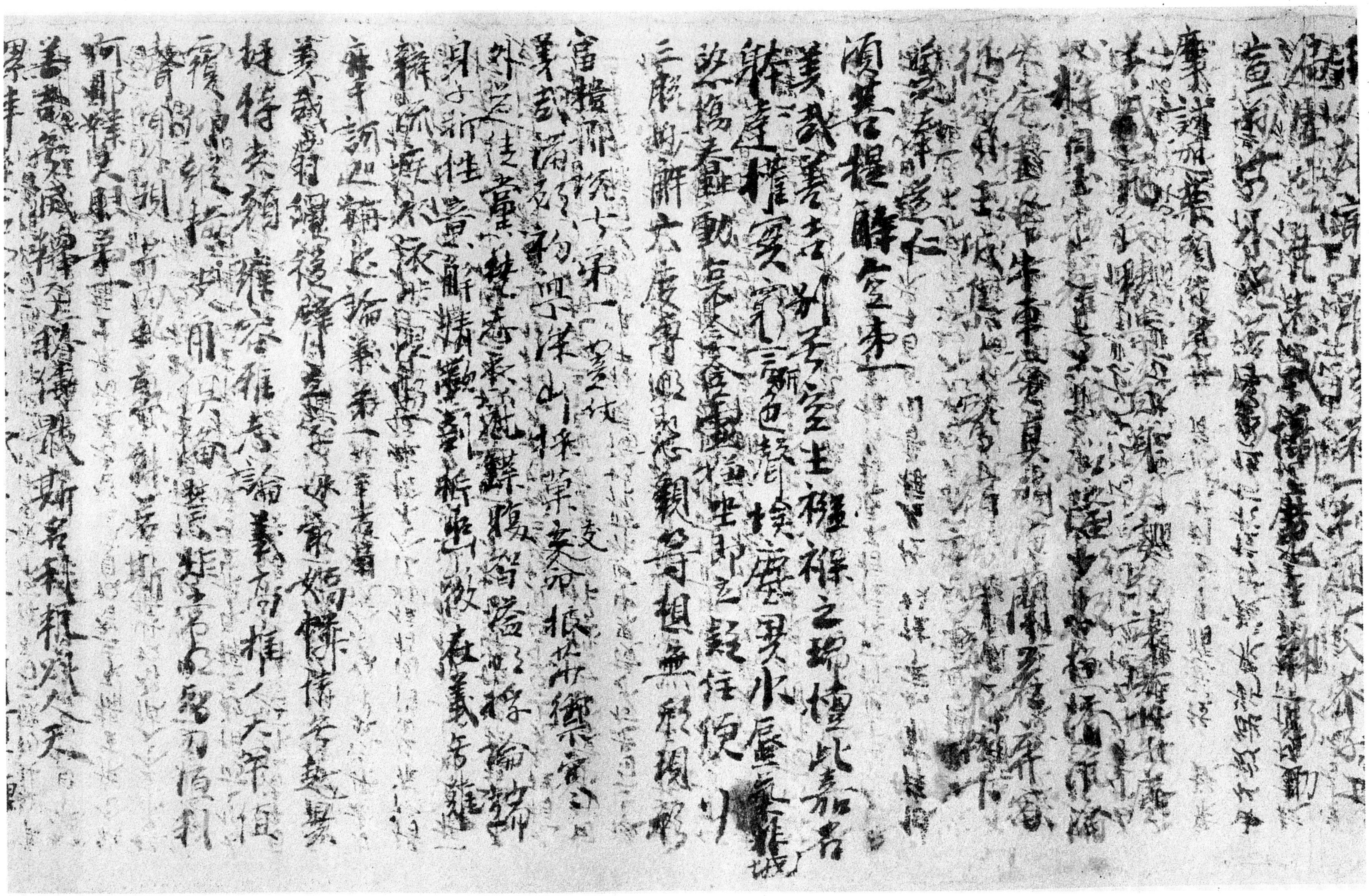

BD14546 號背 1　十大弟子讚（擬）

（5–2）

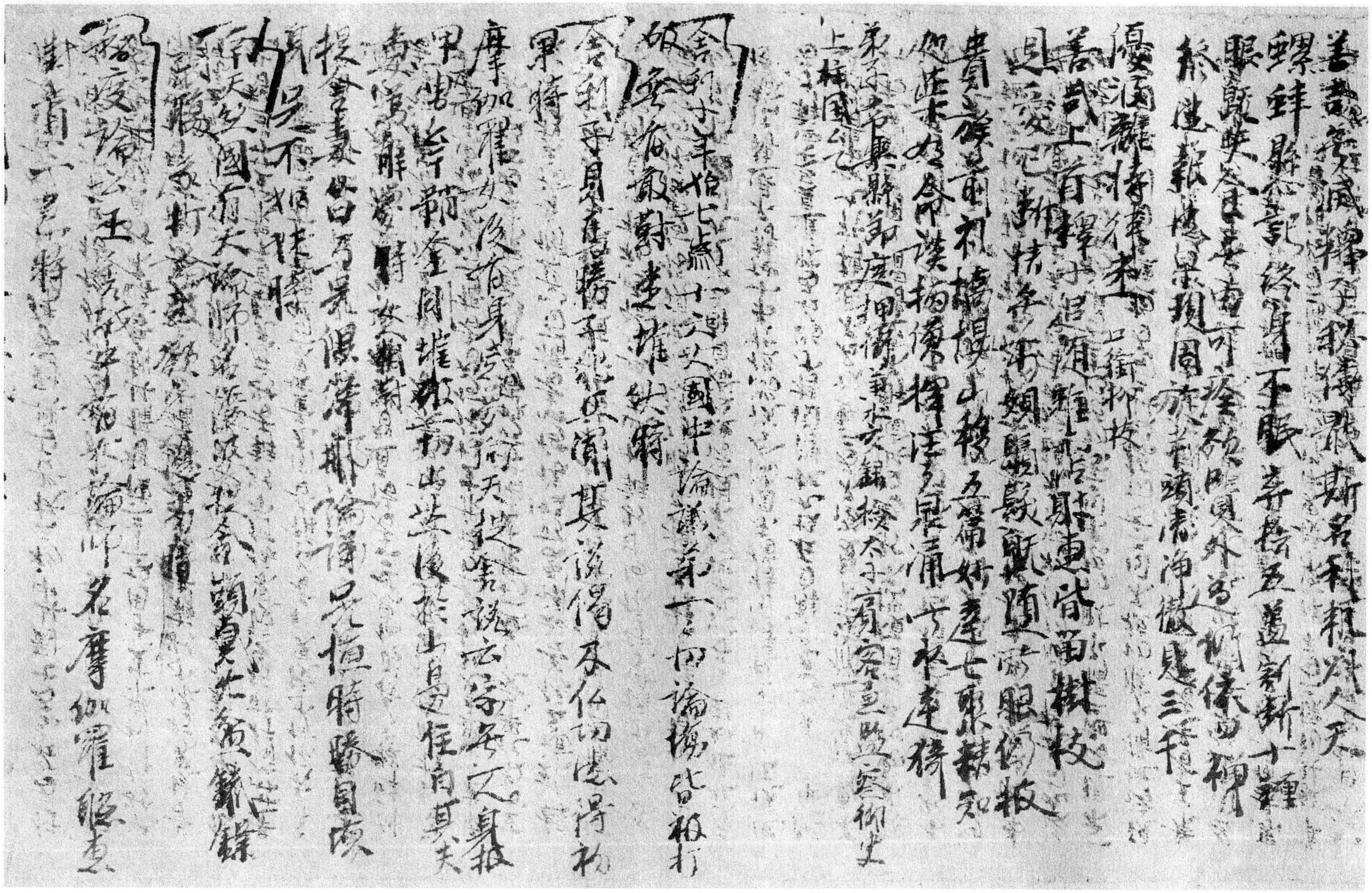

BD14546 號背 1　十大弟子讚（擬）
BD14546 號背 2　壁畫榜題（擬）

（5–3）

BD14546號背2　壁畫榜題（擬）

（5–4）

BD14546號背 2　壁畫榜題（擬）

（5–5）

大般若波羅蜜多經卷第二百八十三
初分難信解品第卅四之一百二　　三藏法師玄奘奉　詔譯
善現一切智智清淨故四靜慮清淨四靜慮
清淨故不還果清淨何以故若一切智智清
淨若四靜慮清淨若不還果清淨無二無二
分無別無斷故一切智智清淨故四無量四
無色定清淨四無量四無色定清淨故不還
果清淨何以故若一切智智清淨若四無量
四無色定清淨若不還果清淨無二無二分
無別無斷故善現一切智智清淨故八解脫
清淨八解脫清淨故不還果清淨何以故若
一切智智清淨若八解脫清淨若不還果清
淨無二無二分無別無斷故一切智智清淨
故八勝處九次第定十遍處清淨八勝處
九次第定十遍處清淨故不還果清淨何以
故若一切智智清淨若八勝處九次第定十遍
處清淨若不還果清淨無二無二分無別無
斷故善現一切智智清淨故四念住清淨四
念住清淨故不還果清淨何以故若一切智

BD14547 號　大般若波羅蜜多經（兌廢稿）卷二八三　　（15–1）

九次第定十遍處清淨故不還果清淨何以
故若一切智智清淨若八勝處九次第定十遍
處清淨若不還果清淨無二無二分無別無
斷故善現一切智智清淨故四念住清淨四
念住清淨故不還果清淨何以故若一切智
智清淨若四念住清淨若不還果清淨無
二無二分無別無斷故一切智智清淨故四正
斷四神足五根五力七等覺支八聖道支清
淨四正斷乃至八聖道支清淨故不還果清
淨何以故若一切智智清淨若四正斷乃至八
聖道支清淨若不還果清淨無二無二分
無別無斷故善現一切智智清淨故空解脫
門清淨空解脫門清淨故不還果清淨何以
故若一切智智清淨若空解脫門清淨若不
還果清淨無二無二分無別無斷故一切智智
清淨故無相無願解脫門清淨無相無願
解脫門清淨故不還果清淨何以故若一切智
智清淨若無相無願解脫門清淨若不還
果清淨無二無二分無別無斷故善現一切
智智清淨故菩薩十地清淨菩薩十地清淨
故不還果清淨何以故若一切智智清淨若
菩薩十地清淨若不還果清淨無二無二分
無別無斷故
善現一切智智清淨故五眼清淨五眼清淨
故不還果清淨何以故若一切智智清淨若五
眼清淨若不還果清淨無二無二分無別無
斷故一切智智清淨故六神通清淨六神
通清淨故不還果清淨何以故若一切智智

BD14547 號　大般若波羅蜜多經（兌廢稿）卷二八三　　（15–2）

善現一切智智清淨故五眼清淨五眼清淨
故不還果清淨何以故若一切智智清淨若五
眼清淨若不還果清淨無二無二分無別無
斷故一切智智清淨故六神通清淨六神
通清淨故不還果清淨何以故若一切智智
清淨若六神通清淨若不還果清淨無二無
二分無別無斷故善現一切智智清淨故佛
十力清淨佛十力清淨故不還果清淨何以
故若一切智智清淨若佛十力清淨若不
還果清淨無二無二分無別無斷故一切智智
清淨故四無所畏四無礙解大慈大悲大喜
大捨十八佛不共清淨四無所畏乃至十
八佛不共法清淨故不還果清淨何故若
一切智智清淨若四無所畏乃至十八佛不
共法清淨若不還果清淨無二無二分無別
無斷故善現一切智智清淨故無忘失法清
淨無忘失法清淨故不還果清淨何以故若
一切智智清淨若無忘失法清淨若不還
果清淨無二無二分無別無斷故一切智智清
淨故恒住捨性清淨恒住捨性清淨故不
還果清淨何以故若一切智智清淨若恒
住捨性清淨若不還果清淨無二無二分無
別無斷故善現一切智智清淨故一切智清淨一
切智清淨故不還果清淨何以故若一切智
智清淨若一切智清淨若不還果清淨無二
無二分無別無斷故一切智智清淨故道相
智一切相智清淨道相智一切相智清淨故不

BD14547號　大般若波羅蜜多經（兌廢稿）卷二八三　（15–3）

切智清淨故不還果清淨何以故若一切智
智清淨若一切智清淨若不還果清淨無二
無二分無別無斷故一切智智清淨故道相
智一切相智清淨道相智一切相智清淨故不
還果清淨何以故若一切智智清淨若道
相智一切相智清淨若不還果清淨無二無二
分無別無斷故善現一切智智清淨故一切
陁羅尼門清淨一切陁羅尼門清淨故不
還果清淨何以故若一切智智清淨若一切陁
羅尼門清淨若不還果清淨無二無二分
無別無斷故一切智智清淨故一切三摩地門
清淨一切三摩地門清淨故不還果清淨何
以故若一切智智清淨若一切三摩地門清淨
若不還果清淨無二無二分無別無斷故
善現一切智智清淨故預流果清淨預流
果清淨故不還果清淨何以故若一切智
智清淨若預流果清淨若不還果清淨無二
無二分無別無斷故一切智智清淨故一来阿
羅漢果清淨一来阿羅漢果清淨故不還果
清淨何以若一切智智清淨若一来阿羅
漢果清淨若不還果清淨無二無二分無別
無斷故善現一切智智清淨故獨覺菩提
清淨獨覺菩提清淨故不還果清淨何以
故若一切智智清淨若獨覺菩提清淨
若不還果清淨無二無二分無別無斷故善現
一切智智清淨故一切菩薩摩訶薩行清淨一切
菩薩摩訶薩行清淨故不還果清淨何以故若
一切智智清淨若一切菩薩摩訶薩行清淨

BD14547號　大般若波羅蜜多經（兌廢稿）卷二八三　（15–4）

若不還果清淨無二無二分無別無斷故善現
一切智智清淨故一切菩薩摩訶薩行清淨一切
菩薩摩訶薩行清淨故不還果清淨何以故若
一切智智清淨若一切菩薩摩訶薩行清淨
若不還果清淨無二無二分無別無斷故善
現一切智智清淨故諸佛無上正等菩提清
淨諸佛無上正等菩提清淨故不還果清淨何
以故若一切智智清淨若諸佛無上正等菩
提清淨若不還果清淨無二無二分無別無
斷故
復次善現一切智智清淨故色清淨色清淨
故阿羅漢果清淨何以故若一切智智清淨
若色清淨若阿羅漢果清淨無二無二分無別
無斷故一切智智清淨故受想行識清淨
受想行識清淨故阿羅漢果清淨何以故
若一切智智清淨若受想行識清淨若阿
羅漢果清淨無二無二分無別無斷故善現
一切智智清淨故眼處清淨眼處清淨故阿羅
漢果清淨何以故若一切智智清淨若眼處清
淨若阿羅漢果清淨無二無二分無別無斷
故一切智智清淨故耳鼻舌身意處清淨
耳鼻舌身意處清淨故阿羅漢果清淨何
以故若一切智智清淨若耳鼻舌身意處清
淨若阿羅漢果清淨無二無分無別無斷故善
現一切智智清淨故色處清淨色處清淨故
阿羅漢果清淨何以故若一切智智清淨若
色處清淨若阿羅漢果清淨無二無二分無

BD14547 號　大般若波羅蜜多經（兌廢稿）卷二八三　（15–5）

現一切智智清淨故色處清淨色處清淨故
阿羅漢果清淨何以故若一切智智清淨若
色處清淨若阿羅漢果清淨無二無二分無
別無斷故一切智智清淨故聲香味觸法處
清淨聲香味觸法處清淨故阿羅漢果清淨
何以故若一切智智清淨若聲香味觸法處
清淨若阿羅漢果清淨無二無二分無別無
斷故善現一切智智清淨故眼界清淨眼界
清淨故阿羅漢果清淨何以故若一切智智
清淨若眼界清淨若阿羅漢果清淨無二無
二分無別無斷故一切智智清淨故色界眼識
界及眼觸眼觸為緣所生諸受清淨色界
乃至眼觸為緣所生諸受清淨故阿羅漢果
清淨何以故若一切智智清淨若色界乃至眼
觸為緣所生諸受清淨若阿羅漢果清淨
無二無二分無別無斷故善現一切智智清淨
故耳界清淨耳界清淨故阿羅漢果清淨
何以故若一切智智清淨若耳界清淨若阿
羅漢果清淨無二無二分無別無斷故一切智
智清淨故聲界耳識界及耳觸耳觸為緣
所生諸受清淨聲界乃至耳觸為緣所生諸
受清淨故阿羅漢果清淨何以故若一切智智
清淨若聲界乃至耳觸為緣所生諸受清淨
若阿羅漢果清淨無二無二分無別無斷故
善現一切智智清淨故鼻界清淨鼻界清淨
故阿羅漢果清淨何以故若一切智智清淨
若鼻界清淨若阿羅漢果清淨無二無二分

BD14547 號　大般若波羅蜜多經（兌廢稿）卷二八三　（15–6）

清淨若聲界乃至耳觸為緣所生諸受清淨
若阿羅漢果清淨無二無二分無別無斷故
善現一切智智清淨故鼻界清淨鼻界清淨
故阿羅漢果清淨何以故若一切智智清淨
若鼻界清淨若阿羅漢果清淨無二無二分
無別無斷故一切智智清淨故香界鼻識界
及鼻觸鼻觸為緣所生諸受清淨香界乃
至鼻觸為緣所生諸受清淨故阿羅漢果
清淨何以故若一切智智清淨若香乃至鼻
觸何以故若一切智智清淨若香界乃至鼻
觸為緣所生諸受清淨若阿羅漢果清淨無
二無二分無別無斷故善現一切智智清淨故
舌界清淨舌界清淨故阿羅漢果清淨何以
故若一切智智清淨若舌界清淨若阿羅漢
果清淨無二無二分無別無斷故一切智智
清淨故味界舌識界及舌觸舌觸為緣所生
諸受清淨味界乃至舌觸為緣所生諸受清
淨故阿羅漢果清淨何以故若一切智智清
淨若味界乃至舌觸為緣所生諸受清淨若
阿羅漢果清淨無二無二分無別無斷故善
現一切智智清淨故身界清淨身界清淨故
阿羅漢果清淨何以故若一切智智清淨若
身界清淨若阿羅漢果清淨無二無二分無
別無斷故一切智智清淨故觸界身識界及
身觸身觸為緣所生諸受清淨觸界乃至
身觸為緣所生諸受清淨故阿羅漢果清淨
何以故若一切智智清淨若觸界乃至身觸
為緣所生諸受清淨若阿羅漢果清淨無二

BD14547 號　大般若波羅蜜多經（兌廢稿）卷二八三　（15–7）

別無斷故一切智智清淨故觸界身識界及
身觸身觸為緣所生諸受清淨觸界乃至
身觸緣所生諸受清淨故阿羅漢果清淨
何以故若一切智智清淨若觸界乃至身觸
為緣所生諸受清淨若阿羅漢果清淨無二
無二分無別無斷故善現一切智智清淨故意
界清淨意界清淨故阿羅漢果清淨何以
故若一切智智清淨若意界清淨若阿羅漢
果清淨無二無二分無別無斷故一切智智清
淨故法界意識界及意觸意觸為緣所生
諸受清淨法界乃至意觸為緣所生諸受
清淨故阿羅漢果清淨何以故若一切智智清
清淨何以故若一切智智清淨若香界乃至鼻觸
為緣所生諸受清淨若阿羅漢果清淨無二
無二分無別無斷故善現一切智智清淨故
舌界清淨舌界清淨故阿羅漢果清淨何以
故若一切智智清淨若舌界清淨若阿羅漢
果清淨無二無二分無別無斷故一切智智
清淨故味界舌識界及舌觸舌觸為緣所生
諸受清淨味界乃至舌觸為緣所生諸受清
淨故阿羅漢果清淨何以故若一切智智清
淨若味界乃至舌觸為緣所生諸受清淨若
阿羅漢果清淨無二無二分無別無斷故善
現一切智智清淨故身界清淨身界清淨故
阿羅漢果清淨何以故若一切智智清淨若
身界清淨若阿羅漢果清淨無二無二分無
別無斷故一切智智清淨故觸界身識界及
[illegible]觸[illegible]觸為緣所生諸受清淨觸界乃至

BD14547 號　大般若波羅蜜多經（兌廢稿）卷二八三　（15–8）

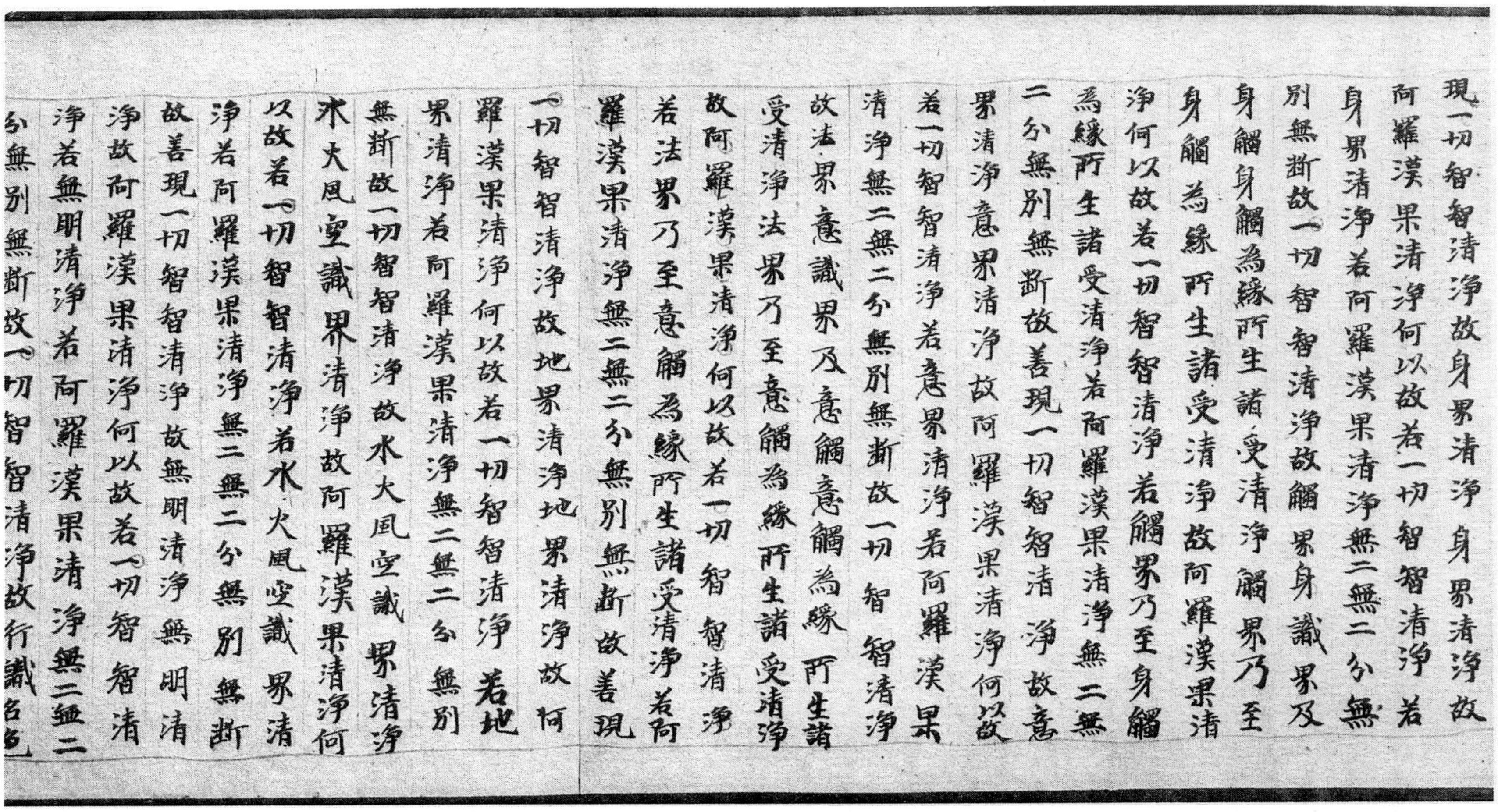

現一切智智清淨故身界清淨身界清淨故
阿羅漢果清淨何以故若一切智智清淨若
身界清淨若阿羅漢果清淨無二無二分無
別無斷故一切智智清淨故觸界身識界及
身觸身觸為緣所生諸受清淨觸界乃至
身觸為緣所生諸受清淨故阿羅漢果清
淨何以故若一切智智清淨若觸界乃至身觸
為緣所生諸受清淨若阿羅漢果清淨無二無
二分無別無斷故善現一切智智清淨故意
界清淨意界清淨故阿羅漢果清淨何以故
若一切智智清淨若意界清淨若阿羅漢果
清淨無二無二分無別無斷故一切智智清淨
故法界意識界及意觸意觸為緣所生諸
受清淨法界乃至意觸為緣所生諸受清淨
故阿羅漢果清淨何以故若一切智智清淨
若法界乃至意觸為緣所生諸受清淨若阿
羅漢果清淨無二無二分無別無斷故善現
一切智智清淨故地界清淨地界清淨故阿
羅漢果清淨何以故若一切智智清淨若地
界清淨若阿羅漢果清淨無二無二分無別
無斷故一切智智清淨故水火風空識界清淨
水火風空識界清淨故阿羅漢果清淨何
以故若一切智智清淨若水火風空識界清
淨若阿羅漢果清淨無二無二分無別無斷
故善現一切智智清淨故無明清淨無明清
淨故阿羅漢果清淨何以故若一切智智清
淨若無明清淨若阿羅漢果清淨無二無二
分無別無斷故一切智智清淨故行識名色

BD14547 號　大般若波羅蜜多經（兌廢稿）卷二八三　（15–9）

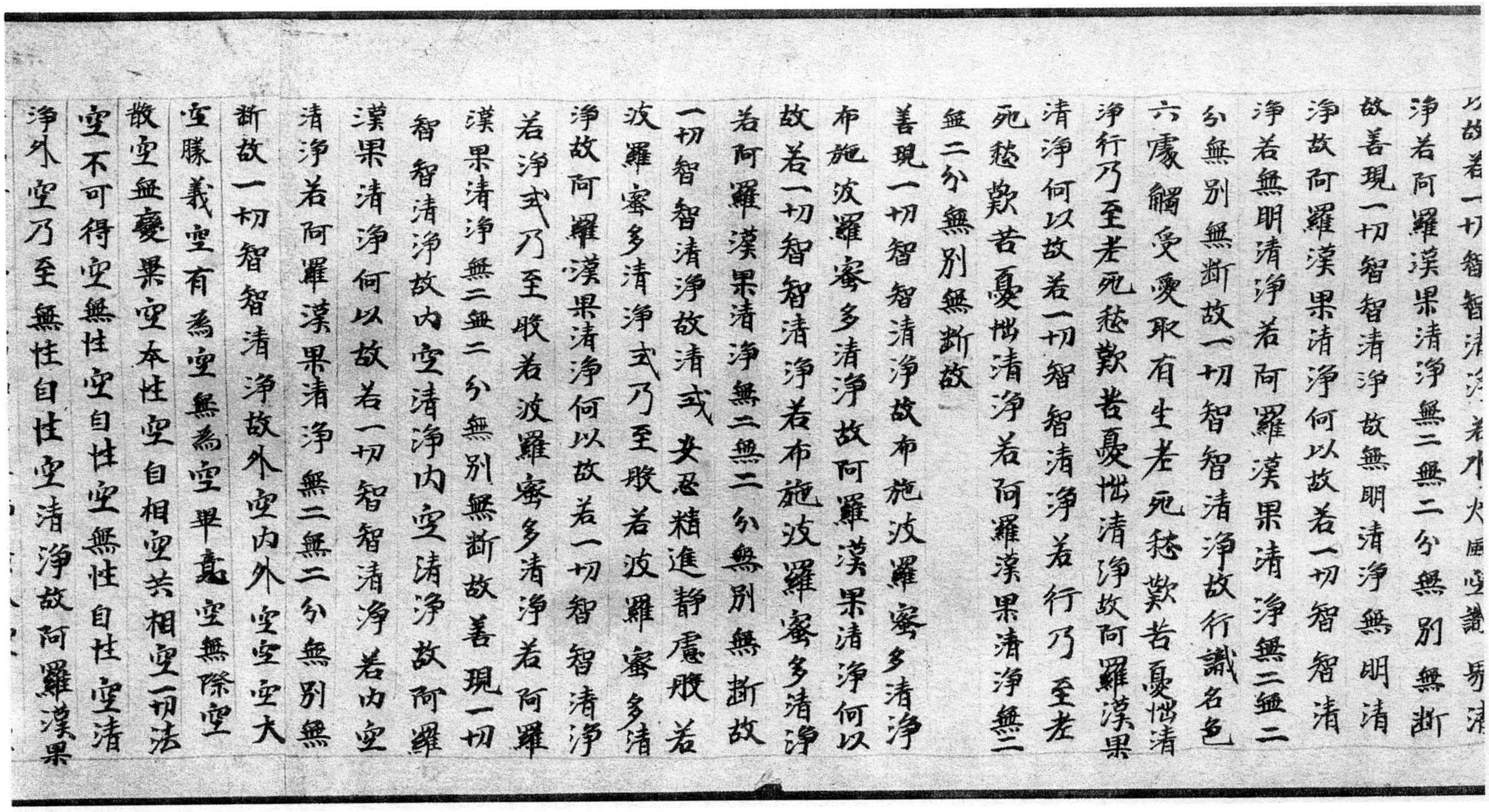

以故若一切智智清淨若水火風空識界清
淨若阿羅漢果清淨無二無二分無別無斷
故善現一切智智清淨故無明清淨無明清
淨故阿羅漢果清淨何以故若一切智智清
淨若無明清淨若阿羅漢果清淨無二無二
分無別無斷故一切智智清淨故行識名色
六處觸受愛取有生老死愁歎苦憂惱清
淨行乃至老死愁歎苦憂惱清淨故阿羅漢果
清淨何以故若一切智智清淨若行乃至老
死愁歎苦憂惱清淨若阿羅漢果清淨無二
無二分無別無斷故
善現一切智智清淨故布施波羅蜜多清淨
布施波羅蜜多清淨故阿羅漢果清淨何以
故若一切智智清淨若布施波羅蜜多清淨
若阿羅漢果清淨無二無二分無別無斷故
一切智智清淨故淨戒安忍精進靜慮般若
波羅蜜多清淨淨戒乃至般若波羅蜜多清
淨故阿羅漢果清淨何以故若一切智智清淨
若淨戒乃至般若波羅蜜多清淨若阿羅
漢果清淨無二無二分無別無斷故善現一切
智智清淨故內空清淨內空清淨故阿羅
漢果清淨何以故若一切智智清淨若內空
清淨若阿羅漢果清淨無二無二分無別無
斷故一切智智清淨故外空內外空空空大
空勝義空有為空無為空畢竟空無際空
散空無變異空本性空自相空共相空一切法
空不可得空無性空自性空無性自性空清
淨外空乃至無性自性空清淨故阿羅漢果

BD14547 號　大般若波羅蜜多經（兌廢稿）卷二八三　（15–10）

空勝義空有為空無為空畢竟空無際空
散空無變異空本性空自相空共相空一切法
空不可得空無性空自性空無性自性空清
淨外空乃至無性自性空清淨故阿羅漢果
清淨何以故若一切智智清淨若外空乃至
無性自性空清淨若阿羅漢果清淨無二無
二分無別無斷故善現一切智智清淨故真
如清淨真如清淨故阿羅漢果清淨何以故
若一切智智清淨若真如清淨若阿羅漢
果清淨無二無二分無別無斷故一切智智清
淨故法界法性不虛妄性不變異性平等
性離生性法定法住實際虛空界不思議
界清淨法界乃至不思議界清淨故阿羅漢
果清淨何以故若一切智智清淨若法界乃至不
思議界清淨若阿羅漢果清淨無二無二分無
別無斷故善現一切智智清淨故苦聖諦
清淨苦聖諦清淨故阿羅漢果清淨何以故
若一切智智清淨若苦聖諦清淨若阿羅
漢果清淨無二無二分無別無斷故一切智智
清淨故集滅道聖諦清淨集滅道聖諦清淨
故阿羅漢果清淨何以故若一切智智清淨
若集滅道聖諦清淨若阿羅漢果清淨無
二無二分無別無斷故
善現一切智智清淨故四靜慮清淨四靜慮
清淨故阿羅漢果清淨何以故若一切智
智清淨若四靜慮清淨若阿羅漢果清淨
無二無二分無別無斷故一切智智清淨故四無

BD14547號　大般若波羅蜜多經（兌廢稿）卷二八三　（15–11）

二無二分無別無斷故
善現一切智智清淨故四靜慮清淨四靜慮
清淨故阿羅漢果清淨何以故若一切智
智清淨若四靜慮清淨若阿羅漢果清淨
無二無二分無別無斷故一切智智清淨故四無
量四無色定清淨四無量四無色定清淨故
阿羅漢果清淨何以故若一切智智清淨若
四無量四無色定清淨若阿羅漢果清淨無
二無二分無別無斷故善現一切智智清淨
故八解脫清淨八解脫清淨故阿羅漢果
清淨何以故若一切智智清淨若八解脫清
清若阿羅漢果清淨無二無二分無別無斷
故一切智智清淨故八勝處九次第定十遍
處清淨八勝處九次第定十遍處清淨故阿
羅漢果清淨何以故若一切智智清淨若八勝處
九次第定十遍處清淨若阿羅漢果清淨無
二無二分無別無斷故善現一切智智清淨
故四念住清淨四念住清淨故阿羅漢果清
淨何以故若一切智智清淨若四念住清淨若
阿羅漢果清淨無二無二分無別無斷故一
切智智清淨故四正斷四神足五根五力七
等覺支八聖道支清淨四正斷乃至八聖
道支清淨故阿羅漢果清淨何以故若一切
智智清淨若四正斷乃至八聖道支清淨
若阿羅漢果清淨無二無二分無別無斷故善
現一切智智清淨故空解脫門清淨空解脫
門清淨故阿羅漢果清淨何以故若一切智
智清淨若空解脫門清淨若阿羅漢清淨

BD14547號　大般若波羅蜜多經（兌廢稿）卷二八三　（15–12）

若阿羅漢果清淨無二無二分無別無斷故善
現一切智智清淨故空解脫門清淨空解脫
門清淨故阿羅漢果清淨何以故若一切智
智清淨若空解脫門清淨若阿羅漢果清淨
無二無二分無別無斷故一切智智清淨故
無相無願解脫門清淨無相無願解脫門清
淨故阿羅漢果清淨何以故若一切智智清
淨若無相無願解脫門清淨若阿羅漢果清
淨無二無二分無別無斷故善現一切智智
清淨故菩薩十地清淨菩薩十地清淨故阿
羅漢果清淨何以故若一切智智清淨若菩
薩十地清淨若阿羅漢果清淨無二無二分
無別無斷故
善現一切智智清淨故五眼清淨五眼清淨
故阿羅漢果清淨何以故若一切智智清淨
若五眼清淨若阿羅漢果清淨無二無二分
無別無斷故一切智智清淨故六神通清淨
六神通清淨故阿羅漢果清淨何以故若一
切智智清淨若六神通清淨若阿羅漢果
清淨無二無二分無別無斷故善現一切智智
清淨故佛十力清淨佛十力清淨故阿羅漢
果清淨何以故若一切智智清淨若佛十力
清淨若阿羅漢果清淨無二無二分無別無
斷故一切智智清淨故四無所畏四無礙解
大慈大悲大喜大捨十八佛不共法清淨四
無所畏乃至十八佛不共法清淨故阿羅漢
果清淨何以故若一切智智清淨若四無所
畏乃至十八佛不共清清淨若阿羅漢果清

大慈大悲大喜大捨十八佛不共法清淨四
無所畏乃至十八佛不共法清淨故阿羅漢
果清淨何以故若一切智智清淨若四無所
畏乃至十八佛不共清清淨若阿羅漢果清
淨無二無二分無別無斷故善現一切智智
清淨故無忘失法清淨無忘失法清淨故阿
羅漢果清淨何以故若一切智智清淨若無
忘失法清淨若阿羅漢果清淨無二無二分
無別無斷故一切智智清淨故恒住捨性清
淨恒住捨性清淨故阿羅漢果清淨何以故
若一切智智清淨若恒住捨性清淨若阿羅
漢果清淨無二無二分無別無斷故善現一
切智智清清故一切智清淨一切智清淨故
阿羅漢果清淨何以故若一切智智清淨若
一切智智清淨若阿羅漢果清淨無二無二
分無別無斷故一切智智清淨故道相智一切
相智清淨道相智一切相智清淨故阿羅
漢果清淨何以故若一切智智清淨若道
相智一切相智清淨若阿羅漢果清淨無二無
二分無別無斷故善現一切智知清淨故一切
陁羅尼門清淨一切陁羅尼門清淨故阿
羅漢果清淨何以故若一切智智清淨若一
切陁羅尼門清淨若阿羅漢果清淨無二無
二分無別無斷故一切智智清淨故一切三摩
地門清淨一切三摩地門清淨故阿羅漢果
清淨何以故若一切智智清淨若一切三摩
地門清淨若阿羅漢果清淨無二無二分無

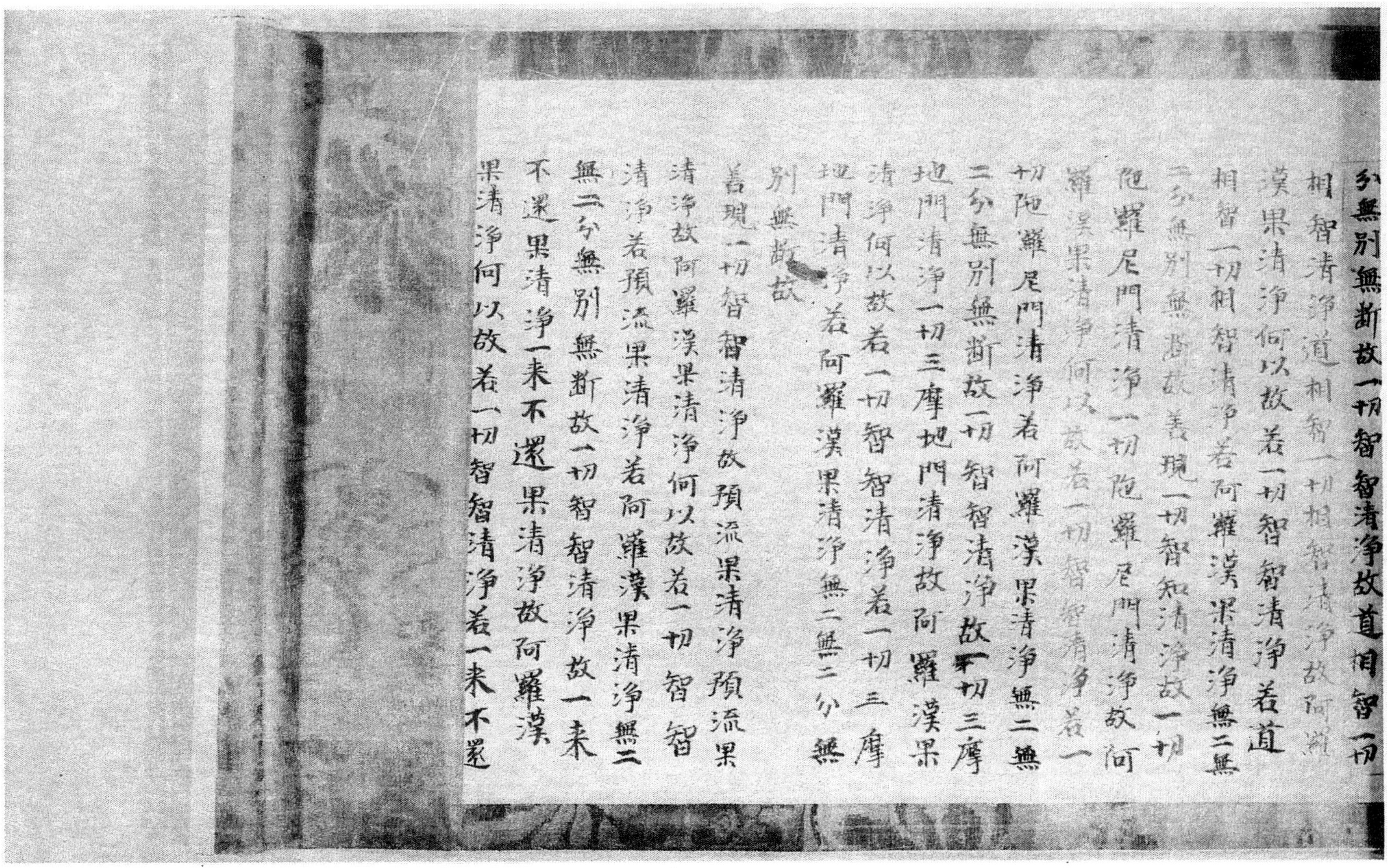
分無別無斷故一切智智清淨故道相智一切
相智清淨道相智一切相智清淨故阿羅
漢果清淨何以故若一切智智清淨若道
相智一切相智清淨若阿羅漢果清淨無二無
二分無別無斷故善現一切智智清淨故一切
陁羅尼門清淨一切陁羅尼門清淨故阿
羅漢果清淨何以故若一切智智清淨若一
切陁羅尼門清淨若阿羅漢果清淨無二無
二分無別無斷故一切智智清淨故一切三摩
地門清淨一切三摩地門清淨故阿羅漢果
清淨何以故若一切智智清淨若一切三摩
地門清淨若阿羅漢果清淨無二無二分無
別無斷故
善現一切智智清淨故預流果清淨預流果
清淨故阿羅漢果清淨何以故若一切智智
清淨若預流果清淨若阿羅漢果清淨無二
無二分無別無斷故一切智智清淨故一來
不還果清淨一來不還果清淨故阿羅漢
果清淨何以故若一切智智清淨若一來不還

BD14547 號　大般若波羅蜜多經（兌廢稿）卷二八三　（15–15）

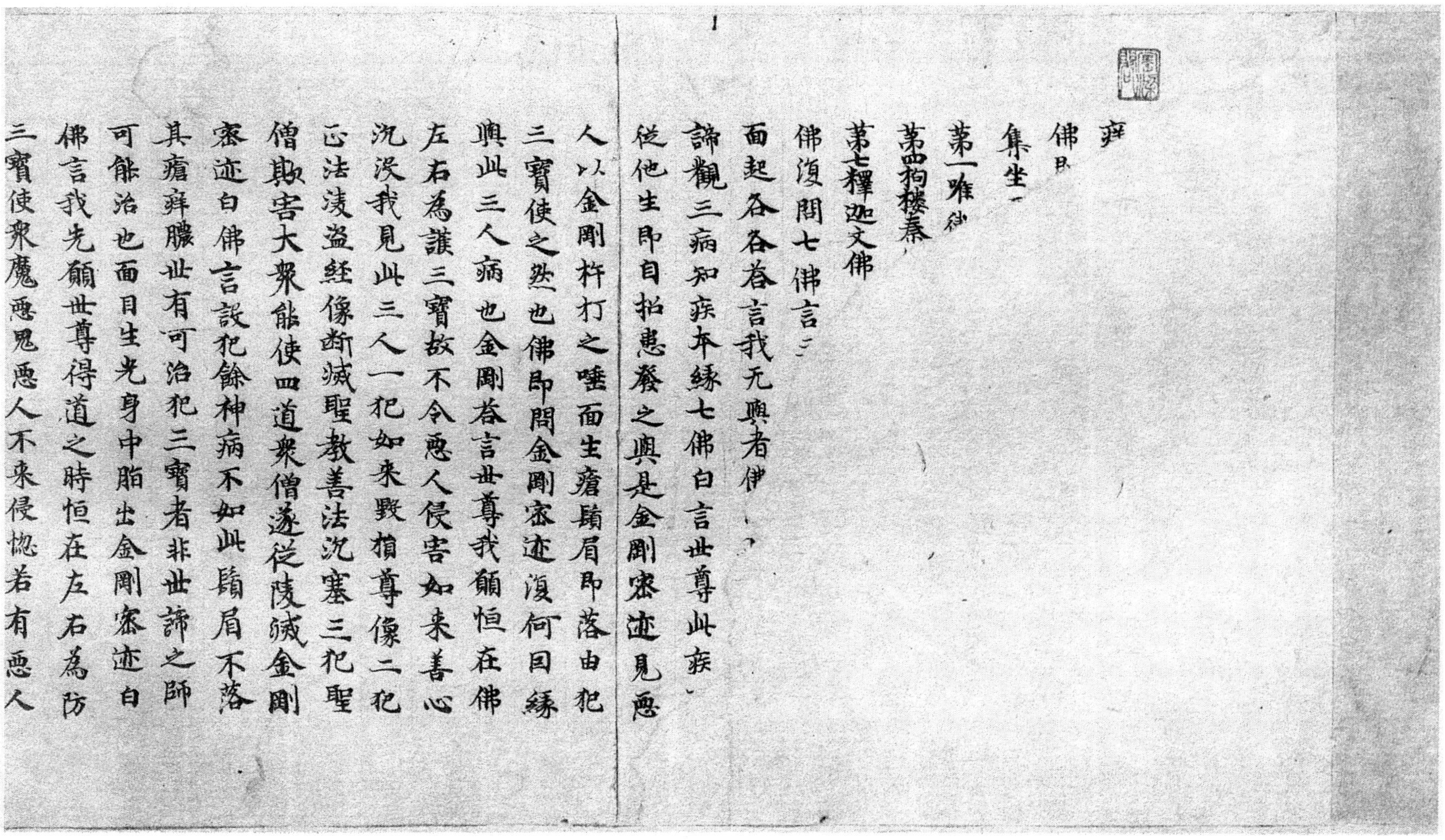
疾
佛說
集生一
第一唯
第四拘樓秦
第七釋迦文佛
佛復問七佛言
面起各各荅言我无與者佛
諦觀三病知疾本緣七佛白言世尊此疾
從他生即自招患拳之與是金剛密迹見惡
人以金剛杵打之唾面生瘡蹋眉即落由犯
三寶使之然也佛即問金剛密迹復何因緣
與此三人病也金剛荅言世尊我常恒在佛
左右為護三寶故不令惡人侵害如来善心
況汲我見此三人一犯如来毀損尊像二犯
正法淩盜經像斷滅聖教善法況塞三犯聖
僧欺害大衆能使四道衆僧遂從陵滅金剛
密迹白佛言設犯餘神病不如此蹋眉不落
具瘡㾓臘此有可治犯三寶者非世諦之師
可能治也面目生光身中脂出金剛密迹白
佛言我先願世尊得道之時恒在左右為防
三寶使衆魔惡鬼惡人不来侵惱若有惡人

BD14548 號　救疾經　（5–1）

密迹白佛言設犯餘神病不如此鬚眉不落
其瘡痒膿世有可治犯三寶者非世諦之師
可能治也面目生光身中脂出金剛密迹白
佛言我先願世尊得道之時恒在左右為防
三寶使衆魔惡鬼惡人不來侵惚若有惡人
淩辱竊盜三寶者我金剛杵碎其頭如阿梨
樹落地七分金剛密迹白佛言此三人者一
從父母并及七世罪累相牽受此惡報或從
自身微犯不覺設有故犯不時懺悔罪遂增
厚治此惡病唯有歸心諸佛悔心七佛發露
金剛至心願七佛威力可令消滅重罪
佛告一切衆生凡三寶物有人取者不問隱
顯入手卑倍七佛荅言若是佛物入手十倍
十年不還密迹生情能使取者惡病若是經
像之物入手七倍七年不還能使取者惡病
若是衆僧常住之物入手五倍五年不還故
生敢捍能使取者惡病阿難白佛言世尊閻
浮提人多生不信謂无三寶侵犯者衆柗致
惡病罪積无數閻浮提人致父毋害法儀及
伯仲星應有犛者致之匹身能使惡病
若有人保任是實者六齋之日佛前誓者使
人交報或由天王下或太子下或使者下或
三十三天下或大仙人下或[illegible]或金剛
力士下當下之日注人善惡宜行善事不宜
作惡或有人偷刼經像之物知如故為使人
惡病或舉持金銀銅鐵或有闇取三寶之物
及以錢粟絹帛之物逕年有如不還能使

力士下當下之日注人善惡宜行善事不宜
作惡或有人偷刼經像之物知如故為使人
惡病或舉持金銀銅鐵或有闇取三寶之物
及以錢粟絹帛之物逕年有如不還能使
人惡病或人呪誓燒佛形像推擬佛身或燒賁
聖容毀滅經句或將內人僧伽藍內宿或將
內人入佛塔裏共內人言語信要或共內人
共相貪摸或身生住及如此之事能使人惡
病如此之事久久當病不至三年或有人闇
取他人齋米供齋之調知而故取能使人惡
病
若有人取他綵色與他內人受者知情與者
同罪二人俱病或有闇取僧尼雜器知而不
還能使人病若有人共經像牛驢行不淨行
能使人病雖是畜生擬作經像乃至三年病
或有人將內人入三寶屋行不淨法能使人
病若有人妻㧗淨行尼能使人病
若有人安經像屋裏无木函盛之在下共內
人心宿能使人病不出三年一切身柗惡病
宜以告重懺悔罪從心生罪從心滅心如天
堂心如地獄仰手是天堂覆手是地獄欲滅
身中重罪至心懺悔莫生懈退佛告七佛及
金剛密迹諸大菩薩及諸眷屬此三病人云
何可濟金剛大士以發本緣今者可悉方便
方宜救濟得免此人病告世稱如來大慈大
悲七佛各各白言世尊衆生蠢蠢皆有佛性
此人之病易除消滅今自問之金剛密迹是
吾長兄阿難是吾小弟吾之眷屬數不可計祠

何可濟金剛大士以發本緣今者可慈方便
方宜救濟得免此人病苦世稱如來大慈大
悲七佛各各白言世尊衆生蠢蠢皆有佛性
此人之病易除消滅今自問之金剛密迹是
吾長兄阿難是吾小弟吾之眷屬數不可計阿
私陁仙能禁毒氣阿羅羅仙能呪惡鬼三十
三天能下法水雪山大脂能降妙藥甘露法
津能潤枯涸阿闍世王身犯重罪尚有可消
身瘡除滅佛以方便身復如故不消不滅是
病者心中生也佛即以觀心虛實化作大坑
方圓四千步滿中火炭問阿闍世王汝能入此
大坑除滅汝罪瘡瘢平復阿闍世王言若能
滅我罪我當即入阿闍世王即以佛前燒香
發願踊身入火入已水擒被變爲浴池衆罪
消滅譬如有人堰長水流從上如堰在下則
心從諸佛歸悔重罪則滅不信經語輕罪難
滅
佛告諸疾人吾教汝但當至心百日之中請
大德法師治齋日日礼七佛名字日日礼金
剛密迹日日礼无量壽佛一日之中造成一
卷救疾經百日之中行道懺悔百卷成訖任
齋度經可免此宿殃患耳
莫生不信瘡遂增廣佛語不虛經古非謬正
法之言甚深甚善
諸佛語大弟子此經名救護衆生惡疾經令
流布閻浮提人有疾者知聞
救疾經一卷

BD14548號　救疾經　（5–4）

發願踊身入火入已水擒被變爲浴池衆罪
消滅譬如有人堰長水流從上如堰在下則
心從諸佛歸悔重罪則滅不信經語輕罪難
滅
佛告諸疾人吾教汝但當至心百日之中請
大德法師治齋日日礼七佛名字日日礼金
剛密迹日日礼无量壽佛一日之中造成一
卷救疾經百日之中行道懺悔百卷成訖任
齋度經可免此宿殃患耳
莫生不信瘡遂增廣佛語不虛經古非謬正
法之言甚深甚善
諸佛語大弟子此經名救護衆生惡疾經令
流布閻浮提人有疾者知聞
救疾經一卷

BD14548號　救疾經　（5–5）

BD14549 號背　護首　（1–1）

BD14549 號　妙法蓮華經卷七　（8–1）

BD14549號 妙法蓮華經卷七 （8–2）

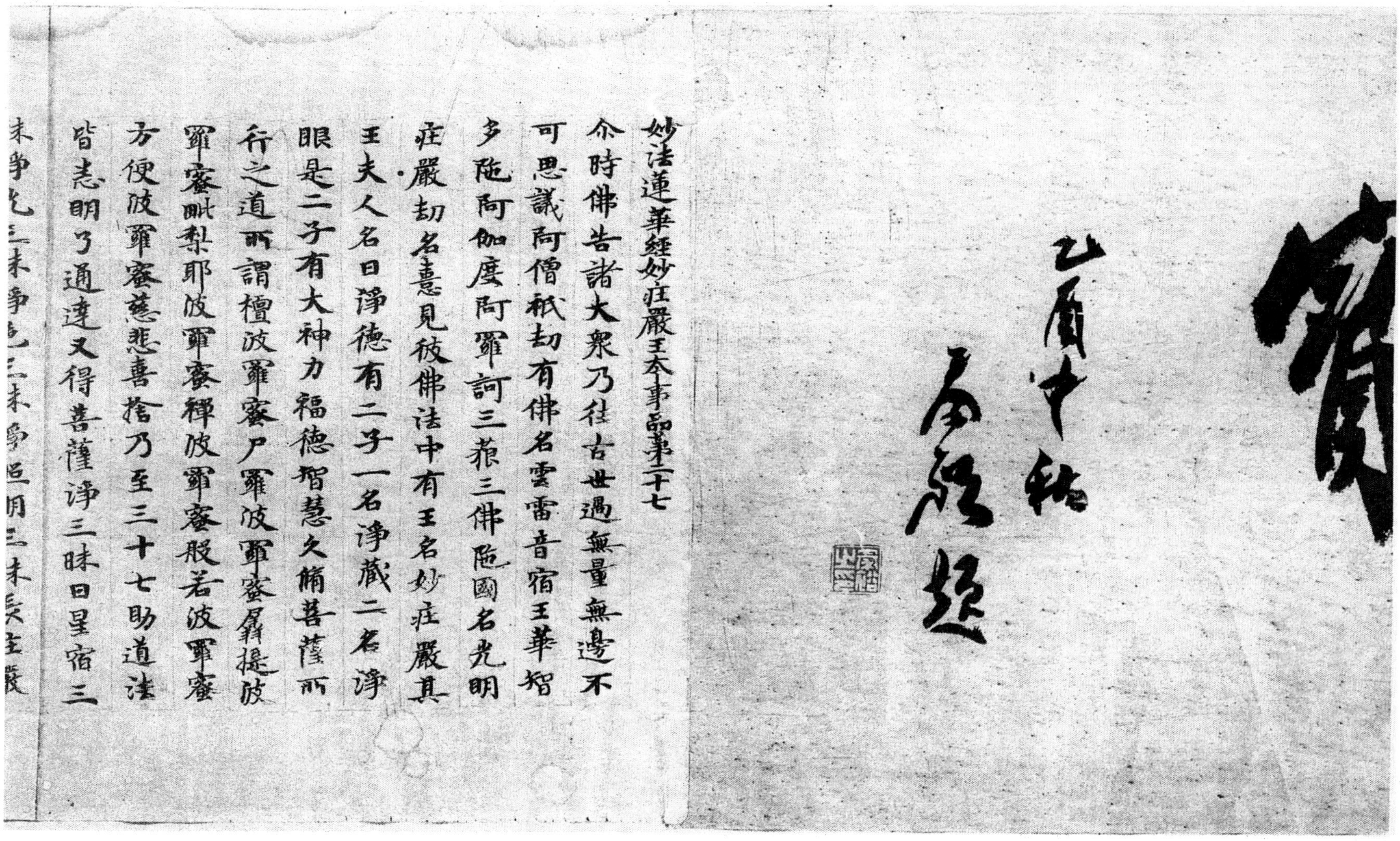
妙法蓮華經妙庄嚴王本事品第二十七
尒時佛告諸大衆乃往古世過無量無邊不
可思議阿僧祇劫有佛名雲雷音宿王華智
多陁阿伽度阿羅訶三藐三佛陁國名光明
庄嚴劫名憙見彼佛法中有王名妙庄嚴其
王夫人名曰淨德有二子一名淨藏二名淨
眼是二子有大神力福德智慧久脩菩薩所
行之道所謂檀波羅蜜尸羅波羅蜜羼提波
羅蜜毗梨耶波羅蜜禪波羅蜜般若波羅蜜
方便波羅蜜慈悲喜捨乃至三十七助道法
皆悉明了通達又得菩薩淨三昧日星宿三
昧淨光三昧淨色三昧淨照明三昧長庄嚴

BD14549號 妙法蓮華經卷七 （8–3）

方便波羅蜜慈悲喜捨乃至三十七助道法
皆悉明了通達又得菩薩淨三昧日星宿三
昧淨光三昧淨色三昧淨照明三昧長莊嚴
三昧大威德藏三昧於此三昧亦悉通達
尒時彼佛欲引導妙莊嚴王及愍念衆生故
說是法華經時淨藏淨眼二子到其母所合
十指爪掌白言願母往詣雲雷音宿王華智
佛所我等亦當侍從親近供養礼拜所以者
何此佛於一切天人衆中說法華經宜應聽
受母告子言汝父信受外道深著婆羅門法
汝等應往白父與共俱去淨藏淨眼合十指
爪掌白母我等是法王子而生此邪見家母
告子言汝等當憂念汝父為現神變若得見
者心必清淨或聽我等往至佛所於是二子
念其父故踊在虛空高七多羅樹現種種神
變於虛空中行住坐卧身上出水身下出火
身下出水身上出火或現大身滿虛空中而
復現小小復現大於空中滅忽然在地入地
如水履水如地現如是等種種神變令其父
王心淨信解時父見子神力如是心大歡喜
得未曾有合掌向子言汝等師為是誰誰之
弟子二子白言大王彼雲雷音宿王華智佛
今在七寶菩提樹下法座上坐於一切世間

BD14549號　妙法蓮華經卷七　（8–4）

得未曾有合掌向子言汝等師為是誰誰之
弟子二子白言大王彼雲雷音宿王華智佛
今在七寶菩提樹下法座上坐於一切世間
天人衆中廣說法華經是我等師我是弟子
父語子言我今亦欲見汝等師可共俱往於是
二子從空中下到其母所合掌白母父王
今已信解堪任發阿耨多羅三藐三菩提心
我等為父已作佛事願母見聽於彼佛所出
家脩道尒時二子欲重宣其意以偈白母
願母放我等　出家作沙門　諸佛甚難值　我等隨佛學
如優曇鉢華　值佛復難是　脫諸難亦難　願聽我出家
母即告言聽汝出家所以者何佛難值故於
是二子白父母言善哉父母願時往詣雲雷
音宿王華智佛所親近供養所以者何佛難
得值如優曇鉢羅華又如一眼之龜值浮木
孔而我等宿福深厚生值佛法是故父母當
聽我等令得出家所以者何諸佛難值時亦
難遇彼時妙莊嚴王後宮八萬四千人皆悉
堪任受持是法華經淨眼菩薩於法華三昧
久已通達淨藏菩薩已於無量百千萬億劫
通達離諸惡趣三昧欲令一切衆生離諸惡
趣故其王夫人得諸佛集三昧能知諸佛秘
密之藏二子如是以方便力善化其父令心

BD14549號　妙法蓮華經卷七　（8–5）

通達離諸惡趣三昧欲令一切衆生離諸惡
趣故其王夫人得諸佛集三昧能知諸佛秘
密之藏二子如是以方便力善化其父令心
信解好樂佛法於是妙莊嚴王與羣臣眷屬
俱淨德夫人與後宮婇女眷屬俱其王二子
與四萬二千人俱一時共詣佛所到已頭面
禮足繞佛三帀却住一面尒時彼佛為王說
法示教利喜王大歡悅尒時妙莊嚴王及其
夫人解頸真珠瓔珞價直百千以散佛上於
虛空中化成四柱寶臺臺中有大寶牀敷百
千萬天衣其上有佛結跏趺坐放大光明尒
時妙莊嚴王作是念佛身希有端嚴殊特成
就第一微妙之色時雲雷音宿王華智佛告
四衆言汝等見是妙莊嚴王於我前合掌立
不此王於我法中作比丘精勤脩習助佛道
法當得作佛號娑羅樹王國名大光劫名大
高王其娑羅樹王佛有無量菩薩衆及無量
聲聞其國平正功德如是其王即時以國付
弟與夫人二子并諸眷屬於佛法中出家脩
道王出家已於八萬四千歲常勤精進脩行
妙法華經過是已後得一切淨功德莊嚴三
昧即昇虛空高七多羅樹而白佛言世尊我
此二子已作佛事以神通變化轉我邪心令

BD14549號　妙法蓮華經卷七

(8–6)

道王出家已於八萬四千歲常勤精進脩行
妙法華經過是已後得一切淨功德莊嚴三
昧即昇虛空高七多羅樹而白佛言世尊我
此二子已作佛事以神通變化轉我邪心令
得安住於佛法中得見世尊此二子者是我
善知識為欲發起宿世善根饒益我故來生
我家尒時雲雷音宿王華智佛告妙莊嚴王
言如是如是如汝所言若善男子善女人種
善根故世世得善知識其善知識能作佛事
示教利喜令入阿耨多羅三藐三菩提大王
當知善知識者是大因緣所謂化導令得見
佛發阿耨多羅三藐三菩提心大王汝見此
二子不此二子已曾供養六十五百千萬億那
由他恒河沙諸佛親近恭敬於諸佛所受持
法華經愍念邪見衆生令住正見妙莊嚴王
即從虛空中下而白佛言世尊如來甚希
有以功德智慧故頂上肉髻光明顯照其眼
長廣而紺青色眉間毫相白如珂月齒白齊
密常有光明脣色赤好如頻婆果尒時妙莊
嚴王讚歎佛如是等無量百千萬億功德已
於如來前一心合掌復白佛言世尊未曾有
也如來之法具足成就不可思議微妙功德
教戒所行安隱快善我從今日不復自隨心
行不生邪見憍慢瞋恚諸惡之心說是語已

BD14549號　妙法蓮華經卷七

(8–7)

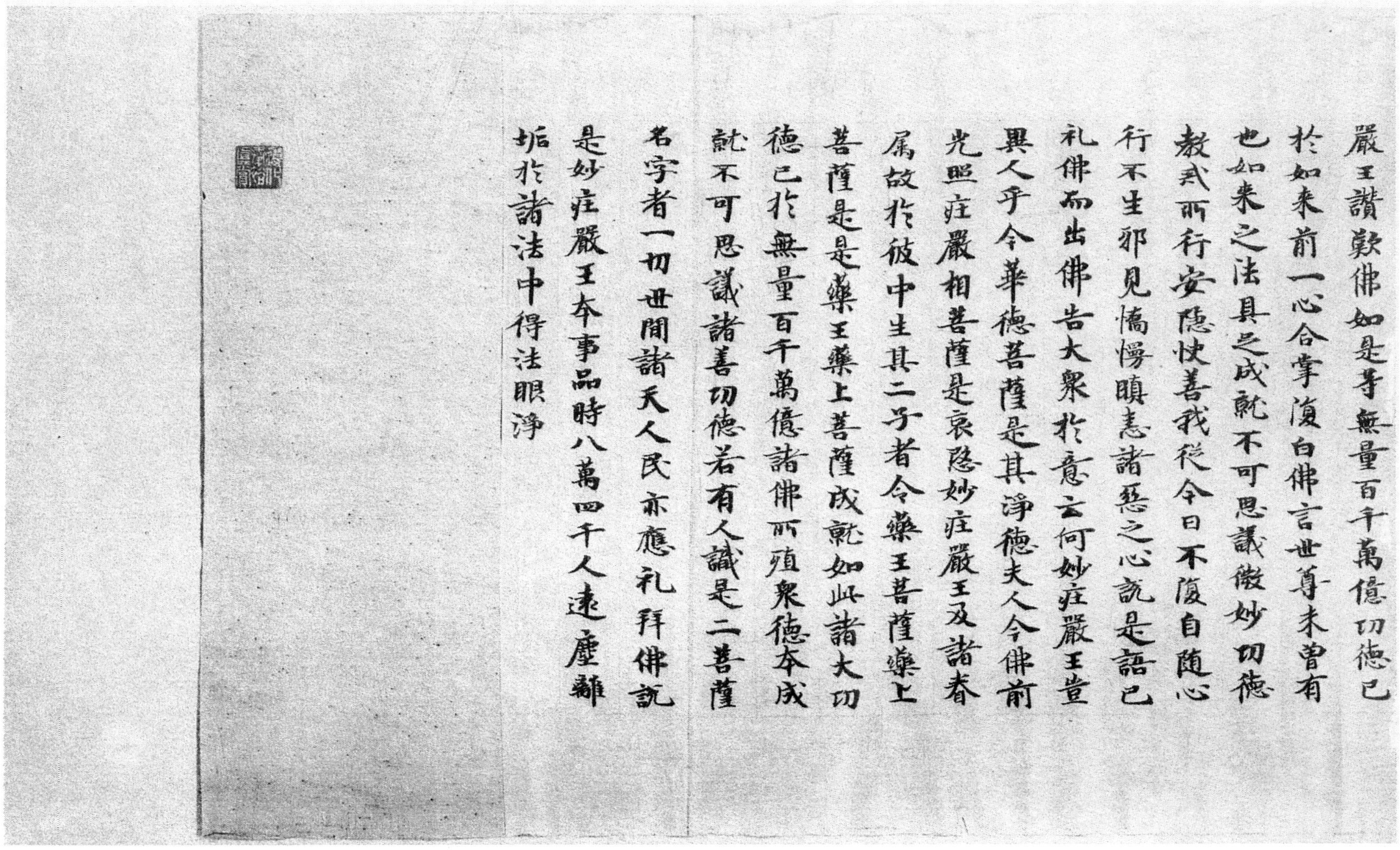
嚴王讚歎佛如是等無量百千萬億功德已
於如來前一心合掌復白佛言世尊未曾有
也如來之法具足成就不可思議微妙功德
教戒所行安隱快善我從今日不復自隨心
行不生邪見憍慢瞋恚諸惡之心說是語已
礼佛而出佛告大衆於意云何妙莊嚴王豈
異人乎今華德菩薩是其淨德夫人今佛前
光照莊嚴相菩薩是哀愍妙莊嚴王及諸眷
屬故於彼中生其二子者今藥王菩薩藥上
菩薩是是藥王藥上菩薩成就如此諸大功
德已於無量百千萬億諸佛所殖衆德本成
就不可思議諸善功德若有人識是二菩薩
名字者一切世間諸天人民亦應礼拜佛說
是妙莊嚴王本事品時八萬四千人遠塵離
垢於諸法中得法眼淨

BD14549號　妙法蓮華經卷七　（8–8）

BD14550號　包布　（1–1）

BD14550 號背　護首　　　　（1–1）

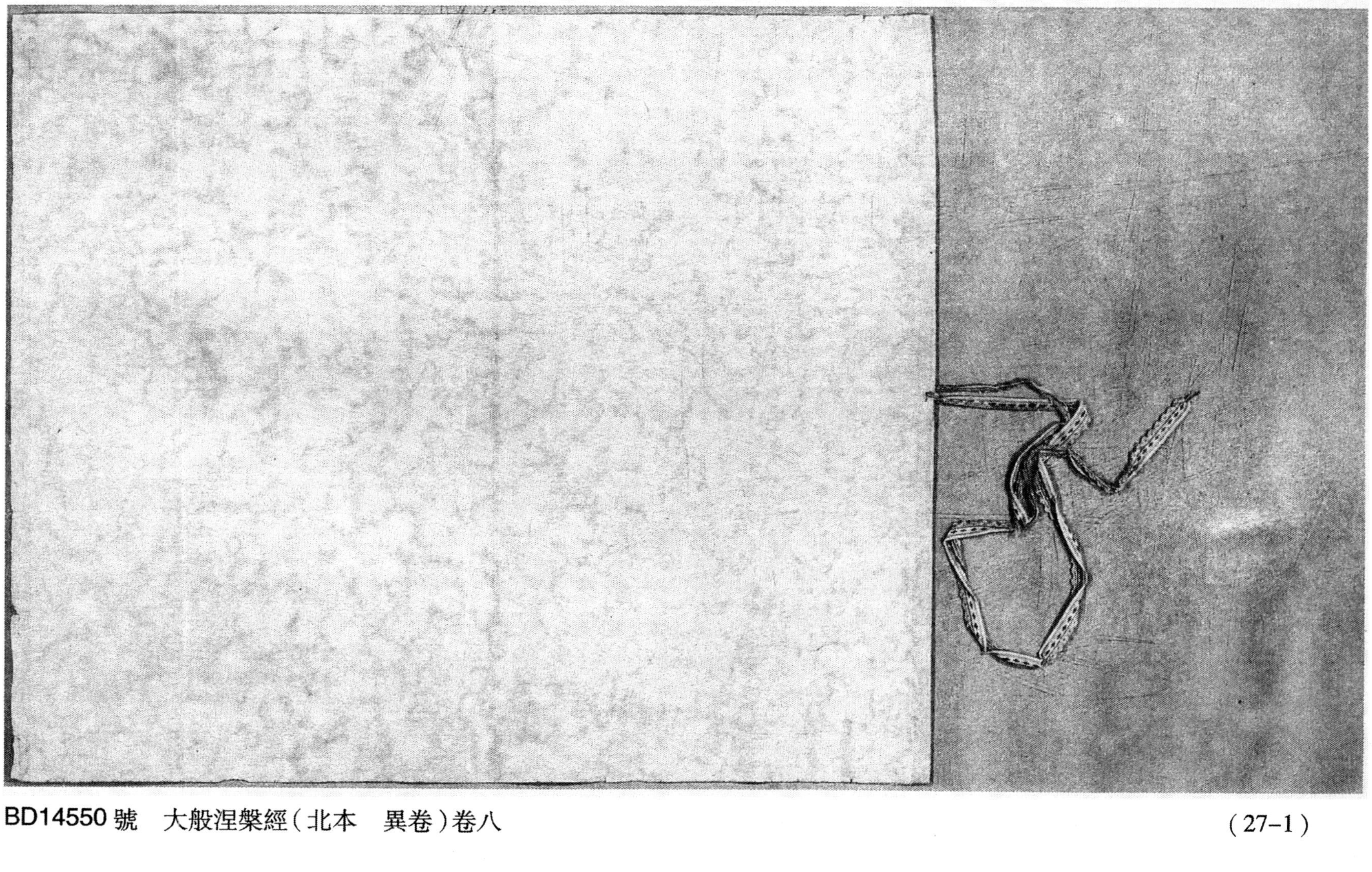

BD14550 號　大般涅槃經（北本　異卷）卷八　　　　（27–1）

中定无有酪云何因乳而得生酪若法本无
而後生者何故乳中不生於草善男子不可
定言乳中有酪乳中无酪亦不可說從他而
生若言乳中定有酪者云何而得體味各異
是故不可說言乳中定有酪性若言乳中定
无酪者乳中何故不生兔角置毒乳中酪則
煞人是故不可說言乳中定无酪性若言是
酪從他生者何故水中不生於酪是故不可
說言酪從他生善男子是牛食噉草因緣故
血則變白草血滅已衆生福力變而成乳是
乳雖從草血而出不得言二唯得名爲從因

BD14550號　大般涅槃經（北本　異卷）卷八　（27–2）

說言酪從他生善男子是牛食噉草因緣故
血則變白草血滅已衆生福力變而成乳是
乳雖從草血而出不得言二唯得名爲從因
緣生酪至提湖亦復如是以是義故得名牛
味是乳滅已因緣成酪何等因緣若酢若煖
是故得名從因緣有乃至提湖亦復如是是
故不得定言乳中无有酪相從他生者離乳
而有无有是處善男子明与无明亦復如是
若与煩惱諸結俱者名爲无明若与一切善
法俱者名之爲明是故我言无有二相以是
因緣我先說言雪山有草名曰肥膩牛若食
之即成提湖佛性亦尒善男子衆生薄福不
見是草佛性亦尒煩惱覆故衆生不見譬如
大海雖同一醎其中亦有上妙之水味同於
乳喻如雪山雖復成就種種功德多生諸藥
亦有毒草諸衆生身亦復如是雖有四大毒
虵之類其中亦有妙藥大王所謂佛性非是作
法但爲煩惱客塵所覆若剎利婆羅門毗舍
首陁能斷除者即見佛性成无上道譬如虛
空震雷起雲一切象牙上皆生華若无雷
震華則不生亦无名字衆生佛性亦復如是
常爲一切煩惱所覆不可得見是故我說衆
生无我若得聞是大般涅槃微妙經典則見
佛性如象牙華雖聞契經一切三昧不聞是
經不知如來微妙之相如无雷時象牙上華

BD14550號　大般涅槃經（北本　異卷）卷八　（27–3）

常爲一切煩惱所覆不可得見是故我說衆
生无我若得聞是大般涅槃微妙經典則見
佛性如烏牙華雖聞契經一切三昧不聞是
經不知如來微妙之相如无雷時烏牙上華
不可得見聞是經已即知一切如來所說秘
藏佛性喻如天雷見烏牙華聞是經已即知
一切无量衆生皆有佛性以是義故說大
涅槃名爲如來秘密之藏增長法身猶如雷
時烏牙上華以能長養如是大義故得稱爲
大般涅槃若有善男子善女人有能習學是
大涅槃微妙經典當知是人能報佛恩真佛
弟子迦葉菩薩復白佛言甚奇世尊所言佛
性甚深甚深難見難入聲聞緣覺所不能服
佛言善男子如是如是如汝所嘆不違我說
迦葉菩薩白佛言世尊佛性者云何甚深難
見難入佛言善男子如白盲人爲治目故造
詣良醫是時良醫即以金錍決其眼膜以一
指示問言見不盲人答言我猶未見復以二
指三指示之乃言少見善男子是大涅槃微
妙經典如來未說亦復如是无量菩薩雖具
足行諸波羅蜜乃至十住猶未能見所有佛
性如來既說即便少見菩薩摩訶薩既得見
已咸作是言甚奇世尊我等流轉无量生死
常爲无我之所惑亂善男子如是菩薩位
階十住尚不了了知見佛性何況聲聞緣覺

BD14550號　大般涅槃經（北本　異卷）卷八　（27–4）

足行諸波羅蜜乃至十住猶未能見所有佛
性如來既說即便少見菩薩摩訶薩既得見
已咸作是言甚奇世尊我等流轉无量生死
常爲无我之所惑亂善男子如是菩薩位
階十住尚不了了知見佛性何況聲聞緣覺
之人能得見耶復次善男子譬如仰觀虛空
鵝鴈爲是虛空爲是鵝鴈諦觀不已髣髴見
之十住菩薩於如來性知見少分亦復如是
況復聲聞緣覺之人能得知見善男子譬如
醉人欲涉遠路朦朧見道十住菩薩於如
來性知見少分亦復如是善男子譬如渴人
行於曠野是人渴逼遍行求水見有叢樹有
白鵠是人迷悶不能分別是樹是水諦觀不
已乃見白鵠及以叢樹善男子十住菩薩於
如來性知見少分亦復如是善男子譬如
有人在大海中乃至无量百千由旬遠望大
船樓櫓堂閣即作是念彼是樓櫓爲是虛空
久視乃生必定之心知是樓櫓十住菩薩於
自身中見如來性亦復如是善男子譬如王
子身極濡弱通夜遊戲至明清旦目視一切
悉不明了十住菩薩雖於己身見如來性亦
復如是不大明了復次善男子譬如臣吏王
事所拘逼夜還家電明暫發因見牛藂即作
是念爲是牛耶藂雲屋舍是人久視雖生牛
想猶不審定十住菩薩雖於己身見如來
性未能審定亦復如是復次善男子如持戒

BD14550號　大般涅槃經（北本　異卷）卷八　（27–5）

復如是不大明了復次善男子譬如白衣王
事所拘逼夜還家電明蹔發因見牛聚即作
是念為是牛耶聚雲屋舍是人久視雖生牛
想猶不審定十住菩薩雖於已身見如来
性未能審定亦復如是復次善男子如持戒
比丘觀无虫水而作虫相即作是念此中動
者為是虫耶是塵土耶久視不已雖知是塵
亦不明了十住菩薩於已身中見如来性亦
復如是不大明了復次善男子譬如有人於
陰闇中遠見小兒即作是念彼為是牛鸛鳥
人耶久視不已雖見小兒猶不明了十住菩
薩於已身分見如来性亦復如是不大明了
復次善男子譬如有人於夜闇中見畫菩薩
像即作是念是菩薩像自在天像大梵天像
成染衣耶是人久觀雖復意謂是菩薩像亦
不明了十住菩薩於已身分見如来性亦復
如是不大明了善男子所有佛性如是甚深
難得知見唯佛能知非諸聲聞緣覺所及善
男子智者應作如是分別知如来性迦葉菩
薩白佛言世尊佛性如是微細難見云何肉
眼而能得見佛告迦葉善男子如彼非想非
非想天亦非二乘所能得知隨順契經以信
故知善男子聲聞緣覺信順如是大涅槃經
自知已身有如来性亦復如是善男子是故
應當精懃脩集大涅槃經善男子如是佛性
唯佛能知非諸聲聞緣覺所及迦葉菩薩復

BD14550號　大般涅槃經（北本　異卷）卷八　（27–6）

非想天亦非二乘所能得知隨順契經以信
故知善男子聲聞緣覺信順如是大涅槃經
自知已身有如来性亦復如是善男子是故
應當精懃脩集大涅槃經善男子如是佛性
唯佛能知非諸聲聞緣覺所及迦葉菩薩復
白佛言世尊非聖凡夫有衆生性皆說有我
佛言譬如二人共為親友一是王子一是貧
賤如是二人互相往返是時貧人見是王子
有一好刀淨妙第一心中貪著王子後時捉
持是刀逃至他國於是貧人後於他家寄卧
止宿即於眠中讇語刀刀傍人聞之收至王
所時王問言汝言刀者何處得耶是人具以
上事荅王王今設使屠割臣身分張手足欲
得刀者實不可得臣与王子素為親厚先与
一處雖曾眼見乃至不敢以手棠觸況當故
取王復問言卿見刀時相貌何類荅言大王
臣所見者如羖羊角王聞是已欣然而咲語
言汝今隨意所至莫生憂怖我庫藏中都无
是刀況汝乃於王子邊見時王即問諸群臣
言汝等曾見如是刀不言已崩背尋立餘子
紹繼王位復問輔臣卿等曾於官藏之中見
是刀不諸臣荅言臣等曾見覆復問言其狀
何似荅言大王如羖羊角王言我當藏中何
處當有如是相刀次第四王皆悉撿校求索
不得却後數時先逃王子從他國還來至本
國復得為王既登王位復問諸臣汝見刀不荅

BD14550號　大般涅槃經（北本　異卷）卷八　（27–7）

何似荅言大王如羖羊角王言我當藏中何
處當有如是相刀次第四王皆悉撿挍求索
不得却後數時先迯王子從他國還來至本
國復得為王既登王位復問諸臣汝見刀不荅
言大王臣等皆見復復問言其狀何似荅言
天子其色清淨如優曇鉢羅華復有荅言形
如羊角復有說言其色紅赤猶如火聚復
有荅言猶如黑蛇時王大咲卿等皆悉不見
我刀真實之相善男子菩薩摩訶薩亦復如
是出現於世說我真相說已捨去喻如王子
持淨妙刀迯至他國凡夫愚人說言一切有
我有我所如彼貧人心宿他舍謂語刀刀賛
聞緣覺問諸衆生我有何相荅言我見我相
大如拇指或言如米或如稗子有言我相住
在心中熾然如日如是衆生不知我相喻如
諸臣不知刀相菩薩如是說於我法凡夫
不知種種分別妄作我相如問刀相荅似羊
角是諸凡夫次第相續而起耶見為斷如是
諸耶見故如來示現說於无我喻如王子語
諸臣言我庫藏中无如是刀善男子今日如
來所說真我名曰佛性如是佛性我佛法中
喻如淨刀善男子若有凡夫能善說者即
是隨順无上佛法若有善能分別隨順宣說是
者當知即是菩薩相貌善男子所有種種異
論呪術言語文字皆是佛說非外道說

喻如淨刀善男子若有凡夫能善說者即
是隨順无上佛法若有善能分別隨順宣說是
者當知即是菩薩相貌善男子所有種種異
論呪術言語文字皆是佛說非外道說
迦葉菩薩白佛言世尊云何如來說字根本
佛言善男子說初半字以為根本根諸記論
呪術文章諸陰實法凡夫之人學是字本然
後能知是法非法迦葉菩薩復白佛言世尊
所言字者其義云何善男子有十四音名為
字義所言字者名為涅槃常故不流若不流
者則為无盡夫无盡者即是如來金剛之身
是十四音名為字本噁者不破壞故不破壞
者名為三寶喻如金剛又復噁者不流故不
流者即是如來如來九孔无所流故是故不
流又无九孔是故不流不流即常常即如來
如來无作是故不流又復噁者名為功德功
德者即是三寶是故名噁阿者名阿闍梨阿
闍梨者義何謂也於世間中得名聖者何謂
為聖聖名无著少欲知足亦名清淨能度衆
生於三有流生死大海是名為聖又復阿者
名曰制度脩持淨戒隨順威儀又復阿者名
依聖人應學威儀進止舉動供養恭敬礼拜
三尊孝養父母及學大乘善男子汝等具持
禁戒及諸菩薩摩訶薩等是名聖人又復阿
者名曰教誨如言如來如是應作如是莫作

依聖人[illegible]學[illegible]進心[illegible]重供養者[illegible]禮拜
三尊孝養父母及學大乘善男子汝等具持
禁戒及諸菩薩摩訶薩等是名聖人又復阿
者名曰教誨如言如来如是應作如是莫作
若有能遮非威儀法是名聖人是故名阿
億者即是佛法梵行廣大清淨无垢喻如滿
月汝等如是應作不作是義非義此是佛說
此是魔說是故名億伊者佛法微妙甚深難
得如自在天大梵天王法名自在若能持者
則名護法又自在者名四護世是四自在則
能攝護大涅槃經亦能自在敷揚宣說又復
伊者能為衆生自在說法復次伊者為自在
故說何等是也所謂脩集方等經典復次伊
者為斷嫉妬如除稗穢皆悉能令變成吉祥
是故名伊郁者於諸經中最上最勝增長上
上謂大涅槃復次郁者如来之性聲聞緣覺
所未曾聞如一切處北欝單曰最為殊勝菩薩
若能聽受是經於一切衆最為殊勝以是義
故是經得名最上最勝是故名郁優者喻如
牛乳諸味中上如来之性亦復如是於諸經
中最尊最上若有誹謗當知是人与牛无別
復次優者是人名為无慧正念誹謗如来微
密秘藏當知是人甚可憐愍遠離如来秘密
之藏說无我法是故名優哩者即是諸佛法
性涅槃是故名哩野者謂如来義復次野
者如来進止屈申舉動无不利益一切衆生

BD14550號　大般涅槃經（北本　異卷）卷八　（27–10）

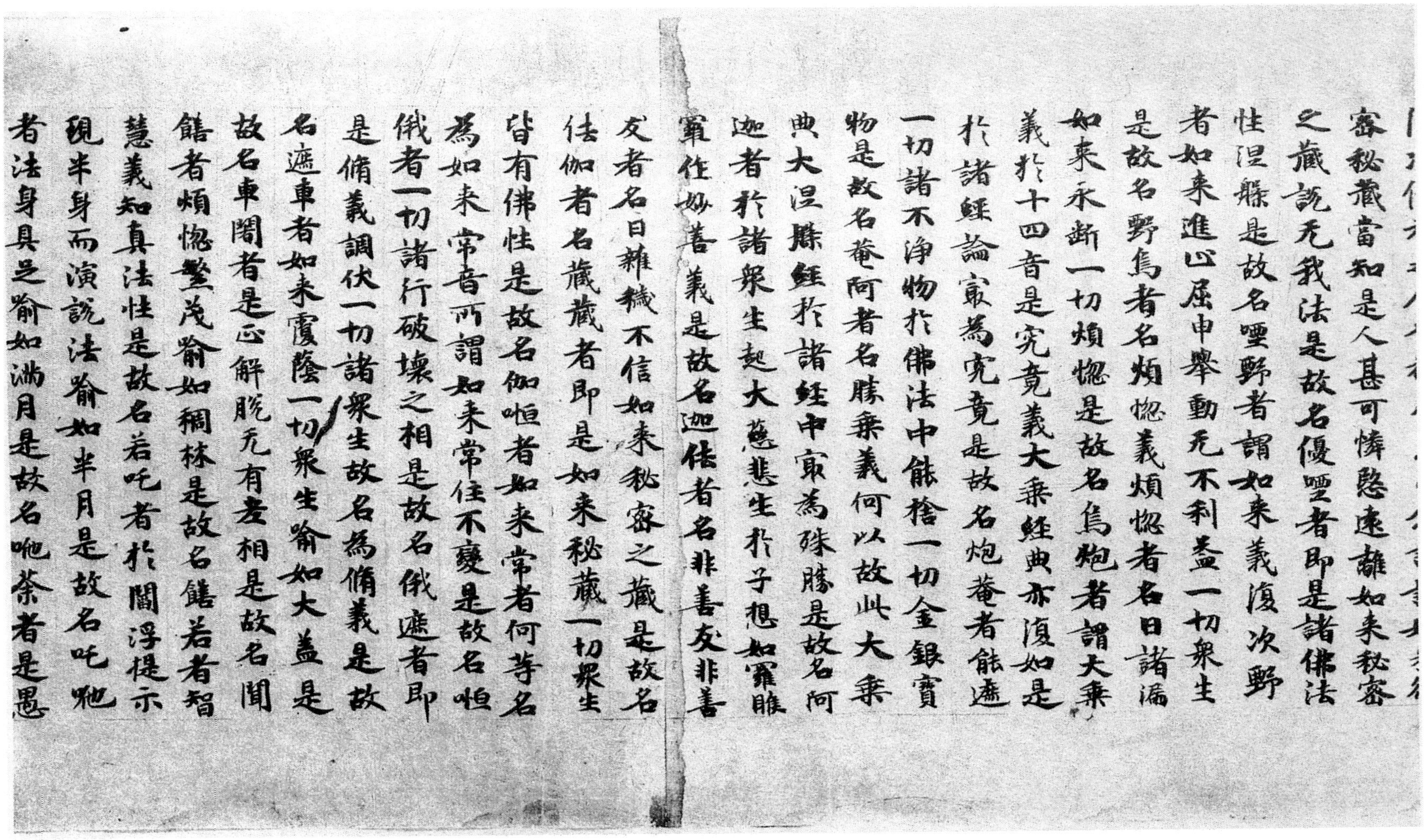
密秘藏當知是人甚可憐愍遠離如来秘密
之藏說无我法是故名優哩者即是諸佛法
性涅槃是故名哩野者謂如来義復次野
者如来進止屈申舉動无不利益一切衆生
是故名野烏者名煩惱煩惱者名曰諸漏
如来永斷一切煩惱是故名烏炮者謂大乘
義於十四音是究竟義大乘經典亦復如是
於諸經論最為究竟是故名炮菴者能遮
一切諸不淨物於佛法中能捨一切金銀寶
物是故名菴阿者名勝乘義何以故此大乘
典大涅槃經於諸經中最為殊勝是故名阿
迦者於諸衆生起大慈悲生於子想如羅睺
羅作妙善義是故名迦佉者名非善友非善
友者名曰雜穢不信如来秘密之藏是故名
佉伽者名藏藏者即是如来秘藏一切衆生
皆有佛性是故名伽恒者如来常者何等名
為如来常音所謂如来常住不變是故名恒
俄者一切諸行破壞之相是故名俄遮者即
是脩義調伏一切諸衆生故名為脩義是故
名遮車者如来覆蔭一切衆生喻如大蓋是
故名車闍者是正解脫无有老相是故名闍
饍者煩惱繁茂喻如稠林是故名饍若者智
慧義知真法性是故名若吒者於閻浮提示
現半身而演說法喻如半月是故名吒咃
者法身具足喻如滿月是故名咃茶者是愚

BD14550號　大般涅槃經（北本　異卷）卷八　（27–11）

鐃者煩惱繁茂喻如稠林是故名鐃若者智
慧義知真法性是故名若吒者於閻浮提示
現半身而演説法喻如半月是故名吒咃
者法身具足喻如滿月是故名咃荼者是愚
癡僧不知常与无常喻如小兒是故名荼祖
者不知師恩喻如羝羊是故名祖拏者是非
聖義喻如外道是故名拏多者如来於彼告
諸比丘宜離驚畏當為汝等説微妙法是故
名多他者名愚癡義衆生流轉生死纏裹
如蠶蜣蜋是故名他陁者名曰大施所謂大乘
是故名陁彈者稱讚功德所謂三寶如須
弥山高峻廣大无有傾倒是故名彈那者三
寶安住无有傾動喻如門閫是故名那波者
名顛倒義若言三寶悉皆滅盡當知是人為
自疑惑是故名波頗者是世間灾若言世間
灾起之時三寶亦盡當知是人愚癡无智違
失聖旨是故名頗婆者名佛十力是故名
婆滼者名為重擔堪任荷負无上正法當知
是人是大菩薩是故名滼摩者是諸菩薩嚴
峻制度所謂大乘大般涅槃是故名摩虵
者是諸菩薩在在處處為諸衆生説大乘法
是故名虵囉者能壞貪欲瞋恚愚癡説真
實法是故名囉羅者名聲聞乘動轉不住
大乘安固无有傾動捨聲聞乘精懃脩集无
上大乘是故名羅和者如来世尊為諸衆生

實法是故名囉羅者名聲聞乘動轉不住
大乘安固无有傾動捨聲聞乘精懃脩集无
上大乘是故名羅和者如来世尊為諸衆生
雨大法雨所謂世間呪術經書是故名和奢
者遠離三箭是故名奢沙者名具足義若能
聽是大涅槃經則為已得聞持一切大乘經典
是故名沙娑者為諸衆生演説正法令心歡
喜是故名娑呵者名心歡喜奇哉世尊離一
切行怪哉如来入般涅槃是故名呵荼者名
曰魔義无量諸魔不能毀壞如来秘藏是故
名荼復次荼者乃至示現隨順世間有父母
妻子是故名荼魯流盧樓如是四字説有四
義謂佛法僧及以對治言對治者隨順世間如
提婆達多示現壞僧化作種種形狠色像為制
戒故智者了達不應於此而生怖畏是名隨
順世間之行以是故名魯流盧樓吸氣舌根隨
鼻之聲長短超聲隨音解義皆因舌齒而有
差別如是字義能令衆生口業清淨衆生佛
性則不如是假於文字然後清淨何以故性
本淨故雖復處在陰入界中則不同於陰入
界也是故衆生悉應歸依諸菩薩等以佛性
故等視衆生无有差別是故半字於諸經書
記論文章而為根本又半字義皆是煩惱言
説之本故名半字滿字者乃是一切善法
言説之根本也譬如世間為惡之者名為半人

𩣺也是故發生悲愍與何等善門[illegible]
故等視衆生无有差別是故半字於諸經書
記論文章而為根本又半字義皆是煩惱言
說之本故名半字滿字者乃是一切善法
言說之根本也譬如世間為惡之者名為半人
脩善之者名為滿人如是一切經書記論皆因半
字而為根本若言如來及正解脫入於半字
是事不然何以故離文字故是故如來於
一切法无㝵无著真得解脫何等名為解了
字義有知如來出現於世能滅半字是故名
為解了字義若有隨逐半字義者是人不知
如來之性何等名為无字義也親近脩集不
善法者是名无字又无字者雖能親近脩集
善法不知如來常与无常恒与非恒及法僧
二寶律与非律經与非經魔說佛說若有不
能如是分別是名隨逐无字義也我今已說
如是隨逐无字之義善男子是故汝今應離
半字善解滿字迦葉菩薩白佛言世尊我等
應當善學字數今我值遇无上之師已受如
來慇懃誨勑佛讚迦葉善哉善哉樂正法者
應如是學尒時佛告迦葉善男子鳥有二種
一名迦陵提二名鴛鴦遊止俱宿不相捨離
是苦无常无我等法亦復如是不得相離迦
葉菩薩白佛言世尊云何是苦无常无我如
彼鴛鴦迦陵提鳥佛言善男子異法是苦異
法是樂異法是常異法无常異法是我異法

BD14550號　大般涅槃經（北本　異卷）卷八　（27–14）

一名迦陵提二名鴛鴦[illegible]
是苦无常无我等法亦復如是不得相離迦
葉菩薩白佛言世尊云何是苦无常无我如
彼鴛鴦迦陵提鳥佛言善男子異法是苦異
法是樂異法是常異法无常異法是我異法
无我譬如稻米異於麻麥麻麥復異豆粟甘蔗
如是諸種從其萌牙至華葉皆是无常菓實
成熟人受用時名為常何以故性真實故迦
葉白佛言世尊如是等物若是常者同如來
耶佛言善男子汝今不應作如是說何以故
若言如來如須弥山劫壞之時須弥崩倒如
來尒時豈同壞耶善男子汝今不應受持是
義善男子一切諸法唯除涅槃更无一法而
是常者直以世諦言菓實常迦葉菩薩白佛
言世尊善哉善哉如佛所說佛告迦葉如
是如是善男子雖脩一切契經諸定乃至未
聞大般涅槃皆言一切悉是无常聞是經已
雖有煩惱如无煩惱即能利益一切人天何以
故曉了己身有佛性故是名為常復次善男
子譬如菴羅樹其華始敷名无常相若成菓
實多所利益乃名為常如是善男子雖脩一
切契經諸定未聞如是大涅槃時咸言一切
悉是无常聞是經已雖有煩惱如无煩惱即
能利益一切人天何以故曉了自身有佛性
故是名為常復次善男子譬如金礦消融之
時是无常相融已成金多所利益乃名為常

BD14550號　大般涅槃經（北本　異卷）卷八　（27–15）

恚是无常聞是經已雖有煩惱如无煩惱即
能利益一切人天何以故曉了自身有佛性
故是名為常復次善男子譬如金卝消融之
時是无常相融已成金多所利益乃名為常
如是善男子雖循一切契經諸定未聞如是
大涅槃時咸言一切悉是无常聞是經已雖
有煩惱如无煩惱即能利益一切人天何以
故曉了自身有佛性故是名為常復次善男
子譬如胡麻未被押時名曰无常既押成油
多所利益乃名為常善男子雖有一切契經
諸定未聞如是大涅槃經咸言一切悉是无
常聞是經已雖有煩惱如无煩惱即能利益
一切人天何以故曉了已身有佛性故是名
為常復次善男子譬如衆流皆歸于海一切
契經諸定三昧皆歸大乘大涅槃經何以故
究竟善說有佛性故善男子是故我言異法
是常異法无常乃至无我亦復如是迦葉菩
薩白佛言世尊如来已離憂悲毒箭憂悲
箭者名之為天如来非天憂悲者名為人如
来非人憂悲者名廿五有如来非廿五有是
故如来无有憂悲何故稱言如来憂善男子
无想天者名為无相若无想者則无壽命若
无壽命云何而有陰界諸入以是義故无想
天壽不可說言有所住處善男子譬如樹神
依樹而住不得定言依枝依節依茎依葉雖
无定所不得言无无想天壽亦復如是善男

无想天者名為无相若无想者則无壽命若
无壽命云何而有陰界諸入以是義故无想
天壽不可說言有所住處善男子譬如樹神
依樹而住不得定言依枝依節依茎依葉雖
无定所不得言无无想天壽亦復如是善男
子佛法亦尒甚深難解如来實无憂愁苦惱
而於衆生起大慈悲現有憂悲視諸衆生如
羅睺羅復次善男子无想天中所有壽命唯
佛能知非餘所及乃至非想非非想處亦復
如是迦葉如来之性清淨无染猶如化身何
處當有憂悲苦惱若言如来无憂悲者云何
能利一切衆生弘廣佛法若言无者云何而
言等視衆生如羅睺羅若不等視如羅睺羅
如是之言則為虛妄以是義故善男子佛不
可思議法不可思議衆生佛性不可思議无
想天壽不可思議如来有憂及以无憂是佛
境界非諸聲聞緣覺所知善男子譬如空中
舍宅微塵不得住若言舍宅不因空住无有
是處以是義故不可說舍住於虛空不住虛
空凡夫之人雖復說言舍住虛空而是虛空
實无所住何以故性无住故善男子心亦如
是不可說言住陰入界及以不住无想天壽
亦復如是如来憂悲亦復如是若无憂悲云
何說言等視衆生如羅睺羅若言有者復云
何言性同虛空善男子譬如幻師雖復化作
種種宮殿煞生長養繫縛放捨及作金銀

亦復如是
何說言等視衆生如羅睺羅若言有者復云
何言性同虛空善男子辟如幻師雖復化作
種種宮殿煞生長養繫縛放捨及作金銀
瑠璃寶物叢林樹木都无實性如来亦尒隨
順世間示現憂悲无有真實善男子如来已
入於般涅槃云何當有憂悲苦惱若謂如来
入於涅槃是无常者當知是人則有憂愁若
謂如来不入涅槃常住不變當知是人无有
憂愁如来有愁及以无愁无能知者復次善
男子辟如下人能知下法不知中上中者知
中不知於上上者知上及知中下聲聞緣覺
亦復如是齊知自地如来不尒悉知自地及
以他地是故如来名无㝵智示現幻化隨順
世間凡夫宍眼謂是真實而欲盡知如来无
㝵无上智者无有是處有愁无愁唯佛能知
以是因緣異法有我異法无我是名鴛鴦迦
隣提鳥性復次善男子佛法猶如鴛鴦共行
是迦憐提及鴛鴦鳥盛夏水漲選擇高源安
處其子爲長養故然後隨有安隱而遊如来
出世亦復如是化无量衆令住正法如彼鴛
鴦迦憐提鳥選擇高源安置其子如来亦尒
令諸衆生所作辦已即便入於大般涅槃善
男子是名異法是苦異法是樂諸行是苦涅
槃是樂第一微妙壞諸行故迦葉菩薩白佛
言世尊云何衆生得涅槃者名第一樂佛言

鴦迦憐提鳥選擇高源安置其子如来亦尒
令諸衆生所作辦已即便入於大般涅槃善
男子是名異法是苦異法是樂諸行是苦涅
槃是樂第一微妙壞諸行故迦葉菩薩白佛
言世尊云何衆生得涅槃者名第一樂佛言
善男子如我所說諸行和合名爲老死
護慎不放逸　是處名甘露　放逸不護慎　是處爲死句
若不放逸者　則得不死處　如其放逸者　常處於死路
若放逸者名有爲法是有爲法爲第一苦不
放逸者則名涅槃彼涅槃者名爲甘露第一
㝡樂若趣諸行是名死處受第一苦若至涅
槃則名不死受㝡妙樂若不放逸雖集諸行
是亦名爲常樂不死不破壞身云何放逸云
何不放逸非聖凡夫是名放逸常死之法出
世聖人是不放逸无有老死何以故入於第一
常樂涅槃以是義故異法是苦異法是樂異
法是我異法无我如人在地仰觀虛空不見
鳥跡善男子衆生亦尒无有天眼在煩惱中
而不自見有如来性是故我說无我密教所
以者何无天眼者不知真我橫計我故因諸
煩惱所造有爲即是无常是故我說異法是
常異法无常
精懃勇健者　若處於山頂　平地及曠野　常見諸凡夫
昇大智慧殿　无上微妙臺　既自除憂患　亦見衆生憂
如来悉斷无量煩惱住智慧山見諸衆生常
在无量億煩惱中迦葉菩薩白佛言世尊如

精懃勇健者　若處於山頂　平地及曠野　常見諸凡夫
昇大智慧殿　无上微妙臺　既自除憂患　亦見衆生憂
如来悉斷无量煩惱住智慧山見諸衆生常
在无量億煩惱中迦葉菩薩白佛言世尊如
偈所説是義不然何以故入涅槃者无憂无喜
云何得昇智慧臺殿復當云何住在山頂
而見衆生佛言善男子智慧殿者即是涅槃
无憂愁者謂如来也有憂愁者名凡夫人以
凡夫憂故如来无憂須弥山頂者謂正解脫
懃精進者喻須弥山无有動轉地謂有為行
也是諸凡夫安住是地造作諸行其智慧者
則名正覺離有常住故名如来如来悲念无
量衆生常為諸有毒箭所中是故名為如来
有憂迦葉菩薩白佛言世尊若使如来有憂
慼者則不得稱為等正覺佛言迦葉皆有因
緣隨有衆生應受化處如来於中示現受生
雖現受生而實无生是故如来名常住法如
迦憐提鴛鴦等鳥復次善男子譬如有人見
月不現皆言月没而作没想而此月性實无
没也轉現他方彼處衆生復謂月出而此月
性實无出也何以故以須弥山鄣故不現其
月常生性无出没如来應正遍知亦復如是
出於三千大千世界或閻浮提示有父母衆
生皆謂如来生於閻浮提内或閻浮提示現
涅槃而如来生實无涅槃而諸衆生皆謂如

月常生性无出没如来應正遍知亦復如是
出於三千大千世界或閻浮提示有父母衆
生皆謂如来生於閻浮提内或閻浮提示現
涅槃而如来性實无涅槃而諸衆生皆謂如
来實般涅槃喻如月没善男子如来之性實
无生滅為化衆生故示生滅善男子如此滿
月餘方現半此方半月餘方現滿閻浮提人
若見月初皆謂一日起初月想見月盛滿謂
十五日生盛滿想而此月性實无虧盈因須
弥山而有增減善男子如来亦尒於閻浮提
或現初生或示涅槃現始生時猶如月初一
切皆謂童子初生行於七步如二日月或復
示現入於書堂如三日月或示現出家如八
日月放大智慧微妙光明能破无量衆生魔
衆如十五日盛滿之月或復示現三十二相
八十種好以自莊嚴而現涅槃喻如月蝕如
是衆生所見不同或見半月或見滿月或見
月蝕而此月性實无增減蝕噉之者常是滿
月如来之身亦復如是是故名為常住不變
復次善男子喻如滿月一切悉現在在處處
城邑聚落山澤水中若井若池若瓮若鑊一
切皆現有諸衆生行百由旬百千由旬見月
常隨凡夫愚人妄生憶想言我本於城邑屋
舍見如是月今復於此空澤而見為是本月
為異於本各作是念月形大小或如鑊口或

切皆現有諸衆生
常随凡夫愚人妄生憶想言我本於城邑屋
舎見如是月今復於此空澤而見為是本月
為異於本各作是念月形大小或如鑊口或
復有言大如車輪或言猶如卌九由旬一切
皆見月之光明或現團圓喻如金槃是月性
一種種衆生各見異相善男子如来亦尒出
現於世或有人天而作是念如来今者在我
前住復有畜生亦生是念如来今者在我前
住或有聾瘂亦見如来有聾瘂想衆生雜類
言音各異皆謂如来悉同己語亦各生念在
我舎宅受我供養或有衆生見如来身廣大
无量有見微小或有見佛是聲聞像或復有
見是緣覺像有諸外道復各念言如来今者
在我法中出家學道或有衆生復作是念如
来今者獨為我故出現於世如来實性喻如
彼月即是法身是无生身方便之身隨順於
世示現无量本業因緣在在處處示現有生
猶如彼月以是義故如来常住无有變異復
次善男子如羅睺羅阿脩羅王以手遮月世
間諸人咸謂月蝕阿脩羅王實不能蝕以阿
脩羅鄣其明故是月團圓无有虧損但以手
鄣故使不現若攝手時世間咸謂月已還生
皆言是月多受苦惱假使百千阿脩羅王不
能惱之如来亦尒示有衆生於如来所生麁

BD14550號　大般涅槃經（北本　異卷）卷八　（27–22）

脩羅鄣其明故是月團圓无有虧損但以手
鄣故使不現若攝手時世間咸謂月已還生
皆言是月多受苦惱假使百千阿脩羅王不
能惱之如来亦尒示有衆生於如来所生麁
惡心出佛身血起五逆罪一闡提為未来世
諸衆生故如是示現壞僧斷法而作留難假
使百千无量諸魔不能侵出如来身血所以
者何如来之身无有宍血筋脉骨髓如来真
實實无惱壞衆生皆謂法僧毀壞如来賊
盡而如来性真實无變无有破壞隨順世間
如是示現復次善男子如二人闘若以刀杖
傷身出血雖至於死不起煞想如是業相輕
而不重於如来所本无煞心雖出身血是業
示尒輕而不重如来如是於未来世為化衆
生示現業報復次善男子猶如良醫懃教其
子醫方根本此是根藥此是味藥此是色藥
種種相貌汝當善知其子敬奉父之所勑精
懃習學善解諸藥是醫後時壽盡命終其
子號咷而作是言父本教我根藥如是莖藥如
是華藥如是色相如是如来亦尒為化衆生
示現制戒應當如是受持莫犯作五逆罪誹
謗正法及一闡提為未来世起是事者是故
示現欲令比丘於佛滅後作如是知此是契
經甚深之義此是戒律輕重之相此是阿毗
曇分別法句如彼醫子復次善男子如人知

BD14550號　大般涅槃經（北本　異卷）卷八　（27–23）

示現欲令比丘於佛滅後作如是知此是契
經甚深之義此是戒律輕重之相此是阿毗
曇分別法句如彼嬰子復次善男子如人知
月六月一蝕而上諸天須臾之間已見月蝕
何以故彼天日長人間短故善男子如來亦尒
天人咸謂如來壽短如彼天人須臾之間頻
見月蝕如來又於須臾之間示現百千万億
涅槃斷煩惱魔陰魔死魔是故百千万億
天魔悉知如來入般涅槃又復示現无量百
千先業因緣隨順世間種種性相示現如是
无量无邊不可思議是故如來常住无變復
次善男子譬如明月衆生樂見是故稱月号為
樂見衆生若有貪恚愚癡則不得稱為樂見
也如來如其性純善清淨无垢是實可
稱為樂見也樂法衆生視之无猒惡心之人
不憙瞻覩以是義故故言如來喻如明月復
次善男子譬如日出有三時異謂春夏冬冬
日則短春日處中夏日極長如來亦尒於此三
千大千世界為短壽者及諸聲聞示現短壽
斯等見已咸謂如來壽命短促喻於冬日為
諸菩薩示現中壽若至一劫若減一劫喻
如春日唯佛都佛其壽无量喻如夏日善男
子如來所說方等大乘微密之教示現世間
雨大法雨於未來世若有人能護持是典開

BD14550號　大般涅槃經（北本　異卷）卷八　（27–24）

諸菩薩示現中壽若至一劫若減一劫喻
如春日唯佛都佛其壽无量喻如夏日善男
子如來所說方等大乘微密之教示現世間
雨大法雨於未來世若有人能護持是典開
示分別利益衆生當知是葷真是菩薩喻如
盛夏天降甘雨若有聲聞緣覺之人聞佛如
來秘密之教喻如冬日多遇冷患菩薩之人
若聞如是微密教誨如來常住性无變易喻
如春日萌牙開敷而如來性實无長極為世
間故示現如來即是諸佛真實法性復次善
男子譬如衆星晝則不現而人皆謂晝星滅
沒其實不沒所以不現日光映故如來亦尒聲
聞緣覺不能得見喻如世人不見晝星復
次善男子譬如陰闇日月不現愚夫謂言日
月失沒而是日月實不失沒如來正法滅盡
之時三寶現沒亦復如是非為永滅是故當
知如來常住无有變易何以故三寶真性不
為諸垢之所染故復次善男子譬如黑月彗
星夜現其明熾盛暫出還沒衆生見已生不
祥想諸辟支佛亦復如是出无佛世衆生見
已皆謂如來真實滅度生憂悲想而如來身
實不滅沒如彼日月无有滅沒復次善男子
譬如日出衆霧消除此大涅槃微妙經典亦
復如是出興於世若有衆生一逕耳者悉能
滅除一切諸惡无間罪業是大涅槃甚深境

BD14550號　大般涅槃經（北本　異卷）卷八　（27–25）

之時三寶現沒亦復如是非為永滅是故當
知如來常住无有變易何以故三寶真性不
為諸垢之所染故復次善男子辟如黑月彗
星夜現其明熾盛出已還沒衆生見已生不
祥想諸辟支佛亦復如是出无佛世衆生見
已皆謂如來真實滅度生憂悲想而如來身
實不滅沒如彼日月无有滅沒復次善男子
辟如日出衆霧消除此大涅槃微妙經典亦
復如是出興於世若有衆生一逕耳者悉能
滅除一切諸惡无間罪業是大涅槃甚深境
界不可思議善說如來微密之性以是義故
諸善男子善女人等應於如來生常住心无
有變易正法不斷僧寶不滅是故應當多脩
方便懃學是典是人不久當得成於阿耨多
羅三藐三菩提是故此經名无量功德所成
亦名菩提不可窮盡以不盡故故得稱為大
般涅槃有善光故猶如夏日身无邊故名大
涅槃復次善男子如日月光諸明中最一切
諸明所不能及大涅槃光亦復如是於諸契
經三昧光明最為殊勝諸經三昧所有光明
所不能及何以故大涅槃光能入衆生諸
毛孔故衆生雖无菩提之心而能為作菩提
因緣是故復名大般涅槃

大般涅槃經卷第八

BD14550號　大般涅槃經（北本　異卷）卷八　（27–26）

復如是出興於世若有衆生一逕耳者悉能
滅除一切諸惡无間罪業是大涅槃甚深境
界不可思議善說如來微密之性以是義故
諸善男子善女人等應於如來生常住心无
有變易正法不斷僧寶不滅是故應當多脩
方便懃學是典是人不久當得成於阿耨多
羅三藐三菩提是故此經名无量功德所成
亦名菩提不可窮盡以不盡故故得稱為大
般涅槃有善光故猶如夏日身无邊故名大
涅槃復次善男子如日月光諸明中最一切
諸明所不能及大涅槃光亦復如是於諸契
經三昧光明最為殊勝諸經三昧所有光明
所不能及何以故大涅槃光能入衆生諸
毛孔故衆生雖无菩提之心而能為作菩提
因緣是故復名大般涅槃

大般涅槃經卷第八

BD14550號　大般涅槃經（北本　異卷）卷八　（27–27）

妙法蓮華經妙莊嚴王本事品第二十七
尒時佛告諸大衆乃往古世過无量无邊不
可思議阿僧祇劫有佛名雲雷音宿王華智
多陁阿伽度阿羅訶三藐三佛陁國名光明莊
嚴劫名憙見彼佛法中有王名妙莊嚴其
王夫人名曰淨德有二子一名淨藏二名淨眼
是二子有大神力福德智慧久脩菩薩所行
之道所謂檀波羅蜜尸羅波羅蜜羼提波
羅蜜毗梨耶波羅蜜禪波羅蜜般若波羅
蜜方便波羅蜜慈悲憙捨乃至三十七品助道
法皆悉明了通達又得菩薩淨三昧日星宿
三昧淨光三昧淨色三昧淨照明三昧長莊
嚴三昧大威德藏三昧於此三昧亦悉通達
尒時彼佛欲引導妙莊嚴王及愍念衆生故
說是法華經時淨藏淨眼二子到其母所合
十指爪掌白言願母往詣雲雷音宿王華智
佛所我等亦當侍從親近供養礼拜所以者

BD14551號　妙法蓮華經卷七　（10-1）

嚴三昧大威德藏三昧於此三昧亦悉通達
尒時彼佛欲引導妙莊嚴王及愍念衆生故
說是法華經時淨藏淨眼二子到其母所合
十指爪掌白言願母往詣雲雷音宿王華智
佛所我等亦當侍從親近供養礼拜所以者
何此佛於一切天人衆中說法華經宜應聽
受母告子言汝父信受外道深著婆羅門法
汝等應往白父與共俱去淨藏淨眼合十指
爪掌白母我等是法王子而生此邪見家母
告子言汝等當憂念汝父爲現神變若得見
者心必清淨或聽我等往至佛所於是二子
念其父故踊在虛空高七多羅樹現種種神
變於虛空中行住坐卧身上出水身下出火
身下出水身上出火或現大身滿虛空中而
復現小小復現大於空中滅忽然在地入地
如水履水如地現如是等種種神變令其父
王心淨信解時父見子神力如是心大歡喜
得未曾有合掌向子言汝等師爲是誰誰之
弟子二子白言大王彼雲雷音宿王華智佛
今在七寶菩提樹下法座上坐於一切世間
天人衆中廣說法華經是我等師我是弟子
父語子言我今亦欲見汝等師可共俱往於是
二子從空中下到其母所合掌白母父王今
已信解堪任發阿耨多羅三藐三菩提心我
等爲父已作佛事願母見聽於彼佛所出家
脩道尒時二子欲重宣其意以偈白母

BD14551號　妙法蓮華經卷七　（10-2）

父語子言我今亦欲見汝等師可共俱往於是
二子從空中下到其母所合掌白母父王今
已信解堪任發阿耨多羅三藐三菩提心我
等為父已作佛事願母見聽於彼佛所出家
脩道尒時二子欲重宣其意以偈白母
願母放我等　出家作沙門　諸佛甚難值　我等隨佛學
如優曇鉢華　值佛復難是　脫諸難亦難　願聽我出家
母即告言聽汝出家所以者何佛難值故於
是二子白父母言善哉父母願時往詣雲雷
音宿王華智佛所親近供養所以者何佛難
得值如優曇鉢羅華又如一眼之龜值浮木
孔而我等宿福深厚生值佛法是故父母當
聽我等令得出家所以者何諸佛難值時亦
難遇彼時妙莊嚴王後宮八万四千人皆悉
堪任受持是法華經淨眼菩薩於法華三昧
久已通達淨藏菩薩已於无量百千万億劫
通達離諸惡趣三昧欲令一切衆生離諸惡
趣故其王夫人得諸佛集三昧能知諸佛秘
密之藏二子如是以方便力善化其父令心
信解好樂佛法於是妙莊嚴王與群臣眷屬
俱淨德夫人與後宮采女眷屬俱其王二子
與四万二千人俱一時共詣佛所到已頭面礼
足繞佛三帀却住一面尒時彼佛為王說法
示教利喜王大歡悅尒時妙莊嚴王及其
夫人解頸真珠瓔珞價直百千以散佛上於
虛空中化成四柱寶臺臺中有大寶牀敷百
千万天衣其上有佛結跏趺坐放大光明尒

BD14551 號　妙法蓮華經卷七　（10–3）

示教利喜王大歡悅尒時妙莊嚴王及其
夫人解頸真珠瓔珞價直百千以散佛上於
虛空中化成四柱寶臺臺中有大寶牀敷百
千万天衣其上有佛結跏趺坐放大光明尒
時妙莊嚴王作是念佛身希有端嚴殊特
成就第一微妙之色時雲雷音宿王華智佛
告四衆言汝等見是妙莊嚴王於我前合掌立
不此王於我法中作比丘精勤脩習助佛道
法當得作佛号娑羅樹王國名大光劫名大
高王其娑羅樹王佛有无量菩薩衆及无量
聲聞其國平正功德如是其王即時以國付
弟與夫人二子并諸眷屬於佛法中出家脩
道王出家已於八万四千歲常勤精進脩行
妙法華經過是已後得一切淨功德莊嚴三
昧即升虛空高七多羅樹而白佛言世尊此我
二子已作佛事以神通變化轉我耶心令得安
住於佛法中得見世尊此二子者是我善
知識為欲發起宿世善根饒益我故來生
我家尒時雲雷音宿王華智佛告妙莊嚴
王言如是如是如汝所言若善男子善女人種
善根故世世得善知識其善知識能作佛事
示教利喜令入阿耨多羅三藐三菩提大王
當知善知識者是大因緣所謂化導令得見
佛發阿耨多羅三藐三菩提心大王汝見此二
子不此二子已曾供養六十五百千万億那
由他恒河沙諸佛親近恭敬於諸佛所受
持法華經愍念耶見衆生令住正見妙莊嚴

BD14551 號　妙法蓮華經卷七　（10–4）

當知善知識者是大因緣所謂化導令得見
佛發阿耨多羅三藐三菩提心大王汝見此二
子不此二子已曾供養六十五百千万億那
由他恒河沙諸佛親近恭敬於諸佛所受
持法華經愍念邪見衆生令住正見妙莊嚴
王即從虛空中下而白佛言世尊如來甚希有
以功德智慧故頂上肉髻光明顯照其眼
長廣而紺青色眉間毫相白如珂月齒白齊
密常有光明脣色赤好如頻婆菓尒時妙莊
嚴王讚歎佛如是等无量百千万億功德已
於如來前一心合掌復白佛言世尊未曾有
也如來之法具足成就不可思議微妙功德
教戒所行安隱快善我從今日不復自隨心
行不生邪見憍慢瞋恚諸惡之心說是語已
礼佛而出佛告大衆於意云何妙莊嚴王豈
異人乎今華德菩薩是其淨德夫人今佛前
光照莊嚴相菩薩是哀愍妙莊嚴王及諸眷
屬故於彼中生其二子者今藥王菩薩藥上
菩薩是是藥王藥上菩薩成就如此諸大功
德已於无量百千万億諸佛所殖衆德本成
就不可思議諸善功德若有人識是二菩薩
名字者一切世間諸天人民亦應礼拜佛說
是妙莊嚴王本事品時八万四千人遠塵離垢
於諸法中得法眼淨
妙法蓮華經普賢菩薩勸發品第廿八
尒時普賢菩薩以自在神通力威德名聞與大
菩薩无量无邊不可稱數從東方來所經諸

BD14551 號　妙法蓮華經卷七　（10–5）

於諸法中得法眼淨
妙法蓮華經普賢菩薩勸發品第廿八
尒時普賢菩薩以自在神通力威德名聞與大
菩薩无量无邊不可稱數從東方來所經諸
國普皆震動雨寶蓮華作无量百千万億
種種伎樂又與无數諸天龍夜叉乾闥婆阿
脩羅迦樓羅緊那羅摩睺羅伽人非人等大
衆圍繞各現威德神通之力到娑婆世界耆
闍崛山中頭面礼釋迦牟尼佛右繞七帀白
佛言世尊我於寶威德上王佛國遙聞此娑
婆世界說法華經與无量无邊百千万億諸
菩薩衆共來聽受唯願世尊當為說之若善
男子善女人於如來滅後云何能得是法華
經佛告普賢菩薩若善男子善女人成就四
法於如來滅後當得是法華經一者為諸佛
護念二者殖衆德本三者入正定聚四者發
救一切衆生之心善男子善女人如是成就四
法於如來滅後必得是經尒時普賢菩薩
白佛言世尊於後五百歲濁惡世中其有受
持是經典者我當守護除其衰患令得安隱
使无伺求得其便者若魔若魔子若魔女若
魔民若為魔所著者若夜叉若羅刹若鳩槃
茶若毗舍闍若吉蔗若富單那若韋陀羅等
諸惱人者皆不得便是人若行若立讀誦此
經我尒時乘六牙白象王與大菩薩衆俱詣
其所而自現身供養守護安慰其心亦為供
養法華經故是人若坐思惟此經尒時我復

BD14551 號　妙法蓮華經卷七　（10–6）

茶若毗舍闍若吉蔗若富單那若韋陀羅等
諸惱人者皆不得便是人若行若立讀誦此
經我尒時乘六牙白象王與大菩薩眾俱詣
其所而自現身供養守護安慰其心亦為供
養法華經故是人若坐思惟此經尒時我復
乘白象王現其人前其人若於法華經有所忘
失一句一偈我當教之與共讀誦還令通利
尒時受持讀誦法華經者得見我身甚大
歡喜轉復精進以見我故即得三昧及陀羅
尼名為旋陀羅尼百千万億旋陀羅尼法音
方便陀羅尼得如是等陀羅尼世尊若後世後
五百歲濁惡世中比丘比丘尼優婆塞優婆
夷求索者受持者讀誦者書寫者欲脩
習是法華經於三七日中應一心精進滿三七
日已我當乘六牙白象與无量菩薩而自圍
繞以一切眾生所憙見身現其人前而為說
法示教利喜亦復與其陀羅尼呪得是陀羅
尼故无有非人能破壞者亦不為女人之所惑
亂我身亦自常護是人唯願世尊聽我說此
陀羅尼呪即於佛前而說呪曰
阿檀地途賣反一檀陀婆地二檀陀婆帝三檀陀鳩
舍隸四檀陀脩陀隸五脩陀隸六脩陀羅婆底
七佛馱波羶祢八薩婆陀羅尼阿婆多尼九薩
婆娑沙阿婆多尼十脩阿婆多尼十一僧伽婆
履叉尼十二僧伽涅伽陀尼十三阿僧祇十四僧伽
波伽地十五帝隸阿惰僧伽兜略盧遮反十六阿羅
帝波羅帝十七薩婆僧伽三摩地伽蘭地十八薩

BD14551號　妙法蓮華經卷七　(10–7)

佛馱波羶祢八薩婆陀羅尼阿婆多尼九薩
婆娑沙阿婆多尼十脩阿婆多尼十一僧伽婆
履叉尼十二僧伽涅伽陀尼十三阿僧祇十四僧伽
波伽地十五帝隸阿惰僧伽兜略盧遮反十六阿羅
帝波羅帝十七薩婆僧伽三摩地伽蘭地十八薩
婆達磨脩波利刹帝十九薩婆薩埵樓馱憍舍
略阿㝹伽地二十辛阿毗吉利地帝二十一
世尊若有菩薩得聞是陀羅尼者當知普賢
神通之力若法華經行閻浮提有受持者應
作此念皆是普賢威神之力若有受持讀誦
正憶念解其義趣如說脩行當知是人行普
賢行於无量无邊諸佛所深種善根為諸如
來手摩其頭若但書寫是人命終當生忉利
天上是時八万四千天女作眾伎樂而來迎之
其人即著七寶冠於婇女中娛樂快樂何
況受持讀誦正憶念解其義趣如說脩行若
有人受持讀誦解其義趣是人命終為千佛
授手令不恐怖不墮惡趣即往兜率天上弥
勒菩薩所弥勒菩薩有三十二相大菩薩眾
所共圍繞有百千万億天女眷屬而於中生
有如是等功德利益是故智者應當一心自
書若使人書受持讀誦正憶念如說脩行世
尊我今以神通力故守護是經於如來滅後
閻浮提內廣令流布使不斷絕尒時釋迦牟
尼佛讚言善哉善哉普賢汝能護助是經
令多所眾生安樂利益汝已成就不可思議功
德深大慈悲從久遠來發阿耨多羅三藐三

BD14551號　妙法蓮華經卷七　(10–8)

尼佛讚言善哉善哉普賢汝能護助是經
令多所衆生安樂利益汝已成就不可思議功
德深大慈悲從久遠來發阿耨多羅三藐三
菩提意而能作是神通之願守護是經我當
以神通力守護能受持普賢菩薩名者普賢
若有受持讀誦正憶念脩習書寫是法華
經者當知是人則見釋迦牟尼佛如從佛口聞
此經典當知是人供養釋迦牟尼佛當知是
人佛讚善哉當知是人為釋迦牟尼佛手摩
其頭當知是人為釋迦牟尼佛衣之所覆如
是之人不復貪著世樂不好外道經書手筆
亦復不憙親近其人及諸惡者若屠兒若畜
猪羊雞狗若獵師若衒賣女色是人心意質
直有正憶念有福德力是人不為三毒所惱
亦不為嫉妬我慢邪慢增上慢所惱是人少
欲知足能脩普賢之行普賢若如來滅後後
五百歲若有人見受持讀誦法華經者應作
是念此人不久當詣道場破諸魔衆得阿耨
多羅三藐三菩提轉法輪擊法鼓吹法螺雨
法雨當坐天人大衆中師子法座上普賢若
於後世受持讀誦是經典者是人不復貪著
衣服卧具飲食資生之物所願不虛亦於現
世得其福報若有人輕毀之言汝狂人耳空
作是行終无所獲如是罪報當世世无眼若
有供養讚嘆之者當於今世得現果報若復
見受持是經者出其過惡若實若不實此人

世得其福報若有人輕毀之言汝狂人耳空
作是行終无所獲如是罪報當世世无眼若
有供養讚嘆之者當於今世得現果報若復
見受持是經者出其過惡若實若不實此人
現世得白癩病若輕咲之者當世世牙齒踈
缺醜脣平鼻手脚繚戾眼目角睞身體臭
穢惡瘡膿血水腹短氣諸惡重病是故普賢
若見受持是經典者當起遠迎當如敬佛說
是普賢勸發品時恒河沙等无量无邊菩薩
得百千万億旋陁羅尼三千大千世界微塵等
諸菩薩具普賢道佛說是經時普賢等諸
菩薩舍利弗等諸聲聞及諸天龍人非人等
一切大會皆大歡喜受持佛語作礼而去

妙法蓮華經卷第七

大般若波羅蜜多經卷第二百六十二
初分難信解品第卅四之八十一　　三藏法師玄奘奉　詔譯
善現一切智智清淨故四靜慮清淨四靜慮
清淨故實際清淨何以故若一切智智清淨
若四靜慮清淨若實際清淨无二无二分无
別无斷故一切智智清淨故四无量四无色
定清淨四无量四无色定清淨故實際清淨
何以故若一切智智清淨若四无量四无色
定清淨若實際清淨无二无二无別无斷
故善現一切智智清淨故八解脫清淨八解
脫清淨故實際清淨何以故若一切智智清
淨若八解脫清淨若實際清淨无二无二分
无別无斷故一切智智清淨故八勝處九次
第定十遍處清淨八勝處九次第定十遍處
清淨故實際清淨何以故若一切智智清淨
若八勝處九次第定十遍處清淨若實際
清淨无二无二分无別无斷故善現一切智智
清淨故四念住清淨四念住清淨故實際清

BD14552號　大般若波羅蜜多經卷二六二　　（20–1）

淨若八解脫清淨若實際清淨无二无二分
无別无斷故一切智智清淨故八勝處九次
第定十遍處清淨八勝處九次第定十遍處
清淨故實際清淨何以故若一切智智清淨
若八勝處九次第定十遍處清淨若實際
清淨无二无二分无別无斷故善現一切智智
清淨故四念住清淨四念住清淨故實際清
淨何以故若一切智智清淨若四念住清淨
若實際清淨无二无二分无別无斷故一切
智智清淨故四正斷四神足五根五力七等
覺支八聖道支清淨四正斷乃至八聖道支
清淨故實際清淨何以故若一切智智清淨
若四正斷乃至八聖道支清淨若實際清淨
无二无二分无別无斷故善現一切智智清
淨故空解脫門清淨空解脫門清淨故實際
清淨何以故若一切智智清淨若空解脫門
清淨若實際清淨无二无二分无別无斷故
一切智智清淨故无相无願解脫門清淨无
相無願解脫門清淨故實際清淨何以故若
一切智智清淨若无相无願解脫門清淨若
實際清淨无二无二分无別无斷故善現一
切智智清淨故菩薩十地清淨菩薩十地清
淨故實際清淨何以故若一切智智清淨若
菩薩十地清淨若實際清淨无二无二分无
別无斷故
善現一切智智清淨故五眼清淨五眼清淨
故實際清淨何以故若一切智智清淨若五
眼清淨若實際清淨无二无二分无別无斷

BD14552號　大般若波羅蜜多經卷二六二　　（20–2）

別无斷故
善現一切智智清淨故五眼清淨五眼清淨
故實際清淨何以故若一切智智清淨若五
眼清淨若實際清淨无二无二分无別无斷
故一切智智清淨故六神通清淨六神通清
淨故實際清淨何以故若一切智智清淨若
六神通清淨若實際清淨无二无二分无別
无斷故善現一切智智清淨故佛十力清淨
佛十力清淨故實際清淨何以故若一切智智
清淨若佛十力清淨若實際清淨无二无二
分无別无斷故一切智智清淨故四无所畏
四无礙解大慈大悲大喜大捨十八佛不共
法清淨四无所畏乃至十八佛不共法清淨
故實際清淨何以故若一切智智清淨若四
无所畏乃至十八佛不共法清淨若實際清
淨无二无二分无別无斷故善現一切智智
清淨故无忘失法清淨无忘失法清淨故實
際清淨何以故若一切智智清淨若无忘失
法清淨若實際清淨无二无二分无別无斷
故一切智智清淨故恒住捨性清淨恒住捨
性清淨故實際清淨何以故若一切智智清
淨若恒住捨性清淨若實際清淨无二无二
分无別无斷故善現一切智智清淨故一切
智清淨一切智清淨故實際清淨何以故若
一切智智清淨若一切智清淨若實際清淨
无二无二分无別无斷故一切智智清淨故
道相智一切相智清淨道相智一切相智清

BD14552號　大般若波羅蜜多經卷二六二　（20-3）

智清淨一切智清淨故實際清淨何以故若
一切智智清淨若一切智清淨若實際清淨
无二无二分无別无斷故一切智智清淨故
道相智一切相智清淨道相智一切相智清
淨故實際清淨何以故若一切智智清淨若
道相智一切相智清淨若實際清淨无二无
二分无別无斷故善現一切智智清淨故一
切陁羅尼門清淨一切陁羅尼門清淨故實
際清淨何以故若一切智智清淨若一切
陁羅尼門清淨若實際清淨无二无二分无別
无斷故一切智智清淨故一切三摩地門清
淨一切三摩地門清淨故實際清淨何以故
若一切智智清淨若一切三摩地門清淨若
實際清淨无二无二分无別无斷故
善現一切智智清淨故預流果清淨預流果
清淨故實際清淨何以故若一切智智清淨
若預流果清淨若實際清淨无二无二分无
別无斷故一切智智清淨故一來不還阿羅
漢果清淨一來不還阿羅漢果清淨故實
際清淨何以故若一切智智清淨若一來不還
阿羅漢果清淨若實際清淨无二无二分无
別无斷故善現一切智智清淨故獨覺菩提
清淨獨覺菩提清淨故實際清淨何以故若
一切智智清淨若獨覺菩提清淨若實際
清淨无二无二分无別无斷故善現一切智智
清淨故一切菩薩摩訶薩行清淨一切菩薩
摩訶薩行清淨故實際清淨何以故若一切

BD14552號　大般若波羅蜜多經卷二六二　（20-4）

一切智智清淨若獨覺菩提清淨若實際
清淨无二无二分无別无斷故善現一切智智
清淨故一切菩薩摩訶薩行清淨一切菩薩
摩訶薩行清淨故實際清淨何以故若一切
智智清淨若一切菩薩摩訶薩行清淨若
實際清淨无二无二分无別无斷故善現一切
智智清淨故諸佛無上正等菩提清淨諸佛
无上正等菩提清淨故實際清淨何以故若
一切智智清淨若諸佛无上正等菩提清淨
若實際清淨无二无二分无別无斷故
復次善現一切智智清淨故色清淨色清
淨故虛空界清淨何以故若一切智智清淨若
色清淨若虛空界清淨无二无二分无別无
斷故一切智智清淨故受想行識清淨受想
行識清淨故虛空界清淨何以故若一切智
智清淨若受想行識清淨若虛空界清淨
无二无二分无別无斷故善現一切智智清淨故
眼處清淨眼處清淨故虛空界清淨何以故
若一切智智清淨若眼處清淨若虛空界清
淨无二无二分无別无斷故一切智智清淨
故耳鼻舌身意處清淨耳鼻舌身意處清
淨故虛空界清淨何以故若一切智智清淨若
耳鼻舌身意處清淨若虛空界清淨无二无
二分无別无斷故善現一切智智清淨故色
處清淨色處清淨故虛空界清淨何以故若
一切智智清淨若色處清淨若虛空界清淨
无二无二分无別无斷故一切智智清淨故聲

BD14552 號　大般若波羅蜜多經卷二六二　（20–5）

處清淨色處清淨故虛空界清淨何以故若
一切智智清淨若色處清淨若虛空界清淨
无二无二分无別无斷故一切智智清淨故聲
香味觸法處清淨聲香味觸法處清淨故虛
空界清淨何以故若一切智智清淨若聲香
味觸法處清淨若虛空界清淨无二无二分
无別无斷故善現一切智智清淨故眼界
清淨眼界清淨故虛空界清淨何以故若一
切智智清淨若眼界清淨若虛空界清淨无
二无二分无別无斷故一切智智清淨故色
界眼識界及眼觸眼觸為緣所生諸受清淨
色界乃至眼觸為緣所生諸受清淨故虛空
界清淨何以故若一切智智清淨若色界乃
至眼觸為緣所生諸受清淨若虛空界清淨
无二无二分无別无斷故善現一切智智清
淨故耳界清淨耳界清淨故虛空界清淨何
以故若一切智智清淨若耳界清淨若虛空
界清淨无二无二分无別无斷故一切智智
清淨故聲界耳識界及耳觸耳觸為緣所生
諸受清淨聲界乃至耳觸為緣所生諸受清
淨故虛空界清淨何以故若一切智智清淨
若聲界乃至耳觸為緣所生諸受清淨若虛
空界清淨无二无二分无別无斷故善現一
切智智清淨故鼻界清淨鼻界清淨故虛
空界清淨何以故若一切智智清淨若鼻界清
淨若虛空界清淨无二无二分无別无斷故
一切智智清淨故香界鼻識界及鼻觸鼻

BD14552 號　大般若波羅蜜多經卷二六二　（20–6）

空界清淨无二无二分无別无斷故善現一
切智智清淨故鼻界清淨鼻界清淨故虛
空界清淨何以故若一切智智清淨若鼻界清
淨若虛空界清淨无二无二分无別无斷故
一切智智清淨故香界鼻識界及鼻觸鼻
觸為緣所生諸受清淨香界乃至鼻觸為緣所
生諸受清淨故虛空界清淨何以故若一切
智智清淨若香界乃至鼻觸為緣所生諸受
清淨若虛空界清淨无二无二分无別无斷
故善現一切智智清淨故舌界清淨舌界清
淨故虛空界清淨何以故若一切智智清淨
若舌界清淨若虛空界清淨无二无二分无別
無斷故一切智智清淨故味界舌識界及舌
觸舌觸為緣所生諸受清淨味界乃至舌觸
為緣所生諸受清淨故虛空界清淨何以故
若一切智智清淨若味界乃至舌觸為緣所
生諸受清淨若虛空界清淨无二无二分无
別无斷故善現一切智智清淨故身界清淨
身界清淨故虛空界清淨何以故若一切智
智清淨若身界清淨若虛空界清淨无二无
二分无別无斷故一切智智清淨故觸界身
識界及身觸身觸為緣所生諸受清淨觸界
乃至身觸為緣所生諸受清淨故虛空界清
淨何以故若一切智智清淨若觸界乃至身
觸為緣所生諸受清淨若虛空界清淨无二
无无分无別无斷故善現一切智智清淨故
意界清淨意界清淨故虛空界清淨何以
故若一切智智清淨若意界清淨若虛空界

BD14552號　大般若波羅蜜多經卷二六二　（20–7）

淨何以故若一切智智清淨若觸界乃至身
觸為緣所生諸受清淨若虛空界清淨无二
无无分无別无斷故善現一切智智清淨故
意界清淨意界清淨故虛空界清淨何以
故若一切智智清淨若意界清淨若虛空界
清淨无二无二分无別无斷故一切智智清
淨故法界意識界及意觸意觸為緣所生諸
受清淨法界乃至意觸為緣所生諸受清淨
故虛空界清淨何以故若一切智智清淨若
法界乃至意觸為緣所生諸受清淨若虛空
界清淨无二无二分无別无斷故善現一切
智智清淨故地界清淨地界清淨故虛空界
清淨何以故若一切智智清淨若地界清淨
若虛空界清淨无二无二分无別无斷故一
切智智清淨故水火風空識界清淨水火風
空識界清淨故虛空界清淨何以故若一切
智智清淨若水火風空識界清淨若虛空界
清淨无二无二分无別无斷故善現一切智
智清淨故无明清淨无明清淨故虛空界清
淨何以故若一切智智清淨若無明清淨若
虛空界清淨无二无二分无別无斷故一切
智智清淨故行識名色六處觸受愛取有生
老死愁歎苦憂惱清淨行乃至老死愁歎苦
憂惱清淨故虛空界清淨何以故若一切
智智清淨若行乃至老死愁歎苦憂惱清
淨若虛空界清淨无二无二分无別无斷故
善現一切智智清淨故布施波羅蜜多清淨
布施波羅蜜多清淨故虛空界清淨何以故

BD14552號　大般若波羅蜜多經卷二六二　（20–8）

智智清淨若行乃至老死愁歎苦憂惱清
淨若虛空界清淨无二无二分无別无斷故
善現一切智智清淨故布施波羅蜜多清淨
布施波羅蜜多清淨故虛空界清淨何以故
若一切智智清淨若布施波羅蜜多清淨若
虛空界清淨无二无二分无別无斷故一切
智智清淨故淨戒安忍精進靜慮般若波羅
蜜多清淨淨戒乃至般若波羅蜜多清淨故
虛空界清淨何以故若一切智智清淨若淨
戒乃至般若波羅蜜多清淨若虛空界清淨
无二无二分无別无斷故善現一切智智清
淨故內空清淨內空清淨故虛空界清淨何
以故若一切智智清淨若內空清淨若虛空
界清淨无二无二分无別无斷故一切智智
清淨故外空內外空空空大空勝義空有為
空无為空畢竟空无際空散空无變異空
本性空自相空共相空一切法空不可得空无
性空自性空無性自性空清淨外空乃至无
性自性空清淨故虛空界清淨何以故若一
切智智清淨若外空乃至无性自性空清淨
若虛空界清淨无二无二分无別无斷故
善現一切智智清淨故真如清淨真如清淨
故虛空界清淨何以故若一切智智清淨若
真如清淨若虛空界清淨无二无二分无別
无斷故一切智智清淨故法界法性不虛妄
性不變異性平等性離生性法定法住實際
不思議界清淨法界乃至不思議界清淨故

BD14552號　大般若波羅蜜多經卷二六二　（20–9）

真如清淨若虛空界清淨无二无二分无別
无斷故一切智智清淨故法界法性不虛妄
性不變異性平等性離生性法定法住實際
不思議界清淨法界乃至不思議界清淨故
虛空界清淨何以故若一切智智清淨若法
界乃至不思議界清淨若虛空界清淨无二
无二分无別无斷故善現一切智智清淨故
苦聖諦清淨苦聖諦清淨故虛空界清淨何
以故若一切智智清淨若苦聖諦清淨若虛
空界清淨无二无二分无別无斷故一切智
智清淨故集滅道聖諦清淨集滅道聖諦
清淨故虛空界清淨何以故若一切智智清淨若
集滅道聖諦清淨若虛空界清淨无二无二
分无別无斷故
善現一切智智清淨故四靜慮清淨四靜慮
清淨故虛空界清淨何以故若一切智智清
淨若四靜慮清淨若虛空界清淨无二无二
分无別无斷故一切智智清淨故四无量四
无色定清淨四无量四无色定清淨故虛空
界清淨何以故若一切智智清淨若四无量
四无色定清淨若虛空界清淨无二无二分
无別无斷故善現一切智智清淨故八解脫
清淨八解脫清淨故虛空界清淨何以故若
一切智智清淨若八解脫清淨若虛空界清
淨无二无二分无別无斷故一切智智清淨
故八勝處九次第定十遍處清淨八勝處九
次第定十遍處清淨故虛空界清淨何以故
若一切智智清淨若八勝處九次第定十遍

BD14552號　大般若波羅蜜多經卷二六二　（20–10）

淨无二无二分无別无斷故一切智智清淨
故八勝處九次第定十遍處清淨八勝處九
次第定十遍處清淨故虛空界清淨何以故
若一切智智清淨若八勝處九次第定十遍
處清淨若虛空界清淨无二无二分无別无
斷故善現一切智智清淨故四念住清淨四
念住清淨故虛空界清淨何以故若一切智
智清淨若四念住清淨若虛空界清淨无二
无二分无別无斷故一切智智清淨故四正
斷四神足五根五力七等覺支八聖道支清
淨四正斷乃至八聖道支清淨故虛空界清
淨何以故若一切智智清淨若四正斷乃至
八聖道支清淨若虛空界清淨无二无二分
无別无斷故善現一切智智清淨故空解脫
門清淨空解脫門清淨故虛空界清淨何以
故若一切智智清淨若空解脫門清淨若虛
空界清淨无二无二分无別无斷故一切智智
清淨故无相无願解脫門清淨无相无願解
脫門清淨故虛空界清淨何以故若一切智
智清淨若无相无願解脫門清淨若虛空界
清淨无二无二分无別无斷故善現一切智
智清淨故菩薩十地清淨菩薩十地清淨故
虛空界清淨何以故若一切智智清淨若菩
薩十地清淨若虛空界清淨无二无二分无
別无斷故
善現一切智智清淨故五眼清淨五眼清淨
故虛空界清淨何以故若一切智智清淨若
五眼清淨若虛空界清淨无二无二分无別

BD14552號　大般若波羅蜜多經卷二六二　　（20–11）

薩十地清淨若虛空界清淨无二无二分无
別无斷故
善現一切智智清淨故五眼清淨五眼清淨
故虛空界清淨何以故若一切智智清淨若
五眼清淨若虛空界清淨无二无二分无別
无斷故一切智智清淨故六神通清淨六神
通清淨故虛空界清淨何以故若一切智智
清淨若六神通清淨若虛空界清淨无二无
二分无別无斷故善現一切智智清淨故佛
十力清淨佛十力清淨故虛空界清淨何以
故若一切智智清淨若佛十力清淨若虛空
界清淨无二无二分无別无斷故一切智智
清淨故四无所畏四无礙解大慈大悲大喜
大捨十八佛不共法清淨四无所畏乃至十
八佛不共法清淨故虛空界清淨何以故若
一切智智清淨若四无所畏乃至十八佛不
共法清淨若虛空界清淨无二无二分无別
无斷故善現一切智智清淨故无忘失法清
淨无忘失法清淨故虛空界清淨何以故若
一切智智清淨若无忘失法清淨若虛空界
清淨无二无二分无別无斷故一切智智清
淨故恒住捨性清淨恒住捨性清淨故虛空
界清淨何以故若一切智智清淨若恒住捨
性清淨若虛空界清淨无二无二分无別无
斷故善現一切智智清淨故一切智清淨一
切智清淨故虛空界清淨何以故若一切智智
清淨若一切智清淨若虛空界清淨无二无
二分无別无斷故一切智智清淨故道相智

BD14552號　大般若波羅蜜多經卷二六二　　（20–12）

斷故善現一切智智清淨故一切智智清淨一
切智智清淨故虛空界清淨何以故若一切智智
清淨若一切智智清淨若虛空界清淨无二无
二分无別无斷故一切智智清淨故道相智
一切相智清淨道相智一切相智清淨故虛
空界清淨何以故若一切智智清淨若道
相智一切相智清淨若虛空界清淨无二无二
分无別无斷故善現一切智智清淨故一切陁
羅尼門清淨一切陁羅尼門清淨故虛空界
清淨何以故若一切智智清淨若一切陁羅
尼門清淨若虛空界清淨无二无二分无別
无斷故一切智智清淨故一切三摩地門清
淨一切三摩地門清淨故虛空界清淨何以
故若一切智智清淨若一切三摩地門清淨
若虛空界清淨无二无二分无別无斷故
善現一切智智清淨故預流果清淨預流果
清淨故虛空界清淨何以故若一切智智清
淨若預流果清淨若虛空界清淨无二无二
分无別无斷故一切智智清淨故一來不還
阿羅漢果清淨一來不還阿羅漢果清淨故
虛空界清淨何以故若一切智智清淨若
一來不還阿羅漢果清淨若虛空界清淨无
二无二分无別无斷故善現一切智智清淨
故獨覺菩提清淨獨覺菩提清淨故虛空界
清淨何以故若一切智智清淨若獨覺菩提
清淨若虛空界清淨无二无二分无別无斷
故善現一切智智清淨故一切菩薩摩訶薩
行清淨一切菩薩摩訶薩行清淨故虛空界

故獨覺菩提清淨獨覺菩提清淨故虛空界
清淨何以故若一切智智清淨若獨覺菩提
清淨若虛空界清淨无二无二分无別无斷
故善現一切智智清淨故一切菩薩摩訶薩
行清淨一切菩薩摩訶薩行清淨故虛空界
清淨何以故若一切智智清淨若一切菩薩
摩訶薩行清淨若虛空界清淨无二无二
分无別无斷故善現一切智智清淨故諸佛无
上正等菩提清淨諸佛无上正等菩提清淨
故虛空界清淨何以故若一切智智清淨若
諸佛无上正等菩提清淨若虛空界清淨无
二无二分无別无斷故
復次善現一切智智清淨故色清淨色清淨
故不思議界清淨何以故若一切智智清淨
若色清淨若不思議界清淨无二无二分无
別无斷故一切智智清淨故受想行識清淨
受想行識清淨故不思議界清淨何以故若
一切智智清淨若受想行識清淨若不思議
界清淨无二无二分无別无斷故善現一切
智智清淨故眼處清淨眼處清淨故不思議
界清淨何以故若一切智智清淨若眼處清
淨若不思議界清淨无二无二分无別无斷
故一切智智清淨故耳鼻舌身意處清淨耳
鼻舌身意處清淨故不思議界清淨何以
故若一切智智清淨若耳鼻舌身意處清淨
若不思議界清淨无二无二分无別无斷故善
現一切智智清淨故色處清淨色處清淨故
不思議界清淨何以故若一切智智清淨若

鼻舌身意處清淨故不思議界清淨何以
故若一切智智清淨若耳鼻舌身意處清淨
若不思議界清淨无二无二分无別无斷故善
現一切智智清淨故色處清淨色處清淨故
不思議界清淨何以故若一切智智清淨若
色處清淨若不思議界清淨无二无二分无
別无斷故一切智智清淨故聲香味觸法處
清淨聲香味觸法處清淨故不思議界清
淨何以故若一切智智清淨若聲香味觸法處
清淨若不思議界清淨无二无二分无別无
斷故善現一切智智清淨故眼界清淨眼界
清淨故不思議界清淨何以故若一切智智
清淨若眼界清淨若不思議界清淨无二无
二分无別无斷故一切智智清淨故色界眼
識界及眼觸眼觸為緣所生諸受清淨色界
乃至眼觸為緣所生諸受清淨故不思議界
清淨何以故若一切智智清淨若色界乃至
眼觸為緣所生諸受清淨若不思議界清淨
无二无二分无別无斷故善現一切智智清
淨故耳界清淨耳界清淨故不思議界清淨
何以故若一切智智清淨若耳界清淨若不
思議界清淨无二无二分无別无緣故一切
智智清淨故聲界耳識界及耳觸耳觸為
緣所生諸受清淨聲界乃至耳觸為緣所生
諸受清淨故不思議界清淨何以故若一切智
智清淨若聲界乃至耳觸為緣所生諸受清
淨若不思議界清淨无二无二分无別无斷
故

BD14552 號　大般若波羅蜜多經卷二六二　（20–15）

諸受清淨故不思議界清淨何以故若一切智
智清淨若聲界乃至耳觸為緣所生諸受清
淨若不思議界清淨无二无二分无別无斷
故
善現一切智智清淨故鼻界清淨鼻界清
淨故不思議界清淨何以故若一切智智清淨
若鼻界清淨若不思議界清淨无二无二分
无別无斷故一切智智清淨故香界鼻識界
及鼻觸鼻觸為緣所生諸受清淨香界乃
至鼻觸為緣所生諸受清淨故不思議界清
淨何以故若一切智智清淨若香界乃至鼻觸
為緣所生諸受清淨若不思議界清淨无二
无二分无別无斷故善現一切智智清淨故
舌界清淨舌界清淨故不思議界清淨何
以故若一切智智清淨若舌界清淨若不思
議界清淨无二无二分无別无斷故一切智
智清淨故味界舌識界及舌觸舌觸為緣所
生諸受清淨味界乃至舌觸為緣所生諸受
清淨故不思議界清淨何以故若一切智智
清淨若味界乃至舌觸為緣所生諸受清淨
若不思議界清淨无二无二分无別无斷故
善現一切智智清淨故身界清淨身界清淨
故不思議界清淨何以故若一切智智清
淨若身界清淨若不思議界清淨无二无
二分无別无斷故一切智智清淨故觸界身
識界及身觸身觸為緣所生諸受清淨觸
界乃至身觸為緣所生諸受清淨故不思議

BD14552 號　大般若波羅蜜多經卷二六二　（20–16）

二分无別无斷故一切智智清淨故觸界身
識界及身觸身觸爲緣所生諸受清淨觸
界乃至身觸爲緣所生諸受清淨故不思議
界清淨何以故若一切智智清淨若觸界乃至
身觸爲緣所生諸受清淨若不思議界清淨
无二无二分无別无斷故善現一切智智清
淨故意界清淨意界清淨故不思議界清
淨何以故若一切智智清淨若意界清淨若不
思議界清淨无二无二分无別无斷故一切
智智清淨故法界意識界及意觸意觸爲
緣所生諸受清淨法界乃至意觸爲緣所生
諸受清淨故不思議界清淨何以故若一切智
智清淨若法界乃至意觸爲緣所生諸受清
淨若不思議界清淨无二无二分无別无斷
故善現一切智智清淨故地界清淨地界清
淨故不思議界清淨何以故若一切智智清
淨若地界清淨若不思議界清淨无二无二
分无別无斷故一切智智清淨故水火風空
識界清淨水火風空識界清淨故不思議界
清淨何以故若一切智智清淨若水火風空
識界清淨若不思議界清淨无二无二分无
別无斷故善現一切智智清淨故无明清淨
无明清淨故不思議界清淨何以故若一切
智智清淨若无明清淨若不思議界清淨无
二无二分无別无斷故一切智智清淨故行
識名色六處觸受愛取有生老死愁歎苦憂
惱清淨行乃至老死愁歎苦憂惱清淨故不

BD14552 號　大般若波羅蜜多經卷二六二　（20–17）

智智清淨若无明清淨若不思議界清淨无
二无二分无別无斷故一切智智清淨故行
識名色六處觸受愛取有生老死愁歎苦憂
惱清淨行乃至老死愁歎苦憂惱清淨故不
思議界清淨何以故若一切智智清淨若行
乃至老死愁歎苦憂惱清淨若不思議界清
淨无二无二分无別无斷故
善現一切智智清淨故布施波羅蜜多清淨
布施波羅蜜多清淨故不思議界清淨何以
故若一切智智清淨若布施波羅蜜多清淨
若不思議界清淨无二无二分无別无斷故
一切智智清淨故淨戒安忍精進靜慮般若
波羅蜜多清淨淨戒乃至般若波羅蜜多清
淨故不思議界清淨何以故若一切智智清
淨若淨戒乃至般若波羅蜜多清淨若不思
議界清淨无二无二分无別无斷故善現一
切智智清淨故內空清淨內空清淨故不思
議界清淨何以故若一切智智清淨若內空
清淨若不思議界清淨无二无二分无別无
斷故一切智智清淨故外空內外空空空大
空勝義空有爲空无爲空畢竟空无際空
散空无變異空本性空自相空共相空一切法
空不可得空无性空自性空无性自性空清
淨外空乃至无性自性空清淨故不思議界
清淨何以故若一切智智清淨若外空乃至
无性自性空清淨若不思議界清淨无二无
二分无別无斷故善現一切智智清淨故真

BD14552 號　大般若波羅蜜多經卷二六二　（20–18）

空不可得空无性空自性空无性自性空清
淨外空乃至无性自性空清淨故不思議界
清淨何以故若一切智智清淨若外空乃至
无性自性空清淨若不思議界清淨无二无
二分无別无斷故善現一切智智清淨故真
如清淨真如清淨故不思議界清淨何以故
若一切智智清淨若真如清淨若不思議界
清淨无二无二分无別无斷故一切智智清
淨故法界法性不虛妄性不變異性平等性
離生性法定法住實際虛空界清淨法界乃
至虛空界清淨故不思議界清淨何以故若一
切智智清淨若法界乃至虛空界清淨若不
思議界清淨无二无二分无別无斷故善現
一切智智清淨故苦聖諦清淨苦聖諦清淨
故不思議界清淨何以故若一切智智清淨
若苦聖諦清淨若不思議界清淨无二无二
分无別无斷故一切智智清淨故集滅道聖
諦清淨集滅道聖諦清淨故不思議界清淨
何以故若一切智智清淨若集滅道聖諦
清淨若不思議界清淨無二無二分無別無
斷故

大般若波羅蜜多經卷第二百六十二

BD14552號　大般若波羅蜜多經卷二六二　（20–19）

分无別无斷故一切智智清淨故集滅道聖
諦清淨集滅道聖諦清淨故不思議界清淨
何以故若一切智智清淨若集滅道聖諦
清淨若不思議界清淨無二無二分無別無
斷故

大般若波羅蜜多經卷第二百六十二

BD14552號　大般若波羅蜜多經卷二六二　（20–20）

因緣故心共貪生共貪俱滅有共貪生不共
貪滅有不共貪生共貪俱滅有不共貪生不
共貪滅云何心共貪生共貪俱滅善男子若
有凡夫未斷貪心脩習貪心如是之人心共
貪生心共貪滅一切衆生不斷貪心心共貪
生心共貪滅如欲界衆生一切皆有初地味
禪若脩不脩常得成就遇因緣故即便得之
言因緣者謂火災也一切凡夫亦復如是若
脩不脩心共貪生心共貪滅何以故不斷貪
故云何心共貪生不共貪滅聲聞弟子有因
緣故生於貪心畏貪心故脩白骨觀是名心
共貪生不共貪滅復有心共貪生不共貪滅
如聲聞人未證四果有因緣故生於貪心證
四果時貪心得滅是名心共貪生不共貪滅
菩薩摩訶薩得不動地時心共貪生不共貪
滅云何不共貪生貪俱滅若菩薩摩訶薩斷
貪心已為衆生故示現有貪以示現故能令
无量无邊衆生諮受善法具足成就是名不
共貪生共貪俱滅云何不共貪生不共貪滅
謂阿羅漢緣覺諸佛除不動地其餘菩薩是

BD14553號　大般涅槃經（北本　思溪本）卷二六　（7–1）

菩薩摩訶薩得不動地時心共貪生不共貪
滅云何不共貪生貪俱滅若菩薩摩訶薩斷
貪心已為衆生故示現有貪以示現故能令
无量无邊衆生諮受善法具足成就是名不
共貪生共貪俱滅云何不共貪生不共貪滅
謂阿羅漢緣覺諸佛除不動地其餘菩薩是
名不共貪生不共貪滅以是義故諸佛菩薩
不決定說心性本淨性本不淨善男子是心
不與貪結和合亦復不與瞋癡和合善男子
譬如日月雖為烟塵雲務及羅睺羅之所覆
蔽以是因緣令諸衆生不能得見雖不可見
日月之性終不與彼五翳和合心亦如是以
因緣故生於貪結衆生雖說心與貪合而是
心性實不與合若是貪心即是貪性若是不
貪即不貪性不貪之心不能為貪貪結之心
不能不貪善男子以是義故貪欲之結不能
汙心諸佛菩薩永破貪結是故說言心得解
脫一切衆生從因緣故生於貪結得因緣故
心得解脫善男子譬如雪山懸峻之處人與
獼猴俱不能行或復有處獼猴能行人不能
行或復有處人與獼猴二俱能行善男子人
與獼猴能行處者如諸獵師純以黐膠置之
案上用捕獼猴獼猴癡故往手觸之觸已黏
手欲脫手故以腳蹋之腳復隨著欲脫腳故
以口齧之口復黏著如是五處悉无得脫於
是獵師以杖貫之負還歸家雪山嶮處喻佛
菩薩所得正道獼猴者喻諸凡夫獵師者喻
魔波旬黐膠喻貪欲人與獼猴俱不行

BD14553號　大般涅槃經（北本　思溪本）卷二六　（7–2）

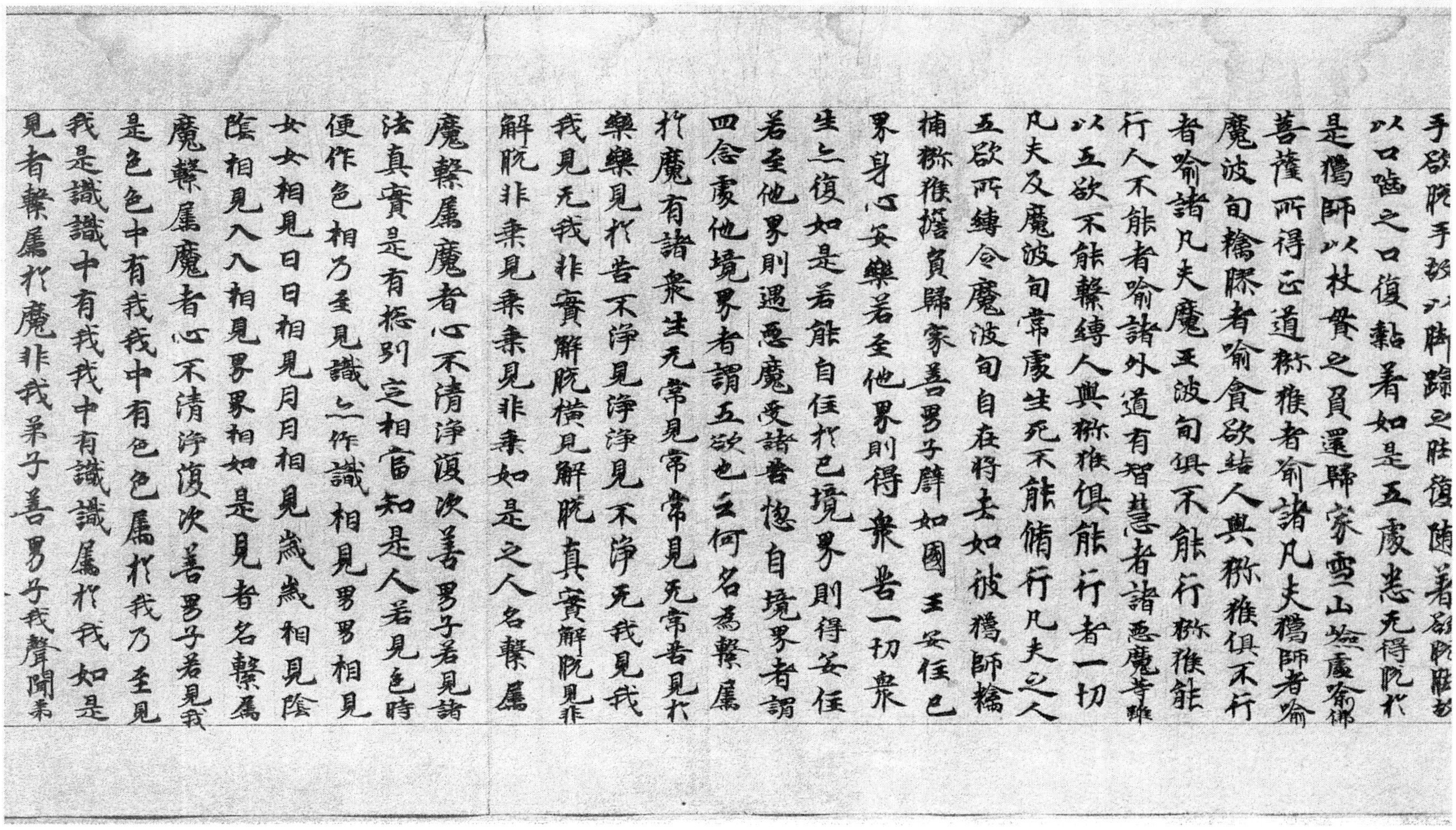
手欲脫手故以脚蹹之脚復隨著欲脫脚故
以口齧之口復黏著如是五處悉无得脫扵
是獦師以杖貫之負還歸家雪山喻處喻佛
菩薩所得正道獮猴者喻諸凡夫獦師者喻
魔波旬黐膠者喻貪欲結人與獮猴俱不行
者喻諸凡夫魔王波旬俱不能行獮猴能
行人不能者喻諸外道有智慧者諸惡魔等雖
以五欲不能繫縛人與獮猴俱能行者一切
凡夫及魔波旬常處生死不能脩行凡夫之人
五欲所縛令魔波旬自在將去如彼獦師黐
捕獮猴擔負歸家善男子譬如國王安住已
界身心安樂若至他界則得衆苦一切衆
生亦復如是若能自住扵已境界則得安住
若至他界則遇惡魔受諸苦惱自境界者謂
四念處他境界者謂五欲也云何名為繫屬
扵魔有諸衆生无常見常常見无常苦見扵
樂樂見扵苦不淨見淨淨見不淨无我見我
我見无我非實解脫橫見解脫真實解脫見非
解脫非乘見乘乘見非乘如是之人名繫屬
魔繫屬魔者心不清淨復次善男子若見諸
法真實是有摠別定相當知是人若見色時
便作色相乃至見識亦作識相見男男相見
女女相見日日相見月月相見歲歲相見陰
陰相見入入相見界界相如是見者名繫屬
魔繫屬魔者心不清淨復次善男子若見我
是色色中有我我中有色色屬扵我乃至見
我是識識中有我我中有識識屬扵我如是
見者繫屬扵魔非我弟子善男子我聲聞弟

BD14553號　大般涅槃經（北本　思溪本）卷二六　　（7–3）

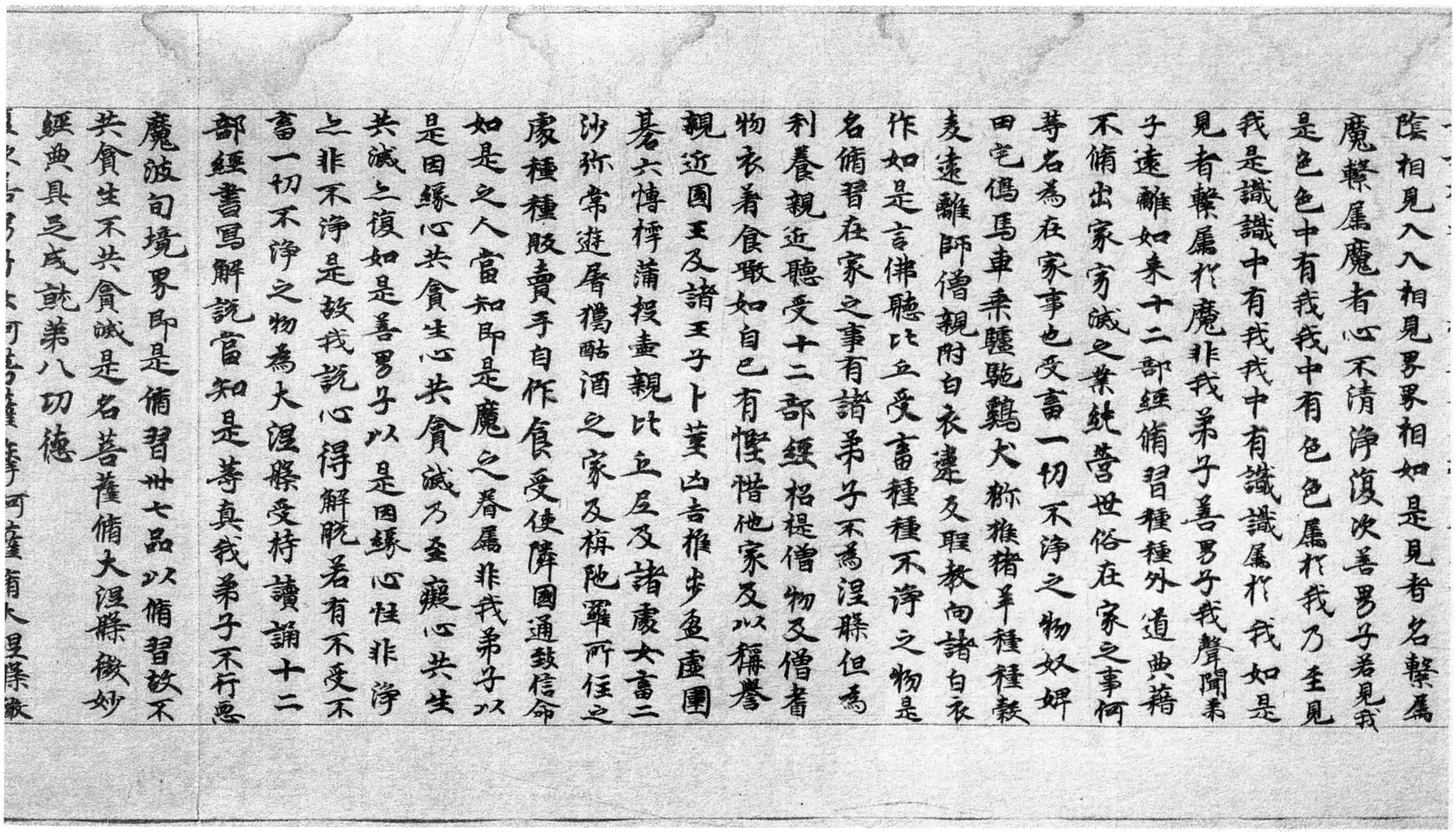
陰相見入入相見界界相如是見者名繫屬
魔繫屬魔者心不清淨復次善男子若見我
是色色中有我我中有色色屬扵我乃至見
我是識識中有我我中有識識屬扵我如是
見者繫屬扵魔非我弟子善男子我聲聞弟
子遠離如來十二部經脩習種種外道典籍
不脩出家寂滅之業純營世俗在家之事何
等名為在家事也受畜一切不淨之物奴婢
田宅僮馬車乘驢駝鷄犬獮猴猪羊種種穀
麦遠離師僧親附白衣違反聖教向諸白衣
作如是言佛聽比丘受畜種種不淨之物是
名脩習在家之事有諸弟子不為涅槃但為
利養親近聽受十二部經招提僧物及僧鬘
物衣着食噉如自己有慳悋他家及以稱譽
親近國王及諸王子卜筮吉凶推步盈虛圍
碁六博樗蒲投壺親比丘尼及諸處女畜二
沙弥常遊屠獦酤酒之家及旃陁羅所住之
處種種販賣手自作食受使隣國通致信命
如是之人當知即是魔之眷屬非我弟子以
是因緣心共貪生心共貪滅乃至癡心共生
共滅亦復如是善男子以是因緣心性非淨
亦非不淨是故我說心得解脫若有不受不
畜一切不淨之物為大涅槃受持讀誦十二
部經書寫解說當知是等真我弟子不行惡
魔波旬境界即是脩習卅七品以脩習故不
共貪生不共貪滅是名菩薩脩大涅槃微妙
經典具足成就第八功德
復次善男子云何菩薩摩訶薩脩大涅槃微

BD14553號　大般涅槃經（北本　思溪本）卷二六　　（7–4）

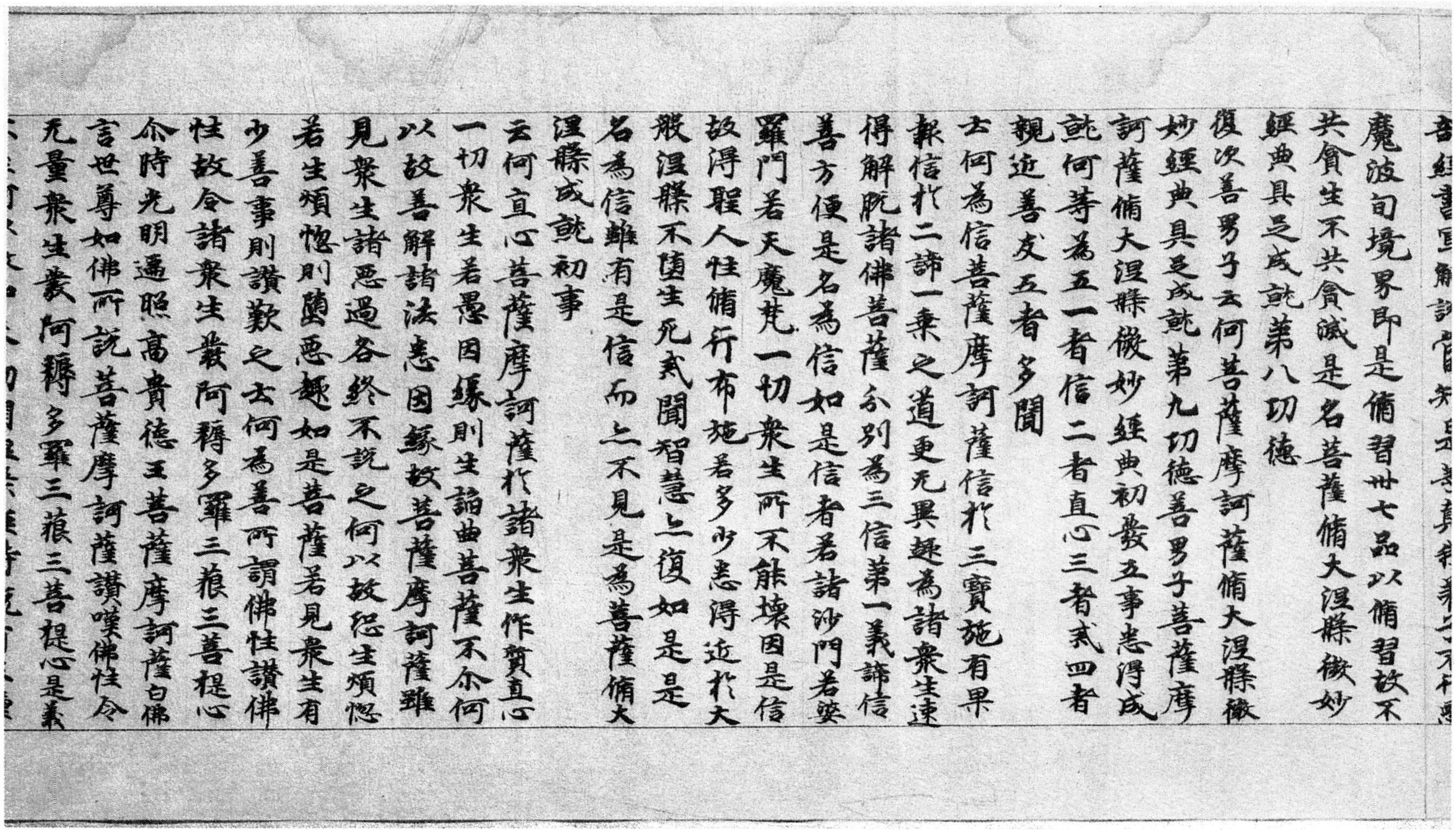

魔波旬境界即是脩習卅七品以脩習故不
共貪生不共貪滅是名菩薩脩大涅槃微妙
經典具足成就第八功德
復次善男子云何菩薩摩訶薩脩大涅槃微
妙經典具足成就第九功德善男子菩薩摩
訶薩脩大涅槃微妙經典初發五事悉得成
就何等為五一者信二者直心三者戒四者
親近善友五者多聞
云何為信菩薩摩訶薩信於三寶施有果
報信於二諦一乘之道更无異趣為諸衆生速
得解脫諸佛菩薩分別為三信第一義諦信
善方便是名為信如是信者若諸沙門若婆
羅門若天魔梵一切衆生所不能壞因是信
故得聖人性脩行布施若多少悉得近於大
般涅槃不墮生死戒聞智慧亦復如是是
名為信雖有是信而亦不見是為菩薩脩大
涅槃成就初事
云何直心菩薩摩訶薩於諸衆生作質直心
一切衆生若遇因緣則生諂曲菩薩不尒何
以故善解諸法悉因緣故菩薩摩訶薩雖
見衆生諸惡過咎終不說之何以故恐生煩惱
若生煩惱則墮惡趣如是菩薩若見衆生有
少善事則讚歎之云何為善所謂佛性讚佛
性故令諸衆生發阿耨多羅三藐三菩提心
尒時光明遍照高貴德王菩薩摩訶薩白佛
言世尊如佛所說菩薩摩訶薩讚嘆佛性令
无量衆生發阿耨多羅三藐三菩提心是義

BD14553號　大般涅槃經（北本　思溪本）卷二六　（7-5）

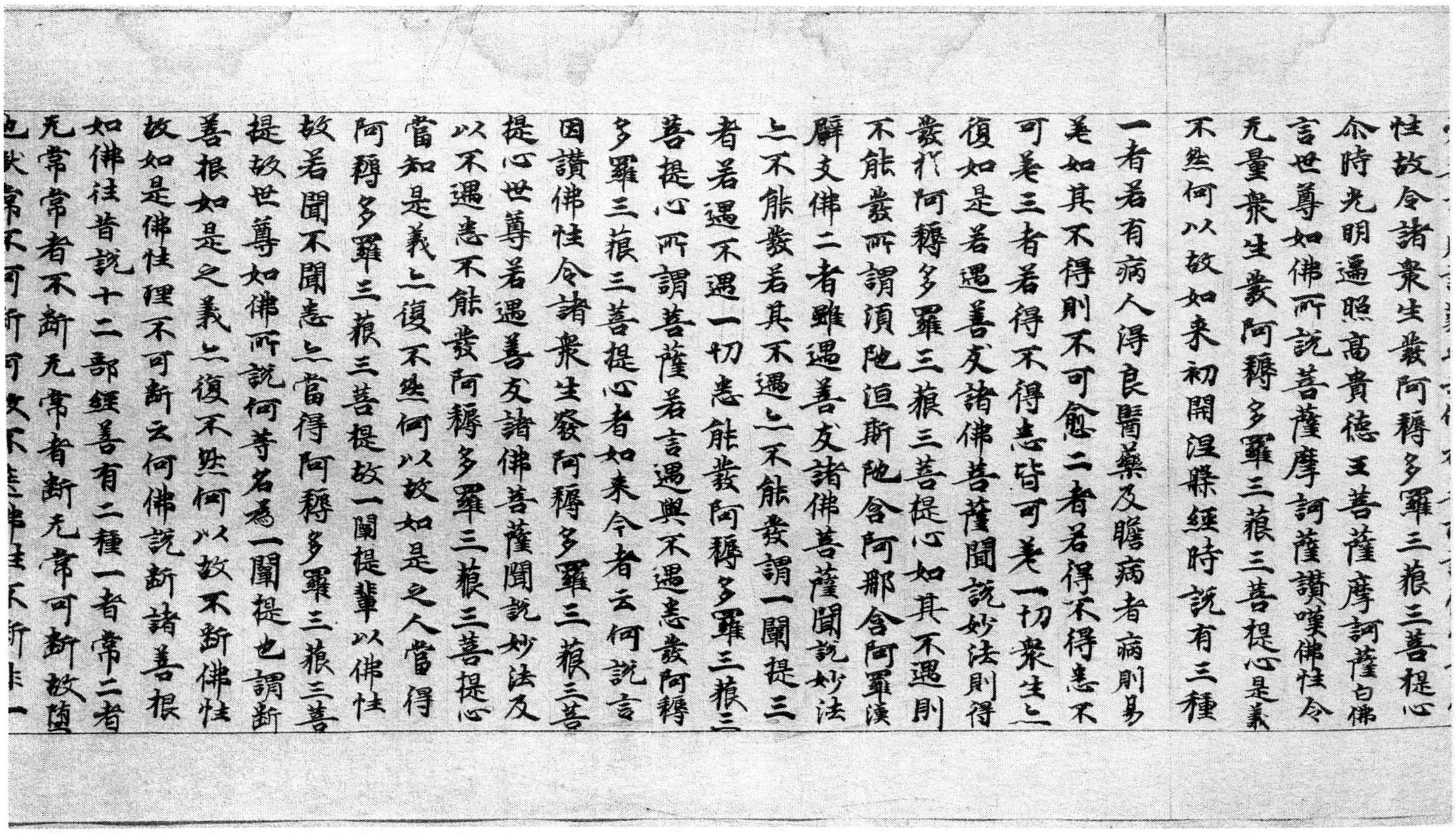

性故令諸衆生發阿耨多羅三藐三菩提心
尒時光明遍照高貴德王菩薩摩訶薩白佛
言世尊如佛所說菩薩摩訶薩讚嘆佛性令
无量衆生發阿耨多羅三藐三菩提心是義
不然何以故如來初開涅槃經時說有三種
一者若有病人得良醫藥及瞻病者病則易
差如其不得則不可愈二者若得不得悉不
可差三者若得不得悉皆可差一切衆生亦
復如是若遇善友諸佛菩薩聞說妙法則得
發於阿耨多羅三藐三菩提心如其不遇則
不能發所謂須陀洹斯陀含阿那含阿羅漢
辟支佛二者雖遇善友諸佛菩薩聞說妙法
亦不能發若其不遇亦不能發謂一闡提三
者若遇不遇一切悉能發阿耨多羅三藐三
菩提心所謂菩薩若言遇與不遇悉發阿耨
多羅三藐三菩提心者如來今者云何說言
因讚佛性令諸衆生發阿耨多羅三藐三菩
提心世尊若遇善友諸佛菩薩聞說妙法及
以不遇悉不能發阿耨多羅三藐三菩提心
當知是義亦復不然何以故如是之人當得
阿耨多羅三藐三菩提故一闡提輩以佛性
故若聞不聞悉亦當得阿耨多羅三藐三菩
提故世尊如佛所說何等名為一闡提也謂斷
善根如是之義亦復不然何以故不斷佛性
故如是佛性理不可斷云何佛說斷諸善根
如佛往昔說十二部經善有二種一者常二者
无常常者不斷无常者斷无常可斷故墮

BD14553號　大般涅槃經（北本　思溪本）卷二六　（7-6）

提故世尊如佛所說何等名為一闡提也謂斷
善根如是之義亦復不然何以故不斷佛性
故如是佛性理不可斷云何佛說斷諸善根
如佛往昔說十二部經善有二種一者常二者
无常常者不斷无常者斷无常可斷故墮
地獄常不可斷何故不遮佛性不斷非一
闡提如來何故作如是說言一闡提世尊若
佛性發阿耨多羅三藐三菩提心何故如來
廣為衆生說十二部經世尊譬如四海從阿
耶婆踰多池出若有天人諸佛世尊說言是
河不入大海當還本源无有是處菩提之心
亦復如是有佛性者若聞不聞若戒非戒若
施非施若脩不脩若智非智悉皆應得阿耨
多羅三藐三菩提世尊如優陁延山日從中
出至于正南日若念言我不至西還東方者
无有是處佛性亦尒若不聞不戒不施不脩
不智不得阿耨多羅三藐三菩提者无有是
處世尊諸佛如來說因果性非有非无如是
之義是亦不然何以故如其乳中无酪性者
則无有酪尼拘陁子无五丈性者則不能生五
丈之質若佛性中无阿耨多羅三藐三菩提
樹者云何能生阿耨多羅三藐三菩提樹以
是義故所說因果非有非無如是之義云何
相應

BD14553號　大般涅槃經（北本　思溪本）卷二六　　（7–7）

BD14554號背　護首

（1–1）

如是我聞一時薄伽
及諸菩薩摩訶薩俱尒時具壽舍利子往彌勒菩薩摩訶薩經行
之處到已共相慰問俱坐盤陁石上　是時具壽舍利子向
彌勒菩薩摩訶薩作如是言彌勒世尊今日觀見稻芉告諸比丘作如是
說諸比丘若見因緣彼即見法若見於法即能見佛作如是說已默然無
言彌勒善逝何故作如是說其事云何何者因緣何者是法何者是佛云何見
因緣即能見法云何見法即能見佛作是語已彌勒菩薩摩訶薩答具
壽舍利子言今佛法王正遍知告諸比丘若見因緣即能見法若見於法
即能見佛者此中何者是因緣言因緣者此有故彼有此生故彼生所謂无明
緣行行緣識識緣名色名色緣六入六入緣觸觸緣受受緣愛愛緣取
取緣有有緣生生緣老死愁嘆苦憂惱而得生起如是唯生純極大苦
之聚此是世尊所說因緣之法何者是法所謂八聖道正見正思惟正語正業
正命正精進正念正定此是八聖道果及涅槃世尊所說名之為法
何者是佛[illegible]

BD14554號　大乘稻芉經　　（6–1）

即能見佛者此中何者是因緣言因緣者此有故彼有此生故彼生所謂无明
緣行行緣識識緣名色名色緣六入六入緣觸觸緣受受緣愛愛緣取
取緣有有緣生生緣老死愁嘆苦憂惱而得生起如是唯生純極大苦
之聚此是世尊所說因緣之法何者是法所謂八聖道正見正思惟正語正業
正命正精進正念正定此是八聖道果及涅槃世尊所說名之為法
何者是佛所謂知一切法者名之為佛以彼慧眼及法身能見作菩提學无學
法故　　云何見因緣如佛所說若能見因緣之法常无
壽離壽如實性无錯謬性无生无起无作无為无障㝵无境界寂靜无畏
无侵奪不寂靜相者是　　若能如是於法亦見常无壽離
壽如實性无生无起无作无為无障㝵无境界寂靜无畏无侵奪不寂靜
相者得正智故能悟勝法以无上法身而見於佛
問曰何故名因緣答曰有因有緣名為因緣非无因无緣故是故名為因緣
之法世尊略說因緣之相彼緣生果如來出現若不出現法性常住乃
至法性法住性法定性與緣相應性真如性无錯謬性无變異性真實
性實際性不虛妄性不顛倒性等作如是說
此因緣法以其二種而得生起云何為二所謂因相應緣相應彼復有二謂外及
內此中何者是外因緣法因相應所謂從種生芽從芽生葉從葉生莖從
莖生節從節生穗從穗生花從花生實若无有種芽即不生乃至若无
有花實亦不生有種芽生如有花實亦得生彼種亦不作是念我能生芽
芽亦不作是念我從種生乃至花亦不作是念我能生實實亦不作是念
我從花生雖然有種故而芽得生如是有花故實即而能成就應如是觀外因緣法
因相應義　　應云何觀外因緣法緣相應義謂六界和合
故以何六界和合所謂地水火風空時界等和合外因緣法而得生起應如是觀
外因緣法緣相應義　　地界者能持於種水界者潤漬於種火界者能
暖於種風界者動搖於種空界者不障於種時則能變種子若无此眾緣種
則不能而生於芽若具外地界无不具足如是乃至水火風空時等无不具足一
切和合種子滅時而芽得生　　此中地界亦不作是念我能任持種
子如是水界亦不作是念我能潤漬於種火界亦不作是念我能暖於種子風
界亦不作是念我能動搖於種子空界亦不作是念我能不障於種時亦不作
是念我能變於種子種子亦不作是念我能生芽芽亦不作是念我今從此眾緣
而生雖然有此眾緣而種滅時芽即得生如是有花之時實即得生彼芽亦非自
作亦非他作非自他俱作非自在作亦非時變非自性生亦非无因而生雖然

十和合種子滅時而芽得生　　此中地界亦不作是念我能任持種
子如是水界亦不作是念我能潤漬於種火界亦不作是念我能煖於種子風
界亦不作是念我能動搖於種子空界亦不作是念我能不障於種時亦不作
是念我能變於種子種子亦不作是念我能生芽芽亦不作是念我今從此衆緣
而生雖然有此衆緣而種滅時芽即得生如是有花之時實即得生彼芽亦非自
作亦非他作非自他俱作非自在作亦非時變非自性生亦非無因而生雖然
地水火風空時界等和合種滅之時而芽得生是故應如是觀外因緣法緣
相應義
應以五種觀彼外因緣法何等為五不常不斷不移從於
小因而生大果與彼相似云何不常為芽與種各別異故彼芽非種非種懷時
而芽得生亦非不滅而得生起種壞之時而芽得生是故不常云何不斷
非過去種壞而生於芽亦非不滅而得生起種子亦壞當尒之時如秤高下
而芽得生是故不斷云何不移芽與種別芽種非故是故不移云何小因
而生大果從小種子而生大果是故從於小因而生大果云何與彼相似如所
殖種生彼果故是故與彼相似是以五種觀外因緣之法
如是內因緣法亦以二種而得生起云何為二所謂因相應緣相應何者是內因緣法
因相應義所謂始從無明緣行乃至生緣老死若無明不生行亦不有乃至若
無有生老死非有如是有無明故行乃得生乃至有生故老死得有無明亦不
作是念我能生行行亦不作是念我從無明而生乃至生亦不作是念我能生於
老死老死亦不作是念我從生有雖然有無明故行乃得生如是有生故老死
得有是故應如是觀內因緣法因相應義
應云何觀內因緣法緣相應事為六界和合故以何六界和合所謂地水火風
空識界等和合故應如是觀內因緣法緣相應事
何者是內因緣法地界之相為此身中作堅硬者名為地界為令此身而聚集
者名為水界能消身所食飲嚼噉者名為火界為此身中作內外出入息者
名為風界為此身中作虛通者名為空界五識身相應及有漏意識猶如束
蘆能成就此身名色芽者名為識界若無此衆緣身即不生若內地界無不具
足如是乃至水火風空識界等無不具足一切和合身即得生
彼地界亦不作是念我能而作身中堅硬之事水界亦不作是念我能為身而作
聚集火界亦不作是念我能而消身所食飲嚼噉之事風界亦不作是念我
能作內外出入息空界亦不作是念我能而生身中虛通之事識界亦不作是
念我能成就此身名色之芽身亦不作是念我從此衆緣而生雖然有此衆緣之
時身即得生彼地界亦非是我非是衆生非命者非生者非儒童非作者非男

BD14554號　大乘稻芉經　　（6–3）

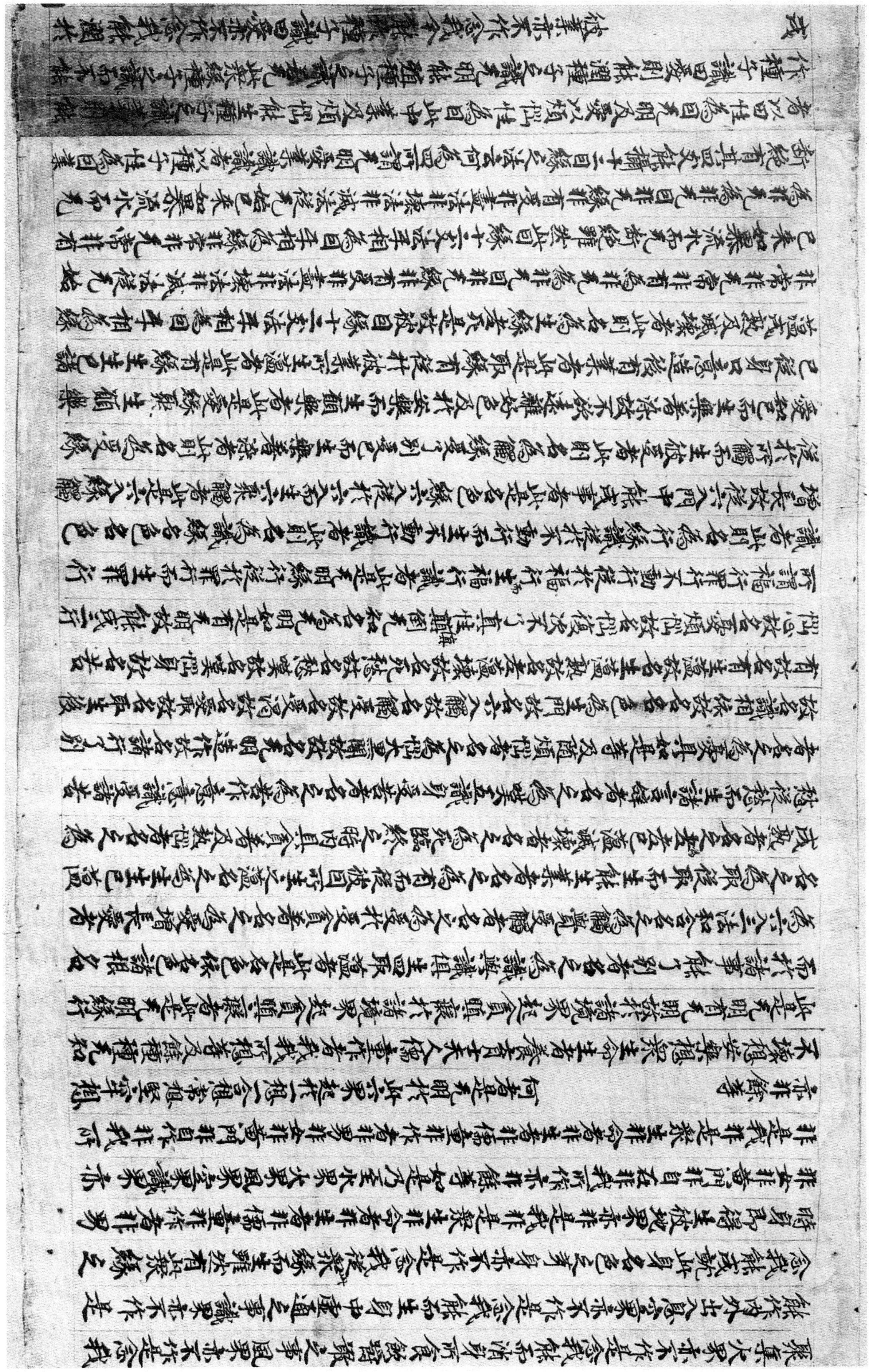

（6–4）

斷絕有其四支能攝十二因緣之法云何為四所謂无明愛業識識者以種子性為因業
者以田性為因无明及愛以煩惱性為因此中業及煩惱能生種子之識業則能
作種子識田愛則能潤種子之識无明能殖種子之識若无此衆緣種子之識而不能
成　　彼業亦不作念我今能作種子識田愛亦不作念我能潤於
種子之識无明亦不作念我今能殖種子之識彼種子識亦不作念我今從此衆緣
而生雖然種子之識依彼業田及愛所潤无明糞壤所生之處入於母胎能生
名色之芽彼名色芽亦非自作亦非他作非自他俱作非自在化亦非時變非
自性生非假作者亦非无因而生雖然父母和合時及餘緣和合之時无我之法无我
我所猶如虛空彼諸幻法因及衆緣无不具足故依彼生處入於母胎則能成就
執受種子之識名色之芽　　復次眼識生時若具五緣而則得生云
何為五所謂依眼色明空依作意故眼識得生此中眼則能作眼識所依色則能作眼
識之境明則能為顯之事空則能為不鄣之事作意能為思想之事若无此衆
緣眼識不生若內入眼无不具足如是乃至色明空作意无不具足一切和合之時眼識
得生彼眼亦不作是念我今能為眼識所依色亦不作念我今能作眼識之境明亦不
作念我今能作眼識顯現之事空亦不作念我今能為眼識不障之事作意亦不作念我今能為眼識所思彼眼識亦不作念我
是從衆緣而有雖然有此衆緣眼識得生乃至諸餘根等隨類知之
復次无有少法而從此世移至他世雖然因及衆緣无不具足故業果亦現譬如明鏡
之中現其面像雖彼面像不移鏡中因及衆緣无不具足故面像亦現如是无有
少許從於此滅生其餘處因及衆緣无不具足故業果亦現譬如月輪從此四万
二千由旬而行彼月輪形像現其有水小器中者彼月輪亦從彼移至於有水之
器雖然因及衆緣无不具足故月輪亦現如是无有少許從於此滅而生餘處因
及衆緣无不具足故業果亦現譬如其火因及衆緣若不具足而不能燃因及衆
緣具足之時乃可得燃如是无我之法无我我所猶如虛空依彼幻法因及衆
緣无不具足故所生之處入於母胎則能成就種子之識業及煩惱所生名色
之芽是故應如是觀內因緣法緣相應事
應以五種觀內因緣之法云何為五不常不斷不移從於小因而生大果與彼相似云
何不常所謂彼後滅蘊與彼生分各異為後滅蘊非生分故彼後滅蘊亦滅生分
亦得現故是故不常云何不斷非依後滅蘊滅壞之時生分得有亦非不滅彼後
滅蘊亦滅當今之時生之蘊如秤高下而得生故是故不斷云何不移為諸有情從
非衆同分處能生衆同分處故是故不移云何從於小因而生大果作於小業感大異
熟是故從於小因而生大果如所作因感彼果故與彼相似是故應以五種觀因緣之法
尊者舍利子若復有人能以正智常觀如來所說因緣之法无壽離壽如實性

BD14554號　大乘稻芉經　　（6–5）

緣无不具足故所生之處入於母胎則能成就種子之諸業及煩惱所生名色
之芽是故應如是觀内因緣法緣相應事
應以五種觀内因緣之法云何為五不常不斷不移從於小因而生大果與彼相似云
何不常所謂彼後滅蘊與彼生分各異為後滅蘊非生分故彼後滅蘊亦滅生分
亦得現故是故不常云何不斷非依後滅蘊滅壞之時生分得有亦非不滅彼後
滅蘊亦滅當尒之時生正蘊如秤高下而得生故是故不斷云何不移為諸有情從
非衆同分處能生衆同分處故是故不移云何從於小因而生大果作於小業感大異
熟是故從於小因而生大果如所作因感彼果故與彼相似是故應以五種觀因緣之法
尊者舍利子若復有人能以正智常觀如來所說因緣之法无壽離壽如實性
无錯謬性无生无起无作无為无障礙无境界寂靜无畏无侵奪无盡不寂靜
相不有虚誑无堅實如病如癕如箭過失无常苦空无我者我於過去而有生
耶而无生耶而不分別過去之際於未來世生於何處亦不分別未來之際此是
何耶此復云何而作何物此諸有情從何而來從於此滅而生何處亦不分別現
在之有復能滅於世間沙門婆羅門不同諸見所謂我見衆生見壽者見人見
希有見吉祥見開合見之善了知故如多羅樹明了斷除諸根橛已於未來
世證得无生无滅之法
尊者舍利子若復有人具足如是无生法忍善能了別此因緣法者如來應供
正遍知明行足善逝世間解无上士調御丈夫天人師佛世尊即與授阿耨多
羅三藐三菩提記
尒時弥勒菩薩摩訶薩說語已舍利子及一切世間天人阿脩羅揵闥婆等聞弥
勒菩薩摩訶薩所說諸法信授奉行
佛說大乘稻芉經一卷

BD14555 號背　護首　　　　（1–1）

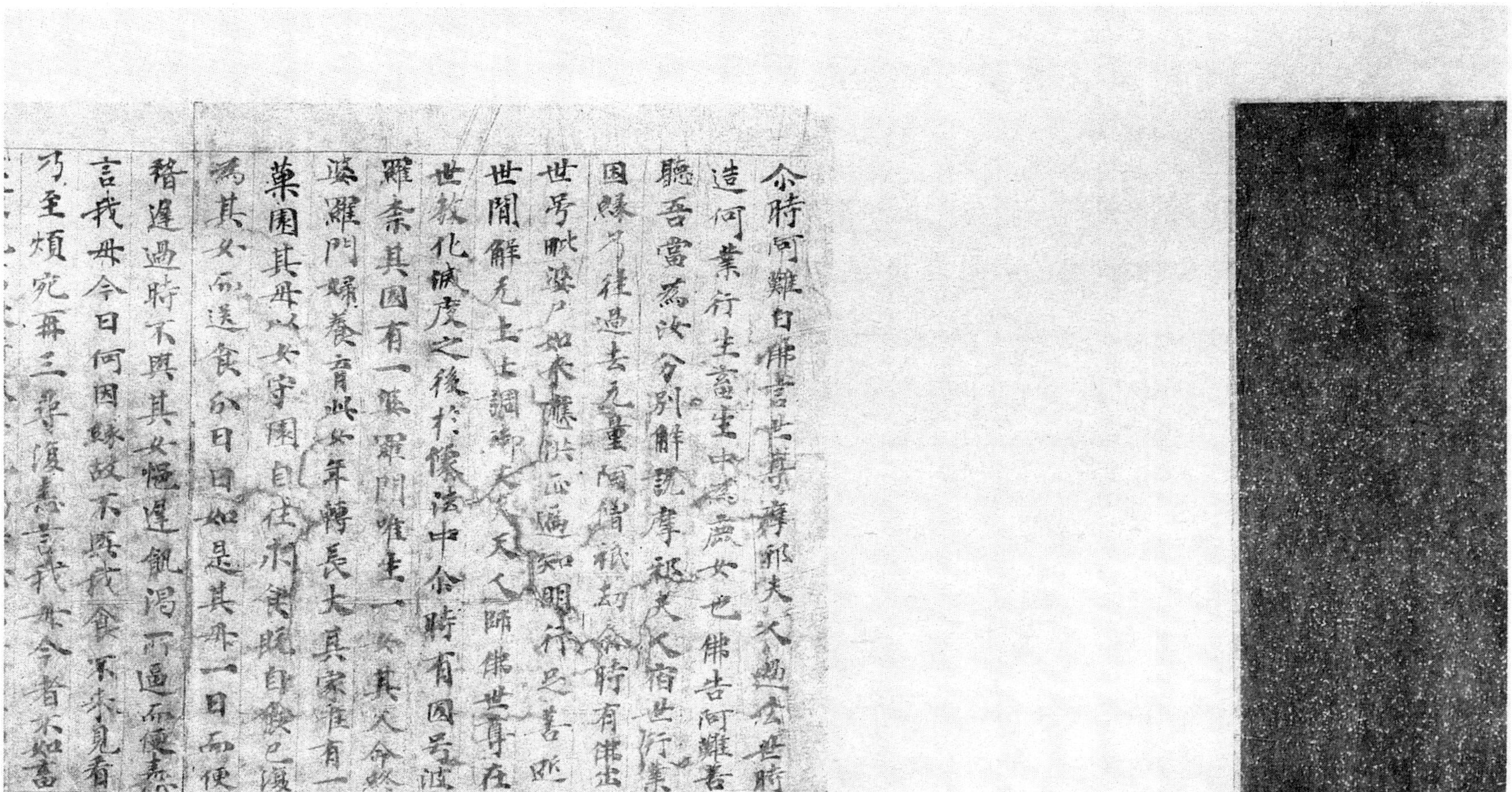

尒時阿難白佛言世尊鹿女夫人過去世時
造何業行生畜生中為鹿女也佛告阿難諦
聽吾當為汝分別解說摩祇夫人宿世行業
因緣乃往過去无量阿僧祇劫尒時有佛出
世号毗婆尸如來應供正遍知明行足善逝
世間解无上士調御丈夫天人師佛世尊在
世教化滅度之後於像法中尒時有國号波
羅柰其國有一婆羅門唯生一女其夫命終
婆羅門婦養育此女年轉長大其家唯有一
藥園其母以女守園自往村食晚自食已復
為其女而送食於日日如是其母一日而便
稽遲過時不與其女極遲飢渴所逼而便恚
言我母今日何因緣故不與我食不來見看
乃至煩冤再三發復恚言我母今者不如畜

BD14555 號　大方便佛報恩經卷三　　　　（7–1）

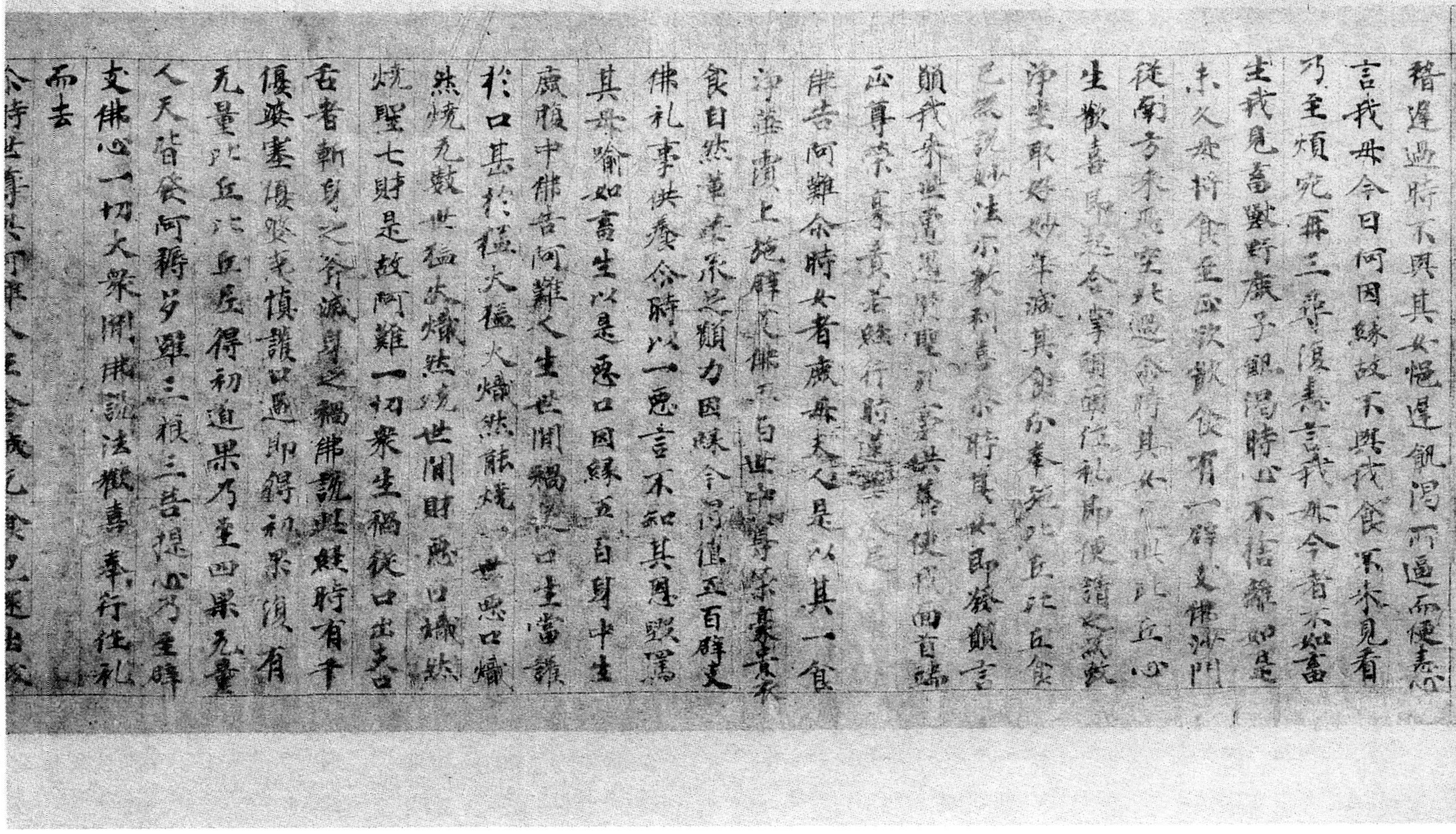
稽遲過時不與其女惱遲飢渴所逼而便恚心
言我母今日何因緣故不與我食不來見看
乃至頓究再三尋復恚言我母今者不如畜
生我見畜獸時產子飢渴時亦不捨離如是
未久母將食至正欲飲食有一辟支佛沙門
從南方來飛空北過尓時其女見此比丘心
生歡喜即起合掌頭面作礼即便請之尋敷
淨坐取好妙華散其食分奉施比丘比丘食
已為說妙法示教利喜尓時其女即發願言
願我来世當遇賢聖亦當供養使我面首端
正尊榮豪貴若欲行時道…
佛告阿難尓時女者鹿母夫人是以其一食
淨華散上施辟支佛故…世中尊榮豪貴衣
食自然…以是願力因緣今得值五百辟支
佛礼事供養尓時以一惡言不知其恩毀罵
其母喻如畜生以是惡口因緣五百身中生
處腹中佛告阿難人生世間禍從口生當護
於口甚於猛火猛火熾然能燒一世惡口熾
然燒無數世猛火熾然燒世間財惡口熾然
燒聖七財是故阿難一切眾生禍從口出舌
舌者鑿身之斧滅身之禍佛說此經時有千
優婆塞優婆夷慎護口過即得初果須有
无量比丘比丘尼得初道果乃至四果无量
人天皆發阿耨多羅三藐三菩提心乃至辟
支佛心一切大眾聞佛說法歡喜奉行作礼
而去
尓時世尊與阿難入王舍城乞食已還出城

BD14555號　大方便佛報恩經卷三　（7–2）

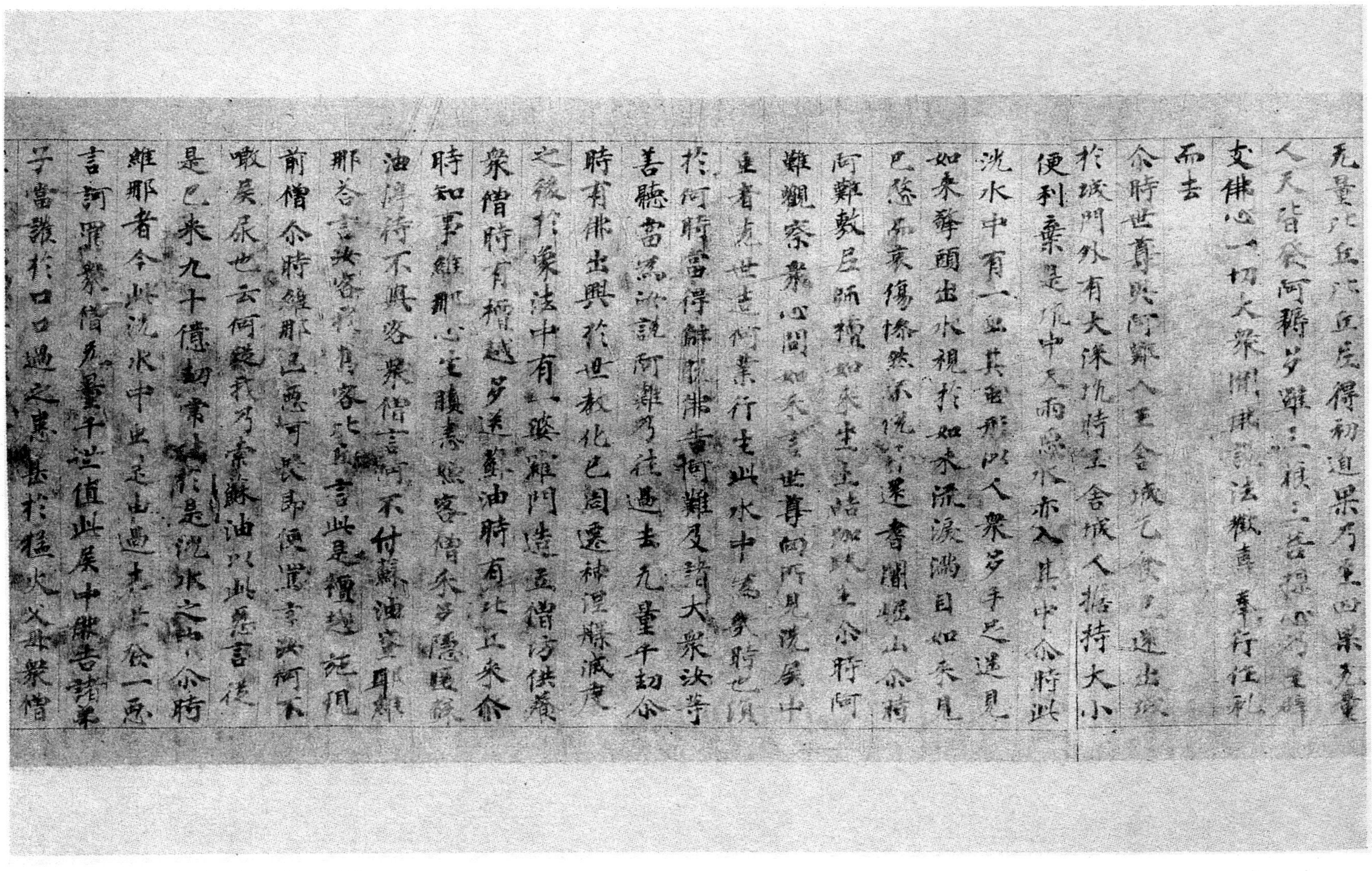
无量比丘比丘尼得初道果乃至四果无量
人天皆發阿耨多羅三藐三菩提心乃至辟
支佛心一切大眾聞佛說法歡喜奉行作礼
而去
尓時世尊與阿難入王舍城乞食已還出城
於城門外有大深坑時王舍城人擔持大小
便利棄是坑中天雨惡水亦入其中尓時此
坑水中有一虫其虫形似人眾多手足遥見
如來舉頭出水視於如來流淚滿目如來見
已愁不哀傷慘然不悅即還耆闍崛山尓時
阿難敷尼師檀如來坐上結跏趺坐尓時阿
難觀察眾心闇如來意世尊向所見深坑中
虫者先世造何業行生此水中為多時也須
於何時當得解脫佛告阿難及諸大眾汝等
善聽當為汝說阿難乃往過去无量千劫尓
時有佛出興於世教化已周遷神涅槃滅度
之後於像法中有一婆羅門造立僧坊供養
眾僧時有檀越多送酥油時有比丘來詣
時知事維那心生瞋恚慳客僧不多隱藏酥
油得時不與客眾僧言何不付酥油出耶維
那荅言汝客僧…客比丘言此是檀越施現
前僧尓時維那即生惡心罵辱客僧汝何不
噉屎尿也云何從我乃索酥油以此惡言從
是已來九十億劫常生於是深坑之中尓時
維那者今此深坑水中虫是也過去世一惡
言訶罵眾僧无量千世值此屎中佛告諸弟
子當護於口口過之患甚於猛火父母眾僧

BD14555號　大方便佛報恩經卷三　（7–3）

是已來九十億劫常在於是沉水之中爾時
維那者今此沉水中魚是也由過去世出一惡
言訶罵眾僧九億千世值此苦中佛告諸弟
子當護於口口過之患甚於猛火父母眾僧
宜應供養恭敬常念報恩眾僧者出三界之
福田父母者三界內最勝福田何以故眾僧
之中有四雙八輩十二賢士供之得福進可
成道父母者十月懷抱推乾就濕乳哺長養
誨伎藝隨時將養是其出家脩得道度生
死海自利兼利一切眾生佛告阿難父母眾
僧是一切眾生種二福田所謂人天涅槃解
脫妙果因是得成佛說是語時无量百千眾
生人及非人或得初果乃至四果或發阿耨
多羅三藐三菩提心或發聲聞辟支佛心各
各合掌禮佛右遶[illegible]而去
復次波羅奈國有一婆羅門極大富
多饒財寶金銀琉璃硨磲碼碯象馬牛羊田
業僮僕不可稱計年過八十生一男兒妙色
端正人相具足父母歡喜召諸相師占相吉
凶為其立字号曰均提年始七歲父母愛念
放令出家隨舍利弗因提羅山至如來所爾
時如來四眾圍遶為諸天龍鬼神人非人廣說
世論及出世間之法時舍利弗白佛言世尊
垂老之年生育此兒世尊大慈普覆一切今
以此兒為佛弟子唯願世尊納受比丘時白落
袈裟著身便為說法示教利喜即得道果三

垂老之年生育此兒世尊大慈普覆一切今
以此兒為佛弟子唯願世尊納受比丘時白落
袈裟著身便為說法示教利喜即得道果三
明六通具八解脫爾時阿難觀察眾心各懷
有疑即從座起整衣服偏袒右肩叉手合
掌白佛言世尊均提沙彌過去世時作何功
德脩何行業值遇世尊擁得道果何以速疾
佛告阿難均提沙彌非適今也過去世時供
養父母師長曾脩功德值遇善知識今得道果
阿難聞佛言願樂欲聞佛告阿難善聽乃往
過去无量千歲有佛出世号毗婆尸佛出世教
化利益天人緣已周遍神根滅度之後
於正法中有一年少比丘通達三藏所謂阿
毗曇脩多羅毗尼藏[illegible]端正人相具
足辯才說法有妙音聲多人所識剎利婆羅
門之所供養時有一比丘形體醜陋人相不
具加復音聲鈍澀不好誦經[illegible]持三藏
年少比丘見其聲惡即便毀罵而作是言如
是音聲不如狗吠時老比丘言汝何見毀
罵也汝不識我耶三藏年少言汝是
毗婆尸佛正法中摩訶羅老比丘[illegible]以不識
訶羅言我所作已辦梵行已立[illegible]後有三
藏比丘聞是語[illegible]心驚毛豎爾時[illegible]訶羅[illegible]
舉右手放大光明普照十方爾時[illegible]三藏即前
頭面接足作禮求哀懺悔[illegible]不識賢聖
作是惡業令我來世得近善友值賢聖師漏
盡結解亦如大德佛告阿難爾時[illegible]

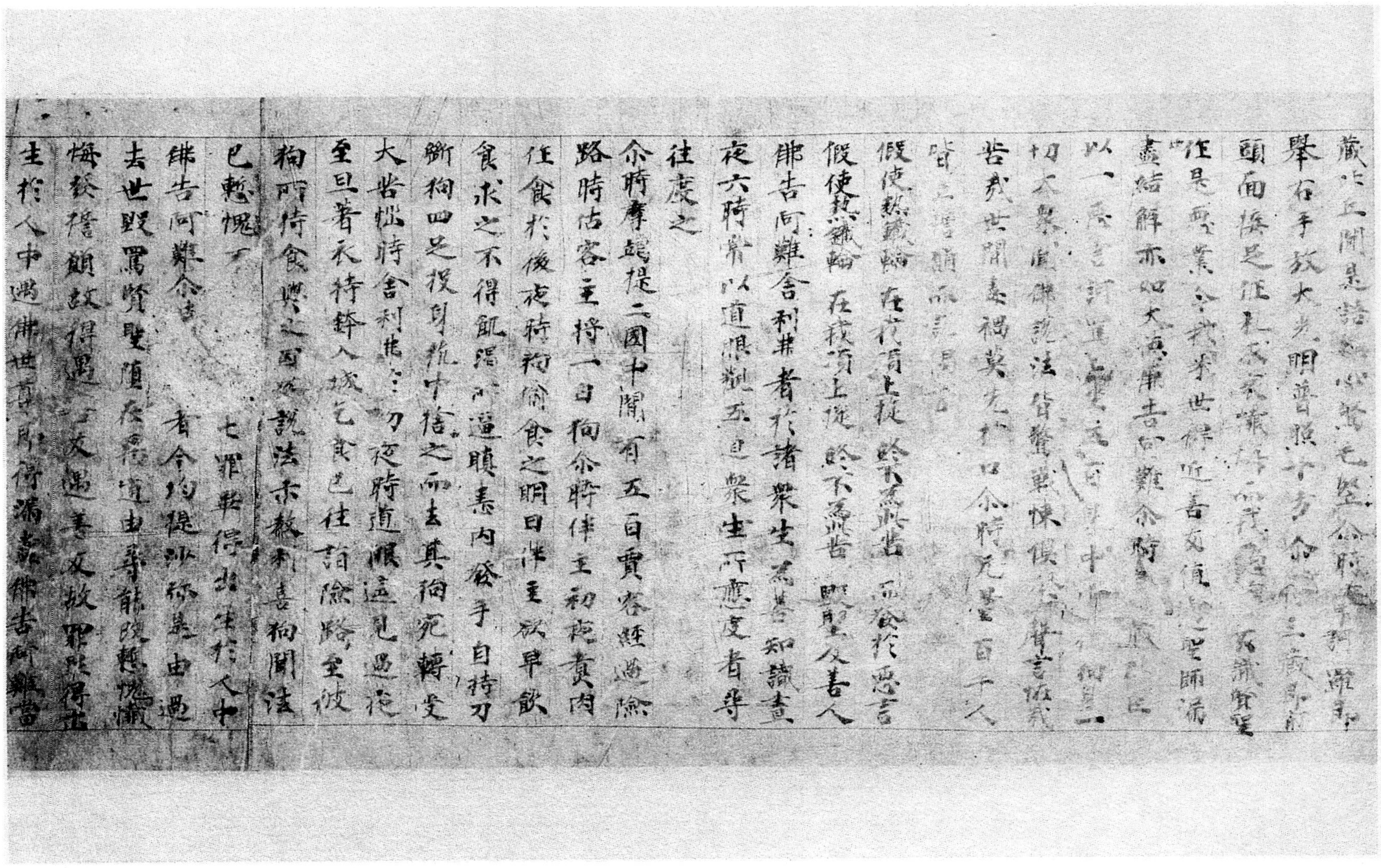
藏比丘聞是語已心驚毛竪爾時如來手摩頂
舉右手放大光明普照十方命三藏即前
頭面接足作禮求哀懺悔[illegible]
作是惡業今我於世尊值遇善知識聖師滅
盡結解亦如大海佛告阿難爾時[illegible]
以一念[illegible]中[illegible]
切大眾聞佛說法皆驚歎快哉[illegible]
皆我世間未曾有[illegible]爾時無量百千人
皆[illegible]
假使熱鐵輪在我頂上旋終不為此苦而發於惡言
假使熱鐵輪在我頂上旋終不為此苦毀聖及善人
佛告阿難舍利弗者於諸眾生為善知識晝
夜六時常以道眼觀五道眾生所應度者尋
往度之
爾時摩竭提國中聞有五百賈客經過險
路時估客主持一白狗爾時伴主初夜賣肉
往食於後夜時狗偷食之明日伴主欲早發
食求之不得飢渴所逼瞋恚內發手自持刀
斷狗四足投身坑中捨之而去其狗宛轉受
大苦惱時舍利弗於初夜時道眼遙見過夜
至旦著衣持鉢入城乞食已往詣險路至彼
狗所持食與之因為說法亦教狗喜狗聞法
已慚愧[illegible]七罪報得出生於人中
佛告阿難[illegible]者今均提沙彌是由過
去世毀罵賢聖墮在惡道由尋能改悔慚愧
悔發誓願故得遇[illegible]文遇善友故罪畢得出
生於人中遇佛世尊所得滿足佛告阿難當

BD14555 號　大方便佛報恩經卷三　　（7–6）

狗所持食與之因為說法亦教狗喜狗聞法
已慚愧[illegible]七罪報得出生於人中
佛告阿難[illegible]者今均提沙彌是由過
去世毀罵賢聖墮在惡道由尋能改悔慚愧
悔發誓願故得遇[illegible]文遇善友故罪畢得出
生於人中遇佛世尊所得滿足佛告阿難當
念父母及善知識恩故是故知恩常當報恩善
知識者是大因緣佛說此經時無量百千眾
生發阿耨多羅三藐三菩提心乃至聲聞辟
支佛心一切大眾聞佛說法歡喜頂戴作禮
而去
報恩經卷第三

BD14555 號　大方便佛報恩經卷三　　（7–7）

淨華宿王智佛言世尊我當往詣娑婆世界
礼拜親近供養釋迦牟尼佛及見文殊師利
法王子菩薩藥王菩薩勇施菩薩宿王華菩
薩上行意菩薩莊嚴王菩薩藥上菩薩尒時
淨華宿王智佛告妙音菩薩汝莫輕彼國生
下劣想善男子彼娑婆世界高下不平土石
諸山穢惡充滿佛身卑小諸菩薩衆其形亦
小而汝身四萬二千由旬我身六百八十萬
由旬汝身第一端正百千萬福光明殊妙是
故汝往莫輕彼國若佛菩薩及國土生下劣
想妙音菩薩白其佛言世尊我今詣娑婆世
界皆是如来之力如来神通遊戲如来功德
智慧莊嚴於是妙音菩薩不起于座身不動
揺而入三昧以三昧力於耆闍崛山去法座
不遠化作八萬四千衆寶蓮華閻浮檀金為
莖白銀為葉金剛為鬚甄叔迦寶以為其臺
尒時文殊師利法王子見是蓮華而白佛言
世尊是何因緣先現此瑞有若干千萬蓮華

BD14556號　妙法蓮華經卷七　（6–1）

揺而入三昧以三昧力於耆闍崛山去法座
不遠化作八萬四千衆寶蓮華閻浮檀金為
莖白銀為葉金剛為鬚甄叔迦寶以為其臺
尒時文殊師利法王子見是蓮華而白佛言
世尊是何因緣先現此瑞有若干千萬蓮華
閻浮檀金為莖白銀為葉金剛為鬚甄叔迦
寶以為其臺尒時釋迦牟尼佛告文殊師利
是妙音菩薩摩訶薩欲從淨華宿王智佛國
與八萬四千菩薩圍繞而来至此娑婆世界
供養親近礼拜於我亦欲供養聽法華經文
殊師利白佛言世尊是菩薩種何善本脩何
功德而能有是大神通力行何三昧願為我
等說是三昧名字我等亦欲勤脩行之行此
三昧乃能見是菩薩色相大小威儀進止唯
願世尊以神通力彼菩薩来令我得見尒時
釋迦牟尼佛告文殊師利此久滅度多寶如
来當為汝等而現其相時多寶佛告彼菩薩
善男子来文殊師利法王子欲見汝身于時
妙音菩薩於彼國沒與八萬四千菩薩俱共
發来所經諸國六種震動皆悉雨於七寶蓮
華百千天樂不鼓自鳴是菩薩目如廣大青
蓮華葉正使和合百千萬月其面貌端正復
過於此身真金色无量百千功德莊嚴威德
熾盛光明照曜諸相具足如那羅延堅固之
身入七寶臺上昇虛空去地七多羅樹諸菩

BD14556號　妙法蓮華經卷七　（6–2）

華百千天樂不鼓自鳴是菩薩目如廣大青
蓮華葉正使和合百千萬月其面貌端正復
過於此身真金色无量百千功德莊嚴威德
熾盛光明照曜諸相具足如那羅延堅固之
身入七寶臺上昇虛空去地七多羅樹諸菩
薩衆恭敬圍繞而來詣此娑婆世界耆闍崛
山到已下七寶臺以價直百千瓔珞持至釋
迦牟尼佛所頭面礼足奉上瓔珞而白佛言
世尊淨華宿王智佛問訊世尊少病少惱起
居輕利安樂行不四大調和不世事可忍不
衆生易度不无多貪欲瞋恚愚癡嫉妬慳慢
不无不孝父母不敬沙門邪見不善心不攝
五情不世尊衆生能降伏諸魔怨不久滅度
多寶如來在七寶塔中來聽法不又問訊多
寶如來安隱少惱堪忍久住不世尊我今欲
見多寶佛身唯願世尊示我令見尒時釋迦
牟尼佛語多寶佛是妙音菩薩欲得相見時
多寶佛告妙音言善哉善哉汝能為供養釋
迦牟尼佛及聽法華經并見文殊師利等故
來至此尒時華德菩薩白佛言世尊是妙音
菩薩種何善根脩何功德有是神力佛告華
德菩薩過去有佛名雲雷音王多陁阿伽度
阿羅呵三藐三佛陁國名現一切世間劫名
憙見妙音菩薩於萬二千歲以十萬種伎樂
供養雲雷音王佛并奉上八萬四千七寶鉢

BD14556號　妙法蓮華經卷七　（6–3）

德菩薩過去有佛名雲雷音王多陁阿伽度
阿羅呵三藐三佛陁國名現一切世間劫名
憙見妙音菩薩於萬二千歲以十萬種伎樂
供養雲雷音王佛并奉上八萬四千七寶鉢
以是因緣果報今生淨華宿王智佛國有是
神力華德於汝意云何尒時雲雷音王佛所
妙音菩薩伎樂供養奉上寶器者豈異人乎
今此妙音菩薩摩訶薩是華德是妙音菩薩
已曾供養親近无量諸佛久殖德本又值恒
河沙等百千萬億那由他佛華德汝但見妙
音菩薩其身在此而是菩薩現種種身處處
為諸衆生說是經典或現梵王身或現帝釋
身或現自在天身或現大自在天身或現天大
將軍身或現毗沙門天王身或現轉輪聖王
身或現諸小王身或現長者身或現居士身或
現宰官身或現婆羅門身或現比丘比丘尼
優婆塞優婆夷身或現長者居士婦女身或
現宰官婦女身或現婆羅門婦女身或現童
男童女身或現天龍夜叉乾闥婆阿脩羅迦
樓羅緊那羅摩睺羅伽人非人等身而說是
經諸有地獄餓鬼畜生及衆難處皆能救濟
乃至於王後宮變為女身而說是經華德是
妙音菩薩能救護娑婆世界諸衆生者是妙
音菩薩如是種種變化現身在此娑婆國土

BD14556號　妙法蓮華經卷七　（6–4）

樓羅緊那羅摩睺羅伽人非人等身而說是
經諸有地獄餓鬼畜生及衆難處皆能救濟
乃至於王後宮變爲女身而說是經華德是
妙音菩薩能救護娑婆世界諸衆生者是妙
音菩薩如是種種變化現身在此娑婆國土
爲諸衆生說是經典於神通變化智慧无所
損減是菩薩以若干智慧明照娑婆世界令
一切衆生各得所知於十方恒河沙世界中
亦復如是若應以聲聞形得度者現聲聞形
而爲說法應以辟支佛形得度者現辟支佛
形而爲說法應以菩薩形得度者現菩薩形
而爲說法應以佛形得度者即現佛形而爲
說法如是種種隨所應度而爲現形乃至應
以滅度而得度者示現滅度華德妙音菩薩
摩訶薩成就大神通智慧之力其事如是尒
時華德菩薩白佛言世尊是妙音菩薩深種
善根世尊是菩薩住何三昧而能如是在所
變現度脫衆生佛告華德菩薩善男子其三
昧名現一切色身妙音菩薩住是三昧中能
如是饒益无量衆生說是妙音菩薩品時與
妙音菩薩俱來者八萬四千人皆得現一切
色身三昧此娑婆世界无量菩薩亦得是三
昧及陁羅尼尒時妙音菩薩摩訶薩供養釋
迦牟尼佛及多寶佛塔已還歸本土所經諸
國六種震動雨寶蓮華作百千萬億種種伎

BD14556號　妙法蓮華經卷七　（6–5）

摩訶薩成就大神通智慧之力其事如是尒
時華德菩薩白佛言世尊是妙音菩薩深種
善根世尊是菩薩住何三昧而能如是在所
變現度脫衆生佛告華德菩薩善男子其三
昧名現一切色身妙音菩薩住是三昧中能
如是饒益无量衆生說是妙音菩薩品時與
妙音菩薩俱來者八萬四千人皆得現一切
色身三昧此娑婆世界无量菩薩亦得是三
昧及陁羅尼尒時妙音菩薩摩訶薩供養釋
迦牟尼佛及多寶佛塔已還歸本土所經諸
國六種震動雨寶蓮華作百千萬億種種伎
樂既到本國與八萬四千菩薩圍繞至淨華
宿王智佛所白佛言世尊我到娑婆世界饒
益衆生見釋迦牟尼佛及見多寶佛塔礼拜
供養又見文殊師利法王子菩薩及見藥王
菩薩得勤精進力菩薩勇施菩薩等亦令是
八萬四千菩薩得現一切色身三昧說是妙
音菩薩來往品時四萬二千天子得无生法
忍華德菩薩得[illegible]昧

BD14556號　妙法蓮華經卷七　（6–6）

摩訶般若波羅蜜經嘆淨品第卌一
尒時舍利弗白佛言世尊是淨甚深佛言畢
竟淨故舍利弗言何法淨故是淨甚深佛言
色淨故是淨甚深受想行識淨故四念處淨
故乃至八聖道分淨故佛十力淨故乃至十
八不共法淨故菩薩淨佛淨故一切智一切種
智淨故是淨甚深世尊是淨明佛言畢竟淨
故舍利弗言何法淨故是淨明佛言般若波
羅蜜淨故是淨明乃至檀波羅蜜淨故是淨
明四念處乃至一切智淨故是淨明世尊是
淨不相續佛言畢竟淨故舍利弗言何法
不相續故是淨不相續佛言色不去不相續
故是淨不相續乃至一切種智不去不相續故
是淨不相續世尊是淨无垢佛言畢竟淨故
舍利弗言何法无垢故是淨无垢佛言色性常
淨故是淨无垢乃至一切種智性常淨故
是淨无垢世尊是淨无得无着佛言畢竟淨
故舍利弗言何法无得无着故是淨无得无

BD14557 號　摩訶般若波羅蜜經卷一二　（7–1）

是淨不相續世尊是淨无垢佛言畢竟淨故
舍利弗言何法无垢故是淨无垢佛言色性常
淨故是淨无垢乃至一切種智性常淨故
是淨无垢世尊是淨无得无着佛言畢竟淨
故舍利弗言何法无得无着故是淨无得无
着佛言色无得无着故是淨无得无着乃至一
切種智无得无着故是淨无得无着世尊是
淨无生佛言畢竟淨故舍利弗言何法无生故
是淨无生佛言色无生故是淨无生乃至一切
種智无生故是淨无生世尊是淨不生欲界
中佛言畢竟淨故舍利弗言云何是淨不
生欲界中佛言欲界性不可得故是淨不
生欲界中世尊是淨不生色界中佛言畢竟
淨故舍利弗言云何是淨不生色界中佛言
色界性不可得故是淨不生色界中世尊是
淨不生无色界中佛言畢竟淨故舍利弗言
云何是淨不生无色界中佛言无色界性不
可得故是淨不生无色界中世尊是淨无知
佛言畢竟淨故舍利弗言云何是淨无知佛
言諸法鈍故是淨无知世尊色无知是淨
佛言畢竟淨故舍利弗言云何色无知是淨
淨佛言色自性空故色无知是淨淨世尊受
想行識无知是淨淨佛言畢竟淨故舍利弗
言云何受想行識无知是淨淨佛言受想行
識自性空故无知是淨淨世尊一切法淨故
是淨淨佛言畢竟淨故舍利弗言云何一切
法淨故是淨淨佛言一切法不可得故一切法淨

BD14557 號　摩訶般若波羅蜜經卷一二　（7–2）

想行識知是淨淨佛言畢竟淨故舍利弗
言云何受想行識无知是淨淨佛言受想行
識自性空故无知是淨淨世尊一切法淨故
是淨淨佛言畢竟淨故舍利弗言云何一切
法淨故是淨淨佛言一切法不可得故一切法淨
是淨淨世尊是般若波羅蜜於薩婆若无益
无損佛言畢竟淨故舍利弗言云何般若波
羅蜜於薩婆若无益无損佛言法常住故般
若波羅蜜於薩婆若无益无損世尊是般若
波羅蜜淨於諸法无所受佛言畢竟淨故舍
利弗言云何般若波羅蜜淨於諸法无所受
佛言法性不動故是般若波羅蜜淨於諸法
无所受尒時慧命須菩提白佛言世尊我淨
故色淨　佛言畢竟淨故須菩提言以何因緣
故我淨故色淨畢竟淨佛言我无所有故色
无所有畢竟淨世尊我淨故受想行識淨佛
言畢竟淨須菩提言何因緣故我淨受想行
識淨畢竟淨佛言我无所有故受想行識无
所有畢竟淨世尊我淨故檀波羅蜜淨我淨
故尸波羅蜜淨我淨故羼提波羅蜜淨我淨
故毗梨耶波羅蜜淨我淨故禪波羅蜜淨
世尊我淨故般若波羅蜜淨世尊我淨故四
念處淨世尊我淨故乃至八聖道分淨世尊我
淨故佛十力淨世尊我淨故乃至十八不共法
淨佛言畢竟淨故須菩提言何因緣故我淨
檀波羅蜜淨我淨乃至十八不共法淨佛言
我无所有故檀波羅蜜无所有淨乃至十八

BD14557號　摩訶般若波羅蜜經卷一二　（7-3）

念處淨世尊我淨故乃至八聖道分淨世尊我
淨故佛十力淨世尊我淨故乃至十八不共法
淨佛言畢竟淨故須菩提言何因緣故我淨
檀波羅蜜淨我淨乃至十八不共法淨佛言
我无所有故檀波羅蜜无所有淨乃至十八
不共法无所有故淨世尊我淨故須陁洹果
淨我淨故斯陁含果淨我淨故阿那含果淨
我淨故阿羅漢果淨我淨故辟支佛道淨
我淨故佛道淨佛言畢竟淨須菩提言何因
緣故我淨須陁洹果淨斯陁含果淨阿那含
果淨阿羅漢果淨辟支佛道淨佛道淨佛言
自相空故世尊我淨故一切智淨佛言畢竟
淨故須菩提言何因緣故我淨故一切智淨
佛言无相无念故世尊以二淨故无得无著
佛言畢竟淨須菩提言何因緣故以二淨故
无得无著是畢竟淨佛言无垢无淨故世尊
我无過故色淨受想行識淨佛言畢竟淨須
菩提言何因緣故我无過故色淨受想行識
淨佛言畢竟空无始空故須菩提白佛言世
尊若菩薩摩訶薩能如是知是名菩薩摩訶
薩般若波羅蜜佛言畢竟淨故須菩提言何
因緣故菩薩摩訶薩能如是知是名菩薩摩
訶薩般若波羅蜜佛言知道種故世尊若菩
薩摩訶薩行般若波羅蜜以方便力故作是
念色不知色受想行識不知識過去法不知
過去法未來法不知未來法現在法不知現在
法佛言菩薩摩訶薩行般若波羅蜜以方便

BD14557號　摩訶般若波羅蜜經卷一二　（7-4）

念色不知色受想行識不知識過去法不知
過去法未來法不知未來法現在法不知現在
法佛言菩薩摩訶薩行般若波羅蜜以方便
力故不作是念我施與與彼人我持戒如是持
戒我脩忍如是脩忍我精進如是精進我
入禪如是入禪我脩智慧如是脩智慧我得
福德如是得福德我當入菩薩法位中我當
淨佛國土成就衆生當得一切種智須菩提
是菩薩摩訶薩行般若波羅蜜以方便力
故无諸憶想分別內空外空內外空空空大空
第一義空有為空无為空无始空散空性空
諸法空自相空故須菩提是名菩薩摩訶
行般若波羅蜜方便力故无所得尒時釋提
桓因問須菩提云何是求菩薩道善男子得
法須菩提報釋提桓因言憍尸迦有求菩薩
道善男子善女人取心相所謂取檀波羅蜜
相取尸羅波羅蜜相羼提波羅蜜相毗梨耶
波羅蜜相禪波羅蜜相般若波羅蜜相取內
空相外空內外空乃至无法有法空相取四
念處相乃至八聖道分相取佛十力相乃至
十八不共法相取諸佛相取於諸佛種善根
相是一切福德和合取相迴向阿耨多羅三
藐三菩提憍尸迦是名求菩薩道善男子善
女人得法用是法故不能无得行般若波羅
蜜何以故憍尸迦是色相不可迴向受想行
識相不可迴向乃至一切智相不可迴向復
次憍尸迦若菩薩摩訶薩示教利喜他人阿

BD14557號　摩訶般若波羅蜜經卷一二　（7–5）

女人得法用是法故不能无得行般若波羅
蜜何以故憍尸迦是色相不可迴向受想行
識相不可迴向乃至一切智相不可迴向復
次憍尸迦若菩薩摩訶薩示教利喜他人阿
耨多羅三藐三菩提應示教利喜一切諸法
實相若求菩薩道善男子善女人行檀波羅
蜜時不應作是分別言我施與我持戒我忍辱
我精進我入禪我脩智慧我行內空外空內
外空乃至我行无法有法空我脩四念處乃
至我行阿耨多羅三藐三菩提善男子善女
人應如是示教利喜他人阿耨多羅三藐三
菩提若如是示教利喜阿耨多羅三藐三菩
提自无錯謬亦如佛所許法示教利喜令是
善男子善女人遠離一切得法尒時佛讚須
菩提善哉善哉如汝為諸菩薩說得法須菩
提汝今更聽我說微細得相汝須菩提一心
好聽佛告須菩提有善男子善女人發阿耨
多羅三藐三菩提心取相念諸佛須菩提所
可有相皆是得相又於諸佛從初發意乃至
法住於其中間所有善根取相憶念取相憶
念已迴向阿耨多羅三藐三菩提須菩提所
可有相皆是得相又於諸佛及弟子所有善
根及餘衆生善根取相迴向阿耨多羅三藐
三菩提須菩提所可有相皆是得相何以故不
應取相憶念諸佛亦不應取相念諸佛善根
須菩提白佛言世尊是般若波羅蜜甚深佛

BD14557號　摩訶般若波羅蜜經卷一二　（7–6）

可有相皆是㝵相又於諸佛從初發意乃至
法住於其中間所有善根取相憶念取相憶
念已迴向阿耨多羅三藐三菩提須菩提所
可有相皆是㝵相又於諸佛及弟子所有善
根及餘衆生善根取相迴向阿耨多羅三藐
三菩提須菩提所可有相皆是㝵相何以故不
應取相憶念諸佛亦不應取相念諸佛善根
須菩提白佛言世尊是般若波羅蜜甚深佛
言一切法常離故須菩提言世尊我當礼般
若波羅蜜佛告須菩提是般若波羅蜜无起
无作故无有能得者須菩提言世尊一切諸
法亦不可知不可得佛言一切法一性非二性
須菩提是一法性是亦无性是无性即是性
是性不起不作如是須菩提菩薩摩訶薩若
知諸法一性所謂无性不起不作則遠離一
切㝵須菩提白佛言世尊是般若波羅蜜難
知難解佛言如所言是般若波羅蜜无見者
无聞者无知者无識者无得者世尊是般若
波羅蜜不可思議佛言如所言是般若波羅
蜜不從心生不從色受想行識生乃至不從
十八不共法生

BD14557號　摩訶般若波羅蜜經卷一二　

百鍊精剛似鑄成書家如此不知名但翰剛健婀娜意何
必靈飛說紹京
文館經生著盛唐流傳今尚滿扶桑傷心好事靈鶼閣零
落入閩有舊藏
丙午四月重檢青箱惘然題此　村善又記
方整源從漢隸來力追險勁似蘭臺瀟灑觴直至王孫趙筆法胥由此脫胎　閏月村善記

BD14558號　善見律毗婆沙卷六　

唐宋人作書無不皆重趙文敏尚守此法至董香光乃專取平神勝有離割之論世恩有正書出自師禹黃公亦須
護其惜能力者又皆五六年不著此觀此卷可見初唐用筆之妙 乙巳三月望日 存善再記

遵義黎星使言唐人寫經在日本者最夥曩時元和江編脩所
得不少然皆殘本至多者不及百行未有如此上下兩卷首尾具
足者其用筆古厚斬絕頓挫真剛健婀娜與洛京同工異曲
絕無宋以後人一筆洵信至寶也星使編脩皆已宿草計
其生平所見當無逾此在天有知當亦自快慰惜未能起地
下故人相質而共歎賞之也
乙巳花朝　存善又記

尒時毗舍離城如是次第易可解耳若有深
興不可解者我當為說迦蘭陁者是山鼠名
時毗舍離王將諸伎女入山遊戲王時疲惓
眠一樹下伎女左右四散走戲時樹下窟中
有大毒虵聞王酒氣出欲螫王樹上有鼠從
上來下鳴喚覺王虵即還縮王覺已復眠虵
又更出而欲螫王鼠復鳴喚下來覺王王起
已見樹下窟中大毒虵即生驚怖四顧求諸
伎女又復不見王自念言我今復活由鼠之
恩王便思惟欲報鼠恩時山邊有村王即命
村中自今以後我之祿限悉迴供鼠因此鼠
故即号此村名為迦蘭陁村迦蘭陁子者是

BD14558號　善見律毗婆沙卷六　（17–2）

恩王便思惟欲報鼠恩時山邊有村王即命
村中自今以後我之祿限悉迴供鼠因此鼠
故即号此村名為迦蘭陁村迦蘭陁子者是
時村中有一長者有金錢四十億王即賜長
者位因村名故号迦蘭陁長者法師問曰長
者獨名迦蘭陁餘人亦尒荅曰悉名迦蘭陁
律本所說須提那者是迦蘭陁長者子多知
識知識者皆樂共同時有因緣往毗舍離因
緣者尋覓負責人復有法師言九月九日國
人大集遊戲以是之故須提那往觀看尒時
世尊九月前十五日至毗舍離見者問何謂
為見荅曰須提那清旦食竟見諸人偏袒右
肩賫持種種華香往至佛所欲供養聽法從
城門出須提那已而問曰善人何處去耶荅
言今往佛所供養聽法須那曰善哉亦隨去
尒時世尊四衆圍遶以梵音聲為衆說法須
提那到已見佛為大衆說法故律本名為見
法師曰此是須提那往昔福田令其發悟須
提那心自念言云何因緣得入聽法何以故
四衆圍遶至心聽法不可移動難得入故是
時迦蘭陁子須提那漸近衆邊問曰何不入
衆荅曰為後到故是以近衆邊坐律本所說
迦蘭陁子須提那往到衆所坐一處已迦蘭
陁子須提那而作是念問曰坐已作是念為
聞法已作是念荅曰聞佛讚嘆戒定慧已作

BD14558號　善見律毗婆沙卷六　（17–3）

衆荅曰為後到故是以近衆邊坐律本所說
迦蘭陁子須提那往到衆所坐一處已迦蘭
陁子須提那而作是念問曰坐已作是念為
聞法已作是念荅曰聞佛讚嘆戒定慧已作
是念問曰念何等荅曰當作是念佛一一分
別說法我已知反覆思惟戒定慧中義理一
味作是念我在家脩定戒定慧梵行一日得
過者其事甚難不宜在家如磨蠡者問曰何
謂磨蠡荅曰如人磨蠡極能白淨在家脩如
蠡者亦甚難得我今云何得剃除鬚髮被袈
裟衣而脩梵行我得出有為家入无為家問
曰何謂有為家无為家荅曰有為家者称田
種殖販貨種種事業无為家者无諸事業家
然无欲是名出有為家入无為家衆起未久
往到佛所者須提那衆未起時往到佛所不
求出家何以故若求出家者兄弟眷屬在坐
聽法當作留難而作是言父母唯汝一子若
出家誰當侍養作是語已必捉將還則作我
出家艱難須提那與衆俱退行至數步方便
而還往到佛所便求出家是故律本說衆起
未久須提那往至佛所唯願世尊從羅侯出
家之後父母不聽出家佛不得度是故佛問
須提那汝父母聽汝出家不法師曰此句次
第易解自當知應作已說者須提那心樂出
家於遊戲處心不染著於諸責主得與不得

BD14558號　善見律毗婆沙卷六　（17–4）

家之後父母不聽出家佛不得度是故佛問
須提那汝父母聽汝出家不法師曰此句次
第易解自當知應作已說者須提那心樂出
家於遊戲處心不染著於諸責主得與不得
忩忩而還次第易解阿摩多多者漢言阿摩是母也多多者言父
汝者易解一子者唯汝一子无兄弟法師曰
父母何以作是言為念故住在歡樂者從小
至大不逕辛苦自初生時乳母抱養遂及長
大百味飲食恒相給郵車馬出入脚不蹹地
是名住在歡樂父告須提那汝小苦亦不知
不知苦者一苦破作十分於一分苦汝亦未
逕知我至死不與汝別離者父母言我生世
若汝死亦不棄捨況今生別无有此理即於
此中卧地上者言无氈席而卧地上供養者
問曰云何為供養荅曰男女妓樂琴瑟簫笛
箜篌琵琶種種音聲與諸知識而娛樂之
諸知識人方便慰喻令其心退於五欲中食
問曰何謂為食荅曰食者自己身與婦於五
欲中共相娛樂復作功德者言供佛法僧得
種種布施脩治善道者作功德然而住者
父母種種教化令其心息如是父母反覆至
三執志不轉父母喚須提那知識而言曰此
卿善知識今卧在地上我已三請永不肯起
卿等為我令心出家於是諸知識往至須提
那所三過作如是言知識卿父母唯卿一子

BD14558號　善見律毗婆沙卷六　（17–5）

時析邏闍門戶極令堅密勿使劫盜得入
怨家所伺故名守護喚新婦者須提那父種
種方便令須提那還俗了無從意故喚新婦
言唯汝先相愛念能令其心迴何以故一切
財寶猶不能壞唯有女人能令人迴轉天上
玉女端正若為者此是新婦問須提那辭新
婦所以見諸剎利及諸貴姓捨諸財寶及宫
殿妻子眷屬意謂諸種姓悉皆為求天玉女
故而脩梵行不為天女者不求天女新婦聞
須提那以妹相荅自謂先夫婦共床寢息今
喚為妹即是共父母生之義故生大苦惱悶
絶僻地勿觸惱者莫以財寶及女欲觸惑我
心可留續種者父母語須提那願汝恒脩梵
行於虛空中而入涅槃願汝留一子以續種
姓勿令財寶空失無有主領我等死已必入
利車毗王庫藏故請求續種耳須提那荅此
事甚易我能為之問曰何以須提那作是言
須提那心生念言若我不與種者終不置我
日夜惱我令與子令其心息不復嬈我我因
此故得安住道門脩習梵行月華者生水華
此是血名女人法欲懷胎時於兒胞處生一
血聚七日自破從此而出若血出不斷者男
精不住即共流出若盡出者以男精還復其
處然後成胎譬如田家耕治調熟然大過水
以穀下中穀浮水上流出四面何以故水大

BD14558號　善見律毗婆沙卷六　（17–10）

此是血名女人法欲懷胎時於兒胞處生一
血聚七日自破從此而出若血出不斷者男
精不住即共流出若盡出者以男精還復其
處然後成胎譬如田家耕治調熟然大過水
以穀下中穀浮水上流出四面何以故水大
穀不著泥故不成根株女人亦復如是若血
盡已男精得住即便有胎提婦譬者此是抱
將入深處共為欲事介時佛從菩提樹下廿
年中未為諸弟子既新涉學故佛未為制戒
須提那不知罪相謂之無罪若須提那以知
罪相者乃可沒命何敢有犯三行不淨者三
過提婦共作不淨行不淨故而便有胎法師
曰有與無荅曰有何謂有一者身相觸二者
取衣三者下精四者手摩齊下五者見六者
聲七者香以此七事女人懷胎問曰何謂為摩
細滑有女人月水生時嬉樂男子若男子
以身觸其一一身分即生貪著而便懷胎此
是相觸懷胎問曰何謂取衣荅曰如優陁夷
比丘與婦俱共出家分別久優陁夷往到比
丘所兩情欲愛不必各相散闇欲精出汙優
陁夷衣以衣與比丘尼比丘尼得已便舐之
復取內女根中即便懷胎有女人華水生時
觸男子衣是名取衣問曰何謂為下精荅曰
如鹿子道士母往昔有一鹿母行次第至一
道士處道士小便有精氣俱下鹿母時政華

BD14558號　善見律毗婆沙卷六　（17–11）

復取內女根中即便懷胎有女人華水生時
卑男子衣是名取衣問曰何謂為下精荅曰
如鹿子道士母注昔有一鹿母行次第至一
道士處道士小便有精氣俱下鹿母時政華
水生嗅看小便汁欲心着而欲飲遂懷胎生
鹿子道士是名下摩裔下者如睒菩薩父母
欲盲天帝釋遙知下来至其所而言宜合陰
陽當生兒夫婦既悉出家為道荅言我等已
出家法不淂如此帝釋復言若不合陰陽可
以手摩裔下即隨言便懷胎而生睒是名手
摩裔下閦陁婆耶與栴陁鉢殊多二人亦如
是生問曰何謂為見荅曰有一女月華成不
淂男子合欲情極盛唯視男子為恚辟如王
宮綵女亦復如是即便懷胎是名見問何謂
為聲荅曰辟如白鷺鳥悉是雌无雄到春時
氣如布雷鳴雌但一心聞聲便懷胎雞亦有
時如此但聞雄聲亦懷胎是名聲問曰何謂
為聲荅曰如秦牛母但嗅特氣而懷子是名
聲須提那不如此實行不淨法男女欲色俱
合便託生三事悉合然後生子須提那如是
是時地神見須提那行不淨法即大叫喚一
切作諸惡法无人不知初作者謢身神見次
知他心天人知如此之人天神俱見是故大
叫喚輾轉相承傳至于梵天者置无色界餘
者悉聞知時子漸漸長大與母俱共出家者

BD14558號　善見律毗婆沙卷六　（17–12）

是時地神見須提那行不淨法即大叫喚一
切作諸惡法无人不知初作者謢身神見次
知他心天人知如此之人天神俱見是故大
叫喚輾轉相承傳至于梵天者置无色界餘
者悉聞知時子漸漸長大與母俱共出家者
續種年八歲與續母出家母依比丘尼續
依比丘僧各淂善知識是故律本說即共出
家次第淂阿羅漢果即生悔心者前既作不
淨行故恒日夜生悔心於利我不淂利者於
佛法中脩習梵行淂三達智我不淂此利是
名於利我不淂此利我淂惡利者餘人出家淂
善利我不淂善利淂惡利梵行者揔持戒定
慧藏而我不淂揔持羸瘦者為自悔所行飲
食不通是故血肉燋小形體色變者如樹葉
萎黃欲落觔脉悉現者為无肉血故觔脉悉
現心亦彝塞者心孔悉閑也羞恥低頭者於
清淨行自勸不善而生羞恥時諸比丘各出
房前遊戲見須提那羸瘦而問先面狠体滿
者身體美滿手足平正肥壯今何以羸瘦諸
比丘語須提那汝於梵行中何所憂恨為不
樂出家耶須提那荅諸長老我於梵行非不
樂於清淨法懃心脩治為我已惡法故已作
惡者已淂惡法恒在眼前見諸比丘語須提
那言汝所作是可狐疑問曰何謂狐疑荅曰
於清淨法中為不淨行故而生狐疑不淂脩

BD14558號　善見律毗婆沙卷六　（17–13）

惡者已淂惡法恒在眼前見諸比丘語須提
那言汝所作是可狐疑閻日何謂狐疑荅日
於清淨法中為不淨行故而生狐疑不淂脩
梵行於是諸比丘作方便釋須提那意而作
是言不介長老佛以種種方便說法離欲者
所以佛為一切衆生於三界中說五欲法皆
令離欲不使淂合語異而義同說法令愛盡
者令至涅槃不住三界是故不令受佛已如
是說欲令別不共汝令而合者佛說離不淨
行而汝與故二作不淨行此義易解佛種種
說法令離迷惑者佛所以為衆生說法令除
迷惑斷渴愛者所以一切衆生渴於五欲佛
名端正又言三業俱淨棄除三不善業无人
毀呰是名端正不聚者身覆藏煩惱令開發
使分散是名不聚以不聚故即勇猛精進佛
為諸比丘制戒善者能信受隨應比丘何以
故若少欲知足人者即能受持是故佛為說
戒本如五色華次第貫穿亦如七寶珠貫之
次第令世後世說令恐怖若人樂學者住於
學地而淂阿羅漢或淂斯陁含阿那含須陁
洹若无因緣者亦淂生天若佛說長阿含短
阿含善者能信受戒者學地何謂為學地荅
日禪定三昧法何謂為學地因十法因十法
故而為結戒令衆僧安隱安隱者不傾危若
人能受如来所說禁戒者當来世極大安樂

阿含善者能信受戒者學地何謂為學地荅
日禪定三昧法何謂為學地因十法因十法
故而為結戒令衆僧安隱安隱者不傾危若
人能受如来所說禁戒者當来世極大安樂
是名安隱佛言若人受我語者我為結戒若
人不受我語我不說戒但說根本因緣亦不
降伏是故律本所說因十法故令衆僧安樂
此作不淂罪此作淂罪此時應作此時不應
作為樂學故莫令狐疑是故律本所說慙愧
比丘不言制不慙愧比丘以此法故令慙愧
淂安樂何以故不慙愧比丘不淂入衆集僧
布薩自恣慙愧比丘淂安樂何以故淂聞禪
定三昧不慙愧比丘不淂觸嬈故故律本說
慙愧比丘淂安樂斷令世惱漏故令世惱漏
者為不覆五情即於令身作不淨行或人捉
或打或歛或自悔過如是種種苦惱斷令淂
度脫制不慙愧比丘不慙愧者破戒又言已
作不善法故而不善恥如此人佛制之若如
来制已作惡法反問他人見我何所作何所
聞我淂何罪如是惱亂衆僧若結戒者衆僧
以毗尼法呵責破戒比丘不淂動轉是故律
本說制不慙愧比丘慙愧者淂安樂住若有
慙愧樂學戒法此應作此不應作斷滅未来
漏者為不斷五情故而行惡法後身墮地獄
中受諸種種苦毒非直一受而已輪轉在中

本說制不慙愧比丘慙愧者得安樂住若有
慙愧樂學戒法此應作此不應作斷滅未來
漏者為不斷五情故而行惡法後身墮地獄
中受諸種種苦毒非直一受而已輪轉在中
无央數劫如來為此說戒斷此因緣未信心
者令信如來所以結戒若善比丘隨順戒律
威儀具足若未信心見之即生信心而作是
言此沙門釋家種子懃心精進難作能作所
作極重見如是作已而生信心若外道見毗
尼藏而作是言佛諸比丘亦有團陁如我无
異而生敬心是故律本所說未信令信已信
者令增長若有信心出家隨禁戒所說人見
所行甚為恭敬又言云何盡形壽日正一食
而脩梵行護持禁戒見如是已信心增長是
故律本所說已信者令增長令正法久住者
正法有三種何謂為三一者學正法久住二
者信受正法久住三者得道正法久住問曰
何謂學正法久住答曰學三藏一切久住佛
所說是名正法於三藏中十二頭陁十四威
儀八十二大威儀戒禪定三昧是名信受正
法久住四沙門道果及涅槃者是名得道正
法久住如來結戒故令比丘隨順若隨順者
具足而得聖利是故學為初正法久住為愛
重律者有結戒故覆藏毗尼棄捨毗尼調直
毗尼結戒毗尼此四毗尼極為愛重是故律

BD14558號　善見律毗婆沙卷六　（17–16）

法久住四沙門道果及涅槃者是名得道正
法久住如來結戒故令比丘隨順若隨順者
具足而得聖利是故學為初正法久住為愛
重律者有結戒故覆藏毗尼棄捨毗尼調直
毗尼結戒毗尼此四毗尼極為愛重是故律
本所說愛重毗尼藏法師曰以一切語句若
初中後句汝自當知於戒中罪福比丘應學
是故律本說佛語諸比丘汝當說戒問曰此
語云何佛語比丘我已結戒汝當說當持當
學當教餘人作如是說若比丘行婬欲法得
波羅夷罪不得共住如是斷根法堅固作已
初結波羅夷為欲隨結彌猴令說其根本如
是佛以為聲聞弟子結戒是故律本所說為
諸比丘結戒初結品竟

首三四行之間紙背有題字曰唐人真蹟此卷善見律是唐初經生書之佳者楷法工
秀不知何人所記也　甲辰七月杼善記　首行紙背尚有數字第一是姜字餘難辨

右唐宋人寫經三百乙十五行末有黃忠端小印二當是公所
藏聞公在獄日寫孝經乙本公不好佛滄桑已後家國之感
回向大雄欲求解脫亦是意中事皆余瀋心言頌着謂公華
跌蕩風流放情詩酒則可至為聖為賢成佛作祖終讓黃
公道意善知識乃杜風塵中甲申之後不知虞山合肥尚記此
言否耳
光緒甲辰　杼善題記

BD14558號　善見律毗婆沙卷六　（17–17）

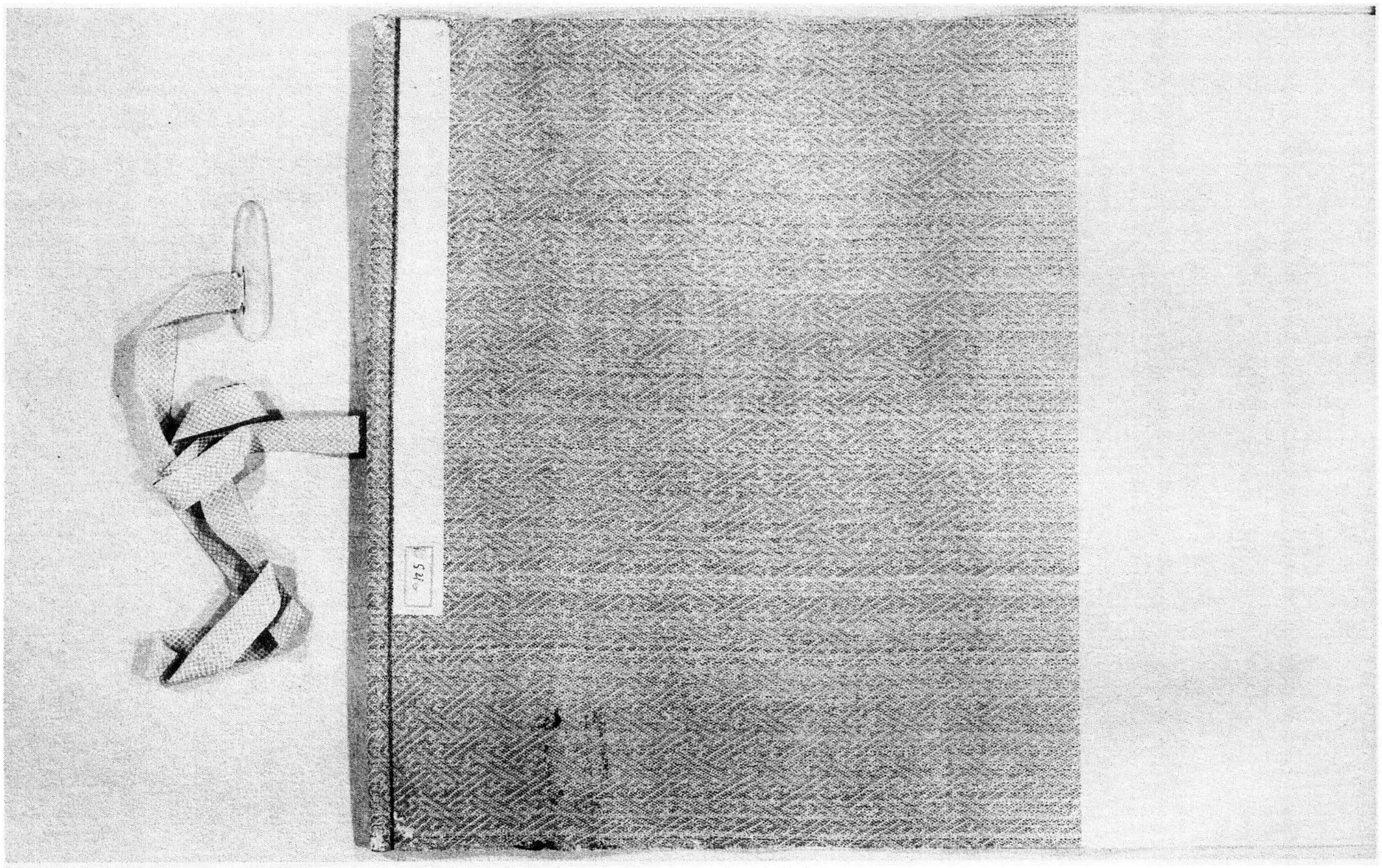

BD14559 號背　護首　　（1–1）

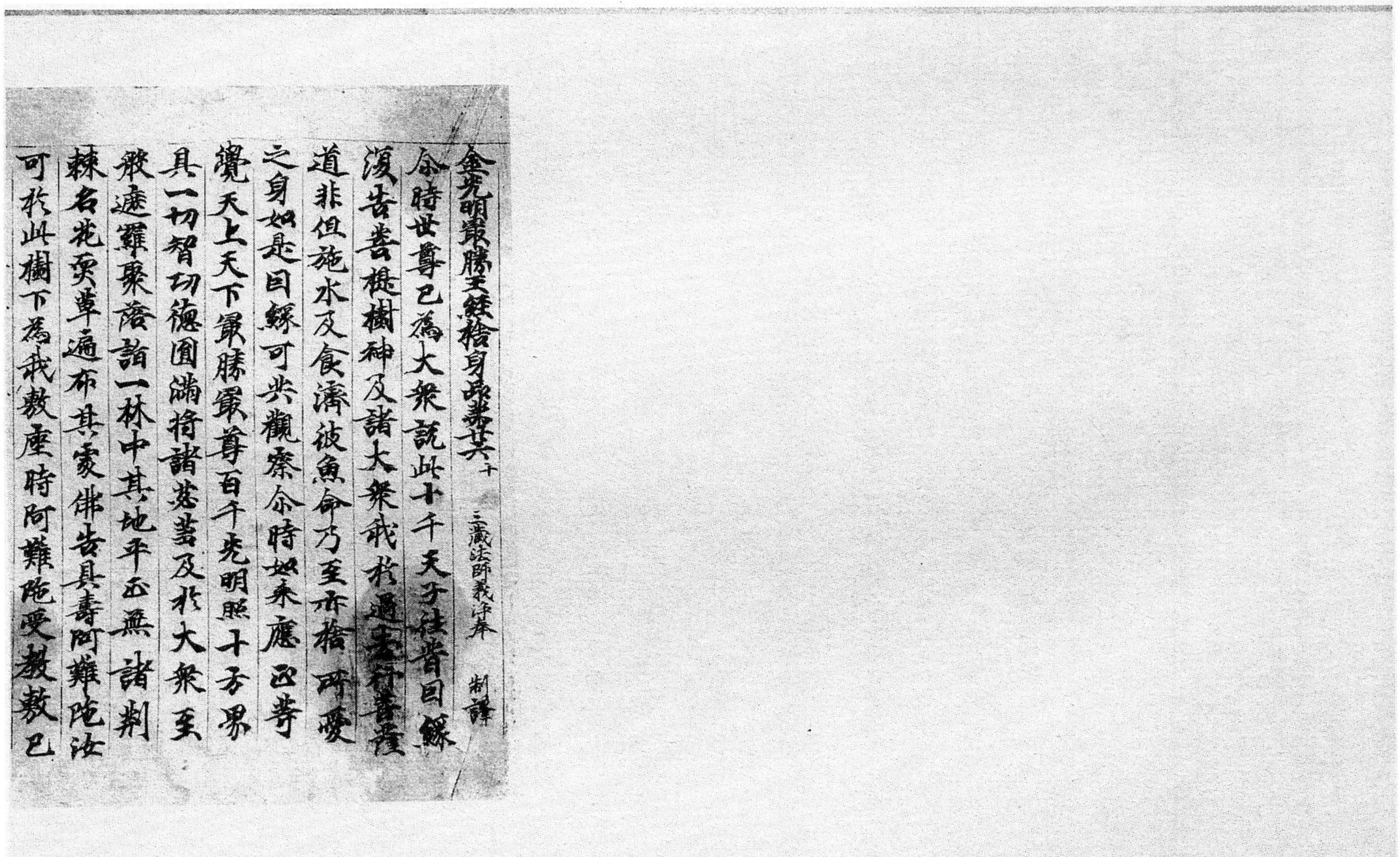

金光明最勝王經捨身品第廿六 十　三藏法師義淨奉　制譯
尒時世尊已為大衆説此十千天子往昔因緣
復告菩提樹神及諸大衆我於過去行菩薩
道非但施水及食濟彼魚命乃至亦捨所愛
之身如是因緣可共觀察尒時如來應正等
覺天上天下最勝最尊百千光明照十方界
具一切智功德圓滿將諸苾芻及於大衆至
般遮羅聚落詣一林中其地平正無諸荊
棘名花軟草遍布其處佛告具壽阿難陀汝
可於此樹下為我敷座時阿難陀受教敷已

BD14559 號　金光明最勝王經卷一〇　　（20–1）

讚天上天下最勝最尊百千光明照十方界
具一切智功德圓滿將諸苾芻及於大衆至
般遮羅聚落詣一林中其地平正無諸荊
棘名花軟草遍布其處佛告具壽阿難陀汝
可於此樹下為我敷座時阿難陀受教敷已
白言世尊其座敷訖唯聖知時尔時世尊即
於座上跏趺而坐端身正念告諸苾芻汝等
樂欲見彼往昔苦行菩薩本舍利不諸苾芻
言我等樂見世尊即以百福莊嚴相好之手
而按其地于時大地六種震動即便開裂七寶
制底忽然涌出衆寶羅網莊嚴其上大衆見
已生希有心尔時世尊即從座起作礼右繞
還就本座告阿難陀汝可開此制底之戶時
阿難陀即開其戶見七寶函奇珍間飾白
言世尊有七寶函衆寶莊校佛言汝可開函
時阿難陀奉教開已見有舍利白如珂雪拘物
頭花即白佛言函有舍利色妙異常佛言
阿難陀汝可持此大士骨來時阿難陀即取
其骨奉授世尊世尊受已告諸苾芻汝等
應觀苦行菩薩遺身舍利而說頌曰
菩薩勝德相應慧　勇猛精勤六度圓
常修不息為菩提　大捨堅固心無倦
汝等苾芻咸應礼敬菩薩本身此之舍利
乃是無量戒定慧香之所熏馥最上福田
極難逢遇時諸苾芻及諸大衆咸皆至心合
掌恭敬頂礼舍利歎未曾有時阿難陀前礼
佛足白言世尊如來大師出過一切為諸有情之
所恭敬何因緣故礼此身骨佛告阿難陀我

BD14559號　金光明最勝王經卷一〇　（20–2）

極難逢遇時諸苾芻及諸大衆咸皆至心合
掌恭敬頂礼舍利歎未曾有時阿難陀前礼
佛足白言世尊如來大師出過一切為諸有情之
所恭敬何因緣故礼此身骨佛告阿難陀我
因此骨速得無上正等菩提為報往恩我今
致礼復告阿難陀吾今為汝及諸大衆斷
除疑惑說是舍利往昔因緣汝等善思當一
心聽阿難陀白我等樂聞願為開闡阿難陀
過去世時有一國王名曰大車巨富多財庫藏
盈滿軍兵武勇衆所欽仰常以正法施化黔
黎人民熾盛無有怨敵國大夫人誕生三子顏
容端正人所樂觀太子名曰摩訶波羅次子
名曰摩訶提婆幼子名曰摩訶薩埵是時
大王為欲遊觀縱賞山林其三王子亦皆隨從
為求花葉捨父周旋至大竹林於中憩息第
一王子作如是言我於今日心甚驚惶於此林
中將無猛獸損害於我第二王子復作是言
我於自身初無悋惜恐於所愛有別離苦
第三王子白二兄曰
此是神仙所居處　我無恐怖別離憂
身心充遍生歡喜　當獲殊勝諸功德
時諸王子各說本心所念之事次復前行見
有一虎產生七子纔經七日諸子圍繞飢渴
所逼身形羸瘦將死不久第一王子作如是
言哀哉此虎產來七日七子圍繞無暇求食
飢渴所逼必還噉子薩埵王子問言此虎每
常所食何物第一王子答曰

BD14559號　金光明最勝王經卷一〇　（20–3）

所逼身形羸瘦將死不久弟一王子作如是
言哀哉此虎產來七日七子圍遶無暇求食
飢渴所逼必還噉子薩埵王子問言此虎每
常所食何物弟一王子荅曰
虎豹豺師子　唯噉熱血肉　更無餘飲食　可濟此羸
弟二王子聞此語已作如是言此虎羸瘦飢渴
所逼餘命無幾我等何能為求如是難得
飲食誰復為斯自捨身命濟其飢苦弟一王
子言一切難捨無過己身薩埵王子言我等
今者於自己身各生愛戀復無智慧不能於
他而興利益然有上士懷大悲心常為利他
忘身濟物復作是念我今此身於百千生虛
棄爛壞曾無所益云何今日而不能捨以濟飢
苦如棄涕唾時諸王子作是議已各起慈心
悽傷愍念共觀羸虎目不暫捨徘徊久之
俱捨而去爾時薩埵王子便作是念我捨
身命今正是時何以故
我從久來持此身　臭穢膿流不可愛
供給敷具并衣食　象馬車乘及珎財
變壞之法體無常　恒求難滿難保守
雖常供養懷怨害　終歸棄我不知恩
復次此身不堅於我無益可畏如賊不淨如糞
我於今日當使此身修廣大業於生死海作
大舟航棄捨輪迴令得出離復作是念若捨此
身則捨無量癰疽惡疾百千怖畏是身唯
有大小便利不堅如泡諸蟲所集血脈筋
骨共相連持甚可厭患是故我今應當棄
捨以求無上究竟涅槃永離憂患無常苦惱

BD14559號　金光明最勝王經卷一〇　（20–4）

身則捨無量癰疽惡疾百千怖畏是身唯
有大小便利不堅如泡諸蟲所集血脈筋
骨共相連持甚可厭患是故我今應當棄
捨以求無上究竟涅槃永離憂患無常苦惱
生死休息斷諸塵累以定慧力圓滿熏修百福
莊嚴成一切智諸佛所讚證妙法身既證得已
施諸眾生無量法樂是時王子興大勇猛發
弘誓願以大悲念增益其心慮彼二兄情懷
怖懼共為留難不果所祈即便白言二兄前
去我且於後爾時王子摩訶薩埵還入林中
至其虎所脫去衣服置於竹上作是誓言
我為法界諸眾生　志求無上菩提處
起大悲心不傾動　當捨凡夫所愛身
菩提無患無熱惱　諸有智者之所樂
三界苦海諸眾生　我今救濟令安樂
是時王子作是言已於餓虎前委身而臥
由此菩薩慈悲威勢虎無能為菩薩見已
即上高山投身于地復作是念虎今羸弱
不能食我即起求刀竟不能得即以乾竹刺
頸出血漸近虎邊是時大地六種震動如風激
水涌沒不安日無精明如羅睺障諸方闇蔽無
復光輝天雨名花及妙香末繽紛亂墜遍
滿林中爾時虛空有諸天眾見是事已生隨
喜心歎未曾有咸共讚言善哉大士即說頌曰
大士救護運悲心　等視眾生如一子
勇猛歡喜情無悋　捨身濟苦福難思
定至真常勝妙處　永離生死諸纏縛
不久當獲菩提果　寂靜安樂證無生

BD14559號　金光明最勝王經卷一〇　（20–5）

大士救護運悲心　等視衆生如一子
勇猛歡喜情無悋　捨身濟苦福難思
定至真常勝妙處　永離生死諸纏縛
不久當獲菩提果　寂靜安樂證無生
是時餓虎既見菩薩頸下血流即便舐血噉
肉皆盡唯留餘骨爾時第一王子見地動已
告其弟曰
大地山河皆震動　諸方闇蔽日無光
天花亂墜遍空中　定是我弟捨身相
第二王子聞兄語已說伽他曰
我聞薩埵作悲言　見彼餓虎身羸瘦
飢苦所纏恐食子　我今疑弟捨其身
時二王子生大愁苦啼泣悲歎即共相隨還至
虎所見弟衣服在竹枝上骸骨及髮在處縱
橫流血成泥霑汙其地見已悶絕不能自持
投身骨上久乃得穌即起舉手哀號大哭
俱時歎曰
我弟貌端嚴　父母偏愛念　云何俱共出　捨身而不歸
父母若問時　我等如何答　寧可同捐命　豈復自存身
時二王子悲泣懊惱漸捨而去時小王子所將
侍從互相謂曰王子何在宜共推求
爾時國大夫人寢高樓上便於夢中見不祥相
被割兩乳牙齒墮落得三鴿鶵一為鷹奪二
被驚怖地動之時夫人遂覺心大愁惱作如
是言
何故今時大地動　江河林樹皆搖震
日無精光如覆蔽　目瞤乳動異常時

是言
何故今時大地動　江河林樹皆搖震
日無精光如覆蔽　目瞤乳動異常時
如箭射心憂苦逼　遍身戰掉不安隱
我之所夢不祥徵　必有非常災變事
夫人兩乳忽然流出念此必有變怪之事時
有侍女聞外人言求覓王子今猶未得心大驚
怖即入宮中白夫人曰大家知不外聞諸人散
覓王子遍求不得時彼夫人聞是語已生大憂
惱悲淚盈目至大王所白言大王我聞外人
作如是語失我最小所愛之子王聞語已驚
惶失所悲哽而言苦哉今日失我愛子即便
撫慰夫人告言賢首汝勿憂感吾今共
出求覓愛子王與大臣及諸人衆即共出城
各各分散隨處求覓未久之頃有一大臣前
白王曰聞王子在願勿憂愁其最小者今猶未
見王聞是語悲歎而言苦哉苦哉失我
愛子
初有子時歡喜少　後失子時憂苦多
若使我兒重壽命　縱我身亡不為苦
夫人聞已憂惱纏懷如被箭中而嗟歎曰
我之三子并侍從　俱往林中共遊賞
最小愛子獨不還　定有乖離災厄事
次第二臣來至王所王問臣曰愛子何在第
二大臣懊惱啼泣喉舌乾燥口不能言竟無
所荅夫人問曰
速報小子今何在　我身熱惱遍燒然

二大臣懊惱啼泣唯舌乾燥口不能言覔無
所荅夫人問曰
速報小子今何在　我身熱惱遍燒然
悶亂荒迷失本心　勿使我胷今破裂
時第二臣即以王子捨身之事具白王知王
及夫人聞其事已不勝悲噎望捨身處驟駕
前行詣竹林所至彼菩薩捨身之地見其
骸骨隨處交橫俱時投地悶絶將死猶如猛風
吹倒大樹心迷失緒都無所知時大臣等以水
遍灑王及夫人良久乃穌舉手而哭咨嗟歎
曰
禍哉愛子端嚴相　因何死苦先來逼
若我得在汝前亡　豈見如斯大苦事
爾時夫人迷悶稍止頭髮蓬亂兩手推胷宛
轉于地如魚處陸若牛失子悲泣而言
我子誰屠割　餘骨散于地　失我所愛子　憂悲不自勝
苦哉誰殺子　致斯憂惱事　我心非金剛　云何而不破
我夢中所見　兩乳皆被割　牙齒悉墮落　今遭大苦痛
又夢三鴿鶵　一被鷹擒去　今失所愛子　惡相表非虛
爾時大王及於夫人并二王子盡哀號哭瓔珞不御
與諸人衆共收菩薩遺身舍利為於供養
置窣覩波中阿難陀汝等應知此即是彼
菩薩舍利復告阿難陀我於昔時雖具煩惱
貪瞋癡等能於地獄餓鬼傍生五趣之中隨
緣救濟令得出離何況今時煩惱都盡無
復餘習号天人師具一切智而不能為一一衆生
經於多劫在地獄中及於餘處代受衆苦令

貪瞋癡等能於地獄餓鬼傍生五趣之中隨
緣救濟令得出離何況今時煩惱都盡無
復餘習号天人師具一切智而不能為一一衆生
經於多劫在地獄中及於餘處代受衆苦令
出生死煩惱輪迴爾時世尊欲重宣此義
而說頌言
我念過去世　無量無數劫　或時作國王　或復為王子
常行於大施　及捨所愛身　願出離生死　至妙菩提處
昔時有大國　國主名大車　王子名勇猛　常施心無悋
王子有二兄　号大渠大天　三人同出遊　漸至山林所
見虎飢所逼　便生如是心　此虎飢火燒　更無餘可食
大士觀如斯　恐其將食子　捨身無所顧　救子不令傷
大地及諸山　一時皆震動　江海皆騰躍　驚波水逆流
天地失光明　昏冥無所見　林野諸禽獸　飛奔失所依
二兄怪不還　憂慼生悲苦　即与諸侍從　林藪遍尋求
兄弟共籌議　復往深山處　四顧無所有　見虎處空林
其母并七子　口皆有血汙　殘骨并餘髮　縱橫在地中
復見有流血　散在竹林所　二兄既見已　心生大恐怖
悶絶俱投地　荒迷不覺知　塵土坌其身　六情皆失念
王子諸侍從　啼泣心憂惱　以水灑令穌　舉手號咷哭
菩薩捨身時　慈母在宮內　五百諸婇女　共受於妙樂
夫人之兩乳　忽然自流出　遍體如針刺　苦痛不能安
歘生失子想　憂箭苦傷心　即白大王知　陳斯苦惱事
悲泣不堪忍　哀聲向王說　大王今當知　我生大苦惱
兩乳忽流出　禁止不隨心　如針遍刺身　煩冤胷欲破
我先夢惡徵　必當失愛子　願王濟我命　知兒存与亡
夢見三鴿鶵　小者是愛子　忽被鷹奪去　悲愁難具陳

悲泣不堪忍　號聲向王說　大王今當知　我生大苦惱
兩乳忽流出　禁止不隨心　如針遍刺身　煩冤胸欲破
我先夢惡徵　必當失愛子　願王濟我命　知兒存与亡
夢見三鴿鶵　小者是愛子　忽被鷹奪去　悲愁難具陳
我今沒憂海　趣死將不久　恐子命不全　願爲速求覓
又聞外人語　小子求不得　我今意不安　願王哀愍我
夫人白王已　舉身而躃地　悲痛心悶絕　荒迷不覺知
婇女見夫人　悶絕在於地　舉聲皆大哭　憂惶失所依
王聞如是語　懷憂不自勝　因命諸群臣　尋求所愛子
皆共出城外　隨處而追覓　涕淚問諸人　王子今何在
今者爲存亡　誰知所去處　云何令得見　適我憂惱心
諸人悉共傳　咸言王子死　聞者皆傷悼　悲歎苦歎哉
尒時大車王　悲號從座起　即就夫人處　以水灑其身
夫人蒙水灑　久乃得醒悟　悲啼以問王　我兒今在不
王告夫人曰　我已使諸人　四向求王子　尚未有消息
王又告夫人　汝莫生煩惱　且當自安慰　可共出追尋
王即与夫人　嚴駕而前進　號動聲懷慼　憂心若火然
士庶百千万　亦隨王出城　各欲求王子　悲號聲不絕
王求愛子故　目視於四方　見有一人來　被髮身塗血
遍體蒙塵土　悲哭逢前來　王見是惡相　倍復生憂惱
王便舉兩手　哀號不自裁　初有一大臣　忽怯至王所
進白大王曰　幸願勿悲哀　王之所愛子　今雖求未獲
不久當來至　以釋大王憂　王復更前行　見次大臣至
其臣詣王所　流淚白王言　二子今現存　被憂火所逼
其弟三王子　已被無常吞　見餓虎初生　將欲食其子
彼薩埵王子　見此起悲心　願求無上道　當度一切衆

不久當來至　以釋大王憂　王復更前行　見次大臣至
其臣詣王所　流淚白王言　二子今現存　被憂火所逼
其弟三王子　已被無常吞　見餓虎初生　將欲食其子
彼薩埵王子　見此起悲心　願求無上道　當度一切衆
繫想妙菩提　廣大深如海　即上高山頂　投身餓虎前
虎羸不能食　以竹自傷頸　遂噉王子身　唯有餘骸骨
時王及夫人　聞已俱悶絕　心沒於憂海　煩惱火燒然
臣以旃檀水　灑王及夫人　俱起大悲號　舉手椎胸臆
第三大臣來　白王如是語　我見二王子　悶絕在林中
臣以冷水灑　尒乃暫穌息　顧視於四方　如猛火周遍
暫起而還伏　悲號不自勝　舉手以哀言　稱歎弟希有
王聞如是說　倍增憂火煎　夫人大號咷　高聲作是語
我之小子偏鍾愛　已爲無常羅刹吞
餘有二子今現存　復被憂火所燒逼
我今速可之山下　安慰令其保餘命
即便馳駕望前路　一心詣彼捨身崖
路逢二子行啼泣　椎胷懊惱失容儀
父母見已抱憂悲　俱往山林捨身處
既至菩薩捨身地　共聚悲號生大苦
脫去瓔珞盡哀心　收取菩薩身餘骨
与諸人衆同供養　共造七寶窣覩波
以彼舍利置函中　整駕懷憂趣城邑
復告阿難陁　往時薩埵者　即我牟尼是　勿生於異念
王是父淨飯　后是母摩耶　太子謂慈氏　次曼殊室利
虎是大世主　五兒五苾芻　一是大目連　一是舍利子
我爲汝等說　往昔利他緣　如是菩薩行　成佛因當學

須菩阿難陁　往時薩埵者　即我牟尼是　勿生於異念
王是父淨飯　后是母摩耶　太子謂慈氏　次曼殊室利
虎是大世主　五兒五苾芻　一是大目連　一是舍利子
我為汝等說　往昔利他緣　如是菩薩行　成佛因當學
菩薩捨身時　發如是弘願　願我身餘骨　來世益眾生
此是捨身處　七寶窣覩波　以經無量時　遂沈於厚地
由昔本願力　隨緣興濟度　為利於人天　從地而涌出
尒時世尊說是往昔因緣之時無量阿僧企
耶人天大眾皆大悲喜歎未曾有悉發阿耨
多羅三藐三菩提心復告樹神我為報恩
故致禮敬佛攝神力其窣覩波還沒于地
金光明最勝王經十方菩薩讚歎品第廿七
尒時釋迦牟尼如來說是經時於十方世界有
無量百千万億諸菩薩眾各從本土詣鷲
峯山至世尊所五輪著地禮世尊已一心合
掌異口同音而讚歎曰
佛身微妙真金色　其光普照等金山
清淨柔耎若蓮花　無量妙彩而嚴飾
三十二相遍莊嚴　八十種好皆圓備
光明昞著無与等　離垢猶如淨滿月
其聲清徹甚微妙　如師子吼震雷音
八種微妙應群機　超勝迦陵頻伽等
百福妙相以嚴容　光明具足淨無垢
智慧澄明如大海　功德廣大若虛空
圓光遍滿十方界　隨緣普濟諸有情
煩惱愛染習皆除　法炬恒然不休息

百福妙相以嚴容　光明具足淨無垢
智慧澄明如大海　功德廣大若虛空
圓光遍滿十方界　隨緣普濟諸有情
煩惱愛染習皆除　法炬恒然不休息
哀愍利益諸眾生　現在未來能与樂
常為宣說第一義　令證涅槃真寂靜
佛說甘露殊勝法　能与甘露微妙義
引入甘露涅槃城　令受甘露無為樂
常於生死大海中　解脫一切眾生苦
令彼能住安隱路　恒与難思如意樂
如來德海甚深廣　非諸譬喻所能知
於眾常起大悲心　方便精勤恒不息
如來智海無邊際　一切人天共測量
假使千万億劫中　不能得知其少分
我今略讚佛功德　於德海中唯一渧
迴斯福聚施群生　皆願速證菩提果
尒時世尊告諸菩薩言善哉善哉汝等善
能如是讚佛功德利益有情廣興佛事能
滅諸罪生無量福
金光明最勝王經妙幢菩薩讚歎品第廿八
尒時妙幢菩薩即從座起偏袒右肩右膝
著地合掌向佛而說讚曰
牟尼百福相圓滿　無量功德以嚴身
廣大清淨人樂觀　猶如千日光明照
燄彩無邊光熾盛　如妙寶聚相端嚴
如日初出映虛空　紅白分明間金色

着地合掌向佛而説讚曰
牟尼百福相圓滿　無量功德以嚴身
廣大清淨人樂觀　猶如千日光明照
燄彩無邊光熾盛　如妙寶聚相端嚴
如日初出映虛空　紅白分明間金色
亦如金山光普照　悉能周遍百千土
能滅衆生無量苦　皆与無邊勝妙樂
諸相具足悉嚴淨　衆生觀無厭足
頭髮柔耎紺青色　猶如黑蜂集妙花
大喜大捨淨莊嚴　大慈大悲皆具足
衆妙相好為嚴飾　菩提分法之所成
如來能施衆福利　令彼常蒙大安樂
種種妙德共莊嚴　光明普照千万土
如來光相極圓滿　猶如赫日遍空中
佛如須弥功德具　示現能周於十方
如來金口妙端嚴　齒白齊密如珂雪
如來面貌無倫疋　眉間毫相常右旋
光潤鮮白等頗梨　猶如滿月居空界
佛告妙幢菩薩汝能如是讚佛功德不可
思議利益一切令未知者隨順修學
金光明最勝王經菩提樹神讚歎品第廿九
尒時菩提樹神亦以伽他讚世尊曰
敬礼如來清淨慧　敬礼常求正法慧
敬礼能離非法慧　敬礼恒無分別慧
希有世尊無邊行　希見難見比優曇
希有如海鎮山王　希有善逝光無量
希有調御弘慈願　希有釋種明逾日

敬礼能離非法慧　敬礼恒無分別慧
希有世尊無邊行　希見難見比優曇
希有如海鎮山王　希有善逝光無量
希有調御弘慈願　希有釋種明逾日
能說如是經中寶　哀愍利益諸群生
牟尼寂靜諸根具　能入寂靜涅槃城
能住寂靜等持門　能知寂靜深境界
兩足中尊住空寂　聲聞弟子身亦空
一切法體性皆空　一切衆生悉空寂
我常憶念於諸佛　我常樂見諸世尊
我常發起慇重心　常得值遇如來日
我常頂礼於世尊　願常渴仰心不捨
悲泣流淚情無間　常得奉事不知厭
唯願世尊起悲心　和顏常得令我見
佛及聲聞衆清淨　願常普濟於人天
佛身本淨若虛空　亦如幻燄及水月
願說涅槃甘露法　能生一切功德聚
世尊所有淨境界　慈悲正行不思議
聲聞獨覺非所量　大仙菩薩不能測
唯願如來哀愍我　常令覩見大悲身
三業無倦奉慈尊　速出生死歸真際
尒時世尊聞是讚已以梵音聲告樹神曰善
哉善哉善女天汝能於我真實無妄清淨
法身自利利他宣揚妙相以此功德令汝速
證最上菩提一切有情同所修習若得聞者
皆入甘露無生法門
金光明最勝王經大辯才天女讚歎品第卅

善哉善哉善女天汝能於我真實無妄清淨
法身自利利他宣揚妙相以此功德令汝速
證最上菩提一切有情同所修習若得聞者
皆入甘露無生法門
金光明最勝王經大辯才天女讚歎品第卅
爾時大辯才天女即從座起合掌恭敬以
直言詞讚世尊曰
南謨釋迦牟尼如來應正等覺身真金色咽
如螺貝面如滿月目類青蓮脣口赤好如頗梨
色鼻高脩直如截金鋌齒白齊密如拘物
頭花身光普照如百千日光彩映徹如贍部金
所有言詞皆無謬失示三解脫門開三菩提
路心常清淨意樂亦然佛所住處及所行境
亦常清淨離非威儀進止無謬六年苦行三
轉法輪度苦眾生令歸彼岸身相圓滿如
拘物陀樹六度熏修三業無失具一切智自他
利滿所有宣說常為眾生言不虛設於釋種
中為大師子堅固勇猛具八解脫我今隨力
稱讚如來少分功德猶如蚊子飲大海水願以
此福廣及有情永離生死成無上道
爾時世尊告大辯才天曰善哉善哉汝久修習
具大辯才令復於我廣陳讚歎令汝速證無
上法門相好圓明普利一切
金光明最勝王經付囑品第卅一
爾時世尊普告無量菩薩及諸人天一切大眾
汝等當知我於無量無數大劫勤修苦行獲
甚深法菩提正因已為汝說汝等誰能發勇

上法門相好圓明普利一切
金光明最勝王經付囑品第卅一
爾時世尊普告無量菩薩及諸人天一切大眾
汝等當知我於無量無數大劫勤修苦行獲
甚深法菩提正因已為汝說汝等誰能發勇
猛心恭敬守護我涅槃後於此法門廣宣
流布能令正法久住世間爾時眾中有六十
俱胝諸大菩薩六十俱胝諸天大眾異口同
音作如是語世尊我等咸有欣樂之心於佛
世尊無量大劫勤脩苦行所獲甚深微妙之
法菩提正因恭敬護持不惜身命佛涅槃後
於此法門廣宣流布當令正法久住世間
爾時諸大菩薩即於佛前說伽他曰
世尊真實語　安住於實法　由彼真實故　護持於此經
大悲為甲胄　安住於大慈　由彼慈悲力　護持於此經
福資糧圓滿　生起智資糧　由資糧滿故　護持於此經
降伏一切魔　破滅諸邪論　斷除惡見故　護持於此經
護世并釋梵　乃至阿蘇羅　龍神藥叉等　護持於此經
地上及虛空　久住於斯者　奉持佛教故　護持於此經
四梵住相應　四聖諦嚴飾　降伏四魔故　護持於此經
虛空成質礙　質礙成虛空　諸佛所護持　無能傾動者
爾時四大天王聞佛說此護持妙法各生
隨喜護正法心一時同聲說伽他曰
我今於此經　及男女眷屬　皆一心擁護　令得廣流通
若有持經者　能作菩提因　我常於四方　擁護而承事
爾時天帝釋合掌恭敬說伽他曰
諸佛證此法　為欲報恩故　饒益菩薩眾　出世演斯經

我今於此經 及男女眷屬 皆一心擁護 令得廣流通
若有持經者 能作菩提因 我常於四方 擁護而承事
尒時天帝釋合掌恭敬說伽他曰
諸佛證此法 為欲報恩故 饒益菩薩衆 出世演斯經
我於彼諸佛 報恩常供養 護持如是經 及以持經者
尒時覩史多天子合掌恭敬說伽他曰
佛說如是經 若有能持者 當住菩提位 來生覩史天
世尊我慶幸 捨天殊勝報 住於贍部洲 宣揚是經典
尒時索訶世界主梵天王合掌恭敬說伽他曰
諸靜慮無量 諸乘及解脫 皆從此經出 是故演斯經
若說是經處 我捨梵天樂 為聽如是經 亦常為擁護
尒時魔王子名曰商主合掌恭敬說伽他曰
若有受持此 正義相應經 不隨魔所行 淨除魔惡業
我等於此經 亦當勤守護 發大精進意 隨處廣流通
尒時魔王合掌恭敬說伽他曰
若有持此經 能伏諸煩惱 如是衆生類 擁護令安樂
若有說是經 諸魔不得便 由佛威神故 我當擁護彼
尒時妙吉祥天子亦於佛前說伽他曰
諸佛妙菩提 於此經中說 若持此經者 是供養如來
我當持此經 為俱胝天說 恭敬聽聞者 勸至菩提處
尒時慈氏菩薩合掌恭敬說伽他曰
若見住菩提 与為不請友 乃至捨身命 為護此經王
我聞如是法 當往覩史天 由世尊加護 廣為人天說
尒時上坐大迦攝波合掌恭敬說伽他曰
佛於聲聞衆 說我少智慧 我今隨自力 護持如是經
若有持此經 我當攝受彼 授其詞辯力 常隨讚善哉
尒時具壽阿難陀合掌向佛說伽他曰

尒時上坐大迦攝波合掌恭敬說伽他曰
佛於聲聞衆 說我少智慧 我今隨自力 護持如是經
若有持此經 我當攝受彼 授其詞辯力 常隨讚善哉
尒時具壽阿難陀合掌向佛說伽他曰
我親從佛聞 無量衆經典 未曾聞是 深妙法中王
我今聞是經 親於佛前受 諸樂菩提者 當為廣流通
尒時世尊見諸菩薩人天大衆各各發心於
此經典流通擁護勸進菩薩廣利衆生讚言
善哉善哉汝等能於如是微妙經王虔誠流
布乃至於我般涅槃後不令散滅即是無上
菩提正因所獲功德於恒沙劫說不能盡若
有苾芻苾芻尼鄔波索迦鄔波斯迦及餘善
男子善女人等供養恭敬書寫流通為人解
說所獲功德亦復如是是故汝等應勤修習
尒時無量無邊恒(何)沙大衆聞佛說已皆大
歡喜信受奉行
金光明最勝王經卷第十
飜(言例) 梵(胡郎) 鷄(仕子) 檎(巨今) 饒(庶項) 齊(精昔) 嗅(吉香) 救(無給)

尒時無量無邊恒沙大衆聞佛說已皆大
歡喜信受奉行
金光明最勝王經卷第十
鍮去例 航胡郎 鵶仕于 擒巨令 鏈虔項 薺精昔 嗅去吉 校無谷

BD14559 號　金光明最勝王經卷一〇　　（20–20）

BD14560 號背　護首　　（1–1）

貞觀新譯

卷尾有貞觀廿二年八月一
日蘇士方寫造題記上方
有慈恩寺沙門玄奘譯
名許敬宗監閱及弘福
各寺沙門聯署蓋係玄奘
手校翻譯正本而此從正本中
轉寫流傳實為希見珍品

燉煌石室藏經記

清光緒庚子甘肅燉煌縣莫高
窟沙磧中發見石室〻有碑記
封閟於宋太祖太平興國初元
距今千餘歲以藏經紀年攷之

BD14560號　大菩薩藏經卷三　（33–1）

窟沙磧中發見石室〻有碑記
封閟於宋太祖太平興國初元
距今千餘歲以藏經紀年攷之
且近二千年所藏上起西晉下
迄後梁紙本帛畫羅列備具
唐人寫經為最多晉魏六朝
猶更希有矣張皆成卷束以
縹帶完好如新誠天壤間環
寶也吾國官民不甚愛惜丁
未歲法國文學博士伯希和聞
之自新疆馳詣石室賄守藏道士
檢去精品數巨簏英人日人踵之
咸大獲而歸迨端陶齋赴歐攷
察憲政見於倫敦博物院詢知
其故歸而訪求則石室已空僅
於處士家搜得佛經三千卷貯
藏北平圖書館今不知尚存一否
余度隴之歲購求唐寫精品
已不易致而著名年代及六朝
人書則非以巨價求之巨室不

BD14560號　大菩薩藏經卷三　（33–2）

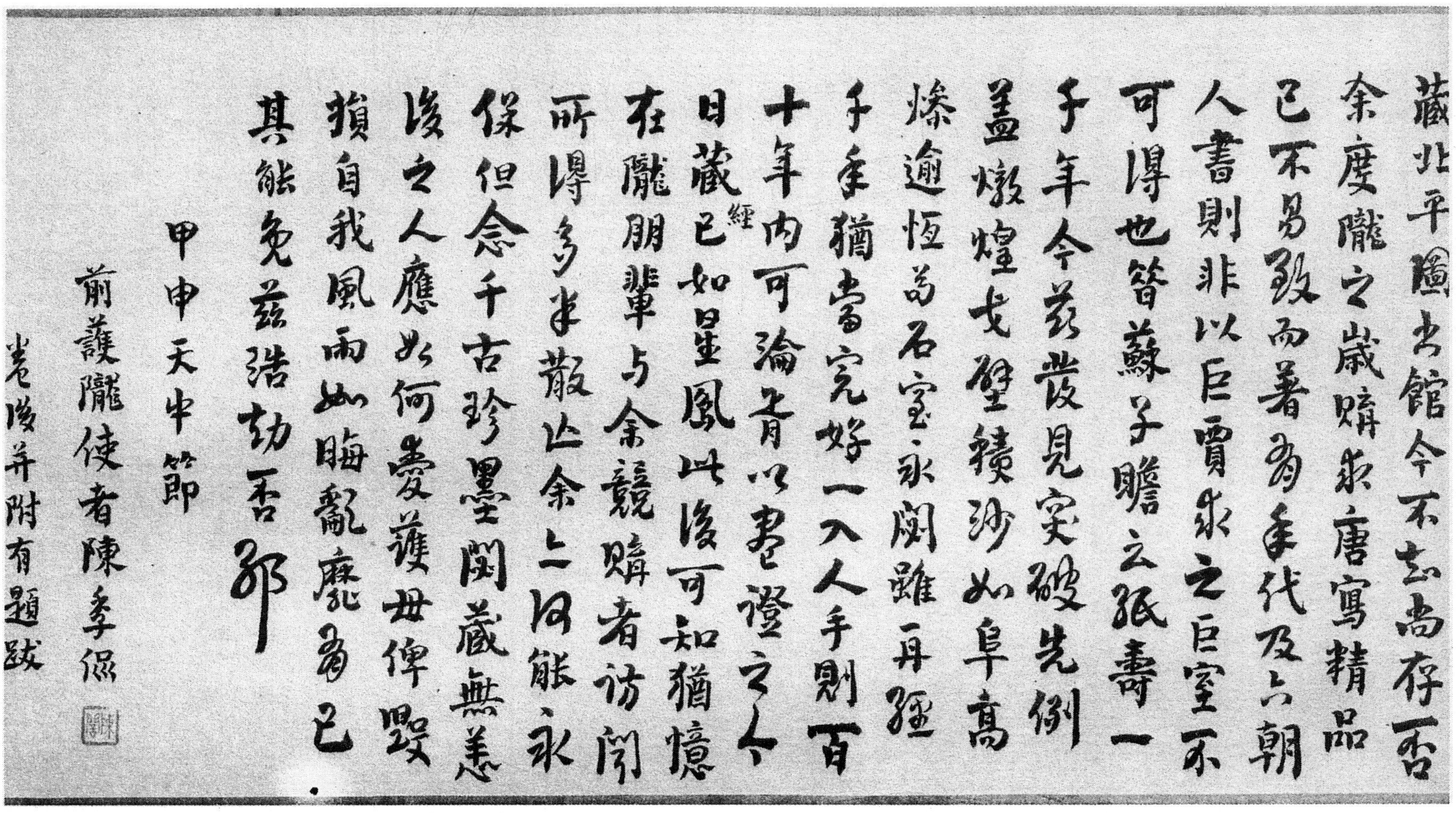

藏北平圖書館今不知尚存否
余度隴之歲購求唐寫精品
已不易致而著名手代及六朝
人書則非以巨價求之巨室不
可得也若蘇子瞻之張壽一
千年今茲發見實破先例
蓋燉煌戈壁積沙如阜高
燥逾恆爲石室永閟雖再經
千年猶當完好一入人手則百
十年內可論着以書證之今
日藏經已如星鳳此後可知猶憶
在隴朋輩与余競購者訪問
所得多半散亡余亦何能永
保但念千古珍墨閟藏無恙
後之人應如何愛護毋俾毀
損自我風雨如晦亂離爲已
其能免茲浩劫否耶
甲申天中節
前護隴使者陳季侃
卷後并附有題跋

BD14560號　大菩薩藏經卷三　（33–3）

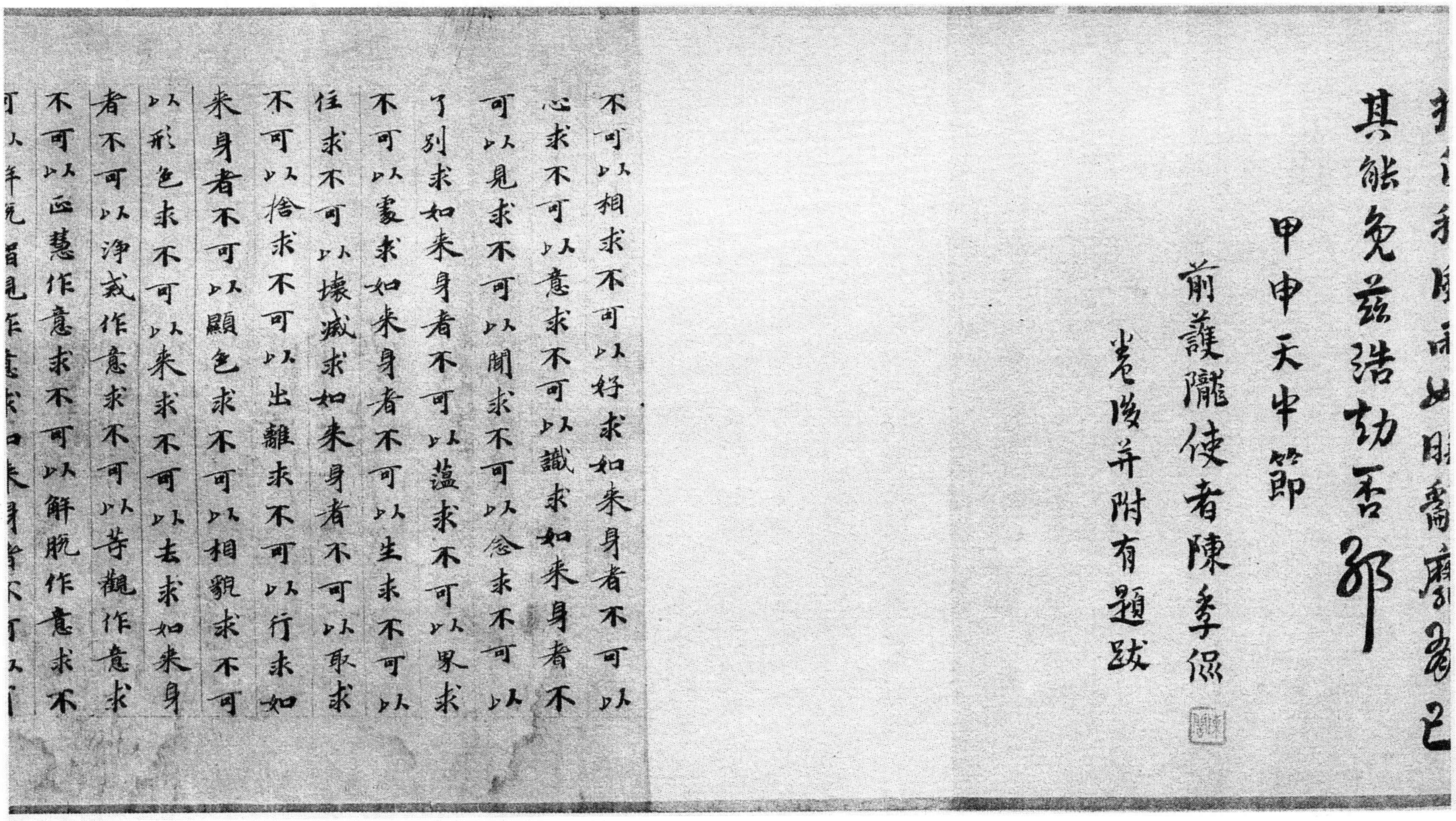

損自我風雨如晦亂離爲已
其能免茲浩劫否耶
甲申天中節
前護隴使者陳季侃
卷後并附有題跋

不可以相求不可以好求如來身者不可以
心求不可以意求不可以識求如來身者不
可以見求不可以聞求不可以念求不可以
了別求如來身者不可以蘊求不可以界求
不可以處求如來身者不可以生求不可以
住求不可以壞滅求如來身者不可以取求
不可以捨求不可以出離求不可以行求如
來身者不可以顯色求不可以相貌求不可
以形色求不可以來求不可以去求如來身
者不可以淨戒作意求不可以菩觀作意求
不可以正慧作意求不可以解脫作意求不
[illegible]

BD14560號　大菩薩藏經卷三　（33–4）

來身者不可以顯色求不可以相貌求不可
以形色求不可以來求不可以去求如來身
者不可以淨戒作意求不可以等觀作意求
不可以正慧作意求不可以解脫作意求不
可以解脫智見作意求如來身者不可以有
相求不可以无相求不可以諸法相求如來
身者不可以力增益求不可以无畏增益求
不可以无礙辯增益求不可以神通增益求
不可以大悲增益求不可以不共佛法增益
求舍利子菩薩摩訶薩欲求如來身者當應
如幻如焰如水中月如是自性求如來身舍
利子如來身者即是空无相无願解脫之身
无變異身无動壞身无分別身无依止身无
思慮身如來身者即是安住善住得不動身
如來身者即是无色色自性身即是无受受
自性身即是无想想自性身即是无行行自
性身即是无識識自性身舍利子如來身者
无有无生无四大身如來身者即是希有希
有法身如來身者非眼所起不在色中亦不
在外不依於耳不在聲內亦不在外非鼻所
知不在香內亦不在外非舌所顯不在味中
亦不在外不與身合不在觸中亦不在外如
來身者不依心轉不依意轉不依識轉安住
不動非是旋還亦不隨轉舍利子如來身者
等量虛空如來身者極於法界如來身者盡

亦不在外不與身合不在觸中亦不在外如
來身者不依心轉不依意轉不依識轉安住
不動非是旋還亦不隨轉舍利子如來身者
等量虛空如來身者極於法界如來身者盡
虛空界舍利子是名第一如來不思議身是
諸菩薩摩訶薩聞如來不思議身如虛空已
信受諦奉清淨无疑倍復踊躍深生歡喜發
希奇想尒時世尊欲重宣此義而說頌曰
拘胝那庾劫　行无量大行　善淨身三業　獲无等佛身
慈心遍十方　起大悲行施　常離邪婬行　得勝虛空身
於世勝福田　佛子廣行施　捨淨珎服等　如无量殑沙
奉持於淨戒　如犛牛護尾　假使碎身皆　於彼大悲生
正勤波羅蜜　脩行極疲皆　發如大誓願　求常住佛身
樂觀諸定境　樂廣慧方便　樂觀於法界　願等法界身
於佛行善已　成无等妙覺　獲大虛空身　清白離塵染
无我人性空　无相不可說　證是牟尼身　過諸眼境界
意淨離色聲　本空无起作　具真如身者　則見十方佛
如種種幻化　為馬狂夫等　誑惑愚倒者　如是觀十力
三世无量佛　同處法性身　无等等虛空　極清淨法界
如是舍利子是名如來不可思議身菩薩摩
訶薩信受諦奉清淨无疑倍復踊躍深生歡
喜發希奇想
尒時佛告舍利子云何菩薩摩訶薩於如來
不思議音聲信受諦奉清淨无疑乃至發希
奇想舍利子如來出世隱諸舍識敷演法化

喜發希奇想
尒時佛告舍利子云何菩薩摩訶薩於如來
不思議音聲信受諦奉清淨无疑乃至發希
奇想舍利子如來出世隱諸舍識敷演法化
所發音聲齊於衆會由所調伏衆生力故如
來音聲普遍十方无量世界令諸衆生心歡
喜故舍利子然諸如來所出音聲雖遍世界
不作是念我為比丘衆說法我為比丘尼衆
說法我為鄔波索迦衆鄔波斯迦衆婆羅門
衆剎帝利衆長者衆天衆梵衆如是等衆而
為說法亦不作是念我今演說綫經應頌記
別伽他自說因緣本事本生方廣未曾有法
譬喻論義如是等趣十二部經初未生念為
之敷演舍利子如來隨諸衆集所謂比丘乃
至梵衆如其所聞種種正勤而為說法是諸
衆生樂聞法故各自謂聞如來法聲面門而
發然是法聲於其所說種類言詞不相障礙
各別悟解自所了法是則名為不可思議舍
利子諸佛如來先福所感果報音聲其相无
量所謂慈潤聲可意聲音樂聲清淨聲離垢
聲美妙聲喜聞聲辯了聲不輭聲不澀聲令
身適悅聲心生踊躍聲心歡悅豫聲發起憙
樂聲易解聲易識聲正直聲可愛聲可憙聲
慶悅聲意悅聲師子王吼聲大雲震聲大海
震聲緊捺洛歌聲羯羅頻伽聲梵天聲天鼓

BD14560號　大菩薩藏經卷三

（33–7）

身適悅聲心生踊躍聲心歡悅豫聲發起憙
樂聲易解聲易識聲正直聲可愛聲可憙聲
慶悅聲意悅聲師子王吼聲大雲震聲大海
震聲緊捺洛歌聲羯羅頻伽聲梵天聲天鼓
聲吉祥聲柔耎聲顯暢聲大雷深遠聲一切
含識諸根喜聲稱可一切衆會聲成就一切
微妙相聲舍利子如是等如來音聲具足如
是殊勝功德及餘无量无邊功德之所莊嚴
舍利子是名第二如來不思議音聲是諸菩
薩摩訶薩聞如來不思議音聲具足无量殊
勝功德信受諦奉清淨无疑倍復踊躍深生
歡喜發希奇想尒時世尊欲重宣此義而說
頌曰
導師演妙法　所謂梵音聲　由是法具足　令諸梵歡喜
牟尼演妙音　從大悲流涌　謂與慈相應　喜捨亦如是
如是具足音　滅衆生貪火　息除瞋恚毒　壞裂諸癡暗
假使贍部洲　无量種人聲　縱獲遍聞已　終不悟解脫
天地虛空聲　不悟亦如是　若聞聖主聲　必能證寂滅
二足及四足　多足及无足　悉同彼音轉　悟之善惡法
三千世界內　下中上音聲　隨彼種類音　化令證解脫
演无分別聲　无縛无攝受　處定聞真諦　聞者息煩惱
无邊衆生聞　佛法僧音聲　及施戒聞忍　如來聲如是
彼聲非有量　聲智俱无邊　信佛聲无疑　唯聰慧菩薩
尒時佛告舍利子云何菩薩摩訶薩於如來
不思議大智信受諦奉清淨无疑倍復踊躍

BD14560號　大菩薩藏經卷三

（33–8）

无邊衆生聞　佛法僧音聲　及施戒聞忍　如来聲如是
彼聲非有量　聲智俱无邊　信佛聲无疑　唯聦慧菩薩
尒時佛告舍利子云何菩薩摩訶薩於如来
不思議大智信受諦奉清淨无疑倍復踊躍
深生歡喜發希奇想舍利子如来无礙智見
不可思議於一切法中依之而起諸菩薩摩
訶薩則能信受諦奉乃至發希奇想舍利子
如来爲生信故依如来智波羅蜜多廣説譬
喻諸有智者便得聞解舍利子假使有人以
殑伽沙等世界中所有草木莖幹枝葉下
至量齊四指積爲大聚以火焚之乃變成墨
擲置他方殑伽沙等世界海中於百千歲就
以摩之盡爲墨汁舍利子如来成就如是无礙
智見以是智故從彼如是大海之中取一墨
滴以智力故分析了知是某世界如是樹成
某根某莖某枝某條花葉等類別所作皆
悉了知何以故舍利子由如来善通達法界
故而能如是了知此墨從某世界某樹而来
如是次第乃至廣説舍利子是名如来應正
遍知具是如是大神通力具是如是大威德
力具是如是大宗勢力是故舍利子若有善
男子善女人於如来大智清淨信受又於佛
所起愛敬心者彼善男子善女人所有善根
叵知其邊速盡皆際何以故舍利子如来善
通達法界故由通達故若有衆生於如来所
起徹善者盡於皆際畢竟不壞舍利子我今

力具是如是大宗勢力是故舍利子若有善
男子善女人於如来大智清淨信受又於佛
所起愛敬心者彼善男子善女人所有善根
叵知其邊速盡皆際何以故舍利子如来善
通達法界故由通達故若有衆生於如来所
起徹善者盡於皆際畢竟不壞舍利子我今
爲汝復説譬喻令有智者因此喻故於義解
了舍利子如有男子壽命百年此人持一毛
端散分以爲百五十分取毛一分霑水一滴
来至我所而作是言敢以滴水持用相寄後
若須者當還賜我尒時如来取其滴水置殑
伽河中而爲彼河流浪迴復之所旋轉和
合引注至于大海是人滿百年已来至我
所而白我言先寄滴水今請還我舍利子如
来成就不思議智由是智故如来應正等覺
知彼水滴在于大海便以一分毛端就大海
内霑本水滴用還是人舍利子此譬喻者
義何謂邪所謂衆生曾以一滴微善之水寄
置如来福田手中久而不失如是舍利子
若有善男子善女人於如来不思議智清淨
信受起愛敬心縁念如来興諸供養又以名
花散空奉獻是人所有善根叵知其邊速盡
皆際何以故舍利子如来善通達法界故若
人於如来所起一念善心者盡於皆際畢竟
不壞
尒時長老舍利子白佛言世尊如来不思議

旹際何以故舍利子如来善通達法界故若
人於如来所起一念善心者盡於旹際畢竟
不壞
尒時長老舍利子白佛言世尊如来不思議
大智離識而轉不佛言不也舍利子復白佛
言世尊若如是者云何為智云何為識佛言
舍利子有四識住識依此住故名識住何者
為四所謂色識住者識緣於色識住色中由
如此故生喜住著轉加增長堅固廣大受識
住者識緣於受識住受中由如此故生喜住
著轉加增長堅固廣大想識住者識緣於想
識住想中由如此故生喜住著轉加增長堅
固廣大行識住者識緣於行識住行中由如
此故生喜住著轉加增長堅固廣大舍利子
如是等相名之為識復以何等名之為智所
謂不住五受蘊中了達識蘊是名為智又舍
利子所言識者謂能了別地界水界火界風
界是名為識所言智者若有不住四大界中
能善通達識之法界不相雜者是名為智又
舍利子所言識者謂能了別眼所知色耳所
知聲鼻所知香舌所知味身所知觸意所知
法是名為識所言智者於内寂靜不行於外
唯依於智不於一法而生分別及種種分別
是名為智又舍利子從境界生是名為識從
作意生是名為識從分別生是名為識无取
无執无有所緣无所了別无有分別是名為

BD14560號　大菩薩藏經卷三　（33–11）

唯依於智不於一法而生分別及種種分別
是名為智又舍利子從境界生是名為識從
作意生是名為識從分別生是名為識无取
无執无有所緣无所了別无有分別是名為
智又舍利子所言識者住有為法何以故无
為法中識不能行若能了達无為之法是名
為智又舍利子住生滅者名之為識不生不
滅无有所住是名為智舍利子如是諸相若
識若智是名如来第三不思議大智若諸菩
薩摩訶薩聞如是不思議大智无障无礙一
切法中依之而起信受諦奉清淨无疑倍復
踊躍深生歡喜發希奇想尒時世尊欲重宣
此義而說頌曰

无量殑伽沙　十方界草木　盡焚成黑灰　億載摩于海
十力智深妙　取滴亦含生　如實分別知　此某界樹等
如是十方界　塵水亦如来　佛智等虛空　遍曉无疑滯
十方衆生心　發貪瞋癡行　如實悉能知　无增減解脫
十力世尊智　照明於法界　无分別離思　佛子能信受

尒時佛告舍利子云何菩薩摩訶薩於如来
不思議大光信受諦奉清淨无疑倍復踊躍
深生歡喜發希奇想舍利子諸佛如来善通
達法界故不可思議由通達故一切如来放
大光明遍照三千大千佛之世界而无障礙
舍利子譬如空中无諸雲霧日輪炎盛放大
光明遍照於世如是舍利子如来應正等覺
放大光明遍照一切亦復如是又舍利子如

BD14560號　大菩薩藏經卷三　（33–12）

大光明遍照三千大千佛之世界而无障礙
舍利子譬如空中无諸雲霧日輪炎盛放大
光明遍照於世如是舍利子如來應正等覺
放大光明遍照一切亦復如是又舍利子如
世間中燈油之光於螢火光為廣為大顯照
明淨超過衆勝燭炬之耀超勝燈光庭燎火
聚又勝燭炬藥草發光踰於火聚星宿之光
倍過藥草滿月流光又過星耀炎盛日光踰
超於月四天王天身所發光宮殿光牆壁光
莊嚴具光倍勝於前不可為喻如是展轉乃
至他化自在天身宮殿牆壁身莊嚴具皆發
光明又倍於上梵身天光梵輔天光梵衆天
光大梵天光如是少光无量光光淨少淨乃
至遍淨廣果有想无想无煩无熱善現善見
色究竟天所有身光宮殿光牆壁光莊嚴具
光比前諸光為最第一如是色究竟天所有
光明比於如來正遍知光而如來光超過於
彼微妙顯照最勝明淨廣大第一不可為喻
何以故舍利子如來光者不可思議從无量
戒聚生從等持聚生慧聚解脫聚解脫智見
聚生從如是等无量功德之所由生又舍利
子三千大千世界所有諸光比如來光百倍
不及其一乃至優波尼高倍不及其一如是
筭數譬喻所不能及復次舍利子如贍部捺
陁金置凡金中令彼凡金猶如墨聚失於明
照如是舍利子於此三千大千世界中所有

不及其一乃至優波尼高倍不及其一如是
筭數譬喻所不能及復次舍利子如贍部捺
陁金置凡金中令彼凡金猶如墨聚失於明
照如是舍利子於此三千大千世界中所有
光明若於如來光前不能明照亦復如是又
一切世間所有諸光於如來光前不可說言
有光有淨有勝有上有无上也
復次舍利子汝今當知如來不為憐愍衆生
攝持此光令周一尋者但以分業所生光則
能遍照三千大千佛之世界令日月光悉不
復現若如是者不可分別有晝有夜不可
分別有月半月及以時節歲數分齊但為憐
愍諸衆生故現周一尋舍利子若如來應正
遍知發意欲以光明遍滿无量无數无邊世
界則能遍照何以故舍利子如來以得第一
般若波羅蜜多故舍利子我今為汝更說譬
喻重明此義諸有智者倍增顯了舍利子假
使有人以此三千大千世界碎為微塵置衣
裓中往至東方過尒所微塵數世界乃下一
塵如是展轉盡此微塵而此東方所有世界
未盡其邊如是南西北方四維上下亦復如
是舍利子於汝意云何頗有人能得是世界
諸邊際不舍利子言不也薄伽梵不也蘇揭
多舍利子是諸世界所有諸光无量无邊不
可思議而如來光最為第一彼一切光於如
來光百倍不及其一乃至優波尼高分不及
其一如是筭數譬喻所不能及舍利子如來

多舍利子是諸世界所有諸光无量无邊不
可思議而如来光最為第一彼一切光於如
来光百倍不及其一乃至優波尼高分不及
其一如是筭數譬喻所不能及舍利子如来
發意欲以光明遍照一切世界則能遍照何
以故由如来得第一般若波羅蜜多故舍利
子如来光者无有障礙所有牆壁若樹若木
若輪圍山大輪圍山軋陁摩達那山目脂隣
陁山大目脂隣陁山伊沙陁羅山雪山黑山
及蘇迷盧山王如是等皆不能障佛之光明
悉能洞徹遍照三千大千世界舍利子少智
衆生不能信解如来光者或有衆生見如来
光唯照一尋次有智者見如来光照於二尋
次有智者見如来光照拘盧舍次大智者乃
至能見如来光明遍照三千大千世界舍利
子乃至百千世界王梵天王能見如来光明
遍照百千世界如是展轉乃至已登上地諸
大菩薩摩訶薩能見如来光明遍照无量无
邊世界舍利子如来為欲憐愍諸衆生故又
放光明遍照如虚空等諸衆生界舍利子是
名第四如来不思議光諸菩薩摩訶薩聞如
来說是大光不可思議如虚空已无惑无疑
清淨信受倍復踊躍深生歡喜發希奇想尒
時世尊欲重宣此義而說頌曰
日月等光明　及諸釋梵等　乃至色究竟　无光等佛者
色究竟天光　遍照三千界　比佛一毛光　十六不及一

BD14560號　大菩薩藏經卷三　（33–15）

来說是大光不可思議如虚空已无惑无疑
清淨信受倍復踊躍深生歡喜發希奇想尒
時世尊欲重宣此義而說頌曰
日月等光明　及諸釋梵等　乃至色究竟　无光等佛者
色究竟天光　遍照三千界　比佛一毛光　十六不及一
如来所放光　遍滿虚空界　諸大慧衆生　方能見如是
佛光无有邊　量等虚空性　随所化衆生　見光有差別
如有生盲者　不見日光明　彼不見光照　謂日光无有
下劣諸衆生　不見佛光明　彼不見光照　謂佛光无有
或見光一尋　或見拘盧舍　或及一由旬　或滿三千界
已住於大地　大慧光菩薩　或住八九地　至于十地者
如来超彼地　光輪无有邊　不思議佛土　施作諸佛事
諸佛不思議　佛光不思議　信者及獲福　亦尒難思議
尒時佛告舍利子云何菩薩摩訶薩於如来
不可思議淨尸羅衆及三摩地衆信受諦奉
清淨无疑倍復踊躍深生歡喜發希奇想舍
利子彼等應知如是正說若諸含識在于世
間奉持尸羅清淨无染由清淨故當知是人
成就清淨身業成就清淨語業成就清淨意
業是人雖復常處世間而不為彼世法所染
當知是人為婆羅門為離諸惡為沙門者為
寂靜者是名第一脩靜慮者得第一三摩地
波羅蜜多者舍利子如是含識則是如来如
是說者是名正說何以故舍利子我初不見
諸天世間若摩若梵若沙門若婆羅門及餘
天人阿素洛等具有如是无量无邊不可思
議清淨尸羅三摩地衆等如来者何以故舍

BD14560號　大菩薩藏經卷三　（33–16）

是說者是名正說何以故舍利子我初不見
諸天世間若摩若梵若沙門若婆羅門及餘
天人阿素洛等具有如是无量无邊不可思
議清淨尸羅三摩地衆等如來者何以故舍
利子如來以得第一尸羅三摩地波羅蜜多
故舍利子汝今欲聞佛說如來尸羅波羅蜜
多譬喻不舍利子言今正是時薄伽梵今正
是時蘇揭多世尊若諸比丘聞佛所說如來
尸羅波羅蜜多譬喻者如所聞已當共受持
佛告舍利子善哉善哉吾當為汝分別解說
舍利子於汝意云何諸衆生界與大地界何
者㝡多舍利子言如我解佛所說義者衆生
界多非地界也佛言如是如是舍利子衆生
界多非如地界舍利子假使三千大千世界
所有衆生卵生胎生濕生化生若有色若无
色若有想若无想若非有想非无想所有衆
生彼一切衆生於一刹那須臾一牟呼羅多
頃或一羅婆頃假使同時皆得人身舍利子
彼一切衆生得人身已於一刹那乃至一羅
婆頃假使同時悉成阿耨多羅三藐三菩提
是一一如來復化作尒所如來是一一所化
如來各有千頭是一一頭各有千口是一一
口各有千舌時彼一切諸化如來皆悉成就
如來十力四无所畏四无礙解又成就佛无
障无礙无盡辯才舍利子是諸如來以尒所
舌布演无礙无盡辯才依一如來尸羅波羅

口各有千舌時彼一切諸化如來皆悉成就
如來十力四无所畏四无礙解又成就佛无
障无礙无盡辯才舍利子是諸如來以尒所
舌布演无礙无盡辯才依一如來尸羅波羅
蜜多衆无量稱讚雖經拘胝那庾多百千大
劫如是稱讚而如來戒衆猶不能盡舍利子
如來戒衆无量无邊无有窮盡不可思議是
諸如來无上智慧无礙无障无盡辯才亦无
窮盡不可思議乃至諸化如來未至同時入
大涅槃讚說如來戒衆亦不能盡何以故如
來戒衆及諸世尊无上智慧无礙辯才此二
俱是不可思議故无量无數與虛空界平等
平等舍利子且置三千大千世界所有衆生
假使東方殑伽沙等世界中所有衆生如是
南西北方四維上下十方殑伽沙等世界中
所有衆生彼一切衆生於一刹那頃乃至羅
婆頃同時皆得人身俱成阿耨多羅三藐三
菩提如是廣說乃至如來戒衆及諸如來无
上智慧无礙辯才俱是不可思議无量无數
與虛空界平等平等何以故舍利子由如來證
得第一尸羅波羅蜜多故
尒時佛告舍利子汝今欲聞佛說如來三摩
地波羅蜜多譬喻不舍利子言今正是時若
諸比丘聞佛所說如來三摩地波羅蜜多譬
喻者如所聞已當共奉持佛告舍利子假使
有時於此世間劫將欲燒由第七日彼日出

地波羅蜜多譬喻不舍利子言今正是時若
諸比丘聞佛所說如來三摩地波羅蜜多譬
喻者如所聞已當共奉持佛告舍利子假使
有時於此世間劫將欲燒由第七日彼日出
故三千大千世界一時燒然如是極然遍極
然大洞然舍利子當知如來於此大洞然等
世界之內隨於一處假使如來在中若依經
行若住若坐若臥當知此處成就十種甚希
奇法不可思議舍利子何等名為十希奇法
所謂如來遊止之處不加功力坦然平正猶
如掌中舍利子是名此處成就第一甚希奇
法
復次舍利子假使如上世界乃至大洞然等
如來在中若依經行若住坐臥其處自然高
踊顯敞无雜凡石舍利子是名此處成就第
二甚希奇法
復次舍利子假使如上世界乃至大洞然等
如來在中若依經行若住坐臥其處自然平
博嚴淨而為如來之所受用舍利子是名此
處成就第三甚希奇法
復次舍利子假使如上世界乃至大洞然等
如來在中若依經行若住坐臥其處自然生
諸香草光色青翠卷耎右旋具細滑觸如迦
遮隣地舍利子是名此處成就第四甚希奇
法
復次舍利子假使如上世界乃至大洞然等

BD14560號　大菩薩藏經卷三　（33–19）

如來在中若依經行若住坐臥其處自然生
諸香草光色青翠卷耎右旋具細滑觸如迦
遮隣地舍利子是名此處成就第四甚希奇
法
復次舍利子假使如上世界乃至大洞然等
如來在中若依經行若住坐臥其處自然八
功德水出現於地所謂一輕二冷三耎四澄
靜五无穢六清淨七樂飲八多飲无患舍利
子是名此處成就第五甚希奇法
復次舍利子假使如上世界乃至大洞然等
如來在中若依經行若住坐臥其處自然涼
風和暢輕靡相發此是如來先業所感舍利
子譬如極炎熱時於日後分有一丈夫熱所
逼故奔趣殑河投于水中沐浴身體熱之既
息清涼悅樂往返遊戲度至餘岸經行往來
遥見不遠有大樹林枝葉翠盛陰影厚密便
往林中復見施妙林坐敷毾氎毹上加綿褥
覆以迦遮隣地之帔輕妙鮮文重覆其上緋
耎倚枕置牀兩頭彼大丈夫于此牀若坐
若臥於牀四面清風微動輕扇相續如是舍
利子如來於此大洞然等世界之中行住坐
臥自然涼風微扇相續亦復如是舍利子是
名此處成就第六甚希奇法
復次舍利子假使如上世界乃至大洞然等
如來在中若依經行若住坐臥其處自然江
河池沼有水生花種種出現所謂殟鉢羅花
鉢特摩花拘貿陁花奔荼利花其花[illegible]

BD14560號　大菩薩藏經卷三　（33–20）

名此處成就第六甚希奇法
復次舍利子假使如上世界乃至大洞然等
如来在中若依經行若住坐卧其處自然江
河池沼有水生花種種出現所謂殟鉢羅花
鉢特摩花拘貿陁花奔荼利花其花芬馥光
采映發見者悅樂舍利子是名此處成就第
七甚希奇法
復次舍利子假使如上世界乃至大洞然等
如来於中行住坐卧其處自然原陸陵阜皆
生妙花種種出現所謂阿底目多迦花瞻愽
迦花蘇末那花婆使迦花阿輸迦花波吒羅
花迦臓羅花怛羅尼花瞿怛羅尼花如是等
花開敷鮮榮色香具足衆生見者得未曾有
舍利子是名此處成就第八甚希奇法
復次舍利子假使如上世界乃至大洞然等
如来於中行住坐卧其處自然金剛為體堅
固難壞舍利子是名此處成就第九甚希奇
法
復次舍利子假使如上三千大千世界劫欲
盡時乃至燒極燒遍極燒然極然遍極然大
洞然等是諸世界如来在中若依經行若住
坐卧當知其處是佛靈廟諸天世間若摩若
梵若沙門若婆羅門天及人民阿素洛等恭
敬供養尊重之處舍利子是名此處成就第
十甚希奇法
復次舍利子汝今當知如是十種甚希奇法
皆是如来先世業力之所成就何以故舍利

梵若沙門若婆羅門天及人民阿素洛等恭
敬供養尊重之處舍利子是名此處成就第
十甚希奇法
復次舍利子汝今當知如是十種甚希奇法
皆是如来先世業力之所成就何以故舍利
子如来善通達法界故由通達故如来應正
遍知入是三摩地依此定心受樂不退雖經
殑伽沙等諸大劫住然如来未曾退起三摩
地心舍利子如来應正遍知依此定心經一
食頃或住一劫百劫千劫或住百千劫或住
一拘胝劫百拘胝劫千拘胝劫百千拘胝劫
或復乃至過於上數何以故如来應正遍知
成就第一三摩地波羅蜜多故由成就故如
来具足如是大神通力具足如是大威德力
具足如是大宗勢力舍利子如彼非想非非
想處諸天子生識緣一境經八万四千劫住
乃至三摩地壽命未盡已来此識不為餘境
界識之所移轉舍利子彼諸天子尚以世定
之力經尒所時何況如来三摩地波羅蜜多
而无久住
復次舍利子如来應正遍知初證阿耨多羅
三藐三菩提夜乃至入无餘大般涅槃界夜
於其中間如来之心於三摩地未曾有起故
名此定无迴轉心无所行心无觀察心无動
慮心无流蕩心无攝聚心无散亂心无高舉
心无沈下心无防護心无覆藏心无欣勇心

三藐三菩提夜乃至入无餘大般涅槃夜
於其中間如来之心於三摩地未曾有起故
名此定无迴轉心无所行心无觀察心无動
慮心无流蕩心无攝聚心无散亂心无高舉
心无沈下心无防護心无覆藏心无欣勇心
无違逆心无萎悴心无動搖心无驚喜心无
惛沈心无分別心无異分別心无遍分別心
又此定者不隨識心不依眼心不依耳鼻舌
身意心不依色心不依聲香味觸法心不趣
諸法心不趣智心不觀過去心不觀未来心
不觀現在心舍利子如来應正遍知住三摩
地如是離心无有一法而可得者於一切法
中无礙智見生以无功用故又舍利子如来
不起於三摩地離心意識而能作諸佛事以
无功用故如是舍利子是諸菩薩摩訶薩聞
如来不思議尸羅及三摩地已信受諦奉清
淨无疑倍復踊躍深生歡喜發希奇想尒時
世尊欲重宣此義而說頌曰

无量无等百千劫　皆有趣中行覺行
或聞定忍不放逸　導師能脩妙覺因
最勝業果淨如是　妙廣淨戒起諸有
十力尊戒如空淨　難說无垢辟虛空
從佛初得菩提夜　至後入於寂滅夜
佛心无行无異行　大靜慮定未曾起
十力戒聚无退分　解脫神力亦如是
一心住經无量劫　大眠无思无異思
佛智如空非思境　明達无緣照三世

BD14560號　大菩薩藏經卷三　（33–23）

從佛初得菩提夜　至後入於寂滅夜
佛心无行无異行　大靜慮定未曾起
十力戒聚无退分　解脫神力亦如是
一心住經无量劫　大眠无思无異思
佛智如空非思境　明達无緣照三世
无心意思无佷變　唯有佛子能信受

尒時佛告舍利子云何菩薩摩訶薩於如来
不思議神力信受諦奉清淨无疑倍復踊躍
深生歡喜發希奇想舍利子如来應正遍知
所獲神通不可思議不可宣說今當為汝方
便開顯舍利子如来常說我聲聞眾中得神
通者所謂長老大沒特伽羅子最為第一舍
利子如是所得神通若以稱量觀察聲聞神
通不見有與菩薩神通等者若以稱量觀察
聲聞菩薩所得神通不見有與諸佛如来神
通等者舍利子是名如来不可思議神通是
諸菩薩摩訶薩為欲證得如来神通者倍應
發起上品正勤則能獲證舍利子汝等今者
欲於如来所聞說不思議神通譬喻不舍利
子言今正是時若諸比丘聞佛所說神通譬
喻者如所聞已當共受持佛告舍利子諦聽
諦聽當為汝說舍利子言如是世尊願樂欲
聞佛告舍利子於汝意云何尊者大沒特伽
羅子有大神通不舍利子言我昔從佛受持
是語尊者大沒特伽羅子於聲聞僧中神通
第一佛言如是如是舍利子今當為汝廣說
譬喻假使三千大千世界滿中聲聞皆得神

BD14560號　大菩薩藏經卷三　（33–24）

聞佛告舍利子於汝意云何尊者大汲特伽
羅子有大神通不舍利子言我昔從佛受持
是語尊者大汲特伽羅子於聲聞僧中神通
第一佛言如是如是舍利子今當為汝廣說
譬喻假使三千大千世界滿中聲聞皆得神
通如大汲特伽羅子譬如甘蔗竹葦稻麻叢
林是諸聲聞以諸正勤迅速勢力神通變化
顯現之時欲比如來神通變化百分千分百
千万分不及其一拘胝分不及其一拘胝分
百拘胝分千拘胝分百千拘胝分不及其一如是僧佉分迦羅
分伽拏那分漚波摩分漚波尼高分不及其
一何以故如來應正遍知以得第一神通變
化波羅蜜多故

復次舍利子假使如來以一芥子挍之于地
彼聲聞眾以諸正勤迅速勢力神通變化大
顯現時終不能動所挍芥子如毛端許何以
故如來應正遍知以得第一神通變化故又
舍利子且置三千大千世界假使東方乃至
如殑伽沙等世界中所有眾生如是十方殑
伽沙等世界眾生若卵生若胎生乃至非想
非非想處一切眾生俱是聲聞咸就第一神
通變化皆如尊者大汲特伽羅子如是聲聞
以諸正勤迅速勢力神通變化大顯現時終
不能動所挍芥子如毛端許何以故如來以
得第一波羅蜜神通波羅蜜多故舍利子是
名如來具足如是大神通力具足如是大威

BD14560號　大菩薩藏經卷三　（33–25）

通變化皆如尊者大汲特伽羅子如是聲聞
以諸正勤迅速勢力神通變化大顯現時終
不能動所挍芥子如毛端許何以故如來以
得第一波羅蜜神通波羅蜜多故舍利子是
名如來具足如是大神通力具足如是大威
德力具足如是大宗勢力

尒時薄伽梵復告長老舍利子言舍利子汝
頗嘗聞風劫起時世有大風名僧伽多彼風
所吹舉此三千大千世界蘇迷盧山王輪圍
山大輪圍山及四大洲八万小洲大山大海
舉離本處高踰繕那碎為末不舍利子言我
昔面於佛前親聞受持如是之事佛言如是
如是舍利子又風災起更有大風名僧伽多
彼風所吹舉此三千大千世界并蘇迷盧山
輪圍山等及諸大海舉高百踰繕那已碎末
為塵或復舉高二百踰繕那或高四百五百
乃至舉高千踰繕那或高三千四千踰繕那
已碎末為塵乃至或高無量百千踰繕那已
碎末為塵而此諸塵隨風散滅了不可得何
況山石當有存者此風又上擊散壞滅焰摩
天宮乃至諸塵散滅何況宮殿當有存者如
是展轉次第而上擊散壞滅覩史多天樂變
化天他化自在天摩羅眾天娑摩天淨光天
遍淨天所有宮殿乃至彼諸微塵亦皆散滅
不可而得何況宮殿牆壁而可存者舍利子
假使如上大風卒起摧壞世界即以此風吹
如來衣一毛端縈尚不能動何況衣角及全

BD14560號　大菩薩藏經卷三　（33–26）

遍淨天所有宮殿乃至彼諸微塵亦皆散滅
不可而得何况宮殿牆壁而可存者舍利子
假使如上大風卒起摧壞世界即以此風吹
如来衣一毛端際尚不能動何况衣角及全
衣者何以故如来應正等覺成就不可思議
神通不可思議威儀不可思議妙行不可思
議大悲故復次舍利子假使十方如殑伽河
沙等世界有如是等大風輪起將欲吹壞此
諸世界尒時如来以一指端持此世界往至
餘處或令風輪无力能吹颯然還返然於如
来神通變化及一切力无有退滅舍利子如
来神通不可思議難聞難信唯有諸大菩薩
摩訶薩乃能信受諦奉清淨无惑无疑倍復
踊躍深生歡喜發希奇想尒時世尊欲重宣
此義而說頌曰
假使三界諸含靈　一切變成聲聞衆
盡得神通波羅蜜　譬如沒特伽羅子
獲大神通力如来　以一芥子擲於地
一切聲聞現神通　未能搖轉毛端量
假使十方世界中　所有殑伽河沙等
吹嵐僧伽大猛風　吹碎如斯諸世界
如是諸風大猛盛　將吹一切智衣服
盡其勢力不能動　乃至如一毛端量
大牟尼尊以一毛　能障彼風令不起
佛具如斯大神力　等彼虛空无邊際
如是舍利子是名如来不可思議大神通力

如是諸風大猛盛　將吹一切智衣服
盡其勢力不能動　乃至如一毛端量
大牟尼尊以一毛　能障彼風令不起
佛具如斯大神力　等彼虛空无邊際
如是舍利子是名如来不可思議大神通力
菩薩摩訶薩信受諦奉清淨无疑倍復踊躍
深生歡喜發希奇想

大菩薩藏經卷第三

弘福寺沙門僧知仁筆受
弘福寺沙門靈雋筆受
大總持寺沙門道觀筆受
瑤臺寺沙門道卓筆受
清禪寺沙門明覺筆受
簡州福聚寺沙門靖邁證文
蒲州普救寺沙門行友證文
普光寺沙門道智證文
汴州真諦寺沙門玄忠證文
弘福寺沙門明濬正字
大總持寺沙門玄應正字
弘福寺沙門玄謨證梵語
弘福寺沙門文備證義
蒲州栖巖寺沙門神泰證義
廓州法講寺沙門道深證義
寶昌寺沙門法祥證義
羅漢寺沙門慧貴證義
實際寺沙門明琰證義

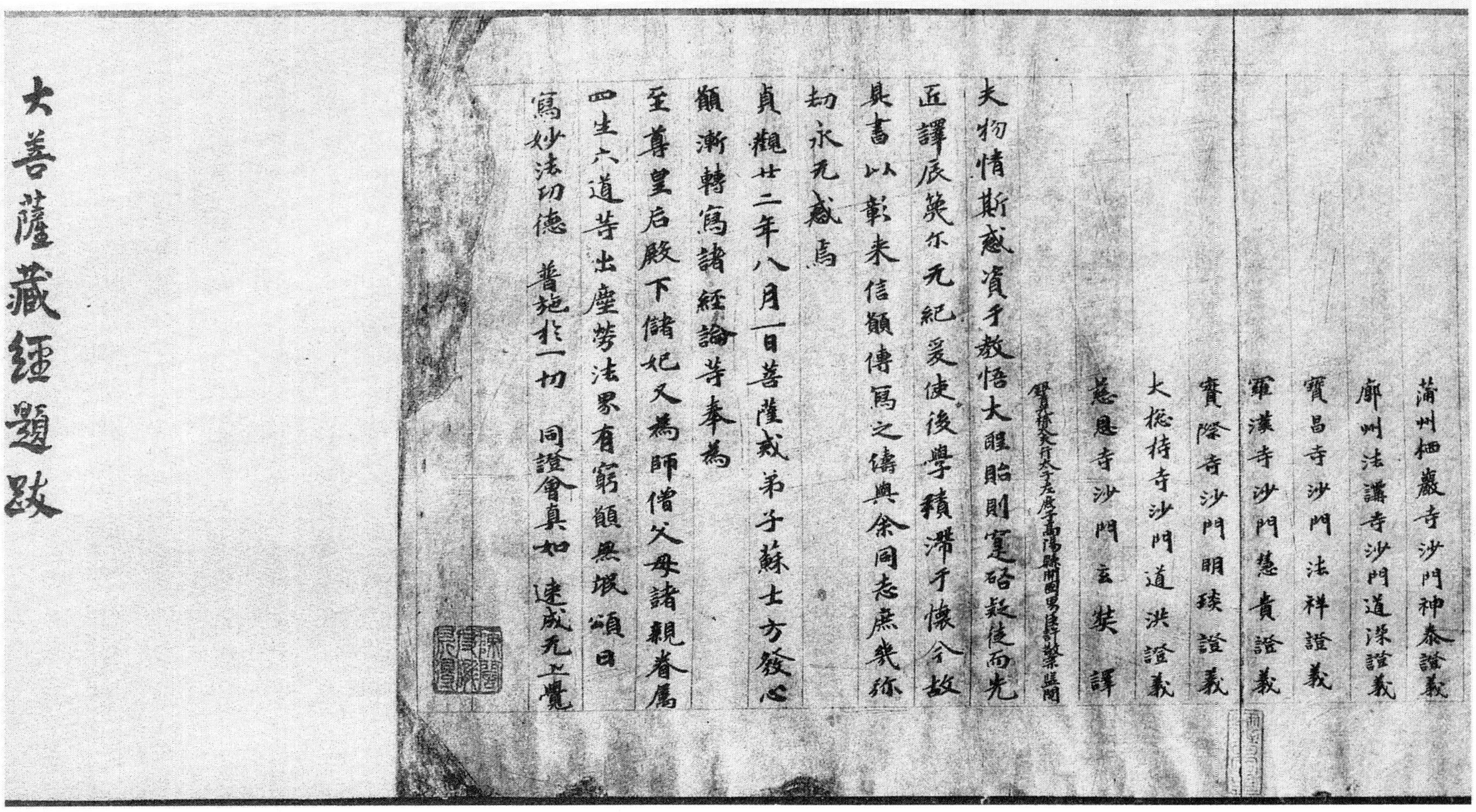

蒲州栖巖寺沙門神泰證義
廓州法講寺沙門道深證義
寶昌寺沙門法祥證義
羅漢寺沙門慧貴證義
實際寺沙門明琰證義
大總持寺沙門道洪證義
慈恩寺沙門玄奘譯
銀青光祿大夫行太子左庶子高陽縣開國男臣許敬宗監閱

夫物情斯惑資于教悟大聖貽則寔啓疑徒而先
匠譯辰幾亦无紀爰使後學積滯于懷今故
具書以彰來信願傳寫之儔與余同志庶幾弥
劫永无惑焉
貞觀廿二年八月一日菩薩戒弟子蘇士方發心
願漸轉寫諸經論等奉為
至尊皇后殿下儲妃又為師僧父母諸親眷屬
四生六道等出塵勞法界有窮願無竭頌曰
寫妙法功德　普施於一切　同證會真如　速成无上覺

大菩薩藏經題跋

BD14560 號　大菩薩藏經卷三　（33–29）

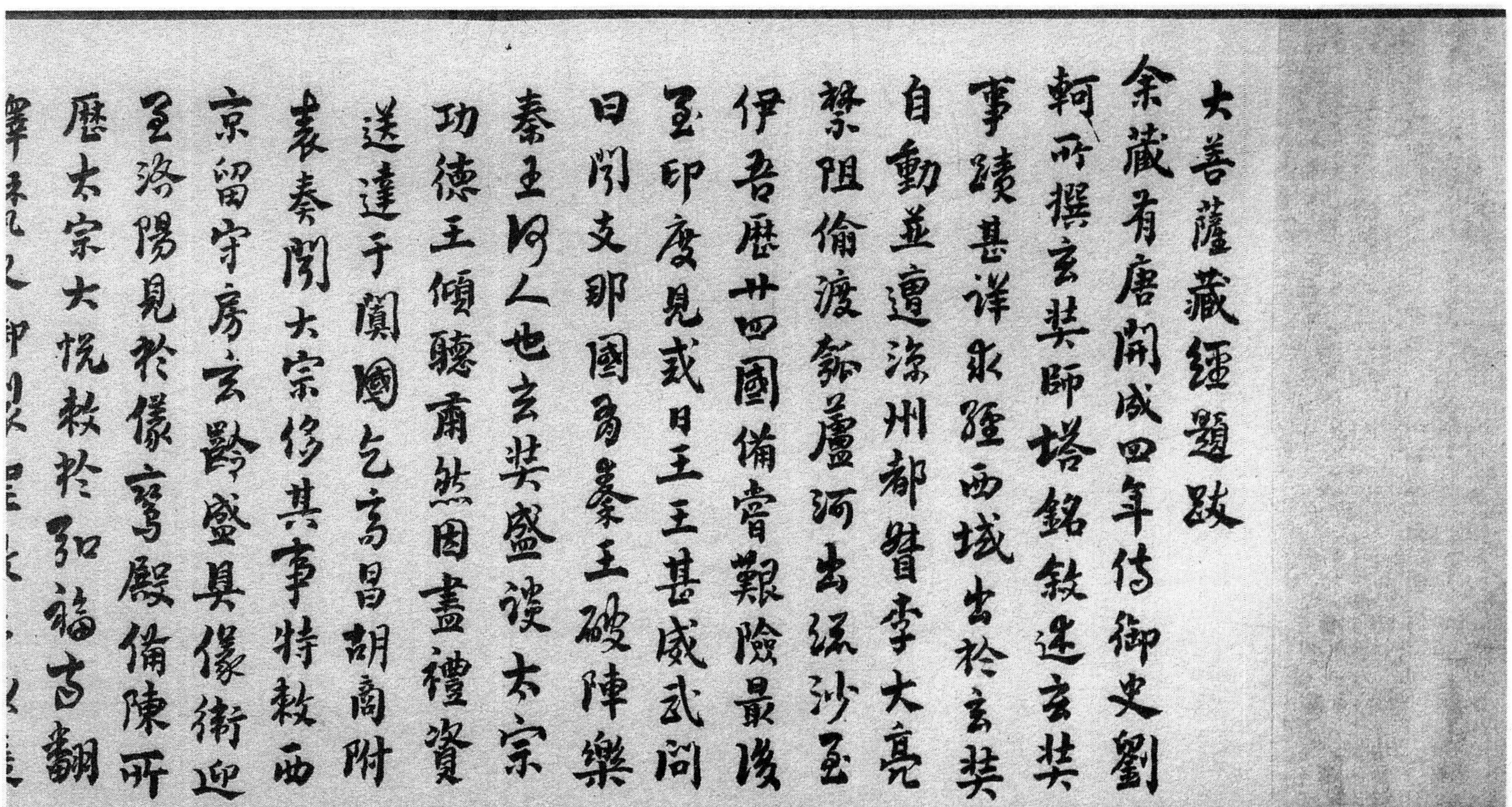

大菩薩藏經題跋
余藏有唐開成四年侍御史劉
軻所撰玄奘師塔銘敘述玄奘
事蹟甚詳求經西域出於玄奘
自動並遭涼州都督李大亮
禁阻偷渡瓠蘆河出緣沙至
伊吾歷廿四國備嘗艱險最後
至印度見戒日王王甚威武問
日闕支那國有秦王破陣樂
秦王何人也玄奘盛讚太宗
功德王傾聽肅然因盡禮資
送達于闐國乞高昌胡商附
表奏聞太宗侈其事特敕西
京留守房玄齡盛具儀衛迎
至洛陽見於儀鸞殿備陳所
歷太宗大悦敕於弘福寺翻

BD14560 號　大菩薩藏經卷三　（33–30）

京留守房玄齡盛具儀衛迎
至洛陽見於儀鸞殿備陳所
歷太宗大悅敕於弘福寺翻
譯梵文御製聖教序以張
其事蓋玄奘自動出國適為
太宗宣傳威德太宗嘉其誇
揚盛美故盡極禮敬以示國
人本意興佛無閡而適以造
成佛教西來輝煌盛典則
玄奘法師之美也貞觀廿二
年六月皇太子宣請法師
為慈恩寺上座更造翻經
院於是由弘福遷于慈恩完
成功德此經即於是年八月一日
寫造正如初寫黃庭想當紙
貴洛陽矣余特據塔銘以為
攷證則卷尾紀年及玄奘之
為慈恩寺沙門若合符節
豈非經典珍聞而是經與銘
適均入余手為尤可異也

BD14560號　大菩薩藏經卷三　（33–31）

為慈恩寺上座更造翻經
院於是由弘福遷于慈恩完
成功德此經即於是年八月一日
寫造正如初寫黃庭想當紙
貴洛陽矣余特據塔銘以為
攷證則卷尾紀年及玄奘之
為慈恩寺沙門若合符節
豈非經典珍聞而是經與銘
適均入余手為尤可異也

甲申端陽後一日

越州陳季侃

BD14560號　大菩薩藏經卷三　（33–32）

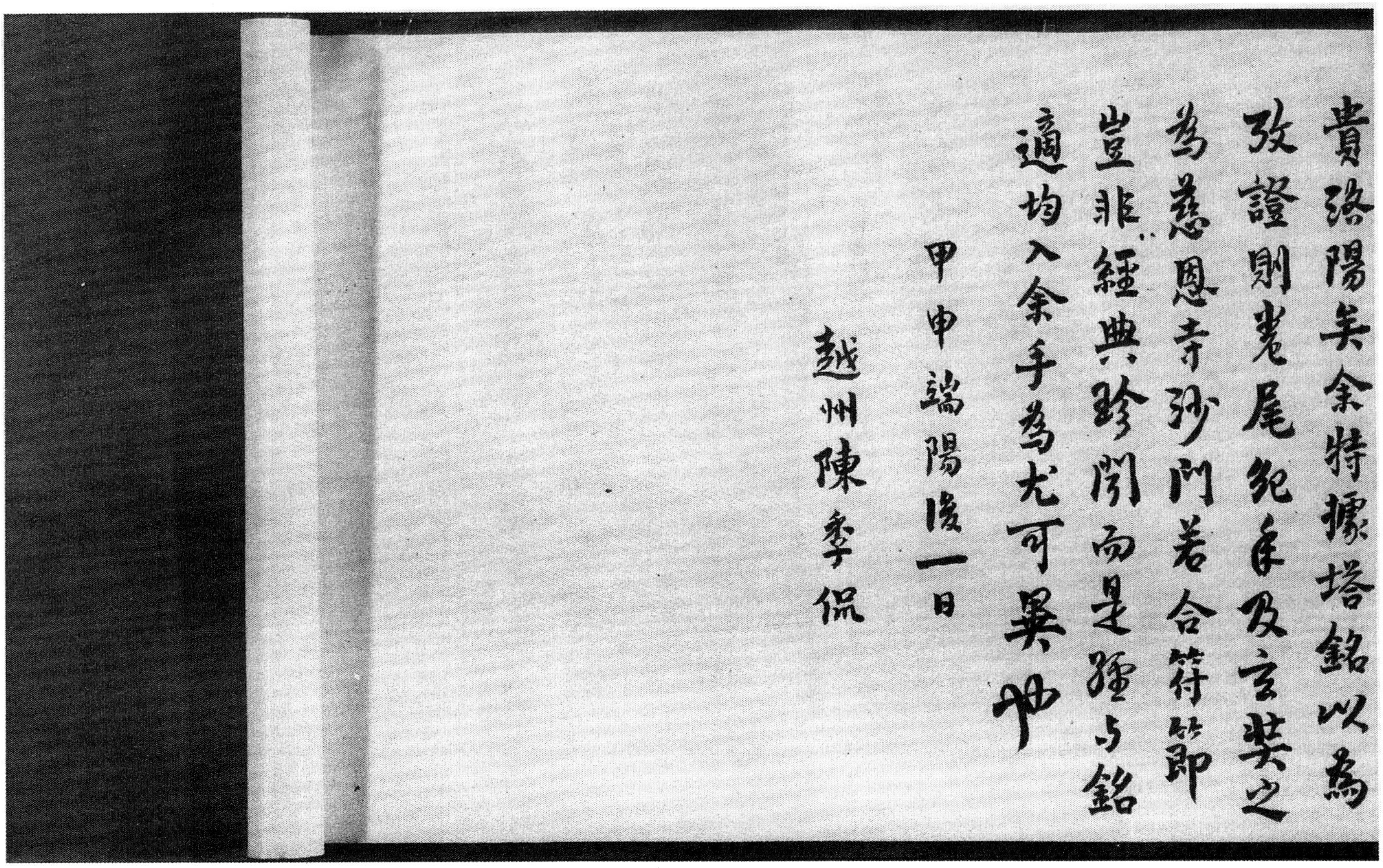
貴洛陽矣余特據塔銘以為
攷證則首尾紀年及玄奘之
為慈恩寺沙門若合符節
豈非經典珍聞而是經與銘
適均入余手為尤可異也
甲申端陽後一日
越州陳季侃

BD14560號　大菩薩藏經卷三　（33–33）

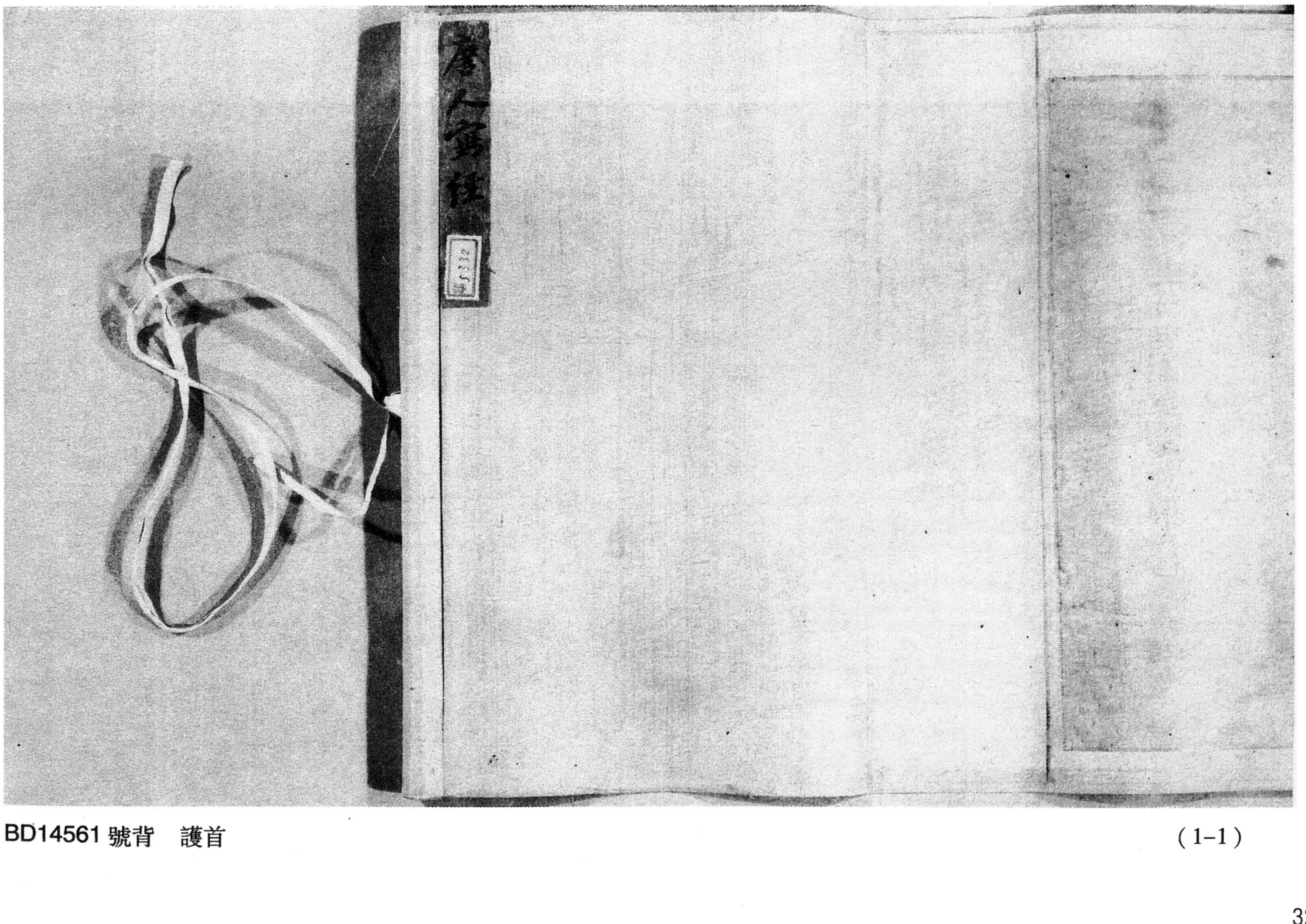
唐人寫經

BD14561號背　護首　（1–1）

波羅蜜多及餘無量無邊佛法漸學圓滿若
時若時布施淨戒安忍精進靜慮般若波羅
蜜多及餘無量無邊佛法漸學圓滿尒時尒
時是諸菩薩漸得隣近一切智智是故世尊
我謂煩惱於諸菩薩有大恩德謂能隨順一

BD14561 號　大般若波羅蜜多經卷五八八　（6–1）

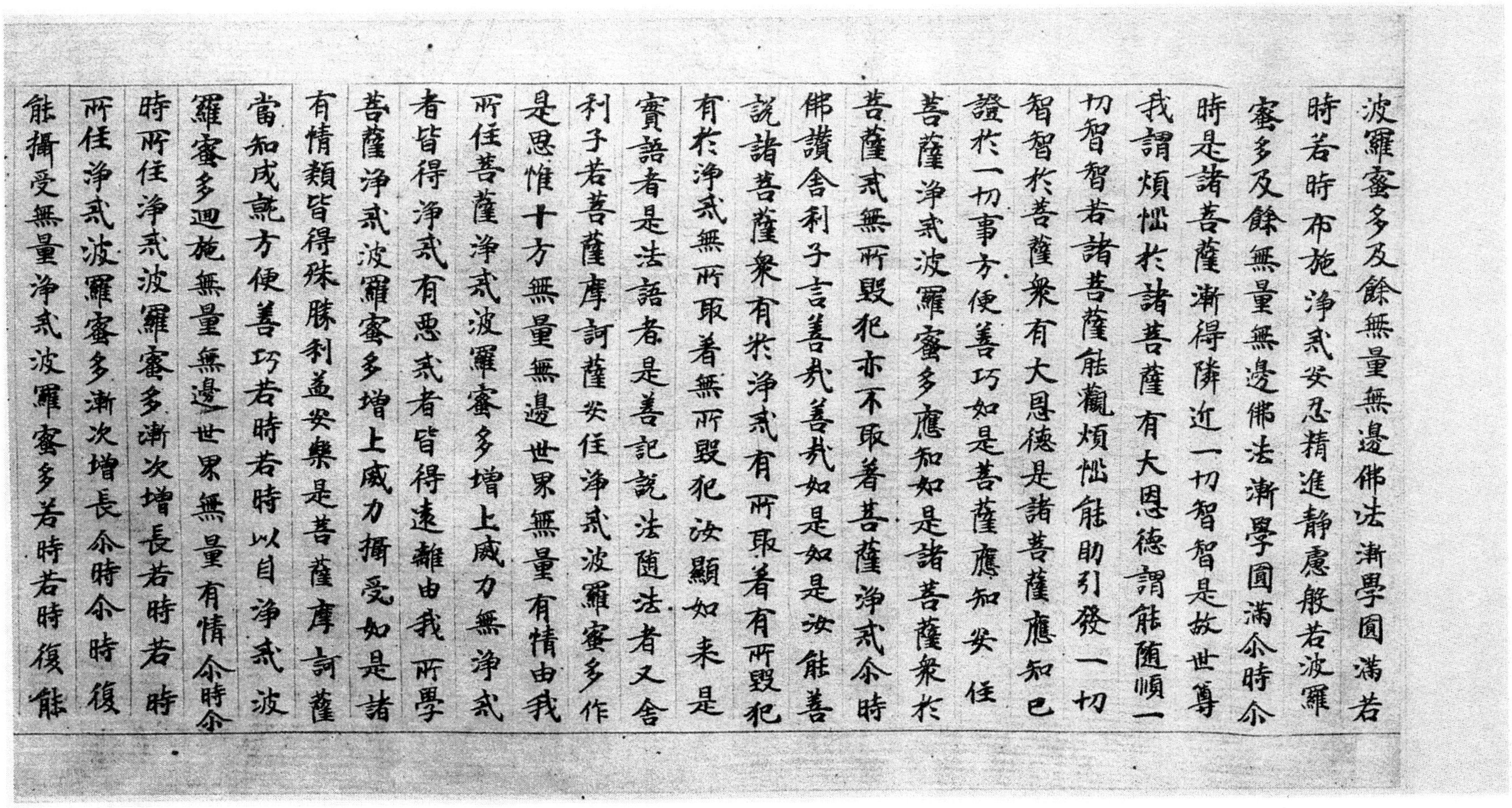
波羅蜜多及餘無量無邊佛法漸學圓滿若
時若時布施淨戒安忍精進靜慮般若波羅
蜜多及餘無量無邊佛法漸學圓滿尒時尒
時是諸菩薩漸得隣近一切智智是故世尊
我謂煩惱於諸菩薩有大恩德謂能隨順一
切智智若諸菩薩能觀煩惱能助引發一切
智智於菩薩衆有大恩德是諸菩薩應知已
證於一切事方便善巧如是菩薩應知安住
菩薩淨戒波羅蜜多應知如是諸菩薩衆於
菩薩戒無所毀犯亦不取著菩薩淨戒尒時
佛讚舍利子言善哉善哉如是如是汝能善
說諸菩薩衆有於淨戒有所取著有所毀犯
有於淨戒無所取着無所毀犯汝顯如来是
實語者是法語者是善記說法隨法者又舍
利子若菩薩摩訶薩安住淨戒波羅蜜多作
是思惟十方無量無邊世界無量有情由我
所住菩薩淨戒波羅蜜多增上威力無淨戒
者皆得淨戒有惡戒者皆得遠離由我所學
菩薩淨戒波羅蜜多增上威力攝受如是諸
有情類皆得殊勝利益安樂是菩薩摩訶薩
當知成就方便善巧若時若時以自淨戒波
羅蜜多迴施無量無邊世界無量有情尒時尒
時所住淨戒波羅蜜多漸次增長若時若時
所住淨戒波羅蜜多漸次增長尒時尒時復
能攝受無量淨戒波羅蜜多若時若時復能

BD14561 號　大般若波羅蜜多經卷五八八　（6–2）

羅蜜多迴施無量無邊世界無量有情尒時尒
時所住淨戒波羅蜜多漸次增長若時若時
所住淨戒波羅蜜多漸次增長尒時尒時復
能攝受無量淨戒波羅蜜多若時若時復能
攝受無量淨戒波羅蜜多尒時尒時復能攝
受無量無數微妙佛法由斯疾得一切智智
又舍利子若菩薩摩訶薩安住淨戒波羅蜜
多作是思惟十方無量無邊世界無量有情
由我所住菩薩淨戒波羅蜜多增上威力未
發無上菩提心者皆能發心已發無上菩提
心者皆永不退若於無上正等覺心已不退
者速能圓滿一切智智是菩薩摩訶薩方便
善巧緣諸菩薩迴施淨戒波羅蜜多若時若
時迴施淨戒波羅蜜多尒時尒時能不遠離
一切智心若時若時能不遠離一切智心尒時
尒時漸次鄰近一切智智是菩薩摩訶薩
由此善根增上威力復能攝受無量淨戒波
羅蜜多令漸增廣亦能攝受無量無數微妙
佛法令漸圓滿又舍利子若菩薩摩訶薩安
住淨戒波羅蜜多以自所住菩薩淨戒波羅
蜜多施一菩薩所獲福聚勝施殑伽沙數世
界犯戒有情皆令圓滿受持淨戒若菩薩摩
訶薩安住淨戒波羅蜜多以自所住菩薩淨
戒波羅蜜多迴施十方諸有情類令住淨戒
遠離毀犯所獲福聚無量無邊有菩薩摩訶
薩安住淨戒波羅蜜多以自所住菩薩淨戒
波羅蜜多施一菩薩所獲福聚於前菩薩所

BD14561 號　大般若波羅蜜多經卷五八八　（6–3）

訶薩安住淨戒波羅蜜多以自所住菩薩淨
戒波羅蜜多迴施十方諸有情類令住淨戒
遠離毀犯所獲福聚無量無邊有菩薩摩訶
薩安住淨戒波羅蜜多以自所住菩薩淨戒
波羅蜜多施一菩薩所獲福聚於前菩薩所
獲福聚百倍為勝千倍為勝乃至鄔波尼殺
曇倍亦復為勝何以故舍利子是菩薩摩訶
薩以自所住菩薩淨戒波羅蜜多施一菩薩
令其攝受一切智智亦令任持一切智智此
一菩薩既能攝受一切智智復能任持一切智
智則能攝受任持無量無邊世界無量有情
皆令安住所有淨戒離諸毀犯如是展轉多
所饒益譬如大舍一柱十閒無量眾生於中
止住共相嬉戲歡娛受樂有暴惡人欲伐其
柱時有善士告惡人言今此舍中多諸族類
共相嬉戲歡娛受樂若伐此柱其舍崩摧
損害此中無量生命如是善士為欲利樂其
中止住無量有情遮彼惡人不令伐柱時有
男子讚善士言善哉善哉汝今已施無量生
類壽命安樂如是菩薩欲證無上正等菩提
應以大乘布施淨戒安忍精進靜慮般若波
羅蜜多及餘無量無邊佛法教誡教授令證
無上正等菩提與諸有情作大饒益若以獨
覺及聲聞乘功德善根教誡教授便障無量
無邊有情阿羅漢等殊勝功德若有菩薩欲
證無上正等菩提能以大乘布施淨戒安忍
精進靜慮般若波羅蜜多及餘無量無邊佛

BD14561 號　大般若波羅蜜多經卷五八八　（6–4）

類壽命安樂如是菩薩欲證無上正等菩提
應以大乘布施淨戒安忍精進靜慮般若波
羅蜜多及餘無量無邊佛法教誡教授令證
無上正等菩提與諸有情作大饒益若以獨
覺及聲聞乘功德善根教誡教授便障無量
無邊有情阿羅漢等殊勝功德若有菩薩欲
證無上正等菩提能以大乘布施淨戒安忍
精進靜慮般若波羅蜜多及餘無量無邊佛
法教誡教授令其攝受一切智智亦令任持
一切智智既令攝受一切智智亦令任持一
切智智即施無量無邊有情阿羅漢等殊勝
功德如是菩薩欲證無上正等菩提能以大
乘布施淨戒安忍精進靜慮般若波羅蜜多
及餘無量無邊佛法教誡教授即為教誡教
授無量無邊有情令行種種安樂如行如是
菩薩安住淨戒波羅蜜多作是思惟由我所
住菩薩淨戒波羅蜜多願諸有情皆具淨戒
遠離毀犯願以如是迴施善根一切有情皆
得正念由正念故皆生喜樂彼諸有情聞此
語已心離毀犯受持淨戒復有菩薩安住淨
戒波羅蜜多能起一心以所住戒施一菩薩
於前功德百倍為勝千倍為勝乃至鄔波尼

BD14561 號　大般若波羅蜜多經卷五八八　（6–5）

授無量無邊有情令行種種安樂如行如是
菩薩安住淨戒波羅蜜多作是思惟由我所
住菩薩淨戒波羅蜜多願諸有情皆具淨戒
遠離毀犯願以如是迴施善根一切有情皆
得正念由正念故皆生喜樂彼諸有情聞此
語已心離毀犯受持淨戒復有菩薩安住淨
戒波羅蜜多能起一心以所住戒施一菩薩
於前功德百倍為勝千倍為勝乃至鄔波尼

BD14561 號　大般若波羅蜜多經卷五八八　（6–6）

大般若波羅蜜多經卷第一百卅九

初分校量功德品第三十之三十七　三藏法師玄奘奉　詔譯

復次憍尸迦若善男子善女人等為發無上
菩提心者說一切智若常若無常說道相
智一切相智若常若無常說一切智若樂若
苦說道相智一切相智若樂若苦說一切智若
我若無我說道相智一切相智若我若无我
說一切智若淨若不淨說道相智一切相智
若淨若不淨若有能依如是等法脩行靜
慮是行靜慮波羅蜜多復作是說行靜慮
者應求一切智若常若無常應求道相智一切
相智若常若无常應求一切智若樂若苦應
求道相智一切相智若樂若苦應求一切智若
我若无我應求道相智一切相智若我若無
我應求一切智若淨若不淨應求道相智一
切相智若淨若不淨若有能求如是等法脩

BD14562 號　大般若波羅蜜多經卷一三九　（16–1）

相智若常若无常應求一切智若樂若苦應
求道相智一切相智若樂若苦應求一切智若
我若无我應求道相智一切相智若我若無
我應求一切智若淨若不淨應求道相智一
切相智若淨若不淨若有能求如是等法脩
行靜慮是行靜慮波羅蜜多憍尸迦若善男
子善女人等如是求一切智若常若无常求
道相智一切相智若常若无常求一切智若
樂若苦求道相智一切相智若樂若苦求一
切智若我若無我求道相智一切相智若我
若无我求一切智若淨若不淨求道相智一
切相智若淨若不淨依此等法行靜慮者我
說名為行有所得相似靜慮波羅蜜多憍尸
迦如前所說當知皆是說有所得相似靜慮
波羅蜜多
復次憍尸迦若善男子善女人等為發無上
菩提心者說一切陁羅尼門若常若无常說
一切三摩地門若常若无常說一切陁羅尼
門若樂若苦說一切三摩地門若樂若苦說
一切陁羅尼門若我若无我說一切三摩地
門若我若无我說一切陁羅尼門若淨若不
淨說一切三摩地門若淨若不淨若有能依
如是等法脩行靜慮是行靜慮波羅蜜多復
作是說行靜慮者應求一切陁羅尼門若常
若無常應求一切三摩地門若常若无常應
求一切陁羅尼門若樂若苦應求一切三摩地
門若樂若苦應求一切陁羅尼門若我若無
我應求一切三摩地門若我若無我應求一

BD14562 號　大般若波羅蜜多經卷一三九　（16–2）

若無常應求一切三摩地門若常若无常應
求一切陀羅尼門若樂若苦應求一切三摩地
門若樂若苦應求一切陀羅尼門若我若無
我應求一切三摩地門若我若無我應求一
切陀羅尼門若淨若不淨應求一切三摩
地門若淨若不淨若有能求如是等法修行
靜慮是行靜慮波羅蜜多憍尸迦若善男
子善女人等如是求一切陀羅尼門若常若无
常求一切三摩地門若常若無常求一切陀
羅尼門若樂若苦求一切三摩地門若樂若
苦求一切陀羅尼門若我若無我求一切三
摩地門若我若無我求一切陀羅尼門若淨
若不淨求一切三摩地門若淨若不淨依此
等法行靜慮者我說名為行有所得相似
靜慮波羅蜜多憍尸迦如前所說當知皆是
說有所得相似靜慮波羅蜜多
復次憍尸迦若善男子善女人等為發无上
菩提心者說預流向預流果若常若无常說
一來向一來果不還向不還果阿羅漢向阿羅
漢果若常若無常說預流向預流果若樂
若苦說一來向一來果不還向不還果阿羅
漢向阿羅漢果若樂若苦說預流向預流果
若我若無我說一來向一來果不還向不還
果阿羅漢向阿羅漢果若我若無我說預流
向預流果若淨若不淨說一來向一來果不
還向不還果阿羅漢向阿羅漢果若淨若不
淨若有能依如是等法修行靜慮是行靜
慮波羅蜜多復作是說行靜慮者應求預流

向預流果若淨若不淨說一來向一來果不
還向不還果阿羅漢向阿羅漢果若淨若不
淨若有能依如是等法修行靜慮是行靜
慮波羅蜜多復作是說行靜慮者應求預流
向預流果若常若無常應求一來向乃至阿
羅漢果若常若無常應求預流向預流果若樂
若苦應求一來向乃至阿羅漢果若樂若苦
應求預流向預流果若我若無我應求一來
向乃至阿羅漢果若我若無我應求預流向
預流果若淨若不淨應求一來向乃至阿羅
漢果若淨若不淨若有能求如是等法修行
靜慮是行靜慮波羅蜜多憍尸迦若善男子
善女人等如是求預流向預流果若常若无
常求一來向乃至阿羅漢果若常若无常求
預流向預流果若樂若苦求一來向乃至阿
羅漢果若樂若苦求預流向預流果若我若
无我求一來向乃至阿羅漢果若我若无我
求預流向預流果若淨若不淨求一來向乃
至阿羅漢果若淨若不淨依此等法行靜
慮者我說名為行有所得相似靜慮波羅蜜
多憍尸迦如前所說當知皆是說有所得相似
靜慮波羅蜜多
復次憍尸迦若善男子善女人等為發无上
菩提心者說一切獨覺菩提若常若无常說
一切獨覺菩提若樂若苦說一切獨覺菩提
若我若无我說一切獨覺菩提若淨若不淨
若有能依如是等法修行靜慮是行靜慮

菩提心者說一切獨覺菩提若常若无常說
一切獨覺菩提若樂若苦說一切獨覺菩提
若我若无我說一切獨覺菩提若淨若不淨
若有能依如是等法脩行靜慮是行靜慮
波羅蜜多復作是說行靜慮者應求一切獨覺
菩提若常若無常應求一切獨覺菩提若樂
若苦應求一切獨覺菩提若我若無我應求
一切獨覺菩提若淨若不淨若有能求如是
等法脩行靜慮是行靜慮波羅蜜多憍尸迦
若善男子善女人等如是求一切獨覺菩提若
常若无常求一切獨覺菩提若樂若苦求
一切獨覺菩提若我若无我求一切獨覺菩
提若淨若不淨依此等法行靜慮者我說
名為行有所得相似靜慮波羅蜜多憍尸迦
如前所說當知皆是說有所得相似靜慮波
羅蜜多
復次憍尸迦若善男子善女人等為發无上
菩提心者說一切菩薩摩訶薩行若常若
无常說一切菩薩摩訶薩行若樂若苦說一切
菩薩摩訶薩行若我若无我說一切菩薩
摩訶薩行若淨若不淨若有能依如是等
法脩行靜慮是行靜慮波羅蜜多復作是說
行靜慮者應求一切菩薩摩訶薩行若常若
无常應求一切菩薩摩訶薩行若樂若苦應求
一切菩薩摩訶薩行若我若無我應求一切菩
薩摩訶薩行若淨若不淨有若能求如是等
法脩行靜慮是行靜慮波羅蜜多憍尸迦若

BD14562號　大般若波羅蜜多經卷一三九　（16–5）

无常應求一切菩薩摩訶薩行若樂若苦應求
一切菩薩摩訶薩行若我若無我應求一切菩
薩摩訶薩行若淨若不淨有若能求如是等
法脩行靜慮是行靜慮波羅蜜多憍尸迦若
善男子善女人等如是求一切菩薩摩訶薩
行若常若无常求一切菩薩摩訶薩行若樂
若苦求一切菩薩摩訶薩行若我若无我求
一切菩薩摩訶薩行若淨若不淨依此等法
行靜慮者我說名為行有所得相似靜慮波
羅蜜多憍尸迦如前所說當知皆是說有所得
相似靜慮波羅蜜多
復次憍尸迦若善男子善女人等為發无上菩
提心者說諸佛无上正等菩提若常若无常
說諸佛无上正等菩提若樂若苦說諸佛无
上正等菩提若我若无我說諸佛无上正等
菩提若淨若不淨若有能依如是等法脩
行靜慮是行靜慮波羅蜜多復作是說行靜
慮者應求諸佛無上正等菩提若常若无常
應求諸佛无上正等菩提若樂若苦應求諸
佛無上正等菩提若我若無我應求諸佛无
上正等菩提若淨若不淨若有能求如是等
法脩行靜慮是行靜慮波羅蜜多憍尸迦若
善男子善女人等如是求諸佛無上正等菩
提若常若無常求諸佛無上正等菩提若樂
若苦求諸佛無上正等菩提若我若無我求
諸佛无上正等菩提若淨若不淨依此等法
行靜慮者我說名為行有所得相似靜慮波

BD14562號　大般若波羅蜜多經卷一三九　（16–6）

無上正等菩
提若常若無常求諸佛無上正等菩提若樂
若苦求諸佛無上正等菩提若我若無我求
諸佛无上正等菩提若淨若不淨依此等法
行靜慮者我說名為行有所得相似靜慮波
羅蜜多憍尸迦如前所說當知皆是說有所得
相似靜慮波羅蜜多
時天帝釋復白佛言世尊云何諸善男子善
女人等說有所得精進波羅蜜多名說相似
精進波羅蜜多佛言憍尸迦善若善男子善女人
等為發無上菩提心者說色若常若无常
求聲香味觸法處若樂若苦求色處若我若
无我求聲香味觸法處若我若無我求色
處若淨若不淨求聲香味觸法處若淨若
不淨依此等法行精進者我說名為行有所
得相似精進波羅蜜多憍尸迦如前所說當
知皆是說有所得相似精進波羅蜜多
復次憍尸迦若善男子善女人等為發无上
菩提心者說眼界若常若无常說色界眼識
界及眼觸眼觸為緣所生諸受若常若无常
說眼界若樂若苦說色界眼識界及眼觸眼
觸為緣所生諸受若樂若苦說眼界若我若
无我說色界眼識界及眼觸眼觸為緣所生
諸受若我若無我說眼界若淨若不淨說色
界眼識界及眼觸眼觸為緣所生諸受若淨
若不淨若有能依如是等法脩行精進是行
精進波羅蜜多復作是說行精進者應求眼
界若常若無常應求色界乃至眼觸為緣所

界眼識界及眼觸眼觸為緣所生諸受若淨
若不淨若有能依如是等法脩行精進是行
精進波羅蜜多復作是說行精進者應求眼
界若常若無常應求色界乃至眼觸為緣所
生諸受若常若無常應求眼界若樂若苦應
求色界乃至眼觸為緣所生諸受若樂若苦
應求眼界若我若無我應求色界乃至眼觸
為緣所生諸受若我若無我應求眼界若淨
若不淨應求色界乃至眼觸為緣所生諸受
若淨若不淨若有能求如是等法脩行精進
是行精進波羅蜜多憍尸迦若善男子善女
人等如是求眼界若常若無常求色界乃至
眼觸為緣所生諸受若常若無常求眼界若
樂若苦求色界乃至眼觸為緣所生諸受若
樂若苦求眼界若我若無我求色界乃至眼觸
為緣所生諸受若我若無我求眼界若淨
若不淨求色界乃至眼觸為緣所生諸受若
淨若不淨依此等法行精進者我說名為行
有所得相似精進波羅蜜多憍尸迦如前所
說當知皆是說有所得相似精進波羅蜜多
復次憍尸迦若善男子善女人等為發无上
菩提心者說耳界若常若无常說聲界耳
識界及耳觸耳觸為緣所生諸受若常若无
常說耳界若樂若苦說聲界耳識界及耳觸
耳觸為緣所生諸受若樂若苦說耳界若我
若无我說聲界耳識界及耳觸耳觸為緣所生
諸受若我若无我說耳界若淨若不淨說聲
界耳識界及耳觸耳觸為緣所生諸受若淨

耳觸為緣所生諸受若樂若苦說耳界若我
若无我說聲界耳識界及耳觸耳觸為緣所生
諸受若我若无我說耳界若淨若不淨說聲
界耳識界及耳觸耳觸為緣所生諸受若淨
若不淨若有能依如是等法脩行精進是行
精進波羅蜜多復作是說行精進者應求耳
界若常若無常應求聲界乃至耳觸為緣所
生諸受若常若无常應求耳界若樂若苦
應求聲界乃至耳觸為緣所生諸受若樂若
苦應求耳界若我若无我應求聲界乃至耳
觸為緣所生諸受若我若无我應求耳界若
淨若不淨應求聲界乃至耳觸為緣所生諸
受若淨若不淨若有能求如是等法脩行精
進是行精進波羅蜜多憍尸迦若善男子善
女人等如是求耳界若常若无常求聲界乃
至耳觸為緣所生諸受若常若无常求耳界
若樂若苦求聲界乃至耳觸為緣所生諸受
若樂若苦求耳界若我若无我求聲界乃至
耳觸為緣所生諸受若我若无我求耳界若
淨若不淨求聲界乃至耳觸為緣所生諸受
若淨若不淨依此等法行精進者我說名為
行有所得相似精進波羅蜜多憍尸加如前所
說當知皆是說有所得相似精進波羅蜜多
復次憍尸迦若善男子善女人等為發无上
菩提心者說鼻界若常若无常說香界鼻識
界及鼻觸鼻觸為緣所生諸受若常若无常
說鼻界若樂若苦說香界鼻識界及鼻觸鼻

復次憍尸迦若善男子善女人等為發无上
菩提心者說鼻界若常若无常說香界鼻識
界及鼻觸鼻觸為緣所生諸受若常若无常
說鼻界若樂若苦說香界鼻識界及鼻觸鼻
觸為緣所生諸受若樂若苦說鼻界若我若
无我說香界鼻識界及鼻觸鼻觸為緣所生
諸受若我若無我說鼻界若淨若不淨說香
界鼻識界及鼻觸鼻觸為緣所生諸受若
淨若不淨若有能依如是等法脩行精進是
行精進波羅蜜多復作是說行精進者應求
鼻界若常若無常應求香界乃至鼻觸為緣
所生諸受若常若無常應求鼻界若樂若苦
應求香界乃至鼻觸為緣所生諸受若樂若苦
應求鼻界若我若無我應求香界乃至鼻觸
為緣所生諸受若我若無我應求鼻界若淨
若不淨應求香界乃至鼻觸為緣所生諸受
若淨若不淨若有能求如是等法脩行精進
是行精進波羅蜜多憍尸迦若善男子善女
人等如是求鼻界若常若无常求香界乃至
鼻觸為緣所生諸受若常若无常求鼻界若
樂若苦求香界乃至鼻觸為緣所生諸受若
樂若苦求鼻界若我若無我求香界乃至鼻
觸為緣所生諸受若我若無我求鼻界若淨
若不淨求香界乃至鼻觸為緣所生諸受若
淨若不淨依此等法行精進者我說名為行
有所得相似精進波羅蜜多憍尸迦如前所
說當知皆是說有所得相似精進波羅蜜多

淨若不淨依此等法行精進者我說名為行
有所得相似精進波羅蜜多憍尸迦如前所
說當知皆是說有所得相似精進波羅蜜多
復次憍尸迦若善男子善女人等為發无上
菩提心者說舌界若常若无常說味界舌識
界及舌觸舌觸為緣所生諸受若常若无常
說舌界若樂若苦說味界舌識界及舌觸舌
觸為緣所生諸受若樂若苦說舌界若我若
无我說味界舌識界及舌觸舌觸為緣所生
諸受若我若無我說舌界若淨若不淨說味
界舌識界及舌觸舌觸為緣所生諸受若淨
若不淨若有能依如是等法脩行精進是行
精進波羅蜜多復作是說行精進者應求舌
界若常若无常應求味界乃至舌觸為緣所
生諸受若常若无常應求舌界若樂若苦應求
味界乃至舌觸為緣所生諸受若樂若苦應
求舌界若我若無我應求味界乃至舌觸
為緣所生諸受若我若无我應求舌界若淨
若不淨應求味界乃至舌觸為緣所生諸受
若淨若不淨若有能求如是等法脩行精進
是行精進波羅蜜多憍尸迦若善男子善女
人等如是求舌界若常若無常求味界乃至
舌觸為緣所生諸受若常若无常求舌界若
樂若苦求味界乃至舌觸為緣所生諸受若
樂若苦求舌界若我若無我求味界乃至舌
觸為緣所生諸受若我若无我求舌界若淨
若不淨求味界乃至舌觸為緣所生諸受若
淨若不淨依此等法行精進者我說名為行

BD14562號　大般若波羅蜜多經卷一三九　（16–11）

樂若苦求味界乃至舌觸為緣所生諸受若
樂若苦求舌界若我若無我求味界乃至舌
觸為緣所生諸受若我若无我求舌界若淨
若不淨求味界乃至舌觸為緣所生諸受若
淨若不淨依此等法行精進者我說名為行
有所得相似精進波羅蜜多憍尸迦如前所
說當知皆是說有所得相似精進波羅蜜多
復次憍尸迦善男子善女人等為發无上
菩提心者說身界若常若无常說觸界身識
界及身觸身觸為緣所生諸受若常若无常
說身界若樂若苦說觸界身識界及身觸
身觸為緣所生說受若樂若苦說身界若我
若無我說觸界身識界及身觸身觸為緣所生
諸受若我若無我說身界若淨若不淨說觸
界身識界及身觸身觸為緣所生諸受若淨
若不淨若有能依如是等法脩行精進是行
精進波羅蜜多復作是說行精進者應求身
界若常若無常應求觸界乃至身觸為緣所
生諸受若常若無常應求身界若樂若苦應
求觸界乃至身觸為緣所生諸受若樂若苦
應求身界若我若無我應求觸界乃至身觸
為緣所生諸受若我若无我應求身界若淨
若不淨應求觸界乃至身觸為緣所生諸受
若淨若不淨若有能求如是等法脩行精進
是行精進波羅蜜多憍尸迦若善男子善女人
等如是求身界若常若無常求觸界乃至身
觸為緣所生諸受若常若无常求身界若樂
若苦求觸界乃至身觸為緣所生諸受若

BD14562號　大般若波羅蜜多經卷一三九　（16–12）

是行精進波羅蜜多憍尸迦若善男子善女人
等如是求身界若常若無常求觸界乃至身
觸為緣所生諸受若常若无常求身界若樂
若苦求觸界乃至身觸為緣所生諸受若
樂若苦求身界若我若無我求觸界乃至身
觸為緣所生諸受若我若无我求身界若淨
若不淨求觸界乃至身觸為緣所生諸受若
淨若不淨依此等法行精進者我說名為行
有所得相似精進波羅蜜多憍尸迦如前所說
當知皆是說有所得相似精進波羅蜜多
復次憍尸迦若善男子善女人等為發无上
菩提心者說意界若常若无常說法界意識
界及意觸意觸為緣所生諸受若常若无
常說意界若樂若苦說法界意識界意觸意
觸為緣所生諸受若樂若苦說意界若我若
无我說法界意識界及意觸意觸為緣所生
諸受若我若无我說意界若淨若不淨說法
界意識界及意觸意觸為緣所生諸受若淨
若不淨若有能依如是等法脩行精進是行
精進波羅蜜多復作是說行精進者應求意
界若常若无常應求法界乃至意觸為緣所
生諸受若常若无常應求意界若樂若苦應
求法界乃至意觸為緣所生諸受若樂若苦
應求意界若我若无我應求法界乃至意觸
為緣所生諸受若我若无我應求意界若淨
若不淨應求法界乃至意觸為緣所生諸受
若淨若不淨若有能求如是等法脩行精進
是行精進波羅

BD14562號　大般若波羅蜜多經卷一三九　（16–13）

應求意界若我若无我應求法界乃至意觸
為緣所生諸受若我若无我應求意界若淨
若不淨應求法界乃至意觸為緣所生諸受
若淨若不淨若有能求如是等法脩行精進
是行精進波羅蜜多憍尸迦若善男子善女
人等如是求意界若常若无常求法界乃至
意觸為緣所生諸受若常若无常求意界若
樂若苦求法界乃至意觸為緣所生諸受若
樂若苦求意界若我若无我求法界乃至意
觸為緣所生諸受若我若无我求意界若淨
若不淨求法界乃至意觸為緣所生諸受若
淨若不淨依此等法行精進者我說名為行
有所得相似精進波羅蜜多憍尸迦如前所說
當知皆是說有所得相似精進波羅蜜多
復次憍尸迦若善男子善女人等為發无上
菩提心者說地界若常若无常說水火風空
識界若常若无常說地界若樂若苦說水火
風空識界若樂若苦說地界若我若无我說
水火風空識界若我若無无我說地界若淨若
不淨說水火風空識界若淨若不淨若有能
依如是等法脩行精進是行精進波羅蜜多
復作是說行精進者應求地界若常若无常
應求水火風空識界若常若无常應求地界
若樂若苦應求水火風空識界若樂若苦應
求地界若我若无我應求水火風空識界若
我若無我應求地界若淨若不淨應求水火風
空識界若淨若不淨若有能依如是等法脩
行精進是行精進波羅蜜多憍尸迦若善

BD14562號　大般若波羅蜜多經卷一三九　（16–14）

求地界若我若无我應求水火風空識界若
我若無我應求地界若淨若不淨應求水火
空識界若淨若不淨若有能依如是等法脩
行精進是行精進波羅蜜多憍尸迦若善
男子善女人等如是求地界若常若无常求
水火風空識界若常若无常求地界若樂若
苦求水火風空識界若樂若苦求地界若我
若無我求水火風空識界若我若無我求地
界若淨若不淨求水火風空識界若淨若不
淨依此等法行精進者我說名為行有所得
相似精進波羅蜜多憍尸迦如前所說當知皆
是說有所得相似精進波羅蜜多
復次憍尸迦若善男子善女人等為發无上
菩提心者說无明若常若无常說行識名色
六處觸受愛取有生老死愁歎苦憂惱若常
若無常說无明若樂若苦說行識名色六處
觸受愛取有生老死愁歎苦憂惱若樂若苦
說無明若我若無我說行識名色六處觸受
愛取有生老死愁歎苦憂惱若我若無我說
无明若淨若不淨說行識名色六處觸受愛
取有生老死愁歎苦憂惱若淨若不淨若有
能依如是等法脩行精進是行精進波羅蜜
多復作是說行精進者應求无明若常若无
常應求行乃至老死愁歎苦憂惱若常若无
常應求無明若樂若苦應求行乃至老死愁
歎苦憂惱若樂若苦應求無明若我若无我
應求行乃至老死愁歎苦憂惱若我若無我

BD14562號　大般若波羅蜜多經卷一三九　（16–15）

多復作是說行精進者應求无明若常若无
常應求行乃至老死愁歎苦憂惱若常若无
常應求無明若樂若苦應求行乃至老死愁
歎苦憂惱若樂若苦應求無明若我若无我
應求行乃至老死愁歎苦憂惱若我若無我
應求無明若淨若不淨應求行乃至老死愁
歎苦憂惱若淨若不淨若有能求如是等法
脩行精進是行精進波羅蜜多憍尸迦若善
男子善女人等如是求无明若常若無常求
行乃至老死愁歎苦憂惱若常若無常求无
明若樂若苦求行乃至老死愁歎苦憂惱若
樂若苦求無明若我若無我求行乃至老死
愁歎苦憂惱若我若無我求無明若淨若
不淨求行乃至老死愁歎苦憂惱若淨若不
淨依此等法行精進者我說名為行有所得
相似精進波羅蜜多憍尸迦如前所說當知皆
是說有所得相似精進波羅蜜多

大般若波羅蜜多經卷第一百卅九

BD14562號　大般若波羅蜜多經卷一三九　（16–16）

BD14562號背　勘記　（1–1）

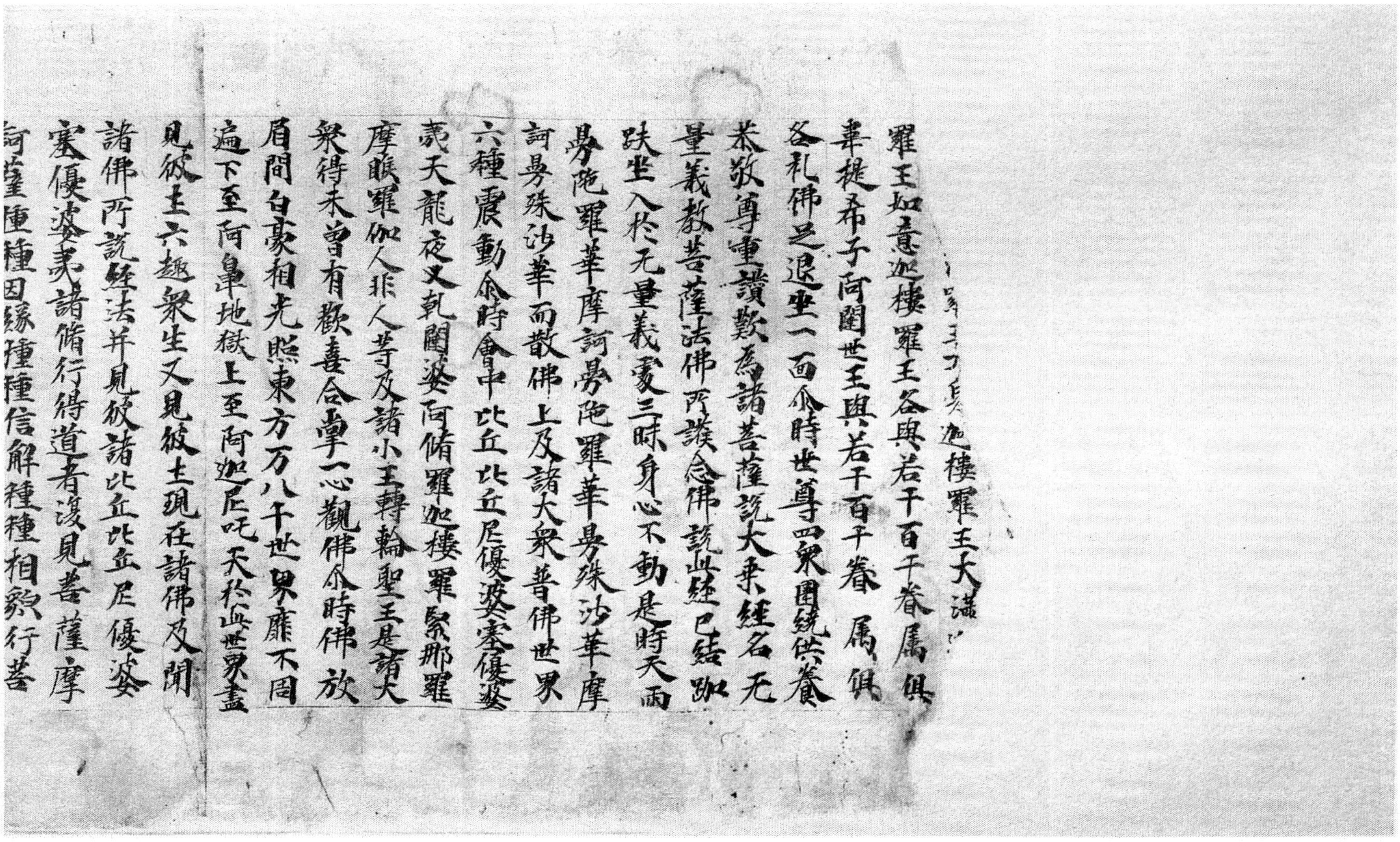
迦樓羅王大滿
羅王如意迦樓羅王各與若干百千眷屬俱
韋提希子阿闍世王與若干百千眷屬俱
各礼佛足退坐一面尒時世尊四衆圍繞供養
恭敬尊重讚歎為諸菩薩說大乘經名无
量義教菩薩法佛所護念佛說此經已結加
趺坐入於无量義處三昧身心不動是時天雨
曼陁羅華摩訶曼陁羅華曼殊沙華摩
訶曼殊沙華而散佛上及諸大衆普佛世界
六種震動尒時會中比丘比丘尼優婆塞優婆
夷天龍夜叉乾闥婆阿脩羅迦樓羅緊那羅
摩睺羅伽人非人等及諸小王轉輪聖王是諸大
衆得未曾有歡喜合掌一心觀佛尒時佛放
眉間白豪相光照東方万八千世界靡不周
遍下至阿鼻地獄上至阿迦尼吒天於此世界盡
見彼土六趣衆生又見彼土現在諸佛及聞
諸佛所說經法并見彼諸比丘比丘尼優婆
塞優婆夷諸脩行得道者復見菩薩摩
訶薩種種因緣種種信解種種相貌行菩

BD14563號　妙法蓮華經卷一　（4–1）

遍下至阿鼻地獄上至阿迦尼吒天於此世界盡
見彼土六趣衆生又見彼土現在諸佛及聞
諸佛所說經法并見彼諸比丘比丘尼優婆
塞優婆夷諸脩行得道者復見菩薩摩
訶薩種種因緣種種信解種種相貌行菩
薩道復見諸佛般涅槃者復見諸佛般涅槃
後以佛舍利起七寶塔尒時弥勒菩薩作是
念今者世尊現神變相以何因緣而有此瑞
今佛世尊入于三昧是不可思議現希有事
當以問誰誰能荅者復作此念是文殊師利
法王之子已曾親近供養過去无量諸佛
必應見此希有之相我今當問尒時比丘比丘
尼優婆塞優婆夷及諸天龍鬼神等咸作此
念是佛光明神通之相今當問誰尒時弥勒
菩薩欲自决疑又觀四衆比丘比丘尼優婆塞
優婆夷及諸天龍鬼神等衆會之心而問文
殊師利言以何因緣而有此瑞神通之相放大光
明照于東方万八千土悉見彼佛國界莊嚴
於是弥勒菩薩欲重宣此義以偈問曰
文殊師利 導師何故 眉間白豪 大光普照
雨曼陁羅 曼殊沙華 栴檀香風 悅可衆心
以是因緣 地皆嚴淨 而此世界 六種震動
時四部衆 咸皆歡喜 身意快然 得未曾有
眉間光明 照于東方 万八千土 皆如金色
從阿鼻獄 上至有頂 諸世界中 六道衆生
生死所趣 善惡業緣 受報好醜 於此悉見
又覩諸佛 聖主師子 演說經典 微妙第一

BD14563號　妙法蓮華經卷一　（4–2）

時四部衆 咸皆歡喜 身意快然 得未曾有
眉間光明 照于東方 万八千土 皆如金色
從阿鼻獄 上至有頂 諸世界中 六道衆生
生死所趣 善惡業緣 受報好醜 於此悉見
又覩諸佛 聖主師子 演說經典 微妙第一
其聲清淨 出柔軟音 教諸菩薩 无數億万
梵音深妙 令人樂聞 各於世界 講說正法
種種因緣 以无量喻 照明佛法 開悟衆生
若人遭苦 猒老病死 為說涅槃 盡諸苦際
若人有福 曾供養佛 志求勝法 為說緣覺
若有佛子 脩種種行 求无上慧 為說淨道
文殊師利 我住於此 見聞若斯 及千億事
如是衆多 今當略說 我見彼土 恒沙菩薩
種種因緣 而求佛道 或有行施 金銀珊瑚
真珠摩尼 車𤦲馬瑙 金剛諸珎 奴婢車乘
寶飾輦輿 歡喜布施 迴向佛道 願得是乘
三界第一 諸佛所歎 或有菩薩 駟馬寶車
欄楯華蓋 軒飾布施 復見菩薩 身肉手足
及妻子施 求无上道 又見菩薩 頭目身體
欣樂施與 求佛智慧 文殊師利 我見諸王
往詣佛所 問无上道 便捨樂土 宮殿臣妾
剃除鬚髮 而被法服 或見菩薩 而作比丘
獨處閑靜 樂誦經典 又見菩薩 勇猛精進
入於深山 思惟佛道 又見離欲 常處空閑
深脩禪定 得五神通 又見菩薩 安禪合掌
以千万偈 讚諸法王 復見菩薩 智深志固
能問諸佛 聞悉受持 又見佛子 定慧具足

BD14563號　妙法蓮華經卷一　（4–3）

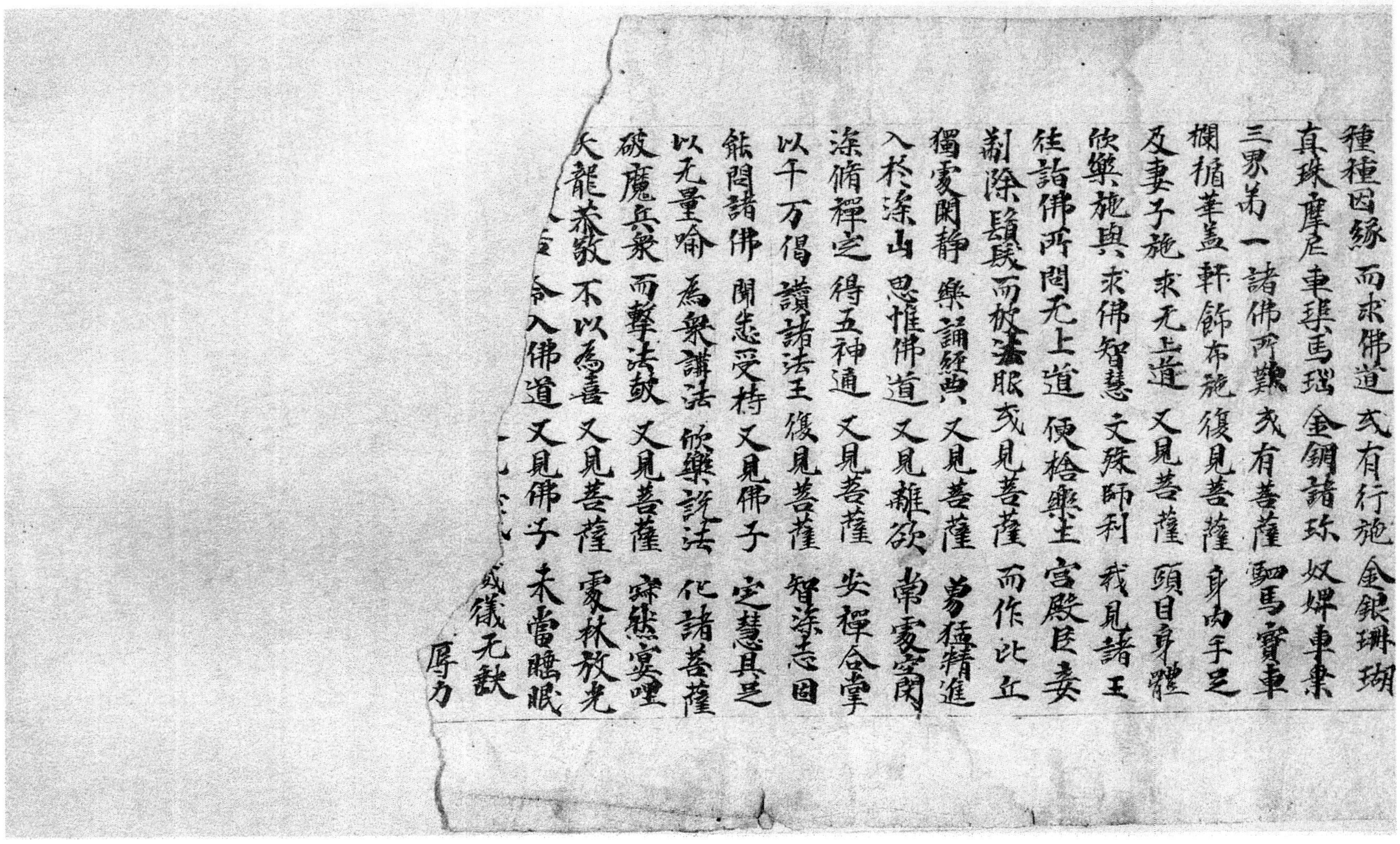

種種因緣 而求佛道 或有行施 金銀珊瑚
真珠摩尼 車𤦲馬瑙 金剛諸珎 奴婢車乘
三界第一 諸佛所歎 或有菩薩 駟馬寶車
欄楯華蓋 軒飾布施 復見菩薩 身肉手足
及妻子施 求无上道 又見菩薩 頭目身體
欣樂施與 求佛智慧 文殊師利 我見諸王
往詣佛所 問无上道 便捨樂土 宮殿臣妾
剃除鬚髮 而被法服 或見菩薩 而作比丘
獨處閑靜 樂誦經典 又見菩薩 勇猛精進
入於深山 思惟佛道 又見離欲 常處空閑
深脩禪定 得五神通 又見菩薩 安禪合掌
以千万偈 讚諸法王 復見菩薩 智深志固
能問諸佛 聞悉受持 又見佛子 定慧具足
以无量喻 為眾講法 欣樂說法 化諸菩薩
破魔兵眾 而擊法鼓 又見菩薩 寂然宴默
天龍恭敬 不以為喜 又見菩薩 處林放光
令入佛道 又見佛子 未嘗睡眠
威儀无缺
辱力

BD14563號　妙法蓮華經卷一　（4–4）

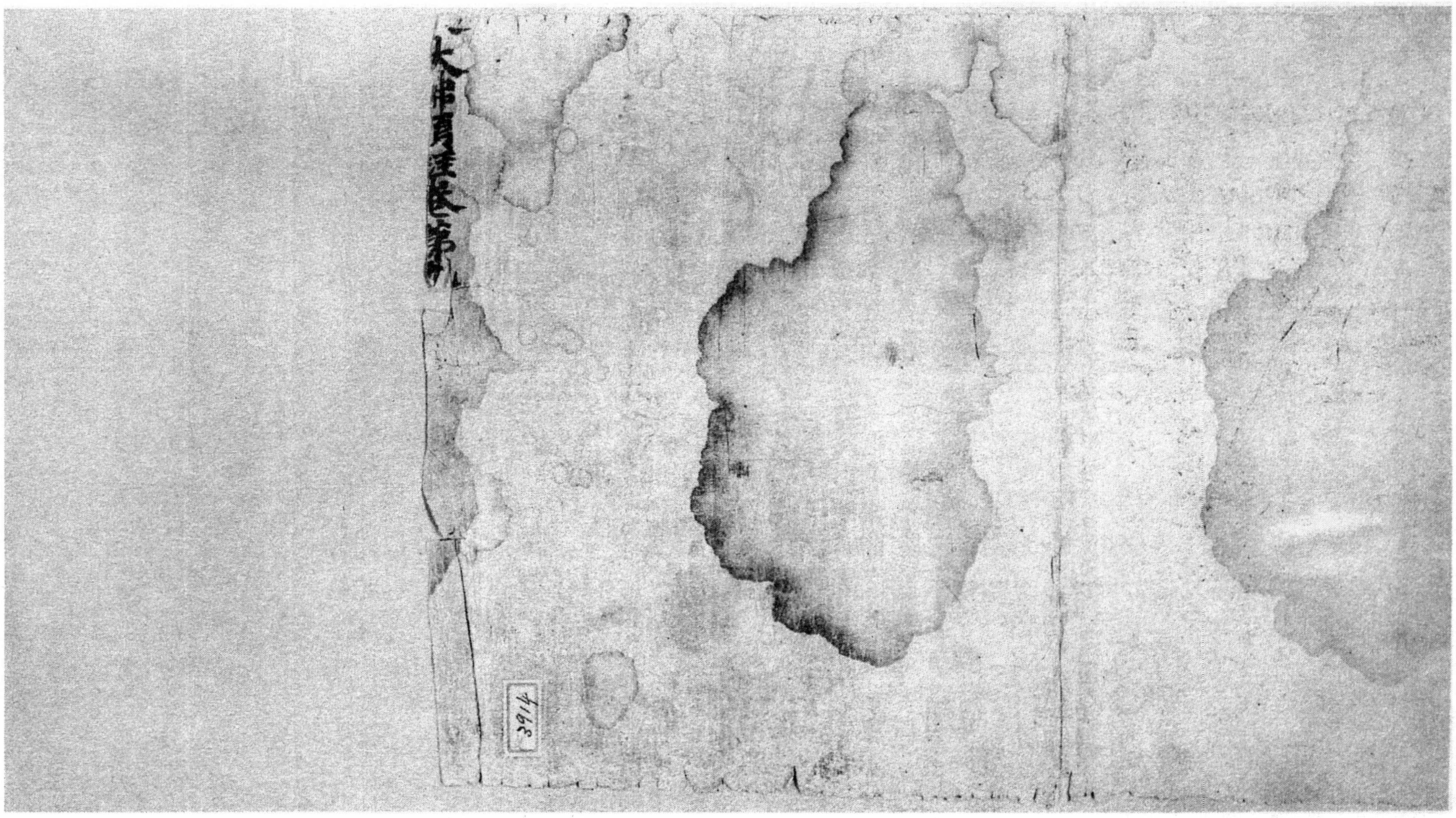

大般涅槃經卷第

BD14564號背　護首　（1–1）

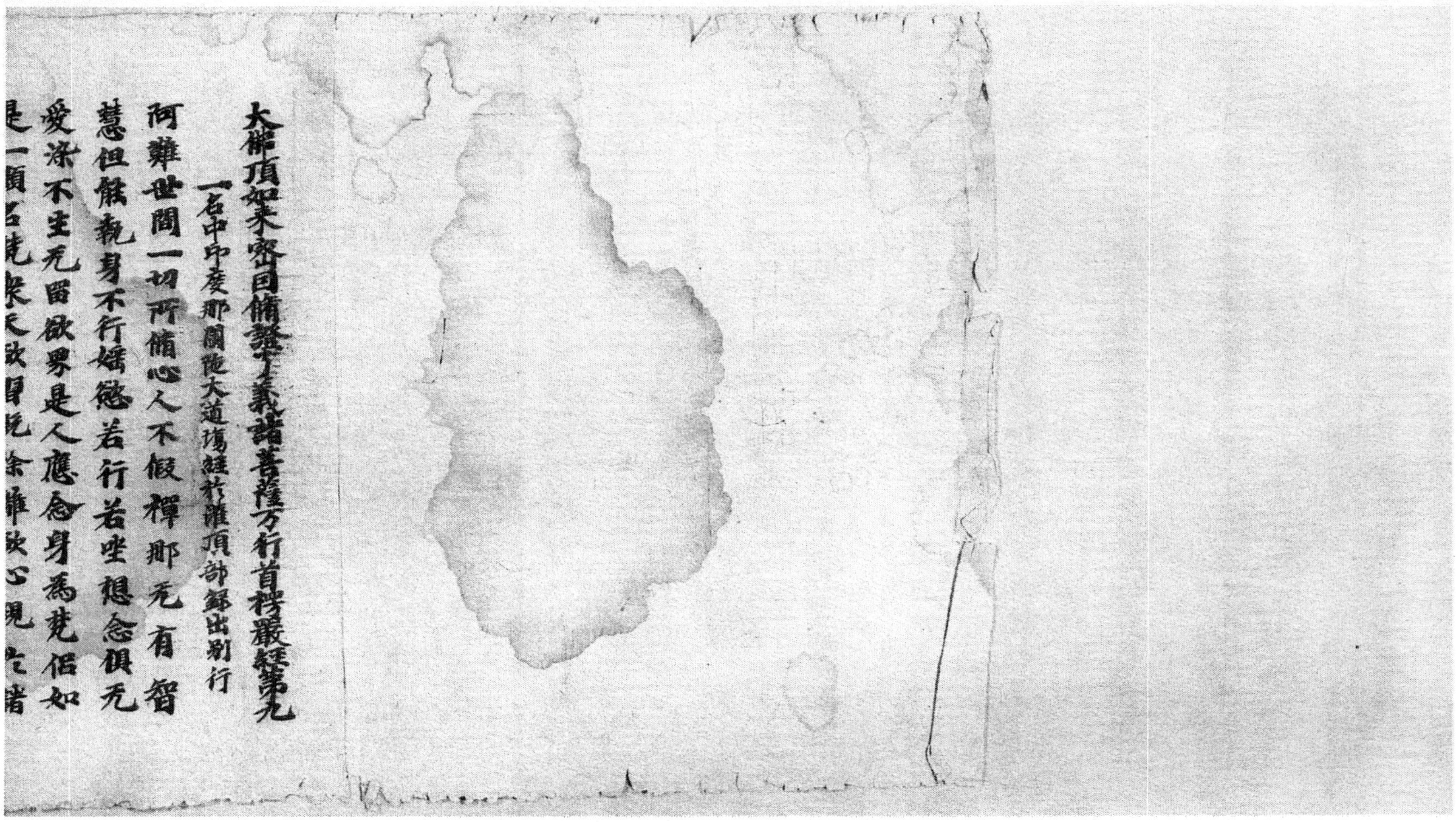

大佛頂如來密因脩證了義諸菩薩万行首楞嚴經第九
一名中印度那蘭陁大道場經於灌頂部錄出別行
阿難世間一切所脩心人不假禪那无有智
慧但能執身不行婬慾若行若坐想念俱无
愛染不生无留欲界是人應念身為梵侶如
是一類名梵衆天欲習既除離欲心現於諸

BD14564 號　大佛頂如來密因修證了義諸菩薩萬行首楞嚴經卷九　（22–1）

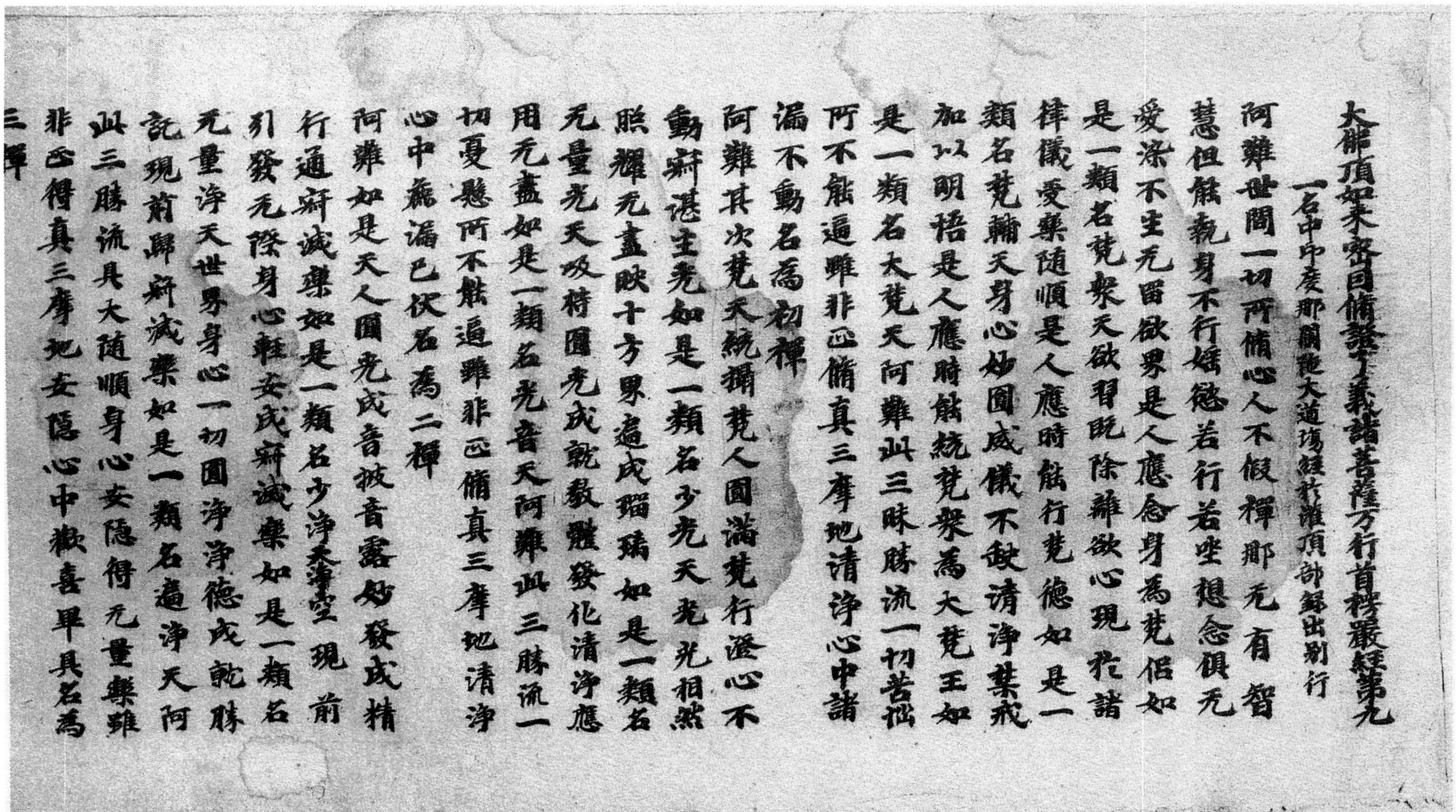

大佛頂如來密因脩證了義諸菩薩万行首楞嚴經第九
一名中印度那蘭陁大道場經於灌頂部錄出別行
阿難世間一切所脩心人不假禪那无有智
慧但能執身不行婬慾若行若坐想念俱无
愛染不生无留欲界是人應念身為梵侶如
是一類名梵衆天欲習既除離欲心現於諸
律儀愛樂隨順是人應時能行梵德如是一
類名梵輔天身心妙圓威儀不缺清淨禁戒
加以明悟是人應時能統梵衆為大梵王如
是一類名大梵天阿難此三勝流一切苦惱
所不能逼雖非正脩真三摩地清淨心中諸
漏不動名為初禪
阿難其次梵天統攝梵人圓滿梵行澄心不
動寂湛生光如是一類名少光天光光相然
照耀无盡映十方界遍成瑠璃如是一類名
无量光天吸持圓光成就教體發化清淨應
用无盡如是一類名光音天阿難此三勝流一
切憂懸所不能逼雖非正脩真三摩地清淨
心中麁漏已伏名為二禪
阿難如是天人圓光成音披音露妙發成精
行通寂滅樂如是一類名少淨天淨空現前
引發无際身心輕安成寂滅樂如是一類名
无量淨天世界身心一切圓淨淨德成就勝
託現前歸寂滅樂如是一類名遍淨天阿
此三勝流具大隨順身心安隱得无量樂雖
非正得真三摩地安隱心中歡喜畢具名為
三禪

BD14564 號　大佛頂如來密因修證了義諸菩薩萬行首楞嚴經卷九　（22–2）

无量淨天世界身心一切圓淨淨德成就勝
託現前歸寂滅樂如是一類名遍淨天阿
此三勝流具大隨順身心安隱得无量樂雖
非正得真三摩地安隱心中歡喜畢具名為
三禪
阿難次復天人不逼身心苦因已盡樂非常
住久必壞生苦樂二心俱時頓捨麁重相滅
淨福性生如是一類名福生天捨心圓融勝
解清淨福无遮中得妙隨順窮未來際如是
一類名福愛天阿難從是天中有二歧路若
於先心无量淨光福德圓明脩證而住如是
一類名廣果天若於先心雙猒苦樂精研捨
心相續不斷圓窮捨道身心俱滅心慮灰凝
經五百劫是人既以生滅為因不能發明不生
滅性初半劫滅後半劫生如是一類名无想
天阿難此四勝流一切世間諸苦樂境所不
能動雖非无為真不動地有所得心功用純
熟名為四禪
阿難此中復有五不還天於下界中九品習
氣俱時滅盡苦樂雙亡下无卜居故於捨心
衆同分中安立居處阿難苦樂兩滅鬪心不
交如是一類名无煩天機括獨行研交无地
如是一類名无熱天十方世界妙見圓澄更
无塵象一切沉垢如是一類名善見天精見
現前陶鑄无礙如是一類名善現天究竟群
幾窮色性性入无邊際如是一類名色究竟
天阿難此不還天彼諸四禪四位天王獨有
欽聞不能知見如今世間曠野深山聖道場
地皆阿羅漢所住持故世間麁人所不能見

BD14564 號　大佛頂如來密因修證了義諸菩薩萬行首楞嚴經卷九　（22–3）

現前陶鑄无礙如是一類名善現天究竟群
幾窮色性性入无邊際如是一類名色究竟
天阿難此不還天彼諸四禪四位天王獨有
欽聞不能知見如今世間曠野深山聖道場
地皆阿羅漢所住持故世間麁人所不能見
阿難是十八天獨行无交未盡形累自此已
還名為色界
復次阿難從是有頂色邊際中其間復有二
種歧路若於捨心發明智慧慧光圓通便出
塵界成阿羅漢入菩薩乘如是一類名為迴
心大阿羅漢若在捨心捨猒成就覺身為㝵
銷㝵入空如是一類名為空處諸㝵既銷无
㝵无滅其中唯留阿賴耶識全於末那半分
微細如是一類名為識處空色既亡識心都
滅十方寂然迥无攸往如是一類名无所有
處識性不動以滅窮研於无盡中發宣盡性
如存不存若盡非盡如是一類名為非想非
非想處此等窮空不盡空理從不還天聖道
窮者如是一類名不迴心鈍阿羅漢若從无
想諸外道天窮空不歸迷漏无聞便入輪轉
阿難是諸天上各各天人則是凡夫業果酬
荅荅盡入輪彼之天王即是菩薩遊三摩提
漸次增進迴向聖倫所脩行路阿難是四空
天身心滅盡定性現前无業果色從此逮終
名无色界此皆不了妙覺明心積妄發生妄
有三界中間妄隨七趣沉溺補特伽羅各從
其類復次阿難是三界中復有四種阿脩羅
類若於鬼道以護法力成通入空此阿脩羅

BD14564 號　大佛頂如來密因修證了義諸菩薩萬行首楞嚴經卷九　（22–4）

名无色界此皆不了妙覺明心積妄發生妄
有三界中間妄隨七趣沉溺補特伽羅各從
其類復次阿難是三界中復有四種阿脩羅
類若於鬼道以護法力成通入空此阿脩羅
從卵而生鬼趣所攝若於天中降德貶墜其
所卜居鄰於日月此阿脩羅從胎而出人趣
所攝有脩羅王執持世界力洞无畏能與梵
王及天帝釋四天爭權此阿脩羅因變化有
天趣所攝阿難別有一分下劣脩羅生大海
心沉水穴口旦遊虛空暮歸水宿此阿脩羅
因濕氣有畜生趣攝
阿難如是地獄餓鬼畜生人及神仙天洎脩
羅精研七趣皆是昏沉諸有為相妄想受生
妄想隨業於妙圓明无作本心皆如空花元
无所着但一虛妄更无根緒阿難此等衆生
不識本心受此輪迴經无量劫不得真淨皆
由隨順殺盜婬故反此三種又則出生无殺
盜婬有名鬼倫无名天趣有无相傾起輪迴
性若得妙發三摩提者則妙常寂有无二无
无二亦滅尚无不殺不偷不婬云何更隨殺
盜婬事阿難不斷三業各各有私因各各私
衆私同分非无定處自妄發生生妄无因无
可尋究汝勗脩行欲得菩提要除三惑不盡
三惑縱得神通皆是世間有為功用習氣不滅
落於魔道雖欲除妄倍加虛偽如來說為可
哀憐者汝妄自造非菩提咎作是說者名為
正說若他說者即魔王說
即時如來將罷法座於師子牀攬七寶机迴紫

三惑縱得神通皆是世間有為功用習氣不滅
落於魔道雖欲除妄倍加虛偽如來說為可
哀憐者汝妄自造非菩提咎作是說者名為
正說若他說者即魔王說
即時如來將罷法座於師子牀攬七寶机迴紫
金山再來凭倚普告大衆及阿難言汝等有學
緣覺聲聞今日迴心趣大菩提无上妙覺吾今
已說真脩行法汝猶未識脩奢摩他毗婆
舍那微細魔事魔境現前汝不能識洗心
非正落於邪見或汝陰魔或復天魔或著鬼
神或遭魑魅心中不明認賊為子又復於中
得少為足如第四禪无聞比丘妄言證聖
天報已畢衰相現前謗阿羅漢身遭後有墮
阿鼻獄汝應諦聽吾今為汝子細分別阿難
起立并其會中同有學者歡喜頂礼伏聽慈
誨
佛告阿難及諸大衆汝等當知有漏世界十
二類生本覺妙明覺圓心體與十方佛无二
无別由汝妄想迷理為咎癡愛發生生發遍
迷故有空性化迷不息有世界生則此十方微塵
國土非无漏者皆是迷頑妄想安立當知虛空
生汝心內猶如片雲點太清裏況諸世界在
虛空耶汝等一人發真歸元此十方空皆
悉銷殞云何空中所有國土而不振裂汝輩
脩禪飾三摩地十方菩薩及諸无漏大阿羅
漢心精通㳷當處湛然一切魔王及與鬼神
諸凡夫天見其宮殿无故崩裂大地振坼水
陸飛騰无不驚慴凡夫昏暗不覺遷訛彼等

恚銷殞云何空中有國土而不振裂汝輩
脩禪飾三摩地十方菩薩及諸无漏大阿羅
漢心精通洽當處湛然一切魔王及與鬼神
諸凡夫天見其宮殿无故崩裂大地振坼水
陸飛騰无不驚慴凡夫昏暗不覺遷訛彼等
咸得五種神通唯除漏盡戀此塵勞如何
令汝摧裂其處是故神鬼及諸天魔魍魎
妖精於三昧時僉來惱汝然彼諸魔雖有大
怒彼塵勞內汝妙覺中如風吹光如刀斷水
了不相觸汝如沸湯彼如堅冰煖氣漸隣不
日銷殞徒恃神力但為其客成就破亂由
汝心中五陰主人主人若迷客得其便當處禪
那覺悟无惑則彼魔事无奈汝何陰銷入明
則彼群邪咸受幽氣明能破暗近自銷殞如何
敢留擾亂禪定若不明悟被陰所迷則汝阿
難必為魔子成就魔人如摩登伽殊為眇劣
彼唯呪汝破佛律儀八万行中秖毀一戒心
清淨故尚未淪溺此乃隳汝寶覺全身如宰
臣家忽逢籍沒宛轉零落无可哀救
阿難當知汝坐道場銷落諸念其念若盡則
諸離念一切精明動靜不移憶妄如一當住
此處入三摩提如明目人處大幽暗精性妙淨
心未發光此則名為色陰區宇若目明朗十
方洞開无復幽黯名色陰盡是人則能超越
劫濁觀其所由堅固妄想以為其本
阿難當在此中精研妙明四大不織少選之
間身能出礙此名精明流溢前境斯但功用
蹔得如是非為聖證不作聖心名善境界若

BD14564號　大佛頂如來密因修證了義諸菩薩萬行首楞嚴經卷九　（22–7）

方洞開无復幽黯名色陰盡是人則能超越
劫濁觀其所由堅固妄想以為其本
阿難當在此中精研妙明四大不織少選之
間身能出礙此名精明流溢前境斯但功用
蹔得如是非為聖證不作聖心名善境界若
作聖解即受群邪
阿難復以此心精研妙明其身內徹是人忽
然於其身內拾出蟯蛔身相宛然亦无傷毀
此名精明流溢形體斯但精行蹔得如是非
為聖證不作聖心名善境界若作聖解即受
群邪
又以此心內外精研其時魂魄意志精神除
執受身餘皆涉入互為賓主忽於空中聞說
法聲或聞十方同敷密義此名精魂遞相離
合成就善種蹔得如是非為聖證不作聖心
名善境界若作聖解即受群邪
又以此心澄露皎徹內光發明十方遍作閻
浮檀色一切種類化為如來于時忽見毗盧
遮那踞天光臺千佛圍繞百億國土及與蓮
花俱時出現此名心魂靈悟所染心光研明
照諸世界蹔得如是非為聖證不作聖心名
善境界若作聖解即受群邪
又以此心澄露皎徹內光發明十方遍作閻
浮檀色一切種類化為如來于時忽見毗盧
遮那踞天光臺千佛圍繞百億國土及與蓮
花俱時出現此名心魂靈悟所染心光研明
照諸世界蹔得如是非為聖證不作聖心名善
境界若作聖解即受群邪
又以此心精研妙明觀察不停抑按降伏制

BD14564號　大佛頂如來密因修證了義諸菩薩萬行首楞嚴經卷九　（22–8）

遮那踞天光臺十佛圍繞百億國土及與蓮
花俱時出現此名心魂靈悟所染心光研明
照諸世界暫得如是非為聖證不作聖心名善
境界若作聖解即受群邪
又以此心精研妙明觀察不停抑按降伏制
心超越於時忽然十方虛空成七寶色或百寶
色同時遍滿不相留礙青黃赤白各各純現
此名抑按功力踰分暫得如是非為聖證不作
聖心名善境界若作聖解即受群邪
又以此心精研妙明觀察不停抑按降伏制
心超越於時忽然十方虛空成七寶色或百
寶色同時遍滿不相留礙青黃白各各純
現此名抑按功力踰分暫得如是非為聖證
不作聖心名善境界若作聖解即受群邪
又以此心研究澄徹精光不亂忽於夜合在暗
室內見種種物不殊白晝而暗室物亦不除
滅此名心細密澄其見所視洞幽暫得如是非
為聖證不作聖心名善境界若作聖解即受
群邪
又以此心圓入虛融四體忽然同於草木火燒
刀斫曾无所覺又則火光不能燒爇縱割其
肉猶如削木此名塵併排四大性一向入純
暫得如是非為聖證不作聖心名 善境界若
作聖解即受群邪
又以此心成就清淨淨心功極忽見大地十
方山河皆成佛國具足七寶光明遍滿又見
恒沙諸佛如來遍滿空界樓殿花麗下見地
獄上觀天宮得无障㝵此名欣猒凝想日深

BD14564號　大佛頂如來密因修證了義諸菩薩萬行首楞嚴經卷九　（22–9）

又以此心成就清淨淨心功極忽見大地十
方山河皆成佛國具足七寶光明遍滿又見
恒沙諸佛如來遍滿空界樓殿花麗下見地
獄上觀天宮得无障㝵此名欣猒凝想日深
想久化成非為聖證不作聖心名善境界若作
聖解即受群邪
又以此心研究深遠忽於中夜遙見遠方市
井街巷親族眷屬或聞其語此名迫心逼極
飛出故多隔見非為聖證不作聖心名善境
界若作聖解即受群邪
又以此心研究精極見善知識形體變移少
選无端種種遷改此名邪心含受魑魅或遭
天魔入其心腹无端說法通達妙義非為聖證
不作聖心魔事銷歇若作聖解即受群邪
阿難如是十種禪那現境皆是色陰用心交
互故現斯事眾生頑迷不自忖量逢此因緣
迷不自識謂言登聖大妄語成墮无間獄汝等
當依如來滅後於末法中宣示斯義无令天
魔得其方便保持覆護成无上道
阿難彼善男子修三摩提奢摩他中色陰盡
者見諸佛心如明鏡中顯現其像若有所得
而未能用猶如魘人手足宛然見聞不惑心
觸客邪而不能動此則名為受陰區宇若魘
咎歇其心離身返觀其面去住自由无復留㝵
名受陰盡是人則能超越見濁觀其所由虛
明妄想以為其本
阿難彼善男子當在此中得大光耀其心發
明內抑過分忽於其處發无窮悲如是乃心

BD14564號　大佛頂如來密因修證了義諸菩薩萬行首楞嚴經卷九　（22–10）

名受陰盡是人則能超越見濁觀其所由虛
明妄想以爲其本
阿難彼善男子當在此中得大光耀其心發
明內抑過分忽於其處發无窮悲如是乃心
觀見蚊蝱猶如赤子心生憐愍不覺流淚此
名功用抑摧過越悟則无咎非爲聖證覺了
不迷久自銷歇若作聖解則有悲魔入其心
府見人則悲啼泣无限失於正受當從淪墜
阿難又彼定中諸善男子見色陰銷受陰明
白勝相現前感激過分忽於其中生无限勇
其心猛利志齊諸佛謂三僧祇一念能越此
名功用陵率過越悟則无咎非爲聖證覺了
不迷久自銷歇若作聖解則有狂魔入其心
府見人則誇我慢无比其心乃至上不見佛
下不見人失於正受當從淪墜
又彼定中諸善男子見色陰銷受陰明白前
无新證歸失故居智力衰微入中隳地迥无
所見心中忽然生大枯渴於一切時沉憶不
散將此以爲勤精進相此名脩心无慧自失
悟則无咎非爲聖證若作聖解則有憶魔入
其心府旦夕撮心懸在一處失於正受當從淪
墜又彼定中諸善男子見色陰銷受陰明白慧
力過定失於猛利以諸勝性懷於心中自心已
疑是盧舍那得少爲足此名用心亡失恒審溺
於知見悟則无咎非爲聖證若作聖解則有
下劣易知足魔入其心府見人自言我得无上
第一義諦失於正受當從淪墜
又彼定中諸善男子見色陰銷明白新證

疑是盧舍那得少爲足此名用心亡失恒審溺
於知見悟則无咎非爲聖證若作聖解則有
下劣易知足魔入其心府見人自言我得无上
第一義諦失於正受當從淪墜
又彼定中諸善男子見色陰銷明白新證
未獲故心已亡歷覽二際自生艱險於心忽
然生无盡憂如坐鐵牀如飲毒藥心不欲活
常求於人令害其命早取解脫此名脩行失
於方便悟則无咎非爲聖證若作聖解則有
一分常憂愁魔入其心府手執刀劒自割其
宍欣其捨壽或常憂愁走入山林不耐見人
失於正受當從淪墜
又彼定中諸善男子見色陰銷受明白處清
淨中心安隱後忽然自有无限喜生心中歡
悅不能自止此名輕安无慧自禁悟則无咎
非爲聖證若作聖解則有一分好喜樂魔入
其心府見人則笑於衢路傍自歌自舞自謂
已得无㝵解脫失於正受當從淪墜
又彼定中諸善男子見色陰銷受陰明白自
謂已足忽有无端大我慢起如是乃至慢與過
慢及慢過慢或增上慢或卑劣慢一時俱發
心中尚輕十方如來何況下位聲聞緣覺此名
見勝无慧自救悟則无咎非爲聖證若作聖解
則有一分大我慢魔入其心府不禮塔廟摧
毀經像謂檀越言此是金銅或是土木
經是樹葉或是疊花宍身真不自恭敬却
土木實爲顛倒其深信者從其毀碎埋棄

則有一分大我慢魔入其心府不礼塔廟摧
毀經像謂檀越言此是金銅或是土木
經是樹葉或是疊花肉身真不自恭敬却
土木實為顛倒其深信者從其毀碎埋弃
地中疑誤衆生入无間獄失於正受當從淪墜
又彼定中諸善男子見色陰銷受陰明白於
精明中圓悟精理得大隨順其心忽生无量輕
安已言成聖得大自在此名因慧獲諸輕清悟
則无咎非為聖證若作聖解則有一分好清
輕魔入其心府自謂滿足更不求進此等多作
无聞比丘疑謗後生墮阿鼻獄失於正受當從
淪墜
又彼定中諸善男子見色陰銷受陰明白於明
悟中得虛明性其中忽然歸向永滅撥无因果
一向入空空心現前乃至心生長斷滅解悟
則无咎非為聖證若作聖解則有空魔入其
心府乃謗持戒名為小乘菩薩悟空有何持
犯其人常於信心檀越飲酒噉肉廣行婬
穢因魔力故攝其前人不生疑謗鬼心久入
或食屎尿與酒肉等一種俱空破佛律儀
誤入人罪失於正受當從淪墜
又彼定中諸善男子見色陰銷受陰明白其虛
明深入心骨其心忽有无限愛生愛極發狂便
為貪欲此名定境安順入心无慧自持誤人
諸欲悟則无咎非為聖證若作聖解則有
欲魔入其心府一向說欲為菩提道化諸白
衣平等行欲其行婬者名持法子神鬼力故
於末世中攝其凡愚其數至百如是乃至一

BD14564號　大佛頂如來密因修證了義諸菩薩萬行首楞嚴經卷九　（22–13）

為貪欲此名定境安順入心无慧自持誤人
諸欲悟則无咎非為聖證若作聖解則有
欲魔入其心府一向說欲為菩提道化諸白
衣平等行欲其行婬者名持法子神鬼力故
於末世中攝其凡愚其數至百如是乃至一
百二百或五六百多滿千萬魔心生厭離
其身體威德既无陷於王難疑誤衆生入
无間獄失於正受當從淪墜
阿難如是十種禪那現境皆是受陰用心交
互故現斯事衆生頑迷不自忖量逢此因緣迷
不自識謂言登聖大妄語成墮无間獄汝等
亦當將如來語於我滅後傳示末法遍令衆
生開悟斯義无令天魔得其方便保持覆
護成无上道
阿難彼善男子脩三摩提受陰盡者雖未
漏盡心離其形如鳥出籠已能成就從是凡
身上歷菩薩六十聖位得意生身隨往无㝵辟
如有人熟寐寱言是人雖則无別所知其言
已成音韻倫次令不寐者咸悟其語此則名
為想陰區宇若動念盡浮想銷除於覺明
心如去塵垢一倫死生首尾圓照名想陰盡是
人則能超煩惱濁觀其所由融通妄想以為
其本
阿難彼善男子受陰虛妙不遭邪慮圓定發
明三摩地中心愛圓明銳其精思貪求善巧尒
時天魔候得其便飛精附人口說經法其人不
覺是其魔著自言謂得无上涅槃來彼求巧
善男子處敷座說法其形斯須或作比丘令彼

BD14564號　大佛頂如來密因修證了義諸菩薩萬行首楞嚴經卷九　（22–14）

阿難彼善男子受陰虛妙不遭邪慮圓定發
明三摩地中心愛圓明銳其精思貪求善巧尒
時天魔候得其便飛精附人口說經法其人不
覺是其魔著自言謂得无上涅槃來彼求巧
善男子處敷座說法其形斯須或作比丘令彼
人見或為帝釋或為婦女或比丘尼或寢暗
室身有光明是人愚迷惑為菩薩信其教化
搖蕩其心破佛律儀潛行貪欲口中好言災
祥變異或言如來某處出世或言劫火或說
刀兵恐怖於人令其家資无故耗散此名怪
鬼年老成魔惱亂是人猒足心生去彼人體
弟子與師俱陷王難汝當先覺不入輪迴迷
惑不知墮无間獄
阿難又善男子受陰虛妙不遭邪慮圓定發
明三摩地中心愛遊蕩飛其精思貪求經歷
尒時天魔候得其便飛精附人口說經法其人
亦不覺知魔著亦言自得无上涅槃來彼求
遊善男子處敷座說法自形无變其聽法者
忽自見身坐寶蓮花全體化成紫金光聚
一眾聽人各各如是得未曾有是人愚迷惑
為菩薩婬逸其心破佛律儀潛行貪欲口中
好言諸佛應世某處某人當是某佛化身來
此某人即是某菩薩等來化人間其人見故
心生傾渴邪見密興種智銷滅此名魃鬼年
老成魔惱亂是人猒足心生去彼人體弟子
與師俱陷王難汝當先覺不入輪迴迷惑不
知墮无間獄

BD14564號　大佛頂如來密因修證了義諸菩薩萬行首楞嚴經卷九　（22–15）

心生傾渴邪見密興種智銷滅此名魃鬼年
老成魔惱亂是人猒足心生去彼人體弟子
與師俱陷王難汝當先覺不入輪迴迷惑不
知墮无間獄
又善男子受陰虛妙不遭邪慮圓定發明三
摩地中心愛綿㴩澄其精思貪求契合尒時
天魔候得其便飛精附人口說經法其人實
不覺知魔著亦言自得无上涅槃來彼求合
善男子處敷座說法其形及彼聽法之人外
无遷變令其聽者未聞法前心自開悟念念
移易或得宿命或有他心或見地獄或知人
間好惡諸事或口說偈或自誦經各各歡娛
得未曾有是人愚迷惑為菩薩綿愛其心破
佛律儀潛行貪欲口中好言佛有大小某佛
先佛某佛後佛其中亦有真佛假佛男佛
女佛菩薩亦然其人見故洗滌本心易入邪悟
此名魅鬼年老成魔惱亂是人猒足心生去
彼人體弟子與師俱陷王難汝當先覺不入
輪迴迷惑不知墮无間獄
又善男子受陰虛妙不遭邪慮圓定發明三摩
地中心愛根本窮覽物化性之終始精爽其
心貪求辯析尒時天魔候得其便飛精附人
口說經法其人先不覺知魔著亦言自得
无上涅槃來彼求元善男子處敷座說法身
有威神摧伏求者令其坐下雖未聞法自然
心伏是諸人等將佛涅槃菩提法身即是現
前我肉身上父父子子遞代相生即是法身常
住不絕都指現在即為佛國无別淨居及

BD14564號　大佛頂如來密因修證了義諸菩薩萬行首楞嚴經卷九　（22–16）

心伏是諸人昔於佛涅槃菩提法身即是現
前我肉身上父父子子遞代相生即是法身常
住不絕都指現在即為佛國无別淨居及
金色相其人信受忘失先心身命歸依得未
曾有是等愚迷惑為菩薩推究其心破佛律
儀潛行貪欲口中好言眼耳鼻舌皆為淨土
男女二根即是菩提涅槃真處彼无知者信
是穢言此名蠱毒厭勝惡鬼年老成魔惱
乱是人猒足心生去彼人體弟子與師俱陷王
難汝當先覺不入輪迴迷惑不知墮无間獄
又善男子受陰虛妙不遭邪慮圓定發明三
摩地中心愛懸應周流精研貪求冥感尒時
天魔候得其便飛精附人口說經法其人元
不覺知魔著亦言自得无上涅槃來彼求應
善男子處敷座說法能令聽衆暫見其身如
百千歲心生愛染不能捨離身為奴僕四事
供養不覺疲勞各各令其坐下人心知是先
師本善知識別生法愛粘如膠漆得未曾有
是人愚迷惑為菩薩親近其心破佛律儀潛
行貪欲口中好言我於前世於某生中先度
某人當時是我妻妾兄弟今來相度與汝相隨
歸某世界供養某佛或言別有大光明天佛
於中住一切如來所休居地彼无知者信是虛
誑遺失本心此名厲鬼年老成魔惱乱是人
猒足心生去彼人體弟子與師俱陷王難汝
當先覺不入輪迴迷惑不知墮无間獄又善
男子受陰虛妙不遭邪慮圓定發明三摩地
中心愛深入克己辛勤樂處陰寂貪求靜

BD14564 號　大佛頂如來密因修證了義諸菩薩萬行首楞嚴經卷九　（22–17）

誑遺失本心此名厲鬼年老成魔惱乱是人
猒足心生去彼人體弟子與師俱陷王難汝
當先覺不入輪迴迷惑不知墮无間獄又善
男子受陰虛妙不遭邪慮圓定發明三摩地
中心愛深入克己辛勤樂處陰寂貪求靜
謐尒時天魔候得其便飛精附人口說經法
其人本不覺知魔著亦言自得无上涅槃
來彼求陰善男子處敷座說法令其聽人各知
本業或於其處語一人言汝今未死已作畜
生勅使一人於後蹋尾頓令其人起不能得
於是一衆傾心欽伏有人起心已知其肇佛
律儀外重加精苦誹謗比丘罵詈徒衆訐露
人事不避譏嫌口中好言未然禍福及至其
時毫髮无失此大力鬼年老成魔惱乱是人猒
足心生去彼人體弟子與師俱陷王難汝當
先覺不入輪迴迷惑不知墮无間獄
又善男子受陰虛妙不遭邪慮圓定發明三
摩地中心愛知見勤苦研尋貪求宿命尒時
天魔候得其便飛精附人口說經法其人殊
不覺知魔著亦言自得无上涅槃來彼求知
善男子處敷座說法是人无端於說法處得
大寶珠其魔或時化為畜生口銜其珠及雜
珎寶簡策符牘諸奇異物先授彼人後著其
體或誘聽人藏於地下有明月珠照耀其處
是諸聽者得未曾有多食藥草不飡嘉饍或
時日飡一麻一麦其形肥充魔力持故誹謗
比丘罵詈徒衆不避譏嫌口中好言他方寶

BD14564 號　大佛頂如來密因修證了義諸菩薩萬行首楞嚴經卷九　（22–18）

雖或誘聽人藏於地下有明月珠照耀其處
是諸聽者得未曾有多食藥草不飡嘉饍或
時日飡一麻一麦其形肥充魔力持故誹謗
比丘罵詈徒衆不避譏嫌口中好言他方寶
藏十方聖賢潛匿之處隨其後者往往見有
奇異之人此名山林土地城隍川嶽鬼神年
老成魔或有宣婬破佛戒律與承事者潛
五欲或有精進純食草木无定行事惱乱彼
人厭足心生去彼人體弟子與師多陷王難
汝當先覺不入輪迴迷惑不知墮无間獄
又善男子受陰虛妙不遭邪慮圓定發明三
魔地中心愛神通種種變化研究化元貪取神
力尒時天魔候得其便飛精附人口說經法
其人誠不覺知魔著亦言自得无上涅槃
來彼求通善男子處敷座說法是人或復手
執火光手撮其光分於所聽四衆頭上是諸聽
人頂上火光皆長數尺亦无熱性曾不焚燒或
上水行如履平地或於空中安坐不動或入
瓶內或處囊中越牖透垣曾无障礙唯於
刀兵不得自在自言是佛身著白衣受比丘禮
誹謗禪律罵詈徒衆訐露人事不避譏嫌
口中常說神通自在或復令旁見佛土鬼力
惑人非有真實讚歎行婬不毀麁行將諸猥
媟以為傳法此名天地大力山精海精風精河
精土精一切草樹積劫精魅或復龍魅或
壽終仙再活為魅或仙期終計年應死其
形不化他怪所附年老成魔惱乱是人厭

BD14564 號　大佛頂如來密因修證了義諸菩薩萬行首楞嚴經卷九　（22–19）

媟以為傳法此名天地大力山精海精風精河
精土精一切草樹積劫精魅或復龍魅或
壽終仙再活為魅或仙期終計年應死其
形不化他怪所附年老成魔惱乱是人厭
足心生去彼人體弟子與師多陷王難汝當
先覺不入輪迴迷惑不知墮无間獄
又善男子受陰虛妙不遭邪慮圓定發明三
摩地中心愛入滅研究化性貪求深空尒時
天魔候得其便飛精附人口說經法其人終不
覺知魔著亦言自得无上涅槃來彼求空善
男子處敷座說法於大衆內其形忽空衆无
所見還從虛空突然而出存沒自在或現其
身洞如琉璃或垂手足作栴檀氣或大小便
如厚石蜜誹毀戒律輕賤出家口中常說无
因无果一死永滅无復後身及諸凡聖雖得
空寂潛行貪欲受其欲者亦得空心撥无因
果此名日月薄蝕精氣金玉芝草麟鳳龜鶴
經千万年不死為靈出生國土年老成魔惱乱
是人厭足心生去彼人體弟子與師多陷王難
汝當先覺不入輪迴迷惑不知墮无間獄
又善男子受陰虛妙不遭邪慮圓定發明三
摩地中心愛長壽辛苦研幾貪求永歲弃分
段生頓希變易細相常住尒時天魔候得其
便飛精附人口說經法其人竟不覺知魔著
亦言自得无上涅槃來彼求生善男子處敷
座說法好言他方往還无滞或經萬里瞬息
再來皆於彼方取得其物或於一處在一宅
中數步之間令其從東詣至西壁是人急行

BD14564 號　大佛頂如來密因修證了義諸菩薩萬行首楞嚴經卷九　（22–20）

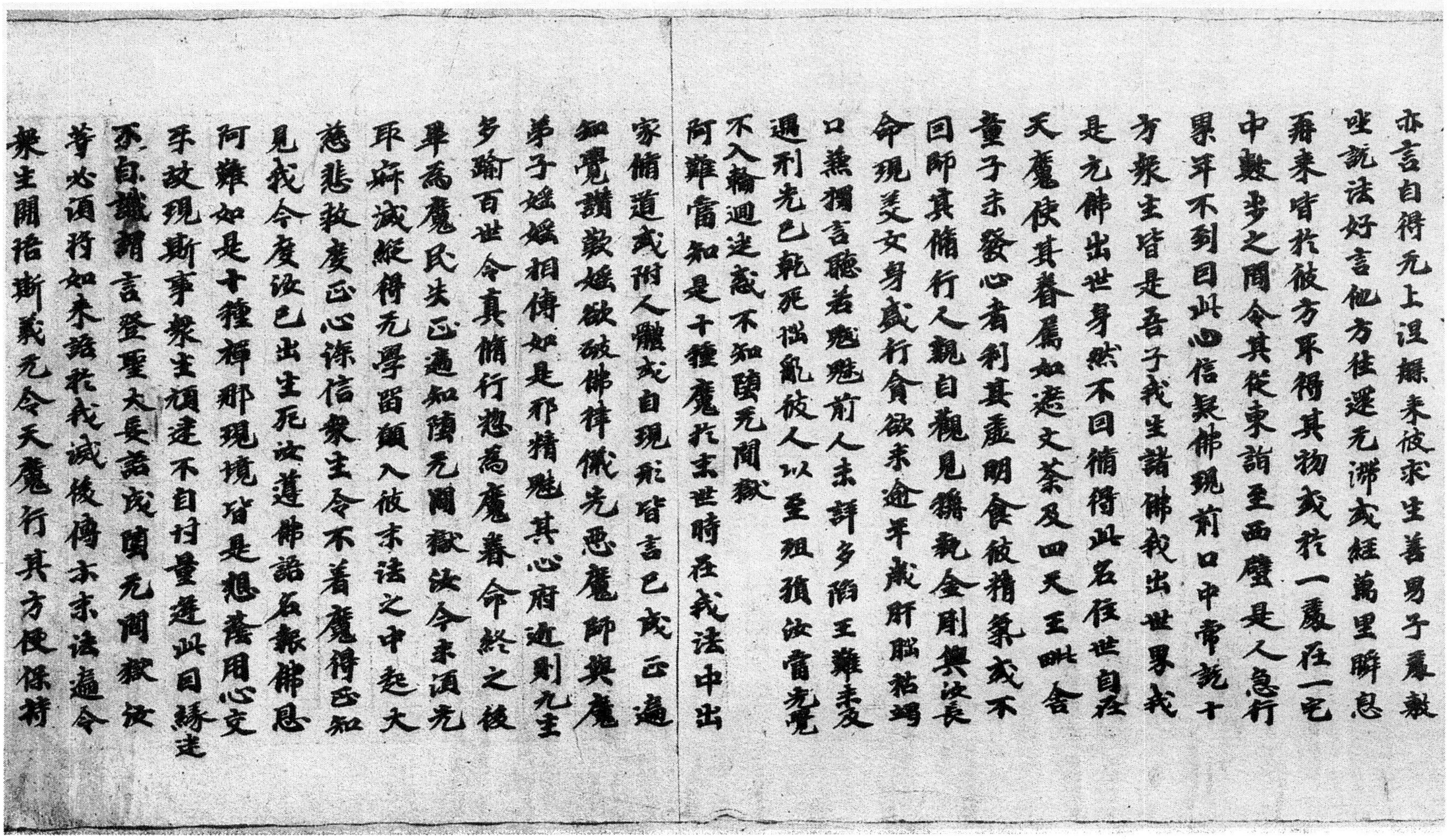

亦言自得无上涅槃来彼求生善男子處敷
座說法好言他方往還无滞或經萬里瞬息
再来皆於彼方取得其物或於一處在一宅
中數步之間令其從東詣至西壁是人急行
累年不到因此心信疑佛現前口中常說十
方衆生皆是吾子我生諸佛我出世界我
是元佛出世自然不因修得此名住世自在
天魔使其眷屬如遮文荼及四天王毗舍
童子未發心者利其虛明食彼精氣或不
因師其修行人親自觀見稱執金剛與汝長
命現美女身盛行貪欲未逾年歲肝腦枯竭
口兼獨言聽若魅魅前人未詳多陷王難未及
遇刑先已乾死惱亂彼人以至殂殞汝當先覺
不入輪迴迷惑不知墮无間獄
阿難當知是十種魔於末世時在我法中出
家修道或附人體或自現形皆言已成正遍
知覺讚歎婬欲破佛律儀先惡魔師與魔
弟子婬婬相傳如是邪精魅其心腑近則九生
多踰百世令真修行揔為魔眷命終之後
畢為魔民失正遍知墮无間獄汝今未須先
取寂滅縱得无學留願入彼末法之中起大
慈悲救度正心深信衆生令不著魔得正知
見我今度汝已出生死汝遵佛語名報佛恩
阿難如是十種禪那現境皆是想陰用心交
互故現斯事衆生頑迷不自忖量逢此因緣迷
不自識謂言登聖大妄語成墮无間獄汝
等必須將如來語於我滅後傳示末法遍令
衆生開悟斯義无令天魔行其方便保持

BD14564 號　大佛頂如來密因修證了義諸菩薩萬行首楞嚴經卷九　（22–21）

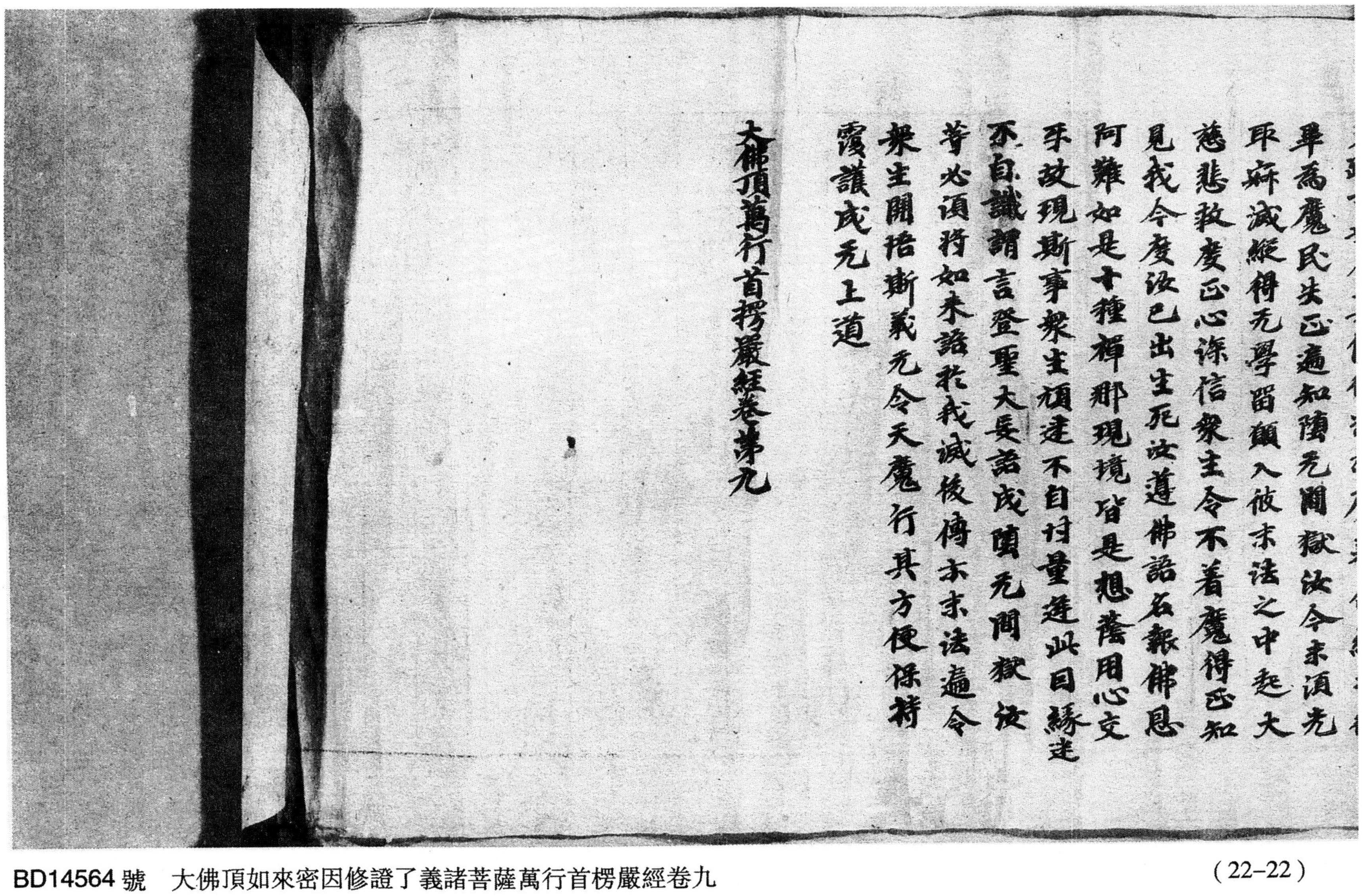

畢為魔民失正遍知墮无間獄汝今未須先
取寂滅縱得无學留願入彼末法之中起大
慈悲救度正心深信衆生令不著魔得正知
見我今度汝已出生死汝遵佛語名報佛恩
阿難如是十種禪那現境皆是想陰用心交
互故現斯事衆生頑迷不自忖量逢此因緣迷
不自識謂言登聖大妄語成墮无間獄汝
等必須將如來語於我滅後傳示末法遍令
衆生開悟斯義无令天魔行其方便保持
覆護成无上道

大佛頂萬行首楞嚴經卷第九

BD14564 號　大佛頂如來密因修證了義諸菩薩萬行首楞嚴經卷九　（22–22）

性清淨故色處清淨色、
故一切智：清淨何以故若不變異性
若色處清淨若一切智智清淨无二
无別无斷故不變異性清淨故聲香
處清淨聲香味觸法處清淨故、
淨何以故若不變異性清淨若
淨若一切智智清淨无二无二分无別
故善現不變異性清淨故眼界清淨眼
淨故一切智智清淨何以故若不變異
淨若眼界清淨若一切智智清淨无二
无二分无別无斷故不變異性清淨故色界
眼識界及眼觸眼觸為緣所生諸受清淨色
界乃至眼觸為緣所生諸受清淨故一切智
智清淨何以故若不變異性清淨若色界乃
至眼觸為緣所生諸受清淨若一切智智清
淨无二无二分无別无斷故善現不變異性
清淨故耳界清淨耳界清淨故一切智智清

BD14565號　大般若波羅蜜多經卷二一九　　（20–1）

眼識界及眼觸眼觸為緣所生諸受清淨色
界乃至眼觸為緣所生諸受清淨故一切智
智清淨何以故若不變異性清淨若色界乃
至眼觸為緣所生諸受清淨若一切智智清
淨无二无二分无別无斷故善現不變異性
清淨故耳界清淨耳界清淨故一切智智清
淨何以故若不變異性清淨若耳界清淨若
一切智智清淨无二无二分无別无斷故不
變異性清淨故聲界耳識界及耳觸耳觸為
緣所生諸受清淨聲界乃至耳觸為緣所生
諸受清淨故一切智智清淨何以故若不變
異性清淨若聲界乃至耳觸為緣所生諸受
清淨若一切智智清淨无二无二分无別无
斷故善現不變異性清淨故鼻界清淨鼻界
清淨故一切智智清淨何以故若不變異性
清淨若鼻界清淨若一切智智清淨无二无
二分无別无斷故不變異性清淨故香界鼻
識界及鼻觸鼻觸為緣所生諸受清淨香界
乃至鼻觸為緣所生諸受清淨故一切智智
清淨何以故若不變異性清淨若香界乃至
鼻觸為緣所生諸受清淨若一切智智清淨
无二无二分无別无斷故善現不變異性清
淨故舌界清淨舌界清淨故一切智智清淨
何以故若不變異性清淨若舌界清淨若一
切智智清淨无二无二分无別无斷故不變
異性清淨故味界舌識界及舌觸舌觸為緣
[illegible]

BD14565號　大般若波羅蜜多經卷二一九　　（20–2）

何以故若不變異性清淨若舌界清淨若一
切智智清淨无二无二分无別无斷故不變
異性清淨故味界舌識界及舌觸舌觸為緣
所生諸受清淨味界乃至舌觸為緣所生諸
受清淨故一切智智清淨何以故若不變異
性清淨若味界乃至舌觸為緣所生諸受清
淨若一切智智清淨无二无二分无別无斷
故善現不變異性清淨故身界清淨身界清
淨故一切智智清淨何以故若不變異性清
淨若身界清淨若一切智智清淨无二无二
分无別无斷故不變異性清淨故觸界身識
界及身觸身觸為緣所生諸受清淨觸界乃
至身觸為緣所生諸受清淨故一切智智清
淨何以故若不變異性清淨若觸界乃至身
觸為緣所生諸受清淨若一切智智清淨无
二无二分无別无斷故善現不變異性清淨
故意界清淨意界清淨故一切智智清淨何
以故若不變異性清淨若意界清淨若一切
智智清淨无二无二分无別无斷故不變異
性清淨故法界意識界及意觸意觸為緣所
生諸受清淨法界乃至意觸為緣所生諸受
清淨故一切智智清淨何以故若不變異性
清淨若法界乃至意觸為緣所生諸受清淨
若一切智智清淨无二无二分无別无斷故
善現不變異性清淨故地界清淨地界清淨
故一切智智清淨何以故若不變異性清淨

清淨故一切智智清淨何以故若不變異性
清淨若法界乃至意觸為緣所生諸受清淨
若一切智智清淨无二无二分无別无斷故
善現不變異性清淨故地界清淨地界清淨
故一切智智清淨何以故若不變異性清淨
若地界清淨若一切智智清淨无二无二分
无別无斷故不變異性清淨故水火風空識
界清淨水火風空識界清淨故一切智智清
淨何以故若不變異性清淨若水火風空識
界清淨若一切智智清淨无二无二分无別
无斷故善現不變異性清淨故无明清淨无
明清淨故一切智智清淨何以故若不變異
性清淨若无明清淨若一切智智清淨无二
无二分无別无斷故不變異性清淨故行識
名色六處觸受愛取有生老死愁歎苦憂惱
清淨行乃至老死愁歎苦憂惱清淨故一切
智智清淨何以故若不變異性清淨若行乃
至老死愁歎苦憂惱清淨若一切智智清淨
无二无二分无別无斷故
善現不變異性清淨故布施波羅蜜多清淨
布施波羅蜜多清淨故一切智智清淨何以
故若不變異性清淨若布施波羅蜜多清淨
若一切智智清淨无二无二分无別无斷故
不變異性清淨故淨戒安忍精進靜慮般若
波羅蜜多清淨淨戒乃至般若波羅蜜多清
淨故一切智智清淨何以故若不變異性清
淨若淨戒乃至般若波羅蜜多清淨若一切

若一切智智清淨[illegible]无二分无別无斷故
不變異性清淨故淨戒安忍精進靜慮般若
波羅蜜多清淨淨戒乃至般若波羅蜜多清
淨故一切智智清淨何以故若不變異性清
淨若淨戒乃至般若波羅蜜多清淨若一切
智智清淨无二无二分无別无斷故善現不
變異性清淨故內空清淨內空清淨故一切
智智清淨何以故若不變異性清淨若內
空清淨若一切智智清淨无二无二分无別
无斷故不變異性清淨故外空內外空空空
大空勝義空有為空无為空畢竟空无際空
散空无變異空本性空自相空共相空一切
法空不可得空无性空自性空无性自性空
清淨外空乃至无性自性空清淨故一切智
智清淨何以故若不變異性清淨若外空乃
至无性自性空清淨若一切智智清淨无二
无二分无別无斷故善現不變異性清淨故
真如清淨真如清淨故一切智智清淨何以
故若不變異性清淨若真如清淨若一切智
智清淨无二无二分无別无斷故不變異性
清淨故法界法性不虛妄性平等性離生性
法定法住實際虛空界不思議界清淨法界
乃至不思議界清淨故一切智智清淨何以
故若不變異性清淨若法界乃至不思議界
清淨若一切智智清淨无二无二分无別无
斷故善現不變異性清淨故苦聖諦清淨苦
聖諦清淨故一切智智清淨何以故若不變

[illegible]
故若不變異性清淨若法界乃至不思議界
清淨若一切智智清淨无二无二分无別无
斷故善現不變異性清淨故苦聖諦清淨苦
聖諦清淨故一切智智清淨何以故若不變
異性清淨若苦聖諦清淨若一切智智清淨
无二无二分无別无斷故不變異性清淨故
集滅道聖諦清淨集滅道聖諦清淨故一切
智智清淨何以故若不變異性清淨若集滅
道聖諦清淨若一切智智清淨无二无二分
无別无斷故善現不變異性清淨故四靜慮
清淨四靜慮清淨故一切智智清淨何以故
若不變異性清淨若四靜慮清淨若一切智
智清淨无二无二分无別无斷故不變異性
清淨故四无量四无色定清淨四无量四无
色定清淨故一切智智清淨何以故若不變
異性清淨若四无量四无色定清淨若一切
智智清淨无二无二分无別无斷故善現不
變異性清淨故八解脫清淨八解脫清淨故
一切智智清淨何以故若不變異性清淨若
八解脫清淨若一切智智清淨无二无二分
无別无斷故不變異性清淨故八勝處九次
第定十遍處清淨八勝處九次第定十遍處
清淨故一切智智清淨何以故若不變異性
清淨若八勝處九次第定十遍處清淨若一
切智智清淨无二无二分无別无斷故善現
不變異性清淨故四念住清淨四念住清淨

苐定十遍處清淨八勝處九次苐定十遍處
清淨故一切智智清淨何以故若不變異性
清淨若八勝處九次苐定十遍處清淨若一
切智智清淨无二无二分无別无斷故善現
不變異性清淨故四念住清淨四念住清淨
故一切智智清淨何以故若不變異性清淨
若四念住清淨若一切智智清淨无二无二
分无別无斷故不變異性清淨故四正斷四
神足五根五力七等覺支八聖道支清淨四正
斷乃至八聖道支清淨故一切智智清淨
何以故若不變異性清淨若四正斷乃至八
聖道支清淨若一切智智清淨无二无二分
无別无斷故善現不變異性清淨故空解脫
門清淨空解脫門清淨故一切智智清淨何
以故若不變異性清淨若空解脫門清淨若
一切智智清淨无二无二分无別无斷故不
變異性清淨故无相无願解脫門清淨无相
无願解脫門清淨故一切智智清淨何以故
若不變異性清淨若无相无願解脫門清淨
若一切智智清淨无二无二分无別无斷故
善現不變異性清淨故菩薩十地清淨菩薩
十地清淨故一切智智清淨何以故若不變
異性清淨若菩薩十地清淨若一切智智清
淨无二无二分无別无斷故
善現不變異性清淨故五眼清淨五眼清淨
故一切智智清淨何以故若不變異性清淨
若五眼清淨若一切智智清淨无二无二分

BD14565號　大般若波羅蜜多經卷二一九　（20–7）

異性清淨若菩薩十地清淨若一切智智清
淨无二无二分无別无斷故
善現不變異性清淨故五眼清淨五眼清淨
故一切智智清淨何以故若不變異性清淨
若五眼清淨若一切智智清淨无二无二分
无別无斷故不變異性清淨故六神通清淨
六神通清淨故一切智智清淨何以故若不
變異性清淨若六神通清淨若一切智智清
淨无二无二分无別无斷故善現不變異性
清淨故佛十力清淨佛十力清淨故一切智
智清淨何以故若不變異性清淨若佛十力
清淨若一切智智清淨无二无二分无別无
斷故不變異性清淨故四无所畏四无礙解
大慈大悲大喜大捨十八佛不共法清淨四
无所畏乃至十八佛不共法清淨故一切智
智清淨何以故若不變異性清淨若四无所
畏乃至十八佛不共法清淨若一切智智清
淨无二无二分无別无斷故善現不變異性
清淨故无忘失法清淨无忘失法清淨故一
切智智清淨何以故若不變異性清淨若无
忘失法清淨若一切智智清淨无二无二分
无別无斷故不變異性清淨故恒住捨性清
淨恒住捨性清淨故一切智智清淨何以故
若不變異性清淨若恒住捨性清淨若一切
智智清淨无二无二分无別无斷故善現不
變異性清淨故一切智清淨一切智清淨故
一切智智清淨何以故若不變異性清淨若

BD14565號　大般若波羅蜜多經卷二一九　（20–8）

淨恒住捨性清淨故一切相智清淨何以故
若不變異性清淨若恒住捨性清淨若一切
智智清淨无二无二分无別无斷故善現不
變異性清淨故一切智清淨一切智清淨故
一切智智清淨何以故若不變異性清淨若
一切智清淨若一切智智清淨无二无二分无
別无斷故不變異性清淨故道相智一切相
智清淨道相智一切相智清淨故一切智智
清淨何以故若不變異性清淨若道相智
一切相智清淨若一切智智清淨无二无二
分无別无斷故善現不變異性清淨故一切
陁羅尼門清淨一切陁羅尼門清淨故一切
智智清淨何以故若不變異性清淨若一切
陁羅尼門清淨若一切智智清淨无二无二
分无別无斷故不變異性清淨故一切三摩
地門清淨一切三摩地門清淨故一切智智
清淨何以故若不變異性清淨若一切三摩
地門清淨若一切智智清淨无二无二分无
別无斷故
善現不變異性清淨故預流果清淨預流果
清淨故一切智智清淨何以故若不變異性
清淨若預流果清淨若一切智智清淨无二
无二分无別无斷故不變異性清淨故一來
不還阿羅漢果清淨一來不還阿羅漢果清
淨故一切智智清淨何以故若不變異性清
淨若一來不還阿羅漢果清淨若一切智智
清淨无二无二分无別无斷故善現不變異

无二分无別无斷故不變異性清淨故一來
不還阿羅漢果清淨一來不還阿羅漢果清
淨故一切智智清淨何以故若不變異性清
淨若一來不還阿羅漢果清淨若一切智智
清淨无二无二分无別无斷故善現不變異
性清淨故獨覺菩提清淨獨覺菩提清淨故
一切智智清淨何以故若不變異性清淨若
獨覺菩提清淨若一切智智清淨无二无二
分无別无斷故善現不變異性清淨故一切
菩薩摩訶薩行清淨一切菩薩摩訶薩行清
淨故一切智智清淨何以故若不變異性清
淨若一切菩薩摩訶薩行清淨若一切智智
清淨无二无二分无別无斷故善現不變異
性清淨故諸佛无上正等菩提清淨諸佛无
上正等菩提清淨故一切智智清淨何以故
若不變異性清淨若諸佛无上正等菩提清
淨若一切智智清淨无二无二分无別无斷
故
復次善現平等性清淨故色清淨色清淨故
一切智智清淨何以故若平等性清淨若色
清淨若一切智智清淨无二无二分无別无
斷故平等性清淨故受想行識清淨受想行
識清淨故一切智智清淨何以故若平等性
清淨若受想行識清淨若一切智智清淨无
二无二分无別无斷故善現平等性清淨故
眼處清淨眼處清淨故一切智智清淨何以
故若平等性清淨若眼處清淨若一切智智

清淨若受想行識清淨若一切智智清淨无
二无二分无別无斷故善現平等性清淨故
眼處清淨眼處清淨故一切智智清淨何以
故若平等性清淨若眼處清淨若一切智智
清淨无二无二分无別无斷故平等性清淨
故耳鼻舌身意處清淨耳鼻舌身意處清淨
故一切智智清淨何以故若平等性清淨若
耳鼻舌身意處清淨若一切智智清淨无二
无二分无別无斷故善現平等性清淨故色
處清淨色處清淨故一切智智清淨何以故
若平等性清淨若色處清淨若一切智智清
淨无二无二分无別无斷故平等性清淨故
聲香味觸法處清淨聲香味觸法處清淨故
一切智智清淨何以故若平等性清淨若聲
香味觸法處清淨若一切智智清淨无二无
二分无別无斷故善現平等性清淨故眼界
清淨眼界清淨故一切智智清淨何以故若
平等性清淨若眼界清淨若一切智智清淨
无二无二分无別无斷故平等性清淨故色
界眼識界及眼觸眼觸爲緣所生諸受清淨
色界乃至眼觸爲緣所生諸受清淨故一切
智智清淨何以故若平等性清淨若色界乃
至眼觸爲緣所生諸受清淨若一切智智清
淨无二无二分无別无斷故善現平等性清
淨故耳界清淨耳界清淨故一切智智清淨
何以故若平等性清淨若耳界清淨若一切

BD14565號　大般若波羅蜜多經卷二一九　（20–11）

至眼觸爲緣所生諸受清淨若一切智智清
淨无二无二分无別无斷故善現平等性清
淨故耳界清淨耳界清淨故一切智智清淨
何以故若平等性清淨若耳界清淨若一切
智智清淨无二无二分无別无斷故平等性
清淨故聲界耳識界及耳觸耳觸爲緣所生
諸受清淨聲界乃至耳觸爲緣所生諸受清
淨故一切智智清淨何以故若平等性清淨
若聲界乃至耳觸爲緣所生諸受清淨若一
切智智清淨无二无二分无別无斷故善現
平等性清淨故鼻界清淨鼻界清淨故一切
智智清淨何以故若平等性清淨若鼻界清
淨若一切智智清淨无二无二分无別无斷
故平等性清淨故香界鼻識界及鼻觸鼻觸
爲緣所生諸受清淨香界乃至鼻觸爲緣所
生諸受清淨故一切智智清淨何以故若平
等性清淨若香界乃至鼻觸爲緣所生諸受
清淨若一切智智清淨无二无二分无別无
斷故善現平等性清淨故舌界清淨舌界清
淨故一切智智清淨何以故若平等性清淨
若舌界清淨若一切智智清淨无二无二分
无別无斷故平等性清淨故味界舌識界及
舌觸舌觸爲緣所生諸受清淨味界乃至舌
觸爲緣所生諸受清淨故一切智智清淨何
以故若平等性清淨若味界乃至舌觸爲緣
所生諸受清淨若一切智智清淨无二无二

BD14565號　大般若波羅蜜多經卷二一九　（20–12）

觸為緣所生諸受清淨故一切智智清淨何
以故若平等性清淨若味界乃至舌觸為緣
所生諸受清淨若一切智智清淨无二无二
分无別无斷故善現平等性清淨故身界清
淨身界清淨故一切智智清淨何以故若平
等性清淨若身界清淨若一切智智清淨无
二无二分无別无斷故平等性清淨故觸界
身識界及身觸身觸為緣所生諸受清淨觸
界乃至身觸為緣所生諸受清淨故一切智
智清淨何以故若平等性清淨若觸界乃至
身觸為緣所生諸受清淨若一切智智清淨
无二无二分无別无斷故善現平等性清淨
故意界清淨意界清淨故一切智智清淨何
以故若平等性清淨若意界清淨若一切智
智清淨无二无二分无別无斷故平等性清
淨故法界意識界及意觸意觸為緣所生諸
受清淨法界乃至意觸為緣所生諸受清淨
故一切智智清淨何以故若平等性清淨若
法界乃至意觸為緣所生諸受清淨若一切
智智清淨无二无二分无別无斷故善現平
等性清淨故地界清淨地界清淨故一切智
智清淨何以故若平等性清淨若地界清淨
若一切智智清淨无二无二分无別无斷故
平等性清淨故水火風空識界清淨水火風
空識界清淨故一切智智清淨何以故若平
等性清淨若水火風空識界清淨若一切智

智清淨何以故若平等性清淨若地界清淨
若一切智智清淨无二无二分无別无斷故
平等性清淨故水火風空識界清淨水火風
空識界清淨故一切智智清淨何以故若平
等性清淨若水火風空識界清淨若一切智
智清淨无二无二分无別无斷故善現平等
性清淨故无明清淨无明清淨故一切智智
清淨何以故若平等性清淨若无明清淨若
一切智智清淨无二无二分无別无斷故平
等性清淨故行識名色六處觸受愛取有生
老死愁歎苦憂惱清淨行乃至老死愁歎苦
憂惱清淨故一切智智清淨何以故若平等
性清淨若行乃至老死愁歎苦憂惱清淨若
一切智智清淨无二无二分无別无斷故
善現平等性清淨故布施波羅蜜多清淨布
施波羅蜜多清淨故一切智智清淨何以故若
平等性清淨若布施波羅蜜多清淨若一
切智智清淨无二无二分无別无斷故平等
性清淨故淨戒安忍精進靜慮般若波羅蜜
多清淨淨戒乃至般若波羅蜜多清淨故一
切智智清淨何以故若平等性清淨若淨戒
乃至般若波羅蜜多清淨若一切智智清淨
无二无二分无別无斷故善現平等性清淨
故內空清淨內空清淨故一切智智清淨何以
故若平等性清淨若內空清淨若一切智
智清淨无二无二分无別无斷故平等性清
淨故外空內外空空空大空勝義空有為空

故內空清淨內空清淨故一切智智清淨何以
故若平等性清淨若內空清淨若一切智
智清淨无二无二分无別无斷故平等性清
淨故外空內外空空空大空勝義空有為空
无為空畢竟空无際空散空无變異空本性
空自相空共相空一切法空不可得空无性空
自性空无性自性空清淨外空乃至无性自
性空清淨故一切智智清淨何以故若平
等性清淨若外空乃至无性自性空清淨若
一切智智清淨无二无二分无別无斷故善
現平等性清淨故真如清淨真如清淨故一
切智智清淨何以故若平等性清淨若真如
清淨若一切智智清淨无二无二分无別无
斷故平等性清淨故法界法性不虛妄性不
變異性離生性法定法住實際虛空界不思
議界清淨法界乃至不思議界清淨故一切
智智清淨何以故若平等性清淨若法界乃
至不思議界清淨若一切智智清淨无二无
二分无別无斷故善現平等性清淨故苦聖
諦清淨苦聖諦清淨故一切智智清淨何以
故若平等性清淨若苦聖諦清淨若一切智
智清淨无二无二分无別无斷故平等性清
淨故集滅道聖諦清淨集滅道聖諦清淨故
一切智智清淨何以故若平等性清淨若集
滅道聖諦清淨若一切智智清淨无二无二
分无別无斷故善現平等性清淨故四靜慮

智清淨无二无二分无別无斷故平等性清
淨故集滅道聖諦清淨集滅道聖諦清淨故
一切智智清淨何以故若平等性清淨若集
滅道聖諦清淨若一切智智清淨无二无二
分无別无斷故善現平等性清淨故四靜慮
清淨四靜慮清淨故一切智智清淨何以故
若平等性清淨若四靜慮清淨若一切智
智清淨无二无二分无別无斷故平等性清
淨故四无量四无色定清淨四无量四无色
定清淨故一切智智清淨何以故若平等性
清淨若四无量四无色定清淨若一切智智
清淨无二无二分无別无斷故善現平等性
清淨故八解脫清淨八解脫清淨故一切智
智清淨何以故若平等性清淨若八解脫清
淨若一切智智清淨无二无二分无別无斷
故平等性清淨故八勝處九次第定十遍處
清淨八勝處九次第定十遍處清淨故一切
智智清淨何以故若平等性清淨若八勝處
九次第定十遍處清淨若一切智智清淨无
二无二分无別无斷故善現平等性清淨故
四念住清淨四念住清淨故一切智智清淨
何以故若平等性清淨若四念住清淨若一
切智智清淨无二无二分无別无斷故平等
性清淨故四正斷四神足五根五力七等覺支
八聖道支清淨四正斷乃至八聖道支清淨
故一切智智清淨何以故若平等性清淨

切智智清淨无二无二分无別无斷故平等
性清淨故四正斷四神足五根五力七等覺支
八聖道支清淨四正斷乃至八聖道支清淨
故一切智智清淨何以故若平等性清淨
若四正斷乃至八聖道支清淨若一切智智
清淨无二无二分无別无斷故善現平等性
清淨故空解脫門清淨空解脫門清淨故一
切智智清淨何以故若平等性清淨若空解
脫門清淨若一切智智清淨无二无二分无
別无斷故平等性清淨故无相无願解脫門
清淨无相无願解脫門清淨故一切智智清
淨何以故若平等性清淨若无相无願解脫
門清淨若一切智智清淨无二无二分无別
无斷故善現平等性清淨故菩薩十地清淨
菩薩十地清淨故一切智智清淨何以故若平
等性清淨若菩薩十地清淨若一切智智
清淨无二无二分无別无斷故
善現平等性清淨故五眼清淨五眼清淨故
一切智智清淨何以故若平等性清淨若五
眼清淨若一切智智清淨无二无二分无別
无斷故平等性清淨故六神通清淨六神通
清淨故一切智智清淨何以故若平等性清
淨若六神通清淨若一切智智清淨无二无
二分无別无斷故善現平等性清淨故佛十
力清淨佛十力清淨故一切智智清淨何以
故若平等性清淨若佛十力清淨若一切智
[illegible]二无二分无別无斷故平等性清

二分无別无斷故善現平等性清淨故佛十
力清淨佛十力清淨故一切智智清淨何以
故若平等性清淨若佛十力清淨若一切智
智清淨无二无二分无別无斷故平等性清
淨故四无所畏四无礙解大慈大悲大喜大
捨十八佛不共法清淨四无所畏乃至十八
佛不共法清淨故一切智智清淨何以故若
平等性清淨若四无所畏乃至十八佛不共
法清淨若一切智智清淨无二无二分无別无
斷故善現平等性清淨故无忘失法清淨无忘
失法清淨故一切智智清淨何以故若平等
性清淨若无忘失法清淨若一切智智清淨
无二无二分无別无斷故平等性清淨故恒
住捨性清淨恒住捨性清淨故一切智智清
淨何以故若平等性清淨若恒住捨性清淨
若一切智智清淨无二无二分无別无斷故
善現平等性清淨故一切智智清淨一切智智清
淨故一切智智清淨何以故若平等性清淨
若一切智智清淨若一切智智清淨无二无二
分无別无斷故平等性清淨故道相智一切
相智清淨道相智一切相智清淨故一切智
智清淨何以故若平等性清淨若道相智一
切相智清淨若一切智智清淨无二无二分
无別无斷故善現平等性清淨故一切陀羅
尼門清淨一切陀羅尼門清淨故一切智智
清淨何以故若平等性清淨若一切陀羅尼

切相智清淨若一切智智清淨无二无二分
无別无斷故善現平等性清淨故一切陁羅
尼門清淨一切陁羅尼門清淨故一切智智
清淨何以故若平等性清淨若一切陁羅尼
門清淨若一切智智清淨无二无二分无別
无斷故平等性清淨故一切三摩地門清淨
一切三摩地門清淨故一切智智清淨何以
故若平等性清淨若一切三摩地門清淨若
一切智智清淨无二无二分无別无斷故
善現平等性清淨故預流果清淨預流果清
淨故一切智智清淨何以故若平等性清淨
若預流果清淨若一切智智清淨无二无二分
无別无斷故平等性清淨故一來不還阿
羅漢果清淨一來不還阿羅漢果清淨故一
切智智清淨何以故若平等性清淨若一來
不還阿羅漢果清淨若一切智智清淨无二
无二分无別无斷故善現平等性清淨故獨
覺菩提清淨獨覺菩提清淨故一切智智清
淨何以故若平等性清淨若獨覺菩提清淨
若一切智智清淨无二无二分无別无斷故
善現平等性清淨故一切菩薩摩訶薩行清
淨一切菩薩摩訶薩行清淨故一切智智清
淨何以故若平等性清淨若一切菩薩摩訶
薩行清淨若一切智智清淨无二无二分无
別无斷故善現平等性清淨故諸佛无上正
等菩提清淨諸佛无上正等菩提清淨故一

BD14565號　大般若波羅蜜多經卷二一九　（20–19）

不還阿羅漢果清淨若一切智智清淨无二
无二分无別无斷故善現平等性清淨故獨
覺菩提清淨獨覺菩提清淨故一切智智清
淨何以故若平等性清淨若獨覺菩提清淨
若一切智智清淨无二无二分无別无斷故
善現平等性清淨故一切菩薩摩訶薩行清
淨一切菩薩摩訶薩行清淨故一切智智清
淨何以故若平等性清淨若一切菩薩摩訶
薩行清淨若一切智智清淨无二无二分无
別无斷故善現平等性清淨故諸佛无上正
等菩提清淨諸佛无上正等菩提清淨故一
切智智清淨何以故若平等性清淨若諸佛
无上正等菩提清淨若一切智智清淨无二
无二分无別无斷故

大般若波羅蜜多經卷第二百一十九

BD14565號　大般若波羅蜜多經卷二一九　（20–20）

BD14565 號背　勘記　　（1–1）

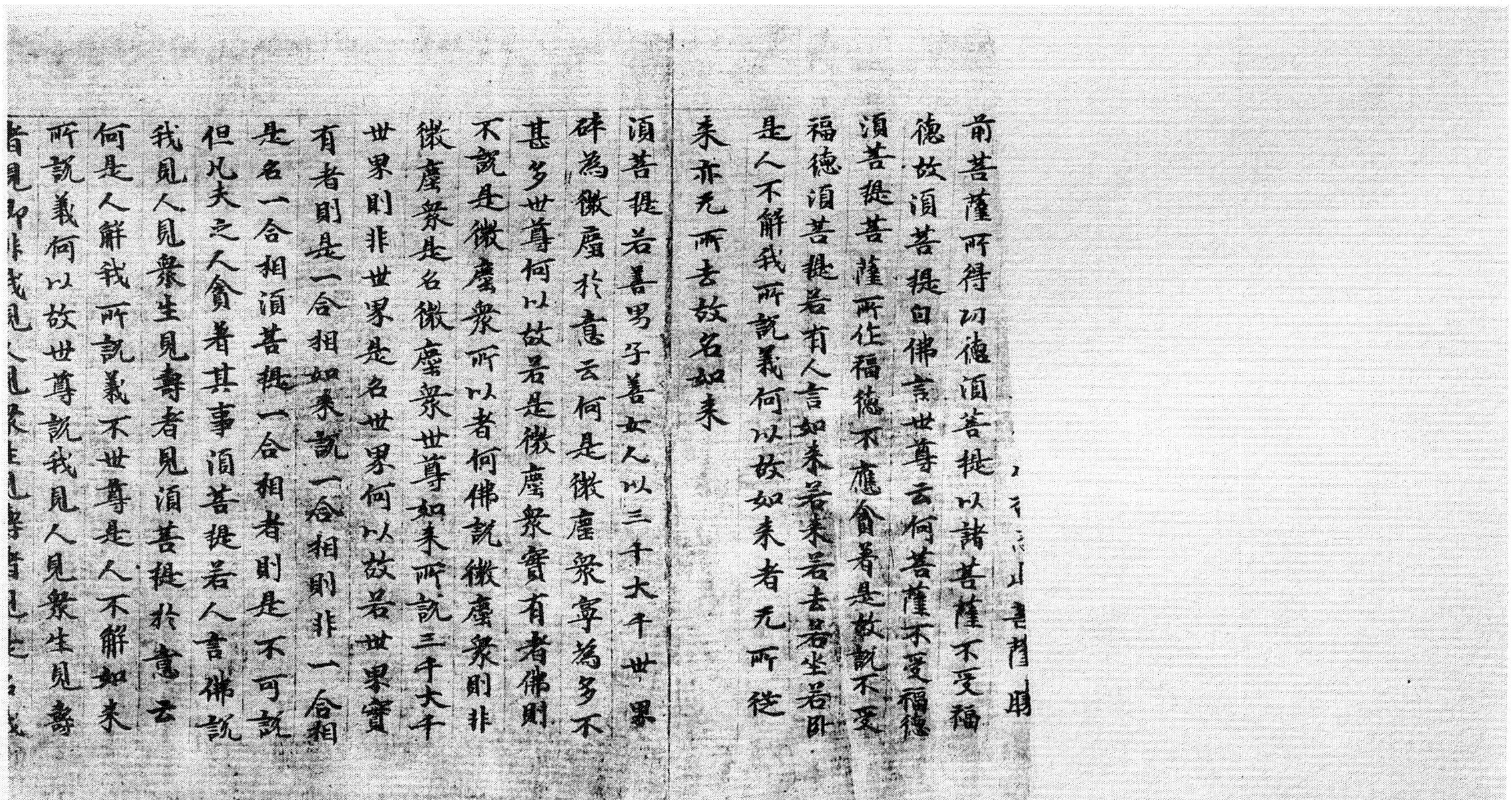
前菩薩所得功德須菩提以諸菩薩不受福
德故須菩提白佛言世尊云何菩薩不受福德
須菩提菩薩所作福德不應貪著是故說不受
福德須菩提若有人言如來若來若去若坐若卧
是人不解我所說義何以故如來者无所從
來亦无所去故名如來
須菩提若善男子善女人以三千大千世界
碎為微塵於意云何是微塵衆寧為多不
甚多世尊何以故若是微塵衆實有者佛則
不說是微塵衆所以者何佛說微塵衆則非
微塵衆是名微塵衆世尊如來所說三千大千
世界則非世界是名世界何以故若世界實
有者則是一合相如來說一合相則非一合相
是名一合相須菩提一合相者則是不可說
但凡夫之人貪著其事須菩提若人言佛說
我見人見衆生見壽者見須菩提於意云
何是人解我所說義不世尊是人不解如來
所說義何以故世尊說我見人見衆生見壽
者見即非我見人見衆生見壽者見是

BD14566 號　金剛般若波羅蜜經　　（3–1）

但凡夫之人貪著其事須菩提若人言佛說
我見人見衆生見壽者見須菩提於意云
何是人解我所說義不世尊是人不解如來
所說義何以故世尊說我見人見衆生見壽
者見即非我見人見衆生見壽者見是名我
見人見衆生見壽者見須菩提發阿耨多羅
三藐三菩提心者於一切法應如是知如是見
如是信解不生法相須菩提所言法相者如
來說即非法相是名法相須菩提若有人以滿
无量阿僧祇世界七寶持用布施若有善
男子善女人發菩薩心者持於此經乃至四
句偈等受持讀誦為人演說其福勝彼云何
為人演說不取於相如如不動何以故
一切有為法　如夢幻泡影　如露亦如電　應作如是觀
佛說是經已長老須菩提及諸比丘比丘尼
優婆塞優婆夷一切世間天人阿脩羅聞佛
所說皆大歡喜信受奉行
金剛般若波羅蜜經

BD14566號　金剛般若波羅蜜經　（3–2）

來說即非法相是名法相須菩提若有人以滿
无量阿僧祇世界七寶持用布施若有善
男子善女人發菩薩心者持於此經乃至四
句偈等受持讀誦為人演說其福勝彼云何
為人演說不取於相如如不動何以故
一切有為法　如夢幻泡影　如露亦如電　應作如是觀
佛說是經已長老須菩提及諸比丘比丘尼
優婆塞優婆夷一切世間天人阿脩羅聞佛
所說皆大歡喜信受奉行
金剛般若波羅蜜經

BD14566號　金剛般若波羅蜜經　（3–3）

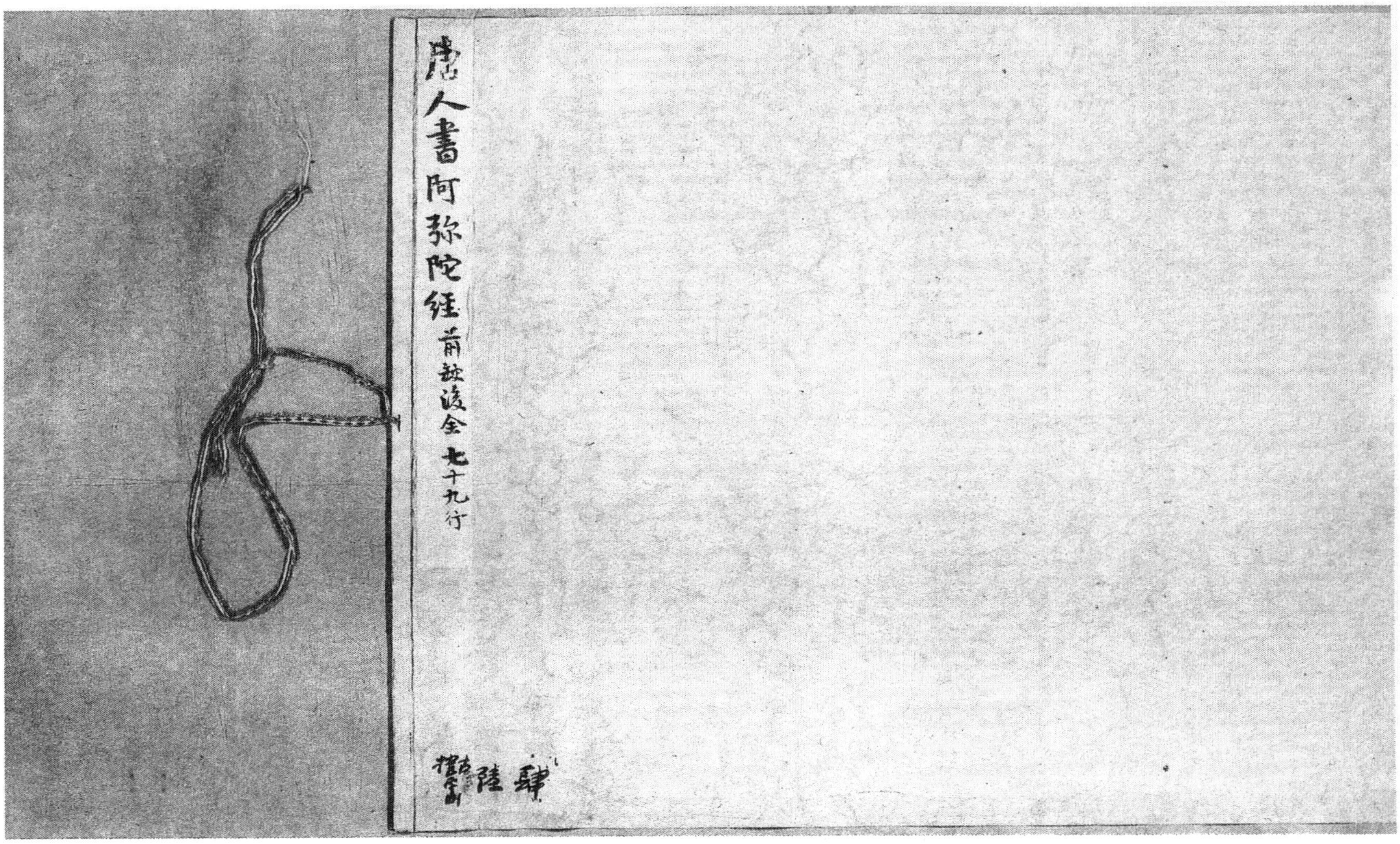

BD14567 號背　護首　　（1–1）

BD14567 號　阿彌陀經　　（6–1）

勿誦
土無三惡趣 无三惡
之名何况有實是諸衆鳥皆是阿弥陀佛欲
令法音宣流變化所作舍利弗彼佛國土微
風吹動諸[illegible]網出微妙音譬如
百千種樂[illegible]是音者皆自然生念
佛念法念僧之心舍利弗其音(佛)國土成就如
是功德莊嚴舍利弗於汝意云何彼佛何故
号阿弥陀舍利 光明无量照十方國
无所鄣礙是故号為阿弥陀
又舍利弗彼佛壽命及其人民无量无邊阿
僧祇劫故名阿弥陀舍利弗阿弥陀佛成佛
已來於今十劫 舍利弗彼佛有无量无邊
[illegible]聞弟子[illegible]阿羅漢非是筭數之所能知諸

BD14567 號　阿彌陀經　（6–2）

无所鄣礙是故号為阿弥陀
又舍利弗彼佛壽命及其人民无量无邊阿
僧祇劫故名阿弥陀舍利弗阿弥陀佛成佛
已來於今十劫 舍利弗彼佛有无量无邊
聲聞弟子皆阿羅漢非是筭數之所能知諸
菩薩亦如是舍利弗彼佛國土成就如是功
德莊嚴
又舍利弗極樂國土衆生生者皆是阿鞞跋
致其中多有一生補處其數甚多非是筭數
所能知之但可以无量无邊阿僧祇劫說舍
利弗衆生聞者應當發願願生彼國所以者
何得與如是諸上善人俱會一處舍利弗不
可以少善根福德因緣得生彼國舍利弗若
有善男子善女人聞說阿弥陀佛執持名号
若一日若二日若三日若四日若五日若六
日若七日一心不亂其人臨命終時阿弥陀
佛與諸聖衆現在其前是人終時心不顛倒
即得往生阿弥陀佛極樂國土舍利弗我
見是利故說此言若有衆生聞是說者應當發
願生彼國土舍利弗如我今者讚歎阿弥陀
佛不可思議功德東方亦有阿閦鞞佛須弥
相佛大須弥佛須弥光佛妙音佛如是等
恒河沙數諸佛各於其國出廣長舌相遍覆三
千大千世界說誠實言汝等衆生當信是稱
讚不可思議功德一切諸佛所護念經
舍利弗南方世界有日月燈佛名聞光佛大
焰肩佛須弥燈佛无量精進佛如是等恒河

BD14567 號　阿彌陀經　（6–3）

千大千世界說誠實言汝等衆生當信是稱
讚不可思議功德一切諸佛所護念經
舍利弗南方世界有日月燈佛名聞光佛大
焰肩佛須弥燈佛无量精進佛如是等恒河
沙數諸佛各於其國出廣長舌相遍覆三千
大千世界說誠實言汝等衆生當信是稱讚
不可思議功德一切諸佛所護念經
舍利弗西方世界有无量壽佛无量相佛无
量幢佛大光佛大明佛寶相佛淨光佛如是
等恒河沙數諸佛各於其國出廣長舌相遍
覆三千大千世界說誠實言汝等衆生當信
是稱讚不可思議功德一切諸佛所護念經
舍利弗北方世界有焰肩佛最勝音佛難沮
佛日生佛網明佛如是等恒河沙數諸佛各
於其國出廣長舌相遍覆三千大千世界說
誠實言汝等衆生當信是稱讚不可思議功
德一切諸佛所護念經
舍利弗下方世界有師子佛名聞佛名光佛
達摩佛法幢佛持法佛如是等恒河沙數諸
佛各於其國出廣長舌相遍覆三千大千世
界說誠實言汝等衆生當信是稱讚不可思
議功德一切諸佛所護念經
舍利弗上方世界有梵音佛宿王佛香上佛
香光佛大焰肩佛雜色寶華嚴身佛娑羅樹
王佛寶華德佛見一切義佛如須弥山佛如是
等恒河沙數諸佛各於其國出廣長舌相

BD14567 號　阿彌陀經　（6-4）

議功德一切諸佛所護念經
舍利弗上方世界有梵音佛宿王佛香上佛
香光佛大焰肩佛雜色寶華嚴身佛娑羅樹
王佛寶華德佛見一切義佛如須弥山佛如是
等恒河沙數諸佛各於其國出廣長舌相
遍覆三千大千世界說誠實言汝等衆生當
信是稱讚不可思議功德一切諸佛所護念經
舍利弗於汝意云何何故名一切諸佛所護念
經舍利弗若有善男子善女人聞是經受持者
及聞諸佛名者是諸善男子善女人皆為一
切諸佛共所護念皆得不退轉於阿耨多羅
三藐三菩提是故舍利弗汝等皆當信受我語
及諸佛所說舍利弗若有人已發願今發願
當發願欲生阿弥陁佛國者是諸人等皆得
不退轉於阿耨多羅三藐三菩提於彼國土
若已生若今生若當生是故舍利弗諸善男
子善女人若有信者應當發願生彼國土舍
利弗如我今者稱讚諸佛不可思議功德彼
諸佛等亦稱說我不可思議功德而作是言
釋迦牟尼佛能為甚難希有之事能於娑
婆國土五濁惡世劫濁見濁煩惱濁衆生濁
命濁中得阿耨多羅三藐三菩提為諸衆生
說是一切世間難信之法舍利弗當知我於五
濁惡世行此難事得阿耨多羅三藐三菩提
為一切世間說此難信之法是為甚難佛說
此經已舍利弗及諸比丘一切世間天人阿羅
等聞佛所說歡喜信受作礼而去
阿弥陁經一卷

BD14567 號　阿彌陀經　（6-5）

當發願欲生阿彌陀佛國者是諸人等皆得
不退轉於阿耨多羅三藐三菩提於彼國土
若已生若今生若當生是故舍利弗諸善男
子善女人若有信者應當發願生彼國土舍
利弗如我今者稱讚諸佛不可思議功德彼
諸佛等亦稱說我不可思議功德而作是言
釋迦牟尼佛能為甚難希有之事能於娑
婆國土五濁惡世劫濁見濁煩惱濁眾生濁
命濁中得阿耨多羅三藐三菩提為諸眾生
說是一切世間難信之法舍利弗當知我於五
濁惡世行此難事得阿耨多羅三藐三菩提
為一切世間說此難信之法是為甚難佛說
此經已舍利弗及諸比丘一切世間天人阿羅
等聞佛所說歡喜信受作禮而去
阿弥陁經一卷

BD14567號　阿彌陀經　（6–6）

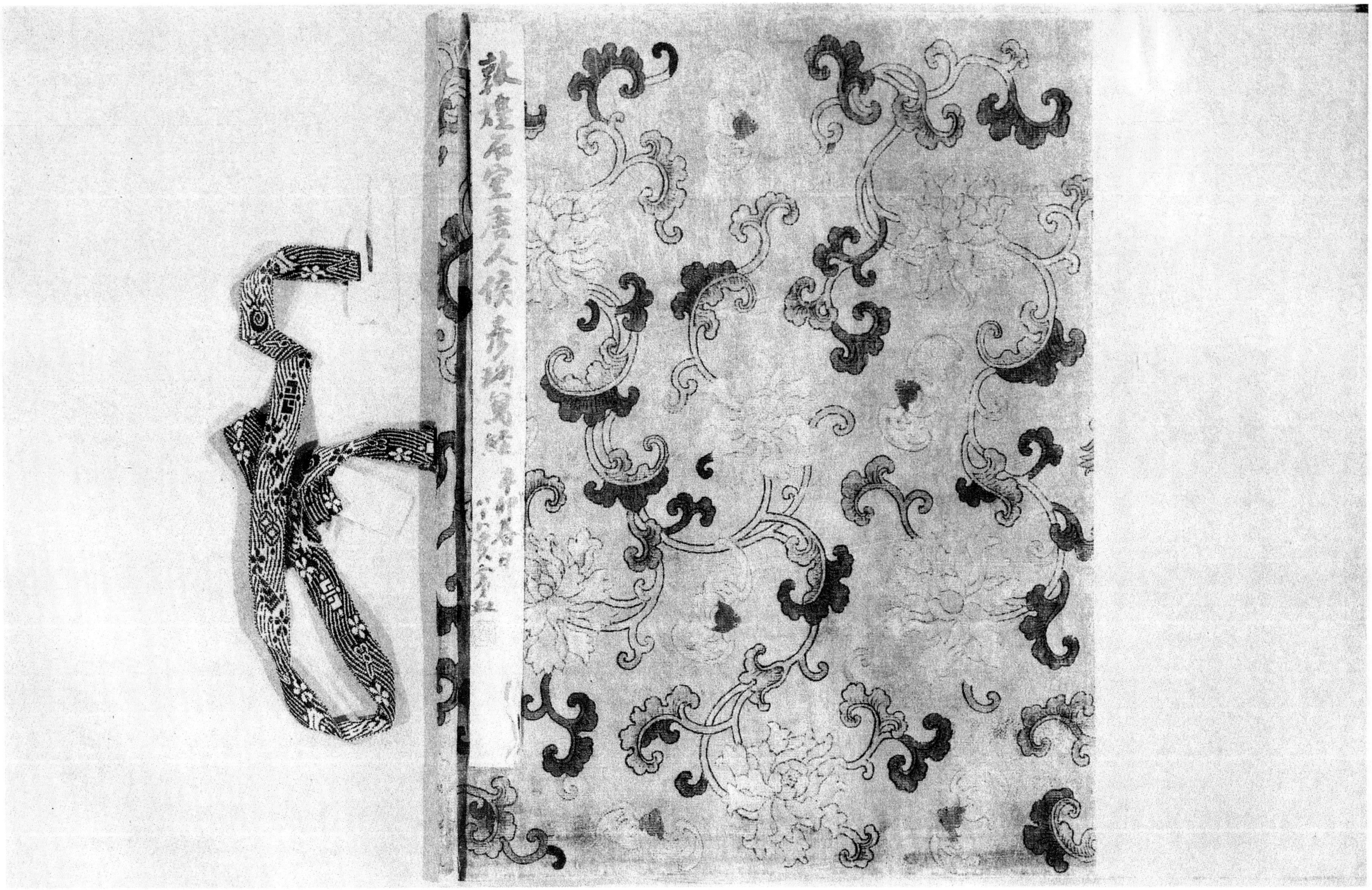

BD14568號背　護首　　（1–1）

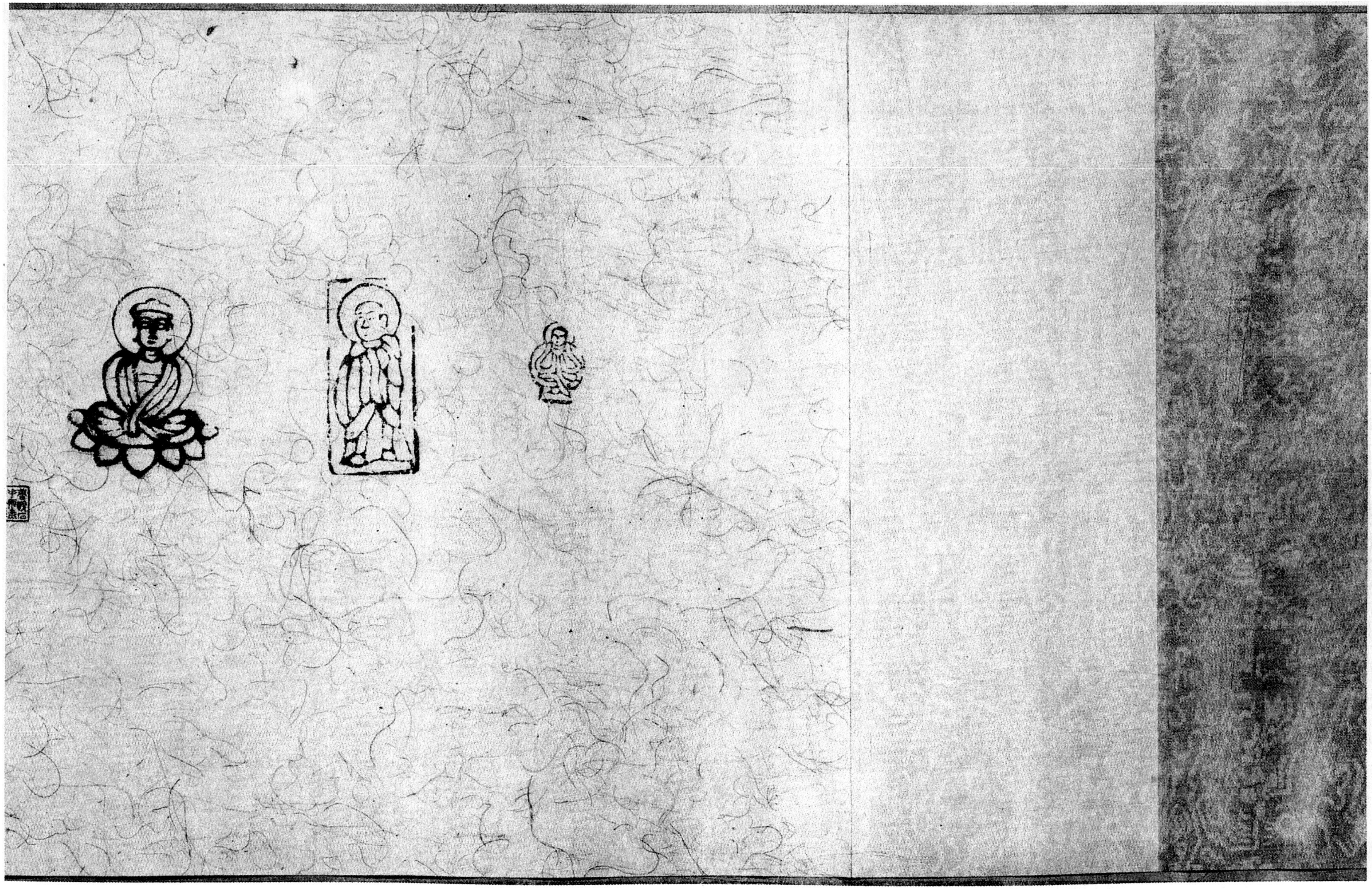

BD14568 號　諸經要集卷九　　　　（25–1）

鳴沙
石室
古遺

鸣沙石室古遗经

唐寶應二年五月一日
建康軍營田利官果
毅都尉儀彥珣寫諸
經要集卷第九背坿大
親彰疑會理教一卷越
一千一百八十七年庚寅冬日
古歙黃賓虹題 時年八十又七

BD14568 號　諸經要集卷九　　（25–5）

BD14568 號　諸經要集卷九　　（25–6）

鳴沙山距敦煌縣東南其地亢燥風沙擊石作聲
故名麓有三界寺寺右石室曰莫高窟造象壁畫繁
飾繢紛清光緒二十六年有王道士掃除瓦礫護見複
壁内藏唐人寫經及碑版書籍圖畫縑帛甚多蓋
敦煌縣居隴右西垂自古與酒泉為通西域孔道叢
林蘭若釋教昌明此殆宋初遭西夏兵革之亂集
寺中圖書閟藏于此者也光緒三十三年英人斯坦因法
人伯希和先後擇要盜載數千卷而去餘均散失
民間近人所輯有敦煌遺書鳴沙石室古佚書唯
據法人伯希和所得本景印行世而已佛滅度後二千
八百九十九年餘杭章松齡勁宇記署

諸經要集卷第九　西明寺沙門釋道集
擇交部第十六 此有五緣　思慎部第十七
述意緣　善友緣　儔黨緣　懲惡緣
友緣第二
如涅槃經云阿難比丘說半梵行名善知識佛言不爾具足梵
名善知識又云善識者如法而說如說而行云何名為如法而說如法
行自不煞生乃至自行正見教人行正見若能如是
為真善知識自修菩提亦能教人修行菩提以是義故名善知
修行信戒布施多聞智惠亦能教人修行信戒布施多聞智惠以是

諸經要集卷第九　　西明寺沙門道世集

擇交部第十六（此有五緣）　思慎部第十七（述意緣　善友緣　簡偽緣　懲惡緣）

友緣第二

如涅槃經云：阿難比丘說半梵行名善知識。佛言不尒，具足梵

行名善知識。又云：善知識者，如法而說，如說而行。云何名為如法

而說，如說而行？自不殺生，教人不殺生，乃至自行正見，教人行正見。若能如是，則

得名為真善知識。自修菩提，亦能教人修行菩提，以是義故名善知

識。自能修行信戒布施多聞智惠，亦能教人修行信戒布施多聞智惠，復以

是義名善知識。善知識者有善法故。所作之事不求自樂，常為

衆生而求於樂。見他有過不訟其短，口常宣說純善之事，以是義故名善知

識。善男子，如空中月從初一日至十五日漸漸增長，善知識者亦復如是，令諸

學人漸遠惡法，增長善法。善男子，若有親近善知識者，本未有戒定智惠

解脫解脫知見，即便有之，未具足者則得增廣。又云：善友當觀是人貪欲

瞋恚愚癡思覺，何者偏多。若知是人貪欲多者，則應為說不淨觀

法；瞋恚多者為說慈悲；思覺多者教令數息；著我多者當為分析

十八界等。次第修行，次第獲得四念處觀，身受心法。得是觀已，次第復觀十

二因緣。如是觀已，次得暖法。得暖法已，乃至漸得阿羅漢辟支佛果、菩薩大

乘佛果等。依此而生，更無疑滯，自然修之，如水之乳，是名真善知識法師

之位。若不具此，非善知識，如水之法不可依也。又佛性論引經偈云：

无知无善識　　惡友損正行　　如蟒蛇腹中　　是乳轉成毒

是故要須值真實利益衆生者，自調伏已後教人，无宣說夫无退行，夫无散

亂，夫无瞋，夫无貪求，夫无瞋善，夫无邪行，夫无著我，夫无小

行。夫具此十法名善知識。故莊嚴論偈云：

多聞及見諦　　巧說亦精進　　不退大丈夫　　菩薩勝依止

又佛本行經云：尒時世尊共長老難陀至於一賣香處，見彼處上有

諸香裹。見已即告長老難陀：汝取此香裹。難陀依教，即於彼處上取諸香裹。

於是世尊依彼教，於彼處上取諸香裹。佛告難陀：汝於彼處，須臾提持，搦已一時

之頃提持香裹，然後放地。尒時佛告長老難陀：汝今當自嗅於手看。

尒時難陀聞佛語已，即自嗅手。佛語難陀：汝嗅此手作何等氣？白佛言：

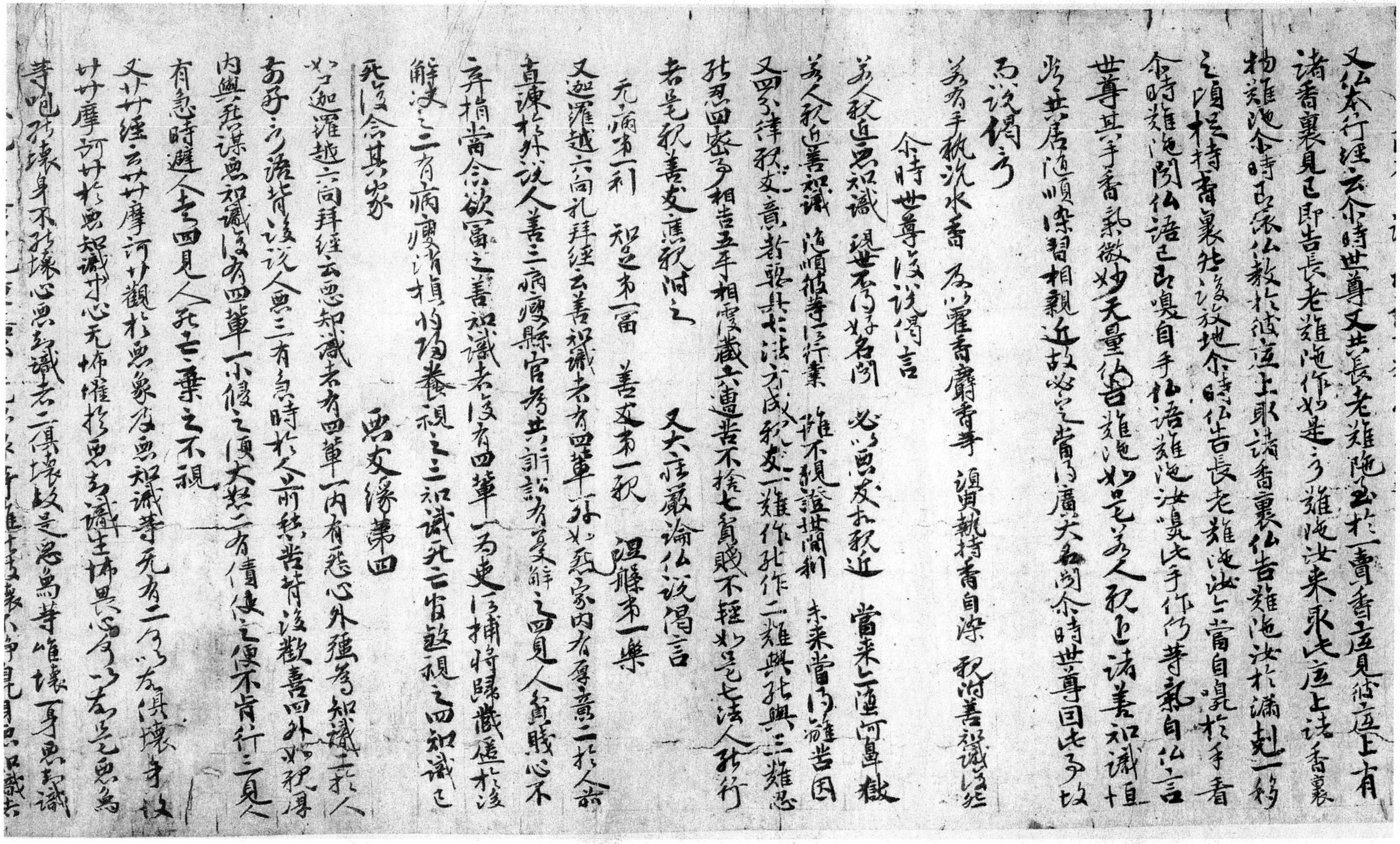
又仏本行經云：尒時世尊又共長老難陀出於一賣香店，見彼店上有諸香裹，見已即告長老難陀作如是言：汝難陀，汝來取此店上諸香裹物。難陀尒時即依仏教，於彼店上取諸香裹。仏告難陀：汝於須臾之頃，捉持香裹，然後放地。尒時仏告長老難陀：汝今當自嗅於手看。尒時難陀聞仏語已，即嗅自手。仏語難陀：汝嗅此手作何等氣？白仏言：世尊，其手香氣微妙無量。仏告難陀：如是如是，若人親近諸善知識，恒共居止，隨順染習相親近故，必定當得廣大名聞。尒時世尊因此事故而說偈言：

若有手執沈水香　及以藿香麝香等　須臾執持香自染　親附善知識亦然

尒時世尊復說偈言：

若人親近惡知識　現世不得好名聞　必以惡友爲親近　當来亦墮阿鼻獄

若人親近善知識　隨順彼等行行業　雖不親證世間利　未来當得離苦因

又四分律云：親友意者，若能與七法，方成親友。一難作能作，二難與能與，三難忍能忍，四密事相告，五互相覆藏，六遭苦不捨，七貧賤不輕。如是七法，人能行者，是親善友，應親附之。

又大莊嚴論仏說偈言：

無病第一利　知足第一富　善友第一親　涅槃第一樂

又迦羅越六向拜經云：善知識者有四輩：一外如怨家，內有厚意；二於人前直諫，於外說人善；三病瘦縣官，爲其詶訟，爲其解之；四見人貧賤，心不棄捐，當念欲富之。善知識者復有四輩：一爲吏所捕，將歸藏匿，於後解決之；二有病瘦，將歸養視之；三知識死亡，皆殯視之；四知識已死，復念其家。

惡友緣第四

又迦羅越六向拜經云：惡知識者有四輩：一內有惡心，外強爲知識；二於人前好語，背後說人惡；三有急時，於人前愁苦，背後歡喜；四外如親厚，內興怨謀。惡知識復有四輩：一小債之，便大怒；二有債使之，便不肯行；三見人有急時避人去；四見人死亡，棄之不視。

又菩薩經云：菩薩摩訶薩觀於惡象及惡知識等無有二，何以故，俱壞身故。菩薩摩訶薩於惡象等心無怖懼，於惡知識生怖畏心。何以故，是惡象等唯能壞身，不能壞心，惡知識者二俱壞故。是惡象等唯壞一身，惡知識

BD14568號　諸經要集卷九

（25–9）

有急時避人去四見人死亡棄之不視
又菩薩經云菩薩摩訶薩觀於惡象及惡知識等無有二何以故俱壞身故
菩薩摩訶薩於惡知識生怖心無怖懼於惡象識生怖畏心何以故是惡象
等唯能壞身不能壞心惡知識者二俱壞故是惡象等唯壞一身惡知識
者壞無量善身無量善心是惡象等唯能破壞不淨臭身惡知識者
能壞淨身及以淨心是惡象等能壞肉身惡知識者壞於法身為
惡象煞不至三惡為惡友煞必至三惡是惡象等但為身怨惡知
識者為善法怨是故菩薩常離諸惡知識
又增一阿含經世尊說偈云
莫親惡知識　亦莫愚從事　當近善知識　人中最勝者
人中無有惡　習近惡知識　後必種惡根　永在闇中行
又中阿含經云爾時世尊告諸比丘有七惡家法而作惡家第一不欲
令惡家有好色雖好沐浴名香塗身然為色故瞋恚覆心而作惡、
家第二不欲令惡家安隱睡眠雖卧牀枕覆以錦綺然故憂苦不
捨瞋恚覆心而作惡家第三不欲令惡家而得大利雖應得利而
不得利不應得利彼作是二法更互相違瞋恚覆心而作惡
家第四不欲令惡家有用資財有秋用捨離避去因瞋恚覆心不作惡
家第五不欲令惡家有稱譽彼惡名醜聲周聞諸方因瞋恚覆心而作
惡家第六不欲令惡家極大財富彼大富人僮失財物因瞋恚覆心而
作惡家第七不欲令惡家身壞命終往至善處彼身口意惡行已
命終必至惡處生地獄中而作惡家
又阿含經云去近東方有四法當自去避之去百由旬一百卌里百由旬
四千里四法者一惡友二惡眾三或多語四或嗜或關
又善生經云受戒者五處不應行謂屠兒婬女酒肆國王旃陀羅舍等
有五種業不應作謂賣毒藥醎網擁圍苦六博歌舞唱伎等又
寶雲經云持戒之人不聽向破戒家乞食又金剛仙論云出家人不
許向屠兒酒肆婬女惡象惡狗等家乞食亡命乃至往親近之
又大方廣總持經云佛告善男子佛藏度後多有法師善隨樂欲為

有五種業不應作。謂賣毒藥、釀酒、博弈歌舞、唱伎等。又
寶雲經云：持戒之人不聽向破戒家乞食。又金剛仙論云：出家之人不
許向屠兒酒肆婬女惡象惡狗等家乞食，亦不得往返之。
又大方廣總持經云：佛告善男子，佛滅度後，若有法師善隨樂欲，為
人說法，於諸菩薩學大乘者及諸大眾有發一毛端歡喜之心，乃至
暫下一滴淚者，當知皆是佛之神力。若有愚人於是法師非菩薩假稱菩薩謗
真菩薩及所行法，後作是言：彼何所知？彼何所解？若彼和合則非住
持流通正法。若彼遠離淨命正法不行，謗法之人極大罪業，墮三惡道
難可出離。若有愚人於佛所說不信受，雖復讀誦千部大乘，為人解說，
獲得四禪，以謗他故，七十劫中受大苦惱。況彼愚人實無所知而自貢
高，乃至誹謗一句偈，當知是業定墮地獄，永不見佛。以惡眼視菩薩人
故得無眼報，以惡口謗菩薩人故得無舌報。
又賢愚經云：昔佛在世時，有微妙比丘尼，得羅漢果，與諸尼眾自說
往昔所造善惡業行果報。告尼眾曰：乃往過去有一長者，其家巨
富，唯無子息。更取小婦，夫甚愛後，念生一男，夫婦敬重，觀之無猒。大婦
心妒，私自念言：此兒若大，當攝家業，我唐勤苦，聚積何益？不如殺
之。即取鐵針刺兒顖上，後遂命終。小婦疑是大婦致此，便語之言：汝殺我
子。大婦爾時謂無罪報，及欲之殃，即與咒誓：若我殺汝子者，使我世世夫為
蛇螫，所生兒子水漂狼噉，自食子肉，身現生埋，父母居家失火而死。作是
誓已，後時命終，緣此咒故，墮於地獄，受無量苦。地獄罪畢，還得生人，
中為梵志女，年漸長大，適人娶夫，家產生一子。後復懷妊，至月滿欲產，夫
婦相將向父母舍。至於中路，腹痛遂產，夜宿樹下。夫時別臥，前所咒誓今
來定之。時有毒蛇螫殺其夫。婦見夫死，即便悶絕，後乃得蘇。至曉之明，便
取大兒著於肩上，小者抱之，涉道進路。前河深而且廣，即留大兒著於
此岸，先抱小者度著彼岸，還迎大兒。大兒見母，來入水趣母，水漂去。母
力追之，力不能救，須臾之間，其兒沒死。還趣小兒，狼來噉訖，但見流血狼
藉在地。母時斷絕，良久乃蘇。遂前進路，逢一梵志，是父親友，即向梵志
具陳辛苦。梵志憐愍，相將歸家。中平安已，不梵志答言：父母眷
屬……

此岸先抱小者渡著彼岸還迎大兒〻見母來入水趣母水浪漂去母
還追之力不能救須臾之間大兒後死還趣小兒狼來噉訖但見流血狼
躃在地母時斷絕良久乃蘇遂前進路逢一梵志是父親友即向梵志
具陳辛苦梵志憐愍將歸相對歸共語問家中平安已不梵志答言父母眷
屬大小近日失火一時死盡聞之悶絕良久乃蘇梵志將歸供給如女後復
適娶任身欲產未竟无人往開夫破門入捉婦毆打婦陳產意夫瞋殺故
殺取兒煞以蘇煎之逼婦令食婦食子後心中酸結自惟薄福乃值斯人
便棄逃走到波羅奈國中樹下坐息有長者子其婦新死日日塚上
追戀啼哭見此女人樹下獨坐即便問之遂爲夫婦經於數日夫忽壽
終時彼國人爲其生時夫婦相愛夫死之時合婦生埋時有群賊來開其塚
賊帥見婦面首端正即納爲婦經於數旬夫破他家爲主所殺賊伴將屍
來付其婦後共生埋後於三日狐狼開塚因而得出自剋責言宿有何罪而
日之間遭斯禍厄死而復蘇今何所歸乃全餘命聞釋迦仏在祇洹中便往
仏所求哀出家由於過去施辟支仏食發願力故今得值仏出家得道得
阿羅漢達知先世殺生之業所作之苦墮於地獄現在辛苦受斯惡報
无相代者微妙自說昔大婦者今爲身是雖得羅漢恒熱鐵針從頂上入足
下而出晝夜患此无復堪忍殃禍如是終无朽敗又大乘論堅意菩薩偈云

誹謗大乘法　決定趣惡道　焚燒甚苦惱　業報罪信尒
若從地獄出　復受餘惡報　諸根常缺陋　永不聞法音
設使得聞者　復生於謗法　〻謗法因緣　還墮於地獄

債負緣第四

又如法句喻經云昔仏在世時有賈客名弗加沙出家入羅閱城分衛於
城門中有新產牸牛被牛觸殺牛主怖懼賣牛轉与他人其主牽牛
欲飲水牛從後復觸殺其主家人瞋恚取牛殺之於市賣肉有田舍
人買取牛頭貫擔持歸去舍田餘坐樹下息牛頭繫掛樹下須臾繩
斷牛頭落下正墮人上牛角刺人即時命終一日之中凡殺三人瓶沙王聞
之怪其如此與群臣往詣仏所問其意仏告王言往昔有賈客三人到他國
內與生寄住孤獨老母舍直與顧舍直見老母孤獨欺不欲與伺老母
不在默去不與母歸不見客即問比居皆云已去老母瞋恚尋後追及

斷牛頭落下正墮人上牛角刺人即時命終一日之中比殺三人瓶沙王聞
之怪其所以與諸群臣往詣佛所具問其意佛告王曰往昔有賈客三人到他國
內興生寄住孤獨老母舍應與雇舍直見老母孤獨欺不欲與伺老母
不在默去不與母歸不見客即問比居皆云已去老母嗔恚尋後逐及
疲頓索直三客逆罵我前已與云何復索同聲共舉不肯與直老母羸
弱不能奈何懊惱呪言我今窮厄汝見欺負後世所生之處要當
相值要當殺汝正使得道終不相置佛語瓶沙王爾時老母者今此特牛
是也三賈客者弗迦沙等三人為牛所觸殺者是也於是世尊即說
偈言　惡言罵詈　憍陵蔑人　興起是行　疾怨滋生　遜言順辭
尊敬於人　棄結忍惡　疾怨自滅　夫士之生　斧在口中　所以斬身　由其惡言
又出曜經云昔罽賓國中兄弟二人其兄出家得阿羅漢弟在家中治生
居產時兄數來教誨勸弟布施持戒修善作福現有名譽死生善
處弟白兄曰兄已出家不處官私不念妻子田業財寶我有己務不見
數誨不用兄教後病命終生在牛中為人所役挽鹽入城兄從城出遇見之直
為說法時牛聞已悲惡不樂牛主見之語道人曰汝何道說乃使我牛愁憂
不樂道人報曰此牛本是我弟昔日負君一錢鹽債故墮牛中償
君力牛主聞已語道人曰君弟昔日與我親友是時牛主即語牛曰吾今
放汝不復役使牛聞感激至心念佛自投深澗命終得生天上受
極快樂以是因緣若人負債不可不償
又成實論云若人負債不償墮牛羊麞鹿驢馬等償其宿債
復有一鬼言常有二熱鐵輪在我兩腋下轉身體燋爛何因故爾目連答言汝為
世時與眾僧作餅盜心取二番挾兩腋底故受此苦
復有一鬼言我瘻大如甕行時擔著肩上住則坐上進止患苦何
因故爾目連答言汝前世時作市令常以輕秤小斗與他重秤大斗自取
乃大利於己侵剋餘人
復有一鬼言我常有熱鐵針入出我身受苦無賴何因故爾目連答言
汝前世時作調馬師或作調象師為調難調象以鐵針刺脚又時牛逢亦以針刺
故受此苦
復有一鬼言身常有大坐目然懊惱何因故爾目連答言汝為
世時作國夫人與一夫人王甚幸愛常生嫉心伺欲危害值王臥起去時所發夫

復有一鬼言：我常苦有熱鐵針入出我身，受苦無賴，以何故爾？目連答言：
汝前世時作調馬師，或作調象師，為馬難制，汝以鐵針剌脚，又時牛遲，亦以針剌，
故受此苦　復有一鬼言：我身常有火出，自然燒惱，何因故爾？目連答言：汝前
世時作國夫人，更一夫人王甚幸愛，常生妬心，伺欲危害，值王臥起，未時所愛夫
人眠猶未起，著衣即生惡心，正值作餅，有熱麻油，即以灌其腹上，爛已即
死，故受此苦　復有一鬼言：我身如塊肉，無有手脚眼耳鼻等，恒為蟲鳥
所食，罪苦難堪，何因故爾？目連答言：汝前世時常與他藥，墮他兒胎，故受此苦
肩上常有銅瓶，瓶中洋銅，手捉一杓，取自灌頭，舉體燋爛，如是受苦
復有一鬼問言：我受此苦無極無量，有何罪咎？目連答言：汝前世時出家為
道典僧飲食，以瓶蘇私著餘處，有客僧來者不與，客去已出蘇而與舊僧，
此蘇是招提僧一切有分，此人慳惜，雖與不普，由是因緣受此罪也
譬喻經云：昔外國有一死鬼，自鞭其屍，傍人問曰：是已死，何以復鞭？報曰：此是
我故身，為我作惡，見經戒不讀，偷盜欺詐，犯人婦女，不孝父母，兄弟惜財不
肯布施，令我死墮惡道中，勤苦毒痛不可復言，是故來鞭之耳
又依無量壽經云：憍梵波提過去世曾作比丘，於他粟田邊過，摘取一莖，觀
其生熟，數粒墮地，五百世作牛償之，故智度論云：以其習氣，復得人身，
產出未踰，齝食如故，雖復出家，得阿羅漢果
又毗婆沙論云：昔中有一女人為餓鬼所持，即以呪術而問鬼言：何以惱他女
人？鬼答言：此女人者是我怨家，五百世中而殺我，我亦五百世中斷其命，
根若彼能捨舊惡之心，我亦能捨。爾時女人而作是言：我今已捨怨心。鬼觀
女人雖口言捨，而心不捨，即斷其命
又雜寶藏經云：目連至恒河邊，見五百餓鬼群來趣水，有守水鬼以鐵
杖驅逐，不得近，於是諸鬼往詣目連，禮目連足，問其所以，一鬼曰：我受身
常患熱渴，見恒河水清且涼，歡喜趣之，沸熱壞身，試飲一口，五藏燋爛，臭不
可當，何因緣故受如此罪？目連曰：汝先世時曾作相師，人問吉凶，少實多虛，或毀
譽自得，審諦以動人心，詐或欺誑，或以求財利，迷惑衆生，失於意事
復有一鬼言：我常苦為三狗利牙赤猶來噉我肉，唯有骨在，風來吹起，肉續復
生，猶復來噉，此苦何因？目連答言：汝作天祠主，常殺衆生，羝羊以血祠天，汝自食
肉，是故今以肉償之　復有一鬼言：我常身上有蟲周遍遶噉之，
是罪何因？目連答言：汝前世時作婆羅門，惡耶不信，道人乞食，取鉢盛滿糞

BD14568號　諸經要集卷九　（25–14）

[illegible]

復有鬼言：我常為呈祠利刃赤猶來敢我肉，唯有骨在，風來吹起，肉還復
生，猶復來敢，此苦何因？目連答言：汝作天祠主，常殺衆生，祭羊以血祠天，汝自食
肉，是故今以肉償之。　復有一鬼言：我常身上有蟲，周遍滲渾，渾復噉之。
是罪何因？目連答言：汝前世時作婆羅門，惡邪不信道人，乞食取鉢盛滿糞，
以飯著上持與道人。道人持還，以手食，飯糞污其手，是故今日受此身罪耶。
復有一鬼言：我腹極大，咽喉手脚甚細如針，不得飲食，何因此苦？目連答
言：汝前世時作聚落主，自恃豪貴，飲酒縱橫，輕欺餘人，奪其飲食，飢困衆
生，故受此苦。　復有一鬼言：我常遶圂，欲噉食糞，有大群鬼捉杖驅我，
不得近廁，口中爛臭，飢困無賴，何因如此？目連答言：汝前世時作佛圖主，有
諸白衣供養衆僧，供辦食具，汝以慳供，沒為僧細者自食，故受此苦。
復有一鬼言：我身上遍滿生舌，斧來斫舌，斷斷復生，如此不已，何因
故爾？目連答言：汝前世時作道人，衆僧美作蜜漿，石蜜塊大，難消，以斧
斫之，盜心取一口，以是因緣故，常斫舌也。
復有一鬼言：我常有七枚熱鐵丸，直入我口，入腹五藏，燋爛出復，還入，何因
故受此苦？目連答言：汝前世時作沙彌，往行菓子，到自師所，為其師故，偏
心多與，實長七枚，故受此苦。

懲過緣第五

如維摩經云：故以若干苦切之言，乃可入律。書云：聞諫如流，斯言可録。恨彼
不信，西馬難調，撻楚多愧，以自識廉。有聞論說，序心曲曲，欲識其言而
塹其身者，未若先捶其心，而次折其意。故經云：制之一處，無事不辦。譬如
金山寶藏，狐兔所不敢停；淨潮海，蛙龜所不肯宿。故知潔其心而淨其意
者，則三塗杜且四患消滿，防意如城，守口如瓶，可謂金仙遺寄，寔屬伊人。
王化廣濟，於斯備矣。若宗斯三業，則能除四患，謂生老病死也。　故受胎
經云：衆生受胎之時，備盡艱難，寄漢於為淨塵，十月將滿，母胎知苦，業風
催促，頭向產門，墮地鞭觸，如在刀山，風激冷觸，又似寒冰，當爾之時，生為
實苦。又普經云：譬如燈炷，唯賴膏油，膏油既盡，勢不久停。人亦如是，唯
賴壯膏，壯膏既盡，衰老之炷，何得久停。又出曜經云：說老苦偈云：

少時意盛壯　　衰老所見逼　　形衰極枯槁　　氣竭憑杖行

又佛說死苦偈云：

氣絕神逝　　形骸蕭索　　人物一統　　無生不終

又普經云：夫死去於嶮難處，無有資糧，去處懸遠，而無伴侶，晝夜常
[illegible]

寶苦又苦經云[illegible]
賴壯膏粗色盡衰老々侵人乃久停又出曜經云說老苦偈云
少時意盛壯　為老所見逼　形衰極枯槁　氣竭憑杖行
又佛說死苦偈云　氣絕神逝　形散簫索　人物一統　无生不終
又菩薩經云夫死者於嶮難處无有資糧去處懸遠而无伴侶晝夜常
行不知邊際深邃幽闇无有燈明入无門戶而有處所雖无痛處不可療
治往无遮止到不得脫　又无量壽經云生來獨生死亦獨去苦樂之地
身自當之无有代者幽々冥々別離長久道路不同會見无期甚難甚難
復當相值夫生即死親族歡聚盡恩愛之知死則朝々暮殯便有悲
畏々離之狀歌哭相送往者不知反室空堂寂滅无覩存亡爲无變化
儀須々出曜經佛重說死苦偈云
命如果待熟　常恐會零落　已生皆有苦　孰能致不死　猶如死囚
時詣都市　動向死道　人命如是　如河駛流　往而不返　人命如是　逝者不還
又華嚴經有十種慢業應當遠之一於尊重福田和上阿闍梨父母沙門婆
羅門所而不尊重業敬供養是爲慢業二有諸法師得勝妙法於大乘深
法知出生死道得陀羅尼業說多聞具智惠識善能說法而不信受業
敬供養是爲慢業三聽受法時爲聞是法歡喜發心歡喜无量而
不讚法師令衆歡喜是爲慢業四起慢心自高陵彼不省己實不調自
心是爲慢業五起計我心見有功德智惠者不讚其美見无德者反說
其善以爲闘諍也於彼人所起嫉妬心是爲慢業六若有法師知是法是
律是實是佛語以慳嫉故說言非法非律非實非佛語欲壞他信心故是
爲慢業七自敷高座處爲法師不應執事業敬不應業敬供養餘人所得
梵行尊長有德應業敬供養於是我爲慢業八達磨顰蹙惡眼視
彼常以和顏葬觀衆生言常柔軟无有麤獷戾恚恨心而於彼法師求
其過惡是爲慢業九以我慢心於多聞者不往業敬起聽聞心於法
雖亦不諮問何等爲善何等不善何等應作何等不應作何等業長夜
饒益一切衆生作何等行不益衆生作何等行從明入明作何等行從冥入冥
如是之人爲我心深沒不能得見出要正道是爲慢業十起慢心故不能
值佛難得之法消盡宿世所種善根不應說而說起訶諍心更相諍論往如
是法真入邪道但發授心力故而不永捨菩薩所行雖不捨菩薩道而於无量

雖亦不說聞何等為善何等不善何等應作何等業長夜
饒益一切眾生作何等行不益眾生作何等行從明入明作何等行從冥入冥
如是之人為亦心濁沒不能得見出要正道覺是擾業十起擾心故不能
值仏難得之法消盡宿世所種善根不真說而說起呵責心更相誠論任如
是法真入邪道但菩提心力故而不永捨廿所行雖不捨廿廿道而於無量
百千万劫尚不值仏何況聞法是為擾業又出曜經偈云
眾生為擾纏　染著於擾擾　為見所迷惑　不免生死際
故知凡夫為惡雖少後世深苦獲無邊报如毒在心人意不同白衣營集
知顧無然生不可保死必奄至尋之危命非朝則夕俄須之間幽處無常
情係田宅受恋妻兒　又法句經云仏在舍衛國時城中有婆羅門
年向八十財富無數為人難化不識道德不計無常更作好舍前堂後堂涼
臺溫室東西兩廂庫數十眾唯後堂前距陽未訖時婆羅門自經
營指受眾事仏以道眼見此老公命不終日當就後世不能自知而方怱怱經
治精神無福甚可憐愍仏將阿難往到其門問訊老公得無疲惓今作此
舍何所安公言前雜待客後堂自處東西二廂當安兒息財物僕使夏
上涼臺冬入溫室仏語老公久聞宿德思遇達譚有要偈存亡有益
欲以相贈不審可否頗小癡事共坐論說不耶老公言今正大遽不容
坐語後日更來當共善論仏以言要偈便可說之於是世尊而說偈言
有子有財　愚唯汲汲　我且非我　何有子財　暑當止此　寒當止此
愚多預慮　莫知來變　愚蒙愚極　自謂我智　是謂極愚
婆羅門言善說此偈今實遑遽後來更論之於是世尊愍之而去老公
後自授屋椽屋椽墮打頭破即時命過室家號哭驚動四隣仏去未遠
便有此變里頭逢諸梵志五十人問仏從何來仏言屬到此死老公舍為
公說法不信仏語不知無常今忽然已就後世具以為梵志更說前偈義
聞之欣然即得道跡於是世尊而說偈言
愚暗近智　如瓢斟味　雖久狎習　猶不知法　開達近智　如舌嘗味
雖須臾習　即解道要　愚人施行　為身招禍　快心作惡　自致重殃
為行不善　退見悔恡　致涕流面　报由宿習
時諸梵志重聞此偈益懷篤信為仏作禮歡喜奉行　又正法念經云為

聞之依法行道[illegible]於是世尊[illegible]說偈言
愚暗近智 如瓢酌味 雖久狎習 猶不知法 開達近智 如舌嘗味
雖須臾習 即解道要 愚人施行 為身招禍 快心作惡 自致重殃
為行不善 退見悔吝 致涕流面 報由宿習
時諸梵志重聞此偈益懷篤信為佛作禮歡喜奉行 又正法念經云若
有眾生見他和友手相破壞惡結能為和合令彼生欲愛天隨心所念即
得五欲自娛若有眾生見人破已為他抄掠救之令得脫或於險處教人正
道或疑怖處與他安隱命終生正行天之女共養受五欲樂若生人中
生於正見大長者家若有人能柔軟其心離一切垢世世解脫得如是
手爽如是人心如白鶴能行善業眾人生惡無鑛之人心如金剛恒常不
忌惡結之心行不調伏眾人所憎不愛不信 爾時孔雀王菩薩為佛偈而說頌曰
善人心柔爽 猶如成練金 斷人內外善 速得脫眾苦
若人心善調 一切皆柔爽 斯人生善種 猶如良福田
又鵰阿那含經云阿那含為六事不求不欲何等為六一不求不欲令人知
二者不欲令人知三自善不欲令人知四自熱不欲令人知五積道不欲令
人知六自觀不欲令人知是為禪不欲令人知黠惠不欲令人知[illegible]
不欲令人知者不欲煩擾於人故頌曰
騰蘭蹤逢 伊蘭叢芳樹 規輪時為轂 恬然不常素 三益竊所
四益行當議 嚴哉保自免 試之謹可慕

思慎緣第十七 此有五緣 述意緣 慎過緣 慎禍緣 慎境緣 慎用緣

述意緣第一
夫思慎過患之源識招禍之本慎終之道君子之所慎誨於初
議未生長養生之要趣應鑒戒指之淨智之集若諱目睛於自見
借明鏡以觀形驗拙於自理必假擿以自通故面之所以形明鏡之力也驗之所
理之擿之功也行之所以著益之益也果之行以勝益因之善也是故身
之情敗必不納正諫之言命之之恃終必不服良工之藥也

慎過緣第二
如大集經海龍品云爾時眾中有一龍名曰頗羅摸梨奢樂摸大哭作如是言
大聖世尊我於過去迦葉佛所出家為比丘於千年中受大苦惱日夜常為轉[illegible]善食
居熱沙中無時暫樂佛言梨奢汝過去世於佛法中出家為比丘毀破禁戒內
懷欺詐外現善相廣會眷屬弟子眾多名譽四方莫不聞知和尚
同行羅漢以是因緣身得供養獨受用之見持戒人反更加說彼人懊惱以是
令汝世世中所受惡業死生龍中是汝前身眾生飢故
食啖汝身惡業因緣得此盲報又過去無量劫中在龍赤銅地獄中為諸蟲
之所啖食龍聞此語憂愁啼哭作如是言[illegible]世尊我今當[illegible]懺悔[illegible]
[illegible]聞[illegible]命過去[illegible]於佛法

以[illegible]了[illegible]今白
大聖世尊，願救濟我，願救濟我。々今于中受大苦惱，日夜常爲種々諸虫之所噉食，
居熱沙中，无時暫樂。仏告之言：梨奢，汝過去世於仏法中曾爲比丘，毀破禁戒，內
懷嫉妬，外見善相，亦廣會眷屬弟子衆多，名聲四遠，莫不聞知，和尚
阿闍梨等，以是因緣多得供養，獨受用之，見持戒人反惡加誣，彼人嗔惱，如是
念於世々中見我，二世食汝子肉。如是惡業死生龍中，是汝前身衆生飢故
食噉汝子，惡業因緣乃受盲報。又過去无量劫中生鐵赤銅地獄，々中常爲諸虫
之所噉食。龍聞此語，憂愁啼哭，作如是言：我今悉[illegible]盡誠慚愧悔過，比丘々々先昔
速得解脫。復有龍衆中廿六億[illegible]念過去世於仏法
中皆得出家，備造惡業，[illegible]三惡道，以餘報故在於龍中，受極大苦，如
青色龍云二如是。[illegible]諸龍云：汝等持水洗如來足，令汝殊形漸得除
滅。時一切龍等掬水，々皆[illegible]變作大石，滿於手中，生大猛焰，燒已復生，如是至三。
大[illegible]見如是已，驚怖懊惱，啼泣雨淚，依仏教立大誓已，焰火皆滅，乃至[illegible]過。
以手捧水洗如來足，至心懺悔。仏記諸龍：彌勒仏時皆得人身，值仏出家，精進持戒，
得羅漢果。時諸龍等得宿命心，自念過業，於仏法中或爲俗人，親眷因緣，或復聽法
來去因緣，入寺心捨施種々華菓飲食，共諸比丘依次而食，或時說法爲說者
與敬四方衆僧華菓飲食，或爲說法[illegible]寺舍布施衆僧，或復礼拜，如是與
敢。或復說言：我從毗婆尸如來法中常作俗人，乃至[illegible]說[illegible]釋迦牟尼仏法之
中，常作俗人，或以親舊同執因緣，或復來去聽法因緣，往返寺舍，爲得心人供
養僧故，捨施華菓種々飲食，比丘得已迴施於我，々得飲食，彼業因緣，於地獄
中經无量劫，大猛火中或燒或煮，或飲洋銅，或吞鐵丸，從地獄出，墮畜生，畜
生々生餓鬼中，如是種々備受辛苦，惡業未盡，生此龍中，常受苦惱。仏告諸
龍：汝之惡業，盜佛物者，亦盈五逆業，其罪如半，汝等々當來受三劫一
劫。從善此緣故，於賢劫中值最後仏，名曰樓至，於彼仏世罪得除滅。時諸龍等
聞是語已，皆盡至心，盡其形壽，各受三歸。　時彼衆中有盲龍，口中膿爛，唯諸
雜虫狀如屎尿，乃至臭穢惡猥，如婦人根中不淨，腥臭難看，種々唼食，膿血流出，
一切身分常爲蚊虻諸惡毒蠅之所唼食，身體臭處，不可見聞。爾時世尊以大悲
心見彼龍婦眼盲困苦，如是問言：汝緣何故得此惡身？於過去世是何行業？龍
婦答言：世尊，我之身者，衆苦逼迫，无暫時停，設復欲言而不能說。我念過
去三十二億百千年生惡龍中，受如是苦，乃至日夜剎那不停。我於往昔九
十一劫於毗婆尸仏法中作比丘尼，思念欲事過於醉人，雖復出家不能如法，
於伽藍內犯於律儀，受三惡道，受諸燒煮。說此語已，乞救濟我。爾時會
世尊說此語已，以少小灑龍口中，火夜患惱悉皆滅盡，龍口清涼。
復有一龍作如是言：々大悲如來，我憶過去迦葉仏時常作俗人，田在寺地，一比
丘耕犯我五十錢，我時喚於聽待穀熟當與汝食，比丘復言：若是五
十不可得者，亦七十文。我於爾時瞋此比丘，而語之言：當至十文，亦不相與。時彼
比丘心生懊惱。又於餘時往寺舍中，入樹林中，采取道邊見在庵柏十菴羅果
而私食之。彼業因緣，地獄受苦，惡業未盡，生曠野澤中作餓龍身，常爲種
種諸虫食噉，膿血流溢，飢渴苦惱。又復比丘瞋忿心惡業因緣故，死便作小毒
龍，常生惡臟下，沫於我血，熱氣熾然，常不可堪忍，如是故我等熱膿血滿。龍白
仏言：大悲世尊，唯願慈悲救濟於我，令我脫彼惡毒龍身。爾時世尊以手
抄水灑口，誠實語作如是言：我憶往昔於飢饉世，爾時我作大身衆生，長廣
无量，以神通力於虛空中唱如是言：彼野澤中有大身衆生，名曰不瞋，汝等可往取
其身肉以爲飲食，可得不飢。時彼世中人非人等聞此聲已，一切悉往競取食

[illegible]
種諸虫食噉膿血流溢飢渴苦惱又復比丘以瞋恚心惡業因緣故死後作小毒
龍子生受苦下味於膿血熱氣熏身不可堪忍是故我等以熱膿血滿龍白
佛言大悲世尊唯願慈悲救濟於我等令我解脫彼惡毒龍尒時世尊以手
抄水發誠實語作如是言我昔於飢饉世尒時作大身衆生長廣
无量以神通力於虛空中唱如是言彼野澤中有大身出名曰不瞋汝等可往取
其身肉以為飲食可得不飢時彼世中人非人等聞此聲已一切悉往競取食
以此真實誠實語時彼龍㢠下小龍即出時此二龍俱白佛言世尊我等久
近離此龍之身解脫我於佛若龍子等此業大重次五无間何以故若為四方常住
僧物或現前僧物驚得檀越重心施物或華菓樹園飲食資生牀褥敷具疾
病湯藥一切所須私自費用或持出外乞與知識親里白衣此罪重於阿鼻地獄
所受果報是故汝等可受三歸三寶已乃可得住於冷水中如是三稱三受
身得安隱乃入水中尒時世尊即為諸龍而說偈言

寧以利刀自割身　支節身分肌膚肉　所有信心捨施物　俗人食者實為難
寧吞大赤熱鐵丸　而使中光焰出　所有衆僧飲食具　不應於外私自用
寧以利刀自屠膾　身體皮膚而自噉　其有在家諸俗人　不應受取僧雜食
寧以大火如須彌　以手捉持而自食　其有在家諸俗人　不應輒食施僧食
寧以自身投於彼　滿室大火熾焰中　其有在家俗人輩　不應坐臥僧林席
寧以大熱鐵棒中　捧持而須爛肉　其有在家俗人者　不應捉用招提物
寧以勝利好刀劍　而自割其身肉　勿於出家清淨人　而起一念瞋恚心
寧以利斧挑兩目　棄擲於地　其有習行善法者　不應懷忿瞋心視
寧以熱鐵鍱其身　東西起動行坐臥　不應懷含毒惡心　而著衆僧淨施衣
寧飲灰汁鹹鹵水　熱沸爍口猶如火　不應懷含毒惡心　服食衆僧淨施藥

尒時世尊說此偈已一百四千諸龍衆皆悉受三歸乃至盡其身見在業報諸苦惱中
而得解脫深信三寶其心不退復有八十億諸龍衆於三寶起殷重心
又大集經云或作比丘得種種資生之具皆是信心檀越所施而生驕慢或
自食噉或與他人或共衆人盜竊隱藏私受自用如是業故出家望得富饒
離脫安樂是出家已懈怠嬾墮不讀誦經禪思精進於彼而不習業於佛法中
若比丘盡夜精勤樂習善法讀誦經典坐禪習惠不捨道業以是因緣感諸
四天王種種供養時有人得利養已或自私食或復與他盜竊俗人如是於
緣久受貧窮是道出已還入地獄是愚冥不見當來果報輕重我今於此門中
子舍利弗聽持不得自稱我是沙門真淨行人衆僧物故受他所施物或
菜或菓或華但是衆僧所食之物不得輒以與一切俗人亦不得云此是我物我為食
又亦不得以衆僧物賙給與生親之販賣云有利益招世譏嫌又亦不得出貴
收賤與世爭利又亦不得於為飲食乃使因緣及諸衆生顛墮三惡道施須勸引
安善法中令諸比丘衆真信三寶攝諸衆生乃至父母亦得安隱置三餘脫
又十輪經云若有四方僧物資生雜物不持戒破戒如是人等悉不與之以是
因緣死後直墮阿鼻地獄

慎禍緣第三

如舊雜譬喻經云昔有一國五穀熟成人民安寧无有疾病晝夜伎樂人无憂
惱王問群臣我聞天下有禍何類答曰臣亦不見王便使一臣至於隣國求覓買
之天神則化作一人於市中賣之狀類如猪持鐵鎖繫縛之臣問此名何等答
曰禍母臣曰賣不答曰賣問索幾錢答曰千万問曰此食何等答曰食針一升臣買
得已臣歸家家之投求覓針如是人民兩兩三三相逢求於針及諸郡縣更相擾亂百
姓[illegible]

BD14568號　諸經要集卷九

（25–20）

BD14568號　諸經要集卷九

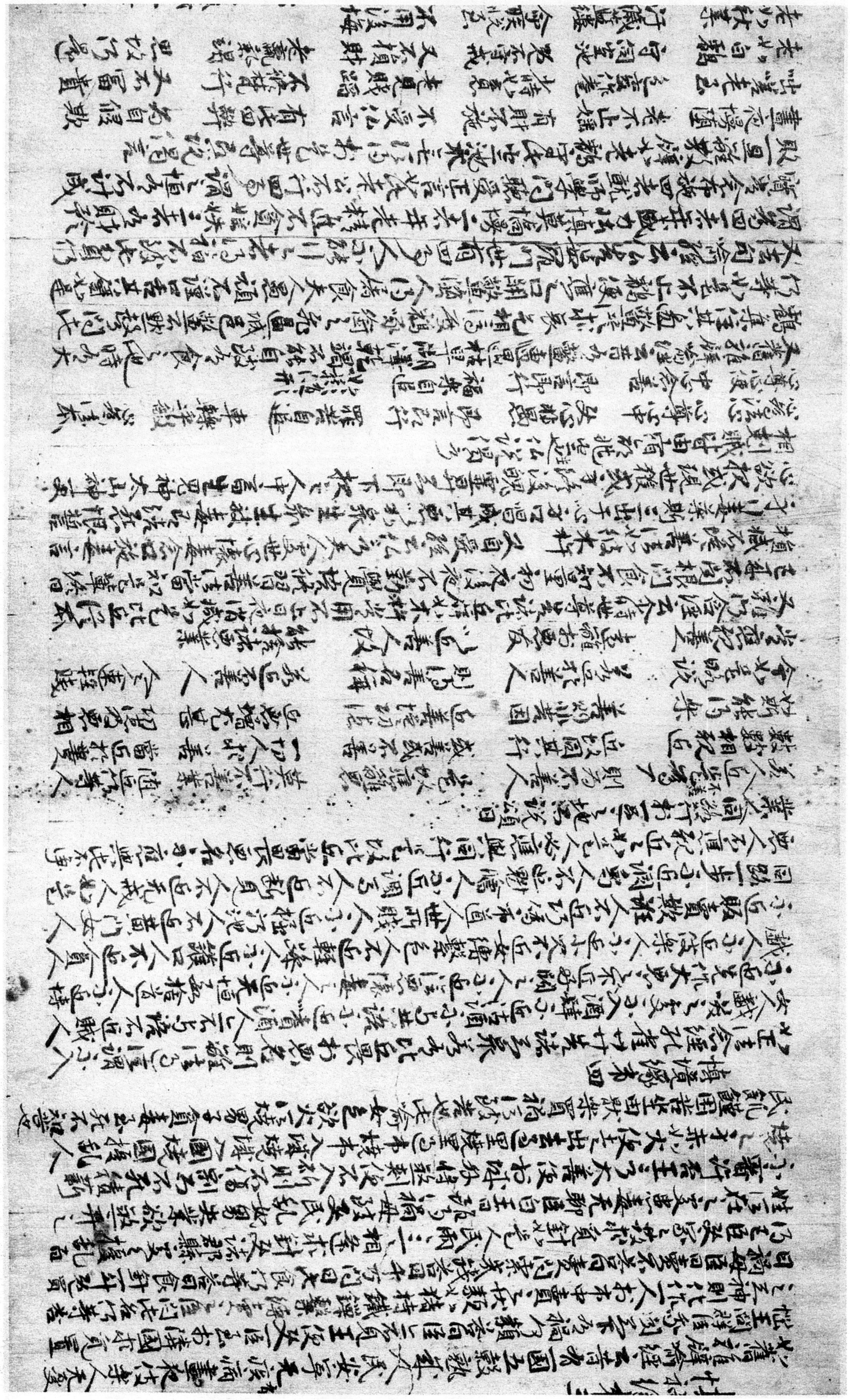

（25–21）

又法句喻經云佛告婆羅門世有四事人亦能行之者得福祐不疑此真何
謂為四一者年少盛力法慎莫憍慢二者年老精進不貪婬妷三者有財於
寶者念布施四者就師學問聽受正言若老公不行四事謂之恒為不計成
敗一旦離散譬如老鶴守其空池永無所得於是世尊即說偈言

晝夜慢墮　老不止婬　有財不施　不受佛言　有此四弊　為自侵欺
咄嗟老至　色變作耄　少時如意　老見蹂蹈　不修梵行　又不富貴
老如白鶴　守伺空池　既不守戒　又不積財　老羸氣竭　思故何逮
老如秋葉　汙穢蘭褸　命疾脫至　不用後悔

又雜寶藏經云佛言昔迦尸國王名為惡受極作非法殘賤无道四遠賈
客珍奇勝物皆從奪取不酬其直由是之故國中寶物遂至大貴諸人稱傳
惡名流布爾時有鸚鵡王在於林中聞諸飛鳥說王之惡自念思惟雖是鳥
尚知其非今當詣彼為說善道尋往王所欲語之王稱為
善之奈何人王為法殘害貴儻能改術可得為善也於王園中遍翔下停在
一樹直值王夫人入園遊觀于時鸚鵡鼓翼嚶鳴而語之言王今暴虐无
道之甚殘害萬人毒及鳥獸含識嗷嗷人畜憤怨舉聲之音周聞天下
夫人苟勤與王无異民之父母豈應如是夫人聞已嗔恚熾盛此何小鳥罵
辱我甚遣人伺捕爾時鸚鵡不驚不畏入捕者手夫人得之即用與王王語鸚
鵡何以罵辱鸚鵡答言說王非法乃欲相益不敢罵王時王問言有何非
法答有七事非法能危王身何等為七一者耽荒女色不敬貞正二
者嗜酒醉亂不恤國事三者貪著棋博不修禮教四者遊獵殺生都
無慈心五者好出惡言初不善語六者賦役謫罰倍加常則七者不以
義理劫奪民財如是七事能危王身又有三事傾敗王國王復問言何
謂三事答言一者親近邪媚諂惡之人二者不附賢聖不受善言三者好
伐他國不養人民此三不除傾敗之期非旦即夕夫為王者率土歸仰王
當如橋濟度萬民王當如稱親疏皆平王當如道不違聖蹤王當如
日普照世間王當如月與物清涼王當如父母恩育矜愍王當如天覆蓋一
切王當如地載養萬物王當如火為萬民燒除惡患王當如水潤澤四方
應如過去轉輪聖王以十善道教化眾生王聞其言深自慚愧鸚
鵡之言至誠至款我為人王所行無道請尊其教奉以為師受修正行
爾時國內風教惡行惡名消滅夫人臣佐皆生忠敬一切人民無不歡喜爾時
鸚鵡者我身是也爾時迦尸國王惡受者今輸頭檀是也爾時夫人者今輔
相夫人是也

慎用僧第五

又僧祇律云佛告諸比丘過去世時有城名波羅奈國名迦尸時有一婆
羅門於曠野中造立義井為欲救行者皆就井飲水并及洗浴時日
向暮有群野干來趣井飲地殘水有野干主不飲地水便內頭灌中飲
水飲已戴灌高舉撲破瓦灌口猶著其項諸野干輩諫野干主言若
還樹葉可用者當少護之況復此灌利益行人云何打破野干主言
我作是樂但當快心那知他事時有行人語婆羅門汝灌已破復更著

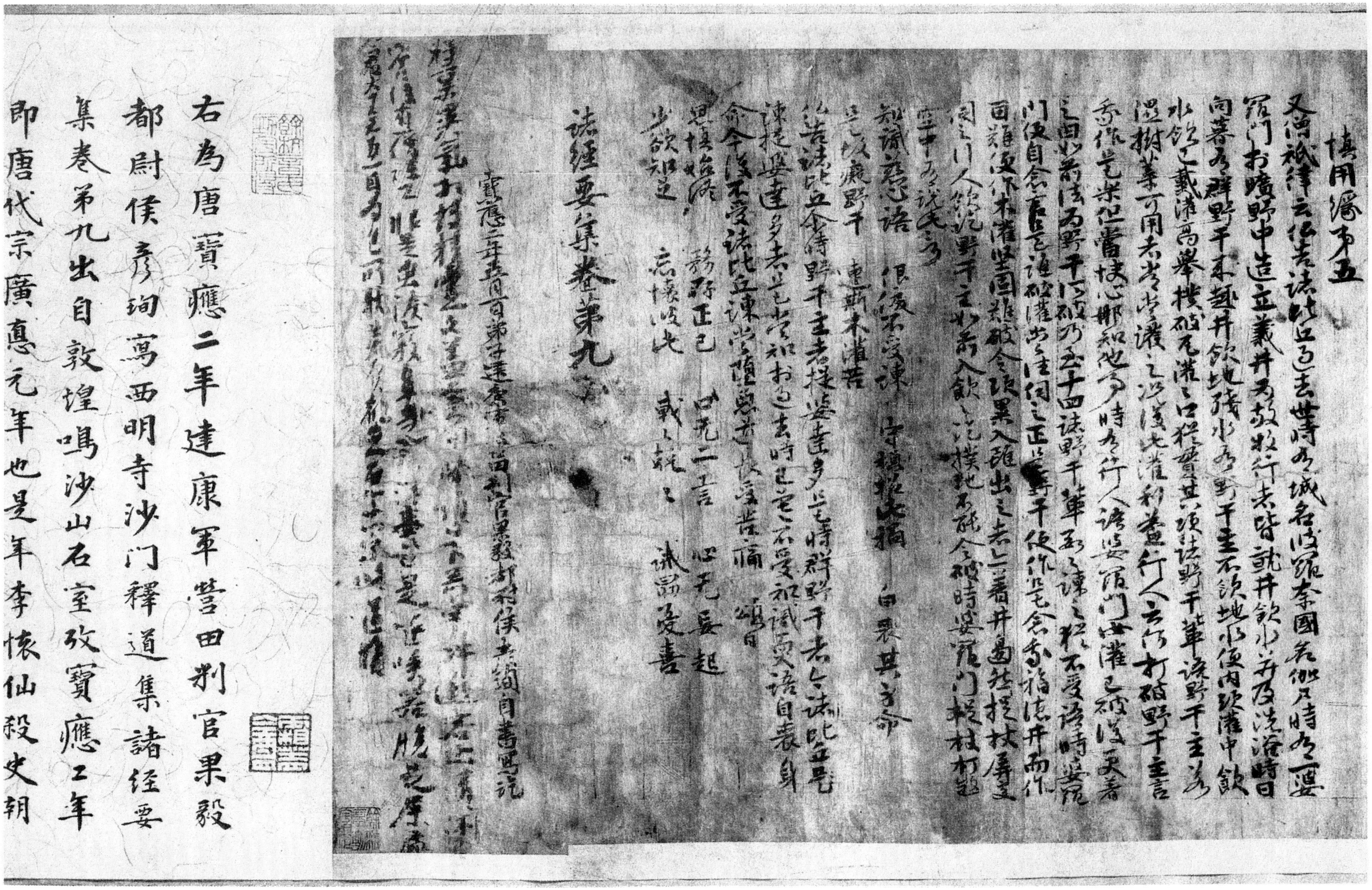

BD14568 號　諸經要集卷九　（25–23）

右為唐寶應二年建康軍營田判官果毅
都尉侯彥珣寫西明寺沙门釋道集諸经要
集卷第九出自敦煌鳴沙山石室攷寶應二年
即唐代宗廣德元年也是年李懷仙殺史朝
義吐蕃入寇郭子儀擊卻之七月改元廣德五
月一日當書寶應二年如唐書肅宗本紀書寶
應二季三月庚午葬於建陵亦其例也建康
軍屬河西節度使在涼州西二百里管兵五千
三百人馬五百匹營田果毅軍中文武職官一掌
屯田事一為別將之稱並惪中衆隋折衝果毅
郎將之名改統軍為折衝都尉別將為果毅
都尉置左右果毅都尉各一人皆統府兵之官也
是卷舊藏李盛鐸家其婿施子肩作緣歸余
則為疾㝵余丁丑違東夷之難入無錫雪浪山
為沙门客塵未淨重墮紅灰受持此经曇因又
見爰說偈曰
寶應寶應　寶應我生
我生應寶　應寶我生
後一千二百八十七季庚寅禹航章松齡勁宇父
沐手題記

是義說偈曰

寶應寶應　寶應我生

我生應寶　應寶我生

後一千一百八十七季庚寅禹航章松齡勁宇父

沐手題記

歲次上章攝提格嘉平之月姚虞琴李無庸王福厂同觀

歲在庚寅長至徐森玉沈尹默唐醉石同觀

BD14568號背　天親彰疑會理教

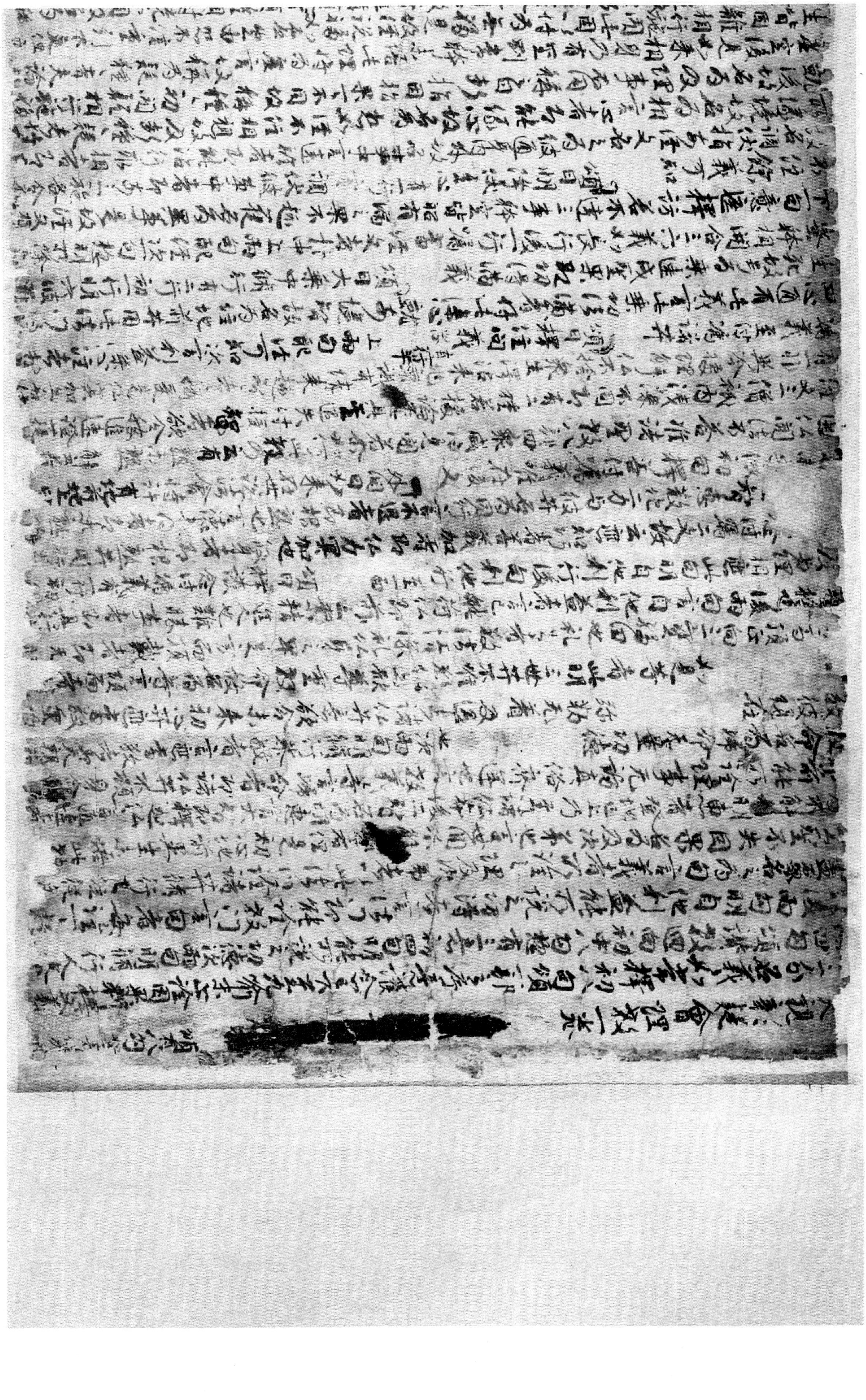

（16–1）

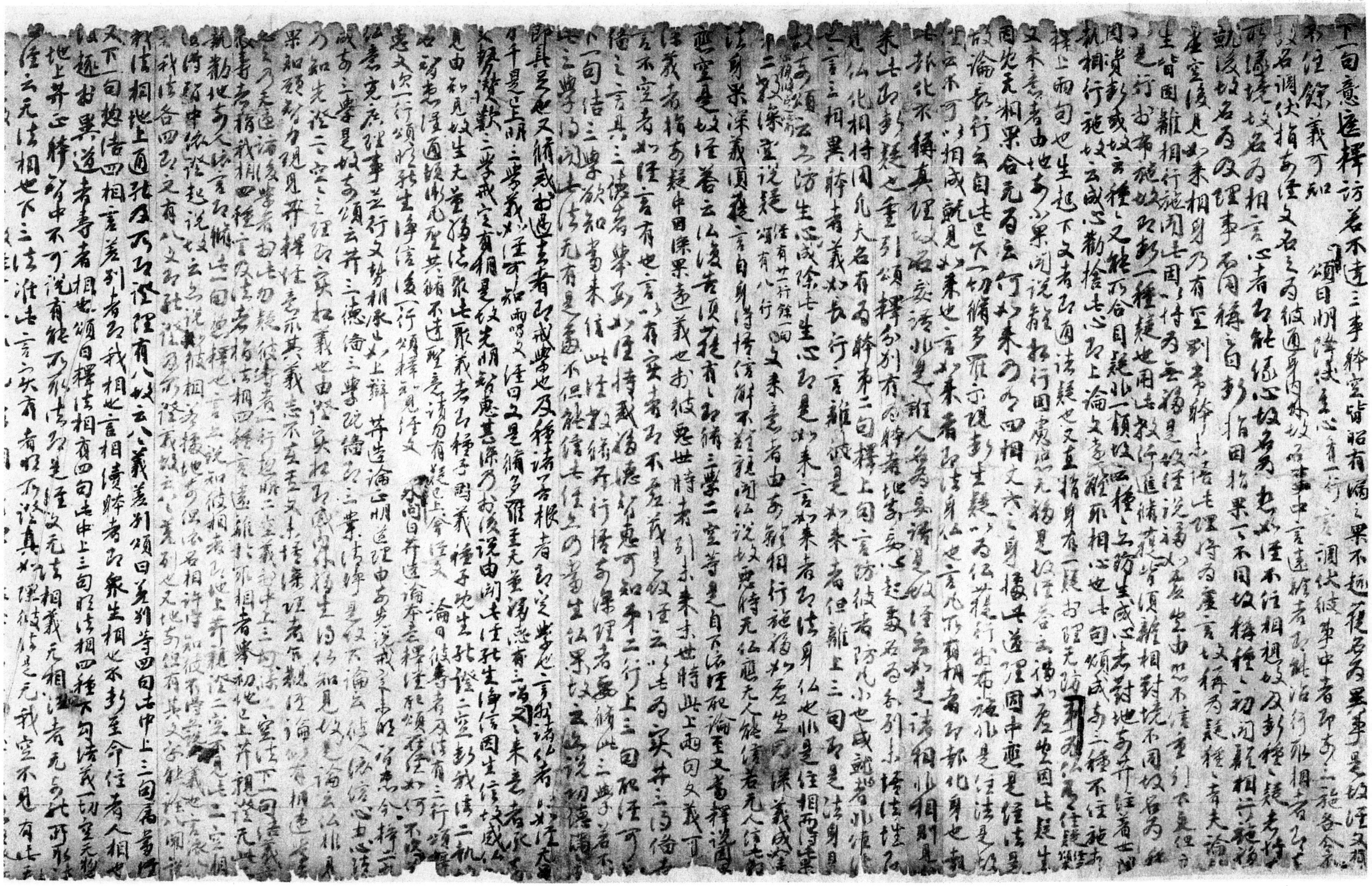

BD14568 號背　天親彰疑會理教　（16–2）

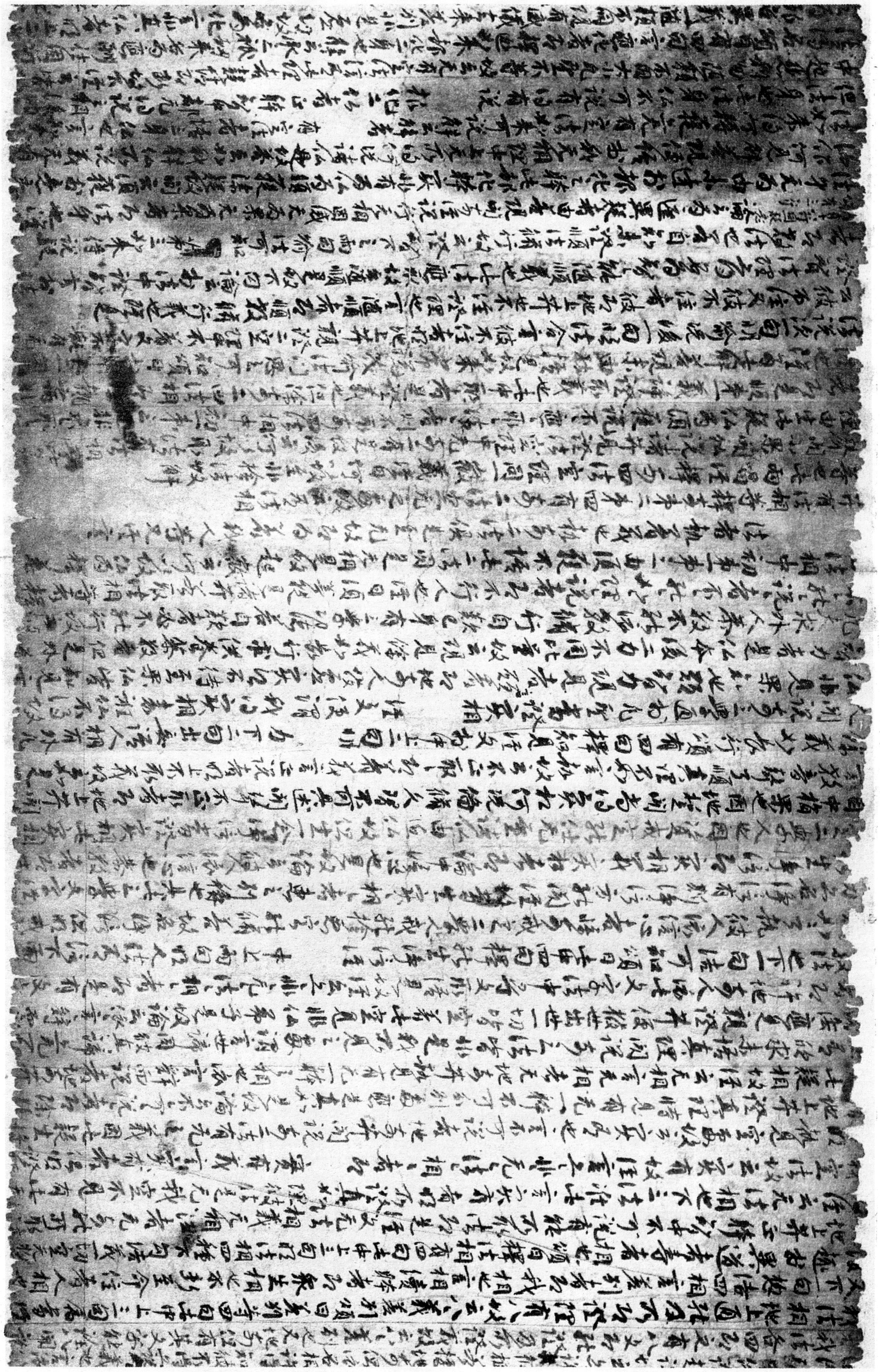

BD14568號背　天親彰疑會理教

（16–3）

BD14568號背　天親彰疑會理教

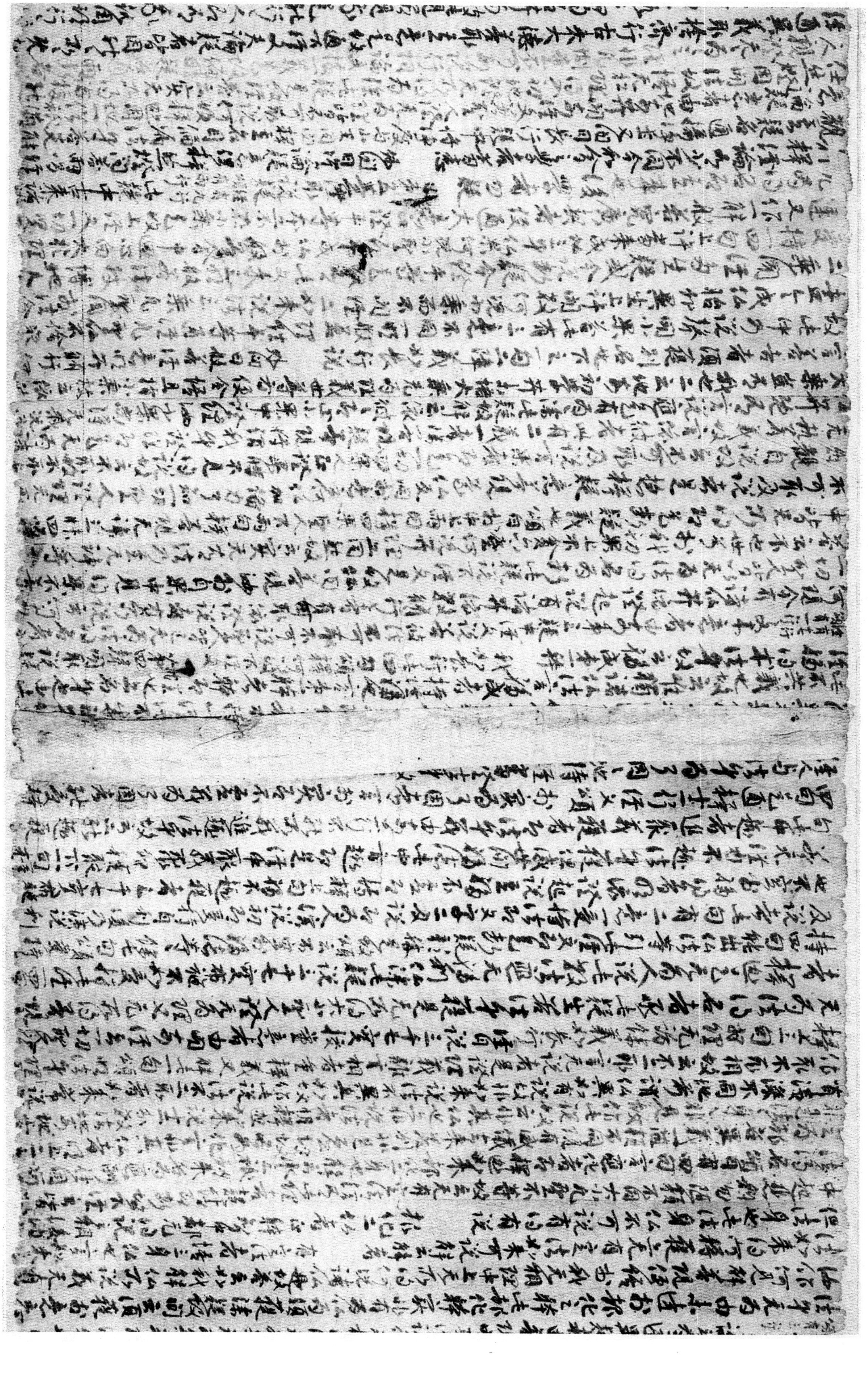

（16–4）

BD14568號背　天親彰疑會理教

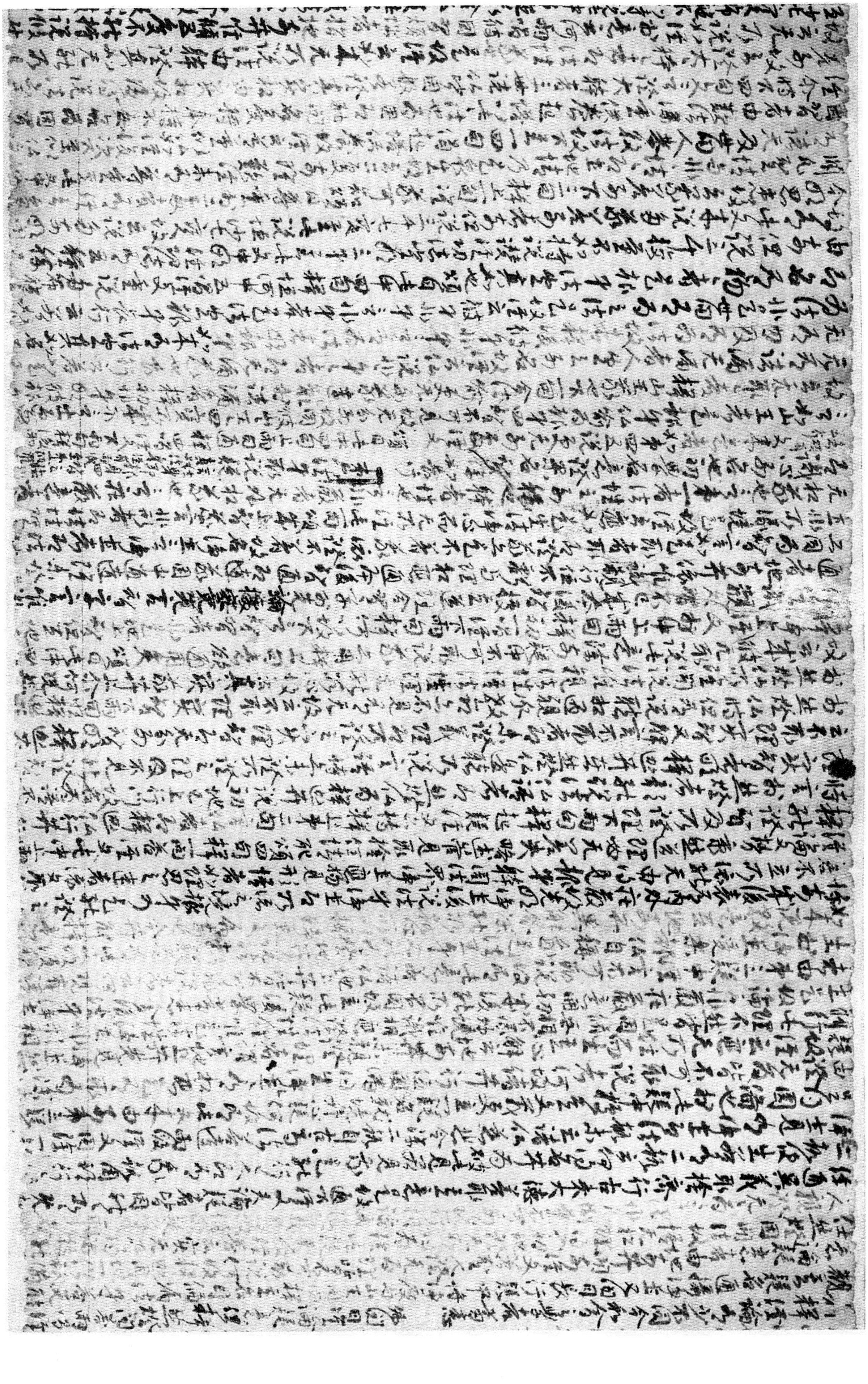

（16–5）

BD14568號背　天親彰疑會理教

(16–6)

BD14568號背　天親彰疑會理教

（16–7）

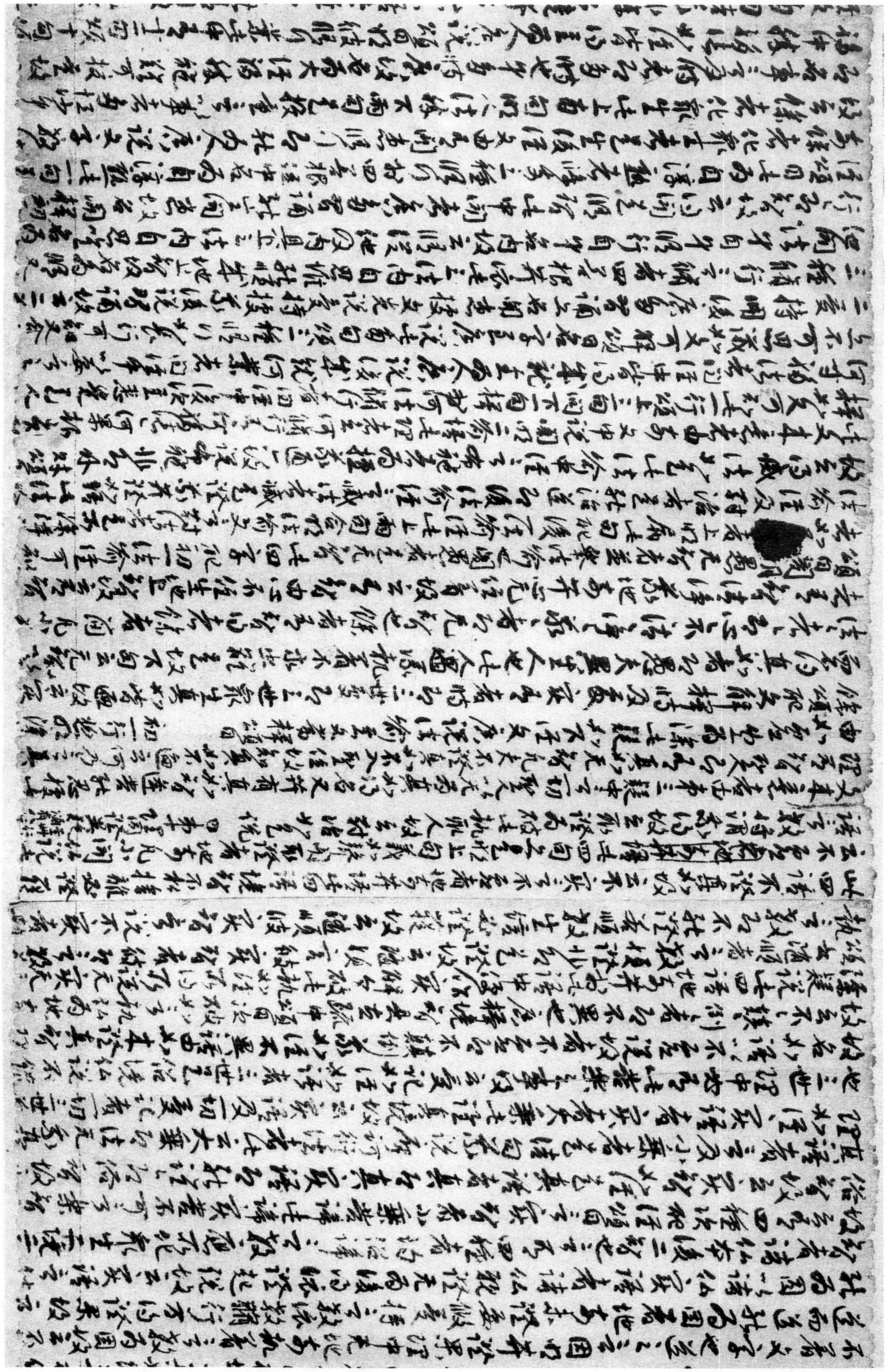

BD14568號背　天親彰疑會埋教　（16–8）

BD14568號背　天親彰疑會理教　（16–9）

BD14568號背　天親彰疑會理教　（16–10）

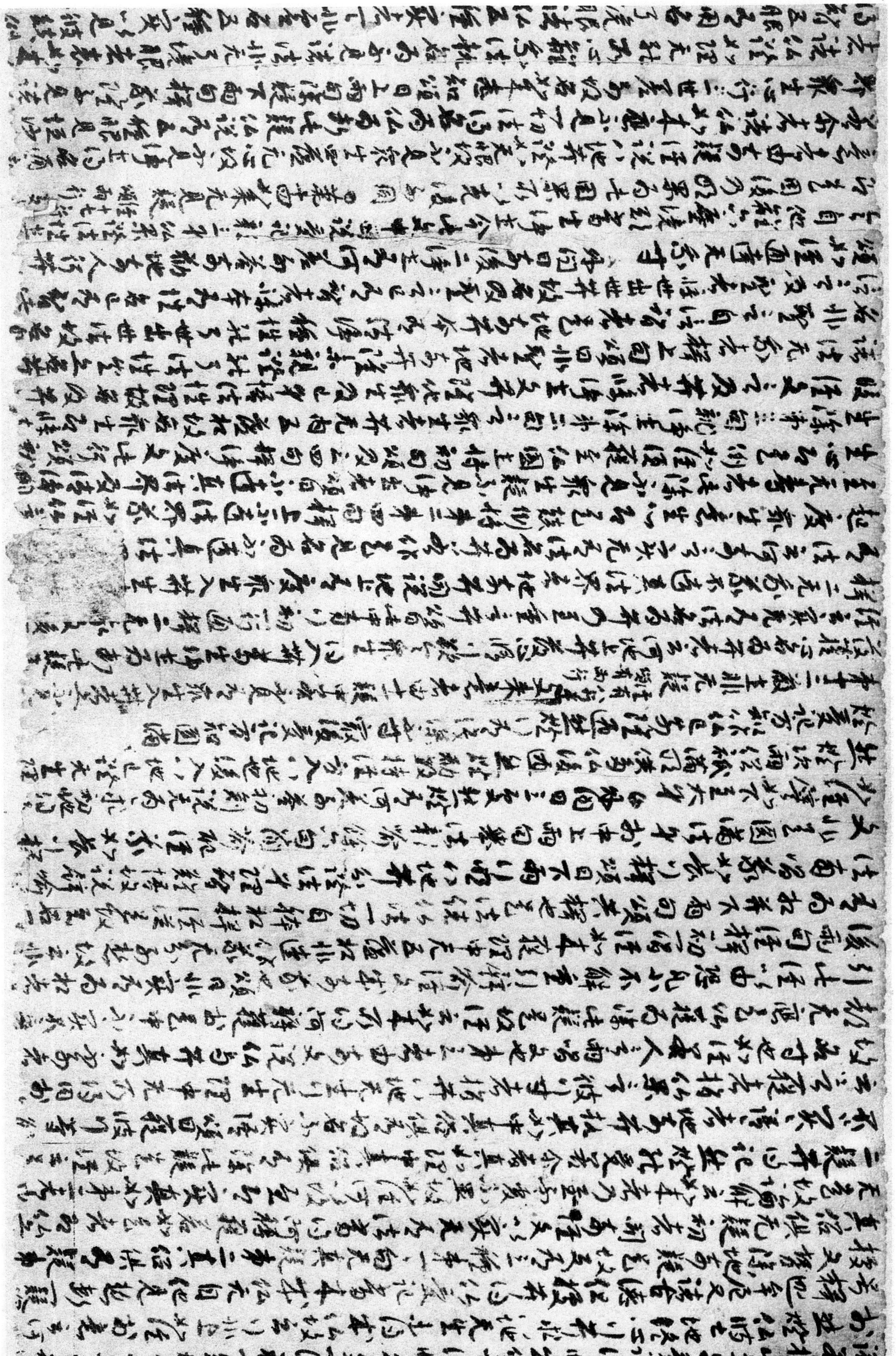

BD14568號背　天親彰疑會理教

（16–11）

BD14568號背　天親彰疑會理教

（16–12）

BD14568號背　天親彰疑會理教

（16–13）

BD14568號背　天親彰疑會理教

（16–14）

BD14568號背　天親彰疑會理教

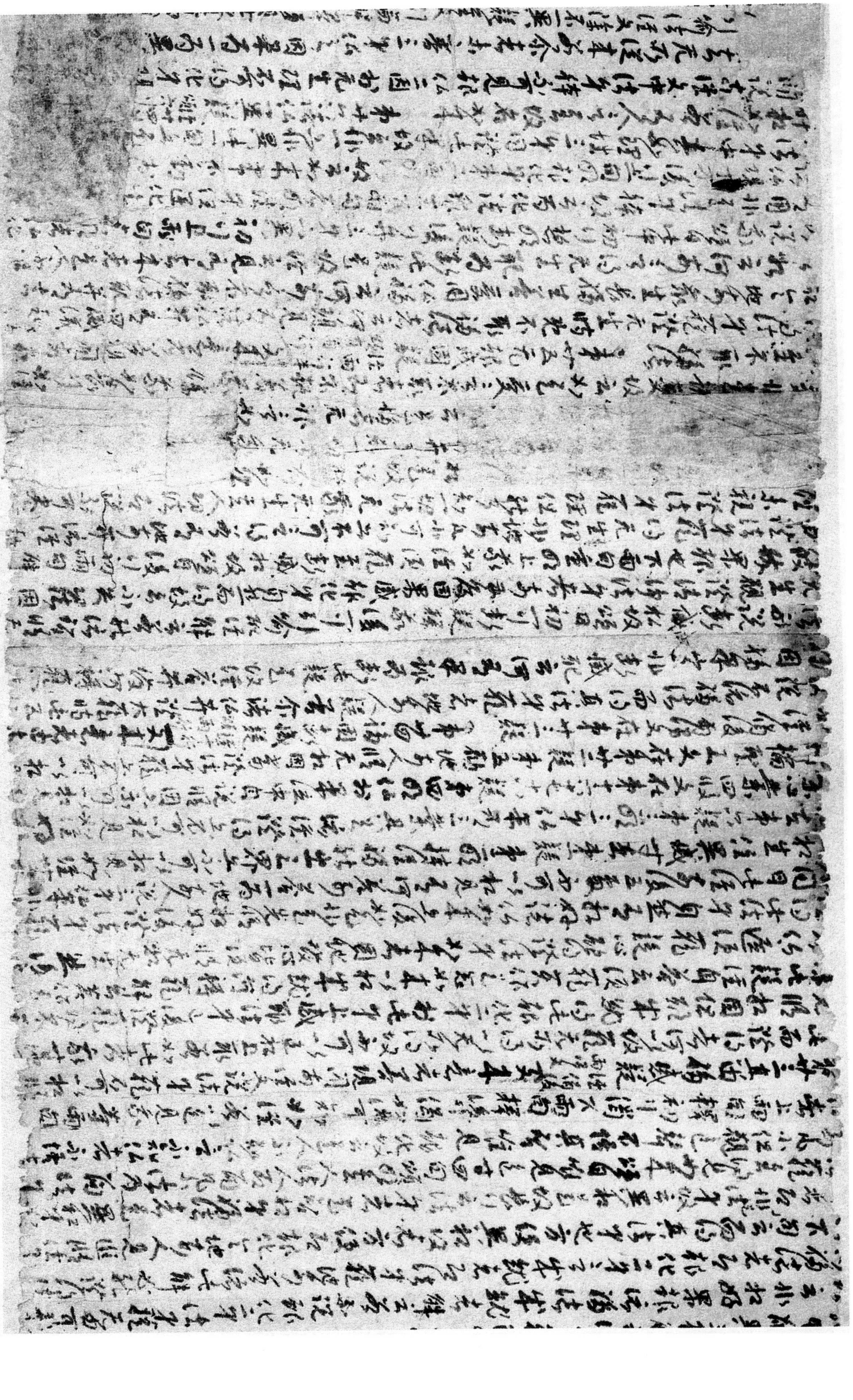

（16–15）

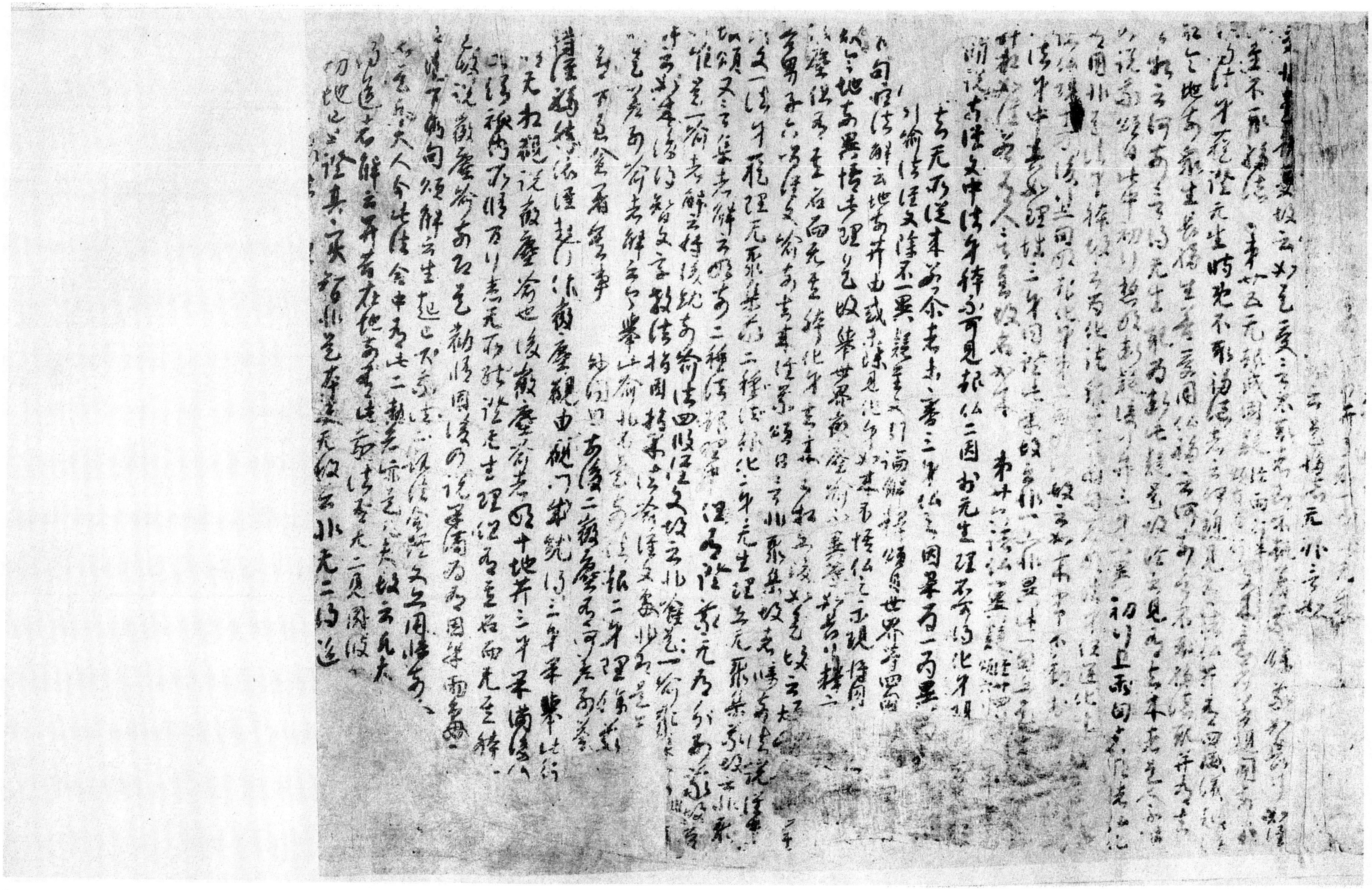

BD14568號背　天親彰疑會理教　　（16–16）

著　録　凡　例

本目錄採用條目式著錄法。諸條目意義如下：

1.1　著錄編號。用漢語拼音首字“BD”表示，意為“北京圖書館藏敦煌遺書”，簡稱“北敦號”。文獻寫在背面者，標註為“背”。一件遺書上抄有多個文獻者，用數字1、2、3等標示小號。一號中包括幾件遺書，且遺書形態各自獨立者，用字母A、B、C等區別。

1.2　著錄分類號。本條記目錄暫不分類，該項空缺。

1.3　著錄文獻的名稱、卷本、卷次。

1.4　著錄千字文編號。

1.5　著錄縮微膠卷號。

2.1　著錄遺書的總體數據。包括長度、寬度、紙數、正面抄寫總行數與每行字數、背面抄寫總行數與每行字數。如該遺書首尾有殘破，則對殘破部分單獨度量，用加號加在總長度上。凡屬這種情況，長度用括弧標註。

2.2　著錄每紙數據。包括每紙長度及抄寫行數或界欄數。

2.3　著錄遺書的外觀。包括：（1）裝幀形式。（2）首尾存況。（3）護首、軸、軸頭、天竿、縹帶，經名是書寫還是貼簽，有無經名號，扉頁、扉畫。（4）卷面殘破情況及其位置。（5）尾部情況。（6）有無附加物（蟲繭、油污、線繩及其他）。（7）有無褾補及其年代。（8）界欄。（9）修整。（10）其他需要交待的問題。

2.4　著錄一件遺書抄寫多個文獻的情況。

3.1　著錄文獻首部文字與對照本核對的結果。

3.2　著錄文獻尾部文字與對照本核對的結果。

3.3　著錄錄文。

3.4　著錄對文獻的説明。

4.1　著錄文獻首題。

4.2　著錄文獻尾題。

5　著錄本文獻與對照本的不同之處。

6.1　著錄本遺書首部可與另一遺書綴接的編號。

6.2　著錄本遺書尾部可與另一遺書綴接的編號。

7.1　著錄題記、題名、勘記等。

7.2　著錄印章。

7.3　著錄雜寫。

7.4　著錄護首及扉頁的內容。

8　著錄年代。

9.1　著錄字體。如有武周新字、合體字、避諱字等，予以説明。

9.2　著錄卷面二次加工的情況。包括句讀、點標、科分、間隔號、行間加行、行間加字、硃筆、墨塗、倒乙、刪除、兑廢等。

10　著錄敦煌遺書發現後，近現代人所加內容，裝褾、題記、印章等。

11　備註。著錄揭褾互見、圖版本出處及其他需要説明的問題。

上述諸條，有則著錄，無則空缺。

為避文繁，上述著錄中出現的各種參考、對照文獻，暫且不列版本説明。全目結束時，將統一編制本條記目錄出現的各種參考書目。

本條記目錄為農曆年份標註其公曆紀年時，未進行歲頭年末之換算，請讀者使用時注意自行換算。

條 記 目 錄

BD14523—14568

1.1　BD14523 號 1
1.3　大道通玄要經卷一四
1.4　新 0723
2.1　(17.9 +349.4) ×25 厘米；10 紙；235 行，行 17 字。
2.2　01：6 +22.5，17；02：46.2，28；03：46.2，28；
04：46.2，28；05：36.5，20；06：5.8 +33.7，26；
07：23.2，28；08：24.0，11；09：7.5 +36.5，26；
10：39.0，23。
2.3　卷軸裝。首殘尾全。經黃打紙。有烏絲欄。通卷近代托裱為手卷。第 2 紙尾部背有 12 行文字，第 4、5 紙背有 47 行文字，因被托裱，難以辨認。
2.4　本遺書包括 3 個文獻：（一）《大道通玄要經》卷一四，121 行，今編為 BD14523 號 1。（二）《太上靈寶洗浴身心經》，65 行，今編為 BD14523 號 2。（三）《洞玄靈寶天尊說十戒經》，49 行，今編為 BD14523 號 3。
3.1　首 3 行上殘→《中華道藏》，28/0332C03 ~05。
3.2　尾全→《中華道藏》，28/0334C16。
4.2　大道通玄要卷第十四（尾）。
7.3　第 5 紙經文尾有倒寫雜寫“偽萬一切定心”6 字。
8　7 ~8 世紀。唐寫本。
9.1　楷書。
10　織錦護首，有天竿、縹帶，縹帶繫玉別子。護首有題簽：“殘道經三種：《大道通玄要經》第十四、《太上靈寶洗浴身心經》、《十戒經》。”尾有軸，下軸頭有黑字“二七”。

尾題下方有陰文硃印，1.8 ×1.8 厘米，印文為“抱殘翁壬戌歲所得敦煌古籍”。

1.1　BD14523 號 2
1.3　太上靈寶洗浴身心經
1.4　新 0723
2.4　本遺書由 3 個文獻組成，本文獻為第 2 個，65 行。餘參見 BD14523 號 1 之第 2 項。
3.1　首 3 行中上殘→《中華道藏》，06/0086A10 ~12。
3.2　尾全→《中華道藏》，28/0087A18。
4.2　太上靈寶洗浴身心經一卷（尾）。
8　7 ~8 世紀。唐寫本。
9.1　楷書。

1.1　BD14523 號 3
1.3　洞玄靈寶天尊說十戒經
1.4　新 0723
2.4　本遺書由 3 個文獻組成，本文獻為第 3 個，49 行。餘參見 BD14523 號 1 之第 2 項。
3.1　首 6 行上下殘→《中華道藏》，42/0649C02 ~08。
3.2　尾全→《中華道藏》，42/0650A18。
4.2　十戒經（尾）。
7.1　尾題後有陰志清盟誓題記 11 行：“太歲甲寅正月庚申朔廿二日辛巳沙州燉煌/縣洪池鄉神農里女官清信弟子陰志清，年十一/歲，賫信如法。今詣沙州燉煌縣效穀鄉無窮/里三洞法師中岳先生張仁邃求受十戒、/十四持身之品。志清肉人，既受納有形，形染/六情。六情一染，動之弊穢。或於所見，昧於所/着，世務因緣，以次而發。招引罪垢，歷世彌/積。輪回於三界，漂浪而亡返；流轉於五道，/長淪而弗悟。輒依玄科，賫信如法，求乞奉/受，修行供養，永為身寶，愆盟負約，長幽/地獄，不敢蒙原。/”

題記中“仁邃”2 字為硃筆。題記上並有硃筆勾畫一道。

該題記參見《中華道藏》，42/0651A ~B。
8　8 世紀。唐寫本。
9.1　楷書。

1.1　BD14524 號
1.3　大般若波羅蜜多經卷一六〇
1.4　新 0724
2.1　592.5 ×25.5 厘米；14 紙；371 行，行 17 字。
2.2　01：26.5，17；02：44.0，28；03：44.0，28；
04：44.0，28；05：44.0，28；06：44.0，28；

07：44.0，28；　08：44.0，28；　09：44.0，28；
10：44.0，28；　11：44.0，28；　12：44.0，28；
13：44.0，28；　14：38.0，18。

2.3 卷軸裝。首殘尾全。打紙；砑光上蠟。卷首有等距離紅色污染，首尾有破裂，第2、3紙接縫處下部開裂。有燕尾。有烏絲欄。

3.1 首殘→大正0220，05/0861A02。

3.2 尾全→大正0220，05/0865A22。

4.2 大般若波羅蜜多經卷第一百六十（尾）。

7.1 卷首背上方有勘記"十六"，為本文獻袟次。

8 8～9世紀。吐蕃統治時期寫本。

9.1 楷書。

10 卷首背貼有紙簽，上寫"購4659"。

1.1 BD14525號

1.3 妙法蓮華經卷六

1.4 新0725

2.1 822.2×24厘米；17紙；459行，行17字。

2.2 01：06.0，09；　02：52.0，29；　03：52.0，29；
04：52.0，29；　05：52.0，29；　06：35.7，20；
07：52.0，29；　08：52.0，29；　09：52.0，29；
10：52.0，29；　11：52.0，29；　12：52.5，29；
13：52.0，28；　14：52.0，28；　15：52.0，28；
16：51.5，28；　17：52.5，28。

2.3 卷軸裝。首斷尾全。有烏絲欄。

3.1 首殘→大正0262，09/0048C02。

3.2 尾全→大正0262，09/0055A09。

4.2 妙法蓮華經卷第六（尾）。

8 7～8世紀。唐寫本。

9.1 楷書。

9.2 有行間校加字。

10 通卷近代托裱為手卷，接出萬字不斷頭黄底彩花織錦護首。有天竿、縹帶、玉別子。有尾軸。護首有題簽"敦煌寫經"。下端粘有紙簽，寫有"購5168"。

卷末有題跋10行："右為唐人寫《法華經》第六卷，一、常不輕菩/薩品，二、如來神力品，三、囑累品，四、藥王菩/薩本事品。前後完整，洵希有之作。馨航/先生方盡力國事，負度脫衆生之願，如/寒者與火，裸者與衣，所造功德，千佛/共說，所不能盡。敢援經說，以伸誦誠。世變/支離，娑婆易惑，而於今日為甚。果有信向/魔軍，固不難卻爾。馨航過庭聞訓，復/多善友，倘不以不慧之說為繆乎！/辛酉中秋上浣武進莊蘊寬合十謹題。/"

題跋下有陰文硃印一方，2.7×2.7厘米，印文為"莊蘊寬印"。有陽文硃印一方，2.7×2.7厘米，印文為"思緘長壽"。

13 本遺書紙張有錯簡，正確應為（第3紙～第6紙）→（第1紙～第2紙）→（第7紙～第17紙）。

1.1 BD14526號

1.3 大般若波羅蜜多經卷一七八

1.4 新0726

2.1 773.5×27.5厘米；17紙；474行，行17字。

2.2 01：45.5，26；　02：45.5，28；　03：45.5，28；
04：45.5，28；　05：45.5，28；　06：45.5，28；
07：45.5，28；　08：45.5，28；　09：45.5，28；
10：45.5，28；　11：45.5，28；　12：45.5，28；
13：45.5，28；　14：45.5，28；　15：45.5，28；
16：45.5，28；　17：45.5，28。

2.3 卷軸裝。首全尾脱。前2紙下邊有等距離殘缺。有烏絲欄。

3.1 首全→大正0220，05/0956A16。

3.2 尾殘→大正0220，05/0961C01。

4.1 大般若波羅蜜多經卷第一百七十八，/初分讚般若品第卅二之七，三藏法師玄奘奉詔譯/（首）。

8 8～9世紀。吐蕃統治時期寫本。

9.1 楷書。有武周新字"正"。

9.2 有刮改。

10 卷首背貼有紙簽，上寫"購4097"。有蘇州碼子"239"。有鋼筆寫"2"。

1.1 BD14527號

1.3 金剛般若波羅蜜經

1.4 新0727

2.1 （13+540.6）×26.9厘米；11紙；304行，行17字。

2.2 01：13+34.2，26；　02：50.7，28；　03：50.8，28；
04：50.6，28；　05：50.6，28；　06：50.6，28；
07：50.8，28；　08：50.5，28；　09：50.6，28；
10：50.7，28；　11：50.5，26。

2.3 卷軸裝。首尾均全。卷首右下殘缺，卷面有殘洞及破裂。有燕尾。有烏絲欄。已修整。

3.1 首7行下殘→大正0235，08/0748C17～26。

3.2 尾全→大正0235，08/0752C03。

4.1 金剛般若波羅蜜經（首）。

4.2 金剛般若波羅蜜經（尾）。

5 與《大正藏》本對照，本號經文無冥司偈，參見《大正藏》，8/751C16～19。

8 8世紀。唐寫本。

9.1 楷書。

10 卷首右上有陽文硃印，1.3×1.7厘米，印文為"寶梁閣"。尾題下有陽文硃印，1.5×3.2厘米，印文為"曾在不因人熱之室"。卷尾背有圓形陽文硃印，直徑1.2厘米，印文為"寶梁"。卷尾背貼有2個紙簽：（1）上寫"713"，（2）上寫"墨寶字畫……壹"等字，中間貼一紙簽，上有"徵41"。

1.1 BD14528號

1.3 大方廣佛華嚴經（晉譯五十卷本　異卷）卷三二

1.4　新 0728
2.1　847.1×26 厘米；23 紙；526 行，行 17 字。
2.2　01：37.8，23；　02：37.8，23；　03：37.5，23；
04：38.0，23；　05：37.5，23；　06：37.5，23；
07：37.5，23；　08：37.5，23；　09：37.5，23；
10：37.5，23；　11：37.5，23；　12：37.5，23；
13：37.5，23；　14：37.5，23；　15：37.5，23；
16：37.5，23；　17：37.5，23；　18：37.5，23；
19：37.5，23；　20：37.5，23；　21：37.5，23；
22：37.5，23；　23：21.0，10。
2.3　卷軸裝。首脫尾全。有烏絲欄。通卷近代托裱。
3.1　首 2 行上中殘→大正 0278，09/0640A18～20。
3.2　尾全→大正 0278，09/0646B12。
4.2　大方廣佛華嚴經卷第卅二（尾）。
5　與《大正藏》本對照，卷品開合不同。經文相當於《大正藏》本《大方廣佛華嚴經》卷第三十八，離世間品第三十三之三，卷第三十九離世界間品第三十三之四。與歷代大藏經分卷均不相同，為異卷。
8　5～6 世紀。南北朝寫本。
9.1　楷書。
9.2　有重文號。
10　近代接出綠地藍葉深綠菊花織錦護首，有天竿、縹帶、玉別子，縹帶繫有一紙簽。護首有題簽“隋寫《大方廣佛華嚴經》，陳闇永寶”。下有陰文硃印，1.2×1.2 厘米，印文為“陳闇之印”。有尾軸。

玉池有“六朝煙雲”4 個大字，後有題跋 2 條：

（1）4 行：“藏經白紙多屬晉魏人書，彼時/尚未知以黄蘗染紙也。此卷書/法近隋，仍當斷為北魏人書。/陳闇並識。/”下方有陽文硃印，1×1 厘米，印文為“陳闇”。

（2）37 行：“敦煌石室藏經記。/清光緒庚子，甘肅燉煌縣/沙磧中發見石室。室有/碑記，封閟於宋太祖太平/興國初元，距今千餘歲。以/所藏歷代寫經考之，最古/者近二千年。所藏上自西/晉，下迄朱梁，紙書、絹畫、/袈裟、彝器，粲然備具。/唐寫佛經為獨多，晉魏/六朝稍希有矣。紙皆成/卷，束以絹帶，完好如新。/誠天壤間瓌寶也。吾國/官民不知愛惜，丁未歲，法/國文學博士伯希和自新/疆馳詣石室，賄守藏道士/檢去精品數巨篋。英人、日/人繼之，咸大獲而歸。余度隴時，購求唐人精寫者，已/極難得。而著有年代及晉/魏人書，則非以巨價求之巨/室不可得也。蘇子瞻云：紙/壽一千年。今已突破先例。/蓋燉煌流沙堆積如阜，高/燥逾恒，苟石室永閟，再更/千百年，猶當完好。一入人手，則百十年間，可淪夷以盡。證/之今日，藏經已希如星鳳，/其後可知。猶憶在隴時，朋輩/與余競購者，所藏皆已散亡。/余亦何能永保？但求愛護/有人，千百年珍物不致損/毀於吾人之手，吾願已畢。/風雨如晦，雞鳴不已，得者寶諸。/癸未春月，/前護隴使者諸暨/陳季侃。/”其後有陽文硃印，1×1 厘米，印文為“陳闇”。

拖尾有題跋 20 行：“結廬在人境，而/無車馬喧。問君/何能爾？心遠意/自偏。採菊東籬/下，悠然見南山。山/氣日夕佳，飛鳥/相與還。此還有/真意，欲辯已忘/言。日暮天無雲，/春風扇微和。佳/人美清夜，達曙/酣且歌。歌竟長/太息，持此感人/多。皎皎雲間月，灼灼/葉中華。豈無一/時好，不久當如何。/甲申避難尚店，僅以/佛經小篋自隨，筆硯/無存。客店無聊，因借禿/筆、求剩紙；寫此自遣。/”其後有陽文硃印，1×1 厘米，印文為“陳闇”。

1.1　BD14529 號
1.3　陀羅尼集經卷五
1.4　新 0729
2.1　92.7×23.9 厘米；2 紙；56 行，行 17 字。
2.2　01：46.4，28；　02：46.3，28。
2.3　卷軸裝。首尾均脫。卷面有殘洞。有烏絲欄。已修整。托裱為手卷。
3.1　首殘→大正 0901，18/0826B14。
3.2　尾殘→大正 0901，18/0827A09。
8　8 世紀。非敦煌唐寫本。
9.1　楷書。
10　近代接出護首、縹帶。護首有題簽：“唐人寫經，五十六行，書法精整。”配有木軸，軸頭兩端包黄色織錦。貼有紙簽，上寫“購 5946”。
13　本號並非敦煌遺書。應屬日本寫經或中國其他地區出土寫經，詳情待考。

原件綴接有誤，正確次序應為第 2 紙→第 1 紙。

1.1　BD14530 號
1.3　妙法蓮華經卷三
1.4　新 0730
2.1　397×25.5 厘米；9 紙；222 行，行 17 字。
2.2　01：47.5，28；　02：47.5，28；　03：47.5，28；
04：47.5，28；　05：47.5，28；　06：47.5，28；
07：47.5，28；　08：47.5，26；　09：17.0，拖尾。
2.3　卷軸裝。首脫尾全。經黄紙。有燕尾。有烏絲欄。
3.1　首殘→大正 0262，09/0023C27。
3.2　尾全→大正 0262，09/0027B09。
4.2　妙法蓮華經卷第三（尾）。
8　7～8 世紀。唐寫本。
9.1　楷書。
10　卷首背上端粘有“歷史藝術文物業公會製”紙簽：“貨號：519，品名：唐人寫經卷，定價：¥70，000。”紙簽上另有三字，不錄文。下端亦粘有紙簽，寫有“購 4117”。

1.1　BD14531 號
1.3　妙法蓮華經（十卷本）卷八
1.4　新 0731
2.1　598.5×27.3 厘米；15 紙；338 行，行 17 字。

2.2 01：39.0，22；　02：42.0，24；　03：42.0，24；
04：42.0，24；　05：42.0，24；　06：42.0，24；
07：42.0，24；　08：42.0，24；　09：42.0，24；
10：42.0，24；　11：42.0，24；　12：42.0，24；
13：42.0，24；　14：42.0，24；　15：13.5，04。
2.3 卷軸裝。首尾均全。首尾及各品名處均鈐有赭色佛像。有烏絲欄。通卷近代托裱為手卷。
3.1 首全→大正0262，09/0046B17。
3.2 尾全→大正0262，09/0051C07。
4.1 妙法蓮華經隨喜功德品第十八，八（首）。
4.2 妙法蓮華經卷第八（尾）。
5 與《大正藏》本對照，分卷不同。經文相當於《大正藏》本卷六第十八、十九、二十品。屬於十卷本。
7.2 首題與卷中品題下、尾題上，各有一個硃印禪定佛像。共4個。
8 7～8世紀。唐寫本。
9.1 楷書。
10 托裱為手卷。有綠色菱形六出花格織錦護首，有天竿、縹帶、玉別子，縹帶上繫有紙簽。護首題簽："唐人書《法華經・隨喜功德品》，虞山翁同龢收藏。"下端貼有白條，寫有"大寶字書，檢查（硃書）陸"。有尾軸。

手卷卷面多印章，詳情如下：

一、卷首隔水上有：

1. 陽文硃印，1.8×1.8厘米，印文為"東卿過眼"。

2. 陽文硃印，2×2.5厘米，印文為"均齋秘笈"。

3. 陽文硃印，2.3×2.3厘米，印文為"救虎閣主"。

4. 陽文硃印，1.8×1.8厘米，印文為"同龢所藏"。

二、首尾題、卷中品題下有：

1. 首題下有陽文硃印，0.8×2.2厘米，印殘，印文可識"□□吳興"。

2. 第十九品下有陽文硃印，1.6×1.6厘米，印文為"子京父印"。

3. 第二十品下有陰文硃印，1.2×2厘米，印文為"墨林父"。

4. 尾題下有陽文硃印，1.7×3.3厘米，印文為"常熟翁同龢藏本"。

三、卷題後有：

1. 葫蘆形陽文硃印，下長1.7、上長1.4、高2.5厘米，印文為"得（退?）密"。

2. 陽文硃印，1.6×1.6厘米，印文為"子京父印"。

3. 陰陽文硃印，1.3×1.3厘米，印文為"墨林主"。

4. 陽文硃印，1.7×3厘米，印文為"項墨林父祕笈之印"，無邊框。

四、卷尾隔水上有：

1. 陰文硃印，1.7×1.7厘米，印文為"雲心珍賞"。

2. 陽文硃印，1.8×1.8厘米，印文為"金匱孫氏爾準藏書印"。

卷尾有翁同龢題跋24行：

"光緒九年（1883）十月，何子峨學士以/唐人寫《寶行王正論》一卷見示。/通篇皆五字偈，硬黄紙。正書/千餘言，首尾如一。與此卷筆勢/仿佛，而精整過之。卷尾題云：'皇/后藤原氏光明子奉為尊考贈/正一位太政太臣府君，尊妣贈從一/位橘氏太夫人，敬寫一切經論及/律，莊嚴既了，伏願憑斯勝因，/奉資冥助。永庇菩提之樹，長/遊般若之津。又願上奉聖朝，/恒延福壽；下及寮采，共盡忠節。/又光明子自發誓言，弘濟沉淪，勤/除煩障；妙窮諸法，早契菩提。/乃至傳燈無窮，流布天下，聞名/持卷，獲福消災。一切迷方，會歸/覺路。天平十二年（740）五月一日記。'子峨/云：日本天平紀年，值唐永徽/中。當時聘使歸國，必攜佛經，/歸獻國主。此卷蓋藤原后納/之西京知恩禪院者。子峨在/日本，彼中達官以此為贐云。附/記於此，以廣見聞。是月八日，策/馬城南歸，用畫諸筆書。同龢。"其後有陽文硃印，1.1×1.3厘米，印文為"龢"。

又題跋16行：

"《法華經》七卷，此'隨喜功德品'、'法師/功德品'、'常不輕菩薩品'皆在第六卷。/而此寫本乃作第八卷，可異也。日本多/寫本經籍，而佛書尤多。單紙不裝褙，/索索作金葉聲。今日流傳中土者，大率/唐人書也。其書沉著飛動，意在捷運，/別具一體。此卷有項墨林圖記，自非/番舶中物。然赭色佛像記，則彼國各寺/藏本，往往有之矣。咸豐乙夘（1855），余得之京師/廠肆。同年于飛卿騰，爭購未獲，甚/鞅鞅（怏怏）。後于君壬戌（1862）出余本房，談舊事，/猶相視而笑也。/光緒壬寅（1902）九月廿五日，松禪居士病起偶記。/湖北楊守敬攜日本寫《左氏傳》/一卷，屈黨戶之正作'戶'，不作'尸'，古本/之可珍如此。/"其後有陰文硃印，1.7×1.5厘米，印文為"虞山翁同龢印"。
13 本號並非藏經洞敦煌遺書。歷經明代項元汴、清代翁同龢收藏。

1.1 BD14532號
1.3 大般若波羅蜜多經卷一一九
1.4 新0732
2.1 （3.6+91.8）×26.3厘米；1紙；56行，行17字。
2.2 01：3.6+44.1，28；　02：47.7，28。
2.3 卷軸裝。首殘尾脫。宿墨漫漶。卷背多鳥糞。有烏絲欄。已修整。
3.1 首2行中殘→大正0220，05/0654A05～07。
3.2 尾殘→大正0220，05/0654C03。
6.2 尾→BD14536號。
8 9～10世紀。歸義軍時期寫本。
9.1 楷書。

1.1 BD14533號
1.3 佛頂尊勝陀羅尼經（佛陀波利本）
1.4 新0733

2.1 (6.5+86.3+1.8)×25.4厘米；3紙；49行，行17字。
2.2 01：6.5+29.4，20； 02：48，28； 03：8.9+1.8，1。
2.3 卷軸裝。首殘尾全。經黄打紙。卷面多水漬，下邊殘爛，接縫處下開裂。有烏絲欄。
3.1 首3行上下殘→大正0967，19/0351C03～05。
3.2 尾全→大正0967，19/0352A26。
4.2 佛頂尊勝陀羅尼經（尾）。
8 7～8世紀。唐寫本。
9.1 楷書。
12 原卷中夾有一塊殘片，已經取出另編為BD16435號。

1.1 BD14534號
1.3 妙法蓮華經卷三
1.4 新0734
2.1 94×25.5厘米；2紙；56行，行17字。
2.2 01：47.0，28； 02：47.0，28。
2.3 卷軸裝。首尾均脱。經黄打紙。卷面多水漬，首紙殘破嚴重。有烏絲欄。已修整。
3.1 首殘→大正0262，09/0024B05。
3.2 尾殘→大正0262，09/0025A22。
8 7～8世紀。唐寫本。
9.1 楷書。

1.1 BD14535號
1.3 要行捨身經
1.4 新0735
2.1 82.5×25.7厘米；2紙；55行，行17字。
2.2 01：42.2，28； 02：40.3，27。
2.3 卷軸裝。首脱尾斷。經黄打紙。卷面多黴爛。有烏絲欄。已修整。
3.1 首殘→大正2895，85/1415A21。
3.2 尾殘→大正2895，85/1415C17。
5 與《大正藏》本對照，文字略有參差，可供校勘。
8 7～8世紀。唐寫本。
9.1 楷書。

1.1 BD14536號
1.3 大般若波羅蜜多經卷一一九
1.4 新0736
2.1 48.3×26.3厘米；1紙；正面28行，行17字；背面1行，共29行。
2.3 卷軸裝。首脱尾斷。宿墨漫漶。卷面多鳥糞。有烏絲欄。
2.4 本遺書包括2個文獻：（一）《大般若波羅蜜多經》卷一一九，28行，抄寫在正面，今編為BD14536號。（二）《大般若波羅蜜多經袟皮》（擬），1行，抄寫在背面，今編為BD14536號背。
3.1 首殘→大正0220，05/0654C03。
3.2 尾殘→大正0220，05/0655A02。
6.1 首→BD14532號。
8 9～10世紀。歸義軍時期寫本。
9.1 楷書。

1.1 BD14536號背
1.3 大般若波羅蜜多經袟皮（擬）
1.4 新0736
2.4 本遺書由2個文獻組成，本文獻為第2個，1行。餘參見BD14536號1之第2項。
3.4 説明：
本遺書為《大般若波羅蜜多經》第四十一袟的袟皮，上面寫有“卌一帙”，共兩處。
8 9～10世紀。歸義軍時期寫本。
9.1 楷書。

1.1 BD14537號
1.3 大般若波羅蜜多經卷四五九
1.4 新0737
2.1 (14.5+36)×24.5厘米；1紙；26行，行17字。
2.3 卷軸裝。首全尾脱。有護首，已殘。上下邊殘缺，有破裂。脱落1塊殘片，已綴接。有烏絲欄。已修整。
3.1 首4行下殘→大正0220，07/0316C20～27。
3.2 尾殘→大正0220，07/0317A11。
4.1 大般若波羅蜜多經卷第四百五十九，/第二分相攝品第六十七，三藏法師玄奘□…□/（首）。
8 8～9世紀。吐蕃統治時期寫本。
9.1 楷書。

1.1 BD14538號
1.3 妙法蓮華經（八卷本）卷七
1.4 新0738
2.1 (8+715.3)×26.5厘米；18紙；468行，行17字。
2.2 01：8+14，15； 02：42.8，28； 03：43.0，28；
04：43.0，28； 05：43.0，28； 06：43.0，28；
07：43.0，28； 08：43.0，28； 09：43.0，28；
10：41.5，27； 11：41.5，27； 12：43.0，28；
13：43.0，28； 14：43.0，28； 15：43.0，28；
16：43.0，28； 17：43.0，28； 18：16.5，07。
2.3 卷軸裝。首殘尾全。經黄打紙。前4紙中間等距離殘洞。尾有原軸，兩端塗棕色漆。背有古代裱補。脱落1塊殘片，已綴接。有燕尾。有烏絲欄。已修整。
3.1 首6行上下殘→大正0262，09/0050C06～12。
3.2 尾全→大正0262，09/0056C01。
4.2 妙法蓮華經卷第七（尾）。
5 與《大正藏》本對照，分卷不同。經文相當於《大正藏》本卷六第二十至二十三品，卷七第二十四品。屬於八卷本。

8　7～8世紀。唐寫本。

9.1　楷書。

1.1　BD14539號

1.3　妙法蓮華經卷四

1.4　新0739

2.1　（2＋249.5）×25.5厘米；6紙；正面141行，行17字；背面5行，行字不等。

2.2　01：02.0，01；　02：49.5，28；　03：50.0，28；
　　04：50.0，28；　05：50.0，28；　06：50.0，28。

2.3　卷軸裝。首殘尾脫。經黃打紙。卷面多水漬，第2紙上下邊有破裂。有烏絲欄。已修整。

2.4　本遺書包括2個文獻：（一）《妙法蓮華經》卷四，141行，抄寫在正面，今編為BD14539號。（二）《古西域文遺書》（擬），5行，抄寫在背面，今編為BD14539號背。

3.1　首行中下殘→大正0262，09/0027C14～15。

3.2　尾殘→大正0262，09/0030A07。

8　7～8世紀。唐寫本。

9.1　楷書。

10　卷首背粘有白紙簽"購4648"。

1.1　BD14539號背

1.3　古西域文遺書（擬）

1.4　新0739

2.4　本遺書由2個文獻組成，本文獻為第2個，5行，抄寫在背面。餘參見BD14539號之第2項。

3.4　說明：

　　本卷第3紙背面有古代西域文字5行，有起首經名號。詳情待考。

8　9～10世紀。歸義軍時期寫本。

9.1　正書。

1.1　BD14540號

1.3　五門禪經要用法

1.4　新0740

2.1　1088.2×28.3厘米；25紙；503行，行17字。

2.2　01：47.1，22；　02：46.8，22；　03：46.9，22；
　　04：46.9，22；　05：46.9，22；　06：47.0，22；
　　07：27.2，13；　08：12.6，06；　09：47.0，22；
　　10：47.0，22；　11：47.1，22；　12：47.0，22；
　　13：47.1，22。　14：47.0，22；　15：46.9，22；
　　16：47.0，22；　17：47.0，22；　18：47.1，22；
　　19：44.8，21；　20：46.9，22；　21：49.1，23；
　　22：49.1，23；　23：49.0，23；　24：49.1，20；
　　25：08.6，拖尾。

2.3　卷軸裝。首殘尾全。卷面殘破，多蟲蛀。通卷近代托裱。有烏絲欄。

3.1　首2行中殘→大正0619，15/0326A23～24。

3.2　尾全→大正0619，15/0333A03。

4.2　五門禪經要用法卷一（尾）。

7.1　尾題後有題記"志全一校"。

8　8世紀～12世紀。日本平安時期寫本。

9.1　楷書。

10　近代裝裱為手卷，接出紫紅色彩圖織錦護首，有天竿、縹帶、玉別子，縹帶繫一紙簽，上寫"権11"。護首題簽作："敦煌千佛山唐經殘本，甲寅三月芝田署。"下有陽文硃印，0.8×0.8厘米，印文為"芝田"。然後又寫："五百二行，行十七字。/志全一校。/玉敦齋藏。/"

　　卷首隔水下方有陽文硃印，1.75×2.25厘米，印文為"玉敦齋藏"。

　　卷首前端下有陰文硃印，1.8×1.8厘米，印文為"公度所藏隋唐墨寶"。

　　卷尾空白處有硃印2方：（1）陰文，1.8×1.8厘米，印文為"公度所藏隋唐墨寶"。（2）陽文，1.55×2.5厘米，印文為"馮公度審定記"。

　　卷尾接出拖尾，有草書跋文17行："此敦煌千佛洞唐經殘本，自/光緒乙巳歲（1905），石裂洞開，人始得恣/意攫取。洞內石案上堆積，無慮/數千卷，多蝕爛斷裂，首尾不完，/然皆唐僧書。有極工整者，有極/草率者，並有舛誤、譌寫、增減/不成字體者。大抵當時罪福之/說盛，僧徒之稍能執筆者，無不/借此為生活。而資福懺罪之人，不/必皆識字士夫故。亦未由源考。久/之，棟充山積，局閉而石封之。年/久石爛，其藏逐出。嗜古者以獲/其一、二，貴為珍本。雖然，古則古矣，/佳則未也。余所得《法華》二束，亂後/亦失去，對此為之悵然！公度好古，/當能保之。甲寅（1914）伏夏，伯魯以/公度之囑書此，以覓之好古者。/"其後有3方硃印：（1）陰文：1.3×1.25厘米，印文為"魯"。（2）陽文：1.35×1.35厘米，印文為"芝洞"。（3）陰文：1.5×1.5厘米，印文為"汩上老漁"。

1.1　BD14541號

1.3　四分比丘尼戒本

1.4　新0741

2.1　（14＋101.77＋8）×26.8厘米，26紙；618行，行字不等。

2.2　01：40.6，24；　02：40.2，24；　03：41.0，24；
　　04：40.7，24；　05：41.0，25；　06：40.7，24；
　　07：16.2，09；　07：40.0，24；　09：40.4，25；
　　10：40.9，25；　11：41.6，24；　12：40.6，24；
　　13：41.7，25；　14：41.1，24；　15：41.1，25；
　　16：41.0，25；　17：40.8，24；　18：41.2，25；
　　19：41.0，24；　20：40.3，24；　21：43.0，26；
　　22：42.6，26；　23：43.0，26；　24：43.0，26；
　　25：43.0，26；　26：33.0，16。

2.3　卷軸裝。首尾均殘。卷首上下殘破，有油污及殘洞。有烏絲欄。近代裝裱為手卷，上下溜邊。

3.1　首10行下殘→大正1431，22/1031A02～26。
3.2　尾全→大正1431，22/1041A18。
4.1　四分戒本（首）。
4.2　四分戒本（尾）。
7.1　尾題後有題記："大中七年癸酉（853）四月十八日寫記。"
7.3　第1紙背面雜寫"大中七年"。
8　853年。歸義軍時期寫本。
9.1　楷書。
9.2　有圈刪、倒乙及校改。
10　卷尾及卷背每兩紙接縫處，均有草書花押，似"華"，待考。卷背有"85完年"，其中"85"為蘇州碼子。

近代用乾隆年仿金粟山藏經紙接出護首及拖尾，裝裱為手卷。另用長方形團花織錦為包布，繫帶捆扎。繫帶有一紙簽，上書"購5059"。

扉頁有橢圓形的陽文硃印，1.8×2.5厘米，印文為"乾隆年仿金粟山藏經紙"。

卷首有相同硃印2方，陽文，1×1厘米，印文為"馮恕之印"。其中一方裝裱時斷裂。

尾題後空白處有硃印2方：（1）陰文，1×1厘米，"馮恕之印"。（2）陰文，2.8×2.8厘米，印文為"公度所藏隋唐墨寶"。

拖尾背有題簽："唐大中七年癸酉寫《四分戒本》一卷，首尾全，六百廿行。"

1.1　BD14542號
1.3　妙法蓮華經卷一
1.4　新0742
2.1　（16+677）×23.4厘米；14紙；389行，行17字。
2.2　01：16+33.5，26；　02：49.5，28；　03：49.5，28；
04：49.5，28；　05：49.5，28；　06：49.5，28；
07：49.5，28；　08：49.5，28；　09：49.5，28；
10：49.5，28；　11：49.5，28；　12：49.5，28；
13：49.5，28；　14：49.5，27。
2.3　卷軸裝。首殘尾全。經黃打紙；砑光上蠟。有烏絲欄。近代裝裱為手卷。
3.1　首7行下殘→大正0262，09/0003C13～20。
3.2　尾全→大正0262，09/0010B20。
8　7～8世紀。唐寫本。
9.1　楷書。
10　近代裝裱為手卷，接出藍花織錦護首，有天竿、縹帶、玉別子。護首題簽："唐人寫經，敦煌石室所出，凡三百八十六行，癸丑（1913）十一月，存善藏記"。並貼有黃紙簽，上寫"第陸□□號"。其上粘有白紙簽，上寫"接1484"。

1.1　BD14543號
1.3　金光明最勝王經卷五
1.4　新0743
2.1　754×25.3厘米；17紙；421行，行17字。
2.2　01：22.5，素紙；　02：43.0，26；　03：46.7，28；
04：46.7，28；　05：47.0，28；　06：47.0，28；
07：47.2，28；　08：47.2，28；　09：47.2，28；
10：47.2，28；　11：47.2，28；　12：46.8，28；
13：47.0，28；　14：47.0，28；　15：46.8，28；
16：46.5，28；　17：31.0，05。
2.3　卷軸裝。首尾均全。卷面油污，有糨糊。有燕尾。背有古代及近代裱補。有烏絲欄。近代裝裱為手卷，通卷上下溜邊。後配楠木軸。
3.1　首全→大正0665，16/0422B24。
3.2　尾全→大正0665，16/0427B13。
4.1　金光明最勝王經蓮花喻讚品第七，五，三藏法師義淨奉制譯（首）。
4.2　金光明最勝王經卷第五（尾）。
5　與《大正藏》本對照，尾附音義一行。
7.1　尾有題記19行：

"大周長安三年歲次癸卯（703）十月己未朔四日壬戌玄奘法師義淨奉/

制於長安西明寺新譯，並綴文、正字。/
翻經沙門婆羅門三藏寶思惟證梵義。/
翻經沙門婆羅門尸利末多讀梵文。/
翻經沙門七寶臺上坐（座）法寶證義。/
翻經沙門荊州玉泉寺弘景證義。/
翻經沙門大福先寺寺主法明證義。/
翻經沙門崇先寺神英證義。/
翻經沙門大興善寺［伏］禮證文。/
翻經沙門大福先寺上座波崙筆受。/
翻經沙門清禪寺寺主德感證義。/
翻經沙門大周西寺仁亮證義。/
翻經沙門大總持寺上（坐）座大儀證義。/
翻經沙門大周西寺寺主法藏證義。/
翻經沙門佛授記寺都維那惠表筆受。/
翻經沙門大福先寺勝莊證義。/
翻經沙門大福先寺都維那慈訓證義。/
請翻經沙門天宮寺明曉。/
轉經沙門北庭龍興寺法海受。/"

8　8～9世紀。吐蕃統治時期寫本。
9.1　楷書。有武周新字"正"。
10　近代用乾隆年仿金粟山藏經紙接出護首及拖尾，裝裱為手卷。另用長方形團花織錦為包布，繫帶，捆扎。包布上有布簽，上寫："《金光明最勝王經》第七卷，齊經生寫。大周長安三年癸卯，譯者十七人。前後全。四百廿一行。公度藏。"

護首下端有"歷史藝術文物業公會製"紙簽，上面又粘一紙簽，上書"購5103"。扉頁上有陽文硃印：2.9×2.2厘米，印文為"乾隆年仿金粟山藏經紙"。

首紙背粘有白色紙簽，上寫"貳百號"；首紙背寫有"大周

長安三年癸卯，款十七人”。卷尾背有蘇州碼子“60”，下書“完”。

卷首下有陰文硃印：1×0.9 厘米，印文為“馮恕之印”。

尾有 2 枚硃印：（1）陰文：1×0.9 厘米，印文為“馮恕之印”。（2）陽文：1.8×1.8 厘米，印文為“公度所藏隋唐墨寶”。

1.1　BD14544 號
1.3　大般涅槃經（北本　思溪本）卷二八
1.4　新 0744
2.1　（16.8+842.7）×23.5 厘米；22 紙；524 行，行 17 字。
2.2　01：16.8+1.7，11；　02：40.9，25；　03：41.0，25；
04：40.9，25；　05：40.8，25；　06：41.1，25；
07：41.0，25；　08：40.9，25；　09：40.7，25；
10：40.7，25；　11：40.6，25；　12：40.5，25；
13：40.5，25；　14：40.8，25；　15：40.8，25；
16：40.9，25；　17：40.7，25；　18：40.8，25；
19：40.9，25；　20：40.9，25；　21：40.5，25；
22：25.1，13。
2.3　卷軸裝。首殘尾全。有烏絲欄。近代托裱，裝為手卷。
3.1　首 10 行上下殘→大正 0374，12/0528A17～27。
3.2　尾全→大正 0374，12/0534B10。
4.2　大般涅槃經卷第廿八（尾）
5　與《大正藏》本對照，卷品開合不同，經文相當於《大正藏》卷二七後部分與卷二八大部分。結尾處與《思溪藏》、《普寧藏》、《嘉興藏》本相同。
7.1　第 9 紙上方寫有“下”字。卷尾有題記 4 行：“清信士張珍和夫妻同發善心，減割資材，敬寫《涅槃/經》一部。願七世師長、父母，所生父母，合家大小並生/無量壽國。普及法界含生，皆同此願。/開皇元年（581）歲次辛丑八月十八日。/”字迹與正文不同，乃近代人偽造。
8　5～6 世紀。南北朝寫本。
9.1　楷書。
9.2　有行間校加字及刮改。有硃筆點標。
10　通卷裝裱為手卷，接出織錦護首，有天竿、縹帶（已殘），縹帶上繫紙簽，寫有“購 2984”。護首題簽：“隋寫《大般涅槃經》，開皇元年張珍和造。陳闇珍守。”題簽下有陰文硃印，1.2×1.2 厘米，印文為“陳闇之印”。
13　題記偽造。

1.1　BD14545 號
1.3　金剛般若波羅蜜經
1.4　新 0745
2.1　158.9×24.3 厘米；3 紙；83 行，行 17 字。
2.2　01：50.4，28；　02：50.8，28；　03：50.3，27；
04：07.4，拖尾。
2.3　卷軸裝。首脫尾全。經黃紙。有燕尾。有烏絲欄。近代托裱為手卷。
3.1　首殘→大正 0235，08/0751B24。
3.2　尾全→大正 0235，08/0752C03。
4.2　金剛般若波羅蜜經（尾）。
5　與《大正藏》本對照，本號經文無冥司偈，參見《大正藏》，8/751C16～19。
8　7～8 世紀。唐寫本。
9.1　楷書。
10　近代托裱為手卷，接出藍色間黃織錦護首，有天竿、縹帶、玉別子，縹帶上繫紙簽，上寫“権 10”。護首題簽：“隋人寫《金剛經》，八十三行，行 17 字，玉敦齋藏。”下有陽文硃印，1.2×2.1 厘米，印文為“公度”。

卷首隔水下端有陽文硃印，1.2×2.1 厘米，印文為“玉敦齋藏”。

卷首下端有陰文硃印，1×1 厘米，印文為“馮恕之印”。

卷尾下方有陰文硃印，1×1 厘米，印文為“馮恕之印”。其下有陽文硃印，1.5×2.5 厘米，印文為“馮公度審定記”。下有陽文硃印，1.8×1.8 厘米，印文為“公度所藏隋唐墨寶”。

拖尾有題跋：“乙卯（1915）五月十九日般菴觀”。

1.1　BD14546 號
1.3　妙法蓮華經玄贊卷二
1.4　新 0746
2.1　（1.5+1307.8）×28.2 厘米；31 紙；正面 942 行，行 29～31 字；背面 99 行，行字不等。
2.2　01：1.5+34.4，26；　02：43.0，31；　03：43.2，30；
04：43.2，31；　05：43.2，31；　06：44.0，30；
07：43.4，31；　08：43.6，31；　09：43.2，32；
10：43.4，30；　11：43.4，31；　12：43.2，20；
13：43.4，31；　14：43.0，32；　15：43.4，33；
16：43.4，30；　17：43.4，30；　18：43.2，31；
19：43.4，31；　20：43.2，31；　21：43.2，31；
22：43.4，33；　23：43.4，30；　24：43.6，31；
25：43.6，31；　26：43.4，32；　27：43.4，33；
28：43.4，32；　29：43.4，33；　30：43.4，33；
31：16.0，11。
2.3　卷軸裝。首殘尾全。薄皮紙。首紙有破損及殘洞。有折疊欄。後配趙城金藏原軸。
2.4　本遺書包括 3 個文獻：（一）《妙法蓮花經玄讚》卷二，942 行，抄寫在正面，今編為 BD14546 號。（二）《十大弟子讚》（擬），43 行，抄寫在背面，今編為 BD14546 號背 1。（三）《壁書榜題》（擬），56 行，抄寫在背面，今編為 BD14546 號背 2。
3.1　首行中殘→大正 1723，34/0673A06～07。
3.2　尾全→大正 1723，34/0694B11。
4.2　法花經玄贊第二（尾）。
7.1　尾題後有題記：“開元五年四月十五日，辰時寫了。”
8　717 年。唐寫本。
9.1　行書。

9.2　有硃筆點標及校改。有行間校加字、行間加行、倒乙及重文號。

1.1　BD14546 號背 1
1.3　十大弟子讚（擬）
1.4　新 0746
2.4　本遺書由 3 個文獻組成，本文獻為第 2 個，抄寫在背面，43 行。餘參見 BD14546 號之第 2 項。
3.4　説明：
　　本遺書抄寫《十大弟子讚》（擬），但祇抄寫了舍利弗、大目乾連、摩訶迦葉、須菩提、富樓那、摩訶迦旃延、阿那律、憂波離等八人。缺少羅睺羅、阿難兩人。
7.3　背面第 44、45 行為雜寫："弟子常樂縣節度押衙兼水（?）交（?）錄檢太子賓客兼監察御史/上柱國乞。/"
8　9～10 世紀。歸義軍時期寫本。
9.1　行草。
9.2　有墨筆科分。

1.1　BD14546 號背 2
1.3　壁畫榜題（擬）
1.4　新 0746
2.4　本遺書由 3 個文獻組成，本文獻為第 3 個，抄寫在背面，56 行。餘參見 BD14546 號之第 2 項。
3.4　説明：
　　本遺書抄寫壁畫榜題，分為兩個主題：
　　1. 十大弟子本事；
　　2. 訖慄枳王十夢。
　　應分屬兩鋪不同的壁畫。
8　9～10 世紀。歸義軍時期寫本。
9.1　行楷。

1.1　BD14547 號
1.3　大般若波羅蜜多經（兑廢稿）卷二八三
1.4　新 0747
2.1　539×24.5 厘米；12 紙；326 行，行 17 字。
2.2　01：45.0，26；　02：46.0，28；　03：46.0，28；
　　04：46.0，28；　05：46.0，28；　06：46.0，28；
　　07：46.0，28；　08：46.0，28；　09：46.0，28；
　　10：46.0，28；　11：46.0，28；　12：34.0，21。
2.3　卷軸裝。首全尾斷。有烏絲欄。近代托裱為手卷。
2.4　本遺書包括 2 個文獻：（一）《大般若波羅蜜多經（兑廢稿）》卷二八三，326 行，抄寫在正面，今編為 BD14547 號。（二）《天地八陽神咒經》，行數不清，抄寫在背面，已被遮裱，今編為 BD14547 號背。
3.1　首全→大正 0220，06/0436A20。
3.2　尾殘→大正 0220，06/0439C05。
4.1　大般若波羅蜜多經卷第二百八十三，/初分難信解品第卌四之一百二，三藏法師玄奘奉詔譯/（首）。
7.1　第 6 紙上下邊有"兑"字。
8　8～9 世紀。吐蕃統治時期寫本。
9.1　楷書。
9.2　有硃筆圈。
10　近代托裱為手卷。接出護首。有天竿、縹帶。
　　卷首有 2 枚硃印：（1）陰文橢圓形印：1.3×2 厘米，印文為"張（?）矜喜"。（2）陽文：1×2.6 厘米，印文為"天涯共明月"（倒印）。
　　卷中每段經文尾部空白處有陽文硃印，1×2.5 厘米，印文為"持平"。
　　卷背貼有紙簽，上寫"購 4632"。

1.1　BD14547 號背
1.3　天地八陽神咒經
1.4　新 0747
2.4　本遺書由 2 個文獻組成，本文獻為第 2 個，行数不清，抄寫在背面。餘參見 BD14547 號之第 2 項。
3.4　説明：
　　本遺書通卷托裱，本文獻抄寫在背面，已經被遮裱，難以辨認。
8　9～10 世紀。歸義軍時期寫本。
9.1　楷書。

1.1　BD14548 號
1.3　救疾經
1.4　新 0748
2.1　（23+138）×26.3 厘米；4 紙；90 行；行 17 字。
2.2　01：23.0，10；　02：46.0，28；　03：46.0，28；
　　04：46.0，24。
2.3　卷軸裝。首殘尾全。首紙中下殘缺。有近代裱補。有烏絲欄。近代裝裱為手卷。
3.1　首 9 行下殘→大正 2878，85/1361C06～14。
3.2　尾全→大正 2878，85/1362C10。
4.2　救疾經一卷（尾）。
8　7～8 世紀。唐寫本。
9.1　楷書。
10　近代裝裱為手卷，接出護首，有天竿、縹帶。縹帶上繫紙簽，上書"寶 14"。護首有紙簽："墨寶字畫，肆伍。"有陽文硃印，0.5×1.1 厘米，印文為"檢查"。
　　卷首上方有陽文硃印，1.3×1.6 厘米，印文為"寶梁閣"。
　　卷尾下方有陽文硃印，1.5×3.2 厘米，印文為"曾在不因人熱之室"。

1.1　BD14549 號
1.3　妙法蓮華經卷七
1.4　新 0749

2.1　198×27 厘米；6 紙；102 行，行 17 字。
2.2　01：21.5，11；　02：42.5，22；　03：42.5，22；
　　04：42.5，22；　05：42.5，22；　06：06.5，03。
2.3　卷軸裝。首尾均斷。打紙；研光上蠟。第 3 紙上邊破裂。有烏絲欄。近代裝裱為手卷。
3.1　首殘→大正 0262，09/0059B28。
3.2　尾殘→大正 0262，09/0061A04。
8　7～8 世紀。唐寫本。
9.1　楷書。
10　近代裝裱為手卷，接出護首。護首題簽："唐賢真蹟《妙法蓮華經·妙莊嚴王本事品》，甲申（1944）春得於陳太傅家，梁子河村人題。"下端粘有紙簽"購 5203"。
　　玉池有大字題簽："唐賢墨寶，乙酉中秋，秦裕題。"題簽首尾有 2 枚陰文硃印：（1）1.6×1.6 厘米，印文為"梁子河邨人"。（2）1.6×1.6 厘米，印文為"秦裕之印"。
　　拖尾有陰文硃印，1.6×1.6 厘米，印文為"遵化秦裕真賞"。

1.1　BD14550 號
1.3　大般涅槃經（北本　異卷）卷八
1.4　新 0750
2.1　958.9×26.3 厘米；23 紙；513 行，行 17 字。
2.2　01：20，護首；　02：39.3，22；　03：43.1，24；
　　04：43.1，24；　05：43.3，24；　06：43.0，24；
　　07：43.3，24；　08：43.3，24；　09：43.4，24；
　　10：43.4，24；　11：43.4，24；　12：43.3，24；
　　13：43.5，24；　14：43.4，24；　15：43.5，24；
　　16：43.3，24；　17：43.7，24；　18：43.9，24；
　　19：43.8，24；　20：44.0，24；　21：43.8，24；
　　22：43.8，24；　23：30.3，11。
2.3　卷軸裝。首殘尾全。有護首，係用《妙法蓮華經》護首後補。背面有近代裱補。有烏絲欄。卷軸後配。
3.1　首殘→大正 0374，12/0411B01。
3.2　尾全→大正 0374，12/0417C01。
4.2　大般涅槃經卷第八（尾）。
5　與《大正藏》本對照，分卷不同。此卷經文相當於卷第八大部與卷第九前部。與歷代大藏經分卷均不相同，屬於異卷。
7.4　原卷有護首，該護首原為《妙法蓮花經》卷四所用，有護首經名"妙法蓮花經卷第四"，上有經名號，下面似有收藏寺院名，被刮去。《妙法蓮花經》卷四護首經名旁邊加寫"大般涅槃經卷第八"，可知後改為本遺書護首。
8　7～8 世紀。唐寫本。
9.1　楷書。
10　卷前近代用乾隆年仿金粟山藏經紙接出護首。護首題簽："六朝經生書《大般涅槃經》第八，前缺後全，五百十三行。"下有紙簽，上書"権古字畫"，有硃印"檢查"。簽上又粘一紙簽，上書"◇207"。此外另用長方形團花織錦為包布，訂有繫帶，裹卷手卷後捆扎。繫帶有一布簽，上書："六朝經生書《大般涅槃經》第八，前缺後全，五百一十三行。公度藏。"
　　護首尾部騎縫處及卷尾均有陰文硃印，1×1 厘米，印文為"馮恕之印"。卷尾又有陰文硃印，1.8×1.8 厘米，上刻"公度所藏隋唐墨寶"。

1.1　BD14551 號
1.3　妙法蓮華經卷七
1.4　新 0751
2.1　366×27 厘米；9 紙；205 行，行 17 字。
2.2　01：07.0，04；　02：48.0，28；　03：48.0，28；
　　04：48.0，28；　05：48.0，28；　06：48.0，28；
　　07：48.0，28；　08：48.0，28；　09：23.0，05。
2.3　卷軸裝。首斷尾全。卷尾有油污，上下有蟲繭，有殘缺及殘洞。有烏絲欄。
3.1　首殘→大正 0262，09/0059B28。
3.2　尾全→大正 0262，09/0062B01。
4.2　妙法蓮華經卷第七（尾）。
8　8 世紀。唐寫本。
9.1　楷書。
10　卷首背上端寫有"八張首尾"。下端有"尾第七"，"1389"。粘有紙簽"購 4638"。卷尾背上、下寫有"唐經"。

1.1　BD14552 號
1.3　大般若波羅蜜多經卷二六二
1.4　新 0752
2.1　744×27.3 厘米；16 紙；429 行，行 17 字。
2.2　01：46.5，26；　02：46.5，28；　03：46.5，28；
　　04：46.5，28；　05：46.5，28；　06：46.5，28；
　　07：46.5，28；　08：46.5，28；　09：46.5，28；
　　10：46.5，28；　11：46.5，28；　12：46.5，28；
　　13：46.5，28；　14：46.5，28；　15：46.5，28；
　　16：46.5，11。
2.3　卷軸裝。首尾均全。卷面油污，首紙有破裂。有烏絲欄。
3.1　首全→大正 0220，06/0324C16。
3.2　尾全→大正 0220，06/0329C09。
4.1　大般若波羅蜜多經卷第二百六十二，/初分難信解品第卅四之八十一，三藏法師玄奘奉詔譯/（首）。
4.2　大般若波羅蜜多經卷第二百六十二（尾）。
8　8～9 世紀。吐蕃統治時期寫本。
9.1　楷書。
10　卷背貼有紙簽，上寫"購 3916"。

1.1　BD14553 號
1.3　大般涅槃經（北本　思溪本）卷二六
1.4　新 0753
2.1　251.5×26 厘米；6 紙；152 行，行 17 字。

2.2 01：46.0，28； 02：46.0，28； 03：46.0，28；
03：46.0，28； 05：46.0，28； 06：21.5，12。
2.3 卷軸裝。首脱尾斷。經黄打紙。首紙中間有等距離殘洞。有烏絲欄。
3.1 首殘→大正0374，12/0516C03。
3.2 尾殘→大正0374，12/0518B21。
5 與《大正藏》本對照，分卷不同，與《思溪藏》、《普寧藏》、《嘉興藏》及日本宮内寮本相同。
7.3 卷尾背上方有"相應"2字。
8 7~8世紀。唐寫本。
9.1 楷書。
10 卷首背寫有"七八尺，五張餘"及蘇州碼子"14萬元"。寫有"購5092"。

1.1 BD14554號
1.3 大乘稻芉經
1.4 新0754
2.1 (4+195)×27.5厘米；5紙；135行，行30餘字。
2.2 01：4+37.5，29； 02：44.0，31； 03：44.0，31；
04：44.0，31； 05：25.5，13。
2.3 卷軸裝。首殘尾全。首紙上下邊有殘缺。背有近代裱補。有烏絲欄。
3.1 首2行下殘→大正0712，16/0823B22~24。
3.2 尾全→大正0712，16/0826A27。
4.2 佛說大乘稻芉經一卷（尾）。
8 8~9世紀。吐蕃統治時期寫本。
9.1 楷書。
9.2 有行間校加字。
10 近代接出護首及拖尾。護首有天竿、縹帶。護首題簽："《大乘稻芉經》，敦皇石室唐寫本，真如舊舘藏。"下有陽文硃印，0.9×0.9厘米，印文為"周肇祥"。下端粘有紙簽，上書"購3945"。

卷尾下端有陽文硃印，1×1.8厘米，印文為"周肇祥曾護持"。

卷尾背上下有硃書"辛亥"2字。中間有墨書"七十二兩"。

1.1 BD14555號
1.3 大方便佛報恩經卷三
1.4 新0755
2.1 229.8×22.6厘米；6紙；134行，行17字。
2.2 01：19.6，11； 02：47.0，28； 03：47.5，28；
04：47.2，28； 05：47.5，28； 06：21.0，11。
2.3 卷軸裝。首斷尾全。卷面有等距離黴爛。通卷硃筆書寫，字迹有脱落及殘損。有烏絲欄。近代托裱為手卷。
3.1 首殘→大正0156，03/0140C18。
3.2 尾全→大正0156，03/0142B16。
4.2 報恩經卷第三（尾）。
8 7~8世紀。唐寫本。
9.1 楷書。
10 近代裝裱為手卷，接出團花及法輪狀織錦護首，有縹帶。護首題簽："唐人朱書《報恩經》，敦煌石室所出，乙百三十五行，乙卯（1915）三月，存善署"。旁邊貼一黄色紙簽，上書"第陸拾叁號"。黄簽上粘一紙簽"接1484"。
13 通卷朱筆。是否出於敦煌藏經洞，尚需考證。

1.1 BD14556號
1.3 妙法蓮華經卷七
1.4 新0756
2.1 (193.5+1.5)×25.4厘米；5紙；106行，行17字。
2.2 01：18.5，10； 02：51.6，28； 03：51.7，28；
04：51.7，28； 05：20+1.5，12。
2.3 卷軸裝。首斷尾殘。經黄紙。卷面多水漬。有烏絲欄。
3.1 首殘→大正0262，09/0055B04。
3.2 尾1行中下殘→大正0262，09/0056C01。
8 7~8世紀。唐寫本。
9.1 楷書。
10 卷端背寫有"無首尾，五張紙"。寫有"購5091"。又有鉛筆寫蘇州碼子"12萬元，宋"。

1.1 BD14557號
1.3 摩訶般若波羅蜜經卷一二
1.4 新0757
2.1 239×26、5厘米；6紙；143行，行17字。
2.2 01：45.0，27； 02：47.0，28； 03：47.0，28；
04：47.0，28； 05：47.0，28； 06：06.5，04。
2.3 卷軸裝。首全尾斷。打紙；砑光上蠟。第5、6接縫處下部開裂。有烏絲欄。
3.1 首全→大正0223，08/0306C02。
3.2 尾殘→大正0223，08/0308B12。
4.1 摩訶般若波羅蜜經嘆淨品第卌一（首）
5 與《大正藏》本對照，品次不同。大正藏為"嘆淨品"第四十二。
8 7~8世紀。唐寫本。
9.1 楷書。
10 卷尾背貼有紙簽，上寫"購5159"。

1.1 BD14558號
1.3 善見律毗婆沙卷六
1.4 新0758
2.1 572.4×26厘米；14紙；315行，行17字。
2.2 01：41.8，23； 02：43.5，24； 03：43.5，24；
04：43.5，24； 05：43.6，24； 06：43.6，24；
07：43.6，24； 08：43.6，24； 09：43.6，24；

10：43.6，24；　11：22.6，12；　12：43.6，24；
13：43.7，24；　14：29.2，16。

2.3　卷軸裝。首尾均斷。有烏絲欄。近代裝裱為手卷。

3.1　首殘→大正 1462，24/0710C29。

3.2　尾殘→大正 1462，24/0715B24。

8　7 世紀。隋寫本。

9.1　楷書。

10　通卷現代托裱，接出護首。尾有木軸。

卷前隔水有題跋 4 條：

（1）“百煉精剛似鑄成，書家如此不知名；但翰剛健婀娜意，何必靈飛說紹京。/文館經生着盛唐，流傳今尚滿扶桑；傷心好事靈鶼閣，零落人間有舊臧。/丙午（1906）四月，重檢青箱，惘然題此。存善又記。/”“善”字上有圓形陽文硃印，直徑 0.9 厘米，印文為“玨”。

（2）“方整源從漢隸來，力追險勁似蘭臺；濫觴直至王孫趙，筆法胥由此脫胎。/閏月存善記。/”

（3）“唐宋人作書，運筆皆重。趙文敏尚守此法，至董香光乃專取豐神，時有輕剽之病。然思翁正書出自顏魯公，亦復凝重，惟能力透紙背，正是筆不著紙。觀此卷可見初唐用筆之妙。/乙巳（1905）三月望日，存善再記。/”

（4）“遵義黎星使言：唐人寫經，在日本者最夥。曩時，元和江編脩所/得不少，然皆殘本。至多者不及百行，未有如此上下兩卷，首尾具/足者。其用筆古厚、斬絕、頓挫，真剛健婀娜，與紹京同工異曲，/絕無宋以後人一筆，在信至寶也。星使編脩皆已宿艸，計/其生平所見，當無逾此。九京有知，亦自快慰。惜未能起地/下故人相質，而共歎賞之也。乙巳（1905）花朝，存善又記。/”其下有陽文硃印，0.9×1.7 厘米，印文為：“王◇”。

拖尾有題跋 3 條：

“首三、四行之間，紙背有題字曰‘唐人真蹟’。此卷《善見律》是唐初經生書之佳者，楷法工/秀，不知何人所記也。甲辰（1904）七月，存善記。/”“存善”上有圓形陽文硃印，直徑 0.9 厘米，印文為“玨”。

“首行紙背尚有數字，第一是‘姜’字，餘難辨。”

“右唐人寫經三百乙十五行，末有黃忠端小印二，當是公所/藏。聞公在獄，日寫《孝經》乙本。公不好佛，滄桑以後，家國之感，/回向大雄，欲求解脫，亦意中事。昔余澹心言顧眉謂：公輩/跌蕩風流，放情詩酒，則可至為聖為賢。成佛作祖，終讓黃/公。豈意善知識乃在風塵中。甲申之後，不知虞山合肥尚記此/言否耳。光緒甲辰（1904），存善題記。/”“存善”上有圓形陽文硃印，直徑 0.7 厘米，印文為“王”。

卷尾經文下有硃印 2 方：（1）陽文，1×1 厘米，印文為“幼玄”。（2）陰文：1.8×1.8 厘米，印文為“黃道周印”。

每紙正面接縫處均有橢圓形陽文硃印，1×1.6 厘米，印文不清。

每紙上邊均有金字，諸如“乙上，乙下”，“二上，二下”等，係擬將該卷軸裝改裝為經折裝時所標注的記號。

卷首寫有“七拾五號”。

13　傳世寫經，非敦煌藏經洞遺書。曾為明末黃道周（字幼玄）收藏。

1.1　BD14559 號

1.3　金光明最勝王經卷一〇

1.4　新 0759

2.1　698.3×23.8 厘米；15 紙；412 行，行 17 字。

2.2　01：42.8，26；　02：45.5，28；　03：45.6，28；
04：45.8，28；　05：45.8，28；　06：45.6，28；
07：47.5，28；　08：47.5，28；　09：48.0，28；
10：47.8，28；　11：47.7，28；　12：48.0，28；
13：47.7，28；　14：47.7，28；　15：45.5，22。

2.3　卷軸裝。首尾均全。有烏絲欄。近代托裱為手卷。

3.1　首全→大正 0665，16/0450C18。

3.2　尾全→大正 0665，16/0456C19。

4.1　金光明最勝王經捨身品第廿六，十，三藏法師義淨奉制譯（首）。

4.2　金光明最勝王經卷第十（尾）。

5　與《大正藏》本對照，尾附音義 1 行。

8　8～9 世紀。吐蕃統治時期寫本。

9.1　楷書。

10　通卷近代托裱，接出金黃色卍字不斷頭織錦護首。上貼紙簽，寫有“贖 5216”。

1.1　BD14560 號

1.3　大菩薩藏經卷三

1.4　新 0760

2.1　946.5×25.4 厘米；20 紙；544 行，行 17 字。

2.2　01：49.5，28；　02：49.3，28；　03：49.5，28；
04：49.4，28；　05：47.8，28；　06：47.8，28；
07：48.1，28；　08：48.2，28；　09：48.1，28；
10：48.2，28；　11：48.2，28；　12：48.2，28；
13：48.1，28；　14：48.2，28；　15：48.3，28；
16：48.4，28；　17：48.3，28；　18：48.4，28；
19：48.2，28；　20：26.3，13。

2.3　卷軸裝。首斷尾全。打紙；研光上蠟。近代上下溜邊。有烏絲欄。

3.1　首殘→大正 0310，11/0209A20。

3.2　尾全→大正 0310，11/0215B16。

4.2　大菩薩藏經卷第三（尾）。

5　與《大正藏》本對照，此卷經文相當於“大寶積經卷第三十七”。

7.1　卷尾有題記 30 行：

“弘福寺沙門僧知仁筆受；/
弘福寺沙門靈雋筆受；/
大總持寺沙門道觀筆受；/

瑤臺寺沙門道卓筆受；／
清禪寺沙門明覺筆受；／
簡州福衆寺沙門靖邁證文；／
蒲州普救寺沙門行友證文；／
普光寺沙門道智證文；／
汴州真諦寺沙門玄忠證文；／
弘福寺沙門明濬正字；／
大總持寺沙門玄應正字；／
弘福寺沙門玄謨證梵語；／
弘福寺沙門文備證義；／
蒲州棲巖寺沙門神泰證義；／
廓州法講寺沙門道深證義；／
寶昌寺沙門法祥證義；／
羅漢寺沙門慧貴證義；／
實際寺沙門明琰證義；／
大總持寺沙門道洪證義；／
慈恩寺沙門玄奘譯；／
銀青光祿大夫行太子左庶子高陽縣開國男臣許敬宗監閱。／
夫物情斯惑，資於教悟；大聖貽則，實啓疑徒。而先／匠譯辰，箴爾無紀；爰使後學，積滯於懷。今故／具書，以彰來信。願傳寫之儔，與余同志，庶幾彌／劫，永無惑焉！／
貞觀廿二年（648）八月一日，菩薩戒弟子蘇士方發心，／願漸轉寫諸經論等，奉為／
至尊皇后殿下儲妃，又為師僧父母、諸親眷屬、／四生六道等出塵勞，法界有窮願無氓（泯）。頌曰：／
寫妙法功德，普施於一切。
同證會真如，速成無上覺。"

8　648年。唐寫本。

9.1　楷書。

10　近代裝裱為手卷，接出龍鳳團花織錦護首，有天竿、縹帶。縹帶繫紙簽，上寫"2986"。護首題簽："唐貞觀款《大菩薩藏經》，許敬宗監閱，異品、無上，"題跋上有陽文硃印，1.6×1.6厘米，印文為"闇"。

原卷前接出玉池，有2處題跋：

（1）"貞觀新譯／卷尾有貞觀廿二年（648）八月一／日蘇士方寫造題記，上方／有慈恩寺沙門玄奘譯／名、許敬宗監閱及弘福／各寺沙門聯署。蓋係玄奘／奉敕翻譯正本，而此從正本中／轉寫流傳。實為希見珍品。"下有陽文硃印，1.7×1.65厘米，印文為"陳闇"。

（2）"敦煌石室藏經記／清光緒庚子，甘肅敦煌縣莫高／窟沙磧中發見石室。室有碑記，／封閟於宋太祖太平興國初元，／距今千餘歲。以藏經紀年考之，／且近二千年。所藏上起西晉，下／訖後梁。紙書帛書，羅列備具。／唐人寫經為最多，晉魏六朝／轉更希有矣！紙皆成卷，束以／絹帶，完好如新，誠天壤間瓌／寶也！吾國官民不甚愛惜。丁／未歲（1907），法國文學博士伯希和聞／之，自新疆馳詣石室，賄守藏道士，／檢去精品數巨篋。英人、日人繼之，／咸大獲而歸。迨端陶齋赴歐考／察憲政，見於倫敦博物院，詢知／其故。歸而訪求，則石室已空，僅／於處士家搜得佛經三千卷，貯／藏北平圖書館，今不知尚存否。／余度隴之歲，購求唐寫精品／已不易致，而著有年代及六朝／人書，則非以巨價求之巨室不／可得也！昔蘇子瞻云：紙壽一／千年。今茲發見，突破先例。／蓋敦煌戈壁，積沙如阜，高／燥逾恒。苟石室永閟，雖再經／千年，猶當完好，一入人手，則百／十年內，可淪胥以盡。證之今／日藏經，已如星鳳，此後可知！猶憶／在隴，朋輩與余競購者，訪聞／所得，多半散亡。余亦何能永／保？但念千古珍墨，閟藏無恙，／後之人應如何愛護，毋俾毀／損自我！風雨如晦，亂靡有已，／其能免玆浩劫否耶！／甲申（1944）天中節，／前護隴使者陳季侃。／卷後並附有題跋。"下有陽文硃印，1.7×1.65厘米，印文為"陳闇"。

各紙騎縫處均有陽文硃印，1.2×2.8厘米，印文為"寶晉室主"。

卷尾題記後有陽文硃印，2.15×2.15厘米，印文為"陳闇度隴所得"。

卷尾接出拖尾，有題跋1條：

"大菩薩藏經題跋／余藏有唐開成四年（839）侍御史劉／軻所撰玄奘師塔銘，敘述玄奘／事迹甚詳。求經西域，出於玄奘／自動，並遭涼州都督李大亮／禁阻。偷渡瓠蘆河，出流沙，至／伊吾，歷廿四國，備嘗艱險。最後／至印度，見戒日王。王甚威武，問／曰：'聞支那國有秦王破陣樂，／秦王何人也？'玄奘盛談太宗／功德，王傾聽肅然，因盡禮資／送。達于闐國，乞高昌胡商，附／表奏聞。大（太）宗侈其事，特敕西／京留守房玄齡，盛具儀衛，迎／至洛陽，見於儀鸞殿，備陳所／歷。太宗大悅，敕於弘福寺翻／譯梵文，御製《聖教序》，以張／其事。蓋玄奘自動出國，適為／太宗宣傳威德。太宗嘉其誇／揚盛美，故盡極禮敬，以示國／人，本意與佛無關。而適以造／成佛教西來輝煌盛典，則／玄奘法師之美也。貞觀廿二／年（648）六月，皇太子宣請法師／為慈恩寺上座，更造翻經／院。於是由弘福遷於慈恩，完／成功德。此經即於是年八月一日／寫造。正如初寫《黄庭》，想當紙／貴洛陽矣！余特據塔銘，以為／考證，則卷尾紀年及玄奘之／為慈恩寺沙門，若合符節，／豈非經典珍聞！而是經與銘／適均入余手，為尤可異也！／甲申（1944）端陽後一日。／越州陳季侃。"

1.1　BD14561號

1.3　大般若波羅蜜多經卷五八八

1.4　新0761

2.1　141.6×24.3厘米；3紙；84行，行17字。

2.2　01：47.2，28；　02：47.2，28；　03：47.2，28。

2.3　卷軸裝。首尾均脫。打紙；研光上蠟。近代鑲裱。有烏絲欄。

3.1　首殘→大正0220，07/1039C02。

3.2　尾殘→大正0220，07/1040B27。

8　8世紀。唐寫本。

9.1　楷書。

10　近代接出灰黄色絹製護首及拖尾。護首有題簽，上書"唐

人寫經”。尾軸兩端包有白底藍、綠、黃三色花紋織錦。

1.1　BD14562 號
1.3　大般若波羅蜜多經卷一三九
1.4　新 0762
2.1　603×27.3 厘米；13 紙；356 行，行 17 字。
2.2　01：45.5，26；　02：46.0，28；　03：46.5，28；
04：46.5，28；　05：46.5，28；　06：46.5，28；
07：46.5，28；　08：46.5，28；　09：46.5，28；
10：46.5，28；　11：46.5，28；　12：46.5，28；
13：46.5，22。
2.3　卷軸裝。首尾均全。卷背有鳥糞。有烏絲欄。
3.1　首全→大正 0220，05/0753B08。
3.2　尾全→大正 0220，05/0758A17。
4.1　大般若波羅蜜多經卷第一百卌九，/初分校量功德品第三十之三十七，三藏（法）師玄奘奉詔譯/（首）。
4.2　大般若波羅蜜多經卷第一百卌九（尾）。
7.1　卷尾背有硃筆勘記“九”及墨筆勘記“十四”。
7.2　卷首、卷尾有騎縫印，卷尾印文為“報恩寺”，卷首印文為“藏經印”，二者可綴接。尾題前有陽文硃印，4×5 厘米，印文為“報恩寺藏經印”，與前騎縫印為同一印章。尾題後有陽文墨印，2.5×8 厘米，印文為“三界寺藏經”。
8　8~9 世紀。吐蕃統治時期寫本。
9.1　楷書。

1.1　BD14563 號
1.3　妙法蓮華經卷一
1.4　新 0763
2.1　（3+108.7+4.5）×27 厘米；3 紙；68 行，行 17 字。
2.2　01：3+23.5，15；　02：47.7，28；　03：37.5+4.5，25。
2.3　卷軸裝。首尾均殘。卷面多水漬，前 2 紙下方有破裂。卷背有鳥糞。有烏絲欄。已修整。
3.1　首行上下殘→大正 0262，09/0002B03。
3.2　尾 3 行上殘→大正 0262，09/0003B01~04。
8　9~10 世紀。歸義軍時期寫本。
9.1　楷書。
9.2　有校改。

1.1　BD14564 號
1.3　大佛頂如來密因修證了義諸菩薩萬行首楞嚴經卷九
1.4　新 0764
2.1　813.8×26 厘米；18 紙；747 行，行 17 字。
2.2　01：20.7，護首；　02：46.0，28；　03：46.8，29；
04：46.7，28；　05：46.5，29；　06：46.6，29；
07：46.7，29；　08：46.6，29；　09：46.9，29；
10：46.5，28；　11：46.8，29；　12：46.7，28；
13：46.8，29；　14：46.8，29；　15：46.7，28；
16：46.7，29；　17：46.8，29；　18：46.5，15。
2.3　卷軸裝。首尾均全。第 14、15 紙接縫處下開裂。尾有原軸，兩端鑲蓮蓬形軸頭，上有螺鈿嵌花。有護首，有護首經名，字已半殘。有烏絲欄。
3.1　首全→大正 0945，19/0146A07。
3.2　尾全→大正 0945，19/0151B16。
4.1　大佛頂如來密因修證了義諸菩薩萬行首楞嚴經第九，/一名中印度那蘭陀大道場經於灌頂部錄出別行/（首）。
4.2　大佛頂萬行首楞嚴經卷第九（尾）。
7.4　護首有經名“大佛頂經卷第九”（已殘）。上有經名號。
8　9~10 世紀。歸義軍時期寫本。
9.1　楷書。
10　護首背面下端貼有紙簽：“購 3914”。

1.1　BD14565 號
1.3　大般若波羅蜜多經卷二一九
1.4　新 0765
2.1　（18.5+717.5）×25.3 厘米；16 紙；417 行，行 17 字。
2.2　01：10.0，06；　02：8.5+40.5，28；　03：48.0，28；
04：48.0，28；　05：48.5，28；　06：49.0，28；
07：48.0，28；　08：48.5，28；　09：49.0，28；
10：48.5，28；　11：48.5，28；　12：48.5，28；
13：49.0，28；　14：48.5，28；　15：48.5，28；
16：46.5，19。
2.3　卷軸裝。首殘尾全。打紙；砑光上蠟。卷面有破裂，脱落 1 塊殘片，已綴接。尾有原軸，兩端塗硃漆，軸頭已壞。背有古代裱補。有烏絲欄。已修整。
3.1　首 10 行上下殘→大正 0220，06/0097B14~23。
3.2　尾全→大正 0220，06/0102A27。
4.2　大般若波羅蜜多經卷第二百一十九（尾）。
7.1　卷背有勘記“廿一”。
8　8~9 世紀。吐蕃統治時期寫本。
9.1　楷書。

1.1　BD14566 號
1.3　金剛般若波羅蜜經
1.4　新 0766
2.1　70.7×25 厘米；3 紙；32 行，行 17 字。
2.2　01：11.0，06；　02：44.2，26；　03：15.5，拖尾。
2.3　卷軸裝。首殘尾全。打紙；砑光上蠟。卷面多有破損。有燕尾。有烏絲欄。已修整。
3.1　首殘→大正 0235，08/0752A27。
3.2　尾全→大正 0235，08/0752C03。
4.2　金剛般若波羅蜜經（尾）。
8　8~9 世紀。吐蕃統治時期寫本。
9.1　楷書。

1.1 BD14567 號
1.3 阿彌陀經
1.4 新 0767
2.1 (4.2+142.7)×27.2 厘米;4 紙;81 行,行 17 字。
2.2 01:4.2+18.3,12; 02:43.0,25; 03:43.0,25;
04:38.4,19。
2.3 卷軸裝。首殘尾全。卷面有水漬,多殘破,有等距離殘洞。背有近代修補。竪欄為折疊欄,中間有 4 條烏絲欄,上下邊欄係刻畫欄。近代接出護首,後配楠木軸。
3.1 首 2 行下殘→大正 0366,12/0347A17~19。
3.2 尾全→大正 0366,12/0348A29。
4.2 阿彌陀經一卷(尾)。
8 8 世紀。唐寫本。
9.1 楷書。
10 近代裝裱為手卷,用乾隆年仿金粟山藏經紙接出護首,有縹帶。護首題簽:"唐人書《阿彌陀經》,前缺後全,七十九行。"下粘紙簽,上寫"権古字畫,陸肆",上有"檢查"紅印。

扉頁有陽文硃印,1.8×2.4 厘米,印文為"乾隆年仿金粟山藏經紙"。

卷首下有陰文硃印,1×1 厘米,印文為"馮恕之印"。

卷尾下有陰文硃印,1.8×1.8 厘米,印文為"公度所藏隋唐墨寶"。

1.1 BD14568 號
1.3 諸經要集卷九
1.4 新 0768
2.1 (12.5+593)×26.7 厘米;9 紙;正面 437 行,行 20 餘字;背面 570 行,行 30 餘字。
2.2 01:12.5+29.5,26; 02:70.5,45; 03:70.5,45;
04:70.5,45; 05:70.5,46; 06:70.5,46;
07:70.5,63; 08:70.5,66; 09:70.0,55。
2.3 卷軸裝。首殘尾全。卷面有殘洞。近代裝裱為手卷,上下溜邊。有烏絲欄。
2.4 本遺書包括 2 個文獻:(一)《諸經要集》卷九,437 行,抄寫在正面,今編為 BD14568 號。(二)《天親彰疑會理教》,570 行,抄寫在背面,今編為 BD14568 號背。
3.1 首 8 行下殘→大正 2123,54/0079A12~B13。
3.2 尾全→大正 2123,54/0088A16。
4.1 諸經要集卷第九,西明寺沙門釋道[世]集(首)。
4.2 諸經要集卷第九(尾)。
5 與《大正藏》本對照,本文獻缺少"述意緣第一",其他文字亦頗有漏缺,有的文字有顛倒。與《大正藏》本對照,本件經文順序如下:

大正 2123,54/79A12~17;
54/79B4~82A3;
54/82B20~27;
54/82C3~12;
54/82C17~20;
54/82C29~83A16;
54/82A4~B19;
54/83A17~88A16。

7.1 尾題後有題記 1 行:"寶應二年(763)五月一日弟子建康軍營田判官果毅都尉彦珣自書寓訖。"又:"將稟異氣打轉精靈文蓋雲□□□下□□沖幽客止青沐/答住有一僧□□非是雖涙竅□□□□□□是□□器脫是屎□/倉大王無有一目為色所伏□□□□□□□□□□□"。
7.3 卷末有雜寫 3 行。第一行作"特稟異氣。別授精靈。文蓋雲間。聲雄日下。器宇冲邈。容止清閑。"文見《俱舍論頌疏論本》卷一,《大正藏》第 41 冊第 813 頁中欄。似抄為齋文號頭。

後兩行為一段,文字難辨,暫錄文如下,俟考:"一舍住有一僧,謹云:眼是◇涙竅,鼻是◇◇囊,口是呼喚器,腹是屎尿/倉。大王無有一,目為色所擾,◇◇◇◇◇,出家◇道◇。"
8 763 年。唐寫本。
9.1 行書。
9.2 有行間加行。
10 近代裝裱為手卷。接出黃底紅藍花紋織錦護首,有天竿、縹帶、骨別子。護首題簽:"敦煌石室唐人侯彦珣寫經,辛卯(1951)春日八十八叟賓虹。"下有陽文硃印,0.8×0.8 厘米,印文為"黃賓虹"。

以髮牋為玉池。前部捺紅色佛像三尊,左右為坐像,中間為立像。第三尊像左下有陽文硃印,1.1×1.2 厘米,印文為"唐醉石手拓,金石文字"。其後大字題款:"鳴沙石室古遺經"七個,寫於紅方格內。款後有跋語:"唐寶應二年(763)五月一日,/建康軍營田利(判)官果/毅都尉侯彦珣寫《諸/經要集》卷第九,背坿(附)《大(天)/親彰疑會理教》一卷,越/一千一百八十七年,庚寅(1950)冬日,/古歙黃賓虹題,時年八十又七。"下有陰文硃印,1.6×1.6 厘米,印文為"黃賓虹"。

扉頁繪有"鳴沙石室圖",101.5×29.5 釐米,右上題名"鳴沙石室圖,庚寅冬月石圜居士"。下有硃印 2 枚:(1)陰文:0.8×0.8 厘米,印文為"張克和印"。(2)陽文:0.8×0.8 厘米,印文為"石圜"。圖尾有題跋:"鳴砂山踞敦煌縣東南,其地亢燥。風沙擊石作聲,/故名。麓有三界寺,寺右石室曰莫高窟。造象壁畫,繁/飾繽紛。清光緒二十六年(1900),有王道士掃除砂礫,發見複/壁。內藏唐人寫經及碑版、書籍、圖畫、繡品甚多。蓋/敦煌縣居隴右西垂(陲),自古與酒泉為通西域孔道。叢/林蘭若,釋教昌明。此則宋初遭西夏兵革之亂,集/寺中圖書,閟藏於此者也。光緒三十三年(1907),英人斯坦因、法/人伯希和,先後擇要盜載數千卷而去。餘均散佚/民間。近人所輯有敦煌遺書《鳴沙石室古佚書》,唯/據法人伯希和所得本景印行世而已。佛滅度後二千/八百九十九年,餘杭章松齡勁宇記略。"題跋前有圓形陰文硃印,直徑 1.3 厘米,印文為"日有憙"。題跋後有硃印 3 枚:(1)陰文:1.3×1.3 厘米,印文為"章松齡印"。(2)陽文:1.3×1.3 厘米,印文為"勁宇";(3)陽文:3.6×3.6 厘米,印文為"硯雲山館"。

上文題跋中"砂礫"，原文作"瓦礫"。"瓦"旁有刪除號，而題跋末尾補寫"砂"字。

卷尾左下方有陽文硃印，1.4×1.6 厘米，印文為"餘杭章勁宇得之"。

卷尾以發牋為拖尾，有題跋三條：

一、"右為唐寶應二年（763），建康軍營田判官果毅/都尉侯彥珣寫，西明寺沙門釋道集《諸經要/集》卷第九。出自敦煌鳴沙山石室。考寶應二年/即唐代宗廣德元年也。是年李懷仙殺史朝/義，吐蕃入寇，郭子儀擊卻之。七月改元廣德。五/月一日，當書寶應二年。如《唐書・肅宗本紀》書：'寶/應二年三月庚午，葬於建陵。'亦其例也。建康/軍屬河西節度使，在涼州西百二里。管兵五千/三百人，馬五百匹。營田果毅，軍中文武職官。一掌/屯田事，一為別將之稱。武德中，采（採）隋折衝果毅/郎將之名，改統軍為折衝都尉，別將為果毅/都尉，置左右果毅都尉各一人，皆統府兵之官也。/是卷舊臧李盛鐸家，其婿施子肩作緣歸余/則為疾礙。余丁丑（1937）違東夷之難，入無錫雪浪山/為沙門。客塵未淨，重墮紅灰。受持此經，曇因又/見。爰說偈曰：/

寶應寶應，寶應我生；/

我生應寶，應寶我生。/

後一千一百八十七年庚寅（1950）禹航章松齡勁宇父/沐手題記。/"

題記前有 2 枚陽文硃印：（1）2.7×1.7 厘米，印文為"餘杭章勁宇所得"。（2）2×2 厘米，印文為"霜蓋盦"。

題記後有 3 枚陰文硃印：（1）1.6×1.6 厘米，印文為"餘杭章勁宇印"。（2）1.6×1.6 厘米，印文為"松蘅室"。（3）2.2×2.2 厘米，印文為"汗淋學士"。

二、"歲次上章攝提格嘉平之月姚虞琴、李無庸、王福庵同觀。"下有陰文硃印，1.1×1.1 厘米，印文為"福庵七十後所書"。

三、"歲在庚寅長至徐森玉、沈尹默、唐醉石同觀。"下有夔紋框陽文硃印，1.4×3.2 厘米，印文為"源鄴"。

1.1　BD14568 號背

1.3　天親彰疑會理教

1.4　新 0768

2.4　本遺書由 2 個文獻組成，本文獻為第 2 個，570 行，抄寫在背面。餘參見 BD14568 號 1 之第 2 項。

3.4　說明：

本文獻首全尾殘。為天親（又名世親）著《金剛般若波羅蜜經論》的註疏。未為歷代大藏經所收。

4.1　天親彰疑會理教一卷（首）。

8　7~8 世紀。唐寫本。

9.1　草書。

9.2　有硃筆科分。

新舊編號對照表

新字頭號與北敦號對照表

新字頭號	北敦號
新 0723	BD14523 號 1
新 0723	BD14523 號 2
新 0723	BD14523 號 3
新 0724	BD14524 號
新 0725	BD14525 號
新 0726	BD14526 號
新 0727	BD14527 號
新 0728	BD14528 號
新 0729	BD14529 號
新 0730	BD14530 號
新 0731	BD14531 號
新 0732	BD14532 號
新 0733	BD14533 號
新 0734	BD14534 號
新 0735	BD14535 號
新 0736	BD14536 號
新 0736	BD14536 號背
新 0737	BD14537 號
新 0738	BD14538 號
新 0739	BD14539 號
新 0739	BD14539 號背
新 0740	BD14540 號
新 0741	BD14541 號
新 0742	BD14542 號
新 0743	BD14543 號
新 0744	BD14544 號
新 0745	BD14545 號
新 0746	BD14546 號
新 0746	BD14546 號背 1
新 0746	BD14546 號背 2
新 0747	BD14547 號
新 0747	BD14547 號背
新 0748	BD14548 號
新 0749	BD14549 號
新 0750	BD14550 號
新 0751	BD14551 號
新 0752	BD14552 號
新 0753	BD14553 號
新 0754	BD14554 號
新 0755	BD14555 號
新 0756	BD14556 號
新 0757	BD14557 號
新 0758	BD14558 號
新 0759	BD14559 號
新 0760	BD14560 號
新 0761	BD14561 號
新 0762	BD14562 號
新 0763	BD14563 號
新 0764	BD14564 號
新 0765	BD14565 號
新 0766	BD14566 號
新 0767	BD14567 號
新 0768	BD14568 號
新 0768	BD14568 號背